제 2 판

법률실무가를 위한

공탁법 실무

– 이론·판례·예규·선례·서식 –

김 덕 원 저

진 원 사

제2판 머리말

이 책은 처음 출판된 이후 공탁법과 공탁규칙이 대폭 개정되었고, 2021. 12. 6. 부터는 전자공탁시스템을 통하여 온라인으로 공탁사무를 처리할 수 있게 됨에 따라 그 동안 개정된 공탁법과 공탁규칙 및 최근까지의 대법원 판례 및 공탁선례 등을 최대한 반영함은 물론 그에 따른 서식도 수정, 보완하였다.

이 책의 구성과 특징을 보면,

제13장으로 나뉘어, 제1장에서는 총론을, 제2장에서는 공탁절차를, 제3장에서는 공탁물 지급절차를, 제4장에서는 변제공탁을, 제5장에서는 수용보상금 공탁을, 제6장에서는 담보공탁을, 제7장에서는 집행공탁을, 제8장에서는 혼합공탁을, 제9장에서는 보관·몰취공탁을, 제10장에서는 공탁금지급청구권의 변동(처분)을, 제11장에서는 공탁금지급청구권의 소멸시효와 국고귀속을, 제12장에서는 공탁관계서류의 열람 및 사실증명을, 제13장에서는 공탁관의 처분에 대한 불복을 각 수록하였고, 부록으로 공탁관련 법률과 규칙을 수록함으로써 실무를 적용하는데 어려움이 없도록 하였다.

나름대로 최상의 책이 될 수 있도록 열과 성을 다하였지만 미흡한 부분이 있거나 오류가 있다면 독자제현께서 너그러이 충고해 주시기 바라며, 이 책을 출간되기까지 적극적인 관심과 도움을 주신 진원사 앙진수 사상님과 더불어 편집부 등의 직원 여러분께 깊은 감사를 드린다.

2023. 3.

김 덕 원 드림

머 리 말

공탁이란 타인간의 금전거래에서 채권자의 행방불명, 채권자의 수령거절 등의 사유로 돈을 갚기로 한 날짜에 채무변제를 하지 못할 때 이를 해결함은 물론 민·형사 소송절차와 민사집행절차 등에서도 널리 이용되고 있는 중요한 제도이다.

이와 같이 공탁이란 어떤 사람이 법령의 규정에 따른 일정한 원인에 의하여 금전, 유가증권, 기타의 물품을 국가기관에 맡겨 일정한 법률상의 목적을 달성하려고 하는 절차이다.

그러나 우리 공탁근거법령은 여러 법령에 산재해 있고, 복잡하고 난해한 부분이 많아 다년간 현장에 근무하는 공탁실무자들도 공탁제도에 대한 잘못된 해석으로 공탁금을 회수할 수 없게 되는 경우가 많다.

따라서 이 책은 공탁업무 전반에 관하여 효율적이면서 이해하기 쉽도록 하기 위하여 공탁에 관련된 모든 서식과 각종 법령 및 판례·예규·선례 등 모든 자료를 체계적이면서 일목요연하게 정리, 수록함으로써 이론과 실무를 병행하여 사용할 수 있도록 하였다.

특히 이 책은 새로운 공탁법과 공탁규칙에 맞추어 공탁에 관한 전반적인 내용 외에 개정된 공탁관련법령 및 최신 판례·예규·선례 및 각종 서식과 함께 타 책에서 볼 수 없는 다양한 공탁원인사실을 다수 수록하였다.

가능한 공탁실무에 어려움이 없도록 최선을 다하였지만 미진한 부분이 있을 줄로 안다. 다소 미흡하거나 보완할 부분이 있다면 독자 여러분께서 지적해 주시기 바란다.

아무쪼록 본서가 실무가들에게 많은 도움이 되기를 희망하며, 본서를 출간하기까지 적극적인 관심과 도움을 주신 진원사 양진수 사장님과 편집부 등의 직원들에게 깊은 감사를 드린다.

2012. 3.

김 덕 원 드림

주요 참고자료

- 공탁실무 2011 법원공무원교육원
- 공탁실무편람 2022 법원행정처
- 공탁선례요지집 2010 법원행정처
- 신공탁제도해설 윤광민 2011 법률서원
- 공탁법강의 양광석 2015 법률 & 출판
- 공탁법 배병한 2011 문성
- 공탁법 등대법무행정연구회 2011 등대
- 보전처분·공탁실무 김현선 2010 중앙법률실무교육원
- 공탁신청실무총람 김용현 2011 진원사
- 공익토지수용보상금공탁 김용현 2011 진원사
- 공탁의 이론과 실무 김용현 2009 육법사
- 공탁법총람 최돈호 2010 법률출판사
- 공탁법 김정호 2010 법학사
- 공탁법 김경태 2010 신아사
- 객관식 공탁법 양광석 2011 YKS실무법아카데미
- 공탁조문·예규·선례·판례정리 김정호 2011 법학사

목 차

제1장 총 론 / 3

제2장 공탁절차 / 33

제3장 공탁물 지급절차 / 137

제4장 변제공탁 / 205

제5장 수용보상금 공탁 / 265

제8장 혼합공탁 / 461

제9장 보관·몰취공탁 등 / 471

제12장 공탁관계서류의 열람 및 사실증명 / 551

제13장 공탁관의 처분에 대한 불복 / 559

부 록 / 567

법률실무가를 위한

공탁법 실무

제1장 총 론

제 1 절 공탁의 개념

1. 공탁의 의의

공탁이란 공탁자가 법령에 따라 금전·유가증권 그 밖의 물품을 공탁소에 맡기고 일정한 자가 공탁물을 수령하도록 함으로써 법령에서 정한 일정한 목적을 달성하게 하는 제도이다.

공탁은 단독제 국가기관인 공탁관의 후견적 역할을 통해 사법질서의 유지, 안정 등 공익 목적을 실현하는 데 있다. 따라서 공탁절차를 규율하는 기본법인 공탁법인 공익적 성격을 가진 절차법으로서 강행법적 성질을 가지고 있다.

공탁은 반드시 법령에 근거하여야 하고, 당사자가 임의로 할 수 없다. 공탁의 권리·의무를 규정하고 있는 법령을 공탁근거법령이라고 한다.

공탁소에 금전·유가증권·기타 물품을 맡기는 자를 공탁자라 하고, 공탁자에 의하여 공탁소로부터 공탁물을 수령하는 자로 지정된 자, 또는 공탁 본래의 목적에 따라 자기 이름으로 공탁소로부터 공탁물을 수령할 자를 피공탁자로 하며, 공탁자와 피공탁자를 합하여 공탁당사자라고 한다.

공탁소란 공탁절차를 주재하고 공탁물을 보관하는 공탁사무의 관장기관이다. 지방법원장 또는 지방법원 지원장이 지정한 공탁관이 단독제 국가기관으로서 공탁소가 된다.

2. 공탁의 기본구조

공탁은 공탁자가 공탁서를 작성하여 공탁관에게 공탁신청을 함으로써 공탁절차가 개시되고, 공탁관이 이를 접수·심사하여 수리한 후 공탁물이 납입됨으로써 공탁이 성립된다.

공탁물의 지급에는 피공탁자에게 지급하는 경우와 공탁자에게 지급하는 경우가 있다. 공탁 본래의 목적에 따라 피공탁자가 공탁소로부터 공탁물을 지급받는 것을 출급이라 하고 일정한 요건에 의하여 공탁자가 공탁소로부터 공탁물을 되돌려 받는 것을 회수라고 한다.

결국 공탁은 공탁관이 공탁소가 되어 공탁자의 공탁신청에 의하여 공탁물을 받아 보관·관리하고 피공탁자 또는 공탁자의 지급청구에 의하여 공탁물을 지급하는 기본구조로 되어 있다.

제 2 절 공탁의 법적성질

공탁의 법적 성질은 공탁당사자인 공탁자·피공탁자와 공탁소의 법률관계를 어떻게 볼 것인가의 문제이다. 공탁의 법적 성질을 어떻게 보느냐에 따라, 절차적으로는 공탁관계를 둘러싸고 생기는 분쟁에 대한 쟁송절차를 결정하며, 실제적으로는 공탁관계에 적용할 법규나 법원칙을 결정하는 데 있어서 차이가 난다는 점에서 실무상 문제라 할 것이다.

1. 사법관계설

공탁은 공탁자의 청약(신청)과 공탁소의 승낙(수리)으로 성립하는 사법상의 임치계약이며, 특히 변제공탁은 제3자(피공탁자)를 위한 임치계약이라는 견해이다.

① 사법관계설에 따르면, 공탁물 지급청구가 공탁관에 의하여 거부된 때에는 국가를 상대로 민사소송을 제기할 수 있으며, 공탁물 지급청구권은 민법상의 소멸시효에 걸리게 된다.

② 또한, 공탁관이 공탁물 지급청구권자가 아닌 자에게 공탁물을 지급한 경우

채권의 준점유자에 대한 면제가 되지 않는 한 공탁물 지급채무는 소멸하지 않으므로 정당한 공탁물 지급청구권자는 다시 공탁물 지급청구를 할 수 있게 된다.

2. 공법관계설

공탁소는 국가기관으로서 적법한 공탁신청이 있는 한 공탁을 수리하여야 하고, 공탁의 신청이 부적법하면 신청을 불수리하여야 하며, 이해관계인은 공탁관의 처분에 대하여 공탁법상의 이의신청을 할 수 있는 점 등을 들어 공탁을 공법상의 법률관계로 보는 견해이다. 즉, 국가기관인 공탁행위는 일종의 행정처분으로 본다.

① 공탁관의 처분에 대하여는 민사소송을 제기할 수 없고 이의신청 기타 법률이 정하는 바에 따라야 한다고 본다.

② 공탁금 지급청구권자의 소멸시효기간은 '정부보관금에관한법률' 제1조에 따라 5년이 된다.

③ 공탁관이 정당한 공탁물 지급청구권자가 아닌 자에게 공탁물을 지급하였더라도 공탁법의 절차에 따른 인가처분에 의한 경우에는 채권의 준점유자에 대한 변제가 되는가에 관계없이 공탁절차는 종료되므로, 그 처분이 있어 불법행위가 성립되어 국가배상책임이 생기는 것은 변론으로 하고 정당한 공탁물 지급청구권자는 공탁물 지급청구를 할 수 없는 것으로 된다.

3. 병존설(양면관계설, 절충성)

공탁은 공법적인 면을 규율하는 것은 공탁법이고 사법적인 면을 규율하는 것은 민법이라는 견해이다. 병존설은 공탁절차가 그 자체를 규율하는 공탁법에 국한하여 보면 공탁은 일방적 행정처분으로서 공법관계라고 하여야 할 것이나, 공탁의 실체 내지 법률적 효과를 규정하는 민법에 국한하여 보면 사법관계라고 한다.

4. 판례(공법관계설)

- 공탁관에 대하여 법인 정한 절차(공탁법 소정의 이의신청, 항고 및 재항고)에 의하여 공탁금 지급청구를 하지 아니하고 직법 민사소송으로 국가를 상대로 공탁금 지급청구를 함은 부당하다(대판 1991. 7. 12. 91다15447, 대판 1992. 7. 28. 92다13011).
- 진정한 출급청구권자가 아닌 자에게 공탁금이 출급된 경우 진정한 공탁금 출급청구권자가 민사소송으로 공탁금의 지급을 구할 수 있는지 여부(대판 1993. 7. 13. 91다39429)에 관하여 일단 공탁관의 공탁금 출급인가처분이 있고 그에 따라 공탁금이 출급되었다면 설사 이를 출급 받은 자가 진정한 출급청구권자가 아니라 하더라도 이로써 공탁법상의 공탁절차는 종료되었다 할 것이고, 따라서 원래의 진정한 공탁금 출급청구권자라 하더라도 공탁사무를 관장하는 국가를 상대로 하여 민사소송으로 그 공탁금의 지급을 구할 수는 없다.

제 3 절 공탁의 종류

1. 공탁원인에 의한 분류

가. 변제공탁

금전 기타 재산의 급부를 목적으로 하는 채무(주는 채무)를 부담하는 채무자가 채권자 측에 존재하는 일정한 사유(채권자의 수령거절, 수령불능)로 인하여 변제를 할 수 없어 채무자의 과실 없이 채권자가 누구인지를 알 수 없어 변제를 할 수 없는 사정이 있는 경우에 채무의 목적물을 공탁함으로써 채무를 면할 수 있는 제도이다.

나. 담보공탁(보증공탁)

담보공탁은 기존 또는 장래 피공탁자에게 발생할 손해배상채권을 담보하기 위한 공탁으로서 기능상 아래 세 가지의 종류로 나누어 볼 수 있다.

(1) **재판상 담보공탁** : 가압류, 가처분의 정지·실시·취소보증, 강제집행의 정지·실시·취소보증, 소송비용담보, 가집행보증, 가집행면제담보공탁 등으로 인하여 상대방이 받게 될 손해를 담보하기 위한 공탁이다.

(2) **영업보증공탁** : 영업거래 등으로 발생할 피해자가 손해배상채권 등을 담보하기 위한 공탁이다.

(3) **납세담보공탁** : 국세, 지방세 등의 징수유예나 상속세 또는 증여세의 연부연납 허가시 그 세금의 납부나 징수를 담보하기 위한 공탁이다.

다. 집행공탁

집행공탁은 집행기관이나 집행당사자 또는 제3채무자가 민사집행 및 보전절차의 단계에서 집행목적물을 공탁하는 제도이다.

예컨대, 민사집행 제248조의 제3채무자의 압류관련 공탁, 동법 제282조의 가압류해방공탁 등이 있다.

라. 보관공탁

보관공탁은 목적물 자체를 보관·관리를 위한 공탁이다. 피공탁자가 원시적으로 존재하지 아니하므로 공탁물 출급청구권도 없다. 주로 무기명식 소지인이 권리를 행사하기 위한 요건으로 행하여지는 공탁이다.

예컨대 사채권자 집회소집 또는 소집청구시, 사채권자 집회에서 의결권행사시(담보부사채신탁법 50조 3항 등)에 행하여진다.

마. 몰취공탁

몰취공탁은 일정한 사유가 발생하였을 때 공탁물을 몰취함으로서 소명에 갈음하는 선서 등의 진실성 또는 상호가등기제도의 적절한 운용 등을 간접적으로 담보하는 기능을 수행하는 제도이다.

예컨대 소명에 갈음하는 공탁(민소법 299조 2항), 상호가등기공탁(상업등기법)이 있다.

바. 혼합공탁

혼합공탁이란 공탁원인사실 및 공탁근거법령이 다른 실질상 두 개 이상의 공탁을 공탁자의 이익보호를 위하여 하나의 공탁절차에 의하여 하는 공탁을 말한다.
주로 채권자 불확지 변제공탁과 집행공탁을 원인으로 하여 혼합공탁이라는 하나의 공탁절차에 의하여 공탁이 이루어진다.

2. 공탁목적물에 의한 분류

공탁은 목적물의 종류에 따라 금전공탁, 유가증권공탁, 물품공탁으로 분류할 수 있다. 공탁신청절차, 공탁물 보관방법, 공탁물의 소유권 귀속 등에 차이가 있기 때문에 분류의 실익이 있다.

3. 공탁의 시간적 단계에 의한 분류

가. 기본공탁

보통 최초의 공탁, 즉 일반적으로 말하는 본래 의미의 공탁을 기본공탁이라 한다.

나. 대 공 탁

대공탁이란 공탁유가증권의 상환기가 도래한 경우에 공탁자 또는 피공탁자의 청구에 의하여 공탁소가 공탁유가증권의 상환금을 수령하여 이를 종전의 공탁유가증권에 대신하여 보관함으로서 종전 공탁의 효력을 지속하게 하는 공탁을 말한다(공탁법 7조, 공탁규칙 31조).

다. 부속공탁

부속공탁이란 공탁유가증권의 이자 또는 배당금의 지급기가 도래하였을 때 공탁자 또는 피공탁자의 청구에 의하여 공탁소가 그 이자 또는 배당금을 수령하여 종전의 공탁유가증권에 부속시켜 공탁함으로서 기본공탁의 효력을 그 이자 또는 배당금액에 의한 금전공탁에도 일체로서 미치도록 하는 공탁이다(공탁법 7조, 공탁규칙 31조).

	변제공탁	집행공탁	담보공탁	몰취공탁	보관공탁
근거	민법 487조	민집법 248조 민집법 282조	집행법 280조	민소법 299조2항	상법 491조4항 상법 492조2항
종류			재판, 영업납세		
기능	채무변제	집행절차보조	채권담보	성실성담보	보 관
공탁물	채무내용 • 금전 • 유가증권 • 유체물 * 부동산(△)	• 원칙 : 금전 • 예외 : 유가증권-항고보증 (민집법 130조 3항)	• 금 전 • 유가증권	금 전	무기명식 사채권
소멸시효 (기산점)	1. 공탁금 및 동 이자의 출급 및 회수청구권의 소멸시효는 민법 162조 제1항 (채권 10년)의 규정에 의한다. 2. 민법상 소유권에 대하여는 소멸시효는 인정하지 않고 있으므로 공탁유가증권의 소유권도 시효에 의하여 소멸하지 않는다. 따라서 소유권에 관한 청구가 가능하므로 소멸시효가 완성되지 않는다.				
	공탁일(회수) 공탁통지서 수령일	증명서교부일 배당공탁일	승소확정일(회수) 담보취소확정일		

제 4 절 공탁의 목적물(공탁물)

1. 공탁물의 종류

가. 금 전

법률(한국은행법 48조)에 의하여 강제통용력이 부여된 우리나라의 통화에 한한다. 따라서 외국의 통화는 금전공탁의 목적물이 아니고 물품공탁의 목적물이 된다. 금전공탁을 함에 있어 은행 발행의 자기앞수표를 납입하는 것은 수표 그 자체가 공탁물이 아니라 그 수표가 통화로 교환된 금전이 공탁물이 되는 것이다.

나. 유가증권

유가증권이란 사법상의 재산권을 표창하는 증권으로서 증권상에 기재된 권리의 행사·이전 등에 있어서 증권의 소지 또는 교부를 필요로 하는 것을 말한다. 약속어음, 환어음, 수표, 선하증권, 화물상환증, 지가증권, 징발보상증권, 재정증권, 통화안정증권 등이 유가증권의 예이다.

무기명식 또는 소지인출급식 정기예금증서와 양도성예금증서도 권리의 이전 및 행사에 증서의 소지를 요하는 점에서 유가증권으로 보아야 한다(대판 2000. 3. 10. 98다29735, 대판 2009. 3. 12. 2007다52942등). 그러나 은행권인 지폐, 수입인지, 우표, 증거증권(차용증서), 면책증서(은행예금증서)는 사법상의 권리를 표창하는 것이 아니거나 권리가 화체된 것이 아니므로 유가증권이 아니다.

금액의 표시가 없는 유가증권(화물상환증, 창고증권 등)도 공탁의 목적물이 될 수 있다. 이 경우 액면금이 없다는 뜻을 공탁서상의 "공탁유가증권의 총 액면금"란에 적어야 한다(공탁규칙 20조 2항 2호).

다. 물 품

물품공탁자의 목적물인 물품이란 인간이 지배할 수 있는 유체물로써 금전

공탁의 목적물인 금전과 유가증권공탁의 목적물인 유가증권을 제외한 것을 말한다.

2. 공탁의 종류에 따른 공탁물

가. 변제공탁

금전, 유가증권, 물품이 모두 가능하다.

(1) 공탁물보관자의 영업범위에 속하지 아니한 물품은 채무이행지법원에서 공탁물보관자 선임신청을 하여 그 지정을 받아 공탁이 가능(선례)하다.

(2) **부동산공탁인정여부**(부정설이 선례의 태도이다)
공탁에 적당하지 아니한 경우에 해당한다고 보아 민법 490조에 의하여 변제자가 법원의 허가를 얻어 당해 부동산을 경매하거나 시가로 방해하여 그 대금을 공탁하는 절차를 취하여야 할 것으로 본다(1999. 2. 27. 제3302-65호).

(3) **토지보상금공탁**: 금전(원칙), 채권

(4) **자조매각금공탁**(민법 제490조, 비송법 제53조, 제55조)

(5) 물 품 : 소유권이전등기에 필요한 서류일체(2005. 12. 21. 공탁법인과-715 질의회답)

나. 담보공탁(보증공탁)

금전, 유가증권으로 각종 공탁근거법령 또는 감독관청이나 법원의 법령 등에 의하여 정하여진다.

(1) 재판상보증공탁

판례(2000. 5. 31. 2000그22)는 공탁담보물의 반환을 구하는 담보제공자 발행의 당좌수표는 금융기관발행의 수표와는 달리 그 지급의 여부가 개인의 신용에 의하여 의존하므로 공탁할 유가증권은 허용되지 아니한다.

(2) 납세담보공탁

유가증권은 국채, 지방채, 세무서장이 확실하다고 인정하는 유가증권이다(국세기본법 29조).

(3) 영업보증공탁

각각의 영업보증공탁의 근거법령에 의하여 정하여진다.

다. 집행공탁

원칙적으로 금전만 가능하다. 예컨대 가압류해방공탁은 금전만 된다.

예외적으로 ① 매각허가에 대한 항고보증공탁의 경우에는 금전, 유가증권이 가능하고, ② 선박에 대한 강제집행에 있어서 채무자가 집행정지문서를 제출하고 매수신고 전에 보증의 제공으로 공탁을 하는 경우에도 법원이 인정한 유가증권으로 공탁할 수 있다(민집법 181조, 민집규 104조).

라. 보관공탁

무기명식 사채권 등으로 구체적으로 법정되어 있다. 구체적으로는 상법상의 보관공탁은 "무기명식 사채권", 담보부사채법상의 보관공탁은 "사채권", 신탁법상의 보관공탁은 "재산"으로 되어 있다.

마. 몰취공탁

금전이 원칙이나(민소법 299조2항, 상법등기법 41조), 법원이 인정하는 유가증권도 공탁물이 될 수 있다.

상호등기를 위한 몰취공탁(상업등기법 41조)은 일정한 금액을 공탁하도록 하고 있으므로, 그 공탁물은 금전만이 허용될 뿐 지급보증위탁계약체결문서(보증보험증권)를 제출할 수는 없다(2005. 7. 26. 재판예규 1014호).

제5절 공 탁 소

1. 공탁소의 의의

공탁사무를 관장하는 기관을 공탁소라고 하는데, 이는 공탁관계법령상이 명칭이고, 등기소와 같이 국가행정조직(법원조직법)상 공탁소라는 명칭의 관서가 있는 것은 아니다.

법원조직법상 공탁사무는 법원이 관장하나(법원조직법 2조), 공탁법상에는 지방법원, 지방법원지원, 시·군법원의 공탁관이 공탁소로서 공탁사무를 처리한다(공탁법 2조).

실무상 공탁물보관자는 공탁관의 지시·명령에 따라서 보관만 하는 단순한 물리적 보관자로서 이행보조자에 불과하므로 공탁소만이 본래 의미의 공탁소라 할 것이다.

2. 공탁소의 종류

공탁소는 국가기관인 통상공탁기관과 특별법규에 의해 대법원장이 정하는 은행 또는 신탁회사 등의 특별공탁기관으로 구별할 수 있다.

가. 통상공탁기관(공탁관)

통상공탁기관은 법령의 규정에 의하여 공탁사무를 처리하는 단독제 국가기관인 공탁관을 말하고 이러한 공탁관은 단독으로 공탁소를 구성하고 자기 이름으로 독립하여 공탁사무를 처리한다. 2007. 3. 29.자 공탁법 개정 이전에는 공탁관을 "공탁공무원"으로 칭하였으나(구 법 제10조 참조), 단독제 국가기관임을 강조하고 공탁소에 근무하는 다른 공무원과의 구별을 위하여 직명을 변경하였다(공탁법 4조).

(1) 공탁관의 지정

① 공탁관과 대리공탁관은 지방법원장 또는 지원장이 지정한다(공탁법 제2조 참조).

② 공탁관이 새로 지정된 경우에는 지정된 공탁관은 직접 공탁전산시스템에 그 성명을 등록하여야 한다(행정예규 746호 4조).

현재 전국 모든 공탁소의 공탁전산화작업이 완료되어 전산정보처리조직에 의하여 공탁업무가 처리되고 있다.

(2) 대리공탁관의 지정 및 통지

지방법원장 또는 지방법원지원장은 공탁관이 직무를 수행할 수 없는 경우에 대비하여 대리공탁관을 지정할 수 있다(공탁규칙 55조).

대리공탁관은 원공탁관의 대리인이 아니라 대직기간동안 자기명의로 공탁사무를 처리하는 독립한 공탁관이다. 따라서 그가 처리한 공탁사무에 대하여 원공탁관이 책임을 지는 것이 아니라 대리공탁관이 스스로 책임을 진다.

① 자기명의 및 자기책임으로 공탁사무를 처리한다.

② 대리공탁관은 공탁관의 계좌를 이용한다.

③ 대리공탁관은 지정할 경우에도 공탁물보관자에게 그 성명을 통고하고 그 인감을 제출하여야 한다.

나. 공탁물보관자의 지정

공탁법 제3조(공탁물보관자의 지정)

① 대법원장은 법령에 따라 공탁하는 금전, 유가증권, 그 밖의 물품을 보관할 은행이나 창고업자를 지정한다.

② 대법원장은 제1항에 따라 공탁금 보관은행을 지정할 때에는 공익성과 지역사회 기여도 등 해당 지역의 특수성이 반영될 수 있도록 해당 지방법원장의 의견을 듣고, 제15조에 따른 공탁금관리위원회의 심사를 거쳐야 한다.

③ 제1항에 따라 지정된 은행이나 창고업자는 그의 영업 부류에 속하는 것으로서 보관할 수 있는 수량에 한정하여 보관하며 선량한 관리자의 주의로써 보관하여야 한다.

대법원장은 법령의 규정에 의하여 공탁하는 금전, 유가증권 기타 물품을 보관할 은행 또는 창고업자인 공탁물보관자를 지정한다(공탁법 3조 1항).

(1) 지정된 은행이나 창고업자는 그의 영업 부류에 속하는 것으로서 보관할 수 있는 수량에 한정하여 보관하며 선량한 관리자의 주의로써 보관하여야 한다.

(2) 공탁금관리위원회와 보관자의 지정절차

공탁법 제15조(공탁금관리위원회의 설립)

① 공탁금의 보관·관리 등과 관련된 다음 각 호의 사항을 효율적으로 처리하기 위하여 공탁금관리위원회(이하 "위원회"라 한다)를 설립한다.

1. 공탁금을 보관하는 은행의 지정 심사 및 적격 심사
2. 제19조에 따른 출연금 및 위원회 운영비의 심의·확정
3. 그 밖에 대법원규칙으로 정하는 사항

② 위원회는 법인으로 한다.

③ 위원회의 주된 사무소의 소재지는 정관으로 정한다.

④ 위원회는 그 주된 사무소의 소재지에서 설립등기를 함으로써 성립한다.

⑤ 위원회는 제1항 각 호의 사항에 관한 업무를 독립하여 수행한다.

제16조(공탁금관리위원회의 구성 등)

① 위원회는 위원장 1명을 포함하여 9명의 위원으로 구성한다.

② 위원장과 위원은 법원행정처장이 다음 각 호의 기준에 따라 임명한다. 〈개정 2011.4.5. 2014. 12. 30〉

1. 법관 또는 3급 이상의 법원공무원 3명
2. 기획재정부장관이 추천하는 3급 이상의 국가공무원 또는 고위공무원단에 속하는 일반직공무원 1명
3. 법무부장관이 추천하는 검사 또는 3급 이상의 국가공무원 또는 고위공무원단에 속하는 일반직공무원 1명
4. 금융위원회가 추천하는 3급 이상의 국가공무원 또는 고위공무원단에 속하는 일반직공무원 1명
5. 공탁제도에 관하여 학식과 경험이 풍부한 변호사, 공인회계사, 대학교수 중 3명

③ 위원장과 위원의 임기는 2년으로 하되, 연임할 수 있다.

④ 위원이 임기 중 제2항 제1호부터 제5호까지에 규정된 직이나 자격을 상실하는 경우에는 위원의 신분을 상실한다.

⑤ 위원장은 위원회를 대표하며 위원회의 사무를 총괄한다.

⑥ 위원회의 업무를 지원하기 위하여 대법원규칙으로 정하는 바에 따라 사무기구를 둘 수 있다.

⑦ 그 밖에 위원회의 운영에 필요한 사항은 정관으로 정한다.

제17조(정관)

① 위원회의 정관에는 다음 각 호의 사항을 적어야 한다.

1. 목적
2. 명칭
3. 사무소의 소재지
4. 업무 및 그 집행
5. 재산 및 회계
6. 사무기구의 설치
7. 위원의 임명·위촉과 해임·해촉
8. 정관의 변경
9. 공고의 방법

② 위원회는 정관을 작성하고 변경할 때에는 법원행정처장의 승인을 받아야 한다.

제18조(등기사항) 위원회의 등기사항은 다음 각 호와 같다.

1. 목적
2. 명칭
3. 사무소의 소재지
4. 위원의 성명, 주민등록번호 및 주소

제19조(출연금)

① 공탁금을 보관하는 은행은 매년 공탁금 운용수익금의 일부를 위원회에 출연할 수 있다.

② 공탁금을 보관하는 은행이 제1항에 따라 위원회에 출연하는 경우 수익금의 범위·방법·조건 등에 필요한 사항은 대법원규칙으로 정한다.

제20조(삭제) 〈2015. 12. 15〉

제21조(삭제) 〈2015. 12. 15〉

제22조(삭제) 〈2015. 12. 15〉

제23조(삭제) 〈2015. 12. 15〉

제24조(공무원의 겸직) 법원행정처장은 위원장의 요청에 따라 그 소속 공무원을 위원회에 겸직근무하게 할 수 있다.

제25조(감독)

① 법원행정처장은 위원회를 지휘하고 감독하며 필요하다고 인정하면 위원회에 그

사업에 관한 지시나 명령을 할 수 있다.
② 법원행정처장은 필요하다고 인정하면 위원회에 그 업무·회계 및 재산에 관한 사항을 보고하게 하거나 소속 공무원에게 위원회의 장부·서류나 그 밖의 물건을 검사하게 할 수 있다.
③ 제2항에 따라 검사를 하는 공무원은 그 권한을 나타내는 증표를 지니고 이를 관계인에게 내보여야 한다.

제25조의2(삭제) 〈2015. 12. 15〉

제26조(벌칙 적용 시의 공무원 의제) 위원회의 위원 중 공무원이 아닌 위원은 「형법」이나 그 밖의 법률에 따른 벌칙을 적용할 때에는 공무원으로 본다.

다. 공탁관의 심사권한

(1) 형식적 심사권한

공탁관은 공탁당사자의 공탁신청이나 지급청구에 대하여 그것이 절차상, 실체상 모든 법률적 요건을 구비하고 있는 지 여부를 심사한다. 심사방법은 공탁관계법령이 규정하는 공탁서 또는 지급청구서 등과 첨부서면에 의하여 심사하는 형식적 심사주의에 의한다.

따라서 공탁관은 공탁신청 또는 지급청구의 기초가 되는 실제적 법률관계의 존부나 제출된 서류내용의 진부에 대한 실질심사를 할 수 없기 때문에 이를 위한 증인신문·검증 등 증거조사를 할 수 없음은 물론 새로운 자료의 제출도 요구할 수 없다.

(2) 심사의 대상판단

그러나 심사의 대상이 되는 사항에 관하여는 특별한 제한규정이 없으나, 공탁을 하려는 사람은 공탁서에 공탁금액(유가증권·물품) 이외에 공탁원인사실과 공탁을 하게 된 근거법령의 조항 등을 기재하여 이를 첨부서면을 제출하도록 요구하고 있는 점 등을 감안하면 공탁관은 공탁의 절차적 요건뿐만 아니라 당해 공탁이 유효한가, 아닌가 하는 실체적 요건에 관해서도 공탁서 첨부서면만에 의하여 심사를 할 수 있다고 할 것이다.

☞ 계약의 효력 유무에 대해서는 원칙적으로 심사권이 없으나 인장위조 등이 외견상

명백하여 계약이 무효라거나 공탁서 기재 자체로 보아 당해 계약이 무효이고 따라서 공탁에 의하여 면책을 얻고자 하는 채무의 부존재가 일견 명백한 경우에는 예외적으로 심사할 수 있다고 할 것이다.

심사대상에 대하여는 일체의 법률상의 요건심사가 가능하다. 즉, 공탁신청에 대해 절차적 요건뿐만 아니라 공탁원인이 존재하는 지 등의 실체적 요건에 대한 심사도 할 수 있다. 즉, 공탁서, 첨부서류 등의 절차적 요건뿐만 아니라 공탁신청에 대해 공탁원인이 존재하는가, 공탁물지급청구에 대해 청구권자가 실체상의 지급청구권을 갖는 자인가에 대하여 심사할 수 있다.

라. 공탁관의 책임

공탁관은 국가공무원이므로 그 직무를 집행하면서 고의 또는 과실로 법령에 위반하여 타인에게 손해를 입혔을 때에는 국가가 그 손해를 배상하여야 한다(국가배상법 2조 1항 본문). 이 경우에 공탁관에게 고의 또는 중대한 과실이 있으면 국가는 공탁관에게 구상권을 행사할 수 있다(동법 2조 2항).

공탁관의 공탁사무처리에 관련된 책임은 위 심사권에 상응하는 범위에서만 인정된다. 예컨대 학설·판례가 복잡하여 공탁관이 신중이 합리적 근거를 찾아서 한 결정이 대법원의 판단과 달라 결과적으로는 위법한 것이 되더라도 과실은 아니다(대판 1973. 10. 10. 72다2583 참조).

3. 공탁소의 관할

가. 시·군법원 공탁관의 직무범위(공탁규칙 1조의 2)

통상공탁기관인 공탁관은 공탁의 종류를 불문하고 일반적으로 직무상의 관할권을 갖지만 시·군법원 공탁관의 직무법위는 시·군법원의 사건과 관련한 필요한 범위로 한정되어 있다(공탁규칙 2조).

> 공탁규칙 제2조(시·군법원 공탁관의 직무범위) 시·군법원 공탁관의 직무범위는 해당 시·군법원의 사건과 관련된 다음 각 호의 업무에 한한다.

1. 변제공탁
해당 시·군법원에 계속 중이거나 시·군법원에서 처리한 「소액사건심판법」의 적용을 받는 민사사건과 화해·독촉·조정사건에 대한 채무의 이행으로서 하는 「민법」 제487조, 제488조에 따른 변제공탁

2. 재판상 보증공탁(보증공탁)
가. 「민사소송법」 제117조 제1항에 따른 소송비용의 담보와 관련된 공탁
나. 「민사소송법」 제213조에 따른 가집행선고와 관련된 공탁
다. 「민사소송법」 제500조 제1항에 따른 재심이나 상소의 추후보완신청으로 말미암은 집행정지와 관련된 공탁
라. 「민사소송법」 제501조, 제500조 제1항에 따른 상소제기나 변경의 소제기로 말미암은 집행정지와 관련된 공탁
마. 「민사집행법」 제34조 제2항, 제16조 제2항에 따른 집행문부여 등에 관한 이의신청과 관련된 공탁
바. 「민사집행법」 제46조 제2항, 제44조에 따른 청구에 관한 이의의 소의 잠정처분과 관련된 공탁
사. 「민사집행법」 제46조 제2항, 제45조에 따른 집행문부여에 대한 이의의 소의 잠정처분과 관련된 공탁
아. 「민사집행법」 제280조, 제301조에 따른 가압류·가처분명령과 관련된 공탁
자. 「민사집행법」 제286조 제5항, 제301조에 따른 가압류·가처분 이의에 대한 재판과 관련된 공탁
차. 「민사집행법」 제288조 제1항, 제307조에 따른 가압류·가처분 취소와 관련된 공탁

3. 집행공탁
「민사집행법」 제282조에 따른 가압류 해방금액의 공탁

4. 몰취공탁
「민사소송법」 제299조제2항에 따른 소명에 갈음하는 보증금의 공탁

(1) 시·군법원 관할인 경우

(가) 변제공탁

해당 시·군법원에 계속 중이거나 시·군법원에서 처리한 소액사건심판법의 적용을 받은 민사사건과 화해·독촉·조정사건에 대한 채무의 이행으로서 하는 민법 제487조, 제488조에 따른 변제공탁

(나) 재판상 담보공탁

소송비용의 담보관련공탁, 가집행선고의 관련공탁, 재심, 상소추후보완 신청에 따른 집행정지관련공탁, 상소제기 또는 변경의 소제기에 따른 집행정지관련공탁 등

(다) 집행공탁

민사집행법 제282조에 따른 가압류해방금액의 공탁

(라) 몰취공탁

민사소송법 제299조 제2항에 따른 소명에 갈음하는 보증금의 공탁

(2) 시·군법원이 아닌 경우에 해당하는 경우

(가) 토지수용보증금공탁, 무기명사채의 보관공탁, 몰취공탁 중 상호가등기관련 공탁

(나) 공탁금계좌입금(관할공탁소 외의 공탁사건) : 접수공탁서 및 관할공탁서 모두가 지방법원 본원 또는 지원

(다) 가상계좌입금에 의한 공탁금납입신청

(라) 금전변제공탁의 경우 관할공탁소 외의 공탁사건의 지침(예규 제525호)은 접수공탁소 및 관할공탁소 모두가 지방법원 본원 또는 지원인 경우에 한하여 적용한다.

(마) 시·군 공탁관의 처분에 대한 이의신청(지방법원의 본원, 지원) (공탁법 12조)

나. 토지관할

전국 공탁소 중 어느 공탁소에 공탁할 것인가가 토지관할의 문제이다. 공탁소의 토지관할에 대해서는 공탁법에서 일반적 규정을 두고 있지 않으므로 원칙적으로 공탁자는 임의대로 어느 공탁소에나 공탁할 수 있고, 공탁소도 직무관할의 범위 내에서 일체의 공탁에 관하여 관할권을 가지며 공탁사건과 토지와의 관계를 고려할 필요가 없다.

그러나 개개의 공탁근거법령에서 공탁의 토지관할에 관한 특별규정을 두고 있는 경우에는 그에 따른 관할 공탁소에 공탁하여야만 그 공탁이 유효하다.

민법 第488조(공탁의 방법)

① 공탁은 채무이행지의 공탁소에 하여야 한다.

② 공탁소에 관하여 법률에 특별한 규정이 없으면 법원은 변제자의 청구에 의하여 공탁소를 지정하고 공탁물보관자를 선임하여야 한다.

③ 공탁자는 지체없이 채권자에게 공탁통지를 하여야 한다.

공탁법 제5조(외국인등을 위한 공탁의 특례)

① 국내에 주소나 거소가 없는 외국인이나 재외국민(이하 "외국인등"이라 한다)을 위한 변제공탁은 대법원 소재지의 공탁소(공탁소)에 할 수 있다.

② 외국인 등이 공탁하는 절차나 외국인 등을 위하여 공탁하는 절차, 그 밖에 필요한 사항은 대법원규칙으로 정할 수 있다.

공탁규칙 제66조(관할의 특례) 국내에 주소나 거소가 없는 외국인이나 재외국민을 위한 변제공탁은 지참채무의 경우에 다른 법령의 규정이나 당사자의 특약이 없는 한 서울중앙지방법원의 공탁관에게 할 수 있다.

(1) 변제공탁의 토지관할

민법 제488조 제1항에 따르면 변제공탁은 채무이행지의 공탁소에 하여야 한다. 이 규정은 다른 법률의 규정에 의한 변제공탁에 대하여도 특별한 규정이 없는 한 유추 적용된다.

(가) 추심채무, 지참채무

당해 채무의 성질이 추심채무이면 채무자의 주소지, 지참채무이면 채권자의 주소지가 채무이행지이며, 기타 장소에서 채무이행을 해야 할 특약이 있으면 그 정하여진 장소 등이 채무이행지이다.

(나) 특정물 등

채무자 성질, 또는 당사자의 의사표시로 변제장소를 정하지 아니한 때에는 특정물의 인도는 채권성립 당시에 그 물건이 있던 장소에서 하여야 한다. 특정물인도 이외의 채무변제는 채권자의 현주소지에서 하여야 한다. 그러나 영업에 관한 채무의 변제는 채권자의 현 영업소에서 하여야 한다(민법 467조).

(다) 채권자가 다수인 경우

채권자가 여러 명인 경우 당해 채권이 가분채권이면 각 채권자별로 그 채무이행지의 공탁소에 각 공탁하여야 하나, 불가분채권이면 여러 명의 채권자 중 1인의 채무이행지의 공탁소에 공탁할 수밖에 없다.

(라) 상대적 불확지공탁의 경우

상대적 불확지공탁의 경우 채권자들의 주소가 달라 채무이행지가 달라지는 경우에는 그들 중 1인의 주소지 공탁소에 공탁하여도 무방하다.

(마) 토지수용보상금 공탁의 경우

수용 또는 사용하고자 하는 토지소재지의 공탁소에 공탁할 수 있다는 특별규정이 있다(공익사업을위한토지등의취득및보상에관한법률 40조 2항).

(바) 외국인, 재외국민(2006. 9. 21. 신설조문)

국내에 주소나 거소가 없는 외국인나 재외국민을 위한 변제공탁은 지참채무의 경우에 다른 법령의 규정이나 당사자의 특약이 없는 한 서울중앙지방법원 공탁관에게 할 수 있다(공탁법 5조, 공탁규칙 66조).

(사) 국민저축조합저축미환급잔액의 공탁

국민투자기금의 청산일까지 환급되지 아니한 국민저축조합저축잔액의 일괄변제공탁은 국민투자기금국민저축조합예탁사무취급대리점의 본점소재지 관할공탁소에 하여야 한다(행정예규 508조 2호).

(2) 재판상 보증공탁 또는 집행공탁의 토지관할

재판상 담보공탁이나 집행공탁의 관할에 관하여는 법률에 특별한 규정이 없다. 따라서 임의로 정한 공탁소에 해도 무방하다.

(가) 법원의 담보제공명령에 따라 공탁을 할 공탁소에 관하여는 특별한 제한 규정이 없으므로 담보제공자가 임의로 정한 공탁소에 공탁하면 될 것이다. 통상은 담보제공명령법원 소재지 공탁소에 공탁하고 있는 것이 실무관행인 듯하나, 담보제공자가 반드시 그 곳에 공탁하여야 하는 것은 아니며, 원고나 피고의 보통재판적 소재지의 공탁소 또는 집행법

원의 소재지의 공탁소에 할 수도 있을 것이다(행정예규 517호, 1999. 4. 22. 법정 3302-126).

(나) 집행공탁의 경우에는 관할공탁소가 규정에 없으나, 가압류해방공탁은 공탁 후 공탁서를 첨부하여 가압류집행취소를 신청하는 것과 관련하여 볼 때 집행법원에 공탁하는 것이 편리하다.

(다) 집행공탁의 경우 공탁관할법원과 달리 사유신고를 하는 관할에 대하여는 그 규정이 있는 바, 즉 민사집행법 제248조에 의한 압류경합 공탁의 경우에도 공탁 이후 사유신고는 먼저 송달된 압류명령을 발령한 법원에 사유신고를 하여야 하므로(민집규 172조 3항), 사유신고와 관련하여 볼 때 먼저 송달된 압류명령을 발령한 법원의 소재지 공탁소에 공탁하는 것이 편리하다. 따라서 실무에서는 위 해당 공탁소에 공탁하도록 권유하고 있다.

(3) 영업보증공탁의 토지관할

영업보증공탁의 토지관할은 각 근거법규에 관할 공탁소가 법정되어 있다. 예컨대, 여신전문금융업법상의 보증공탁은 선불카드를 발행한 신용카드업자의 본점 또는 주된 사무소 소재지의 공탁소(여신전문금융업법 25조 2항), 원자력손해배상법상의 보증공탁은 원자력사업자의 주된 사무소를 관할하는 공탁소에(원자력손해배상법 11조) 각각 공탁하여야 한다.

제 6 절 공탁당사자

공탁절차는 공탁소의 주재하에 공탁자와 피공탁자에 의하여 공탁목적을 향하여 진행되는 바, 이러한 공탁절차 수행의 주체를 공탁당사자라고 한다. 구체적인 절차에서 누가 공탁당사자인가는 공탁신청서에 제출된 공탁서의 기재에 의하여 형식적으로 결정된다.

1. 공 탁 자

자기 이름으로 공탁물을 공탁소에 제출한 자로 구체적인 공탁절차에서 누가 공탁자인가는 공탁서의 기재에 의하여 정하여 진다.

① 대리인에 의한 공탁서 : 본인
② 제3자에 의한 공탁서 : 제3자
③ 타인의 재산관리인의 공탁서 : 파산관재인, 유언집행자
④ 법인 또는 법인 아닌 사단이나 재단의 공탁시 : 법인 또는 법인 아닌 사단이나 재단 등이 공탁자가 된다.

2. 피공탁자

공탁 본래의 목적에 따라 자기 이름으로 공탁소로부터 공탁물을 수령할 자로 지정된 자를 피공탁자로 한다.

3. 공탁당사자능력과 행위능력

가. 공탁당사자능력

일반적으로 공탁절차의 당사자가 될 수 있는 능력을 공탁당사자능력이라고 한다. 공탁당사자능력은 구체적 사건과 관계없이 일반적으로 공탁당사자가 될 수 있는 능력을 말하는 것이므로, 공탁자·피공탁자로서 공탁절차를 행하는데 필요한 적격, 즉 공탁당사자적격과는 구별된다.

(1) 청산종결회사

주식회사가 해산되어도 법인격이 존속하므로 공탁당사자능력을 가진다고 보아야 한다(대판 1994. 5. 27. 94다7607, 2001. 1. 17. 법정 3302-10). 청산종결등기가 경료된 청산회사라도 어떤 권리가 남아 있는 경우에는 그 범위 내에서 피공탁자가 된다. 즉 파산종결된 회사를 대표하여 청산인이 공탁금회수에 대한 일반적인 요건을 갖추어 공탁금회수청구를 할 수 있다.

(2) 해산간주회사

장기간 등기하지 않은 휴면회사로서 상법 제520조의2 제1항에 따라 해산간주된 회사도 이로써 법인격이 소멸하는 것이 아니므로 공탁의 당사자가 될 수 있다(대결 1991. 4. 30. 90마672, 2003. 8. 5. 공탁법인 3302-189).

(3) 사망자 등

자연인이 사망하면 공탁당사자능력도 당연히 소멸하지만, 등기부상 소유자를 피공탁자로 하여 보상금을 공탁한 경우 피공탁자가 이미 사망하였다면 그 공탁은 상속인들에 대한 공탁으로서 유효하다고 본다(대판 1971. 5. 24. 70다1459, 1993. 6. 10. 법정-1108).

(4) 조합은 공탁당사자가 될 수 없다.

나. 공탁행위능력

공탁당사자가 공탁절차에서 단독으로 유효하게 법률행위를 할 수 있는 일반적인 능력을 의미한다. 법인과 성년에 달한 자연인이 공탁행위능력을 가짐은 물론이고, 권리능력 없는 사단 또는 재단도 대표자 또는 관리인의 정함이 있으면 공탁행위능력을 가진다고 할 것이다.

민법상 제한능력자인 비성년자, 미성년후견인은 원칙적으로 단독으로 유효한 공탁행위를 할 수 없고, 미성년자의 경우 법정대리인의 동의를 얻거나(피성년후견인은 성년후견인의 대리만 가능) 법정대리인의 대리에 의해서만 유효한 공탁행위를 할 수 있다. 법정대리인이 친권자인 부·모인 경우에는 부와 모가 공동으로 공탁행위를 하여야 하며(민법 909조 2항), 그 대리권을 증명할 수 있는 가족관계증명서 등을 첨부하여야 한다(공탁규칙 21조 2항).

그러나 예외적으로 미성년자는 권리만을 얻거나 의무만을 면하는 행위(민법 5조 1항 단서), 처분이 허락된 재산의 처분행위(민법 6조), 영업허락을 받은 경우의 그 영업에 관한 행위(민법 8조 1항), 대리행위(민법 117조) 등은 법정대리인의 동의 없이 단독으로 유효한 행위를 할 수 있으므로 그 범위 안에서만 공탁행위능력이 인정된다.

(1) 법정대리인이 친권자인 경우

친권자인 부·모인 경우에는 부와 모가 공동으로 공탁행위를 하여야 하며, 그 대리권을 증명할 수 있는 가족관계등록증명서 등을 첨부하여야 한다.

(2) 공탁신청행위와 같은 능동적 법률행위를 할 경우에 공탁행위능력을 요하는 것이지 공탁자에 의해 피공탁자로 지정되는 경우와 같이 수동적 당사자일 뿐 스스로 법률행위를 하는 것이 아닌 경우에는 행위능력을 요하지 아니한다.

(3) 피공탁자인 미성년자의 주소와 그 법정대리인의 주소가 다른 경우에 관할 공탁소가 어디가 되는지에 대하여 공탁소의 관할은 공탁당사자를 기준으로 하여야 할 것이므로 제한능력자인 피공탁자의 주소지를 공탁소로 봄이 타당하다.

4. 공탁당사자적격

공탁당사자적격이란 특정 공탁사건에서 정당한 당사자로서 공탁절차를 수행하기 위하여 필요한 자격을 의미한다. 공탁은 일반적으로 공탁물에 대하여 처분적 효과를 초래하는 것이 원칙이므로 공탁자는 통상 공탁물에 대하여 처분권을 가져야 하며, 동시에 공탁자와 피공탁자간에 당해 공탁을 정당하게 하는 실체적 법률관계가 존재하여야 한다.

공탁의 종류에 따른 공탁당사자는 아래와 같다.

	공탁당사자적격	피공탁자적격
변제공탁	• 채무자 • 제3자 (채무의 성질 또는 당사자의 의사표시로 제3자의 변제) • 타인의 재산관리인(파산관재인, 유언집행자)	• 채권자 • 조합재산인 토지가 수용된 경우 그 토지보상금은 합유자 전원 • 임금채권양도시 근로자(양도인)
담보 (보증)	• 재판상 담보공탁 – 법령상 담보제공의무를 지는 자	• 재판상담보(보증)공탁 법정의 담보권을 취득할 자로 손해담

	공탁당사자적격	피공탁자적격
공탁	(예 : 가압류보증공탁의 경우 가압류채권자) – 제3자에 의한 공탁가능 (일종의 물상담보) • 영업상보증공탁 제3자에 의한 공탁불가(영업자의 신용력문제) • 납세담보공탁	보권자(예 : 가압류채무자) • 납세담보공탁 국가, 지방자치단체 등 관세관청
집행공탁	• 당해 집행절차의 집행기관이나 집행채무자·제3채무자 (예 : 집행절차와 무관한 제3자에 의한 공탁불가)	공탁당시에는 확정되지 아니한다. (배당절차에 의하여 피공탁자로 확정)
보관공탁	• 공탁물의 소유자 • 제3자에 의한 공탁불가	없음
몰취공탁	• 사건당사자나 법정대리인 (소명에 갈음하는 몰취공탁) • 상호가등기 (등기신청인인 회사 또는 발기인)	국가

가. 변제공탁

(1) 공탁자(채무자, 제3자)

채무자 본인이 공탁자가 되는 것이 원칙이나 일정한 경우에는 제3자도 공탁자가 될 수 있다. 채무의 성질 또는 당사자의 의사표시로 제3자의 변제를 허용하지 아니하는 때에는 제3자는 변제공탁을 할 수 없다(민법 469조 1항). 이해관계 없는 제3자는 채무자의 의사에 반하여 변제공탁하지 못한다(민법 409조 2항).

그러나 이해관계 있는 제3자는 채무자의 의사에 반하여서도 변제공탁할 수 있는데, 그 예로는 물상보증인, 담보부동산의 제3취득자, 연대채무자, 보증인 등을 들 수 있다.

(2) 피공탁자

채권자의 수령불능 또는 수령거절을 원인으로 한 변제공탁의 피공탁자는 채권자이다. 채무자의 과실 없이 "갑 또는 을" 중 누가 진정한 채권자인지 알 수 없음을 원인으로 한 상대적 불확지 변제공탁의 피공탁자는 "갑 또는 을"이고, 채무자가 누구인지 전혀 알 수 없는 절대적 불확지 변제공탁의 경우에는 피공탁자를 지정하는 공탁서정정절차를 거쳐 사후적으로 정해진다.

(3) 임금채권의 양도시 피공탁자(임금채권의 양도인)

임금은 통화로 직접 근로자에게 그 전액을 지급하여야 한다(근로기준법 112조). 동법 제112조는 위 임금의 직접 지급규정을 위반하는 자는 처벌하도록 규정하고 있다. 근로자가 제3자에게 임금수령권한을 부여하고자 하는 위임 등의 법률행위는 무효가 된다.

(4) 합 유 자

조합재산을 수용하고 그 보상금을 합유자 전체 명의로 공탁하면서 합유자의 지분을 특정한 경우라 하더라도 그 보상금은 합유자의 소유에 속한다 할 것이므로 위 공탁금을 출급청구함에 있어서는 합유자 전원의 청구에 의하여야 한다(선례 1991. 7. 19. 1158호).

나. 담보공탁

(1) 공 탁 자

담보공탁에서 공탁자로 될 자는 법령상 담보제공의 의무를 지는 자이며, 구체적으로 대부분의 공탁근거법령에 규정되어 있는 것이 보통이다.

(가) 담보제공명령을 받은 자

재판상 담보공탁은 담보제공명령을 받은 자가 공탁자가 되는 것이 원칙이다. 재판상 보증공탁은 담보제공명령을 받은 당사자가 공탁자가 되는 것이 원칙이지만,

(나) 제3자도 가능

제3자도 담보제공명령을 받은 자를 대신하여 공탁할 수 있다. 이 경우 공탁자(제3자)는 공탁서의 공탁자란에 자신의 성명 및 주소를, 비고란에는 제3자로서 공탁한다는 취지를 기재하면 되며 상대방(피공탁자)의 동의는 요하지 않는다(2001. 11. 26. 법정 3302-470).

(다) 회수청구권자

제3자가 공탁한 재판상 보증공탁금의 회수청구권자는 공탁자인 제3자이며, 공탁자는 담보취소결정 또는 담보권자의 동의를 얻어 공탁금을 회수할 수 있다(2001. 11. 26. 법정 3302-470호 선례).

(2) 피공탁자

담보공탁의 피공탁자는 공탁물에 대하여 법정의 담보권 또는 우선권을 취득할 자이다. 재판상 담보공탁은 피공탁자의 손해배상채권을 담보하기 위한 공탁으로서 공탁신청 당시에 손해담보권리자가 될 수 있는 경우에는 공탁서에 손해담보권리자를 피공탁자로 기재한다.

다. 집행공탁

(1) 공 탁 자

집행공탁에 있어서 공탁자로 될 자는 해당 집행기관이나 집행당사자 또는 제3채무자이다.

① 민사집행법 제248조에 의한 집행공탁의 공탁자는 제3채무자이다.

② 민사집행법 제282조의 가압류해방공탁의 공탁자는 가압류채무자이다.

③ 그 외 집행공탁의 공탁자는 집행기관인 집행법원이나 집행관, 또는 추심채권자, 항고인 등이 되는 경우가 있다.

④ 그러나 집행공탁의 성질상 제3자는 공탁자에 갈음하여 공탁할 수 없다. 가압류채무자가 아닌 제3자가 가압류해방공탁금을 공탁할 수 있느냐에 관하여는 나중에 채권자가 채무자에 대한 집행권원을 받아도 그 해방공탁금에 대한 집행을 할 근거가 없게 되므로 부정한다(1998. 9. 8. 법정

3302-321).

(2) 피공탁자

집행공탁에 있어서 피공탁자로 될 자는 원칙적으로 해당 집행채권자이다. 다만, 집행채권자라도 배당절차에서 배당이 완결되어야 피공탁자로서 확정된다. 공탁서에 피공탁자를 기재하지 아니한다.

☞ 판례도 민사집행법 제248조에 의한 집행공탁은 배당절차에서 배당이 완결되어야 피공탁자가 비로소 확정되고, 공탁당시에는 피공탁자의 개념이 관념적으로 존재할 뿐 공탁당시에 피공탁자의 기재는 법원을 구속하는 효력이 없다(대판 1999. 5. 14. 98다62688)고 판시하고 있다.

민사집행법 제282조에 의한 가압류해방공탁의 경우에도 가압류채권자의 권리실행방법에 대하여 판례 및 실무는 공탁금 회수청구권에 대한 집행설에 따르면 공탁자는 원시적으로 있을 수 없으므로 공탁신청서에 피공탁자를 기재해서는 안 된다.

(가) 제3채무자의 압류관련 집행공탁과 피공탁자의 기재

민사집행법 제248조의 집행공탁서에는 원칙적으로 피공탁자를 기재하지 아니한다(배당단계에서 확정되므로).

① 원칙(피공탁자를 기재하지 아니함)

- 금전채권의 전부에 대한 단일의 압류가 있고 제3채무자가 공탁하는 경우
- 금전채권의 일부에 대한 단일의 압류가 있고 제3채무자가 압류금액만을 공탁하는 경우에 피공탁자를 기재하지 아니한다.
- 피공탁자를 기재하지 아니하므로 공탁통지서를 첨부하지 아니한다.
- 피공탁자의 성명, 주소를 기재하지 아니한다.

② 예외(피공탁자를 기재하는 경우)

- 민사집행법상의 제248조 제1항에 의하여 금전채권의 일부에 대한 압류에 대하여 금전채권액을 공탁하는 경우에는 압류된 부분을 제외한 나머지 부분은 변제공탁이므로 피공탁자란에 압류명령의 채무자를 기재한다.
- 민사집행법상의 제291조·제248조 제1항에 의하여 금전채권의 전부 또는

일부에 대한 가압류에 대하여 금전채권 전액 또는 가압류금액만을 공탁하는 경우에는 피공탁자란에 가압류채무자를 기재한다.

- 압류채무자나 가압류채무자에게 발송할 공탁통지서를 첨부한다.
- 피공탁자의 성명, 주소를 기재한다.
  집행공탁 당시에는 피공탁자의 개념이 존재할 뿐이므로 이를 기재할 필요는 없고 공탁원인사실란에 각 압류, 가압류, 배당요구채권자 등을 기재하는 것이 바람직하다.

(나) 가압류해방공탁과 공탁당사자

① 가압류해방공탁의 경우에는 피공탁자는 존재하지 아니한다.

② 가압류해방공탁은 집행채무자인 가압류채무자가 공탁자가 되며 제3자에 의한 가압류해방공탁금의 공탁은 허용되지 아니한다.

라. 보관공탁

보관공탁은 공탁목적물의 보관책임자 또는 그 소지인이 공탁자로서 적격을 가지고 성질상 제3자에 의한 공탁은 허용되지 않는다.

주로 무기명식채권 소지인의 권리행사요건으로 행하여지는 공탁이므로 공탁자는 근거법령에 규정된 무기명식채권 소지인 등이고, 채권의 만족이라고 하는 기능을 갖지 아니하므로 피공탁자는 원시적으로 존재하지 않는다.

마. 몰취공탁

몰취공탁의 공탁자는 소송당사자 또는 법정대리인이 공탁자가 되고(민소법 299조 2항), 상호의 가등기를 신청한 몰취공탁은 회사 또는 발기인 등이 공탁자가 되며, 그 피공탁자는 모두 국가이다.

공탁의 종류에 따른 공탁당사자

<table>
<tr><th colspan="2">구 분</th><th>공 탁 자</th><th>피공탁자</th><th>제3자의 공탁가능 여부</th></tr>
<tr><td rowspan="5">공탁의 종류</td><td>변제공탁</td><td>채무자</td><td>채권자</td><td>○
(물상보증인, 담보부동산의 제3취득자, 연대채무자, 보증인 등)</td></tr>
<tr><td>담보공탁</td><td>• 담보제공의무자
• 납세자(납세담보공탁)
• 영업자(영업보증공탁)</td><td>• 담보권리자
• 과세관청
(납세담보공탁)
• ×(영업보증공탁)</td><td>○
(영업보증공탁은 제외)</td></tr>
<tr><td>집행공탁</td><td>• 집행기관
• 집행당사자
• 제3채무자</td><td>×
(단, 가압류를 원인으로 한 공탁의 경우 예외 있음)</td><td>×</td></tr>
<tr><td>보관공탁</td><td>무기명식채권 소지인 등</td><td>×</td><td>×</td></tr>
<tr><td>몰취공탁</td><td>• 소송당사자
• 법정대리인
• 상호가등기신청인</td><td>국가</td><td>×</td></tr>
</table>

5. 공탁법상의 이해관계인

- 공탁물출급청구시 이해관계인 : 공탁자
- 공탁물회수청구시의 이해관계인 : 피공탁자
- 출급 또는 회수청수시의 보증지급의 경우 이해관계인(공탁규칙 41조) : 공탁자 또는 피공탁자
- 공탁관계서류의 열람 및 사실증명교부청구(공탁규칙 59조)의 이해관계인 : 공탁자와 피공탁자를 제외한 (가)압류채권자, 양수인, 질권자, 체납처분자, 상속인 등

| | 제 2 장　공탁절차 | |

제 1 절　공탁신청절차

1. 공탁절차

공탁신청 절차	① 공탁서 2통 +공탁통지서(피공탁자의 수 만큼의 배달증명을 할 수 있는 우편료를 납입한다. 봉투첨부 불요) ② 접수(사건부) → 조사 → 수리 → 불수리결정 ③ 금전, 유가증권공탁을 수리한 때 공탁물보관자에게 그 내용을 전송한다. 다만, 물품공탁의 경우 공탁물납입서(공탁규칙 26조2항)을 보낸다. ④ 공탁물보관자가 납입받은 후 공탁관에게 납입사실을 전송한다. 다만, 물품납입의 경우에는 공탁물납입통지서를 보낸다(공탁규칙 27조 단서).
공탁물 지급절차	① 공탁물지급청구서 2통 (보관자에게 청구내용을 전송) ② 접수(사건부) → 조사 → 수리 → 불수리결정 ③ 공탁물보관자가 지급 후 지급사실을 공탁관에게 전송한다. 다만, 물품공탁의 경우 지급결과통지서를 공탁관에게 보낸다(공탁규칙 46조).
원본 환부청구	명문으로 규정함(공탁규칙 15조)
첨부서면 생략	같은 사람이 동시에 같은 법원에 일괄신청 …… (공탁규칙 22조)

2. 공탁신청의 의의

공탁신청은 절차의 안정성과 공탁관의 형식적 심사라는 요청에서 법정서식의 공탁서를 작성하여 제출하여야 하는 요식행위이다.

즉, 공탁을 하려고 하는 사람은 2통의 공탁서를 작성하여 관할공탁소(공탁관)에 제출하여야 한다(공탁법 4조, 공탁규칙 20조 1항).

우편에 의한 공탁신청은 공탁서가 분실되거나 업무처리가 지연될 염려가 있으며 공탁규칙 제25조 제1항이 공탁관은 공탁수리 후 공탁서를 공탁자에게 직접 교부하도록 규정하고 있는 취지에 비추어 공탁신청은 우편으로 할 수 없다고 할 것이다(1979. 8. 23. 법정 234호).

따라서 공탁신청은 공탁자 본인이 공탁소에 출석하거나 대리인이 대리권을 증명하는 서면(위임장)을 첨부하여 대리인이 출석하여야 한다. 변호사·법무사 사무원이 본직의 사자로서 공탁신청을 하는 것은 허용된다.

3. 일괄공탁신청

공탁은 1건마다 별도의 공탁서를 작성하여 제출하는 것이 원칙이다. 다만, 공탁당사자가 같고 공탁원인사실에 공통성이 있는 경우(수개월분의 차임공탁 등) 또는 공탁당사자가 다르더라도 공탁원인사실에 공통성이 있는 경우(형사사건의 피해자가 여러 명이고 주소지가 모두 같은 공탁소 소재지로 되어 있는 경우의 손해배상공탁 등)에는 1통의 공탁서를 작성 제출하여 공탁할 수 있다(2005. 7. 12. 공탁법인과-297).

※ 일괄신청과 일괄지급청구

① 국민저축조합저축 미환급잔액의 일괄공탁신청(행정예규 제508조 2003. 2. 24)

② 일괄공탁의 (지급)청구에 대한 규정은 공탁규칙 제33조와 예규(2001. 6. 14. 450호)있음.

③ 소멸시효로 국고귀속된 공탁금에 대한 일괄지급청구(공탁규칙 56조 2항)

4. 공탁서 작성

가. 공탁서의 기재사항(공탁규칙 제20조 제2항)

공탁규칙 제20조(공탁서)

① 공탁을 하려는 사람은 공탁관에게 공탁서 2통을 제출하여야 한다.

② 제1항의 공탁서에는 다음 각 호의 사항을 적고 공탁자가 기명날인하여야 한다. 그러나 대표자나 관리인 또는 대리인이 공탁하는 때에는 그 사람의 주소를 적고 기

명날인하여야 하며, 공무원이 그 직무상 공탁하는 경우에는 소속 관서명과 그 직을 적고 기명날인하여야 한다.

1. 공탁자의 성명(상호, 명칭)·주소(본점, 주사무소)·주민등록번호(법인등록번호)
2. 공탁금액, 공탁유가증권의 명칭·장수·총 액면금(액면금이 없을 때에는 그 뜻)·기호·번호·부속이표·최종상환기, 공탁물품의 명칭·종류·수량
3. 공탁원인사실
4. 공탁을 하게 된 관계법령의 조항
5. 공탁물의 수령인(이하 "피공탁자"라 한다)을 지정해야 할 때에는 피공탁자의 성명(상호, 명칭)·주소(본점, 주사무소)·주민등록번호(법인등록번호)
6. 공탁으로 인하여 질권, 전세권, 저당권이 소멸하는 때는 그 질권, 전세권, 저당권의 표시
7. 반대급부를 받아야 할 경우에는 그 반대급부의 내용
8. 공탁물의 출급·회수에 관하여 관공서의 승인, 확인 또는 증명 등을 필요로 하는 경우에는 해당 관공서의 명칭
9. 재판상의 절차에 따른 공탁의 경우에는 해당 법원의 명칭과 사건명
10. 공탁법원의 표시
11. 공탁신청 연월일

(1) 공탁자의 성명·주소·주민등록번호

- **법인 자체를 기재**(법인의 대표자) : 공탁자가 법인인 경우에는 법인 자체를 기재하는 것이지, 대표자를 기재하지 아니한다. 이는 아래의 신청인란에 대표자나 관리인 또는 대리인에 의하여 공탁하는 때에는 그 자의 주소를 쓰고 기명날인하여야 하며, 공무원이 그 직무상 공탁하는 경우에는 그 직·소속관서명을 쓰고 기명날인하여야 하다.
- **대 리 인** : 법인이 대리인에 의하여 공탁을 하는 때에도 신청인란에 대리인의 자격, 성명, 주소를 기재할 것이지 공탁자란에 대표자의 주소·성명을 기재할 필요가 없다. 마찬가지로 대리인에 의하여 공탁을 하는 경우에는 공탁서의 "공탁서란"에 대리인의 주소·성명을 기재하지 아니한다.

  변호사나 법무사가 대리인인 경우에는 변호사나 법무사의 표시를 하고 성명을 적고, 주소란에는 사무소 소재지를 적으면 된다.

  ☞ 공탁물지급청구서와는 달리 공탁서에 공탁자 또는 대리인 등이 날인한 인감증명법이나 상업등기법에 의하여 신고 또는 제출된 인감이 아니라도 무방하다.

- 주민등록번호
- 국가나 지방자치단체 : 고유번호를 기재한다.
- 여권번호 등 : 외국인의 경우에는 여권번호, 외국인등록번호, 국내거소신고번호를 기재한다.
- 여권번호 : 재외국민의 경우에는 여권번호로 대신할 수 있다.
- 제3자의 성명, 주소 등 : 제3자가 공탁하는 경우 제3자의 성명·주소·주민등록번호 등을 기재하고, 변제공탁은 원인사실란에, 재판상공탁은 비고란에 제3자로서 공탁한다는 취지를 기재하여야 한다.
- 상호(명칭), 주사무소(명칭) 등 : 법인 또는 법인 아닌 사단이나 재단의 경우에는 그 상호(명칭)·본점(주사무소)·법인등록번호를 적고, 국가나 지방자치단체의 경우 고유번호를 적는다.
- 타인의 재산관리인 : 재산관리인이 공탁자이므로 그 재산관리인의 성명·주소·주민등록번호를 등을 기재한다.

(2) 공탁물의 표시

- 공탁금액 기재 : 공탁서와 출급, 회수청구서의 금액의 기재는 한글과 아라비아숫자를 병기한다. 공탁금액란의 금전에 관한 숫자는 정정·추가나 삭제하지 못하나, 공탁원인사실란의 금전에 관한 숫자는 정정·추가·삭제를 할 수 있다(공탁규칙 12조 2항).
- 공탁유가증권의 명칭·총 액면금(액면금이 없는 때에는 그 취지)·기호·번호장수를 기재하며, 부속이표 및 최종상환기가 있는 경우에는 그것도 기재하여야 한다.
- 공탁물품란에 공탁물의 명칭·종류·수량을 기재한다.

(3) 공탁원인사실

당해 공탁근거법령의 공탁요건사실을 기재(출급절차를 적정하게 할 정도로 구체적으로 기재)한다. 제3자에 의한 변제공탁의 경우에는 제3자가 이해관계 있는 때에는 이해관계의 내용을 구체적으로 기재한 다음 제3자로서 채무자에 갈음하여 공탁한다고 기재한다. 이해관계 없는 때에는 채무자의 동의를 얻어 제3자로서 채무자에 갈음하여 공탁한다고 기재한다.

판례 토지수용보상금의 피보상자 불확지를 사유로 공탁하는 경우에는 그 불확지 사유를 공탁원인사실에 구체적으로 기재하여야 한다. 토지수용보상금 지급청구권에 대한 압류 또는 가압류 등을 사유로 공탁하는 경우에는 공탁원인사실에 그 압류 또는 가압류의 내용을 구체적으로 명시하여야 한다.

- 이러한 공탁을 수리한 공탁관은 원표에 압류, 가압류 등의 사실을 기재하고 공탁금출금청구권에 대한 압류, 가압류가 있는 경우에 준하여 처리하여야 한다(행정예규 149호 참조).

(4) 공탁을 하게 된 관계법령의 조합(공탁근거법령)

- 공탁원인 사실에 합당하게 기재하여야 함은 물론 다른 종류의 공탁과 구별할 수 있을 정도로 기재할 것을 요한다(예 : 공익사업을위한토지등의취득및보상에관한법률의 경우, 제40조 제2항 몇 호까지를 기재한다).
- 수개의 법조항이 하나의 공탁근거법령을 이루고 있는 경우에는 이를 모두 기재한다{예 : 가압류보증공탁의 경우, 민사집행법 제280조(기본규정 또는 담보규정) 이외에 민사소송법 제122조를 준용한다는 민사집행법 제19조 제3항(연결규정)과 그 담보는 금전 또는 유가증권으로 공탁할 수 있다는 민사소송법 제112조(공탁규정)를 모두 기재하여야 한다}.

(5) 피공탁자의 성명·주소·주민등록번호(법인인 경우 법인등록번호)

이는 모든 공탁서의 공통적 기재사항이 아니다.

(가) 피공탁자의 지정을 요할 때

- 개인인 경우 : 주민등록상의 주소·성명을 기재하고 주민등록등본 등 주민등록번호의 기재를 확인할 수 있는 자료를 첨부된 경우에 한하여 주민등록번호도 병기하여야 한다.
- 피공탁자가 미성년자인 경우 : 법정대리인을 기재하는 것이 아니라 미성년자를 기재한다.
- 국가인 경우 : "대한민국(소관청 : ○○○)"와 같이 소관청을 첨기하고, 공탁통지서는 소관청의 장에게 발송할 것이다.

- 피공탁자가 법인 또는 비법인사단·재단인 경우 : 명칭·주사무소·법인등록번호를 기재하되 대표자는 기재하지 않는다(선례).

※ 판례는 매도인을 대리하여 매매잔대금의 수령권한을 가진 자를 피공탁자로, 또한 법인의 대표자는 공탁물수령자로 지정하여 공탁한 경우도 유효하다고 본다.

- 재판상 보증공탁 기타의 손해담보공탁으로서 공탁 당시에 손해담보된 자가 특정될 수 있는 경우에는 공탁서에 손해담보권자를 피공탁자로 기재하여야 한다(행정예규 129호).

(나) 불확지의 경우

- 피공탁자가 상대적으로 특정되는 불확지 변제공탁의 경우에는 "갑(주소병기) 또는 을(주소병기)" 이나 "망 OOO(주소병기)의 상속인"의 예에 따라 기재하며, 토지수용의 경우 보상금을 받을 자를 전혀 알 수 없어 절대적 불확지 변제공탁을 하는 경우에는 "피수용자 불명"이라고 기재한다.
- 수용대상토지에 대하여 담보물권, 가압류, 경매개시 등의 등기가 되어 있는 때에도 피공탁자는 토지소유자이므로 피공탁자란에는 토지소유자만 기재하면 되고 담보물권자, 가압류채권자, 경매신청인 등은 기재할 필요가 없다(1992. 10. 21. 법정-1826).

(다) 피공탁자가 특정될 수 없는 경우

- 영업보증공탁, 보관공탁, 압류경합의 집행공탁의 경우 피공탁자를 기재하지 않으므로 그 주소, 성명을 기재하지 않는다.
- 집행공탁의 경우 공탁금 출급청구권을 당해 집행채권자만 갖는 것이 아니므로 공탁시 피공탁자의 성명, 주소를 기재할 필요가 없다(배당단계에서 확정되므로).

(라) 주소불명인 경우

- 채권자의 주소불명으로 인한 수령불능을 원인으로 한 변제공탁시에는 채권자의 말소된 주민등록등·초본에 나타난 최후주소지를 기재하면 되고, 주민등록표상의 주소를 알 수 없다면 판결문이나 등기부 등의 주소지를 기재할 수 있을 것이다. 이 경우 피공탁자의 주소는 불명으로 기재하되

괄호 안에 확인된 주소를 기재하여야 한다.

(6) 공탁으로 인하여 소멸하는 질권·전세권·저당권의 표시

이는 변제공탁의 특수한 기재사항이다. 공탁으로 소멸하는 질권 또는 저당권을 공탁서의 해당란에 기재하지 않아도 공탁원인사실란에 그 공탁으로 인하여 특정 질권 또는 저당권 등이 소멸하는 취지의 기재가 있는 경우에는 공탁자는 역시 공탁물을 회수할 수 없게 된다.

(7) 반대급부의 내용

(가) 원 칙

채무자와 채권자 사이에 서로 상대방이 그 채무이행을 제공할 때까지 자기의 채무이행을 거절할 수 있는 "동시이행의 관계"에 있는 경우 공탁자는 공탁서의 "반대급부의 내용"란에 반대급부의 내용을 기재할 수 있다. 반대급부의 내용이 공탁서에 기재된 경우에는 피공탁자는 변제공탁서의 특유한 기재사항으로서 반대급부 이행증명서면을 첨부하지 않으면 공탁물을 수령할 수 없다. 한편 본래의 채권에 부착되지 않은 반대급부의 내용을 기재한 경우에는 공탁 '전체'가 무효이다.

※ 토지수용의 경우에는 반대급부이행을 기재하지 아니한다.

(나) 예 외

사업시행자(기업자)가 토지수용보상금을 공탁하는 경우에 수용대상토지에 대한 전세권, 저당권 등 각종의 권리는 토지수용보상금채권을 담보하는 권리가 아니고 또한 위 토지를 원시취득함에 따라 수용개시일에 당연히 소멸되는 것이므로, 피공탁자가 아닌 관계인(토지수용법 4조 3항) 명의로 수용대상토지에 등기된 지상권, 전세권, 저당권, 지역권, 임차권 등은 '공탁으로 소멸하는 질권, 전세권 또는 저당권'란에 기재할 사항은 아니며, 그 권리자도 '피공탁자'란에 기재하여서는 안 된다(행정예규 149조 참조).

(8) 관공서의 명칭

영업보증공탁에 있어서 공탁물의 출급 또는 회수에 관하여 관공서의 승인,

확인 또는 증명 등을 필요로 하는 경우에는 공탁서의 '관공서의 명칭과 건명(허가번호 등)'란에 당해 관공서의 명칭과 관련번호 등을 기재한다.

예컨대, 영업허가를 받은 후 법령 또는 허가관청의 부관에 의하여 영업보증금을 공탁하는 경우에는 "기획재정부장관 허가 제OOO호의 예와 같이 영업감독관청의 명칭과 허가번호를 기재한다.

(9) 법원의 명칭과 사건명

재판상 담보공탁의 기재사항이다. 예컨대, 강제집행정지를 위한 담보공탁의 경우에는 "OO법원 20OO카정 OOO호 강제집행정지 신청사건"등으로 기재한다.

(10) 공탁법원의 표시

관할공탁소를 기재한다.

※ 금전변제공탁의 경우 팩스에 의한 공탁의 경우에는 접수공탁소에 제출이 허용된 때에도 관할공탁소는 접수공탁소가 아니라 관할공탁소를 기재한다.

(11) 신청인의 기명날인 또는 서명(무인)

인감도장이 아니어도 된다. 날인제도가 없는 외국인은 서명만으로 대신한다.

법인이 대리인에 의하여 공탁을 하는 때에도 신청인란에 대리인의 자격, 성명, 주소를 기재한다. 변호사가 법무사가 대리인인 경우에도 변호사나 법무사의 표시를 하고 그 성명을 기재하면 되고, 주소란에는 그 사무소 소재지를 기재하면 된다.

공탁물지급청구서와는 달리 공탁서에 공탁자 또는 대리인 등이 날인한 인영은 인감증명법이나 비송사건절차법에 의하여 신고 또는 제출된 인감이 아니어도 된다.

(12) 공탁신청연월일

공탁서를 현실로 제출하는 연월일을 기재한다.

공탁규칙 제11조(날인에 갈음하는 서명 등)

① 공탁관에게 제출하는 서면에 날인하여야 할 경우에는 서명으로 갈음할 수 있고, 날인이나 서명을 할 수 없을 때에는 무인으로 할 수 있다.

② 제1항은 제출하는 서면에 인감을 날인하고 인감증명서를 첨부하여야 하는 경우에는 적용하지 아니한다.

[서식 1] 금전공탁서(변제 등)

[제1-1호 양식]

금 전 공 탁 서(변제 등)

<table>
<tr><td colspan="2">공 탁 번 호</td><td>년 금 제 호</td><td colspan="2">년 월 일 신청</td><td>법령조항</td><td></td></tr>
<tr><td rowspan="4">공
탁
자</td><td>성 명
(상호, 명칭)</td><td></td><td rowspan="4">피
공
탁
자</td><td>성 명
(상호, 명칭)</td><td colspan="2"></td></tr>
<tr><td>주민등록번호
(법인등록번호)</td><td></td><td>주민등록번호
(법인등록번호)</td><td colspan="2"></td></tr>
<tr><td>주 소
(본점, 주사무소)</td><td></td><td>주 소
(본점, 주사무소)</td><td colspan="2"></td></tr>
<tr><td>전화번호</td><td></td><td>전화번호</td><td colspan="2"></td></tr>
<tr><td colspan="2" rowspan="2">공 탁 금 액</td><td>한글</td><td colspan="2" rowspan="2">보 관 은 행</td><td colspan="2" rowspan="2">은행 지점</td></tr>
<tr><td>숫자</td></tr>
<tr><td colspan="2">공탁원인사실</td><td colspan="5"></td></tr>
<tr><td colspan="2">비고(첨부서류 등)</td><td colspan="5">□ 계좌납입신청
□ 공탁통지 우편료 원</td></tr>
<tr><td colspan="3">1. 공탁으로 인하여 소멸하는 질권, 전세권 또는 저당권
2. 반대급부 내용</td><td colspan="4"></td></tr>
<tr><td colspan="7">위와 같이 신청합니다. 대리인 주소
전화번호
공탁자 성명 인(서명) 성명 인(서명)</td></tr>
<tr><td colspan="7">위 공탁을 수리합니다.
공탁금을 년 월 일까지 위 보관은행의 공탁관 계좌에 납입하시기 바랍니다.
위 납입기일까지 공탁금을 납입하지 않을 때는 이 공탁 수리결정의 효력이 상실됩니다.
년 월 일
법원 지원 공탁관 (인)</td></tr>
<tr><td colspan="7">(영수증) 위 공탁금이 납입되었음을 증명합니다.
년 월 일
공탁금 보관은행(공탁관) (인)</td></tr>
</table>

[별지 1-1]

일괄청구목록(금전공탁)

공탁번호	공탁금액	공탁자		피공탁자	
		성명 (상호, 명칭)	주민등록번호 (법인등록번호)	성명 (상호, 명칭)	주민등록번호 (법인등록번호)
년금제 호	한글 원 숫자 원				
년금제 호	한글 원 숫자 원				
년금제 호	한글 원 숫자 원				
년금제 호	한글 원 숫자 원				

[별지 2-1]

청구내역 목록(금전공탁)

공탁번호	청구금액	이자의 청구기간	이자 금액	합계금액	비 고
년금제 호	한글 원 숫자 원		(은행)	(은행)	
년금제 호	한글 원 숫자 원		(은행)	(은행)	
년금제 호	한글 원 숫자 원		(은행)	(은행)	
합계 건	한글 원 숫자 원		합계 원	합계 원	

※ '이자 금액' 및 '합계금액' 란은 보관은행에서 기재함.

※ 1. 서명 또는 날인을 하되, 대리인이 공탁할 때에는 대리인의 성명, 주소(자격자대리인은 사무소)를 기재하고 대리인이 서명 또는 날인하여야 합니다. 전자공탁시스템을 이용하여 공탁하는 경우에는 날인 또는 서명은 인증서에 의한 전자서명 방식으로 합니다.

2. 공탁당사자가 국가 또는 지방자치단체인 경우에는 법인등록번호란에 '고유번호'를 기재하시기 바랍니다.

3. 피공탁자의 주소를 기재하는 경우에는 피공탁자의 주소를 소명하는 서면을 첨부하여야 하고, 피공탁자의 주소를 알 수 없는 경우에는 그 사유를 소명하는 서면을 첨부하여야 합니다.

4. 공탁통지서를 발송하여야 하는 경우, 공탁금을 납입할 때 우편료(피공탁자 수 × 1회 발송)도 납부하여야 합니다(공탁신청이 수리된 후 해당 공탁사건번호로 납부하여야 하며, 미리 예납할 수 없습니다).

5. 공탁금 회수청구권은 소멸시효 완성으로 국고에 귀속될 수 있습니다.

6. 공탁서는 재발급되지 않으므로 잘 보관하시기 바랍니다.

7. 공탁원인사실 기재례

(1) 공탁자는 피공탁자에게 금 5,000,000의 차용금 채무가 있는 바, 피공탁자는 위 금원의 채권을 공사대금 10,000,000원의 지급채무가 있는 홍길동에게 본건 차용금을 담보로서 제공한(채권질) 뜻을 통지를 받았음. 공탁자는 20OO. O. O. 차용한 금 5,000,000원의 변제기가 도래하였으나 위 공사대금의 변제기는 아직 도래하지 아니하였으므로 질권자인 홍길동의 청구에 의하여 변제를 위한 공탁을 함(※ 공탁법령조항기재란 : 민법 제353조 제3항).

(2) 20OO. O. O. 채권자 홍길동, 채무자 이몽룡(공탁자)간 금 10,000,000만원의 소비대차의 채무가 있어 채무자인 공탁자는 채권자인 피공탁자(공탁물을 수령할 자)에게 변제키 위하여 원금 및 법정이자 합계금 11,620,000원을 제공하여도 그 수령을 거절하므로 변제를 위하여 공탁함(※ 공탁법령조항기재란 : 민법 제487조).

(3) 공탁자는 20OO. O. O. 피공탁자로부터 금 10,000,000원을 차용하면서 아래와 같이 금전소비대차약정을 체결하였음. ① 이자 : 연 12%, ② 변제기 : 20OO. O. O. ③ 지급장소 : 채권자의 주소지, 공탁자는 위 변제기일에 원리금 합계 11,000,000원을 지급장소에서 피공탁자에게 현실제공하였으나 수령을 거절하므로 상기금액을 공탁함(※ 공탁법령조항기재란 : 민법 제487조).

(4) 공탁자는 20OO. O. O. 피공탁자(채권자)와의 사이에 아래와 같이 금전소비대차약정을 체결하였음. ① 금 10,000,000원, ② 이자 : 연 12%, ③ 변제기 : 20OO. O. O. ④ 지급장소 : 채권자의 주소지, 공탁자는 위 변제기일에 원리금 합계 12,000,000원을 변제하기 위하여 지급장소인 피공탁자의 주소지에 찾아 갔으나 피공탁자가 연락조차 되지 않으므로 부득이 공탁함(※ 공탁법령조항기재란 : 민법 제487조).

(5) 공탁자는 20OO. O. O. 피공탁자(채권자) OOO과의 사이에 금 10,000,000원을, 변제기 20OO. O. O. 이자 연 12%, 지급장소 채권자의 주소지로 각 정한 금전소비대차계약을 체결하면서 위 계약에 의하여 발생한 채무를 담보하기 위하여 공탁자 소유의 OO시 OO구 OO동 OOO 대 120㎡에 대하여 근저당권(OO지방법원 20OO. O. O. 접수 제OOO호 순위 1번의 근저당권)을 설정하여 주기로 하되, 특약사항으로 위 변제기에 공탁자의 채무변제와 동시에 피공탁자는 위 근저당권설정등기말소에 필요한 일체의 서류를 교부하기로 약정하였음. 그러나 피공탁자는 위 변제기일에 공탁자가 채무자를 변제하기 위하여 그 지급장소인

피공탁자의 주소지에서 근저당권설정등기말소에 필요한 일체의 서류를 공탁자에게 교부할 것과 함께 원리금 합계 12,000,000원을 현실제공하였으나 그 수령을 거절하므로 공탁함(※ 공탁법령조항기재란 : 민법 제487조).

(6) 공탁자는 20OO. O. O. 차용한 금 2,000,000원의 채무가 있어 채권자에게 원금 및 이자 합계금 2,100,000원을 변제코자 하여도 피공탁자 홍길동의 소재가 불명하여 변제를 위하여 공탁함(※ 공탁법령조항기재란 : 민법 제487조).

(7) 공탁자는 20OO. O. O. 공탁자 사무소에서 공탁자의 피용자인 피공탁자에게 20OO. O.분 급여 금 1,500,000원의 지급을 위하여 현실제공하였으나 송금액에 불복하여 그 수령을 거절하므로 공탁함(※ 공탁법령조항기재란 : 민법 제487조).

(8) 공탁자는 피공탁자에 대하여 고용계약에 따른 급여를 지급하여야 할 의무가 있는바, 20OO. O. O.월분의 급여금 공탁자의 사무소에서 피공탁자에게 현실제공하였으나 그 수령을 거절하므로 공탁함(※ 공탁법령조항기재란 : 민법 제487조).

(9) 피공탁자는 20OO. O. O. 공탁자 OO주식회사를 퇴직하였으므로 공탁자는 같은 날 지급장소인 공탁자 사무소에서 피공탁자에게 퇴직금 1,500,000원을 지급하기 위하여 현실제공하였으나, 그 수령을 거부하므로 공탁함(※ 공탁법령조항기재란 : 민법 제487조).

(10) 피공탁자는 20OO. O. O. 피공탁자가 공탁자회사를 퇴직하였으므로 퇴직금을 지급하여야 할 의무가 있는바, 20OO. O. O. 공탁자의 사무실에서 소득세 등 원천징수세액을 공제한 퇴직금을 피공탁자에게 현실제공하였으나 그 수령을 거부하므로 공탁함(※ 공탁법령조항기재란 : 민법 제487조).

(11) 공탁자는 20OO. O. O. 피공탁자에 대하여 권고해직처분을 하면서 30일분의 통상임금에 해당하는 1,500,000원을 해고예고수당으로 피공탁자의 급여계좌에 입금시켰으나 피공탁자가 그 수령을 거부하므로 공탁함(※ 공탁법령조항기재란 : 민법 제487조).

(12) 공탁자는 OO지방법원 20OO가단 OOO호 약속어음금 청구사건의 판결에 기하여 피공탁자에게 약속어음금 및 이자의 합계 2,100,000원을 변제코자 현실제공하여도 그 수령을 거절하므로 공탁함(※ 공탁법령조항기재란 : 민법 제487조).

(13) 공탁자는 20OO. O. O. 액면금 30,000,000원, 지급기일 20OO. O. O. 지급지 및 지급장소 OO시, 수취인 피공탁자로 하여 약속어음 1매를 발행하여 피공탁자에게 교부하였으나 그 지급기일에 지급을 위한 제시가 없으므로 상기 금액을 공탁함(※ 공탁법령조항기재란 : 어음법 제77조, 제42조).

(14) 공탁자는 피공탁자로부터 20OO. O. O. OO시 OO구 OO동 OOO 대 60㎡에 대하여 대금 100,000,000원에 매수하는 매매계약을 체결하고 계약금 10,000,000원, 20OO. 4. 5. 중도금 40,000,000원을 각 지급하였다. 잔대금 50,000,000만원은 20OO. 5. 5. 위 부동산의 소유권이전등기절차이행에 필요한 일체의 서류 교부와 동시에 피공탁자의 주소지에서 지급하기로 하여 그냥 위 장소에서 위 금원을 현실제공하였으나 대금의 증액을 요구하며 그 수령을 거절하므로 공탁함.

(15) 공탁자와 피공탁자는 20OO. 7. 15. OO시 OO구 OO로 OO(OO동) 소재 1층 주택 98㎡에 대하여 매매대금 250,000,000원에 매매계약을 체결한 후 공탁자는 피공탁자에게 계약내용에 따라 계약금 및 중도금 150,000,000원을 지급한 후 잔금지급기일인 20OO. 8. 20.에 나머지 잔대금 100,000,000원을 현실제공하였으나 피공탁자가 그 수령을 거부하므로

위 잔대금 100,000,000원을 공탁함.

(16) 공탁자는 피공탁자와 20OO. 8. 20. OO시 OO구 OO동 OOO 대 120㎡에 대하여 대금 300,000,000원, 지급기일 20OO. 9. 20. 지급장소 피공탁자의 주소지로 정하여 부동산매매계약을 체결하였는바, 공탁자는 위 부동산매매계약에 따라 지급기일에 채무이행지인 피공탁자의 주소지에서 매매대금 300,000,000원을 현실제공하였으나 그 수령을 거절하므로 공탁함.

(17) 공탁자는 20OO. O. O. 피공탁자와의 사이에 피공탁자 소유의 OO시 OO구 OO동 OOO 대 200㎡에 관하여 금 300,000,000원으로 정한 매매계약을 체결함과 동시에 계약금 30,000,000원을 지급하고, 잔대금 270,000,000원에 관하여는 20OO. O. O. 피공탁자의 주소지에서 지급하기로 약정하였는바, 그 후 공탁자는 위 잔대금 지급기일에 이르러 피공탁자의 주소지에서 위 잔대금을 지급하고자 하였으나, 피공탁자는 공탁자를 상대로 OO지방법원 20OO가합 OOOO 매매계약무효확인소송을 제기하여 위 금원을 현실제공하여도 피공탁자가 그 수령을 거절하므로 공탁함(※ 공탁법령조항기재란 : 민법 제487조)

(18) 20OO. O. O. 매도인 홍길동, 매수인 공탁자간 OO시 OO구 OO동 OOO 대 930㎡에 대한 매매계약에 의하여 토지잔대금 10,000,000원을 공탁자는 매도인 홍길동에게 변제코자 하나 동인은 20OO. O. O. 사망하여 그 재산상속인이 누구인지 알 수 없으므로 변제를 위하여 공탁함(※ 공탁법령조항기재란 : 민법 제487조).

(19) 20OO. O. O. 매도인 홍길동, 매수인 공탁자간의 매매계약에 의하여 OO시 O구 OO동 OOO 대 930㎡ 외 2 필지의 토지를 금 50,000,000원으로 매수하고 같은 날 계약금으로 5,000,000원을 지급하였는바, 동 토지에 대하여 OO로 OO(OO동) 이몽룡으로부터 소유권을 주장하며, 그 인도를 요구하므로 공탁자는 잔대금의 지급을 거절하나 매도인은 대금의 공탁을 청구하므로 잔대금 전부를 공탁함(※ 공탁법령조항기재란 : 민법 제589조, 제588조).

(20) 공탁자는 피공탁자와 20OO. O. O. OO시 OO구 OO동 OOO 대 950㎡에 대하여 매매대금 550,000,000원으로 정하여 같은 날 계약금으로 50,000,000원을 수령하였는바, 동 매매계약은 피공탁자의 사기로 인한 것이었으므로 공탁자는 동월 15일 동 매매계약 의사표시를 취소한다는 뜻의 내용증명우편을 발송하여 동월 16일 피공탁자에게 도달되었다. 그리하여 동월 17일 수령한 계약금 50,000,000원을 피공탁자 주소지에서 반환하기 위하여 현실제공 하였으나, 그 수령을 거부하므로 공탁함(※ 공탁법령조항기재란 : 민법 제487조).

(21) 공탁자는 피공탁자와 20OO. O. O. OO시 OO구 OO로 OO(OO동) 시멘트 블록조 스레트 지붕 1층 97㎡에 대하여 매매계약을 체결하고 같은 날 공탁자는 피공탁자로부터 계약금 20,000,000원을 수령하였으나 공탁자의 사정으로 인하여 그 이행을 할 수 없어 공탁자는 20OO. O. O. 매매계약 해제의 뜻을 통지하고 계약금의 배액인 금 40,000,000원을 반환하기 위하여 피공탁자의 주소지에서 현실제공하였으나 그 수령을 거절하므로 공탁함(※ 공탁법령조항기재란 : 민법 제487조).

(22) 공탁자는 20OO. O. O. 공탁외 주식회사 OO 사이에 계속적 물품공급계약을 체결하였고, 피공탁자는 공탁자의 부탁으로 주식회사 OO의 공탁자에 대한 물품공급계약상의 채무를 보증하였는데, 피공탁자는 20OO. O. O. 공탁자에 대하여 사전구상권을 행사한바, 이에 대하여 공탁자는 상기 금액을 별첨 공탁내역서 기재와 같이 공탁함(※ 공탁법령조항기재란

: 민법 제443조).

(23) 공탁자는 2011. 7. 20.에 액면금 50,000,000원, 지급지 및 발행지 각 서울특별시, 지급기일 2011. 9. 10.로 된 약속어음 1매를 발행하여 피공탁자에게 교부하였으나, 피공탁자가 위 지급제시일 및 그 거래일 내에 그 지급제시가 없어 이를 공탁함.

(24) 공탁자가 피공탁자 소유의 OO시 OO구 OO로 OO(OO동) 소재 점포 67㎡에 대한 월 임료 1,500,000원을 매월 말일에 현실제공하여 왔었으나 피공탁자가 그 수령을 거부하므로 20OO년 8. 9.월분 임료를 공탁함.

(25) 공탁자는 피공탁자의 소유인 OO시 OO구 OO로 OO(OO동) 소재 주택에 대하여 20OO. O. O. 보증금 50,000,000원, 월세 2,000,000원, 지급기일 매월말일, 지급장소 임대인의 주소지로 정하고 임차하였는데 밀린 월세 4,000,000원을 지급하고자 현실제공하였으나 그 수령을 거절하므로 공탁함(※ 공탁법령조항기재란 : 민법 제487조).

(26) 공탁자는 피공탁자로부터 OO시 OO구 OO동 OOO번지 주차장에 대하여 보증금 50,000,000원에 월세 2,000,000원을 매월 말일로 정하여 지급하기로 하고 임차하였는바, 피공탁자는 월세를 2,500,000원으로 증액할 것을 요구하므로 공탁자는 동 월세의 인상에 응할 수 없음을 통보하고 피공탁자는 종전 월세의 수령을 거부하므로 2,000,000원을 20OO. O. O.에 피공탁자의 주소지를 찾아가 현실제공하였으나 그 수령을 거부하므로 공탁함(※ 공탁법령조항기재란 : 민법 제487조).

(27) 공탁자는 20OO. O. O. 피공탁자에게 OO시 OO구 OO로 OO(OO동) 점포 1동 150㎡에 관하여 임대보증금 50,000,000원, 월 임차료 1,000,000원, 임대기간 20OO. O. O.부터 2년간으로 정하여 임대하였던바, 공탁자는 20OO. O. O.자로 임대차계약기간이 만료되어 이를 해지하고 피공탁자에게 반환해야 할 금원 중 연체된 차임 및 전기요금, 수도요금 등 금 8,000,000원을 공제하고 남은 임대보증금 42,000,000원을 반환하고자 현실제공하였으나 그 수령을 거절하므로 공탁함(※ 공탁법령조항기재란 : 민법 제487조).

(28) 공탁자는 피공탁자로부터 OO시 OO구 OO로 OO(OO동) 소재의 점포 1동 186㎡에 대하여 월 임차료 2,000,000원, 지급기일 매월 말일, 지급장소 피공탁자의 주소지로 정하여 임차하였는 바, 피공탁자는 종전의 임료에 300,000원을 증액해 줄 것을 요구하므로 공탁자는 피공탁자에게 임료의 증액분 200,000원을 임료에 가산하여 20OO년 O월분을 현실제공하였으나, 그 수령을 거부하므로 공탁함(※ 공탁법령조항기재란 : 민법 제487조).

(29) 공탁자는 피공탁자로부터 OO시 OO구 OO로 OO(OO동) 점포 1동에 대하여 월 임차료 1,000,000원, 지급기일 매월 말일, 지급장소 피공탁자의 주소지로 정하여 임차하였던바, 공탁자는 20OO년 O월분의 임료를 현실 제공하였으나, 기간만료에 대한 법정갱신을 거절하고 갱신조건으로 다액의 임대료 증액을 요구하였으므로, 공탁자는 현실제공하였으나 그 수령을 거절하므로 공탁함(※ 공탁법령조항기재란 : 민법 제487조).

(30) 공탁자는 공탁자의 OO시 OO구 OO로 OO(OO동)의 사무실 168㎡에 관하여 보증금 50,000,000원, 월 임차료 2,000,000원으로 정하여 임대하였는바, 공탁자는 20OO. O. O. 임대차가 종료되어 보증금 중 밀린 임대료 4,000,000원을 공제하고 잔금 46,000,000원을 피공탁자에게 현실제공하였으나 그 수령을 거절하므로 공탁함(※ 공탁법령조항기재란 : 민법 제487조).

(31) 공탁자는 20OO. O. O. 임대인 OOO로부터 OO시 OO구 OO로 OO(OO동) 점포 130㎡

에 대하여 임대차보증금 30,000,000원, 임대차기간 20OO. O. O.부터 2년간, 월 차임료 금 400,000원, 지급기일 매월 말일, 지급장소 위 주소지로 정하여 임차하였던바, 공탁자는 20OO. O.월분 차임 400,000원을 위 지급장소에서 현실제공하려고 하였으나 임대인은 20OO. O.경 사망하고 그 상속인의 성명, 주소 등을 알지 못하여 변제하고자 공탁함(※ 공탁법령조항기재란 : 민법 제487조).

(32) 피공탁자는 공탁자가 피공탁자를 상대로 한 OO시 OO구 OO로 OO(OO동) 소재 3층 건물에 관하여 임대차계약해지를 원인으로 한 OO지방법원 20OO가합 OOO호 건물인도 및 손해배상 청구소송의 반소로서 공탁자를 상대로 같은 법원 20OO가합 OOOO호 보증금반환 청구소송을 제기한바, 위 반소청구부분에 관하여 20OO. O. O. "원고는 피고에게 50,000,000원을 지급하라"는 반소청구 일부 인용판결이 선고되고 확정됨으로써 공탁자는 위 금원을 피공탁자에게 현실 제공하였으나 그 수령을 거절하므로 공탁함(※ 공탁법령조항기재란 : 민법 제487조).

(33) 공탁자는 피공탁자로부터 20OO. 5. 25. OO시 OO구 OO동 산86 임야 7934㎡에 대하여 연 임차료 1,000,000원으로 정하여 임차하였는바, 공탁자는 피공탁자에게 3년 간의 밀린 임차료 3,000,000원을 현실 제공하였으나 그 수령을 거절하므로 공탁함(※ 공탁법령조항기재란 : 민법 제487조).

(34) 공탁자는 OO지방법원 20OO카확 OO 소송비용확정신청 사건의 20OO. 6. 10. 확정된 소송비용확정결정정본에 기한 1,000,000원을 피공탁자에게 현실 제공하였으나 그 수령을 거절하므로 공탁함(※ 공탁법령조항기재란 : 민법 제487조).

(35) 공탁자가 피공탁자를 상대로 제기한 OO지방법원 20OO가단 OOO 건물인도 청구사건에서 피공탁자가 공탁자에게 위 사건에 관한 건물을 인도하여 공탁자가 위 사건을 취하함에 따라 피공탁자가 공탁자를 상대로 같은 법원 20OO카확 OO 소송비용확정결정신청에 의한 소송비용액 1,000,000원을 청구함으로써 공탁자는 위 돈을 피공탁자에게 현실 제공하였으나 그 수령을 거절하므로 공탁함(※ 공탁법령조항기재란 : 민법 제487조).

(36) 공탁자는 피공탁자에 대하여 20OO. O. O. 임대차계약기간만료로 인한 금 30,000,000원의 임대차보증금을 반환하여야 할 채무가 있는데, 피공탁자는 공탁자에 대하여 가지는 위 임대보증금반환채권을 물품공급의 계속적 거래계약의 담보로서 주식회사 OOOO에게 질권의 목적으로 제공하고 20OO. O. O. 주식회사 OOOO으로부터 질권설정의 통지를 송달받은바, 위 채무의 변제기가 도래하여 위 질권자의 청구가 있으므로 변제를 위하여 위 금원을 공탁함(※ 공탁법령조항기재란 : 민법 제353조 제3항).

(37) 공탁자는 20OO. O. O. 피공탁자와의 사이에 OO시 OO구 OO로 OO(OO동) 점포 1동 150㎡에 관하여 전세금 50,000,000원, 전세기간 20OO. O. O.부터 2년간으로 정한 전세계약을 체결하면서 피공탁자에게 전세권설정등기를 하여 주었는바, 20OO. O. O. 전세계약기간만료로 인하여 전세권이 소멸하였으므로 전세금을 반환하고자 피공탁자에게 현실제공하였으나 그 수령을 거절하므로 공탁함(※ 공탁법령조항기재란 : 민법 제487조).

(38) 공탁자는 20OO. O. O.에 피공탁자로부터 금 30,000,000원을 변제기일 약정 없이 매월 10.에 이자 2%를 지급 조건으로 차용하면서 위 채권에 대한 담보로 공탁자 소유의 서울 동대문구 답십리로 OO(OO동) 소재 주택 1동 87㎡에 대하여 채권최고액 금 38,000,000원으로 OO지방법원 OO등기소 20OO. O. O.자 접수 제OO호로 근저당권설정등기를 마

쳤던바, 금번 공탁자가 피공탁자에게 위 차용금에 대한 원금 30,000,000원과 이에 대하여 20OO. O. O.까지의 이자 금 600,000원을 같은 날 피공탁자에게 현실제공하였으나 그 수령을 거부하므로 공탁함.

(39) 공탁자는 20OO. O. O. 피공탁자로부터 금 20,000,000원을 변제기일 20OO. O. O.로 정하여 차용하면서 같은 날 위 금원을 피공탁자의 순위 1번의 근저당권을 설정하여 OO지방법원 OO등기소 20OO. O. O. 접수 제OOO호로 근저당권을 설정하였음.
공탁자는 피공탁자에게 피담보채무금 20,000,000원을 피공탁자에게 변제코자 현실로 제공하였으나, 그 수령을 거절하므로 공탁함(※ 공탁법령조항기재란 : 민법 제487조).

(40) OO지방법원 20OO타경 OOO 부동산임의(강제)경매사건의 배당금으로 다음과 같은 압류명령이 있으므로 변제공탁합니다.

다 음

사건 OO지방법원 20OO타채 OOO 채권압류명령, 채권자 홍길동, 채무자 이몽룡, 제3채무자 국(소관 OO지방법원 세입세출외현금출납공무원)(※ 공탁법령조항기재란 : 민법 제487조).

(41) 공탁자는 20OO. 8. 12. 15:40경 OO시 OO구 OO로 OO(OO동) 소재의 홍길동 운영의 중고가전 가게에다 김갑동이 습득하여 갖다놓은 금 6,000,000원의 자기앞수표를 이몽룡이 타인에게 주고 현금 5,000,000원으로 바꿔온 금전 중 금 200,000원을 취득한 바 있어, 동 금액의 피해자인 피공탁자에게 배상하고자 현실제공하였으나 그 수령을 거부하므로 이에 공탁함.

(42) 공탁자는 20OO. O. O. 피공탁자 OO주식회사로부터 금 10,000,000원, 변제기 20OO. O. O.로 정하여 차용하였는 바, 20OO. O. O. 동 주식회사로부터 동 대여금채권을 피공탁자 홍길동에게 채권양도 하였다는 뜻의 통지를 받았음. 그러나 위 양도에 관하여 다툼이 있다 하여 20OO. O. O. OO주식회사는 홍길동을 상대로 OO지방법원에 대여금채권 존재확인 청구의 소를 제기하여 현재 계속 중에 있음, 그러므로 공탁자는 채권자를 확지할 수 없어 원금 10,000,000원과 이에 대한 상사법정이율 연 6%의 이자 600,000원을 공탁함(※ 공탁법령조항기재란 : 민법 제487조).

(43) 공탁자는 20OO. O. O. 피공탁자와 공탁자 소유의 OO시 OO구 OO동 OOO 지상에 지상 3층, 지하 1층 297㎡의 건물을 공사기간 20OO. O. O.부터 같은 해 O. O.까지 건축비 평당 2,000,000원으로 정하여 신축하되, 공사대금은 기성고에 따라 5회에 걸쳐 분할 지급하기로 하는 내용의 공사도급계약을 체결하였음. 피공탁자는 위 계약에 따라 건물신축공사를 시행하다가 20OO. O. O.경 공사를 중단함으로써 공탁자는 공사지체를 이유로 위 공사도급계약을 해지하고 기성고에 따른 공사비를 정산하여 금 100,000,000원을 공탁자의 사무소에서 변제를 위하여 현실제공하였으나 그 수령을 거부하므로 공탁함(※ 공탁법령조항기재란 : 민법 제487조).

(44) 공탁자는 OO시 OO구 OO로 OO 105동 308호(현대아파트, OO동) 87㎡에 관하여 피공탁자에게 전세금 100,000,000원에 전세기간 20OO. O. O.로 정하여 임대하였으나 동 전세금에 대하여 홍길동(000000-0000000, OO시 OO로 OO(OO동))에게 양도통지를 받았으나 그 후 양도에 관하여 다투고 있으므로 부득이 공탁함(※ 공탁법령조항기재란 : 민법

제487조).

(45) 피공탁자 OO주식회사는 공탁자에 대하여 금 100,000,000원의 공사대금채권이 있는 바, 당해 채권에 대하여 공탁자에게 20OO. O. O. 아래와 같은 채권양도통지서가 송달되었음. 그러나 위의 채권은 양도금지특약부채권이므로 양수인인 피공탁자 홍길동은 당해 특약에 있어 선의·악의가 불명하여 채권자를 확지할 수 없으므로 도급대금 100,000,000원을 공탁함.

아 래

양도금 100,000,000원, 양도인 피공탁자 OO주식회사, 영수인 피공탁자 홍길동(※ 공탁법령조항기재란 : 민법 제487조).

(46) 공탁자는 20OO. O. O. 공탁외 장길산을 연대보증인으로 하여 채권자 홍길동과의 사이에 금 5,000,000원을, 변제기 20OO. O. O. 이자 연 12%, 지급장소 채권자의 주소지로 각 정한 금전소비대차약정을 체결하면서 특약사항으로 채권자는 위 계약에 의하여 발생한 대여금채권을 제3자에게 양도하지 못하며, 만일 채권양도를 하고자 하는 경우에는 미리 연대보증인 또는 공탁자의 동의를 얻어야 할 것을 약정하였음. 그런데 홍길동은 20OO. O. O. 위 양도금지특약에 위배하여 대여금 채권을 이몽룡에게 양도하고, 양수인 이몽룡은 같은 날 홍길동이 작성한 채권양도통지서를 공탁자에게 내용증명우편으로 송달하였음. 이와 같이 양도금지의 특약이 붙은 채권이 양도됨으로써 공탁자로서는 선량한 관리자의 주의를 다하여도 채권자가 누구인지를 알 수 없어 채권자 불확지를 원인으로 원리금 합계 금 OOOOOO원을 공탁함(※ 공탁법령조항기재란 : 민법 제487조).

(47) 공탁자는 20OO. 4. 10. 피공탁자 김갑동으로부터 금 50,000,000원을 매월 이자 금 800,000원 매월 말일 지급조건으로 변제기일 약정없이 차용하여 매달 이자 지급을 하여 오던 중 같은 해 8. 20.에 피공탁자 홍길동이 공탁자에게 위 대여금 및 이자 채권을 피공탁자 김갑동으로부터 양도 받았다고 주장하면서 위 김갑동 명의로 작성된 양도계약서를 제시하며 위 대여원금 및 이자금을 자신에게 지급하여 줄 것을 요청하여 공탁자가 위 김갑동에게 사실 여부에 대한 서면 작성요청을 하였으나 구두로만 시인하고 차일피일하면서 서면 작성을 기피하고 있는 바, 공탁자로서는 위 김갑동으로부터 채권양도통지를 받은바 없어 위 대여채권 및 이자금에 대한 실제 채권자가 누구인지 알 수가 없고 위 채권귀속에 따른 분쟁의 소지가 있어 위 차용원금 50,000,000원과 이에 대한 2011. 8월분 이자금 800,000원을 공탁함.

(48) 공탁자는 홍길동에 대하여 20OO. O. O.자 의류납품계약에 의하여 의류대금 200,000,000원의 채무가 있는바, 동 채무에 대하여 채권자 이몽룡으로부터 채권압류추심명령이 송달되었고, 다시 채권자 홍길동으로부터 이몽룡에게 이 채권의 양도통지의 송달이 있어 채무자로서는 채권자가 추심채권자 김갑돌인지 양수인 이몽룡인지 알 수 없으므로 변제를 위하여 공탁함(※ 공탁법령조항기재란 : 민법 제487조).

(49) 공탁자는 피공탁자에 대하여 금 20,000,000원의 물품대금 채무를 지고 있는 바, 공탁자는 20OO. 8. 10.에 피공탁자의 채권자인 공탁외 (주) 동강산업으로부터 위 회사가 피공탁자에 대하여 가지고 있는 금 30,000,000원의 물품대금 채권 중 그 일부금인 금 20,000,000원

의 채권에 대한 질권설정통지를 받았으나, 공탁자의 피공탁자에 대한 위 물품대금의 변제기는 20OO. 8. 15.이고, 피공탁자의 위 회사에 대한 물품대금의 변제기는 20OO. 8. 20.이므로 공탁함.

(50) 공탁자는 제빙기를 발명하여 특허출원을 하였으나 피공탁자가 이미 특허출원을 한 바 있는 제빙기를 응용한 것이라는 이유로 특허출원이 거부 되었던 바, 공탁자는 금번에 통상 실시하여 심판청구에 의거 동 허여 결정을 받아 피공탁자에게 그 대가로 금 30,000,000원을 제공하였으나 그 수령을 거부하므로 공탁함.

(51) 공탁자는 20OO. O. O. 11:30경 피공탁자와의 사이에 사소한 문제로 시비가 발생하여 격분한 나머지 본의 아니게 피공탁자에게 전치 3주의 치료를 요하는 상해를 입혔는바, 이에 공탁자는 피해자에게 이를 깊이 반성하며 사죄의 뜻을 전함과 아울러 치료비 및 형사합의금조로 공탁금 상당액을 현실제공하였으나 그 수령을 거절하므로 부득이 위 돈을 치료비 및 형사합의금으로 공탁함(※ 공탁법령조항기재란 : 민법 제487조).

(52) 공탁자는 20OO. O. O. 차량을 운전하다가 서울 동작구 대방동 100번지 앞 도로에서 보행자인 피공탁자를 충격하여 피공탁자에게 요추염좌 등으로 전치 4주간의 상해를 입히게 되었는바, 공탁자는 피공탁자에 대한 손해배상의 합의로 같은 해 9. 15.에 피공탁자에게 10,000,000원을 현실제공하였으나 그 수령을 거부하므로 공탁함(※ 공탁법령조항기재란 : 민법 제487조).

(53) 공탁자는 20OO. O. O. 오전 8시 30분경 OO시 OO구 OO동 한국병원 앞 대로에서 피공탁자를 폭행하여 전치 4주일을 요하는 상해를 입혔음. 그 후 공탁자는 피공탁자에게 상해로 인한 손해를 배상하고자 배상액에 대하여 합의를 수차 하고자 하였으나 이루어지지 아니하여 공탁자는 20OO. O. O. 공탁자가 상당하리라고 생각되는 배상금으로 금 5,000,000원을 현실제공하였으나 그 수령을 거부하므로 부득이 변제공탁함(※ 공탁법령조항기재란 : 민법 제487조).

(54) 공탁자는 20OO. O. O. 11:00경 서울 3러1234호 승용차를 운전하여 교대역에서 서초역방면으로 진행하던 중 OO시 OO구 OO동 소재 OO지방법원 앞 횡단보도상에서 피공탁자를 위 승용차로 충격하여 전치 6주간의 치료를 요하는 상해를 입혔는바, 공탁자는 피해자에게 사죄와 위로의 뜻을 전하고 공탁금 상당액을 형사상 위로금으로 현실제공하였으나 그 수령을 거절하므로 부득이 공탁함(※ 공탁법령조항기재란 : 민법 제487조).

(55) 공탁자는 20OO. O. O. 11:00경 서울 5러1234호 덤프트럭을 운전하여 OO시 OO구 OO동 소재 교대역 사거리 교차로를 지나 교대방면으로 진행함에 있어서 강남역 방향에서 서초역 방향으로 진행하는 피해자 OOO 운전의 서울 OOOO호 오토바이를 좌측범퍼로 충격하여 위 피해자를 사망하게 하였는바, 이에 공탁자는 피해자에게 사죄와 위로의 뜻을 전하고 아울러 보험처리와 별개로 합의를 하고자 공탁금 상당액을 현금으로 현실제공하였으나 유족들이 그 수령을 거절하므로 부득이 공탁함(※ 공탁법령조항기재란 : 민법 제487조).

(56) 채권자 홍길동과 채무자간 OO지방법원 20OO타경 1234호 부동산강제경매사건에 관하여 20OO. 8. 10. 같은 법원이 한 매각허가결정에 대하여 공탁자가 항고하고자 매각대금의 10분의 1 상당액인 1억원을 보증으로 공탁함.

(57) 공탁자는 OO지방법원 20OO가합 OOO 대여금청구사건에 기한 강제집행사건의 채무자로서 동 사건에 대한 강제집행정지신청(OO지방법원 20OO카기 OOO호) 사건의 신청인인

데 동 사건에 대한 소명에 갈음하고자 공탁함(※ 공탁법령조항기재란 : 민법 제490조).

(58) 채권자 홍길동, 채무자 이몽룡 간 20OO타경 OOO 부동산강제경매사건에 관한 김갑돌의 채권은 정지조건부 또는 불확정기한부채권이므로 그 배당액을 공탁함(※ 공탁법령조항기재란 : 민사집행법 제160조 제1항 제1호).

(59) 채권자 홍길동, 채무자 이몽룡 간 부동산강제경매사건(20OO타경 OOO호)의 배당절차에서 가압류채권자 김갑돌은 OO지방법원 20OO카단 OOO호 채권가압류명령의 가압류채권자로서 위 가압류의 피보전채권이 확정되지 아니하였으므로 배당액 OOOOOO원을 공탁함(※ 공탁법령조항기재란 : 민사집행법 제160조 제1항 제2호).

(60) 채권자 홍길동, 채무자 이몽룡 간 20OO타경 OOO 부동산강제경매사건에 관한 배당채권자 김갑돌에 대하여 강제경매(또는 저당권실행)정지 결정이 제출되어 있으므로 배당금 OOOOOO원을 공탁함(※ 공탁법령조항기재란 : 민사집행법 제160조 제1항 제3호).

(61) 채권자 홍길동, 채무자 이몽룡 간 20OO타경 OOO 부동산강제경매사건에 관한 배당채권자 김갑돌의 채권은 저당권설정의 가등기가 마쳐져 있는 미확정 채권이므로 그 배당금 OOOOOO원을 공탁함(※ 공탁법령조항기재란 : 민사집행법 제160조 제1항 제4호).

(62) 채권자 홍길동, 채무자 이몽룡 간 20OO타경 OOO 부동산강제경매사건에 대한 배당요구채권자에 대한 배당요구채권자 김갑돌의 채권에 대하여 채권자 장길산(000000- 0000000)으로부터 배당이의의 소가 제기되어 있으므로 이의 있는 채권액에 대한 배당액을 공탁함(※ 공탁법령조항기재란 : 민사집행법 제160조 제1항 제5호).

(63) 채권자 홍길동, 채무자 이몽룡 간 20OO타경 OOO 부동산강제경매사건에 대한 채권자는 민법 제340조 제2항 또는 민법 제370조에 따른 배당금액으로서 타채권자의 배당금에 대한 공탁요구에 의하여 배당금을 공탁함(※ 공탁법령조항기재란 : 민사집행법 제160조 제1항 제6호).

(64) 채권자 홍길동, 채무자 이몽룡 간 20OO타경 OOO 부동산강제경매사건에 대한 배당기일에 출석하지 아니하고 배당금 계좌입금신청도 하지 않은 채권자 김갑돌의 배당액을 공탁함(※ 공탁법령조항기재란 : 민사집행법 제160조 제2항).

(65) 공탁자는 OO지방법원 20OO타기 OOO호 부동산강제관리사건의 관리인인바 같은 법원으로부터 강제관리정지명령이 있다는 통지를 받았으므로 관리인이 보관하고 있는 배당에 충당할 수익금을 공탁함(※ 공탁법령조항기재란 : 민사집행규칙 제88조).

(66) 공탁자(채권자)와 피공탁자(채무자겸 소유자) 간에 OO지방법원 20OO타경 OOO호 부동산강제경매신청 사건에 관하여 경매법원으로부터 남을 가망이 없다는 통지를 받은 공탁자가 남을 가망이 있을 금 316,350,110원으로 매각하고 그 담보금으로 금 금 122,162,590원을 공탁함(※ 공탁법령조항기재란 : 민사집행법 제102조).

(67) OO지방법원 20OO가합 OOO 집행력 있는 판결정본에 의하여 채권자(원고) 홍길동, 채무자(피고) 이미녀 간 동산강제집행사건의 매득금으로서 배우자가 공유지분을 주장하며 매득금 지급을 요구함에 대하여 채권자의 이의가 있으므로 공유지분에 해당하는 금액을 공탁함(※ 공탁법령조항기재란 : 민사집행법 제222조, 민사집행규칙 제154조).

(68) OO지방법원 20OO가합 OOO 집행력 있는 집행권원에 의하여 채권자(원고) 홍길동, 채무자(피고) 이미녀 간 동산강제집행사건의 매각대금(압류한 금전)으로서 각 채권자를 만족하게 할 수 없을 뿐만 아니라 배당협의도 성립되지 아니하므로 공탁함(※ 공탁법령조항기재

란 : 민사집행법 제222조 제1항).

(69) 채권자 홍길동, 채무자 이미녀 간 20OO본 OOO 동산경매사건의 배당에 있어서 채권자 이몽룡의 채권은 정지조건부 또는 불확정기한부채권이므로 그 배당액을 공탁함(※ 공탁법령조항기재란 : 민사집행법 제222조 제1항).

(70) OO지방법원 20OO가합 OOO호 집행력 있는 집행권원에 의하여 채권자(원고) 홍길동, 채무자(피고) 이몽룡 간 동산강제집행사건의 가압류채권자 장길산에 대한 배당금으로서 동 가압류의 피보전채권이 확정되지 아니 하였으므로 공탁함(※ 공탁법령조항기재란 : 민사집행규칙 제156조 제1항 제2호).

(71) 채권자 홍길동, 채무자 이몽룡 간 20OO본 OOO 동산강제집행사건에 관한 배당채권자 장길산에 대하여 강제경매(또는 질권실행) 정지결정이 제출되어 있으므로 배당액으로 공탁함(※ 공탁법령조항기재란 : 민사집행규칙 제156조 제1항 제3호).

(72) 채권자 홍길동, 채무자 이몽룡 간 20OO본 OOO 동산강제집행사건에 대한 배당기일에 출석하지 아니하고 배당금계좌입금신청도 하지 않는 채권자 장길산의 배당액을 공탁함(※ 공탁법령조항기재란 : 민사집행규칙 제156조 제2항).

(73) 공탁자(추심채권자)는 귀원 20OO타채 OOO 채권압류 및 추심명령에 의하여 제3채무자로부터 금 3,267,240원을 추심하였으나 추심신고 전에 다음과 같이 압류명령이 있으므로 공탁합니다.

다 음

사건번호 OO지방법원 20OO타채 OOO, 채권자 주식회사 OOOO, 채무자 홍길동, 제3채무자 OO시(※ 공탁법령조항기재란 : 민사집행법 제236조 제2항).

(74) 공탁자는 홍길동{OO시 OO구 OO로 OO(OO동)}에게 의류매수대금 3,000,000원의 채무가 있어 변제코저 하나 채권자 이몽룡으로부터 다음과 같이 채권압류명령이 있어 제3채무자인 공탁자는 채무전액을 공탁합니다.

다 음

OO지방법원 20OO타채 OOO 채권압류 및 추심명령, 채권자 홍길동{OO시 OO구 OO로 OO (OO동)}, 채무자 이몽룡{OO시 OO구 OO로 OO(OO동)}, 제3채무자 장길산{OO시 OO구 OO로 OO(OO동)}, 채권액 금 5,000,000원(※ 공탁법령조항기재란 : 민사집행법 제248조 제1항).

(75) OO지방법원 20OO타경 OOO 부동산임의경매사건의 배당금으로 채권자 홍길동{OO시 OO구 OO로 OO(OO동)}에게 지급한 것인데 다음과 같은 압류명령이 있으므로 공탁합니다.

다 음

사건 OO지방법원 20OO타채 OOO 채권압류명령, 채권자 이몽룡, 채무자 홍길동, 제3채무자 대한민국(소관 OO지방법원 세입세출외현금출납공무원)(※ 공탁법령조항기재란 : 민사집행법 제248조).

(76) 공탁자는 홍길동{OO시 OO구 OO로 OO(OO동)}에게 의류매수대금 3,000,000원의 채무가 있어 변제코저 하나 채권자 이몽룡으로부터 다음과 같이 채권압류명령이 있어 제3채무자인 공탁자는 압류에 관련된 채무전액을 공탁합니다.

다 음

사건 OO지방법원 20OO타채 OOO 채권압류명령, 채권자 이몽룡. 채무자 홍길동{OO시 OO구 OO로 OO(OO동)}, 제3채무자 장길산{OO시 OO구 OO로 OO(OO동)}, 채권액 2,000,000원(공탁법령조항기재란 : 민사집행법 제248조 제1항).

(77) 공탁자는 홍길동{OO시 OO구 OO로 OO(OO동)}에게 의류매수대금 3,000,000원의 채무가 있어 변제코저 하나 채권자 이몽룡으로부터 다음과 같이 채권압류명령이 있어 압류된 2,000,000원을 공탁합니다.

다 음

OO지방법원 20OO타채 OOO 채권압류명령, 채권자 이몽룡{OO시 OO구 OO로 OO(OO동)}, 채무자 홍길동{OO시 OO구 OO로 OO(OO동)}, 제3채무자 장길산{OO시 OO구 OO로 OO(OO동)}, 채권액 금 2,000,000원(※ 공탁법령조항기재란 : 민사집행법 제248조 제1항).

(78) 제3채무자인 공탁자는 홍길동에 대하여 차용금 10,000,000원의 지급채무가 있는 바, 이 채권에 대하여 별지와 같은 채권압류 및 추심명령 및 압류명령이 있으므로 공탁합니다(※ 공탁법령조항기재란 : 민사집행법 제248조 제1항).

[별지 목록] 1. 사 건 OO지방법원 20OO타채 OOO 채권압류 및 추심명령
채 권 자 김 갑 돌
채 무 자 홍 길 동
제3채무자 장 길 산 (000000-0000000)
청구금액 금 6,000,000원
2. 사 건 OO지방법원 20OO타채 OOO 채권압류명령
채 권 자 이 몽 룡
채 무 자 홍 길 동
제3채무자 장 길 산 (000000-0000000)
청구금액 금 7,000,000원

(79) 제3채무자인 공탁자는 채무자 추O철에게 매월 급료(본봉, 상여금 및 제수당)에서 제세공과금을 공제한 나머지 돈(단, 채무자가 청구채권액에 달하기 전에 명예퇴직한 때에는 명예퇴직금 중 제세공과금을 공제한 나머지 돈)을 지급해야 할 채무가 있는 바, 공탁자를 제3채무자로 한 별지와 같이 채권자들의 채권가압류 1건, 채권압류 및 추심명령 1건이 경합되었으므로, 누구에게 얼마를 지급할지를 알 수 없어 공탁자는 이건 집행공탁 및 사유신고서 작성비용으로 돈 240,500원을 공제한 나머지 돈 17,045,120원을 공탁하기에 이르렀음(공탁합니다(※ 공탁법령조항기재란 : 민사집행법 제248조).

[별 지] 1. OO지방법원 20OO카단 462 채권가압류
가. 채 권 자 : 대한생명보험주식회사, 서울 OO구 OO로 OO(OO동)

(변경 후 : 서울보증보험주식회사)
송달장소 : OO시 OO구 OO로 OO(OO동)
나. 채 무 자 : 추O철, OO시 OO구 OO로 OO(OO동)
결정문상주소 : 전남 OO군 OO읍 OO로 OO
송달장소 : OO시 OO구 OO로 OO(OO동) OO시청
다. 제3채무자 : OO시 라. 청구금액 : 금 8,931,412원
마. 결정일자 : 20OO. 1. 14. 바. 송달일자 : 20OO. 1. 16.
2. OO지방법원 OO지원 20OO타채 128 채권압류 및 추심명령
가. 채 권 자 : 우리신용카드주식회사, OO시 OO구 OO로 OO(OO동)
{합병 후 : 주식회사 우리은행, OO시 OO로 OO(OO동)}
송달장소 : OO시 OO구 OO로 OO(OO동)
나. 채 무 자 : 추O철, OO시 OO구 OO로 OO(OO동)
송달장소 : OO시 OO구 OO로 OO(OO동) OO시청
다. 제3채무자 : OO시 라. 청구금액 : 금 9,413,736원
마. 결정일자 : 20OO. 3. 24.(결정경정결정일자 : 20OO. 4. 20.)
바. 송달일자 : 20OO. 3. 28.(결정결정정본송달일자 : 20OO. 4. 25.)

(80) 공탁자는 종업원인 홍길동에게 매월 지급할 급여 3개월 12,000,000원 중 다음과 같은 압류명령이 있어 3개월 급여 금 12,000,000원 전액을 공탁합니다(※ 공탁법령조항기재란 : 민사집행법 제248조 제1항).

다 음

사 건 OO지방법원 20OO타채 OOO 채권압류 및 추심명령
채권자 김 갑 돌 {OO시 OO구 OO로 OO(OO동)}
채무자 홍 길 동 {OO시 OO구 OO로 OO(OO동)}
제3채무자 주식회사 OOOO
청구금액 금 10,000,000원

(81) 제3채무자인 공탁자는 최OO에 대하여 차용금 10,000,000원의 지급채무가 있는 바, 이 채권에 대하여 다음과 같이 채권압류 및 추심명령, 배당요구, 가압류명령의 송달을 받았으므로 공탁합니다(※ 공탁법령조항기재란 : 민사집행법 제248조 제2항).

다 음

1. OO지방법원 OO지원 20OO타채 OOOO 채권압류 및 추심명령
가. 채권자 : 우리신용카드주식회사 나. 채무자 : 최 O O
다. 제3채무자 : OO농업협동조합 라. 청구금액 : 금 9,413,736원
마. 결정일자 : 20OO. 2. 14. 바. 송달일자 : 20OO. 3. 28.
2. 배당요구신청
가. 채권자 : 대한생명보험주식회사 나. 채무자 : 최 O O

다. 제3채무자 : OO농업협동조합 라. 청구금액 : 금 5,726,488원
마. 결정일자 : 20OO. 8. 1. 바. 송달일자 : 20OO. 8. 6.

3. OO지방법원 OO지원 20OO타채 OOOO 채권가압류
가. 채권자 : 농업협동조합중앙회(소관 : 목포여신관리단)
나. 채무자 : 최 O O
다. 제3채무자 : OO농업협동조합(소관 OO지점)
라. 청구금액 : 금 15,684,921원
마. 결정일자 : 20OO. 5. 20.
바. 송달일자 : 20OO. 5. 25.

(82) 제3채무자인 공탁자는 최OO에 대하여 차용금 10,000,000원의 지급채무가 있는 바, 이 채권에 대하여 다음과 같이 채권압류 및 추심명령, 채권압류 및 전부명령이 있고, 채권자인 우리신용카드회사가 공탁할 것을 요구하므로 공탁합니다(※ 공탁법령조항기재란 : 민사집행법 제248조 제3항).

다 음

1. OO지방법원 OO지원 20OO타채 OOOO 채권압류 및 추심명령
가. 채권자 : 우리신용카드주식회사 나. 채무자 : 최 O O
다. 제3채무자 : OO농업협동조합 라. 청구금액 : 금 9,413,736원
마. 결정일자 : 20OO. 2. 14. 바. 송달일자 : 20OO. 3. 28.

2. OO지방법원 OO지원 20OO타채 OOOO 채권압류 및 전부명령
가. 채권자 : 농업협동조합중앙회(소관 : 목포여신관리단)
나. 채무자 : 최 O O
다. 제3채무자 : OO농업협동조합(소관 OO지점)
라. 청구금액 : 금 15,684,921원 마. 결정일자 : 20OO. 5. 20.
바. 송달일자 : 20OO. 5. 25.

(83) 제3채무자인 공탁자는 채무자 OOO에게 매월 급료(본봉, 상여금 및 제수당)에서 제세공과금을 공제한 나머지 돈(단, 채무자가 청구채권액에 달하기전에 명예퇴직한 때에는 명예퇴직금 중 제세공과금을 공제한 나머지 돈)을 지급해야 할 채무가 있는 바, 공탁자를 제3채무자로 한 별지와 같이 채권자들의 채권가압류 2건, 채권압류 및 추심명령 3건, 가압류에서 본압류로 이전하는 채권압류 및 추심명령 1건이 경합되었으므로, 누구에게 얼마를 지급할지를 알 수 없어 공탁자는 이건 집행공탁 및 사유신고서 작성비용으로 돈 240,500원을 공제한 나머지 돈 17,045,120원을 공탁하기에 이르렀음(※ 공탁법령조항기재란 : 민법 제248조 제3항).

(84) 제3채무자인 공탁자는 채무자 홍길동으로부터 금 20,000,000원을 차용하면서 별지 제1목록 부동산에 별지 제2목록과 같은 근저당권을 설정해 주었던바, 변제기일이 되어 변제하고자 하나 별지 제3목록과 같은 근저당권부채권 압류 및 가압류명령이 있어 제3채무자인 공탁자는 민사집행법 제248조에 의하여 공탁하기에 이르렀음(※ 공탁법령조항기재란 : 민사집행법 제248조 제1항).

별지 제1목록
• OO시 OO구 OO동 OOO 대 487㎡
별지 제2목록
• OO지방법원 OO등기소 접수 제OOO호 근저당권설정
채무자 : 박 O O OO시 OO구 OO로 OO(OO동)
근저당권자 : 최 O O OO시 OO구 OO로 OO(OO동)
채권최고액 금 30,000,000원
별지 제3목록
1. OO지방법원 20OO타채 OOOO 근저당권부 채권압류
가. 채권자 : 정 O O OO시 OO구 OO로 OO(OO동)
나. 채무자 : 최 O O OO시 OO구 OO로 OO(OO동)
다. 제3채무자 : 박 O O OO시 OO구 OO로 OO(OO동)
라. 청구금액 : 금 23,176,340원
2. OO지방법원 20OO타채 OOOO 근저당권부 채권가압류
가. 채권자 : 양 O O OO시 OO구 OO로 OO(OO동)
나. 채무자 : 최 O O OO시 OO구 OO로 OO(OO동)
다. 제3채무자 : 박 O O OO시 OO구 OO로 OO(OO동)
라. 청구금액 : 금 18,624,860원

(85) OO지방법원 20OO가합 OOO 집행력 있는 집행권원에 기하여 원고 홍길동, 피고 이몽룡 간 건물인도 강제집행사건에 관하여 집행목적물이 아닌 동산을 인도코자하나 피고 이몽룡이가 그 수취를 거절하므로 그 경매대금 15,000,000원 중 비용 200,000원을 공제한 금액을 공탁합니다(※ 공탁법령조항기재란 : 민사집행법 제258조 제6항).

(86) 20OO O. O. 채권자 홍길동, 채무자 이몽룡(공탁자)간 금 20,000,000원의 차용금 채무가 있어 채무자인 공탁자인 채권자(가압류채무자)에게 원금 및 법정이자 합계금 21,600,000원을 변제기일이 도래하여 변제코자 하니 동 채무에 내하여 별지와 같은 채권가압류명령이 송달되었으므로 공탁합니다(※ 공탁법령조항기재란 : 민사집행법 291조, 제248조 제1항).
[별 지] 사 건 20OO카단 OOO 채권가압류
채권자 장 길 산 채무자 홍 길 동
제3채무자 이 몽 룡 청구금액 50,000,000원

(87) 20OO. O. O. 채권자 홍길동, 채무자 이몽룡(공탁자)간 금 5,000,000원의 차용금 채무가 있어 채무자인 공탁자는 채권자(가압류채무자)에게 원금 및 법정이자 합계금 5,876,000원을 변제기일이 도래하여 변제코자 하나 동 채무에 대하여 별지와 같이 채권가압류명령이 송달되었으므로 가압류된 채권액을 공탁함(※ 공탁법령조항기재란 : 민사집행법 291조, 제248조 제1항).
[별 지] 사 건 20OO카단 OOO 채권가압류
채권자 장 길 산 채무자 홍 길 동
제3채무자 이 몽 룡 청구금액 3,000,000원

(88) 공탁자는 채권자 OO주식회사, 채무자 OO건설 주식회사 사이에 부동산가압류사건의 집행

을 위한 강제관리사건의 관리인인바, 채무자 소유의 강제관리부동산의 임차인으로 부터 추심한 금액으로 채권자보전에 상당액을 지급받아 공탁함(※ 공탁법령조항기재란 : 민사집행법 294조).

(89) 채권자 홍길동, 채무자 이몽룡 간 OO지방법원 20OO가합 OOO 유체동산가압류명령에 의하여 가압류한 금전을 공탁함(※ 공탁법령조항기재란 : 민사집행법 296조 제4항).

(90) 채권자 홍길동, 채무자 이몽룡 간 OO지방법원 20OO가합 OOO 유체동산가압류명령에 의하여 가압류한 물건의 가격감소의 우려가 있으므로(또는 보관에 과다한 비용이 드므로) 경매하여 그 매득금을 공탁함(※ 공탁법령조항기재란 : 민사집행법 296조 제5항).

(91) 공탁자는 수취인을 피공탁자로 액면금 3,000,000원의 약속어음을 발행하여 피공탁자에게 교부하였던바, 피공탁자는 위 어음을 분실하여 20OO. O. O. 공시최고를 신청하여, 동 사건이 계속 중에 있는데, 지급기일이 도래되어 위 어음금을 공탁할 뜻을 청구하여 왔으므로 공탁자는 위 약속어음금 3,000,000원을 공탁함(※ 공탁법령조항기재란 : 상법 제65조, 민법 제522조).

(92) 공탁자는 20OO. O. O. 액면금 30,000,000원의 약속어음 1매(수취인 홍길동, 발행일 20OO. O. O. 발행지 및 지급지 OO시, 지급장소 OO)를 발행하여 수취인인 피공탁자에게 교부하였으나, 피공탁자가 신청한 OO지방법원 20OO카공 OOO 공시최고절차에서 공탁자로 하여금 채무의 목적물을 공탁하게 하였는바, 이에 상기 금액을 공탁함(※ 공탁법령조항기재란 : 상법 제65조, 민법 제522조).

(93) 20OO. O. O. 공탁자와 피공탁자간 OO증권주식매매계약에 의하여 동 주식을 인수코자하나, 매수인이 수령을 거절(또는 소재불명으로 수령불능)하므로 공탁함(※ 공탁법령조항기재란 : 상법 제67조 제1항).

(94) 20OO. O. O. 홍길동에게 매도한 배추 1,000㎏을 인도코자 하나 매수인이 수령을 거절(또는 소재불명으로 수령불능)하므로 그 경매대가 500,000원 중에서 경매비용 150,000원을 공제한 금액을 공탁함(※ 공탁법령조항기재란 : 상법 제67조 제3항).

(95) 공탁자는 20OO. O. O. 피공탁자(매수인)와의 사이에 마늘 3톤(1상자 10㎏㎡, 원산지 한국)을 대금 30,000,000원에 매도하기로 하는 매매계약을 체결하고 목적물의 인도는 20OO. O. O. 공탁자의 주소지에서 인도할 것을 약정하였음. 그런데 피공탁자는 위 기일에 목적물을 인도 받아 가지 아니할 뿐만 아니라 더욱이 공탁자의 최고에도 불응하고 있으므로, 공탁자는 이를 방치할 경우 목적물의 노화와 부패로 인하여 멸실될 염려가 있으므로 이를 경매하여 그 대금에서 경매비용을 공제한 잔액을 공탁함(※ 공탁법령조항기재란 : 상법 제70조 제1항).

(96) 20OO. O. O. 매도인 홍길동, 매수인 이몽룡(공탁자)간 백미 1,000㎏을 매매계약에 의하여 인도를 받았으나 수량의 부족에 의하여 매수인은 계약을 해제하고 수령한 목적물을 공탁하고자 하나, 멸실(또는 훼손)될 우려가 있어 OO지방법원의 허가를 얻어 경매한 매득금을 공탁함(※ 공탁법령조항기재란 : 상법 제70조 제1항).

(97) 20OO. O. O. 매도인 홍길동, 매수인 이몽룡(공탁자)간 밤 30가마니의 매매계약에 의하여 매도인이 인도한 물건이 매매목적물과 다르므로 매매계약을 해제하고 물품을 공탁하고자 하나 훼손(또는 부패)될 염려가 있으므로 OO지방법원의 허가를 얻어 경매한 대가를 공탁함(※ 공탁법령조항기재란 : 상법 제70조, 제71조).

(98) 매도인 홍길동, 채무인 공탁자간 20OO. O. O. 백미 2,000㎏의 매매계약에 의하여 매도인이 인도한 백미가 주문품보다 초과인도된 800㎏을 공탁하고자 하나 훼손(부패)될 염려가 있으므로 OO지방법원의 허가를 얻어 경매한 대가를 공탁함(※ 공탁법령조항기재란 : 상법 제70조, 제71조).

(99) 공탁자는 20OO. O. O. 홍길동으로부터 콩 5,000㎏의 매수위탁을 받은바, 위탁인인 피공탁자는 매수한 물건의 수령을 거절(또는 수령할 수 없으므로)하므로 그 경매대금 1,500,000원을 중 100,000원을 경매대금에 충당하고 잔액을 공탁함(※ 공탁법령조항기재란 : 상법 제109조, 제67조 제3항).

(100) 공탁자는 20OO. O. O. 홍길동으로부터 위탁을 받아, 콩 3,000㎏을 운송한바, 수하인을 알 수 없어 송하된 홍길동에게 운송물의 처분에 대한 지시를 최고하여도 그 지시가 없으므로 경매대금을 공탁함(※ 공탁법령조항기재란 : 상법 제142조, 제145조, 제67조 제3항).

(101) 20OO. O. O. OOO여객으로부터 인도받은 수하물인 모의 운송을 한 바, 도착한 날로부터 10일 이내에 동 수하물의 인도를 청구하지 아니하므로 그 경매대금을 공탁함(※ 공탁법령조항기재란 : 상법 제149조 제2항, 제67조 제3항).

(102) 공탁자는 20OO. O. O. 피공탁자에게 대여금 30,000,000원, 변제기는 20OO. O. O.로 정하여 그 소유인 OO시 OO구 OO동 OOO 대 487㎡에 대하여 담보가등기를 하였음. 위 변제기일에 피공탁자는 변제하지 못하여 동 부동산을 감정한 결과 금 50,000,000원으로 감정되어 그 감정가격을 채무자에게 통지하고 그 청산기간이 경과되어 동 가액에서 채권액을 공제한 금원(청산금)을 지급하고자 현실제공하였으나 그 수령을 거부하므로 공탁함(※ 공탁법령조항기재란 : 가등기담보등에관한법률 제4조, 민법 제487조).

(103) 서울 OO초등학교 도로축조용지인 서울시 OO구 OO동 OOO번지 대 176㎡에 대하여 토지수용회원회가 재결한 보상금액을 지급하고자 현실제공하였으나 그 수령을 거절하므로 공탁함(※ 공탁법령조항기재란 : 공익법 제40조 제2항 제1호).

(104) 서울 OO초등학교 도로축조용지인 서울시 OO구 OO동 OOO번지 대 176㎡에 대하여 토지수용회원회가 재결한 보상금액을 지급하고자 하나 피공탁자의 주소불명으로 수령할 수 없으므로 공탁함(※ 공탁법령조항기재란 : 공익법 제40조 제2항 제1호).

(105) 서울 OO초등학교 도로축조용지인 서울시 OO구 OO동 OOO번지 대 176㎡에 대하여 토지수용회원회가 재결한 보상금액을 지급하고자 하나 동 토지의 소유자가 불명으로 기업자의 과실 없이 보상금을 받을 자를 알 수 없으므로 공탁함(※ 공탁법령조항기재란 : 공익법 제40조 제2항 제2호).

(106) 서울 OO초등학교 도로축조용지인 서울시 OO구 OO동 OOO번지 대 176㎡에 대하여 토지수용회원회가 재결한 보상금액을 지급하고자 하나 보상금을 수령할 피공탁자는 사망하고 상속인이 누구인지 알 수 없으므로 공탁함(※ 공탁법령조항기재란 : 공익법 제40조 제2항 제2호).

(107) 서울 OO초등학교 도로축조용지인 서울시 OO구 OO동 OOO번지 대 176㎡에 대하여 토지수용회원회가 재결한 보상금액을 지급하고자 하나 동 토지가 2개로 등기되어 있을 뿐만 아니라 소유자가 다르므로 공탁함(※ 공탁법령조항기재란 : 공익법 제40조 제2항 제2호).

(108) 공탁자는 OO법률에 따라 20OO. O. O. OO시로부터 사업시행인가를 받고 같은 달 O. OO시 고시 제OO호로 고시된 서초로 제1구역 제6지구 도시재개발사업의 시행자로서 위

재개발사업 시행구역 내에 소재한 OO시 OO구 OO동 OOO 도로 19.8㎡의 2분지 1 지분에 대하여 20OO. O. O. 관할 토지수용위원회가 재결한 보상금을 지급하고자 하여도 수용대상토지가 등기는 되어 있으나 등기기록상의 기재만으로는 소유자를 특정할 수 없으므로 공탁함(※ 공탁법령조항기재란 : 공익법 제40조 제2항 제2호).

(109) 공탁자는 OO법률에 따라 20OO. O. O. OO시로부터 사업시행인가를 받고 같은 달 O. OO시 고시 제OO호로 고시된 서초로 제1구역 제6지구 도시재개발사업의 시행자로서 위 재개발사업 시행구역 내에 소재한 OO시 OO구 OO동 OOO 도로 19.8㎡의 2분지 1 지분에 대하여 20OO. O. O. 관할 토지수용위원회가 재결한 보상금을 지급하고자 하여도 등기기록상 소유자 OOO이 사망하여 그 상속인을 알 수 없으므로 공탁함(※ 공탁법령조항기재란 : 공익법 제40조 제2항 제2호).

(110) 공탁자는 서울 OO초등학교 도로축조용지인 서울시 OO구 OO동 OOO, 대 176㎡에 관하여 토지수용위원회가 재결한 보상금 100,000,000원에 대하여 불복이 있으므로 공탁자는 예정금액인 80,000,000원은 지급하고 차액을 공탁함(※ 공탁법령조항기재란 : 공익법 제40조 제2항 제3호).

(111) 공탁자는 OO법률에 따라 20OO. O. O. OO시로부터 사업시행인가를 받고 같은 달 O. OO시 고시 제OO호로 고시된 서초로 제1구역 제6지구 도시개발사업의 시행자로서 위 재개발사업 시행구역 내에 소재한 OO시 OO구 OO동 OOO 도로 20.8㎡의 2분의 1 지분에 대하여 20OO. O. O. 관할 토지수용위원회가 재결한 보상금을 피공탁자에게 현실제공하였으나 그 수령을 거부하므로 공탁함(※ 공탁법령조항기재란 : 공익법 제40조 제2항 제1호).

(112) 서울 OO초등학교 도로축조용지인 서울시 OO구 OO동 OOO번지 대 176㎡에 대하여 토지수용회원회가 재결한 보상금액 10,000,000원을 지급하고자 하나 보상금액 중 다음과 같이 채권압류 및 추심명령이 송달되어 지급이 금지되었으므로 보상금액 전액을 공탁함(※ 공탁법령조항기재란 : 공익법 제40조 제2항 제4호, 민사집행법 제248조 제1항).

다　　　음

OO지방법원 20OO타채 OOO　채권압류 및 추심명령
채 권 자 : 홍 길 동　채 무 자 : 이 몽 룡
제3채무자 : O O 시　청구금액 : 8,000,000원

(113) 서울 OO초등학교 도로축조용지인 서울시 OO구 OO동 OOO번지 대 176㎡에 대하여 토지수용회원회가 재결한 보상금액 10,000,000원을 지급하고자 하나 동 금원에 대하여 채권자 홍길동으로부터 다음과 같이 채권압류 및 추심명령이 송달되어 지급이 금지되었으므로 압류된 금원 8,000,000원을 공탁함(※ 공탁법령조항기재란 : 공익법 제40조 제2항 제4호, 민사집행법 제248조 제1항).

다　　　음

OO지방법원 20OO타채 OOO　채권압류 및 추심명령

채 권 자 : 홍 길 동　　　　　　채 무 자 : 이 몽 룡
제3채무자 : O O 시　　　　　　청구금액 : 8,000,000원

(114) 서울 OO초등학교 도로축조용지인 서울시 OO구 OO동 OOO, 대 176㎡에 대하여 토지수용회원회가 재결한 보상금액 10,000,000원을 지급하고자 하나 채권자 홍길동으로부터 동 보상금에 대하여 별첨 가압류명령이(가압류 금 8,000,000원) 송달되었으므로 가압류에 관련된 금액 전액을 공탁함(※ 공탁법령조항기재란 : 공익법 제40조 제2항 제4호, 민사집행법 제291조, 제248조 제1항).

(115) 서울 OO초등학교 도로축조용지인 서울시 OO구 OO동 OOO, 대 176㎡에 대하여 토지수용회원회가 재결한 보상금액 10,000,000원을 지급하고자 하나 채권자 홍길동으로부터 동 보상금 중 8,000,000원에 대하여 가압류명령이 송달되었으므로 가압류된 금 8,000,000원을 공탁함(※ 공탁법령조항기재란 : 공익법 제40조 제2항 제4호, 민사집행법 제291조, 제248조 제1항).

(116) 공탁자는 담보부사채신탁업을 경영하는 자인 바, 20OO. O. O. 위탁회사 OO주식회사로부터 사채권자를 위하여 변제받은 금원 중에서 비공탁자에게 교부할 금 3,500,000원을 교부하고자 하였으나 피공탁자는 그 수령을 거부하므로 공탁함(※ 공탁법령조항기재란 : 담보부사채신탁법 제77조 제3항).

(117) 공탁자는 댐건설에 필요한 토지를 수용하고 그 수용보상금으로서 금 50,000,000원을 피공탁자에게 지불하고자 제공하였으나 그 수령을 거부하므로 공탁함(※ 공탁법령조항기재란 : 댐건설등법률 제15조, 공익법 제40조 제2항 제1호).

(118) 공탁자는 피공탁자 홍길동의 등록디자인 사용(실용)하기 위하여 그 허여 심판을 받고 대가를 지급하고자 하나 동인의 소재불명으로 지급할 수 없으므로 공탁함(※ 공탁법령조항기재란 : 디자인보호법 제70조 제3항).

(119) 20OO. O. O. 북한이탈자인 피공탁자에게 정착 및 생계유지를 고려한 정착금 및 보조금으로 금 30,000,000원을 지급코자 하나 이의 수령을 거절하므로 공탁함(※ 공탁법령조항기재란 : 이탈지원법 제21조, 민법 제487조).

(120) 공탁자는 사방지로 지정된 피공탁자 소유의 OO도 OO군 OO면 OO리 산 OOO번지 소재 임야 3,500㎡의 형상변경을 하기 위하여 임목 1,500주를 벌채하므로서 입힌 손실보상금으로 결정된 이의 금액을 제공하였으나 그 수령을 거부하므로 공탁함(※ 공탁법령조항기재란 : 사방사업법시행령 제9조).

(121) 공탁자는 수산자원인 대합의 증식 보호상 어장표식의 설치를 위하여 피공탁자 소유인 OO도 OO군 OO면 OO리 OOO, 대 380㎡를 수용하므로써 보상금으로 금 50,000,000원을 지급하기로 하여 이행제공하였으나, 그 수령을 거절하므로 공탁함(※ 공탁법령조항기재란 : 수산업법 제83조).

(122) 공탁자는 피공탁자의 실용신안의 통상실시권의 허여의 심판을 받고 상당한 대가를 지급하고자 하나 그 수령을 거절(받을 수 없으므로)하므로 공탁함(※ 공탁법령조항기재란 : 실용신안법 제32조 제4항).

(123) OO신항만 건설사업의 시행을 위하여 피공탁자의 OO시 OO구 OO동 OOO 대 340㎡를 수용하고 그 수용보상금으로 지급하고자 하나 그 수령을 거부하므로 공탁함(※ 공탁법령조항기재란 : 신항만건설촉진법 제16조).

(124) 공탁자가 20OO. O. O.자 발행한 액면금 1,000,000원의 약속어음(또는 수표)에 의하여 지급하고자 하나 그 소지인은 기간 내에 지급을 위한 제시가 없으므로 약속어음 금액을 공탁함(※ 공탁법령조항기재란 : 어음법 제42조, 제77조).

(125) 저작자가 홍길동의 데이터베이스를 이용하기 위하여 저작권에 대한 보상금을 지급하고자 하나 그 저작권자를 알 수 없으므로 상당한 보상금을 지급하고자 공탁함(※ 공탁법령조항기재란 : 저작권법 제97조 제4항).

(126) 저작자가 홍길동의 저작물 OOO를 발행, 이용하고자 보상금을 지급하기 위하여 협의하고자 하나 동인(저작권자)의 주소불명으로 협의를 받을 수 없으므로 문화체육관광부장관이 정한 상당한 보상금을 공탁함(또는 저작물을 발송하고자 판매용음반의 제작)(※ 공탁법령조항기재란 : 저작권법 제50조 제1항).

(127) 공탁자는 피공탁자에게 OO세로 20OO. O. O. 금 2,500,000원을 부과징수한 바 있는데, 동 징수금 중 500,000원이 과오 납부되었음을 발견하여 20OO. O. O. 그 환부통지를 하고 수령을 촉구하였으나 그 수령을 거절하므로 공탁함(※ 공탁법령조항기재란 : 지방세기본법 제60조).

(128) 공탁자는 군작전용으로 징발한 피공탁자의 소유의 OO도 OO구 OO동 OOO 임야 1,800㎡에 대한 보상금 10,200,000원(징발보상증권액면금 10,000,000원과 현금 200,000원)을 지급하고자 하였으나 그 수령을 거절하므로 공탁함(※ 공탁법령조항기재란 : 징발법 제22조의4).

(129) 신청인 홍길동, 피신청인 OO주식회사간의 파산사건에 있어서 채권자 이몽룡의 배당채권인데 동 채권에 관하여 파산채권조사확정 소의 제기(또는 소송의 수계) 또는 집행권원에 대한 이의가 있으므로 임치한 채권자 이몽룡의 배당금액을 공탁함(※ 공탁법령조항기재란 : 채무자회생및파산법률 제528조 제1호).

(130) 파산채권자 홍길동의 채권에 대하여 배당액의 통지를 발송하기 전에 동 채권에 대하여 행정심판 파산채권확정의 소송(또는 소원)이 제기되어 종결되지 아니하였으므로 채권의 배당액을 공탁함(※ 공탁법령조항기재란 : 채무자회생및파산법률 제528조 제2호).

(131) 공탁자는 파산선고를 받은 OO주식회사의 파산관재인으로서 재단채권자인 OO시 OO구 OO로 OO(OO동) 홍길동에게 배당한 금 30,000,000원을 지급하고자하나 그 수령을 거절하므로 공탁함(※ 공탁법령조항기재란 : 채무자회생및파산법률 제528조 제3호).

(132) 공탁자는 개인회생절차의 회생위원인데 임치하였던 개인회생채권자인 피공탁자에게 지급할 금 30,000,000원을 지급하고자 하나 그 수령을 거절하므로 공탁함(※ 공탁법령조항기재란 : 채무자회생및파산법률 제617조).

(133) 공탁자는 피공탁자의 특허권의 통상실시권의 설정에 관한 재정결정에서 정한 대가를 지급하고자 하나 그 수령을 거절하므로 공탁함(※ 공탁법령조항기재란 : 특허법 제112조 제1호).

(134) 공탁자는 공탁자의 특허권을 실시하고자 하나 이미 피공탁자가 출원한 OO특허권과 저촉되는 것이 있어 그의 동의를 받고자 하나 정당한 이유 없이 허락하지 아니하므로 그 허여심판을 받기 위하여 그 대가를 공탁함(※ 공탁법령조항기재란 : 특허법 제138조).

(135) 공탁자는 OO항만공사 시행을 위하여 부득이하게 동 공사에 장애되는 피공탁자 소유의 위 항만인접 소재 OO시 OO구 OO로 OO(OO동) 건물 87㎡를 제기한데 대한 손실보상

금을 협의하고자 하였으나 이루어지지 아니하여 공탁자가 결정한 금 50,000,000원을 지급하고자 하나 그 수령을 거부하므로 공탁함(※ 공탁법령조항기재란 : 항만법 제93조).

(136) 공탁자는 피공탁자 홍길동(갑)에 대하여 보상금 80,000,000원을 변제하고자 하나 채권자 홍길동으로부터 이몽룡(을)에게 채권양도의 통지를 받았으나 그 후 양도에 관한 다툼이 있어 채무자로서는 채권자가 위 홍길동인지 양수인 이몽룡인지 알 수 없어 변제공탁을 하고자 하나, 위 채권양도통지가 있은 후 채권자 장길산(병)으로부터 별지와 같은 채권압류 및 추심명령이 송달되었으므로 채무자로서는 위 채권양도의 유무효 및 채권압류명령의 우선순위 등을 판단할 수 없으므로 변제공탁과 집행공탁을 겸하여 공탁함(※ 공탁법령조항기재란 : 민법 제487조, 민사집행법 제248조 제1항)(혼합공탁임).

[별 지] 1. 채권양도통지
양수인 이 몽 룡(을) (000000-0000000)
양도통지수령일 20OO. O. O.
2. 사 건 20OO타채 OOO 채권압류 및 추심명령
채권자 장 길 산(병)
채무자 홍 길 동
제3채무자 O O 시
청구금액 80,000,000원

(137) 공탁자는 피공탁자 홍길동(갑)에 대하여 보상금 80,000,000원을 변제하고자 하나 채권자 홍길동으로부터 이몽룡(을)에게 채권양도의 통지를 받았으나 그 후 양도에 관한 다툼이 있어 채무자로서는 채권자가 위 홍길동인지 양수인 이몽룡인지 알 수 없어 변제공탁을 하고자 하나, 별지와 같이 채권양도통지가 있은 후 채권자 장길산(병)으로부터 채권압류 및 추심명령과 동시에 채권자 김갑돌(정)로부터도 채권압류 및 전부명령이 송달되었으므로 위 채권양도의 유무효 및 채권압류 및 전부명령의 우선순위 등을 판단할 수 없으므로 변제공탁과 집행공탁을 겸하여 공탁함(※ 공탁법령조항기재란 : 민법 제487조, 민사집행법 제248조 제2항)(혼합공탁임).

[별 지] 1. 채권양도통지
양수인 이 몽 룡(을) (000000-0000000)
양도통지수령일 20OO. O. O.
2. 사 건 20OO타채 OOO 채권압류 및 추심명령
채권자 장 길 산(병)
채무자 홍 길 동
제3채무자 O O 시
청구금액 80,000,000원
3. 사 건 20OO타채 OOO 채권압류 및 전부명령
채권자 김 갑 돌(정)
채무자 홍 길 동
제3채무자 O O 시
청구금액 50,000,000원

(138) 공탁자 홍길동은 피공탁자들을 위하여 금 50,000,000원을 장차 이들과 합의하여 분배해

주기로 하여 보관하고 있었으나, 피공탁자 이몽룡을 채무자로 하여 채권자 장길산의 채권 가압류명령과 채권자 김갑돌의 채권압류 및 전부명령이 피공탁자 최정현과 김중환을 채무자로 하여 채권자 이승우의 가압류명령이 각 송달되었으므로 제3채무자 홍길동은 민법 제487조와 민사집행법 제248조 및 제291조에 의하여 공탁함(※ 공탁법령조항기재란 : 민법 제487조, 민사집행법 제248조 제1항)(혼합공탁임).

(139) 공탁자는 별지 1목록 기재 부동산에 대하여 별지 2목록과 같은 근저당권이 설정 되어있고 동 근저당권부 채권에 대하여 별지 3목록과 같은 압류명령이 있는 부동산을 취득한 자로서 동 부동산에 있는 근저당권을 말소하기 위하여 저당채무를 제3채무자(최정현)을 대위하여 변제 하고자 민법 제364조, 제487조 및 민사집행법 제248조 제1항을 적용하여 혼합공탁을 함(※ 공탁법령조항기재란 : 민법 제364조, 민사집행법 제487조, 제248조)(혼합공탁임).

별지 제1목록

OO시 OO구 OO동 OOO　　대 487㎡

별지 제2목록

채권최고액 : 금 100,000,000원

접수년월일 : 20OO. O. O.

접수번호 : 제OOO호

설정자 및 채무자 : 최 정 현 (000000--0000000) OO시 OO구 OO동 OOO

별지 제3목록

- 1. OO지방법원 20OO타채 OOOO 채권압류 및 전부명령
  - 가. 채권자 : O O O　　OO시 OO구 OO로 OO(OO동)
  - 나. 채무자 : 고 재 연　　OO시 OO구 OO로 OO(OO동)
  - 다. 제3채무자 : O O O　　OO시 OO구 OO로 OO(OO동)
  - 라. 청구금액 : 금 36,264,370원

[서식 2] 금전공탁서(재판상의 보증)

[제1-2호 양식]

금 전 공 탁 서(재판상의 보증)

<table>
<tr><td colspan="2">공 탁 번 호</td><td>년 금 제 호</td><td colspan="2">년 월 일 신청</td><td>법령조항</td><td></td></tr>
<tr><td rowspan="4">공
탁
자</td><td>성 명
(상호, 명칭)</td><td></td><td rowspan="4">피
공
탁
자</td><td>성 명
(상호, 명칭)</td><td colspan="2"></td></tr>
<tr><td>주민등록번호
(법인등록번호)</td><td></td><td>주민등록번호
(법인등록번호)</td><td colspan="2"></td></tr>
<tr><td>주 소
(본점,주사무소)</td><td></td><td>주 소
(본점,주사무소)</td><td colspan="2"></td></tr>
<tr><td>전화번호</td><td></td><td>전화번호</td><td colspan="2"></td></tr>
<tr><td colspan="2" rowspan="2">공 탁 금 액</td><td>한글</td><td colspan="2" rowspan="2">보 관 은 행</td><td colspan="2" rowspan="2"></td></tr>
<tr><td>숫자</td></tr>
<tr><td colspan="2" rowspan="2">법원의 명칭과
사 건</td><td colspan="5">사건</td></tr>
<tr><td>당사자</td><td>원 고
신청인
채권자</td><td></td><td>피 고
피신청인
채무자</td><td></td></tr>
<tr><td>공탁
원인
사실</td><td colspan="6">1. 가압류보증
2. 가처분보증
3. 가압류 취소보증
4. 가처분 취소보증
5. 강제집행정지의 보증
6. 강제집행 취소의 보증
7. 강제집행 속행의 보증
8. 소송비용 담보
9. 가집행 담보
10. 가집행을 면하기 위한 담보
11. 기타( )</td></tr>
<tr><td colspan="2">비고(첨부서류 등)</td><td colspan="5">☐ 계좌납입신청</td></tr>
<tr><td colspan="7">위와 같이 신청합니다. 대리인 주소
전화번호
공탁자 성명 인(서명) 성명 인(서명)</td></tr>
<tr><td colspan="7">위 공탁을 수리합니다.
공탁금을 년 월 일까지 위 보관은행의 공탁관 계좌에 납입하시기 바랍니다.
위 납입기일까지 공탁금을 납입하지 않을 때는 이 공탁 수리결정의 효력이 상실됩니다.
년 월 일
법원 지원 공탁관 (인)</td></tr>
</table>

(영수증) 위 공탁금이 납입되었음을 증명합니다. 년 월 일 공탁금 보관은행(공탁관) (인)

※ 1. 서명 또는 날인을 하되, 대리인이 공탁할 때에는 대리인의 성명, 주소(자격자대리인은 사무소)를 기재하고 대리인이 서명 또는 날인하여야 합니다. 전자공탁시스템을 이용하여 공탁하는 경우에는 날인 또는 서명은 인증서에 의한 전자서명 방식으로 합니다.
2. 공탁당사자가 국가 또는 지방자치단체인 경우에는 법인등록번호란에 '고유번호'를 기재하시기 바랍니다.
3. 공탁금 회수청구권은 소멸시효 완성으로 국고에 귀속될 수 있습니다.
4. 공탁서는 재발급되지 않으므로 잘 보관하시기 바랍니다.
5. <u>공탁원인사실 기재례</u>
서울중앙지방법원 20OO년증제126호 공탁유가증권 총액면금 50,000,000원에 대한 같은 법원 20OO카기 125호 공탁담보변경명령에 의하여 금전으로 대체 공탁함.

[서식 3] 금전공탁서(가압류해방)

[제1-3호 양식]

금 전 공 탁 서(가압류해방)

<table>
<tr><td>공 탁 번 호</td><td colspan="2">년 금 제 　 호</td><td colspan="3">년 　월 　일 신청</td><td>법령
조항</td><td>민사집행법 제282조</td></tr>
<tr><td rowspan="4">공 탁 자
(가압류 채무자)</td><td>성 　명
(상호, 명칭)</td><td colspan="6"></td></tr>
<tr><td>주민등록번호
(법인등록번호)</td><td colspan="6"></td></tr>
<tr><td>주 　소
(본점,주사무소)</td><td colspan="6"></td></tr>
<tr><td>전화번호</td><td colspan="6"></td></tr>
<tr><td rowspan="2">공 탁 금 액</td><td colspan="2">한글</td><td rowspan="2">보 관 은 행</td><td colspan="4" rowspan="2">은행 　지점</td></tr>
<tr><td colspan="2">숫자</td></tr>
<tr><td rowspan="2">법원의 명칭과
사 　　건</td><td colspan="7">법원 　　　　사건</td></tr>
<tr><td>당사자</td><td>채권자</td><td></td><td>채무자</td><td colspan="3"></td></tr>
<tr><td>공탁원인사실</td><td colspan="7">위 사건의 가압류 집행 취소를 위한 해방공탁</td></tr>
<tr><td>비고
(첨부서류 등)</td><td colspan="7">1. 가압류 결정문 사본
2. 　　　　□ 계좌납입신청</td></tr>
</table>

위와 같이 신청합니다. 　　대리인 주소

전화번호

공탁자 성명 　　인(서명) 　　성명 　　인(서명)

위 공탁을 수리합니다.
공탁금을 　년 　월 　일까지 위 보관은행의 공탁관 계좌에 납입하시기 바랍니다.
위 납입기일까지 공탁금을 납입하지 않을 때는 이 공탁 수리결정의 효력이 상실됩니다.

년 　월 　일

법원 　지원 　공탁관 　　(인)

(영수증) 위 공탁금이 납입되었음을 증명합니다.

년 　월 　일

공탁금 보관은행(공탁관) 　　(인)

※ 1. 서명 또는 날인을 하되, 대리인이 공탁할 때에는 대리인의 성명, 주소(자격자대리인은 사무소)를 기재하고 대리인이 서명 또는 날인하여야 합니다. 전자공탁시스템을 이용하여 공탁하는 경우에는 날인 또는 서명은 인증서에 의한 전자서명 방식으로 합니다.

2. 공탁당사자가 국가 또는 지방자치단체인 경우에는 법인등록번호란에 '고유번호'를 기재하시기 바랍니다.

3. 공탁금 회수청구권은 소멸시효 완성으로 국고에 귀속될 수 있습니다.

4. 공탁서는 재발급되지 않으므로 잘 보관하시기 바랍니다.

5. 공탁원인사실 기재례

(1) 채권자 홍길동과 채무자간 OO지방법원 20OO타경 OOO호 부동산가압류신청사건의 가압류결정에 정해져 있는 가압류해방금의 공탁

(2) 위 사건의 가압류집행취소를 위한 해방공탁(※ 공탁법령조항기재란 : 민사집행법 제282조).

(3) 채권자 OOO와 채무자 공탁자 사이의 OO지방법원 20OO가합 OOO호 부동산가압류신청사건의 가압류명령에서 정한 가압류해방금액을 공탁함(※ 공탁법령조항기재란 : 민사집행법 제282조).

[서식 4] 금전공탁서(영업보증)

[제1-4호 양식]

금 전 공 탁 서(영업보증)

<table>
<tr><td colspan="2">공 탁 번 호</td><td>년 금 제 호</td><td>년 월 일 신청</td><td>법령조항</td><td></td></tr>
<tr><td colspan="2" rowspan="2">공 탁 금 액</td><td>한글</td><td rowspan="2">보 관 은 행</td><td colspan="2" rowspan="2">은행 지점</td></tr>
<tr><td>숫자</td></tr>
<tr><td rowspan="4">공
탁
자</td><td>성 명
(상호, 명칭)</td><td colspan="4"></td></tr>
<tr><td>주민등록번호
(법인등록번호)</td><td colspan="4"></td></tr>
<tr><td>주 소
(본점,주사무소)</td><td colspan="4"></td></tr>
<tr><td>전화번호</td><td colspan="4"></td></tr>
<tr><td colspan="2">공탁원인사실</td><td colspan="4"></td></tr>
<tr><td colspan="2">관공서의 명칭,
건명(허가번호 등)</td><td colspan="4"></td></tr>
<tr><td colspan="2">비고(첨부서류 등)</td><td colspan="4">□ 계좌납입신청</td></tr>
<tr><td colspan="6">위와 같이 신청합니다. 대리인 주소
전화번호
공탁자 성명 인(서명) 성명 인(서명)</td></tr>
<tr><td colspan="6">위 공탁을 수리합니다.
공탁금을 년 월 일까지 위 보관은행의 공탁관 계좌에 납입하시기 바랍니다.
위 납입기일까지 공탁금을 납입하지 않을 때는 이 공탁 수리결정의 효력이 상실됩니다.
년 월 일
법원 지원 공탁관 (인)</td></tr>
<tr><td colspan="6">(영수증) 위 공탁금이 납입되었음을 증명합니다.
년 월 일
공탁금 보관은행(공탁관) (인)</td></tr>
</table>

※ 1. 서명 또는 날인을 하되, 대리인이 공탁할 때에는 대리인의 성명, 주소(자격자대리인은 사무소)를 기재하고 대리인이 서명 또는 날인하여야 합니다. 전자공탁시스템을 이용하여 공탁하는 경우에는 날인 또는 서명은 인증서에 의한 전자서명 방식으로 합니다.

2. 공탁금 회수청구권은 소멸시효 완성으로 국고에 귀속될 수 있습니다.
3. 공탁서는 재발급되지 않으므로 잘 보관하시기 바랍니다.
4. 공탁원인사실 기재례

(1) 공탁자는 공탁번호 20OO년증제123호로 상품권 발행 잔고에 대한 법정공탁금으로 금 50,000,000원 상당의 유가증권을 공탁하였으나 금번 동 공탁물을 금전으로 대체하기 위하여 영업보증금으로 금 50,000,000원을 공탁함.

(2) 당 회사는 OO지방법원 OO등기소에 다음과 같은 회사의 설립등기를 위하여 상호의 가등기를 하고자 공탁을 합니다(※ 공탁법령조항기재란 : 상법 제22조의2 상업등기법 제41조).

다　　　음

설립하고자 하는 회사 : OO주식회사
설립등기까지의 기간 : 20OO. O. O.

(3) 당 회사는 OO지방법원 OO등기소에 다음과 같이 상호의 가등기를 하였으나 그 예정 기간의 연장을 위하여 공탁을 합니다(※ 공탁법령조항기재란 : 상법 제22조의2 상업등기법 제41조).

다　　　음

OO주식회사의 설립등기를 위한 상호가등기
예정연장기간 : 20OO. O. O.까지

(4) 당 회사는 OO지방법원 OO등기소에 회사의 상호(목적)을 변경하기 위하여 공탁을 합니다(※ 공탁법령조항기재란 : 상법 제22조의2 상업등기법 제41조).

다　　　음

OO주식회사의 상호(목적)등기의 가등기
변경 예정기간 : 20OO. O. O.까지

(5) 당 회사는 OO지방법원 OO등기소에 다음과 같은 본점이전의 가등기를 하고자 공탁을 합니다(※ 공탁법령조항기재란 : 상법 제22조의2 상업등기법 제41조).

다　　　음

본점을 이전할 장소 : OO시 OO구 OO로 OO(OO동)
변경 예정기간 : 20OO. O. O.까지

(6) 당 회사는 OO지방법원 OO등기소에 회사의 상호(목적)을 변경 하고자 다음과 같은 상호(목적)의 가등기를 하였으나 그 예정기간의 연장을 위하여 공탁을 합니다.
(※ 공탁법령조항기재란 : 상법 제22조의2 상업등기법 제41조).

다　　　음

OO주식회사의 상호(목적)등기의 가등기
예정 예정기간 : 20OO. O. O.까지

(7) 공탁자는 가스사업에 필요한 도로개설을 위하여 OO도 OO시 OO면 OO로 OO 홍길동 소유인 같은 리 OOOO 전 680㎡를 사용하고자 재결신청을 하였으나 위 재결 전에 동 토지를 사용하고자 담보로 공탁함(※ 공탁법령조항기재란 : 공익법 제39조 제1항, 관공서의명칭, 건명란 : OO도 토지수용위원회).

(8) 신탁의무위반에 의하여 수익자에게 생기게 될 손해를 담보하기 위하여 자본금의 2,000분의 1에 상당하는 부동산에 저당권을 설정하였으나, 그 가격감소로 인하여 위탁의사(또는 사채권자집회)로부터 요구가 있어 금융감독위원회의 명에 의하여 추가로 공탁함(※ 공탁법령조항기재란 : 담보부사채신탁법 제83조, 관공서의 명칭,건명란 : OO장관).

(9) 공탁자는 신탁업을 하는 회사인데 신탁의무위반에 의하여 수익자에게 생기게 될 손해를 담보하기 위하여 금융위원회에서 정한 자본금의 10분의 1에 해당하는 금액을 공탁함(※ 공탁법령조항기재란 : 신탁업법 제16조 제1항, 관공서의 명칭,건명란 : OO장관).

(10) 공탁자는 선불카드를 발행하는 신용카드업자인데 20OO년 O분기말 신용카드(선불) 발행금액의 100분의 10 상당 금액을 금융위원회의 지시에 의하여 공탁함(※ 공탁법령조항기재란 : 여신전문금융업법 제25조, 관공서의 명칭,건명란 : 금융위원회).

(11) 공탁자는 담배의 수입판매업을 하는바 담배소비세의 납세보증을 위하여 담보로써 공탁함(※ 공탁법령조항기재란 : 지방세법 제64조, 관공서의 명칭,건명란 : OO시장).

(12) 공탁자는 공인중개사로서 그 업무를 개시하기 전에 공인중개사의업무및부동산거래신고에관한법률 제30조 제1항 및 제2항의 규정에 의한 손해배상액책임을 보장하기 위하여 대통령령이 정하는 바에 따라 상기 금액을 공탁함(※ 공탁법령조항기재란 : 공인중개사법 제30조 제3항).

[서식 5] 유가증권공탁서(변제 등)

[제1–5호 양식]

유가증권 공탁서(변제 등)

<table>
<tr><td colspan="3">공 탁 번 호</td><td colspan="3">년 증 제 호</td><td colspan="3">년 월 일 신청</td><td>법령조항</td><td></td></tr>
<tr><td rowspan="4">공
탁
자</td><td colspan="2">성 명
(상호, 명칭)</td><td colspan="3"></td><td rowspan="4">피
공
탁
자</td><td colspan="2">성 명
(상호, 명칭)</td><td colspan="2"></td></tr>
<tr><td colspan="2">주민등록번호
(법인등록번호)</td><td colspan="3"></td><td colspan="2">주민등록번호
(법인등록번호)</td><td colspan="2"></td></tr>
<tr><td colspan="2">주 소
(본점,사무소)</td><td colspan="3"></td><td colspan="2">주 소
(본점,주사무소)</td><td colspan="2"></td></tr>
<tr><td colspan="2">전화번호</td><td colspan="3"></td><td colspan="2">전화번호</td><td colspan="2"></td></tr>
<tr><td colspan="6">공탁유가증권</td><td rowspan="3" colspan="2">공탁
원인
사실</td><td rowspan="3" colspan="3"></td></tr>
<tr><td colspan="2">명 칭</td><td></td><td></td><td colspan="2">계</td></tr>
<tr><td colspan="2">장 수</td><td></td><td></td><td colspan="2"></td></tr>
<tr><td colspan="2">총액면금</td><td>한글
숫자</td><td></td><td colspan="2"></td><td rowspan="2" colspan="3">1. 공탁으로 인하여
소멸하는 질권,
전세권 또는 저당권
2. 반대급부 내용</td><td rowspan="2" colspan="2"></td></tr>
<tr><td colspan="2">액면금
기호번호</td><td></td><td></td><td colspan="2"></td></tr>
<tr><td colspan="2">부속이표</td><td></td><td></td><td colspan="2"></td><td colspan="3">보 관 은 행</td><td colspan="2">은행 지점</td></tr>
<tr><td colspan="2">최종
상환기</td><td></td><td></td><td colspan="2"></td><td colspan="3">비 고</td><td colspan="2"></td></tr>
<tr><td colspan="11">위와 같이 신청합니다. 대리인 주소
전화번호
공탁자 성명 인(서명) 성명 인(서명)</td></tr>
<tr><td colspan="11">위 공탁을 수리합니다.
공탁유가증권을 년 월 일까지 위 보관은행의 공탁관 계좌에 납입하시기 바랍니다.
위 납입기일까지 공탁금을 납입하지 않을 때는 이 공탁 수리결정의 효력이 상실됩니다.
년 월 일
법원 지원 공탁관 (인)</td></tr>
<tr><td colspan="11">(영수증) 위 공탁금이 납입되었음을 증명합니다.
년 월 일
공탁금 보관은행(공탁관) (인)</td></tr>
</table>

※ 1. 서명 또는 날인을 하되, 대리인이 공탁할 때에는 대리인의 성명, 주소(자격자대리인은 사무소)를 기재하고 대리인이 서명 또는 날인하여야 합니다.

2. 공탁당사자가 국가 또는 지방자치단체인 경우에는 법인등록번호란에 '고유번호'를 기재하시기 바랍니다.
3. 공탁통지서를 발송하여야 하는 경우, 공탁금을 납입할 때 우편료(피공탁자 수 × 1회 발송)도 납부하여야 합니다(공탁신청이 수리된 후 해당 공탁사건번호로 납부하여야 하며, 미리 예납할 수 없습니다).
4. 공탁서는 재발급되지 않으므로 잘 보관하시기 바랍니다.
5. 공탁원인사실 기재례
   (1) 공탁자는 20OO. O. O. 피공탁자와의 계약에 의하여 위와 같은 유가증권을 반환할 채무가 있어 이를 반환하고자 제공하였으나 이를 거절하므로 공탁함(※ 공탁법령조항기재란 : 민법 제487조).
   (2) 공탁자는 주식회사 한진이 발행한 무기명식 채권을 가지고 있는바, 위 회사에 대한 사채권자 집행소집요구를 위해 좌 기재채권을 공탁함.
   (3) 피공탁자 ① 주식회사 OO건설은 증자를 하면서 발행한 주권 13,000주를 공탁자에게 보호예수계약을 체결하고 보관 중 그 기간이 만료되어 반환하려고 하는데 동 주권에 대하여 ② 주식회사 OO금융으로부터 소유권을 주장하고 있어 주권소유자가 ① 주식회사 OO건설인지 ② 주식회사 OO금융인지 알 수 없어 변제공탁함(※ 공탁법령조항기재란 : 민법 제487조).
   (4) 공탁자는 무기명식채권 가지고 있는 자로써 회사에 대한 사채권자집회의 소집을 청구하기 위하여 공탁자가 소유하고 있는 사채권을 공탁함(※ 공탁법령조항기재란 : 상법 제491조 제4항).
   (5) 공탁자는 무기명식채권 가지고 있는 사채권자로서 20OO. O. O. 개최되는 사채권자집회에 참석하여 의결권을 행사하기 위하여 공탁자가 가지고 있는 사채권을 공탁함(※ 공탁법령조항기재란 : 상법 제492조 제2항).
   (6) 공탁자는 주식회사 대한에서 발행한 사채에 대한 사채권자인바, 위 회사가 20OO. O. O. 소집한 사채권자집회에서의 의결권을 행사하기 위하여 공탁자가 가지고 있는 무기명식의 사채권을 공탁함(※ 공탁법령조항기재란 : 상법 제492조 제2항).
   (7) 공탁자는 주식회사 대한에서 발행한 사채에 대한 사채권자인바, 주식회사 대한신탁이 20OO. O. O. 소집한 사채권자집회의 소집절차(또는 결의방법)가 담보부사채신탁법(또는 신탁계약의 조항)에 위반하였으므로 그 결의의 무효를 주장하기 위하여 공탁자가 가지고 있는 사채권을 공탁함(※ 공탁법령조항기재란 : 담보부사채신탁법 제50조 제3항).
   (8) 공탁자는 주식회사 OOOO의 사채총액의 10분의 1 이상에 해당하는 사채권자로서 신탁업자의 담보물보관상태를 검사하고자 공탁자가 가진 무기명식 채권을 공탁함(※ 공탁법령조항기재란 : 담보부사채신탁법 제84조 제2항).
   (9) 공탁자는 국방부장관이 군작전용으로 징발한 피공탁자 소유의 OO도 OO군 OO면 OO리 OOO 임야 1,800㎡에 대한 보상금 10,200,000원(징발보상권면액 10,000,000원과 현금 200,000원)을 지급하고자 통지하였으나 그 수령을 거부하므로 공탁함(※ 공탁법령조항기재란 : 징발법 제22조의4).
   (10) 공탁자는 국방부에서 군작전상 필요한 피공탁자 소유의 OO도 OO군 OO면 OO리 OOO 임야 3,500㎡에 대한 매수대금 20,000,000원 상당의 징발보상증권증서로서 지급하고자 하였으나 그 수령을 거절(지급할 수 없으므로)하므로 공탁함(※ 공탁법령조항기재란 : 징발재산정리에관한특별조치법 제13조).

[서식 6] 유가증권공탁서(영업보증)

[제1-7호 양식]

유가증권 공탁서(영업보증)

<table>
<tr><td colspan="2">공 탁 번 호</td><td colspan="2">년 증 제 호</td><td colspan="2">년 월 일 신청</td><td>법령조항</td><td></td></tr>
<tr><td rowspan="4">공
탁
자</td><td>성 명
(상호, 명칭)</td><td colspan="6"></td></tr>
<tr><td>주민등록번호
(법인등록번호)</td><td colspan="6"></td></tr>
<tr><td>주 소
(본점,주사무소)</td><td colspan="6"></td></tr>
<tr><td>전화번호</td><td colspan="6"></td></tr>
<tr><td colspan="4">공탁유가증권</td><td rowspan="3">공탁
원인
사실</td><td colspan="3" rowspan="3"></td></tr>
<tr><td>명 칭</td><td></td><td></td><td>계</td></tr>
<tr><td>장 수</td><td></td><td></td><td></td></tr>
<tr><td>총액면금</td><td>한글
숫자</td><td></td><td></td><td rowspan="2">관공서의 명칭,
건명(허가번호 등)</td><td colspan="3" rowspan="2"></td></tr>
<tr><td>액면금
기호번호</td><td></td><td></td><td></td></tr>
<tr><td>부속이표</td><td></td><td></td><td></td><td>보 관 은 행</td><td colspan="3">은행 지점</td></tr>
<tr><td>최종상환기</td><td></td><td></td><td></td><td>비 고</td><td colspan="3"></td></tr>
</table>

위와 같이 신청합니다.　　　　대리인 주소
전화번호
공탁자 성명　　　　인(서명)　　성명　　　　인(서명)

위 공탁을 수리합니다.
공탁유가증권을 년 월 일까지 위 보관은행의 공탁관 계좌에 납입하시기 바랍니다.
위 납입기일까지 공탁금을 납입하지 않을 때는 이 공탁 수리결정의 효력이 상실됩니다.

년 월 일

법원 지원 공탁관 (인)

(영수증) 위 공탁금이 납입되었음을 증명합니다.

년 월 일

공탁금 보관은행(공탁관) (인)

※ 1. 서명 또는 날인을 하되, 대리인이 공탁할 때에는 대리인의 성명, 주소(자격자대리인은 사무소)를 기재하고 대리인이 서명 또는 날인하여야 합니다.

2. 공탁당사자가 국가 또는 지방자치단체인 경우에는 법인등록번호란에 '고유번호'를 기재하시기 바랍니다.

3. 공탁서는 재발급되지 않으므로 잘 보관하시기 바랍니다.

4. 공탁원인사실 기재례

(1) 공탁자는 망부 홍길동의 사망으로 그 재산을 상속하였는바, 상속세 금 30,000,000원을 납부함에 있어 세무서장의 허가를 받아 연부연납을 구하고자 담보로써 공탁함(※ 공탁법령조항기재란 : 상속세 및 증여세법 제71조, 관공서의명칭,건명란 : OO세무서장).

(2) 신탁의무위반에 의하여 수익자에게 생기될 될 손해를 담보하기 위하여 금융위원회가 정하는 자본금의 1,000분의 25 이상의 금액 중 5분의 3을 초과하는 금액에 대하여 유가증권으로 공탁함(※ 공탁법령조항기재란 : 신탁업법 제16조 제2항, 관공서의명칭,건명란 : OO세무서장).

(3) 공탁자는 선불카드를 발행하는 신용카드업자인데 20OO년 O분기말 신용카드(선불) 발행금액의 100분의 10 상당 금액을 금융위원회의 지시에 의하여 공탁함(※ 공탁법령조항기재란 : 여신금융전문업법 제25조, 관공서의명칭,건명란 : 금융위원회).

[서식 7] 물품공탁서

[제1-8호 양식]

물 품 공 탁 서

<table>
<tr><td colspan="2">공 탁 번 호</td><td>년 물 제 호</td><td colspan="2">년 월 일 신청</td><td>법령조항</td><td></td></tr>
<tr><td rowspan="4">공
탁
자</td><td>성 명
(상호, 명칭)</td><td></td><td rowspan="4">피
공
탁
자</td><td>성 명
(상호, 명칭)</td><td colspan="2"></td></tr>
<tr><td>주민등록번호
(법인등록번호)</td><td></td><td>주민등록번호
(법인등록번호)</td><td colspan="2"></td></tr>
<tr><td>주 소
(본점,주사무소)</td><td></td><td>주 소
(본점,주사무소)</td><td colspan="2"></td></tr>
<tr><td>전화번호</td><td></td><td>전화번호</td><td colspan="2"></td></tr>
</table>

<table>
<tr><td colspan="3">공 탁 물 품</td><td rowspan="2">공탁
원인
사실</td><td rowspan="2"></td></tr>
<tr><td>명 칭</td><td>종 류</td><td>수 량</td></tr>
<tr><td></td><td></td><td></td><td rowspan="4" colspan="1">1. 공탁으로 인하여
소멸하는 질권,
전세권 또는 저당권
2. 반대급부 내용</td><td rowspan="4"></td></tr>
<tr><td></td><td></td><td></td></tr>
<tr><td></td><td></td><td></td></tr>
<tr><td></td><td></td><td></td></tr>
<tr><td></td><td></td><td></td><td>보 관 자</td><td></td></tr>
<tr><td></td><td></td><td></td><td>비 고</td><td></td></tr>
</table>

위와 같이 신청합니다. 대리인 주소

전화번호

공탁자 성명 인(서명) 성명 인(서명)

위 공탁을 수리합니다.

공탁금을 년 월 일까지 위 보관은행의 공탁관 계좌에 납입하시기 바랍니다.

위 납입기일까지 공탁금을 납입하지 않을 때는 이 공탁 수리결정의 효력이 상실됩니다.

년 월 일

법원 지원 공탁관 (인)

(영수증) 위 공탁금이 납입되었음을 증명합니다.

년 월 일

공탁금 보관은행(공탁관) (인)

[별지 1-3]

일괄청구목록(물품공탁)

<table>
<tr><td rowspan="2">공탁번호</td><td rowspan="2">공탁금액</td><td colspan="2">공탁자</td><td colspan="2">피공탁자</td></tr>
<tr><td>성명
(상호, 명칭)</td><td>주민등록번호
(법인등록번호)</td><td>성명
(상호, 명칭)</td><td>주민등록번호
(법인등록번호)</td></tr>
<tr><td rowspan="2">년 금 제 호</td><td>한글 원</td><td rowspan="2"></td><td rowspan="2"></td><td rowspan="2"></td><td rowspan="2"></td></tr>
<tr><td>숫자 원</td></tr>
<tr><td rowspan="2">년 금 제 호</td><td>한글 원</td><td rowspan="2"></td><td rowspan="2"></td><td rowspan="2"></td><td rowspan="2"></td></tr>
<tr><td>숫자 원</td></tr>
<tr><td rowspan="2">년 금 제 호</td><td>한글 원</td><td rowspan="2"></td><td rowspan="2"></td><td rowspan="2"></td><td rowspan="2"></td></tr>
<tr><td>숫자 원</td></tr>
<tr><td rowspan="2">년 금 제 호</td><td>한글 원</td><td rowspan="2"></td><td rowspan="2"></td><td rowspan="2"></td><td rowspan="2"></td></tr>
<tr><td>숫자 원</td></tr>
</table>

[별지 2-1]

청구내역 목록(물품공탁)

공탁번호	명 칭	종 류	수 량	비 고
년 금 제 호				
년 금 제 호				
년 금 제 호				
합계 건			합계 원	

※ 1. 서명 또는 날인을 하되, 대리인이 공탁할 때에는 대리인의 성명, 주소(자격자대리인은 사무소)를 기재하고 대리인이 서명 또는 날인하여야 합니다.

2. 공탁통지서를 발송하여야 하는 경우, 공탁금을 납입할 때 우편료(피공탁자 수×1회 발송)도 납부하여야 합니다(공탁신청이 수리된 후 해당 공탁사건번호로 납부하여야 하며, 미리 예납할 수 없습니다).

3. 공탁서는 재발급되지 않으므로 잘 보관하시기 바랍니다.

4. 공탁원인사실 기재례

(1) 공탁자는 피공탁자에게 밍크모피원단 100마리분을 수입공급하기로 계약체결하고 그 대금을 선급금으로 수령하였으나 피공탁자가 이를 인수하지 아니하므로 공탁함.

(2) 공탁자와 피공탁자간 OO지방법원 20OO가합 1234호 매매대금 청구사건에 관하여 공탁자는 위 법원에서 20OO. 9. 12. 선고한 가집행 선고부 판결정본에 기하여 피공탁자에 대한 매매잔대금 강제집행을 실시하고자 하나 피공탁자가 부동산소유권이전등기에 필요한 서류의 수령을 거부하므로 이에 공탁함.

(3) 공탁자는 피공탁자에게 OO시 OO구 OO동 OOO번지 대 120㎡에 대하여 200,000,000원을 매매대금으로 정하고 매도하여 잔금 150,000,000원을 수령하기로 하였습니다. 그 후 매수인인 피공탁자 홍길동은 잔금지급 관계로 이견이 생겨 공탁자가 수령을 거부하므로 매수인 홍길동이가 변제공탁한 금원인바 동 공탁금을 수령하고자 반대급부조건인 부동산 소유권이전등기에 필요한 일체의 서류를 제공하였으나 그 수령을 거부하므로 소유권이전등기에 필요한 인감증명서, 주민등록등본, 등기위임장 및 등기권리증을 공탁하고자 합니다(※ 공탁법령조항기재란 : 민법 제487조).

[서식 8] 금전공탁서(형사사건용)

[제1-9호 양식]

금 전 공 탁 서(형사사건용)

<table>
<tr><td colspan="2">공 탁 번 호</td><td>년 금 제 호</td><td colspan="2">년 월 일 신청</td><td>법령조항</td><td>민법487조</td></tr>
<tr><td rowspan="4">공
탁
자</td><td>성 명
(상호, 명칭)</td><td></td><td rowspan="4">피
공
탁
자</td><td>성 명
(상호, 명칭)</td><td colspan="2"></td></tr>
<tr><td>주민등록번호
(법인등록번호)</td><td></td><td>주민등록번호
(법인등록번호)</td><td colspan="2"></td></tr>
<tr><td>주 소
(본점, 주사무소)</td><td></td><td>주 소
(본점, 주사무소)</td><td colspan="2"></td></tr>
<tr><td>전화번호</td><td></td><td>전화번호</td><td colspan="2"></td></tr>
<tr><td colspan="2">공 탁 금 액</td><td>한글
숫자</td><td colspan="2">보 관 은 행</td><td colspan="2">은행 지점</td></tr>
<tr><td rowspan="2">형사사건</td><td>사건번호</td><td colspan="5">경찰서 년제 호
지방검찰청 지청 년 형제 호
지방법원 지원 년 고단(합) 제 호</td></tr>
<tr><td>사건명</td><td colspan="5"></td></tr>
<tr><td colspan="2">공탁원인사실</td><td colspan="5"></td></tr>
<tr><td colspan="2">비고(첨부서류등)</td><td colspan="5">□ 계좌납입신청
□ 공탁통지 우편료 원</td></tr>
<tr><td colspan="5">반대급부 내용</td><td colspan="2"></td></tr>
<tr><td colspan="7">위와 같이 신청합니다. 대리인 주소
전화번호
공탁자 성명 인(서명) 성명 인(서명)</td></tr>
<tr><td>회수
제한
신고</td><td colspan="6">공탁자는 피공탁자의 동의가 없으면 위 형사사건에 대하여 불기소결정(단, 기소유예는 제외)이 있거나 무죄판결이 확정될 때까지 공탁금에 대한 회수청구권을 행사하지 않겠습니다.
공탁자 성명 인(서명) 대리인 성명 인(서명)
※ 회수신고란에 서명하지 않을 경우 "금전 공탁서(변제 등)" 양식을 사용하시기 바랍니다.</td></tr>
<tr><td colspan="7">위 공탁을 수리합니다.
공탁금을 년 월 일까지 위 보관은행의 공탁관 계좌에 납입하시기 바랍니다.
위 납입기일까지 공탁금을 납입하지 않을 때는 이 공탁 수리결정의 효력이 상실됩니다.
년 월 일
법원 지원 공탁관 (인)</td></tr>
<tr><td colspan="7">(영수증) 위 공탁금이 납입되었음을 증명합니다.
년 월 일
공탁금 보관은행(공탁관) (인)</td></tr>
</table>

※ 1. 서명 또는 날인을 하되, 대리인이 공탁할 때에는 대리인의 성명, 주소(자격자대리인은 사무소)를 기재하고 대리인이 서명 또는 날인하여야 합니다. 전자공탁시스템을 이용하여 공탁하는 경우에는 날인 또는 서명은 인증서에 의한 전자서명 방식으로 합니다.

2. 공탁금 납입 후 은행으로부터 받은(전자공탁시스템을 이용하여 공탁하는 경우에는 전산시스템으로 출력한) 공탁서 원본을 형사사건의 최종 계류 중인 경찰서나 검찰청 또는 법원에 제출하시기 바랍니다.

3. 공탁통지서를 발송하여야 하는 경우, 공탁금을 납입할 때 우편료(피공탁자 수 × 1회 발송)도 납부하여야 합니다(공탁신청이 수리된 후 해당 공탁사건번호로 납부하여야 하며, 미리 예납할 수 없습니다).

4. 공탁금 회수청구권은 소멸시효 완성으로 국고에 귀속될 수 있습니다.

5. 공탁서는 재발급되지 않으므로 잘 보관하시기 바랍니다.

6. 공탁원인사실 기재례

(1) 공탁자는 20OO. 4. 23. 10:00경 OO시 OO구 OO동 소재 공탁자의 아파트에서 피공탁자를 유인하여 추행한 사건에 대하여 피공탁자에게 잘못을 사과하는 한편 상당한 위로금을 주고 합의를 보고자 하였으나 위자료의 액수가 적다는 이유로 수령을 거절하므로 공탁자가 마련할 수 있는 최선의 금액에 해당하는 금 2,000,000원을 위자료로써 공탁함.

(2) 공탁자는 20OO. 7. 20. 16:40경 OO시 OO구 OO동 롯데마트 2차선 도로상에서 공탁자가 운전하던 그랜저 승용차로 자전거를 타고 횡단하던 피공탁자를 가격하여 10일 후 피공탁자가 사망에 이르는 결과가 발생하였기에, 공탁자는 형사합의금조로 금 20,000,000원을 지급하고자 하나 피공탁자의 상속인들이 누구인지 알 수가 없으므로 공탁함.

(3) 공탁자는 20OO. 8. 12. 20:50경 OO시 OO구 OO로 OO(OO동) 소재 '올림피아' 유흥주점에서 함께 술을 마시던 피공탁자가 버릇 없이 행동한다는 이유로 화가 나서 주먹으로 피공탁자의 턱 부위를 1회 때려 피공탁자에게 약 6주간의 치료를 요하는 하악골 골절상 등의 상해를 입게 하였는바, 공탁자는 수차례에 걸쳐 피공탁자를 찾아가 사죄하며 용서를 구하고 금 10,000,000원을 치료비 및 위자료 등으로 지급하며 원만히 합의하고자 하였으나, 피공탁자는 그 수령을 거절하므로 이에 공탁함.

(4) 공탁자는 20OO. 8. 10. 14:20경 택시운전을 하다가 OO시 OO구 OO동 신세계백화점 앞 노상에서 도로를 횡단 중인 피공탁자를 들이받아 우측발목에 전치 4주일을 요하는 상해를 입혔는 바, 그 후 공탁자는 수차례에 걸쳐 피공탁자를 찾아가 사죄하며 용서를 구하고 금 5,000,000원을 치료비 및 위자료 등으로 지급하며 원만히 합의하고자 하였으나, 피공탁자는 그 수령을 거절하므로 공탁함.

(5) 공탁자는 20OO. 9. 10. 차량을 운전하다가 OO시 OO구 OO동 OOO 앞 도로에서 보행자인 피공탁자를 충격하여 피공탁자에게 요추염좌등으로 전차 4주간의 상해를 입히게 되었는바, 공탁자는 피공탁자에 대한 손해배상의 합의로 같은 해 9. 15.에 피공탁자에게 상당하다고 생각되는 손해배상금 10,000,000원을 현실 제공하였으나 그 수령을 거부하므로 공탁함.

(6) 공탁자는 20OO. O. O. 오전 8시 30분경 OO시 OO구 OO동 한국병원 앞 대로에서 피공탁자를 폭행하여 전치 4주일을 요하는 상해를 있혔음. 그 후 공탁자는 피공탁자에게 상해로 인한 손해를 배상하고자 배상액에 대하여 합의를 수차 하고자 하였으나 이루어지지 않으므로 공탁자는 20OO. O. O. 금 5,000,000원을 현실 제공하였으나 그 수령을 거부하므로 부

득이 변제공탁함(※ 공탁법령조항기재란 : 민법 제487조).

(7) 공탁자는 사기 20OO형제3450호, 4577호, 사기, 사문서위조, 위조사문서행사 사건으로 OO 교도소에 구속되어 수감중에 있는 바, 공탁자는 피공탁자에 대한 손해배상금으로 60,000,000 원을 배상하고자 피공탁자에게 현실 제공하였으나 그 수령을 거절하므로 변제공탁함.

(8) 공탁자는 피공탁자로부터 20OO. 5. 4. 전남 OO군 OO읍 OO리 어촌계 계장직을 이용하여 OO군에 OO리 어촌계 김양식 어민 41명 명의로 김우량 종묘 패각지원사업을 신청하면서 납품선정업자와 공모하여 김우량 종묘 20,000상자를 납품선정업자로부터 공급받지 않았는데도 불구하고 이를 공급받은 것처럼 허위의 물품 검,인수조서를 작성, 제출하여 20OO. 12. 29.경 OO군으로부터 보조사업비 2,500만 원을 교부받아 이를 편취한 후, 이를 OO군에 반납하고자 현실 제공하였으나 그 수령을 거절하므로 공탁함.

[서식 9] 위임장(공탁서 등)

위 임 장

수임인(대리인) 성 명 :
주민등록번호 :
주 소 :

OO지방법원 금제OOO호 사건에 관하여 위 사람을 대리인으로 정하고 다음 사항의 권한을 위임한다.

다 음

1. 공탁서작성 및 제출행위
1. 사유신고서 작성 및 제출행위
1. 회수제한신고서 작성 및 제출행위
1. 공탁서 열람·등본신청 및 이를 교부받는 행위
1. 각종 증명서 신청 및 이를 교부받는 행위
1. 공탁통지서 수령행위
1. 공탁금 청구 및 출급·회수하는 행위

첨부서류 : 1. 위임인이 개인일 경우 : 인감증명서(위임인)
2. 위임인 법인일 경우 : 법인인감증명서, 법인등기사항증명서

2000. O. O.

위임인 성 명 : O O O (인)
주민등록번호 : OOOOOO-OOOOOOO
주 소 : OO시 OO로 OO(OO동)
전 화 번 호 : OO-OOO-OOOO

[참조 1] 양식별 공탁규칙

공탁관련 양식별 공탁규칙 조문

양식 번호	명 칭	관계 공탁규칙 조문	비 고
1-1	금전 공탁서(변제 등)	제20조	
1-2	금전 공탁서(재판상의 보증)	제20조	
1-3	금전 공탁서(가압류해방)	제20조	
1-4	금전 공탁서(영업보증)	제20조	
1-5	유가증권 공탁서(변제 등)	제20조	
1-6	유가증권 공탁서(재판상의 보증)	제20조	
1-7	유가증권 공탁서(영업보증)	제20조	
1-8	물품 공탁서	제20조	
2-1	금전 공탁통지서	제23조 제1항	
2-2	유가증권 공탁통지서	제23조 제1항	
2-3	물품 공탁통지서	제23조 제1항	
3	공탁물품납입서	제26조 제2항	
4	공탁물품납입통지서	제27조	
5	공탁서 정정신청서	제30조 제2항	
6	대공탁·부속공탁청구서	제31조 제1항	
7	대공탁·부속공탁을 위한 유가증권·이표 출급의뢰서	제31조 제3항	
8-1	공탁금 출급·회수청구서	제32조 제1항	
8-2	공탁유가증권 출급·회수청구서	제32조 제1항	
8-3	공탁물품 출급·회수청구서	제32조 제1항	
9-1	공탁금 계좌입금신청서	제40조 제2항	
9-2	공탁금 포괄계좌입금신청서		계좌입금에 의한 공탁금출급·회수절차에 관한 업무처리지침 제3조제1항
9-3	공탁금 포괄계좌입금해지신청서		계좌입금에 의한 공탁금출급·회수절차에 관한 업무처리지침 제3조제2항
10	보증서	제41조	
11	지급위탁서	제43조 제1항	
12	증명서	제43조 제1항	
13	공탁물품지급결과통지서	제46조	

양식 번호	명 칭	관계 공탁규칙 조문	비 고
14-1	공탁금 이자청구서	제53조 제2항	
14-2	공탁유가증권 이표청구서	제54조	
15	사유신고서	제58조 제1항	
16-1	공탁기록 열람·복사신청서	제59조	
16-2	사실증명신청서	제59조	
17	이의신청서		공탁법 제12조 제2항
별지	공탁금(유가증권) 출급청구 안내문		양식 2-1, 2-2의 별지

나. 공탁서의 날인방법

(1) 공탁서 등에 기재한 금전에 관한 숫자 이외의 기재사항에 관하여 정정, 추가나 삭제를 할 때에는 한 줄을 긋고 그 위쪽이나 아래쪽에 바르게 적거나 추가하고, 그 글자 수에 난외에 적은 다음 도장을 찍어야 하며, 정정하거나 삭제한 문자는 읽을 수 있도록 남겨 두어야 한다.

(2) 정정한 서류가 공탁서 또는 지급청구서인 경우 공탁관은 지체 없이 작성자가 도장을 찍은 곳 옆에 공탁관의 인감도장을 찍어 확인하여야 한다.

(3) 서류의 간인 : 공탁관에게 제출하는 서류가 두 장 이상으로 계속될 경우에는 작성자가 매장마다 간인을 하여야 한다. 계속용지를 사용하는 서류가 공탁서 또는 지급청구서인 때에는 작성자가 간인한 옆에 공탁관의 인감으로 간인을 하여야 한다.

(4) 부기문과 직인 : 공탁서와 청구서 등에 적을 부기문은 그 서면의 여백에 적을 수 있다. 그러나 다른 용지에 적을 때에는 직인으로 간인하여야 한다. 위 서면 중 1통을 제출자나 공탁물보관자에게 내주는 때에는 두 서면에 직인으로 계인을 찍어야 한다(공탁규칙 36조).

(5) 공탁관이 인감을 찍어야 하는 경우 : 공탁관이 인감인을 찍어 확인하는 경우에는 간인, 정정한 문서가 공탁서나 지급청구서인 경우에 한한다(공탁규칙 14조 3항, 12조 4항).

5. 공탁서의 첨부서면

가. 자격증명서

(1) 공탁자가 법인인 경우

법인등기사항증명서를 첨부하여야 한다.

(2) 공탁자가 국가나 지방자치단체인 경우

법령의 대표자가 하는 때에는 자격증명서면을 첨부하지 않아도 된다.

(3) 공탁자가 비법인 사단이나 재단인 경우

정관 기타 규약과 대표자 또는 관리인의 자격을 증명하는 서면을 첨부하여야 한다(예 : 회의록, 대표자 선임결의서 등).

☞ 비법인 사단이 지급청구시에는 자격증명서에 대한 보증서와 인감증명을 첨부하여야 한다(공탁규칙 38조).

(4) 대리인이 공탁하는 경우

대리인에 의하여 공탁하는 경우에는 대리인의 권한을 증명하는 서면을 첨부하여야 한다(공탁규칙 21조 2항).

☞ 본인의 위임에 의한 임의대리인의 자격을 증명하는 서면으로는 위임장은 ① 친권자·후견인 등 법정대리인의 자격을 증명하는 서면으로는 가족관계증명서(이혼한 경우에는 자녀의 기본증명서) 또는 후견인선임심판서 등본 등을 첨부하고, ② 회사의 지배인 등 등기되어 있는 대리인의 자격을 증명하는 서면으로는 법인등기사항증명서 등을 첨부하여야 한다.

(5) 공탁자가 타인의 재산관리인인 경우

명문의 규정이 없으나 공탁규칙 제21조 제1항 또는 제3항을 준용하여 재산관리인의 자격을 증명하는 서면을 첨부하여야 한다. 예컨대, 파산관재인인 경우는 파산관재인 선임증명서, 유언집행자의 경우는 선임심판서등본 등을 첨부하여야 한다.

(6) 자격증명서면의 유효기간

(가) 관공서가 작성하는 자격증명서, 즉 가족관계증명서, 후견인선임심판서등본, 법인등기사항증명서 등은 작성일로부터 3개월 이내의 것이어야 한다(공탁규칙 16조 1호).

(나) 관공서에서 작성하는 자격증명서라 함은 관공서가 제3자로서 증명한 증명서만을 의미하므로, 관공서가 본인으로서 작성한 위임장은 작성일로부터 3월이 경과한 것이라도 무방하다.

나. 주소소명서면 등

변제공탁하는 경우에 피공탁자의 주소를 표시하는 때에는 주소를 소명하는 서면을, 피공탁자의 주소가 불명인 경우에는 이를 소명하는 서면을 첨부하여야 한다(공탁규칙 21조 3항).

(1) 주소를 소명하는 서면

(가) 피공탁자의 주소를 소명하는 서면은 원칙적으로 피공탁자의 현재 주민등록등·초본이다. 피공탁자의 주민등록등·초본을 첨부케 하는 이유는 피공탁자의 주소를 변경 이전의 주소로 기재하거나 허위 또는 불명확하게 기재하는 폐단을 방지하여 공탁금을 수령할 자를 보호하기 위한 것이다(1994. 8. 31. 법정 3302-337).

따라서 재결서나 판결문에 피공탁자의 주소가 표시되어 있고 표시된 주소가 주민등록표등·초본상의 주소와 일치되거나 그 주소지로 판결정본 등이 송달된 바 있다 하더라도 재결서나 판결문은 주소가 불명인 경우에 그 사유를 소명하는 서면으로 볼 수는 있어도 직접 주소를 소명하는 서면으로 볼 수는 없다(1994. 3 29. 법정 3302-146).

(나) 채권자의 상대적 불확지공탁을 하는 경우에는 피공탁자로 기재된 자 모두의 주소소명서면을 첨부하여야 한다.

(2) 주소불명인 경우

(가) 주소불명인 경우 그 사유를 소명하는 서면으로서 피공탁자의 최종주소를

소명하는 서면(변제공탁의 직접 원인이 되는 계약서·재판서·재결서 등과 등기사항증명서, 토지대장, 공탁서, 말소된 주민등록표등·초본 등) 및 그 주소지에 피공탁자가 거주하지 않는다는 소명하는 자료를 첨부하여야 한다.

이 경우 피공탁자가 최종주소에 거주하지 않는 다는 것을 소명하는 자료의 예로는, ① 피공탁자가 최종주소에 거주하지 않는다는 내용의 통·반장 또는 피공탁자의 최종주소에 주민등록을 한 거주민의 확인서, ② 피공탁자의 최종주소에 주민등록이 되어 있지 않다는 내용의 동장확인서, ③ 피공탁자의 최종주소로 발송한 우편물이 이사불명 또는 수취인부재 등으로 발송되었다는 취지가 기재된 최근의 우편송달통지서 또는 배달증명서, ④ 사업시행자가 소유자의 주소를 알 수 없어 등기사항증명서의 주소로 청산금지급통지를 하였으나 송달불능된 경우 그 등기사항증명서 및 송달불능사유가 기재된 우편송달통지서 등을 들 수 있다(1993. 4. 23. 법정-804, 1994. 3. 29. 법정 3302-146).

(나) 미등기 토지에 대하여 수용보상금 공탁을 하는 경우 토지대장상 소유자가 미등재 되었다면 소유자 불명을 원인으로 절대적 불확지 변제공탁을 할 수 있다. 이 경우에는 토지대장등본 등을 소유자 불명사유를 소명하는 서면으로 첨부하면 될 것이다.

(3) 외국인의 경우

외국에 주소를 가진 자에 대한 금전채무를 국내에서 이행하기로 약정된 경우에 그 채무액을 변제공탁하고자 하는 경우 공탁서상의 피공탁자의 주소는 외국의 현주소를 기재하고 그 주소지를 소명하는 서면(예 : 소송위임장에 기재된 외국의 주소에 관하여 관할법원에 발부한 증명서)을 첨부하여 채무이행지를 관할하는 공탁소에 공탁할 수 있다(1991. 1. 5. 법정 7호).

외국인 등을 위한 공탁신청에 관한 지침

[개정 2016. 6. 16. 행정예규 제1083호, 시행 2016. 7. 1]

제1조(외국인의 기명날인) 날인의 제도가 없는 국가에 속하는 외국인은 서명만으로써 공탁서 및 위임장의 기명날인을 대신할 수 있다.

제2조(외국인 등의 주민등록번호) 공탁서 성명란의 주민등록번호는 공탁당사자가 외국인일 경우 여권번호, 외국인등록번호, 국내거소신고번호로, 재외국민일 경우 여권번호로 대신 할 수 있다. 단, 피공탁자의 경우 이를 확인할 수 있는 자료(여권사본, 외국인등록사실증명서, 국내거소신고사실증명서 등)를 첨부하여야 한다.

제3조(주소소명서면)

① 외국인의 경우는 본국관공서의 주소증명 또는 거주사실증명, 주소증명을 발급하는 기관이 없는 경우에는 주소를 공증한 공정증서를, 재외국민의 경우는 주민등록등·초본 또는 재외국민등록부등본(다만, 주재국에 대한민국 재외공관이 없는 경우에는 주소를 공증한 서면)을 주소소명서면으로 본다.

② 제1항 외에 주소증명서에 대신할 수 있는 증명서(신분증, 여권, 외국인등록사실증명서, 국내거소사실증명서 등)를 본국 및 대한민국의 관공서에서 발급받은 경우 그 증명서 및 공탁관이 원본과 동일함을 인정한 사본도 주소소명서면으로 본다.

③ 공탁관은 제1항 및 제2항에 따라 제출된 문서가 외국 공무원이 발행하였거나 외국 공증인이 공증한 문서인 경우 그 문서에 찍힌 도장 또는 서면의 진위 여부와 그 공무원이나 공증인의 직위를 확보하기 위하여 '재외공관공증법' 제30조 제1항 본문에 따른 영사관의 확인 또는 '외국문서에 대한 인증의 요구를 폐지하는 협약'에서 정한 아포스티유 확인을 받아 제출하게 할 수 있다.

제4조(주소불명의 경우) 피공탁자가 외국인이거나 재외국민으로 주소가 분명하지 아니한 경우 공탁의 직접 원인이 되는 서면(계약서, 재판서, 재결서, 등기사항증명서, 토지대장, 말소된 주민등록표 등·초본 등)에 나타난 주소지를 최종주소지로 기재하고, 그 최종주소지에 피공탁자가 거주하지 않는다는 것을 소명하는(발송된 우편물이 이사불명 등으로 반송되었다는 취지가 기재된 최근의 배달증명서 등) 서면을 제출하여야 한다.

부 칙 (2016. 6. 16. 제1083호)

이 예규는 2016년 7월 1일부터 시행한다.

공탁규칙 제65조(용어의 정의) 이 장에서 외국인과 재외국민은 다음 각 호의 사람을 말한다.
1. 외국인
가. 대한민국의 국적을 가지지 않은 사람
나. 외국법에 따라 설립된 법인 또는 이에 준하는 단체
2. 재외국민 : 대한민국 국민으로서 외국의 영주권을 취득한 자 또는 영주할 목적으로 외국에 거주하고 있는 자

다. 공탁통지서

(1) 공탁통지의 방법

변제공탁에 있어서는 공탁자가 지체 없이 채권자에게 통지의무(민법 488조 3항)가 있으나 공탁시 공탁통지서를 첨부하여 공탁신청을 하면 이후 공탁물보관자로부터 공탁물납입통지서를 송부를 받았을 경우 공탁관은 피공탁관에게 공탁통지서를 발송하도록 한다.

(2) 공탁통지를 하여야 하는 경우

(가) 변제공탁

(나) 피공탁자의 주소를 정정하는 경우

정정된 주소를 기재한 공탁통지서(공탁규칙 27조의 2)를 첨부하여야 한다.

(다) 채권자의 상대적 불확지공탁

피공탁자의 수에 따라서 공탁통지서를 첨부하여야 한다. 한편 채권자 절대적 불확지변제공탁의 경우에는 공탁통지서를 첨부할 필요가 없으나 이후 피공탁자를 알게 되면 피공탁자를 지정하는 공탁서 정정신청을 하면서 공탁통지서를 첨부한다.

(3) 가등기담보와 청산금공탁의 경우

청산금채권에 대한 압류 또는 가압류로 청산금채무자가 청산금을 공탁하는 경우 피공탁자인 청산금채권자 외에 압류 또는 가압류채권자에게도 공탁통

지를 하여야 한다(가등기담보등에관한법률 8조 4항). 이 때 이에 해당하는 공탁통지서를 첨부한다.

(4) 금전채권집행공탁과 공탁통지서 첨부

(가) 원 칙

민사집행법 제248조 제1항에 의한 집행공탁은 원칙적으로 공탁서에 피공탁자를 기재하지 아니한다. 따라서 공탁통지서를 첨부할 필요가 없다.

(나) 예 외

① 금전채권의 일부에 대하여 압류가 있고 제3채무자가 금전채권전액을 공탁하는 경우 공탁금 중에서 압류의 효력이 미치지 않는 부분은 순수한 변제공탁의 성질을 가지므로 공탁신청시 공탁자는 피공탁자인 압류명령의 채무자에 대한 공탁통지서를 첨부하고 우편료를 납입하여야 한다.

② 금전채권에 대한 가압류가 있고 제3채무자가 금전채권 전액 또는 가압류금액만을 공탁한 경우 피공탁자인 가압류채무자에게 공탁통지서를 첨부하고 우편료를 납입하여야 한다.

공탁규칙 제23조(공탁통지서 등 첨부) ① 공탁자가 피공탁자에게 공탁통지를 하여야 할 경우에는 피공탁자의 수만큼 공탁통지서를 첨부하여야 한다. 〈개정 2010.2.1〉
② 제1항의 경우 「우편법 시행규칙」 제25조 제1항 제4호 다목에 따른 배달증명을 할 수 있는 우편료를 납입하여야 한다. 〈개정 2010.2.1. 2012.10.30〉
③ 공탁관은 제1항의 공탁통지서를 발송하기 위한 봉투 발신인란에 공탁소의 명칭과 그 소재지 및 공탁관의 성명을 적어야 한다. 〈개정 2010.2.1〉

공탁규칙 제67조(공탁통지) ① 공탁자가 피공탁자의 외국주소로 공탁통지를 하여야 할 경우에는 수신인란에 로마문자(영문)와 아라비아 숫자로 피공탁자의 성명과 주소를 적은 국제특급우편 봉투와 우편요금을 첨부하여야 한다.
② 제1항의 우편요금을 「국제우편규정」 제12조 제1항 제3호에 의한 배달통지가 가능한 외국에 공탁통지를 할 경우에는 배달통지로 할 수 있는 금액이어야 한다.
③ 공탁관은 제1항의 봉투 발신인란과 배달통지서의 반송인란에 로마문자(영문)와 아라비아 숫자로 공탁소의 명칭과 그 소재지 및 공탁관의 성명을 적어야 한다.

라. 기명식 유가증권의 양도증서 등

(1) 공탁자가 기명식 유가증권을 공탁하려고 하는 때에는 공탁물을 수령하는 자가 즉시 권리를 취득할 수 있도록 유가증권에 배서를 하거나 또는 양도증서를 첨부해야 한다(공탁규칙 24조). 현실적으로 양도증서를 공탁물보관자에게 제출한다.

(2) 공탁된 기명식 유가증권에 대하여 대공탁을 청구하는 경우에 청구자는 대공탁청구서에 공탁물보관자 앞으로 작성한 위임장을 첨부하여야 한다.

마. 채권압류 또는 가압류결정문 사본 등

채권이 압류나 가압류되어 제3채무자가 집행공탁하는 경우에는 공탁신청서에 가압류·압류결정문 사본을 첨부하여야 한다. 그리고 재판상 담보공탁의 경우는 담보제공명령서 사본을 첨부하여야 하며, 가압류해방공탁의 경우에도 가압류결정문 사본을 첨부하여야 하는 등 여러 공탁사건에서 재판서 사본 등을 첨부하는 경우가 있다.

바. 형사사건과 공탁금회수제한신고서를 제출하는 경우

변제공탁자는 공탁신청과 동시에 또는 공탁을 한 후에 "피공탁자의 동의가 없으면 형사사건에 대하여 '불기소결정(단, 기소유예는 제외)이 있거나 무죄판결'이 확정될 때까지, 회수청구권을 행사하지 않겠다"라는 취지를 기재한 금전공탁서(형사사건용) 또는 공탁금 회수제한신고서를 제출할 수 있다(행정예규 1014).

위 서면이 제출된 경우에는 공탁자의 회수청구권에 관하여 압류통지서가 접수된 경우에 준하여 처리하고, 공탁금을 납입한 공탁자가 공탁금 회수제한신고서의 부본을 제출하여 요구하면 그 부본에 공탁금 회수제한신고서의 접수사실을 확인하고 기명날인하여 교부한다.

그러나 공탁금 회수제한신고서의 제출은 임의적인 것이므로 불법행위로 인한 손해배상의 채무자가 변제공탁제도를 악용하는 사례를 방지하기 위하여 형사재판에서 공탁사실을 양형에 참작할 때에는 공탁금 회수제한신고서가 첨부되었는지 여부를 확인하도록 하고 있다(재형 2000-4).

사. 첨부서면의 생략

같은 사람이 동시에 같은 법원에 여러 건의 공탁을 하는 경우에 첨부서면의 내용이 같을 때에는 1건의 공탁서에 1통만을 첨부하면 된다. 이 경우 공탁서에는 그 뜻을 적어야 한다(공탁규칙 22조).

예컨대, 첨부서면이 생략된 다른 공탁서의 비고란에는 "법인등기사항증명서는 20OO년 금 제OO호 공탁서에 첨부한 것을 원용함"이라고 기재한다.

아. 원본인 첨부서면의 반환

공탁서, 공탁서 정정신청서, 대공탁·부속공탁청구서, 공탁물 출급·회수청구서 등에 첨부한 원본인 서면의 반환을 청구하는 경우에 청구인은 원본과 같다는 뜻을 적은 사본을 제출하여야 하고(공탁규칙 15조 1항), 공탁관이 서류의 원본을 반환할 때에는 사본을 원본을 반환한 뜻을 적고 도장을 찍어야 한다(공탁규칙 15조 2항).

원본 자체가 해당 공탁절차에 필요한 공탁서 원본, 공탁통지서, 증명서 등인 경우에는 원본의 환부는 허용될 수 없다.

[서식 10] 보정권고

<table>
<tr><th colspan="3">보 정 권 고</th></tr>
<tr><td>공탁사건번호</td><td colspan="2"></td></tr>
<tr><td rowspan="3">공 탁 자</td><td>성 명
(상호, 명칭)</td><td></td></tr>
<tr><td>주 소</td><td></td></tr>
<tr><td>주민등록번호
(법인등록번호)</td><td></td></tr>
<tr><td rowspan="3">피공탁자</td><td>성 명</td><td></td></tr>
<tr><td>주 소</td><td></td></tr>
<tr><td>주민등록번호</td><td></td></tr>
<tr><td>공탁금액</td><td colspan="2"></td></tr>
<tr><td colspan="3">공탁자는 아래 사항을 보완하여 주시기 바랍니다.

보완할 사항

1. 피공탁자인 미성년자의 법정대리인 증명을 위한 가족관계증명서 제출
2. 사망자의 상속인 증명을 위한 가족관계증명서 제출

20 . . .

OO지방법원 OO지원
공탁관 O O O (직인)</td></tr>
</table>

제2절 공탁의 성립(공탁의 수리 및 공탁물의 납입)

1. 공탁관의 심사

공탁관이 공탁신청서류를 접수한 때는 상당한 사유가 없는 한 지체 없이 모든 사항을 조사하여 신속하게 처리하여야 한다(공탁규칙 25조).

공탁관은 ① 해당 공탁을 정확하게 하는 근거법령이 존재하는지 여부, ② 그 근거법령에서 정하고 있는 공탁사유가 존재하는 지 여부, ③ 반대급부 조건의 기재는 적합한지 여부, ④ 당사자가 실재하고 당사자능력, 행위능력, 당사자 적격을 가지고 있는지 여부 및 대리인에 의한 공탁의 경우 대리권이 존재하는 지 여부, ⑤ 해당 공탁소에 관할이 있는지 여부 ⑥ 서식, 기재사항, 첨부서류 등을 갖춘 정식의 유효한 공탁신청인지 여부 등을 면밀히 심사하여야 한다.

2. 공탁관의 심사결과

가. 공탁 수리

(1) 수 리

공탁관은 심사결과 적법한 공탁신청으로 인정하여 공탁신청을 수리할 때에는 공탁서에 공탁을 수리한다는 뜻, 공탁번호, 공탁물 납입기일, 공탁물을 납입기일까지 납입하지 않은 경우에는 수리결정의 효력이 상실된다는 뜻을 적고 기명날인한 다음 공탁서 1통을 공탁자에게 내주어 공탁물을 공탁물보관자에게 납입하게 하여야 한다(공탁규칙 26조 1항).

(2) 공탁의 수리와 공탁의 효력 여부

형식상 변제공탁의 요건을 갖추고 있어 공탁관이 이를 수리할 것이나 공탁자가 실제로 변제의 제공을 한 사실이 없었다면 공탁은 실체상 효력이 없는 무효이다. 공탁의 수리가 있었다고 하여도 공탁이 유효가 되는 것은 아니다(양자는 별개의 문제이다).

(3) 수리결정의 실효

공탁수리결정에는 공탁물을 납입기일까지 지정된 공탁물보관자에게 납입하지 않을 경우 수리결정의 효력이 상실된다는 취지가 기재되어 있으므로 공탁자가 납입기일까지 공탁물을 납입하지 않을 때는 그 수리결정은 효력을 상실한다.

나. 공탁 불수리

(1) 공탁관이 공탁신청이나 공탁물 출급·회수청구를 불수리할 경우에는 이유를 적은 결정으로 하여야 한다. 불수리 결정에 관하여 필요한 사항은 대법원 예규로 정하도록 되어 있고(공탁규칙 48조), 공탁관의 처분에 불복하는 자는 관할 지방법원에 이의신청을 할 수 있다. 이의신청은 공탁소에 이의신청서를 제출함으로써 하여야 한다(공탁법 12조).

(2) 공탁관이 공탁신청이나 공탁물 출급·회수청구서를 불수리할 것이라고 인정한 때에는 2007. 12. 31. 개정 공탁규칙(2008. 3. 1. 시행)이전에는 서면으로써 그 취지를 공탁자에게 통지하도록 하면서 공탁서 등에 불수리취지를 기재하여 기명날인하고 그 중 한 통과 첨부서류를 반환하도록 하였으나 이를 삭제하고 이를 불수리 결정제도를 도입하였다(공탁규칙 48조).

다. 각종 부기분의 기재

공탁서, 각종 청구서와 기타 서면에 기재하는 부기문은 그 서면의 여백에 적을 수 있다. 그러나 다른 용지에 적을 때에는 직인으로 간인을 하여야 한다(공탁규칙 30조 1항).

위 부기문이 기재된 서면 중 1통을 제출자나 공탁물보관자에게 내주는 때에는 두 서면에 직인으로 계인(契印)을 찍어야 한다(공탁규칙 36조).

공탁 신청 및 출급·회수에 대한 불수리결정 업무처리지침

개정 2014. 5. 16. [행정예규 제1013호, 시행 2014. 6. 1]

제1조(목적) 이 예규는 공탁관이 「공탁규칙」(다음부터 "규칙"이라 한다) 제48조 제1항에 따라 공탁 신청이나 공탁물 출급·회수청구를 불수리하는 경우 그 업무처리절차를 규정함을 목적으로 한다.

제2조(불수리결정 방식)

① 공탁관이 공탁 신청이나 공탁물 출급·회수청구를 불수리 할 경우에는 별지(「전산정보처리조직에 의한 공탁사무처리지침」부록 제4-2호) 양식에 따라 이유를 적은 결정으로 하여야 한다.

② 불수리결정서에는 규칙 제55조 제2항의 공탁관의 인감도장을 날인하여야 한다.

제3조(고지 방법)

① 불수리결정을 한 경우 공탁관은 신청인이나 청구인(다음부터 "신청인 등"이라 한다)에게 불수리결정등본(다음부터 "결정등본"이라 한다)을 교부하거나 배달증명우편으로 송달한다.

② 제1항에 따라 교부 또는 송달을 한 경우 공탁관은 결정원본의 '결정의 고지'란에 해당사항을 적고 날인하여야 한다.

③ 신청인 등에게 결정등본을 직접 교부하는 경우에는 영수증을 받아 해당 공탁기록에 철한다.

④ 배달증명우편으로 송달을 받고자 하는 신청인 등은 「우편법 시행규칙」 제25조 제1항 제4호 다목에 따른 배달증명을 할 수 있는 가액의 우표를 미리 공탁관에게 납부하여야 한다.

제4조(결정등본의 반송 등) 배달증명서가 오거나 결정등본이 소재불명 등의 사유로 반송된 경우에는 이를 공탁기록에 철하고, 공탁기록 표지 비고란에 그 뜻을 적는다.

제5조(신청서류의 보관 등)

① 공탁관이 제2조에 따라 불수리결정을 한 때에는 불수리결정원본(다음부터"결정원본"이라 한다)과 공탁서 또는 공탁물 출급·회수청구서(각 2부), 그 밖에 첨부서류는 공탁기록에 철하여 보관한다.

② 제1항의 첨부서류에 대하여 신청인 등이 반환을 청구한 경우에는 공탁관은 해당 첨부서류의 복사본과 신청인 등에게 받은 영수증을 공탁기록에 철하고 첨부서류 원본을 반환한다.

제6조(이의신청에 대한 결정에 따른 업무처리)

① 불수리결정의 이의신청에 대하여 관할지방법원이 「공탁법」 제14조 제1항에 따라 결정문을 송부한 때에는 이를 해당 공탁기록에 철한다.

② 제1항의 결정문에서 이의가 이유있다고 인정하여 공탁관에게 상당한 처분을 할 것을 명한 경우에는 공탁관은 제5조 제1항의 공탁기록에 의하여 관할법원의 명령에 따른 처분(수리, 인가)을 한다.

③ 제5조 제2항에 따라 첨부서류 원본을 반환한 경우에는 이를 다시 제출받은 다음 제2항의 처분을 한다.

제7조(공탁기록의 보존기간)

① 공탁신청이 불수리된 후 신청인 등이 이의신청을 하지 않은 때에는 해당 공탁기록은 불수리결정연도의 다음해부터 5년간 보존한다.

② 관할지방법원이 이의신청을 기각하거나 각하(이의신청 취하 포함)한 때에는 해당 공탁기록은 기각 또는 각하결정이 있는 다음해부터 5년간 보존한다.

부 칙 (2014.05.16 제1013호)

이 예규는 2014년 6월 1일부터 시행한다.

[서식 11] 불수리결정서

○○ 지방법원 ○○ 지원
결 정

결정의 고지	방 법	일 자	공탁관인

신청인(청구인) 성 명(상호, 명칭)
주민등록번호(법인등록번호)
주 소(본점, 주사무소)
위 대리인 성 명
주 소
공탁번호
공 탁 자
피공탁자

위 공탁 신청(공탁물 출급·회수청구)에 대하여 공탁규칙 제48조제1항에 따라 다음과 같이 결정한다.

주 문

신청인(청구인)의 이 법원에 대한 20 . . .자 공탁 신청(공탁물 출급·회수청구)은 이를 불수리한다.

이 유

20 . . .

공 탁 관 ○ ○ ○ (인)

※ 주의 : 신청인(청구인)은 이 불수리 결정에 대하여 공탁법 제12조에 따라 공탁관 소속의 법원(지원)에 이의신청을 할 수 있습니다. 이의신청서는 불수리 결정을 한 공탁관에게 제출하면 됩니다.

[서식 12] 이의신청서

[제17호 양식]

이 의 신 청 서

<table>
<tr><td rowspan="2">신
청
인</td><td>성 명
(상호, 명칭)</td><td></td></tr>
<tr><td>주 소
(본점,주사무소)</td><td></td></tr>
<tr><td rowspan="3">피
신
청
인</td><td>주민등록번호
(법인등록번호)</td><td></td></tr>
<tr><td>성 명</td><td>대한민국 법률상 대표자 법무부장관 ○○○
(소관 : ○○지방법원 ○○지원 공탁관)</td></tr>
<tr><td>주 소</td><td></td></tr>
</table>

신 청 취 지

1. 신청인이 20 . . . 피신청인에게 한 동원 년 금 제 호 공탁 신청(공탁금 출급·회수 청구)에 대하여 피신청인이 20 . . . 행한 불수리결정을 취소한다
2. 피신청인은 신청인의 공탁 신청(공탁금 출급·회수청구)을 수리(인가)하라.

라는 재판을 구합니다.

신 청 이 유

첨 부 서 류

년 월 일

위 신청인 인(서명)

3. 공탁물의 납입

공탁자는 공탁물로부터 공탁서(물품공탁의 경우에는 공탁서와 공탁물품납입서)를 교부받아 공탁물보관자에게 납입기일까지 공탁물을 납입하여야 한다. 공탁관이 제출된 공탁서 2통 중 1통의 공탁서(부본)을 보관한다. 공탁이 유효하게 성립하는 시기는 공탁관의 수리처분이 있을 때가 아니라, 공탁자가 공탁서에 기재된 공탁물을 공탁물보관자에게 납입한 때이다.

가. 공탁물의 납입절차

(1) 공탁서원본과 부본

공탁물을 공탁물보관자에게 납입하면 공탁물보관자는 납입받았다는 뜻을 기재하고 기명날인하여 공탁자에게 공탁서(공탁서원본)를 교부하며, 공탁납입통지서를 공탁관에게 전송한다. 이에 대하여 첨부서면과 함께 공탁관이 보관하는 공탁서를 공탁서부본이라고 한다.

(2) 물품납입과 공탁물납입통지서 송부

(가) 공탁물보관자가 공탁물을 납입받은 때에는 공탁서 말미의 "영수증"란에 공탁물을 납입받았다는 뜻을 적어 공탁자에게 내주고, 그 납입사실을 공탁관에게 전송하여야 한다. 다만, 물품을 납입받은 경우에는 공탁물품납입통지서를 보내야 한다(공탁규칙 27조).

(나) 출납부는 공탁물의 종류에 따라 연도별로 작성한다. 공탁관은 공탁물보관자가 보내온 공탁물의 납입 및 지급결과에 관한 내용을 일자 순으로 등록하여야 한다. 공탁물의 납입 및 지급결과에 관한 내용은 원장에도 등록하여야 한다(공탁규칙 5조).

(다) 납입기일까지 공탁물을 납입하지 않아 수리결정이 효력을 상실한 이후에 공탁물이 납입되었다면 그 공탁은 무효이다.

[서식 13] 공탁물품납입서

[제3호 양식]

공 탁 물 품 납 입 서

공탁물보관자 귀중

공 탁 번 호	접 수 일 자	취 급 자	검 인	계 인
년 물 제 호	년 월 일	㊞		

물 품 명 칭	종 류	수 량	비 고

위 공탁물품을 납입합니다.

년 월 일

법원 지원 공탁관 (인)

[서식 14] 공탁물품납입통지서

[제4호 양식]

공탁물품납입통지서

<table>
<tr><td colspan="7">법원 지원 공탁관 귀하</td></tr>
<tr><td>물품의 명칭</td><td>종 류</td><td>수 량</td><td>납입 연월일</td><td colspan="2">공탁번호 : 년 물 제 호</td></tr>
<tr><td></td><td></td><td></td><td></td><td rowspan="3">공
탁
자</td><td>성명
(상호, 명칭)</td></tr>
<tr><td></td><td></td><td></td><td></td><td>주민등록번호
(법인등록번호)</td></tr>
<tr><td></td><td></td><td></td><td></td><td>주소
(본점, 주사무소)</td></tr>
<tr><td></td><td></td><td></td><td></td><td rowspan="3">대
리
인</td><td>성명
(상호, 명칭)</td></tr>
<tr><td></td><td></td><td></td><td></td><td>주민등록번호
(법인등록번호)</td></tr>
<tr><td></td><td></td><td></td><td></td><td>주소
(본점, 주사무소)</td></tr>
<tr><td colspan="6">위 공탁물품이 납입되었음을 알려드립니다.

년 월 일

공탁물보관자 (인)</td></tr>
</table>

나. 가상계좌에 의한 공탁금납입

(1) 공탁자가 가상계좌입금에 의한 공탁금 납입을 신청한 경우에는 부여된 가상계좌로 납입기간 안에 공탁금을 납부하여야 한다(행정예규 679호).

공탁자가 가상계좌납입을 신청하는 경우에는 공탁서 비고(가상계좌납인신청)란에 그 취지를 표시하여야 한다. 부동산 경매에 있어서 매각허가결정에 대한 항고보증공탁을 하는 경우에는 공탁금 보관은행을 경유하여 이자소득세 원친징수에 필요한 사항을 등록한 후 "계좌납입신청"을 하여야 한다. 납입신청을 한 공탁서를 우편으로 우송받고자 하는 경우에는 수신인란에 공탁자의 성명과 주소, 전화번호를 기재하고 배달증명으로 할 수 있는 가액의 우표를 붙인 우편봉투를 함께 제출하여야 한다(행정예규 936호 2조 참조).

(2) 공탁금 계좌입금을 신청한 경우에 공탁수리 후 공탁관은 공탁금보관자에게 가상계좌번호 부여를 요청하고, 공탁금보관자는 번호를 채번하여 공탁관에게 전송하여야 한다(행정예규 936호 3조 1항, 2항). 공탁관은 가상계좌를 전송받은 후 공탁자에게 가상계좌를 납부하게 하고, 공탁자가 납입한 후 공탁금보관자로부터 납입전송을 받으면 지체 없이 보관중인 공탁서에 납입증명을 하여 공탁자에게 교부하거나 우편으로 발송하여야 한다(행정예규 936호 3조 3항, 6조).

(3) 공탁이 유효하게 성립하는 시기는 공탁관의 수리처분이 있을 때가 아니라 공탁자가 공탁물을 공탁물보관자에게 납입한 때이다.

공탁물보관자가 공탁물을 납입받은 때에는 공탁서 말미의 "영수증"란에 공탁물을 납입받았다는 뜻을 적어 공탁자에게 내주고, 그 납입사실을 공탁관에게 전송하여야 한다. 다만, 물품을 납입받은 경우에는 공탁물품납입통지서를 보내야 한다(공탁규칙 27조).

(4) 공탁자가 지정된 납입기일까지 공탁물을 납입하지 않을 때는 공탁수리결정은 최종적으로 그 효력을 상실한다(공탁규칙 26조 3항). 납입기일까지 공탁물이 납입되지 않아 수리결정이 효력을 상실한 이후에 공탁물이 납입되었다 하더라도 그 공탁은 무효이다. 이 경우에 공탁관은 전산시스템에 자동으로 등록된 실효내역을 확인한 후 공탁기록표지 비고란에 '실효'라고 표기하여야 한다.

가상계좌에 의한 공탁금 납입절차에 관한 업무처리지침

개정 2012. 12. 12. 행정예규 제936호

제1조(목적) 이 규정은 공탁자가 가상계좌입금에 의한 공탁금 납입을 신청한 경우 업무처리절차를 규정함을 목적으로 한다.

제2조(가상계좌납입 신청 등)

① 공탁자가 가상계좌납입 신청을 하는 경우에는 공탁서 비고 가상계좌납입 신청란에 그 취지를 표시하여야 한다.

② 부동산 경매에 있어서 매각허가결정에 대한 항고보증공탁을 하는 경우(「민사집행법」 제130조 제3항 및 제268조)에는, 공탁금 보관은행을 경유하여 이자소득세 원천징수에 필요한 사항을 등록한 후 "계좌납입신청"을 하여야 하고, 주민등록번호(개인)나 사업자등록번호(법인 등)를 소명할 수 있는 자료를 첨부하여야 한다.

③ 공탁자는 납입증명을 한 공탁서를 우편으로 우송받고자 하는 경우 수신인란에 공탁자의 성명과 주소, 전화번호를 기재하고 「우편법 시행규칙」 제25조 제1항 제4호 다목에 의한 배달증명으로 할 수 있는 가액의 우표를 붙인 우편봉투를 함께 제출하여야 한다.

제3조(가상계좌번호 부여절차 등)

① 공탁관은 공탁자가 공탁금 계좌입금을 신청한 경우에는 공탁수리 후 공탁금보관자에게 가상계좌번호부여를 요청하여야 한다.

② 공탁금보관자는 공탁관으로부터 가상계좌번호 부여를 지시받은 즉시 번호를 채번하여 공탁관에게 전송하여야 한다.

③ 공탁관은 공탁금보관자로부터 가상계좌번호를 전송받은 후 공탁서는 보관하고 별지1과 같은 납입안내문을 출력하여 공탁자에게 교부하여 납입기한 안에 동 계좌로 납부하게 하여야 한다.

제4조(가상계좌납입절차 등)

① 공탁자는 납입기한의 통상 업무시간까지 지정된 계좌로 납입하여야 한다.

② 공탁금보관자는 가상계좌로 공탁금 납입시 공탁소에서 전송된 납입기한 및 공탁금액과 대조하여 확인한 후 납입처리하고, 그 처리결과를 공탁관에게 전송하여야 한다.

③ 공탁자가 계좌번호오류, 은행의 전산다운 등의 사유로 납입마감일의 통상 업무시간까지 공탁금을 납입하지 못한 경우 당해 공탁사건은 실효처리된다. 단, 공탁관에게 납입기한 연장을 요청하여 승인을 받은 경우는 예외로 한다.

④ 공탁관은 당해 공탁사건이 실효처리된 경우 보관 중인 공탁서를 공탁기록에 편철

한다.

제5조(계좌납입신청 철회·납입취소 등)

① 공탁자는 가상계좌로 공탁금이 납입되기 전까지는 가상계좌납입 신청을 철회하고 관할공탁소 공탁금보관자에게 직접 납입할 수 있다.

② 공탁관은 공탁자가 계좌납입신청을 철회하면 공탁서 비고란을 정정하게 하고 가상계좌 전산등록을 삭제한 후 보관중인 공탁서를 교부하여야 한다.

③ 공탁자가 착오납입 등을 한 경우 납입당일에 한해 통상 업무시간 전까지 별지2.의 양식에 의해 공탁관의 확인을 받아 공탁금보관자에게 납입취소를 요청할 수 있다.

④ 공탁금보관자는 공탁자가 별지2 양식에 의한 납입취소 신청에 의해 납입취소를 한 경우 5년간 이 서류를 보관하여야 한다.

제6조(공탁서 교부 등)

① 공탁관은 공탁금보관자로부터 납입전송을 받은 후 지체없이 보관중인 공탁서에 납입증명을 하여 공탁자 또는 정당한 대리인에게 교부하거나 제2조제3항의 경우에는 우편으로 발송하여야 한다.

② 제1항의 우편발송의 경우 봉투 발신인란에 공탁소의 명칭과 그 소재지 및 공탁관의 성명, 전화번호를 기재하여야 한다.

③ 제1항의 우편발송의 경우 배달증명서가 송부되어 오거나 공탁서가 반송된 경우에는 이를 공탁기록에 편철하고 공탁기록표지 비고란에 그 뜻을 기재하여야 하며, 반송된 경우는 지체없이 우편봉투에 기재된 전화번호로 연락을 취하여야 한다.

④ 제1항에 의한 공탁서 교부시 또는 우편발송이 반송된 후 공탁서를 직접 교부할 경우에는 신분증명서, 위임장(대리의 경우) 등에 의하여 본인 또는 정당한 대리인(공탁신청 대리인을 제외하고는 인감증명 첨부된 위임장 제출요)임을 확인하고, 제출서류는 당해 공탁기록에 편철한 후 교부취지를 공탁기록표지 비고란에 기재하고 교부하여야 한다(예시 : 2012. . . : 공탁서 교부, 수령인 공탁자(대리인) ○○○ 인 또는 서명).

제7조(납입취소 신청서 비치) 공탁소(시·군법원 포함)에는 별지2 납입취소 신청서를 비치하여 민원인의 편의를 도모하여야 한다.

부 칙

이 예규는 2012. 12. 17.부터 시행한다.

4. 공탁통지서 발송

- 변제공탁의 경우 공탁관은 공탁물보관자로부터 납입사실 전송이나 공탁물납입통지서의 송부를 받았을 때에는 공탁규칙 제23조의 공탁통지서를 피공탁자(채권자)에게 발송하여야 한다.
  공탁통지서에는 공탁번호와 그 발송연월일 및 공탁관의 성명을 기재하고 직인을 찍어야 한다. 공탁통지서를 발송한 우편물 영수증에는 공탁번호를 기재하여 공탁물납입통지서의 여백에 첨부하여야 한다.
- 공탁실무는 공탁사무의 편의와 확실한 공탁통지를 위하여 공탁자로 하여금 공탁통지서를 공탁소에 제출하게 하고, 공탁관이 공탁물보관자로부터 공탁물납입사실의 전송이나 공탁물품납입통지서를 받은 때에는(수리 후가 아님) 공탁자를 대신하여 공탁통지서를 피공탁자에게 발송하도록 하고 있다(공탁규칙 29조 1항).
- 변제공탁은 납입하므로써 그 효력이 발생하는 것이므로 채무는 소멸되는 것이다.
- 민법상 공탁통지의무는 공탁자에게 있으므로 공탁자가 피공탁자의 주소를 잘못 기재하는 등으로 손해를 입은 경우에는 공탁자에게 그에 따른 손해배상책임이 발생한다(선례).
- 공탁통지서의 발송주체는 공탁관이 된다. 공탁관은 공탁통지서 봉투의 발신인란에 공탁소의 명칭과 그 소재지 및 공탁관의 성명을 기재한다.
- 국가를 피공탁자로 하는 변제공탁시 공탁통지서는 소관청의 장에게 발송한다(예규).

5. 공탁통지서의 재발송

피공탁자의 주소에 대한 공탁서의 정정신청을 한 때 공탁자는 피공탁자의 현주소가 기재된 공탁통지서 등을 공탁규칙 제23조의 규정에 의하여 첨부하여야 한다(공탁규칙 30조 6항).

6. 공탁서의 활용

담보제공을 위해 금전이나 유가증권을 공탁한 경우에는 그 후속절차로 공탁자는 공탁서를 담보제공을 명한 관서에 제출하여야 한다.
특히 형사사건에 관한 변제공탁의 경우 공탁 이후에 공탁자가 공탁서 및 회수제한신고서를 해당 수사기관이나 재판부에 제출하여야 양형에 정상참작자료로 활용될 수 있다.

7. 가압류관련 공탁과 공탁사실의 통지

금전채무의 전부 또는 일부에 대한 가압류가 있고 제3채무자가 가압류금액 또는 금전채권액 전액을 공탁하는 경우에는 공탁관은 가압류채권자에게 공탁사실을 통지하여야 한다(행정예규 528호). 가압류채무자에게는 공탁규칙 제22조의 공탁통지서를 발송하여야 하므로 별도로 공탁사실을 통지할 필요가 없다.

[서식 15] 금전공탁통지서

[제2-1호 양식]

금전공탁통지서

<table>
<tr><td colspan="2">공 탁 번 호</td><td>년 금 제 호</td><td colspan="2">년 월 일 신청</td><td>법령조항</td><td></td></tr>
<tr><td rowspan="2">공탁자</td><td>성 명
(상호, 명칭)</td><td></td><td rowspan="2">피공탁자</td><td>성 명
(상호, 명칭)</td><td colspan="2"></td></tr>
<tr><td>주 소
(본점, 주사무소)</td><td></td><td>주 소
(본점, 주사무소)</td><td colspan="2"></td></tr>
<tr><td colspan="2" rowspan="2">공 탁 금 액</td><td>한글</td><td colspan="2" rowspan="2">보 관 은 행</td><td colspan="2" rowspan="2">은행 지점</td></tr>
<tr><td>숫자</td></tr>
<tr><td colspan="2">공 탁 원 인
사 실</td><td colspan="5"></td></tr>
<tr><td colspan="5">1. 공탁으로 인하여 소멸하는 질권, 전세권 또는 저당권
2. 반대급부 내용</td><td colspan="2"></td></tr>
<tr><td colspan="7">위와 같이 통지합니다. 대리인 주소
공탁자 성명 인(서명) 성명 인(서명)</td></tr>
<tr><td colspan="7">1. 위 공탁금이 년 월 일 납입되었으므로 [별지] 안내문의 구비서류 등을 지참하시고, 우리 법원 공탁소에 출석하여 공탁금 출급청구를 할 수 있습니다.
귀하가 공탁금 출급청구를 하거나, 공탁을 수락한다는 내용을 기재한 서면을 우리 공탁소에 제출하기 전에는 공탁자가 공탁금을 회수할 수 있습니다.
2. 공탁금 출급청구시 구비서류 등
※ [별지] 안내문을 참조하시기 바랍니다.
3. 공탁금액이 5천만원 이하인 경우에는 법원 전자공탁홈페이지(http://ekt.scourt.go.kr)를 이용하여 인터넷으로 공탁금 출급청구를 할 수 있습니다. 이 경우 인감증명서(또는 본인서명사실확인서)는 첨부하지 아니합니다.
※ 전자공탁홈페이지에서 이체 가능한 은행을 확인 후, 청구하시기 바랍니다.
4. 공탁금은 그 출급청구권을 행사할 수 있는 때로부터 10년 내에 출급청구를 하지 않을 때에는 특별한 사유(소멸시효 중단 등)가 없는 한 소멸시효가 완성되어 국고로 귀속되게 됩니다.
5. 공탁금에 대하여 이의가 있는 경우에는 공탁금 출급청구를 할 때에 청구서에 이의유보 사유(예컨대 "손해배상금 중의 일부로 수령함" 등)를 표시하고 공탁금을 지급받을 수 있으며, 이 경우에는 후에 다른 민사소송 등의 방법으로 권리를 주장할 수 있습니다.
6. 공탁통지서는 재발급 되지 않으므로 잘 보관하시기 바랍니다.
7. 사건 내용은 법원 전자공탁홈페이지에서 조회할 수 있으며, 통지서 하단에 발급확인번호가 기재되어 있는 경우에는 전자문서로 신청된 사건이므로 전자공탁홈페이지에서 공탁관련 문서를 열람할 수 있습니다.</td></tr>
</table>

년 월 일 발송

법원 지원 공탁관 (인)
(문의전화 :)

※ **공탁원인사실 기재례**

1. 20OO. O. O. 채권자 홍길동, 채무자 이몽룡(공탁자)간 금 10,000,000원의 소비대차의 채무가 있어 채무자인 공탁자는 채권자인 피공탁자(공탁물을 수령할 자)에게 변제키 위하여 원금 및 법정이자 합계금 11,600,000원을 제공하여도 그 수령을 거부하므로 공탁함(※ 공탁법령조항 기재란 : 민법 제487조).
2. 공탁자는 피공탁자로부터 20OO. 9. 1. OO시 OO구 OO동 OOO 대 60㎡에 관하여 대금 100,000,000원에 매수하는 매매계약을 체결하고 계약금 10,000,000원, 20OO. 4. 5. 중도금 40,000,000원을 각 지급하였다. 잔대금 50,000,000원은 20OO. 5. 5. 위 부동산의 소유권이전등기절차이행에 필요한 일체의 서류 교부와 동시에 피공탁자의 주소지에서 지급하기로 하여 그냥 위 장소에서 위 금원을 현실제공하였으나 대금의 증액을 요구하며 그 수령을 거부하므로 공탁함.
3. 공탁자는 피공탁자로부터 20OO. 8. 20. OO시 OO구 OO동 OOO 대 120㎡에 대하여 매매대금 300,000,000원, 지급기일 20OO. 9. 20. 지급장소 피공탁자의 주소지로 정하여 부동산매매계약을 체결하였는바, 공탁자는 위 부동산매매계약에 따라 지급기일에 채무이행지인 피공탁자의 주소지에서 매매대금 300,000,000원을 현실제공하였으나 그 수령을 거부하므로 공탁함.
4. 공탁자는 20OO. 8. 12. 15:40경 OO시 OO구 OO동 소재의 홍길동 운영의 중고가전 가게에다 김갑동이 습득하여 갖다놓은 금 6,000,000원의 자기앞수표를 이몽룡이 타인에게 주고 현금 5,000,000원으로 바꿔온 금전 중 금 20,000원을 취득한 바 있어, 동 금액의 피해자인 피공탁자에게 배상하고자 현실 제공하였으나 피해자가 그 수령을 거부하므로 이에 공탁함.
5. 채권자 홍길동과 채무자간 OO지방법원 20OO타경 OOO호 부동산강제경매사건에 관하여 20OO. 8. 10. 위 법원이 한 매각허가결정에 대하여 공탁자가 항고하고자 매각대금의 10분의 1 상당액인 100,000,000원을 보증으로 공탁함.
6. 공탁자는 20OO. 8. 20. 승용차 운전을 하다가 OO시 OO구 OO동 한국병원 앞 노상에서 도로를 횡단 중인 피공탁자를 들이받아 왼쪽 발목에 전치 4주일을 요하는 상해를 입혔음.
   그 후 공탁자와 피공탁자는 손해배상액에 대하여 합의를 보려고 하였으나 합의가 이루어지지 않으므로 공탁자는 20OO. 8. 26. 공탁자가 상당하리라고 생각되는 손해배상금 3,000,000원 및 사고일로부터 공탁일까지 연 5%의 비율로 계산한 지연손해금 23,000원, 합계금 3,023,000원을 현실로 제공하였으나 그 수령을 거절하므로 공탁함.

[참조 2] 공탁금(유가증권) 출급청구 안내문

【문서양식 2-1, 2-2의 [별 지]】

공탁금(유가증권) 출급청구 안내문

귀하가 피공탁자로 지정된 공탁금이 납입되어 있으므로 공탁금을 지급받고자 할 경우에는 아래 표를 참조하여 구비서류를 지참하시고 우리 법원 공탁소를 방문하여 청구를 하시기 바랍니다.

<table>
<tr><th colspan="3" rowspan="2">구 분</th><th colspan="4">공탁금 출급청구권자</th></tr>
<tr><th>개 인</th><th>법 인</th><th>법인 아닌 사단·재단</th><th>관공서</th></tr>
<tr><td rowspan="8">공
탁
금
액</td><td rowspan="3">5천만원 초과</td><td>공탁통지서</td><td>○</td><td>○</td><td>○</td><td>○</td></tr>
<tr><td>인감증명서와 인감도장</td><td>○</td><td>○</td><td>○</td><td>×</td></tr>
<tr><td>신분증</td><td>○</td><td>○</td><td>○</td><td>○</td></tr>
<tr><td rowspan="3">5천만원 이하 ~ 1천만원 초과</td><td>공탁통지서</td><td>×</td><td>×</td><td>○</td><td>○</td></tr>
<tr><td>인감증명서와 인감도장</td><td>○</td><td>○</td><td>○</td><td>×</td></tr>
<tr><td>신분증</td><td>○</td><td>○</td><td>○</td><td>○</td></tr>
<tr><td rowspan="3">1천만원 이하</td><td>공탁통지서</td><td>×</td><td>×</td><td>×</td><td>×</td></tr>
<tr><td>인감증명서와 인감도장</td><td>×</td><td>×</td><td>×</td><td>×</td></tr>
<tr><td></td><td>신분증</td><td>○</td><td>○</td><td>○</td><td>○</td></tr>
</table>

※ 유가증권인 경우에는 그 액면금을 기준으로 보시면 됩니다.

1. 1천만원 이하의 금액을 본인이 직접 청구하는 경우와 법인의 위임을 받은 대리인이 청구하는 경우에는 관할공탁소 뿐만 아니라 가까운 지방법원 또는 지원 공탁소(관할공탁소와 같은 특별시 및 광역시에 소재하는 경우에는 제외)에서도 공탁금을 찾을 수 있습니다(자세한 내용은 대법원행정예규 제887호 참조).
2. 공탁금이 5,000만원 이하인 사건에 대하여는 대법원 전자공탁홈페이지(http://ekt.scourt.go.kr)에서 전자공탁시스템을 이용하여 공탁소를 방문하지 않고도 출급청구를 할 수 있습니다. 이 경우 인감증명서를 첨부하지 아니하며, 서명은 인증서에 의한 전자서명으로 합니다.
3. 법인등기사항증명서, 가족관계증명서, 주민등록표 등·초본, 인감증명서(법인의 경우 사용인감계는 허용되지 아니함) 등 관공서 발급서면은 발급일로부터 3개월 이내의 것을 가져 오시기 바라며, 신분증으로는 주민등록증, 운전면허증, 여권 등을 가지고 오시기 바랍니다.

4. 대리인이 청구할 경우에는 위임장(본인의 인감도장이 찍힌 것), 본인의 인감증명서, 대리인의 신분증을 지참하여야 합니다(단, 미성년자의 법정대리인이 출급청구를 하는 경우에는 미성년자의 가족관계증명서 및 기본증명서를 첨부하여야 하고, 친권은 공동행사가 원칙이므로 부모 중 한명이 오실 경우에는, 배우자의 위임장·인감증명서 또는 배우자가 친권을 행사할 수 없다는 증명서를 추가로 가져오셔야 합니다).
5. 법인의 경우에는 위의 첨부서류 외에 법인등기사항증명서를 지참하여야 합니다.
6. 피공탁자 여러 명을 상대로 상대적 불확지공탁을 한 경우에는 다른 피공탁자의 동의서(인감증명서 첨부)나 확정판결서 등 출급권한을 증명하는 서면이 있어야 출급이 가능합니다.
7. 법인 아닌 사단·재단(종중, 교회 등)이 출급청구를 하는 경우에는 위의 첨부서류 외에 정관 또는 규약과 대표자임을 증명하는 서면을 첨부하여야 합니다. 특히, 대표자임을 증명하는 서면(대표자선임결의서 등)에는 2인 이상의 성년이 사실과 같다는 뜻을 적고 자필서명한 다음 각자의 신분증 사본을 첨부하여야 합니다.
8. 공탁금 출급청구서 양식은 우리 법원 공탁소에 비치되어 있으며, 대법원 전자공탁홈페이지에서 다운로드받아 사용할 수도 있습니다.

[서식 16] 금전공탁통지서(형사사건용)

[제2-4호 양식]

금전 공탁통지서(형사사건용)

<table>
<tr><td colspan="2">공 탁 번 호</td><td>년 금 제 호</td><td colspan="2">년 월 일 신청</td><td>법령조항</td><td></td></tr>
<tr><td rowspan="2">공
탁
자</td><td>성 명
(상호, 명칭)</td><td></td><td rowspan="2">피
공
탁
자</td><td>성 명
(상호, 명칭)</td><td colspan="2"></td></tr>
<tr><td>주 소
(본점, 주사무소)</td><td></td><td>주 소
(본점, 주사무소)</td><td colspan="2"></td></tr>
<tr><td colspan="2" rowspan="2">공 탁 금 액</td><td>한글</td><td colspan="2" rowspan="2">보 관 은 행</td><td colspan="2" rowspan="2">은행 지점</td></tr>
<tr><td>숫자</td></tr>
<tr><td rowspan="2">형사사건</td><td>사건번호</td><td colspan="5">경찰서 년제 호
지방검찰청 지청 년 형제 호
지방법원 지원 년 고단(합) 제 호</td></tr>
<tr><td>사건명</td><td colspan="5"></td></tr>
<tr><td colspan="2">공 탁 원 인
사 실</td><td colspan="5"></td></tr>
<tr><td colspan="2">반대급부 내용 등</td><td colspan="5"></td></tr>
<tr><td colspan="7">위와 같이 통지합니다. 대리인 주소
공탁자 성명 인(서명) 성명 인(서명)</td></tr>
</table>

1. 위 공탁금이 년 월 일 납입되었으므로 [별지] 안내문의 구비서류 등을 지참하시고, 우리 법원 공탁소에 출석하여 공탁금 출급청구를 할 수 있습니다.

2. 공탁금액이 5천만원 이하인 경우에는 법원 전자공탁홈페이지(http://ekt.scourt.go.kr)를 이용하여 인터넷으로 공탁금 출급청구를 할 수 있습니다. 이 경우 인감증명서(또는 본인서명사실확인서)는 첨부하지 아니합니다.

   ※ 전자공탁홈페이지에서 이체 가능한 은행을 확인 후, 청구하시기 바랍니다.

3. 공탁자가 회수제한신고를 한 경우에는 공탁자는 귀하의 동의가 없으면 위 형사사건에 대하여 불기소결정(단, 기소유예는 제외)이 있거나 무죄판결이 확정될 때까지 공탁금에 대한 회수청구권을 행사할 수 없습니다.
   그러나, 공탁자가 회수제한신고를 하지 않은 경우에는 귀하가 공탁금 출급청구를 하거나, 공탁을 수락한다는 내용을 기재한 서면을 우리 공탁소에 제출하기 전에는 공탁자가 공탁금을 회수할 수 있습니다

4. 공탁금은 그 출급청구권을 행사할 수 있는 때로부터 10년 내에 출급청구를 하지 않을 때에는 특별한 사유(소멸시효 중단 등)가 없는 한 소멸시효가 완성되어 국고로 귀속되게 됩니다.

5. 공탁금에 대하여 이의가 있는 경우에는 공탁금 출급청구를 할 때에 청구서에 이의유보

사유(예컨대 "손해배상금 중의 일부로 수령함" 등)를 표시하고 공탁금을 지급받을 수 있으며, 이 경우에는 후에 다른 민사소송 등의 방법으로 권리를 주장할 수 있습니다.

6. 공탁통지서는 재발급 되지 않으므로 잘 보관하시기 바랍니다.

7. 사건 내용은 법원 전자공탁홈페이지에서 조회할 수 있으며, 통지서 하단에 발급확인번호가 기재되어 있는 경우에는 전자문서로 신청된 사건이므로 전자공탁홈페이지에서 공탁관련 문서를 열람할 수 있습니다.

년 월 일 발송

법원 지원 공탁관 (인)

(문의전화 :)

※ 공탁원인사실 기재례

1. 공탁자는 20OO. 4. 23. 10:00경 OO시 OO구 OO동 소재 공탁자의 아파트에서 피공탁자를 유인하여 추행한 사건에 대하여 피공탁자에게 잘못을 사과하는 한편 상당한 위로금을 주고 합의를 보고자 하였으나 위자료의 액수가 적다는 이유로 수령을 거절하므로 공탁자가 마련할 수 있는 최선의 금액에 해당하는 금 2,000,000원을 위자료로써 공탁함.
2. 공탁자는 20OO. 7. 20. 16:40경 OO시 OO구 OO동 롯데마트 2차선 도로상에서 공탁자가 운전하던 그랜져 승용차로 자전거를 타고 횡단하던 피공탁자를 가격하여 10일 후 피공탁자가 사망에 이르는 결과가 발생하였기에, 공탁자는 형사합의금조로 금 20,000,000원을 지급하고자 하나 피공탁자의 상속인들이 누구인지 알 수가 없으므로 이에 공탁함.
3. 공탁자는 20OO. 8. 12. 20:50경 OO시 OO구 OO로 OO(OO동) 소재 '올림피아" 유흥주점에서 함께 술을 마시던 피공탁자가 버릇없이 행동한다는 이유로 화가 나서 주먹으로 피공탁자의 턱 부위를 1회 때려 피공닥사에게 약 6주간의 치료를 요하는 하악골 골절상 등의 상해를 입게 하였는바, 공탁자는 수차례에 걸쳐 피공탁자를 찾아가 사죄하며 용서를 구하고 금 10,000,000원을 치료비 및 위자료 등으로 지급하며 원만히 합의하고자 하였으나, 피공탁자는 이에 불응하며 수령을 거절하므로 이에 공탁함.
4. 공탁자는 20OO. 8. 10. 14:20경 택시운전을 하다가 OO시 OO구 OO동 신세계백화점 앞 노상에서 도로를 횡단 중인 피공탁자를 들이받아 우측발목에 전치 4주일을 요하는 상해를 입혔는바, 그 후 공탁자는 수차례에 걸쳐 피공탁자를 찾아가 사죄하며 용서를 구하고 금 5,000,000원을 치료비 및 위자료 등으로 지급하며 원만히 합의하고자 하였으나, 피공탁자는 이에 불응하여 수령을 거절하므로 이에 공탁함.
5. 공탁자는 20OO. O. O. 오전 8시 30분경 OO시 OO구 OO동 한국병원 앞 대로에서 피공탁자와 추돌하여 전치 4주일을 요하는 상해를 입혔음. 그 후 공탁자는 피공탁자에게 상해로 인한 손해를 배상하고자 배상액에 대하여 합의하고자 하였으나 이루어지지 않으므로 공탁자는 20OO. O. O. 공탁자가 상당하리라고 생각되는 배상금으로 금 5,000,000원을 현실 제공하였으나 수령을 거부하므로 부득이 변제공탁함(※ 공탁법령조항기재란 : 민법 제487조).

[서식 17] 물품공탁통지서

[제2-3호 양식]

물품공탁통지서

<table>
<tr><td colspan="2">공 탁 번 호</td><td>년 물 제 호</td><td colspan="2">년 월 일 신청</td><td>법령조항</td><td></td></tr>
<tr><td rowspan="2">공
탁
자</td><td>성 명
(상호, 명칭)</td><td></td><td rowspan="2">피
공
탁
자</td><td>성 명
(상호, 명칭)</td><td colspan="2"></td></tr>
<tr><td>주 소
(본점, 주사무소)</td><td></td><td>주 소
(본점, 주사무소)</td><td colspan="2"></td></tr>
</table>

<table>
<tr><td colspan="3">공 탁 물 품</td><td rowspan="2">공탁
원인
사실</td><td rowspan="3" colspan="2"></td></tr>
<tr><td>명 칭</td><td>종 류</td><td>수 량</td></tr>
<tr><td></td><td></td><td></td></tr>
<tr><td></td><td></td><td></td><td rowspan="3" colspan="1">1. 공탁으로 인하여 소멸하는 질권, 전세권 또는 저당권
2. 반대급부 내용</td><td rowspan="3" colspan="2"></td></tr>
<tr><td></td><td></td><td></td></tr>
<tr><td></td><td></td><td></td></tr>
<tr><td></td><td></td><td></td><td>비 고</td><td colspan="2"></td></tr>
</table>

위와 같이 통지합니다. 대리인 주소

공탁자 성명 인(서명) 성명 인(서명)

1. 위 공탁물품이 년 월 일 납입되었으므로 아래와 같은 구비서류를 지참하시고, 우리 법원 공탁소에 출석하여 공탁물품 출급청구를 할 수 있습니다.
   귀하가 공탁물품 출급청구를 하거나 공탁을 수락한다는 내용을 기재한 서면을 우리 공탁소에 제출하기 전에는 공탁자가 공탁물품을 회수할 수 있습니다.
2. 공탁물품출급청구시 구비서류 : ①출급청구서 2통, ②공탁통지서, ③인감증명서 1통, ④인감도장, ⑤신분증
   ※ 대리인이 올 경우에는 위 구비서류 ①, ②외에 위임장(본인의 인감도장이 찍힌), 본인의 인감증명서, 대리인의 신분증을 지참하여야 합니다.
3. 공탁물품에 대하여 이의가 있는 경우에는 공탁물품 출급청구를 할 때에 청구서에 이의유보 사유(예컨대 "손해배상금 중의 일부로 수령함" 등)를 적고 공탁물품을 지급받을 수 있으며, 이 경우에는 후에 다른 민사소송 등의 방법으로 권리를 주장할 수 있습니다.
4. 공탁통지서는 재발급 되지 않으므로 잘 보관하시기 바랍니다.

년 월 일 발송

법원 지원 공탁관 (직인)

(문의전화 :)

※ 인감을 날인하고 인감증명서를 첨부하여야 하는 경우, 이를 갈음하여 서명을 하고 본인서명사실확인서를 제출할 수 있습니다.

※ 공탁원인사실 기재례

1. 공탁자는 피공탁자에게 밍크모피원단 100마리분을 수입공급하기로 계약체결하고 그 대금을 선급금으로 수령하였으나 피공탁자가 이를 인수하지 아니하므로 공탁함.
2. 공탁자와 피공탁자간 OO지방법원 20OO가합 1234호 매매대금 청구사건에 관하여 공탁자는 위 법원에서 20OO. 9. 12. 선고한 가집행 선고부 판결정본에 기하여 피공탁자에 대하여 강제집행을 실시하고자 하나 피공탁자가 부동산소유권이전등기에 필요한 서류의 수령을 거부하므로 이에 공탁함.
3. 공탁자는 피공탁자에게 OO시 OO구 OO동 OOO 대 120㎡를 매매대금 200,000,000원으로 정하고 매도하여 잔금 150,000,000원을 수령하기로 하였습니다. 그 후 매수인인 피공탁자 홍길동은 잔금지급 관계로 이견이 생겨 공탁자가 수령을 거부하므로 매수인 홍길동이가 위 잔금을 변제공탁한바, 피공탁자는 위 잔금에 대한 공탁금을 수령하고자 반대급부조건인 부동산 소유권이전등기에 필요한 일체의 서류를 제공하였으나 그 수령을 거부하므로 소유권이전등기에 필요한 인감증명서, 주민등록등본, 등기위임장 및 등기필증을 공탁하고자 함(※ 공탁법령조항기재란 : 민법 제487조).

[서식 18] 유가증권 공탁통지서

[제2-2호 양식]

유가증권 공탁통지서

<table>
<tr><td colspan="2">공 탁 번 호</td><td colspan="3">년 증 제 호</td><td colspan="2">년 월 일 신청</td><td>법령조항</td><td></td></tr>
<tr><td rowspan="2">공
탁
자</td><td>성 명
(상호, 명칭)</td><td colspan="3"></td><td rowspan="2">피
공
탁
자</td><td>성 명
(상호, 명칭)</td><td colspan="2"></td></tr>
<tr><td>주 소
(본점,주사무소)</td><td colspan="3"></td><td>주 소
(본점,주사무소)</td><td colspan="2"></td></tr>
<tr><td colspan="5">공탁유가증권</td><td rowspan="3">공탁
원인
사실</td><td colspan="3" rowspan="3"></td></tr>
<tr><td colspan="2">명 칭</td><td></td><td></td><td>계</td></tr>
<tr><td colspan="2">장 수</td><td></td><td></td><td></td></tr>
<tr><td colspan="2">총액면금</td><td>한글
숫자</td><td></td><td></td><td colspan="2" rowspan="2">1. 공탁으로 인하여 소멸하는 질권, 전세권 또는 저당권
2. 반대급부 내용</td><td colspan="2" rowspan="2"></td></tr>
<tr><td colspan="2">액면금
기호번호</td><td></td><td></td><td></td></tr>
<tr><td colspan="2">부속이표</td><td></td><td></td><td></td><td colspan="2">보 관 은 행</td><td colspan="2">은행 지점</td></tr>
<tr><td colspan="2">최종상환기</td><td></td><td></td><td></td><td colspan="2">비 고</td><td colspan="2"></td></tr>
</table>

위와 같이 통지합니다. 대리인 주소

공탁자 성명 인(서명) 성명 인(서명)

1. 위 공탁유가증권이 년 월 일 납입되었으므로 [별지] 안내문의 구비서류 등을 지참하시고, 우리 법원 공탁소에 출석하여 공탁유가증권 출급청구를 할 수 있습니다.
   귀하가 공탁유가증권 출급청구를 하거나 공탁을 수락한다는 내용을 기재한 서면을 우리 공탁소에 제출하기 전에는 공탁자가 공탁유가증권을 회수할 수 있습니다.
2. 공탁유가증권 출급청구시 구비서류 등
   ※ [별지] 안내문을 참조하시기 바랍니다.
3. 공탁유가증권에 대하여 이의가 있는 경우에는 공탁유가증권 출급청구를 할 때에 청구서에 이의유보사유(예컨대 "손해배상금 중의 일부로 수령함" 등)를 표시하고 공탁유가증권을 지급받을 수 있으며, 이 경우에는 후에 다른 민사소송 등의 방법으로 권리를 주장할 수 있습니다.
4. 공탁통지서는 재발급 되지 않으므로 잘 보관하시기 바랍니다.

년 월 일 발송

법원 지원 공탁관 (인)
(문의전화 :)

1. 공탁원인사실 기재례

(1) 공탁자는 20OO. O. O. 피공탁자와의 계약에 의하여 위와 같은 유가증권을 반환할 채무가 있어 이를 반환하고자 제공하였으나 피공탁자는 이를 거절하므로 공탁함(※ 공탁법령조항기재란 : 민법 제487조).

(2) 공탁자는 주식회사 한진이 발행한 무기명식 채권을 가지고 있는바, 위 회사에 대한 사채권자 집행소집요구를 위해 좌 기재채권을 공탁함.

8. 공탁통지서의 반송

공탁통지서가 반송된 경우의 업무처리지침

개정 2013. 9. 9. 행정예규 제978호

1. 목 적

이 예규는 「공탁규칙」 제29조제4항에 따른 공탁통지서가 반송된 경우의 업무처리절차를 정함을 목적으로 한다.

2. 전화에 의한 반송 사실의 안내

공탁관은 공탁통지서가 반송된 경우 공탁서에 피공탁자의 전화번호가 기재되어 있는 때에는 피공탁자에게 공탁통지서가 반송된 사실을 전화로 안내해 주어야 한다. 이 경우 통화를 한 때에는 통화의 상대방 이름, 피공탁자와의 관계, 통화일·시·분을, 통화를 하지 못한 때에는 전화한 일·시·분과 "통화불능"사실을 전산시스템('이 사건 메모'란 등)에 입력하여야 한다.

3. 반송된 공탁통지서 교부 절차

공탁통지서가 반송된 경우 피공탁자 또는 그 대리인이 법원에 출석하여 직접 교부청구를 하는 경우에는 다음의 절차에 따라 이를 교부한다.

가. 피공탁자 본인이 교부청구를 한 경우

1) 공탁관은 신분에 관한 증명서(주민등록증·여권·운전면허증 등을 말한다. 이하 "신분증"이라 한다)에 의하여 피공탁자의 신분을 확인한 다음 피공탁자로부터 공탁통지서 수령사실 및 수령일시가 기재된 영수증을 제출받고 공탁통지서를 교부한다.

2) 이 때 공탁관은 피공탁자의 신분증을 복사하여 위 영수증과 함께 해당 공탁기록에 철한다.

나. 대리인이 교부청구를 한 경우

1) 대리인이 교부청구를 하는 경우에는 피공탁자 본인의 인감도장이 찍힌 위임장과 그 인감증명서를 공탁관에게 제출하여야 한다.

2) 공탁관은 신분증에 의하여 대리인의 신분을 확인한 다음 대리인으로부터 공탁통지서 수령사실 및 수령일시가 기재된 영수증을 제출받고 공탁통지서를 교부한다.

3) 이 때 공탁관은 대리인의 신분증을 복사하여 위 영수증, 위임장, 인감증명서와 함께 해당 공탁기록에 철한다.

다. "가"항 및 "나"항은 공탁통지서를 발송하기 전에 피공탁자 또는 그 대리인이 법원에 출석하여 직접 교부청구를 한 경우에도 준용한다.

부 칙

이 예규는 2013년 10월 1일부터 시행한다.

제 3 절 공탁사항의 변경(대공탁·부속공탁·담보물변경)

1. 대 공 탁

가. 의 의

대공탁(代供託)이란 공탁유가증권의 상환기가 도래한 경우에 공탁당사자 등의 청구에 의하여 공탁소가 공탁유가증권의 상환금을 수령하여 종전의 공탁유가증권 대신 보관함으로써 전후 공탁의 동일성을 유지하면서 유가증권공탁을 금전공탁으로 변경하는 공탁을 말한다(공탁법 7조, 공탁규칙 31조). 이러한 대공탁(금전공탁)에 대해서 본래의 유가증권공탁을 기본공탁이라고 한다. 이와 같이 대공탁을 하게 되면 공탁의 목적물은 유가증권에서 금전으로 변경되나 공탁의 동일성은 유지되므로, 유가증권의 상환금청구권의 시효소멸을 방지함으로써 종전 공탁의 효력을 지속시키는 데 그 목적이 있다.

대공탁과 공탁물 변경의 차이

대 공 탁	공 탁 물 변 경
1. 유가증권공탁을 소멸시효기간의 경과로 상환금으로 공탁을 한다.	1. 담보공탁의 공탁물을 변경하는 것으로(금전→유가증권, 유가증권→유가증권 등)
2. 공탁의 동일성을 유지한다.	2. 공탁의 동일성을 유지하지 못한다.
3. 공탁을 회수하는 것이 아니다.	3. 신공탁을 하고 새로운 공탁을 한다.
4. 영업보증공탁의 대공탁금을 회수청구시에는 감독관청의 승인이 필요하다(선례).	4. 영업보증공탁의 담보물변경을 위한 공탁금을 회수하는 경우에는 담보변경승인이 필요없다(선례).
5. 대공탁시에는 회수가 아니므로 공탁서 원본은 필요하지 않다.	

공탁물의 변경이라는 점만을 볼 때 형식적으로 대공탁과 유사한 것으로 담보물변경(민소법 126조)이 있다. 이 제도는 담보의 목적으로 금전 또는 유가증권을 공탁한 자가 필요에 의하여 법원의 담보물변경 결정을 받아 종전의 공

탁을 그대로 둔 채 새로 별개의 공탁을 한 후 종전 공탁은 공탁원인 소멸을 이유로 회수하는 방법으로 공탁물을 변경하는 것이다. 담보물변경은 공탁원인은 동일하나 공탁 그 자체의 동일성은 없다는 점에서 대공탁과 구별된다.

나. 대공탁의 특징

(1) 대공탁은 변제공탁의 경우에도 허용되지만 담보물변경은 담보공탁의 경우에만 허용된다.
(2) 대공탁의 경우에는 유가증권공탁이 상환금에 의한 금전공탁으로 변경되는 경우에 한하지만 담보물변경의 경우에는 유가증권공탁이 금전공탁으로 변경되는 경우 외에 금전공탁이 유가증권공탁으로, 유가증권공탁이 다른 유가증권공탁으로 변경되는 경우도 포함된다.
(3) 담보물변경의 경우에도 별도의 금전 또는 유가증권이 필요하나 대공탁의 경우에는 별도의 금전 또는 유가증권이 필요하지 않다.
(4) 대공탁은 기본공탁과의 사이에 공탁의 동일성이 유지되는 공탁이어서 법원의 담보물변경 결정이 필요 없지만 담보물변경은 동 결정이 필요한 점에서 차이가 있다.

다. 대공탁의 청구

(1) 청구권자

대공탁을 청구할 수 있는 자는 "공탁물을 수령할 자"이며, 이는 공탁물에 대하여 출급청구권 또는 회수청구권을 행사하여 공탁물을 지급받을 수 있는 권리를 갖는 자를 말한다.

따라서 공탁자와 피공탁자 외에 그 공탁물 지급청구권의 추심·전부채권자와 양수인은 물론 상속인 등 일반승계인도 포함된다.

변제공탁의 공탁자는 채권자(피공탁자)의 공탁수락서면이나 공탁유효의 확정판결등본이 공탁관에게 제출되기 전 등 회수청구권이 있는 동안에만 대공탁청구권을 갖는다.

(2) 절 차

(가) 공탁유가증권의 상환금의 대공탁을 청구하려는 자는 2통의 대공탁청구서 제출하여야 한다(공탁규칙 31조 1항).
대공탁은 기본공탁과 동일성을 유지하면서 단지 유가증권을 현금으로 변경하는 절차이므로, 대공탁에 있어서는 당사자가 공탁물을 출급 또는 회수하는 절차와는 달리 공탁서 원본은 첨부할 필요가 없다(행정예규 973호).
담보공탁에 대하여 대공탁을 청구하는 경우에도 공탁의 동일성이 유지되므로 담보를 명한 관청의 승인 등을 요하지 않는다. 다만, 대공탁청구자는 상환기의 표시가 없는 공탁유가증권에 대해서는 그 상환기가 도래하였음을 소명하여야 한다(행정예규 973호 참조).

(나) 자격증명에 관한 공탁규칙 제21조제1항 및 제2항의 규정과 첨부서면의 생략에 관한 동 규칙 제22조의 규정은 대공탁을 청구하는 경우에도 준용된다(공탁규칙 31조 4항).
공탁유가증권이 기명식인 때에는 청구자는 대공탁청구서에 "공탁물보관자에게 해당 추심을 위임한다" 라는 뜻을 적은 상환금 추심위임장을 작성하여야 한다(공탁규칙 31조 5항).

라. 대공탁의 수리 및 상환금 추심

(1) 공탁관은 대공탁의 청구를 수리할 때에는 대공탁청구시에 그 청구를 수리한다는 뜻과 공탁번호를 적고 기명날인한 다음 그 중 1통을 유가증권출급의뢰서와 함께 청구자에게 내주어야 한다(공탁규칙 31조 3항).

(2) 동일한 유가증권공탁에 관하여 대공탁과 부속공탁을 동시에 청구하는 경우에는 하나의 청구서(대공탁·부속공탁)로 청구할 수 있다.

2. 부속공탁

가. 의 의

부속공탁이란 공탁유가증권의 이자 또는 배당금의 지급기가 도래하였을 때 공탁당사자 등의 청구에 의하여 공탁소가 공탁유가증권의 이자 또는 배당금을 수령하여 종전의 공탁유가증권에 부속시켜 공탁함으로써 기본공탁의 효력이 그 이자 또는 배당금에도 미치도록 하는 공탁이다(공탁법 7조, 공탁규칙 31조). 담보공탁의 경우 보증금에 대신하여 유가증권을 공탁한 때에는 공탁자는 그 이자나 배당금을 청구할 수 있으나, 담보공탁 이외의 경우에는 공탁유가증권의 이자나 배당금의 지급기가 도래한 때에도 공탁당사자는 공탁유가증권의 지급전에는 공탁당사자가 그 이자 또한 배당금만의 지급청구를 할 수 없기 때문에(공탁법 7조 단서) 공탁유가증권의 이자 또는 배당금청구권의 시효소멸을 방지하기 위한 것이다.

나. 절 차

(1) 부속공탁의 청구

(가) 공탁유가증권의 이자 또는 배당금의 부속공탁을 청구하려는 자는 2통의 부속공탁청구서를 제출하여야 한다(공탁규칙 31조 1항). 동일한 유가증권공탁에 관하여 대공탁과 부속공탁을 동시에 청구하는 경우에는 하나의 청구서(대공탁·부속공탁청구서)로 할 수 있다.

(나) 부속공탁은 공탁유가증권의 이자 또는 배당금의 기본공탁에 부속시켜 공탁하는 절차이므로, 부속공탁도 당사자가 공탁물을 출급 또는 회수하는 절차와는 달리 공탁서 원본은 첨부할 필요가 없음은 대공탁의 경우와 같다(행정예규 973호).

(다) 부속공탁의 청구에 있어서도 대공탁과 마찬가지로 그 청구자는 공탁유가증권의 상환기가 도래하였음을 소명하여야 한다(행정예규 37호).

(2) 부속공탁의 수리 및 이자·배당금 추심

공탁관은 부속공탁의 청구를 수리할 때에는 부속공탁청구서에 그 청구를 수리한다는 뜻과 공탁번호를 적고 기명날인한 다음 그 중 1통을 이표출급의뢰서와 함께 청구자에게 내주어야 한다(공탁규칙 31조 3항).

공탁물보관자는 청구자가 제출한 이표출급의뢰서에 의하여 이표의 추심절차를 취한 후 공탁유가증권상의 채무자에 대하여 추심하고 그 추심금을 유가증권공탁에 부수한 금전공탁금으로 입금하는 절차를 밟게 된다.

[서식 19] 대공탁·부속공탁 청구서

[제6호 양식]

대공탁·부속공탁 청구서

<table>
<tr><td>원공탁 번호</td><td colspan="2">20OO년 중 제OOO호</td><td>20OO년 O월 O일 신청</td><td>청구 종별</td><td>☑ 대 공 탁
☐ 부 속 공 탁</td></tr>
<tr><td>대공탁 번호</td><td colspan="2">년 금 제 호</td><td>대공탁 금액</td><td colspan="2">오천만원
50,000,000원</td></tr>
<tr><td>부속공탁번호</td><td colspan="2">년 금 제 호</td><td>부속공탁금액</td><td colspan="2"></td></tr>
<tr><td rowspan="5">추심을 의뢰하는 목적물</td><td colspan="4">공 탁 유 가 증 권</td><td rowspan="2">상환금·이자·배당금의 구별, 기타 지급기일</td></tr>
<tr><td>명 칭</td><td>장 수</td><td>총 액면금액</td><td>액면금 기호, 번호</td></tr>
<tr><td>징발보상증권</td><td>5매</td><td>오천만원
50,000,000</td><td>가 0000012-00
50,000,000원권</td><td>상환금
20OO. O. O.
관보 제OO호</td></tr>
<tr><td></td><td></td><td></td><td></td><td></td></tr>
<tr><td></td><td></td><td></td><td></td><td></td></tr>
<tr><td>보 관 은 행</td><td colspan="5">은행 지점</td></tr>
<tr><td>비고
(첨부서류 등)</td><td colspan="5"></td></tr>
<tr><td colspan="6">위와 같이 청구합니다. 대리인 주소
청구인 성명 인(서명) 성명 인(서명)</td></tr>
<tr><td colspan="6">위 청구를 수리합니다.
년 월 일
법원 지원 공탁관 (인)</td></tr>
<tr><td colspan="6">(영수증) 위 공탁금을 납입하기 위하여 필요한 출급의뢰서 등 일체의 서류를 영수하였음을 증명합니다.
년 월 일
공탁금 보관은행(공탁관) (인)</td></tr>
</table>

※ 서명 또는 날인을 하되, 대리인이 공탁할 때에는 대리인의 성명 주소(자격자대리인은 사무소)를 기재하고 대리인이 서명 또는 날인하여야 합니다.

[서식 20] 대공탁·부속공탁을 위한 유가증권·이표 출금의뢰서

[제7호 양식]

대공탁·부속공탁을 위한 유가증권·이표 출금의뢰서

<table>
<tr><td colspan="6">공탁금 보관은행 귀중</td></tr>
<tr><td>원공탁
번 호</td><td colspan="2">2000년 증 제000호</td><td>년 월 일
신청</td><td>청구 종별</td><td>☑ 대 공 탁
☐ 부 속 공 탁</td></tr>
<tr><td>대공탁
번 호</td><td colspan="2">년 금 제 호</td><td>대공탁 금액</td><td colspan="2">오천만원
50,000,000</td></tr>
<tr><td>부속공탁
번 호</td><td colspan="2">년 금 제 호</td><td>부속공탁금액</td><td colspan="2"></td></tr>
<tr><td rowspan="6">출급을
의뢰하는
목 적 물</td><td colspan="4">공 탁 유 가 증 권</td><td rowspan="2">상환금·이자·
배당금의 구별,
기타 지급기일</td></tr>
<tr><td>명 칭</td><td>장 수</td><td>총 액면금액</td><td>액면금 기호, 번호</td></tr>
<tr><td></td><td></td><td></td><td></td><td></td></tr>
<tr><td></td><td></td><td></td><td></td><td></td></tr>
<tr><td></td><td></td><td></td><td></td><td></td></tr>
<tr><td></td><td></td><td></td><td></td><td></td></tr>
<tr><td colspan="6">위 증권·이표의 출급을 의뢰하오니 추심하여 공탁금 계좌에 납입하여 주시기 바랍니다.

첨부서류 :

년 월 일

법원 지원 공탁관 (인)</td></tr>
</table>

※ 첨부서류 : 공탁유가증권이 기명식인 때에는 공탁유가증권 보관자 앞으로 작성한 상환금(이자·배당금) 추심 위임장을 첨부함.

3. 담보물(공탁물)의 변경

- 담보물의 변경이란 담보의 목적으로 금전 또는 유가증권을 공탁한 자가 어떠한 필요에 의하여 법원의 담보물변경 결정을 받아 종전의 공탁을 그대로 둔 채 새로 별개의 공탁을 한 후 종전 공탁은 공탁원인 소멸을 이유로 회수하여 공탁물을 변경하는 것을 말한다(민소법 126조).
- 종전 공탁과 비교하여 새로운 공탁은 공탁원인은 동일하나 공탁 그 자체의 동일성은 없다는 점에서 대공탁과 구별된다.
- 담보물의 변경에 관하여 재판상 담보공탁의 경우에는 민사소송법 제126조에, 납세담보공탁의 경우에는 국세기본법 제21조 제1항, 지방세기본법 제68조제1항에 규정을 두고 있다.
- 공탁법규에는 담보물변경에 관해서 특별한 규정을 두고 있지 않으므로 통상의 공탁절차 및 공탁물지급절차에 따라 처리하면 된다.

[서식 21] 담보물변경신청서

담 보 물 변 경 신 청

신 청 인 홍 길 동
OO시 OO구 OO로 OO(OO동)
(전화 : 00-000-0000)

피신청인 이 몽 룡
OO시 OO구 OO로 OO(OO동)

위 당사자간 귀원 20OO카단OOO 유체동산가압류신청 사건에 관하여 신청인은 20OO. O. O. 가압류보증금으로 귀원 공탁관에게 20OO증OOO로써 산업금융채권 10만원권 200매를 공탁하였으나 상환기한이 도래하였으므로 상환코자 현금 16,000,000원과 변경하고자 담보물 변경을 신청합니다.

20OO. O. O.

신청인 홍 길 동 (인)

OO지방법원 귀중

4. 담보물변경 절차

- 담보제공명령을 한 법원은 담보제공자의 신청에 의하여 결정으로 공탁한 담보물의 바꾸도록 명할 수 있다. 다만, 당사자의 계약에 의하여 공탁한 담보물을 다른 담보로 바꾸겠다고 신청한 때에는 그에 따른다(민소법 126조).
- 법원의 담보물변경결정에 의하여 새로운 공탁을 할 때에는 공탁서의 공탁원인사실란에는 「2000년 0월 0일 00법원 담보물변경결정에 의하여 공탁번호 2000년 증(또는 금) 제00호 공탁물과 변경」하기 위하여 공탁함.이라고 기재하면 된다.
- 그리고 종전 공탁물을 회수할 때에는 공탁물회수청구서의 청구사유란에는 「공탁변경으로 인한 공탁원인소멸」이라고 기재한다. 공탁물 회수청구권의 입증서면으로 구 공탁서의 공탁서 원본, 담보물변경 결정정본 및 그 결정에 따라 새로운 공탁을 한 공탁서 사본(같은 공탁서일 경우에는 공탁물 회수청구서의 비고란에 공탁소 보관 공탁서를 원용한다는 취지를 기재하면 된다)을 첨부하면 된다.

판례 법원은 담보제공자의 신청에 의하여 상당하다고 인정할 때에는 공탁한 담보물의 변환을 명할 수가 있고, 이 때에는 물론 담보권리자의 이익을 해하여서는 안 될 것이나 본래의 공탁물에 갈음하여 유가증권이나 채권을 공탁하게 할 때에 신구담보물의 액면가액의 절대적으로 동일하거나 그 이상이어야만 하는 것은 아니며 신담보물을 어떠한 종류와 수량의 유가증권이나 채권으로 할 것인가는 법원의 재량에 의하여 정하여 진다(대법원 1988. 8. 11.자 88그25 결정 참조).

판례 법원은 담보제공자의 신청에 의하여 상당하다고 인정할 때에는 공탁한 담보물의 변환을 명할 수가 있는 것이고 신 담보물을 어떠한 종류와 수량의 유가증권으로 할 것인가는 법원의 재량에 의하여 정하여지는 것이라 할 것이나, 법원은 이로 인하여 담보권리자의 이익이나 권리가 침해되지 않도록 원래의 공탁물에 상당한 합리적인 범위 내에서 결정하여야 할 것인바, 공탁할 유가증권은 담보로 하여야 할 성질상 환가가 용이하지 아니하거나 시세의 변동이 심하여 안정성이 없는 것은 적절하지 못하다고 할 것이다.

그런데 상대방이 본래의 현금공탁에 대신하여 변환을 구하는 상대방(담보제공자) 발행의 이 사건 당좌수표는 금융기관 발행의 수표와는 달리 그 지급 여부가 개인의 신용에 의존하는 것으로서 환가가 확실하다고 볼 수 없으므로 공탁할 유가증권이 되기에 적절하지 못하다고 할 것이다.

그럼에도 불구하고, 상대방의 이 사건 담보물변환신청을 받아들인 원심결정은 법원의 합리적인 재량 범위를 벗어난 것으로서, 원심은 민사소송법 제116조의 담보물의 변환 및 제112조의 담보제공의 방식에 관한 법리를 오해함으로써 결정에 영향을 미친 위법이 있다고 할 것이다(대법원 2000. 5. 31. 고지, 2000그22 결정).

※ 대공탁과 담보물변경의 차이

구 분	공탁의 종류	공탁물의 변경	별도의 공탁물 필요 여부	법원 등의 승인 필요 여부	공탁의 동일성 유지 여부
대공탁	1. 담보공탁 2. 변제공탁 3. 집행공탁	유가증권공탁이 금전공탁으로 변경	×	×	○
담보물 변경	담보공탁만 가능	1. 유가증권공탁을 금전 또는 다른 유가증권공탁으로 변경 2. 금전공탁을 유가증권공탁으로 변경	○	○	×

제 4 절 공탁서 정정

1. 의 의

공탁신청이 수리된 후에 공탁서의 착오기재를 발견한 공탁자는 공탁의 동일성을 해하지 아니하는 범위 내에서 공탁서의 정정을 신청할 수 있다(공탁규칙 30조 1항).

이와 같이 공탁서 정정이란 공탁서에 공탁수리 전부터 존재하는 명백한 표현상의 착오가 있음을 공탁수리 후에 발견한 경우에 정정 전·후의 공탁의 동일성을 해하지 아니하는 한도에서 공탁자의 신청에 의하여 그 오류를 시정하는 것을 말한다.

2. 공탁정정의 요건

가. 명백한 표현상의 착오

공탁자가 공탁서에 표현한 기재가 본래 표현하고자 하였던 공탁자의 의사와 합치되지 아니하는 오류가 있어야 하며, 그것이 공탁서 및 첨부서면의 공탁서 기재의 전체 취지로 보아 명백하여야 한다.

나. 공탁수리 전의 착오가 수리 후에 발견

공탁서의 정정은 공탁서의 기재와 공탁자의 의사와의 불일치를 시정하고자 하는 것이므로 기재의 착오가 공탁수리 전에 존재해야 한다.

따라서 공탁수리 후의 사정변경으로 공탁서의 기재와 객관적인 사실이 일치하지 않게 된 경우에는 공탁서정정의 문제가 아니며, 그때에는 공탁물지급청구시 청구인이 그 변경사실을 증명하는 서면을 첨부하면 된다.

또한 그 오류는 공탁수리 후에 발견된 것이어야 한다. 만약 공탁수리 전에 공탁자가 그 오류를 발견했으면 공탁규칙 제12조에 따라 기재문자를 정정을 하면 되고 여기서 말하는 공탁서정정의 문제는 생기지 않는다.

☞ 공탁 후 피공탁자가 개명을 한 경우에는 공탁물 출급청구시 개명사실이 등재된 기본증명서를 첨부하면 된다.

다. 공탁의 동일성의 유지

공탁서 정정은 공탁의 동일성을 해하지 아니하는 범위 내에서, 다시 말하면 종전 공탁에 의하여 형성된 실체관계에 변경을 가져오지 않는 경우에 한하여 허용된다.

3. 공탁서 정정의 구체적 사례

피공탁자를 상대적 불확지로 하여 '갑 또는 병'으로 기재하여야 하는데, 공탁 당시 기업자가 착오로 '병'으로 기재하였고, 공탁관도 이를 간과한 채 공탁수리한 것이 공탁서 기재 자체로 보아 명백한 것이라면, 비록 피공탁자가 '병'으로 기재되어 있다고 하더라도 위 공탁은 피공탁자를 '갑 또는 병'으로 하는 상대적 불확지공탁으로 해석하여야 것이므로, 공탁자가 착오기재를 이유로 피공탁자를 '병'에서 '갑 또는 병'으로 정정하는 공탁서정정신청을 한다면 그러한 공탁서정정은 공탁의 실체에 합치되는 것으로서 공탁관은 이를 공탁의 동일성을 해하지 않는 것으로 보아 수리하여야 할 것이다(1992. 5. 4. 법정 783호).

공탁서 정정이 불허한 경우	공탁서 정정이 가능한 경우
• 공탁자, 피공탁자, 공탁금액 • 임차목적물의 추가 • 지급일의 정정 • 공탁할 차임의 해당 월 정정 • 공탁원인의 추가 • 피공탁자 확지공탁을 불확지공탁으로 정정	• 임차목적물의 표시 및 지급장소의 정정 • 조건철회를 위한 정정(반대급부삭제) 판례는 조건없는 공탁은 무조건 변제공탁으로 본다. • 공탁자·피공탁자 표시의 정정 주소소명서면을 착오로 동명이인의 것을 첨부한 경우 피공탁자표시정정 • 압류명령송달사실을 추가하는 정정 • 공탁근거법령조항의 정정 • 공탁원인사실의 적용법조의 정정 • 피공탁자를 지정하는 정정 • 피공탁자를 갑 또는 병으로 기재하여야할 것을 착오로 병으로 기재한 것이 공탁서상 명백한 경우 (예 : 절대적 불확지를 확지로 정정)

가. 공탁서 정정이 허용되는 경우

(1) 공탁원인사실란의 법령조항의 정정

공탁원인사실란에 기재되어 있는 공탁근거 법령조항의 정정은 허용된다(공탁선례 2-41).

(2) 반대급부 조건 철회를 위한 정정

변제공탁에 부당한 반대급부 조건을 붙임으로써 부적법한 공탁이 된 경우에 그 반대급부 조건을 철회하는 정정신청이 허용된다(대판 1971. 6. 30. 71다874, 대판 1986. 8. 19. 85누280).

(3) 공탁당사자 표시의 정정

공탁자 또는 피공탁자가 동일인으로서 단지 그 성명과 주소의 표시를 착오 기재한 것이라면 동일인임을 증명하는 서면을 첨부하여 공탁서 정정을 신청할 수 있다(행정예규 973호).

(4) 압류명령 송달사실을 추가하는 정정

다수의 채권압류명령 등을 송달받은 제3채무자가 압류경합을 사유로 하여 민사집행법 제248호 제1항에 의한 집행공탁을 함에 있어서 송달받은 (가)압류명령 중 일부를 누락하고 공탁한 경우 공탁원인사실에 그 압류명령을 추가로 기재하는 공탁서 정정은 허용된다. 다만, 이 경우에 정정신청이 수리되면 제3채무자는 사유신고법원에 공탁관이 기명날인하여 교부한 공탁서 정정신청서를 제출하여야 할 것이다(공탁선례 2-47).

(5) 피공탁자를 지정하는 정정신청

우리 공탁제도상 채권자가 특정되거나 적어도 채권자가 상대적으로나마 특정되는 상대적 불확지의 공탁만이 허용될 수 있고, 채권자가 누구인지 전혀 알 수 없는 절대적 불확지의 공탁은 허용되지 아니하는 것이 원칙이다.
그러나 예외적으로 토지보상법에서는 절대적 불확지의 공탁이 허용된다. 즉 사업시행자는 그 공탁에 의하여 보상금지급의무를 면하고 그 토지에 대한 소유권을 취득하도록 하고 있다.
따라서 토지를 수용하고 보상금을 받을 자를 전혀 알 수 없어 절대적 불확지공탁을 한 경우에는 공탁자(사업시행자)가 후에 피공탁자를 알게 된 때에 그를 피공탁자로 지정하는 공탁서 정정을 신청할 수 있다{대판(전) 1997. 10. 16. 96다11747}.

나. 공탁서 정정이 허용되지 않는 경우

공탁자, 공탁금액, 공탁물수령자 등 공탁의 요건에 관한 사항에 대한 정정은 공탁의 동일성을 해하는 내용의 정정이므로 허용될 수 없다. 이러한 경우에는 착오를 증명하는 서면을 첨부하여 공탁물을 회수한 다음 다시 공탁하여야 함이 원칙이다(행정예규 973호, 공탁선례 2-44,45).

(1) 피공탁자를 변경하는 정정

(가) 피공탁자를 변경하는 공탁서 정정은 원칙적으로 허용되지 아니한다. 따라서 "갑 및 을" 2인으로 되어 있는 피공탁자 명의를 "갑" 1인으로 정정하거나(피공탁자 일부 삭제), "갑" 1인으로 되어 있는 피공탁자를 "갑 또는 을"로 정정하는 것(기존의 확지공탁을 상대적 불확지공탁으로 정정)은 단순한 착오기재의 정정에 그치지 아니하고 공탁에 의하여 형성된 실체관계의 변경을 가져오는 것으로서 공탁의 동일성을 해하는 내용의 정정이므로 허용될 수 없다(대판 1995. 12. 12. 94다42693, 대결 1996. 10. 2. 96마1369).

(나) 피공탁자 'OO규찬'을 'O규찬'으로 정정하는 공탁서 정정은 일제의 창시개명에 의한 것으로 공탁이 실체관계에 부합되므로 공탁의 동일성을 해하지 아니하여 가능하나, 'O태원(O규찬의 손자)'으로서의 정정은 공탁의 동일성이 없어 불가능하다(공탁선례 2-46).

(2) 공탁자를 변경하는 정정

공탁자에 관한 사항은 공탁의 요건에 관한 것으로써 공탁자를 변경하는 정정 역시 공탁의 동일성을 해하므로 허용되지 않는다.

(3) 공탁원인을 추가하는 정정

새로운 공탁원인사실을 추가하는 것도 공탁의 동일성을 해하므로 원칙적으로 허용될 수 없다.

(4) 반대급부 조건을 추가하는 정정

반대급부 조건이 없는 공탁에 반대급부 조건을 추가하는 정정도 공탁의 동일성을 해하므로 허용되지 아니하나, 기존 반대급부 조건을 철회하는 공탁서 정정은 가능하다.

(5) 공탁물을 변경하는 정정

수용보상금을 유가증권으로 공탁한 후 동일한 금액으로 유가증권과 현금으로 공탁물을 변경하는 것은 유가증권 일부를 회수하고 회수한 부분만큼 현금으로 새로운 공탁을 하는 것이므로 공탁의 동일성이 유지되지 않아 허용될 수 없다(공탁선례 2-39).

4. 공탁서 정정의 절차

가. 공탁서 정정의 신청

(1) 공탁서의 정정을 신청하려고 하는 사람은 공탁서정정신청서 2통과 정정사유를 소명하는 서면을 제출하여야 한다(공탁규칙 30조 2항, 행정예규 1235호 제5호 양식). 공탁서정정신청도 공탁신청과 마찬가지로 우편에 의한 신청은 할 수 없다.

(2) 공탁서정정신청인이 법인인 경우에는 법인등기사항증명서 등 대표자 또는 관리인의 자격을 증명하는 서면을 공탁서 정정신청서에 첨부하여야 한다.

법인 아닌 사단이나 재단인 경우에는 정관이나 규약과 대표자 또는 관리인의 자격을 증명하는 서면을 공탁서 정정신청서에 첨부하여야 하며, 대리인에 의하여 공탁서 정정신청을 하는 경우에는 대리인의 권한을 증명하는 서면을 공탁서 정정신청서에 첨부하여야 한다(공탁규칙 30조 3항, 21조 1항·2항).

(3) 위임에 따른 대리인이 정정신청을 하는 경우에는 대리인의 권한을 증명하는 서면에 인감도장을 찍고 인감증명서를 첨부하여야 한다(공탁규칙 30조 2항, 59조 2항).

(4) 같은 사람이 동시에 같은 법원에 여러 건의 공탁서 정정신청을 하는 경우에 첨부서면의 내용이 동일한 것이 있는 때에는 1건의 공탁서정정신청서에 1통만을 첨부하고 다른 공탁서정정신청서에는 그 취지를 기재하면 된다(공탁규칙 30조 3항, 22조).

(5) 피공탁자의 주소를 정정하는 경우에는 공탁규칙 제23조의 규정이 준용되므로(공탁규칙 30조 6항), 공탁자가 피공탁자에게 공탁통지를 하여야 할 경우에는 소정의 공탁통지서를 첨부하여야 한다.

[서식 22] 공탁서 정정신청서

[제5호 양식]

공탁서 정정신청서

<table>
<tr><td rowspan="3">공
탁
사
건</td><td>공 탁 번 호</td><td>2000. 0. 0.</td><td>공 탁 종 류</td><td>보증공탁</td></tr>
<tr><td>공 탁 자</td><td>홍 길 동</td><td>피 공 탁 자</td><td>최 정 현</td></tr>
<tr><td>공탁 목적물</td><td>금 이백만원
(2,000,000원)</td><td>공탁수리연월일</td><td>2000. 0. 0.</td></tr>
<tr><td>정
정
할
사
항</td><td colspan="4">OO지방법원 2000카단 OOO호 채무자 최정현에 대한 채권가압류신청 사건 중 피공탁자 및 채무자 최정현을 피공탁자 및 채무자 표시 "최정연"으로 정정함.</td></tr>
<tr><td colspan="2">비고(첨부서류 등)</td><td colspan="3">당사자표시증명서 첨부</td></tr>
<tr><td colspan="5">위와 같이 공탁서 정정신청을 합니다.

년 월 일

신청인 성명 인(서명) 대리인 주소
성명 인(서명)</td></tr>
<tr><td colspan="5">위 정정신청을 수리합니다.

년 월 일

법원 지원 공탁관 (인)</td></tr>
</table>

※ 1. 서명 또는 날인을 하되, 대리인이 공탁할 때에는 대리인의 성명, 주소(자격자대리인은 사무소)를 기재하고 대리인이 서명 또는 날인하여야 합니다. 전자공탁시스템을 이용하여 공탁하는 경우에는 날인 또는 서명은 인증서에 의한 전자서명 방식으로 합니다.

2. 전자공탁시스템을 이용하여 이루어진 공탁사건에 대한 공탁서 정정신청은 반드시 전자공탁시스템을 이용하여야 합니다.

3. 정정할 사항의 기재례 : 공탁서 기재사항 중 ○○○란 "△△△"을 "□□□"로 정정

나. 공탁서 정정신청의 수리

(1) 공탁관이 공탁서정정신청을 수리한 때에는 공탁서정정신청서에 그 뜻을 적고 기명날인한 후 그 신청서 1통을 신청인에게 내준다. 이 경우 공탁관은 원장의 내용을 정정등록하여야 한다(공탁규칙 30조 4항). 수리의 뜻이 적힌 공탁서정정신청서는 공탁서의 일부로 본다(공탁규칙 30조 5항).

(2) 공탁서정정신청이 수리된 경우에 피공탁자에게 그 정정통지를 하도록 하는 규정은 없으나, 반대급부조건의 철회 등과 같이 피공탁자의 공탁물 출급청구권 행사에 영향을 미치는 중요한 정정은 적어도 피공탁자에게 통지함이 바람직하다.

5. 공탁서 정정의 효력

가. 원 칙

공탁서 정정이 적법하게 수리된 경우에는 정정의 효력이 당초 공탁시로 소급하여 발생한다(공탁선례 2-48).

나. 예 외

반대급부조건을 철회하는 공탁서정정신청을 수리한 때에는 그때부터 반대급부조건이 없는 변제공탁으로서의 효력을 갖는 것으로써 그 정정의 효력이 당초의 공탁시로 소급하는 것이 아니다(대판 1971. 6. 30. 71다874, 1986. 8. 19. 85누280). 따라서 토지수용보상금 공탁에 있어 반대급부 조건이 있는 것으로 공탁하였다가 수용개시일 이후에 반대급부조건을 철회하는 공탁서 정정이 이루어진 경우에는 그 정정의 효력이 당초의 공탁시나 수용개시일에 소급되는 것이 아니어서 그 수용개시일까지 보상금을 지급 또는 공탁하지 아니한 때에 해당되어 그 수용재결의 효력이 상실된다. 이러한 정정신청은 사실상 공탁관이 수리하지 아니한다.

제5절 공탁관계장부 등

공탁관은 원장, 출납부, 사건부, 불수리사건 관리부, 문서건명부를 전산정보처리조직을 이용하여 기록·관리한다(공탁규칙 3조 1항).

전산정보처리조직에 의하여 출력하는 전산문서로는 공탁사건별 원장, 공탁사건별 출납부, 공탁사건별 사건부, 불수리사건관리부, 불수리결정서, 문서건명부, 공탁사건 일계표, 공탁금월계대사표, 공탁유가증권 월계대사표, 공탁물품 월계대사표, 보고서, 공탁금국고귀속조서, 공탁금국고귀속등록명세표, 공탁사건기록표지, 대공탁·부속공탁사건기록표지가 있으며, 그 양식은 "전산정보처리조직에 의한 공탁사무처리지침"의 부록에 정하여져 있다(전산정보처리조직에의한공탁사무처리지침 6조).

제3장 공탁물 지급절차

제1절 총 설

공탁물 지급절차는 피공탁자가 공탁물을 찾아가는 출급절차와 공탁자가 공탁물을 다시 찾아가는 회수절차로 구분된다.

공탁물 출급이란 공탁성립 후에 채무변제·손해담보 등과 같은 공탁 본래의 목적에 따라 채권자·담보권리자 또는 그 승계인이 청구에 의하여 공탁물을 지급하는 것이다.

공탁물 회수란 공탁법 제9조 제2항에 따라 공탁물에 대한 회수권을 가지는 자의 청구에 의하여 공탁물을 되돌려 주는 것이다.

제2절 공탁물 출급·회수청구

1. 공탁물 출급·회수청구서 제출

공탁물을 출급·회수하려고 하는 사람은 2통의 공탁물 출급·회수청구서를 작성하여 관할 공탁소(공탁관)에 제출하여야 한다(공탁규칙 32조 1항). 예외로 계좌입금에 의한 경우에는 1통만 제출한다.

공탁물 출급·회수청구서의 양식은 공탁사무 문서양식에 관한 예규(행정예규 1235호) 양식 중 제8-1호 내지 제8-3호 양식으로 정하여져 있다.

(1) 출석주의

공탁관은 공탁물지급청구의 인가 후 공탁물출급·회수청구서를 청구자에게 직접 교부하도록 규정하고 있는 취지에 비추어 공탁물지급청구는 우편으로 할 수 없다고 할 것이다(1979. 8. 23. 법정 234호).

(2) 대리인에 의한 공탁물지급청구

(가) 대리인에 의한 공탁물지급청구의 경우에도 민법 제126조 내지 제127조의 표현대리규정이 적용되므로 표현대리인의 공탁금수령은 본인에게도 그 효과가 발생한다고 보아야 할 것이다(1990. 5. 22. 89다카1121).

(나) 근로기준법 제43조 제1항은 근로자를 보호하기 위하여 사용자가 직접 임금을 근로자에게 지급하도록 하고 있고, 근로자의 임금이 공탁된 경우 그 공탁금은 임금채권의 성질을 가지므로 대리인에 의하여 공탁금을 출급 청구할 수 없다. 다만, 근로자가 질병, 해외이주 등 부득이한 사정으로 직접 청구할 수 없는 사유가 있음을 소명하고 그 배우자나 자녀가 공탁금 출급청구를 한 경우와 같이 사실상 본인이 청구한 것과 동일하게 볼 수 있는 때에는 예외적으로 공탁금 출급청구가 가능할 수도 있다(공탁선례 2-52).

(3) 일괄청구가능

같은 사람이 여러 건의 공탁사건에 대하여 공탁물의 출급 또는 회수를 청구하려는 경우 그 사유가 같을 때에는 공탁종류에 따라 일괄하여 청구할 수 있다(공탁규칙 35조).

2. 공탁물 출급·회수청구서 기재사항

공탁물 출급·회수청구서에는 다음 사항을 기재하고 청구자가 기명날인하여야 한다. 그러나 대표자나 관리인 또는 대리인에 의하여 청구하는 때에는 대표자나 관리인 또는 대리인의 자격과 주소를 적고 기명날인하여야 하며, 공무원이 그 직무상 청구할 때에는 소속 관서명과 그 직을 적고 기명날인하여야 한다(공탁규칙 32조 2항).

공탁물 출급·회수청구서에 인감을 날인하고 인감증명서를 첨부하여야 하는 경우를 제외하고는 날인에 갈음하여 서명할 수 있고, 서명을 할 수 없을 때에는 무인으로 할 수 있다(공탁규칙 11조).

가. 공탁번호

공탁서 또는 공탁통지서에 기재되어 있는 공탁번호를 기재한다.

나. 공 탁 물

(1) 금전공탁의 경우 "공탁금액"란에는 공탁서 또는 공탁통지서에 기재되어 있는 공탁금액을 기재하고 "청구내역"란에 출급 또는 회수하려고 하는 금액을 기재한다.
금액의 기재는 한글과 아라비아숫자로 병기한다. 공탁금액란 및 청구내역란의 금전에 관한 숫자는 정정, 추가나 삭제를 하지 못한다(공탁규칙 12조 2항).

(2) 유가증권의 공탁의 경우 "청구내역"란에 유가증권의 명칭·장수·총 액면금·액면금(액면금이 없을 때에는 그 뜻)·기호·번호를 기재한다.

(3) 물품공탁의 경우 "청구내역"란에 공탁물품의 명칭·종류·수량을 기재한다.

다. 이자지급의 취지

이자의 지급을 동시에 받으려 할 경우에는 그 뜻을 기재(이자의 청구기간란에 공탁금의 납입일로부터 공탁금지급 전일까지의 연월일 기재)한다.
그러나 실무상으로는 이자의 지급을 청구하지 않는 특별한 경우에만 그 취지를 기재하고 그러한 기재가 없으면 공탁물보관자가 공탁금납입일로부터 공탁금 지급 전일까지의 이자를 계산하여 지급한다.

라. 출급 또는 회수청구사유

(1) 출급청구하는 경우

(가) 변제공탁의 경우 이의유보의 의사표시를 하지 않고 출급청구하는 경우에

는 그 공탁의 취지에 따라 수령한 것이라고 봄이 상당하므로 출급시 청구서에 "청구 및 이의유보사유"란에 기재가 누락됨이 없도록 주의한다.

(나) 담보공탁의 피공탁자가 담보권실행으로 출급하는 경우에는 "담보권실행"으로, 집행공탁에 있어서 채권자가 배당을 받아 출급하는 경우에는 "배당에 의함"으로, 몰취공탁에 있어서 국가가 몰취하는 경우에는 "몰취결정에 의함" 등으로 기재한다.

(2) 회수청구하는 경우

(가) 공탁자가 민법 제489조에 따라 회수하는 경우에는 "민법 제489조에 따라 회수"라고 기재한다.

(나) 착오공탁 또는 공탁원인소멸을 원인으로 회수하는 경우에는 "착오공탁" 또는 "공탁원인 소멸"이라고 적는다.

(다) 가압류해방공탁에 있어서 공탁자인 가압류채무자가 회수청구하는 경우에는 "공탁원인 소멸(가압류취하, 취소, 해제 등)"이라고 기재하고, 가압류채권자가 본압류를 하여 회수청구하는 경우에는 "공탁원인소멸(본압류 이전)" 등으로 기재한다.

(3) 양수인, 전부채권자의 경우

공탁자 또는 피공탁자로부터 출급 또는 회수청구권을 양수한 경우, 공탁자 또는 피공탁자의 채권자가 출급 또는 회수청구권을 압류·전부한 경우 등에도 출급·회수청구사유의 기재는 위와 같이 기재하고, "전부채권자(또는 양수인) 공탁수락(또는 이의를 유보하고 출급함)" 등으로 승계인의 자격을 적당히 표시하면 된다.

마. 청구인의 인적사항

청구인의 성명·주소·주민등록번호를 기재하되, 청구인이 법인 또는 법인 아닌 사단이나 재단인 경우에는 그 상호(명칭)·본점소재지(주사무소)·사업자등록번호를 기재한다.

바. 권리승계인의 취지

청구인이 공탁자 또는 피공탁자의 권리승계인인 때에는 그 취지를 기재한다. 예컨대, "공탁자 또는 피공탁자의 상속인, 양수인, 전부채권자 등의 예에 따라 청구인의 성명·주소·주민등록번호란에 기재한다.

사. 공탁규칙 제41조의 규정에 의한 절차를 구하는 취지

공탁서나 공탁통지서를 제출할 수 없어 공탁규칙 제41조의 규정에 의한 보증서나 재직증명서를 첨부한 때에는 그 취지를 비고(첨부서류 등)란에 기재한다.

아. 출급 또는 회수청구연월일

청구서의 연원일란에는 현실적으로 제출하는 연월일을 기재한다.

3. 공탁금 출급·회수청구서의 기재방법

가. 기재문자

(1) 공탁금 출급·회수청구서에 기재한 금전에 관한 숫자는 정정, 추가나 삭제를 하지 못하나(공탁규칙 12조 2항 본문), 출급·회수청구서의 청구사유에 기재하는 경우에는 예외로 한다(공탁규칙 12조 2항 단서).

(2) 금전에 관한 숫자 이외의 기재사항에 관하여 정정, 추가나 삭제를 할 때에는 한 줄을 긋고 그 위쪽이나 아래쪽에 바르게 적거나 추가하고, 그 글자 수를 난외에 적은 다음 도장을 찍어야 하며, 정정하거나 삭제한 문자는 읽을 수 있도록 남겨 두어야 한다(공탁규칙 12조 3항).

(3) 정정 등을 한 공탁물 출급·회수청구서를 제출받은 공탁관은 작성자가 도장을 찍은 곳 옆에 공탁관의 인감도장을 찍어 확인하여야 한다(공탁규칙 12조 4항).

나. 계속기재

공탁관에게 제출하는 서류에 관하여 양식과 용지의 크기가 정하여져 있는 경우에 한 장에다 전부 적을 수 없는 때에는 해당 용지와 같은 크기의 용지로서 적당한 양식으로 계속 적을 수 있다(공탁규칙 13조 1항).

이 경우 본 용지의 해당란에 "별지와 같음"이라고 표시하여 계속용지가 있다는 뜻을 명확히 하여야 한다(공탁규칙 13조 2항).

다. 서류의 간인

(1) 공탁관에게 제출하는 서류가 두 장 이상인 때에는 작성자는 간인을 하여야 한다(공탁규칙 14조 1항). 이 경우에 해당 서류의 작성자가 여러 사람일 경우에는 그 중 한 사람이 간인을 하면 된다(공탁규칙 14조 2항).

(2) 간인을 찍은 서류가 공탁물 출급·회수청구서인 때에는 공탁관은 작성자가 도장을 찍은 곳 옆에 공탁관의 인감도장으로 간인을 하여 확인하여야 한다(공탁규칙 14조 3항, 12조 4항).

[서식 23] 공탁금 출급·회수청구서

[제8-1호 양식]

공탁금 출급 · 회수 청구서

<table>
<tr><td colspan="2" rowspan="2">공 탁 번 호</td><td rowspan="2">년 금 제 호</td><td colspan="2" rowspan="2">공 탁 금 액</td><td colspan="2">한글</td></tr>
<tr><td colspan="2">숫자</td></tr>
<tr><td rowspan="2">공
탁
자</td><td>성 명
(상호, 명칭)</td><td></td><td rowspan="2">피
공
탁
자</td><td>성 명
(상호, 명칭)</td><td colspan="2"></td></tr>
<tr><td>주민등록번호
(법인등록번호)</td><td></td><td>주민등록번호
(법인등록번호)</td><td colspan="2"></td></tr>
<tr><td rowspan="3">청구
내역</td><td>청구금액</td><td>이자의 청구기간</td><td colspan="2">이자 금액</td><td>합계금액</td><td>비 고</td></tr>
<tr><td>한글</td><td rowspan="2"></td><td colspan="2"></td><td></td><td></td></tr>
<tr><td>숫자</td><td colspan="4">※ '이자 금액' 및' 합계금액'란은 보관은행에서 기재함.</td></tr>
<tr><td colspan="2">보 관 은 행</td><td colspan="5">은행 법원 지점</td></tr>
<tr><td colspan="2" rowspan="3">청구 및
이의유보사유
※ 해당란에 ☑ 하시거나 기타란에 간단히 기재하시기 바랍니다.</td><td colspan="2">출급청구시</td><td colspan="3">회수청구시</td></tr>
<tr><td colspan="2">※ 이의를 유보하고 공탁금을 출급하시겠습니까?
□ 예 (이의를 유보하고 출급함, 아래 ※ 5. 참조)
□ 아니오(공탁을 수락하고 출급함, 아래 ※ 6. 참조)</td><td colspan="3" rowspan="2">□ 민법 제489조에 의하여 회수
□ 착오공탁(착오증명서면 첨부 필요)
□ 공탁원인소멸(담보취소, 본압류이전, 가압류 취하, 취소, 해제 등)</td></tr>
<tr><td colspan="2">□ 담보권 실행 □ 배당에 의함
□ 채권양수에 의함
□ 기타( )</td></tr>
<tr><td colspan="2">비고
(첨부서류 등)</td><td colspan="5">□ 공탁통지서 □ 공탁서 □ 신분증 사본 □ 위임장 □ 인감증명서 □ 주민등록등·초본 □ 법인등기사항증명서 □ 채권압류·추심명령 정본 및 송달증명 □ 채권압류·전부명령 정본 및 확정증명 □ 동의서·승낙서·보증서 □ 채권양도 원인서면 □ 증명서 □ 착오증명서면 □ 담보취소결정 정본 및 확정증명 □ 가압류 취하·해제 증명 등 □ 기타( )</td></tr>
<tr><td colspan="2">계좌입금</td><td colspan="5">□ 포괄계좌입금(금융기관 : 계좌번호 :)
□ 계좌입금신청(금융기관 : 계좌번호 :) : 공탁금 계좌입금신청서 첨부</td></tr>
<tr><td colspan="7">위와 같이 청구합니다.
년 월 일</td></tr>
<tr><td colspan="3">청구인</td><td colspan="4">대리인</td></tr>
<tr><td colspan="3">주소 :
주민등록(사업자등록)번호 :
성명 : 인(서명)
(전화번호:)</td><td colspan="4">주소 :
성명 : 인(서명)
(전화번호:)</td></tr>
<tr><td colspan="7">위 청구를 인가합니다.
년 월 일
법원 지원 공탁관 (인)</td></tr>
<tr><td colspan="7">위 공탁금과 공탁금 이자(공탁금 출급·회수청구서 1통)를 수령하였습니다.
년 월 일
수령인(청구인 또는 대리인) 성명 (인)</td></tr>
</table>

※ 1. 청구인의 인감증명서를 첨부하여야 합니다(인감을 날인하고 인감증명서를 첨부하여야 하는 경우, 이를 갈음하여 서명을 하고 본인서명사실확인서 또는 전자본인서명사실확인서 발급증을 제출할 수 있습니다). 다만, 1,000만원 이하의 공탁금을 본인이 직접 청구하는 때에는 인감증명서를 제출하지 않아도 되며(신분증을 확인) 날인 대신 서명할 수 있습니다.

2. 대리인이 청구하는 경우(1,000만원 이하인 경우 포함) 대리인의 성명, 주소(자격자대리인은 사무소)를 적고 날인(서명)하여야 하며, 이 때에는 본인의 인감을 날인한 위임장과 그 인감증명서를 첨부하여야 합니다.

3. 공탁금이 5,000만원 이하인 사건에 대하여 전자공탁시스템을 이용하여 출급 · 회수 청구하는 경우에는 인감증명서를 첨부하지 아니하며, 서명은 인증서에 의한 전자서명 방식으로 합니다.

4. '계좌입금'란은 계좌입금을 신청하는 경우에만 합니다.

5. 공탁에 대하여 이의가 있는 경우에는 '예(이의를 유보하고 출급함)'에 ☑하고, 공탁금 출급 청구를 하여야 합니다. 이 경우에는 이후에 민사소송 등의 방법으로 권리를 주장할 수 있습니다.

6. '아니오(공탁을 수락하고 출급함)'에 ☑하고 출급하면, 공탁원인사실 · 공탁금액 등 공탁(통지)서에 기재된 내용을 인정하고 공탁금을 수령한 것으로 봅니다.

[서식 24] 공탁유가증권출급·회수청구서

[제8-2호 양식]

공탁유가증권 출급·회수 청구서

<table>
<tr><td colspan="2">공 탁 번 호</td><td colspan="5">년 증 제   호</td></tr>
<tr><td rowspan="2">공
탁
자</td><td>성 명
(상호, 명칭)</td><td></td><td rowspan="2">피
공
탁
자</td><td>성 명
(상호, 명칭)</td><td colspan="2"></td></tr>
<tr><td>주민등록번호
(법인등록번호)</td><td></td><td>주민등록번호
(법인등록번호)</td><td colspan="2"></td></tr>
<tr><td rowspan="4">청
구
내
역</td><td>명 칭</td><td>장 수</td><td>총 액면금</td><td>액면금, 기호, 번호</td><td colspan="2">비 고</td></tr>
<tr><td></td><td></td><td></td><td></td><td colspan="2"></td></tr>
<tr><td></td><td></td><td></td><td></td><td colspan="2"></td></tr>
<tr><td></td><td></td><td></td><td></td><td colspan="2"></td></tr>
<tr><td colspan="2">보 관 은 행</td><td colspan="5">은행   지점</td></tr>
<tr><td colspan="2">청구 및 이의유보
사 유</td><td colspan="5"></td></tr>
<tr><td colspan="2">비고(첨부서류 등)</td><td colspan="5"></td></tr>
<tr><td colspan="7">위와 같이 청구합니다.
년 월 일
청구인 주소   대리인 주소
주민등록번호   성명   인(서명)
(사업자등록번호)
성명   인(서명)</td></tr>
<tr><td colspan="7">위 청구를 인가합니다.
년 월 일
법원   지원 공탁관   (인)</td></tr>
<tr><td colspan="7">위 유가증권과 그 이표(공탁유가증권출급·회수청구서 1통)를 수령하였습니다.
년 월 일
수령인(청구인 또는 대리인) 성명   (인)</td></tr>
</table>

※ 1. 청구인의 인감증명서를 첨부하여야 합니다. 다만, 1,000만원 이하의 공탁유가증권을 본인이 직접 청구하는 때에는 인감증명서를 제출하지 않아도 되며(신분증을 확인) 날인 대신 서명할 수 있습니다.

2. 대리인이 청구하는 경우(1,000만원 이하인 경우 포함) 대리인의 성명, 주소(자격자대리인은 사무소)를 적고 날인(서명)하여야 하며, 이 때에는 본인의 인감을 날인한 위임장과 그 인감증명서를 첨부하여야 합니다.
3. 인감을 날인하고 인감증명서를 첨부하여야 하는 경우, 이를 갈음하여 서명을 하고 본인서명사실확인서 또는 전자본인서명확인서 발급증을 제출할 수 있습니다.

[서식 25] 공탁물품 출급·회수청구서

[제8-3호 양식]

공탁물품 출급·회수 청구서

<table>
<tr><td colspan="2">공 탁 번 호</td><td colspan="5">년 물 제 호</td></tr>
<tr><td rowspan="2">공
탁
자</td><td>성 명
(상호, 명칭)</td><td></td><td rowspan="2">피
공
탁
자</td><td>성 명
(상호, 명칭)</td><td colspan="2"></td></tr>
<tr><td>주민등록번호
(법인등록번호)</td><td></td><td>주민등록번호
(법인등록번호)</td><td colspan="2"></td></tr>
<tr><td rowspan="4">청
구
내
역</td><td colspan="2">명 칭</td><td colspan="2">종 류</td><td>수 량</td><td>비 고</td></tr>
<tr><td colspan="2"></td><td colspan="2"></td><td></td><td></td></tr>
<tr><td colspan="2"></td><td colspan="2"></td><td></td><td></td></tr>
<tr><td colspan="2"></td><td colspan="2"></td><td></td><td></td></tr>
<tr><td colspan="2">청구 및 이의유보
사 유</td><td colspan="5"></td></tr>
<tr><td colspan="2">비고(첨부서류 등)</td><td colspan="5"></td></tr>
<tr><td colspan="7">위와 같이 청구합니다.
년 월 일
청구인 주소 대리인 주소
주민등록번호 성명 인(서명)
(사업자등록번호)
성명 인(서명)</td></tr>
<tr><td colspan="7">위 청구를 인가합니다.
년 월 일
법원 지원 공탁관 (인)</td></tr>
<tr><td colspan="7">위 공탁물품(공탁물품 출급·회수청구서 1통)을 수령하였습니다.
년 월 일
수령인(청구인 또는 대리인) 성명 (인)</td></tr>
</table>

※ 1. 본인이 직접 청구하는 경우 본인의 인감증명서와 인감도장, 신분증을 지참하여야 합니다.
2. 대리인이 청구하는 경우 대리인의 성명, 주소(자격자대리인은 사무소)를 적고 날인(서명)하여야 하며, 본인의 인감을 날인한 위임장과 그 인감증명서를 첨부하여야 합니다.
3. 인감을 날인하고 인감증명서를 첨부하여야 하는 경우, 이를 갈음하여 서명을 하고 본인서명사실확인서 또는 전자본인서명확인서 발급증을 제출할 수 있습니다.

[서식 26] 위임장(공탁서 등)

위 임 장

수임인(대리인) 성 명 :
주민등록번호 :
주 소 :

OO지방법원 금제OOO호 사건에 관하여 위 사람을 대리인으로 정하고 다음 사항의 권한을 위임한다.

다 음

1. 공탁서작성 및 제출행위
1. 공탁금회수제한신고서 작성 및 제출행위
1. 공탁서 열람·등본신청 및 이를 교부받는 행위
1. 각종 증명서 신청 및 이를 교부받는 행위
1. 공탁통지서 수령행위
1. 공탁금 청구 및 출급·회수하는 행위

첨부서류 : 1. 위임인이 개인일 경우 : 인감증명서(위임인)
2. 위임인 법인일 경우 : 법인인감증명서, 법인등기사항증명서

2000. O. O.

위임인 성 명 : O O O (인)
주민등록번호 : OOOOOO-OOOOOOO
주 소 : OO시 OO로 OO(OO동)
전 화 번 호 : OO-OOO-OOOO

제 3 절 공탁물 출급·회수시 첨부서면

1. 공탁물 출급청구시 첨부서면

공탁금액별 공탁금(유가증권) 출급청구 구비서류

구분			공탁금 출급청구권자			
			개 인	법 인	법인 아닌 사단·재단	관공서
공탁금액	5천만원 초과	공탁통지서	○	○	○	○
		인감증명서와 인감도장	○	○	○	×
		신분증	○	○	○	○
	5천만원 이하 1천만원 초과	공탁통지서	×	×	○	○
		인감증명서와인감도장	○	○	○	×
		신분증	○	○	○	○
	1천만원 이하	공탁통지서	×	×	×	×
		인감증명서와 인감도장	×	×	×	×
		신분증	○	○	○	○

[주] 유가증권인 경우에는 액면금을 기준으로 한다.

공탁물출급청구서의 첨부서류

<table>
<tr><td>공탁통지서</td><td>공탁통지서 첨부불요(면제)
• 공탁서를 첨부한 경우
• 이해관계인의 승낙서를 첨부한 경우 : 공탁자의 승낙서 + 인감증명서
• 출급청구권에 대한 강제집행에 의하는 경우(예 : 압류 및 전부(추심)명령 등)
• 출급청구권에 대하여 체납처분에 의한 압류를 한 세무서장이 출급청구하는 경우
• 공탁통지서를 발송하지 않았음이 인정되는 경우(예 : 채권자 절대적 불확지공탁이나 사실상 수령불능사유 중 피공탁자 주소불명의 경우)
• 5,000만원 이하(관공서, 법인아닌 사단의 경우 1,000만원 이하)
• 보증지급의 경우</td></tr>
<tr><td>출급청구권을 증명하는 서면</td><td>• 변제공탁의 경우 : 공탁서 기재에 의하여 그 사실이 명백한 경우에는 불요
• 채권자 상대적 불확지공탁의 경우
• 채권자 절대적 불확지공탁의 경우</td></tr>
<tr><td>반대급부를 증명하는 서면
(반대급부 이행증명서)</td><td>• 공탁자의 서면 : 반대급부영수증, 반대급부채권포기서·면제서 등(인영이 다를 경우 인감증명서 첨부)
• 판결문 : 반대급부이행 등이 기재된 확정 판결문(단, 미확정의 가집행 선고 판결은 안됨)
• 공정증서
• 기타 공정서면 : 관공서가 사문서의 내용에 진정을 증명하는 서면(내용증명, 배달증명, 물품공탁서 등)</td></tr>
<tr><td>인감증명서</td><td>• 공탁물출급청구서 또는 위임장에 날인한 인감이 본인의 것인가를 증명</td></tr>
<tr><td colspan="2">주소 등 연결서면</td></tr>
<tr><td>자격증명서
(대표, 대리 등)</td><td>• 법인 : 법인등기사항증명서(대표자 또는 관리인자격증명)
• 비법인 사단 또는 재단 : 정관 기타 규약, 대표자 또는 대리인의 자격증명 서면(예 : 종중 – 대표자를 선임한 회의록 등)</td></tr>
<tr><td>권리승계 사실증명</td><td>• 상속인 : 가족관계등록사항증명서 등(종전의 호적등본, 제적등본)
• 전부채권자 : 전부명령정본 및 확정증명
• 양수인 : 채권양도증서 등</td></tr>
</table>

가. 공탁통지서

(1) 원 칙

공탁물을 출급하려고 하는 사람은 공탁규칙 제29조에 따라 공탁관이 발송한 공탁통지서를 출급청구서에 원칙적으로 첨부하여야 한다(공탁규칙 33조 1항). 다만, 공탁금 출급·회수청구청구 안내문에 관한 업무처리지침에 의하여 공탁관이 발송한 공탁금 출급·회수청구 안내문과 소멸시효 완성 전 공탁금 출급 및 회수청구 안내에 관한 업무처리지침에 의하여 법원행정처에서 발송한 공탁금 출급·회수청구 안내문은 공탁통지서를 대신하여 공탁금 출급청구서의 첨부서류가 될 수 없다(행정예규 1203호 8조).

(2) 공탁통지서를 첨부하지 않아도 되는 경우

(가) 출급청구하는 공탁금액(공탁물이 유가증권인 경우에는 총 액면금을 말한다)이 5,000만원 이하인 경우에는 공탁통지서를 첨부하지 않아도 된다. 다만 청구인이 관공서이거나 법인 아닌 사단이나 재단인 때에는 그 금액이 1,000만원 이하인 경우에 공탁통지서 첨부가 면제된다.

(나) 공탁서나 이해관계인이 승낙서를 첨부한 경우

피공탁자가 이해관계인인 공탁자의 승낙서를 첨부한 경우 공탁통지서를 첨부하지 않아도 된다. 공탁자의 승낙서에는 공탁통지서의 첨부없는 피공탁자의 출급청구에 대한 승낙의 취지를 기재하고 인감증명서를 첨부하여야 한다.

(다) 강제집행이나 체납처분에 의하는 경우

공탁금 출급청구권에 대하여 압류 및 추심명령 또는 전부명령을 얻은 추심채권자 또는 전부채권자가 출급청구하는 경우에는 공탁통지서를 첨부하지 않아도 된다. 집행채무자인 피공탁자로부터 공탁통지서를 교부받은 것을 기대하기 어렵기 때문이다.

출급청구권에 대하여 국세징수법 등에 따른 강제징수 또는 지방세기본법 등에 따른 체납처분에 의한 압류(이하 '체납처분')를 한 세무서장 또는 지방자치단체의 장이 출급청구하는 경우에도 같은 이유로 공탁통지서를 첨부하지 않아도 된다.

(라) 공탁통지서를 발송하지 않았음이 인정되는 경우

절대적 불확지공탁이나 사실상 수령불능사유 중 피공탁자 주소불명의 경우와 같이 공탁서의 기재내용에 비추어 볼 때 공탁통지서를 발송하지 않았음이 명백하게 인정되는 경우 공탁통지서를 첨부하지 않아도 된다.

(5) 소액공탁금의 특례규정(2008년 삭제)

[서식 27] 동의서(승낙서)

[제18호 양식]

동 의 서(승낙서)

공탁번호		년 금(증·물) 제 호
공탁금액		
동 의 자	성 명 (상호, 명칭)	
	주민등록번호 (법인등록번호)	
	주 소 (본점, 주사무소)	
상 대 방 (동의받는 자)	성 명 (상호, 명칭)	
	주민등록번호 (법인등록번호)	
	주 소 (본점, 주사무소)	
첨부서류		1. 동의자의 인감증명서 1부 2.

위 상대방(동의받는 자)에게 이 사건 공탁금을 지급하는데 대하여 동의합니다.

년 월 일

동의하는 자 성명(상호 등) (인감)

지방법원 지원 공탁관 귀하

※ 동의자의 인감증명서를 첨부하여야 합니다(인감을 날인하고 인감증명서를 첨부하여야 하는 경우, 이를 갈음하여 서명을 하고 본인서명사실확인서 또는 전자본인서명확인서 발급증을 제출할 수 있습니다).

나. 출급청구권이 있음을 증명하는 서면

공탁금을 출급하려고 하는 사람은 출급청구권을 있음을 증명하는 서면을 공탁물 출급청구서에 첨부하여야 한다. 그러나 변제공탁의 피공탁자와 같이 공탁서의 내용에 의하여 그 사실이 명백한 경우에는 첨부할 필요가 없다(공탁규칙 33조 2호).

(1) 변제공탁

(가) 확지 변제공탁의 경우

피공탁자를 특정한 확지 변제공탁의 경우 공탁서나 공탁통지서 자체로 출급청구권자와 출급청구권의 발생 및 그 범위를 알 수 있으므로 별도로 출급청구권 증명서면을 첨부하지 않아도 된다.

(나) 상대적 불확지 공탁의 경우

피공탁자 전원이 공동으로 출급청구하는 경우에는 출급청구서 기재에 의하여 상호 승낙이 있는 것으로 볼 수 있으므로 별도로 출급청구권 증명서면을 첨부하지 않아도 된다(행정예규 1061호).

그러나 피공탁자 중 1인이 단독으로 출급청구하는 경우에는 출급청구권 증명서면을 첨부하여야 한다.

우선 피공탁자 사이에 권리의 귀속에 관하여 분쟁이 없는 경우에는 다른 피공탁자의 승낙서 또는 협의성립서(모두 인감증명서 또는 본인서명사실확인서나 전자본인서명확인서의 발급증 첨부)를 첨부하면 되고, 피공탁자 사이에 권리의 귀속에 관하여 분쟁이 있는 경우에는 피공탁자 사이에 어느 일방에게 출급청구권이 있음을 증명하는 내용의 판결(조정조서·화해조서 포함)을 첨부하여야 한다(행정예규 1061호).

(다) 절대적 불확지 변제공탁의 경우

절대적 불확지공탁을 한 경우 공탁자가 후에 피공탁자를 알게 되었을 때에는 먼저 그를 피공탁자로 지정하는 공탁서 정정을 한 후 그로 하여금 공탁물을 출급청구하게 할 수 있다. 공탁자가 공탁서를 정정하는 절차를 취하지 않을 경우에는 공탁자(국가가 아님)를 상대로 하여 공탁물 출급청구권이 자신에게 있다는 확인판결(화해조서·조정조서 등)을 받아 그 판결정본 및 확정증명서를 출급청구권을 증명하는 서면으로 첨부하여 공탁금을 직접 청구할 수 있다(공탁선례 2-198).

그러나 사업시행자가 발행한 출급청구권을 갖는다는 확인증명서는 출급청구권 입증서면으로 볼 수 없다(공탁선례 2-72).

사망자를 피공탁자로 하여 수용금을 공탁해 놓은 경우에는 상속을 증명하는 서면(사망한 피공탁자의 기본증명서, 가족관계증명서, 친양자입양관계증명서 등)을 첨부하여 ① 상속인들 전원이 공동으로 출급청구하거나, ② 상속인 각자가 자기의 지분에 해당하는 공탁금만을 출급청구할 수 있으며, ③ 협의분할에 의할 경우에는 협의분할을 증명하는 서면(상속인 전원의 인감증명서가 첨부된 상속재산분할협의서)를 첨부하여 출급청구할 수 있다(공탁선례 2-74).

(2) 재판상 담보공탁

재판상 담보공탁의 피공탁자(담보권리자)는 소송비용 또는 담보되는 손해에 관하여 담보물(공탁금 회수청구권)에 대하여 질권자의 동일한 권리를 가진다. 피공탁자(담보권리자)의 출금청구권 행사방법에 관하여는 대법원 행정예규 제952호 "재판상 담보공탁금의 지급청구절차 등에 관한 예규에 규정되어 있다.

(가) 직접 출급청구

피공탁자(담보권리자)는 담보취소결정정본 및 확정증명이 제출되기 전에 공탁원인사실에 기재된 피담보채권이 발생하였음을 증명하는 서면을 제출(손해배상의 확정판결정본)하여 공탁금을 직접 출급청구할 수 있다.

피담보채권이 발생하였음을 증명하는 서면의 예로는 피담보채권에 관한 확정판결(이행판결, 확인판결 모두 포함)이나 이에 준하는 서면(화해조서, 조정조서 등) 또는 공탁자의 동의서(인감증명서 첨부)이다.

(나) 질권실행을 위한 압류

담보공탁의 피공탁자가 피담보채권에 터잡아 민사집행법 제273조에서 정한 채권에 대한 담보권실행절차에 따라 공탁자의 공탁물 회수청구권을 압류하고 추심명령이나 확정된 전부명령을 얻어 공탁금을 출급청구할 수 있다(위 확정판결에 기한 공탁물 회수청구권에 대한 압류 및 확정된 전부명령정본). 이 경우 피공탁자는 공탁금 출급청구서와 함께 질권실행을 위한 압류명령정본, 추심명령 또는 전부명령정본, 위 명령의 송달증명, 전부명령에 관한 확정증명을 제출하여야 한다.

담보권실행 신청시 담보권의 존재를 증명하는 서류를 제출하기 때문에 별도로 담보취소결정을 받을 필요는 없다.

(다) 담보취소에 기초한 공탁금 회수청구

피공탁자가 담보권실행을 위한 출급청구권의 행사와는 별도로 공탁자의 회수청구권에 대하여 공탁자를 상대로 한 집행권원(피담보채권 자체에 관한 집행권원이 아니라도 무방함)을 갖고 일반 강제집행절차에 따라 공탁금 회수청구권에 대하여 압류 및 추심명령이나 전부명령을 얻은 후 담보취소까지 받았다면 공탁금 회수청구권을 행사할 수 있다. 실무상 이 방법이 많이 사용된다.

(3) 영업보증공탁

영업보증공탁의 경우에는 공탁근거법령에 공탁물출급청구에 관한 특별 규정이 없으면, 원칙적으로 공탁자의 영업거래 또는 공탁자의 기업활동에 의하여 손해가 발생하였음을 증명하는 확정판결이나 이에 준하는 서면(화해조서, 조정조서 등)이 출급청구권 증명서면이 된다.

(4) 납세담보공탁

공탁자가 담보기간 내에 납세의무를 이행하지 않으면 세무서장 또는 지방자치단체의 장은 공탁물로 세금에 충당한다(국세기본법 22조 2항, 지방세기본법 69조 2항), 이 경우 공탁물로 세금에 충당한다는 취지의 세무서장 또는 지방자치단체의 장의 서면이 출급청구권 증명서면이 된다.

(5) 집행공탁

집행법원의 배당절차에 의하여 공탁물을 지급되는 경우에 집행법원은 지급위탁서를 공탁관에게 송부하고 지급을 받을 자에게는 그 자격에 관한 증명서를 교부하여야 한다. 이 경우 공탁물의 지급을 받고자 하는 자는 위 증명서를 첨부하여 공탁물의 출급청구를 하면 되고(공탁규칙 43조), 별도의 출급청구권 증명서면은 첨부하지 않아도 된다.

(6) 몰취공탁

민사소송법 제299조 제2항의 몰취공탁에서 공탁 후 공탁자의 진술이 거짓으로 판명된 경우에는 공탁을 명한 법원이 공탁금 몰취결정정본 및 확정증명서(민소법 300조)가, 상호가등기 몰취공탁의 경우에는 등기관 작성의 공탁금국고귀속통지서가 각 출급청구권 증명서면이 되고, 이에 따라 몰취한 공탁금은 국고에 귀속된다.

다. 반대급부이행 증명서면

(1) 의 의

변제공탁에서 공탁물을 수령할 자가 반대급부를 하여야 하는 경우에는 공탁자의 서면 또는 판결문, 공정증서, 그 밖의 관공서에서 작성한 공문서 등에 의하여 그 반대급부가 있었음을 증명하지 아니하면 공탁물을 수령하지 못한다(공탁법 10조, 공탁규칙 33조 3호).

(2) 공탁자의 서면

공탁자의 서면이란 반대급부를 수령하였다는 공탁자 작성의 반대급부영수증 또는 반대급부채권포기서·면제서 등을 말한다. 그 서면에 공탁서에 찍힌 인장과 같은 인장으로 찍거나 인감증명서를 첨부하여야 한다.

(3) 판 결 문

판결문이란 반대급부의 이행사실이나 반대급부채권 포기 또는 면제가 판결의 주문 또는 이유 중에 명백히 기재된 판결문 등을 말한다. 확인판결, 이행판결, 형성판결을 불문하나 확정되었음을 요하므로 미확정의 가집행선고부 판결은 해당하지 않는다.

판례 공탁자가 공탁물 수령자로부터 공탁자 앞으로의 소유권이전등기에 필요한 서류인 등기권리증, 매매계약서, 인감증명 등 서류를 공탁자에게 교부하라는 반대급부조건을 붙여 변제공탁한 후 이와 별도로 같은 부동산에 관한 소유권이전등기절차이행의 소를 제기하여 승소확정판결을 받아 공탁자 명의의 소유권이전등기 절차이행의 소를 제기하여 승소확정판결을 받아 공탁자 명의의 소유권이전등기 를 할 수 있게 되었다 하더라도 위 판결을 반대급부이행 증명서면으로 볼 수는 없다(대결 1985. 12. 28. 85마712).

공탁자가 위 판결에 기하여 그 부동산에 대하여 이미 소유권이전등기를 마친 경우에는 그 소유권이전등기가 경료된 부동산의 등기부등본은 이행증명서면으로 볼 수 있다.

(4) 공정증서

공정증서란 반대급부 이행사실이나 반대급부채권 포기 또는 면제 등이 기재된 공증인이나 공증인가 합동법률사무소 또는 법무법인에서 작성한 문서를 말한다.

(5) 그 밖의 관공서에서 작성한 공문서 등

기타 관공서에서 작성한 문서 등이란 공문서 또는 관공서가 사문서에 내용의 진정을 증명한 서면을 말한다. 반대급부 목적물을 변제공탁한 경우의 물품공탁서(대결 1990. 3. 31. 89마546) 및 반대급부 목적물을 내용증명 및 배달증명 우편으로 발송한 경우 그 내용증명 및 배달증명(1991. 3. 19. 법정 498), 반대급부목적물을 변제공탁한 경우 그 물품공탁서(대결 1990. 3. 31. 89마546) 등이 이에 해당한다.

또한 건물인도나 철거 등을 반대급부조건으로 하여 공탁한 경우 공탁자의 강제집행신청으로 건물인도나 철거 등의 사실이 기재된 집행관 작성의 부동산인도집행조서도 기타 공정서면에 해당된다.

[서식 28] 반대급부물영수증

반 대 급 부 물 영 수 증

공탁번호 2000년 금제000호

공 탁 금 5,000,0000원

피공탁자 이 몽 룡

위 금원은 토지매매대금의 잔대금을 변제하기 위하여 한 공탁금인 바, 공탁서에 기재된 반대급부물인 소유권이전등기절차에 소요되는 서류 일체를 정히 영수함.

2000. 0. .

공탁자 홍 길 동 (인)

피공탁자 이 몽 룡 귀하

[주] 공탁자 명의의 영수인영은 반드시 공탁서에 날인된 인영과 동일해야 하며 다를 때에는 인감증명서를 첨부해야 한다.

라. 인감증명서

(1) 개 설

(가) 공탁물의 출급을 청구하는 사람은 공탁물 출급청구서 또는 위임에 의한 대리인의 권한을 증명하는 서면에 날인된 인감에 관하여는 인감증명법 제12조와 상업등기법 제16조에 따라 발행한 인감증명서를 원칙적으로 제출하여야 한다(공탁규칙 37조 1항).

인감증명법의 유효기간은 발급일로부터 3월 이내의 것이어야 한다(공탁규칙 16조 3호). 인감증명서를 갈음하여 위임장을 공증인이 인증하는 방법으로 공탁물을 출급청구할 수는 없다(공탁선례 2-54).

(나) 공탁신청 당시 제출된 위임장에 "회수청구 및 그 수령의 권한"이라는 문구가 명기되어 있는 경우에는 대리권의 효력이 공탁물 회수청구권에도 미친다고 볼 수 있으나, 공탁신청 이후에 대리권이 소멸되는 경우도 있으므로 종전의 대리인이 공탁물 회수청구를 할 때에는 별도의 위임장를 제출하거나 종전에 위임한 대리권이 소멸되지 않았음을 증명하는 공탁자 본인 작성의 서면(인감증명 첨부 또는 공증)을 제출하여야만 한다(공탁선례 201510-1).

(2) 법정대리인 등의 인감증명서

(가) 법정대리인, 지배인, 그 밖의 등기된 대리인, 법인이나 법인 아닌 사단 또는 재단의 대표자나 관리인에 의하여 공탁물의 출급을 청구할 경우에는 그 법정대리인, 지배인, 그 밖의 등기된 대리인, 대표자나 관리인 등의 인감에 관하여 위와 같은 인감증명서를 제출하여야 한다(공탁규칙 37조 2항).

(나) 법인의 지배인(또는 이에 준하는 법률상 대리인)의 공탁물 출급·회수청구를 직접 또는 다른 사람에게 위임하여 청구할 경우 공탁금 출급·회수청구서나 위임장에 날인된 인감에 관하여는 상업등기법 제16조에 따라 발행한 지배인의 인감증명서를 첨부하여야 하므로 지배인을 선임한 법인대표자의 인감증명서와 지배인사용인감확인서를 첨부하여 공탁금 출급·회수를 할

수는 없다(공탁선례 2-56).

(다) 법인의 대표자가 직접 또는 다른 사람에게 위임하여 공탁물을 출급·회수청구하는 경우에는 공탁물 출급·회수청구서 또는 위임장에는 법인대표자의 인감을 직접 날인하고 법인대표자의 인감증명서를 첨부하여야 하므로 출급·회수청구서, 위임장에 사용인감을 날인하고 사용인감확인서 및 법인대표자의 인감증명서를 첨부하여 공탁금 출급·회수청구를 할 수는 없다(공탁선례 2-55).

(라) 종중 등 법인 아닌 사단이나 재단의 경우에는 대표자나 관리인 개인의 인감증명서를 제출한다.

(3) 재외국민의 인감증명서

(가) 재외국민이나 외국인의 공탁금 지급청구시 인감증명서 등 첨부서면에 관하여는 대법원 행정예규 1084호 '재외국민 등의 공탁금 지급청구시 첨부서면에 관한 예규'에 규정되어 있다.

위 예규에 따르면 재외국민(대한민국 국민으로서 외국의 영주권을 취득한 자 또는 영주할 목적으로 외국에 거주하고 있는 자를 뜻한다)이 귀국하여 직접 출급청구하는 때에는 국내 거주 내국인의 경우와 같으므로 우리나라의 인감증명서를 첨부하여야 한다.

(나) 재외국민이 귀국하지 않고 대리인에게 위임하는 경우 위임장에 찍힌 인영이 본인의 것임을 증명하기 위하여 본인의 인감증명(우리나라의 인감증명)을 제출하여야 한다.

다만, 재외국민이 거주하는 나라(외국)가 우리나라와 같이 인감증명제도가 있는 나라(예컨대, 일본)인 경우에는 그 나라 관공서가 발행한 인감증명서를 첨부할 수 있다. 이때에는 위임장에 거주국 주재 한국 대사관이나 영사관의 확인을 반드시 받아야 한다.

판례 재외국민의 위임장에 거주국 주재 대한민국 총영사관 총영사의 직인은 날인되어 있으나 재외공관공증법 제25조제1항에서 정하는 공증담당영사의 인증문언 등이 기재되어 있지 않는 점 등을 이유로 하여 일본국 행정청 명의로 위조된 인가증명서와 위임장 등을 믿고 공탁금출급을 인가한 공탁관에게 직무집행상 과실을 인정한 사례(대판 2002. 11. 22. 2002다39200).
다만, 재외국민의 상속재산분할협의서에 첨부할 인감증명은 상속재산분할협의서상의 서명 또는 날인이 본인의 것임을 증명하는 재외공관의 확인서 또는 이에 관한 공정증서(거주국 또는 대한민국 공증인)로 대신할 수 있다.

(4) 외국인의 인감증명서

(가) 인감증명제도가 없는 나라의 국민은 서명에 관하여 본인이 직접 작성하였다는 취지의 본국 관공서(주한 본국 대사관이나 영사관 포함)의 증명이나 이에 관한 공증(본국 또는 대한민국 공증인)이 있어야 한다.

(나) 인감증명제도가 있는 나라(예컨대 일본) 국민은 위임장에 날인한 인감과 동일한 인감에 관하여 그 나라 관공서가 발행한 인감증명이 있어야 한다.

(다) 외국인도 출입국관리법에 따라 외국인등록을 하였다면 우리나라의 인감증명법에 따라 체류지를 관할하는 증명청에 인감신고를 한 후 인감증명을 발급받아 제출할 수 있다(인감증명법 3조 3항).

(5) 인감증명서를 제출할 필요가 없는 경우

(가) 출급하는 금액이 1,000만원 이하인 경우

① 본인이나 법정대리인, 지배인, 그 밖의 등기된 대리인, 법인·법인 아닌 사단이나 재단의 대표자 또는 관리인이 공탁금을 직접 출급·회수청구하는 경우로써, 그 금액이 1,000만원 이하(유가증권의 경우 총 액면금액이 1,000만원 이하 포함)이고, 공탁관이 신분에 관한 증명서(주민등록증·여권·운전면허증 등)로 위 본인이나 법정대리인 등임을 확인할 수 있는 경우에는 인감증명서를 첨부하지 않아도 된다(공탁규칙 37조 3항 1호).

② '출급·회수청구하는 금액이 1,000만원 이하'라 함은 원칙적으로 공탁서에 기재되어 있는 공탁금이 1,000만원 이하인 경우를 말한다. ㉮ 공탁서상 공탁금액이 1,000만원 이하인 때에는 출급 또는 회수청구하는 금액이 이자를 포함하여 1,000만원을 초과하는 경우, ㉯ 공탁서상의 공탁자 또는 피공탁자가 여러 사람인 때에는 공탁서상의 전체 공탁금액이 1,000만원을 초과하더라도 해당 출급 또는 회수청구를 하는 공탁자에 대한 공탁서

상의 공탁금액이 1,000만원 이하인 경우, ㉰ 배당 등에 따라 공탁금액을 여러 사람에게 나누어 지급하는 때에는 그 지급권자의 청구금액이 1,000만원 이하인 경우도 적용되지만, ㉱ 1,000만원을 초과하는 공탁금액을 1,000만원 이하로 임의로 분할하여 출급 또는 회수청구하는 경우에는 적용하지 아니한다(행정예규 744조).

③ 공탁물이 액면금액의 표시가 없는 유가증권인 경우와 공탁물이 물품인 경우에는 적용하지 아니하고, 대리인에 의하여 출급청구하는 경우에도 적용하지 않는다.

(나) 관공서가 공탁물 출급청구자인 경우

공탁물 출급청구자가 관공서인 경우 그것만으로 출급청구서 등의 성립의 진정을 인정할 수 있으므로 인감증명서를 제출하지 않아도 된다.

마. 자격증명서

(1) 청구자가 법인인 경우

출급청구자가 법인인 경우에는 대표자 또는 관리인의 자격증명서면으로 법인등기사항증명서 등이 이에 해당된다. 대표자의 인감증명서에 대표자인 취지가 기재되어 있다고 하더라도 인감증명서는 대표자격증명서면이 아니기 때문에 별도로 법인등기사항증명서 등 자격증명서면을 첨부하여야 한다.

(2) 청구자가 법인 아닌 사단 법인 재단인 경우

(가) 출급청구자가 법인 아닌 사단이나 재단일 경우에는 정관이나 규약과 대표자 또는 관리인의 자격을 증명하는 서면을 공탁서에 첨부하여야 한다(공탁규칙 38조).

(나) 종중의 경우 종중규약이 정하는 바에 따라 대표자를 선임한 회의록 등은 대표자 자격증명서면이 될 것이나 시장(제주특별자치도 설치 및 국제자유도시 조성을 위한 특별법 10조 2항에 따른 행정시의 시장을 포함하며, 지방자치법 3조 3항에 따라 자치구가 아닌 구를 두는 시의 시장을 제외한다), 군수 또는 구청장(자치구가 아닌 구

의 구청장을 포함한다)이 발행한 부동산등기용등록번호를 증명하는 서면인 종중등록증명서는 대표자 자격증명서면이 아니다(공탁선세 2-86).

(다) 법인 아닌 사단이나 재단의 대표자 또는 관리인이 자격을 증명하는 서면에는 그 사실을 확인하는 데 상당하다고 인정되는 2명 이상의 성년인 사람이 사실과 같다는 뜻과 성명을 적고 자필한 다음, 신분증 사본을 첨부하여야 한다(공탁규칙 38조 2항). 변호사나 법무사[법무법인·법무법인(유한)·법무조합·법무사법인·법무사법인(유한)을 포함한다. 이하 '자격자대리인']가 대리하여 청구하는 경우에는 자격자대리인이 자격증명서면에 사실과 같다는 뜻을 적고 기명날인하는 것으로 갈음할 수 있다(공탁규칙 38조 3항).

(3) 대리인에 의하여 출급청구하는 경우

대리인의 권한을 증명하는 서면으로써 관공서에서 발급하는 증명서는 발급일로부터 3월 이내의 것이어야 한다(공탁규칙 16조 1호).

(가) 법정대리인, 등기된 대리인의 경우

① 법정대리인 중 미성년자의 친권자나 후견인은 미성년자의 기본증명서를 첨부하고, 법원의 선임에 의한 후견인의 경우 아직 후견개시신고를 하지 않아 가족관계등록부(피후견인의 기본증명서)에 후견인으로 등재되지 않았다면 선임심판서등본을 첨부한다.
성년에 대하여 후견이 개시된 경우(성년후견, 한정후견, 특정후견, 임의후견) 후견인은 후견등기사항증명서를 제출함으로써 그 자격을 증명할 수 있다.

② 미성년자에 대한 친권은 부모가 공동으로 행사함이 원칙이고, 다만, 부모의 일방이 친권을 행사할 수 없을 때에는 그 사유를 소명하여 다른 일방이 단독으로 행사할 수 있는 것이므로, 피공탁자가 미성년자로 기재되어 있는 공탁금을 미성년자의 모가 단독으로 출급하려면 부가 행방불명으로 친권을 행사할 수 없음을 소명하여야 한다. 그 소명방법은 직권말소된 주민등록등본 또는 통·반장의 작성의 확인서 등 공탁관이 인정하는 것이어야 한다(공탁선례 2-57).

③ 회사의 지배인 등 등기되어 있는 대리인은 법인등기사항증명서를 첨부

하여 대리인의 권한을 증명하여야 한다.

(나) 임의대리인의 경우

① 변호사나 법무사 등 임의대리인은 위임장을 첨부하여야 한다. 위임장의 양식은 특별히 규정된 바 없으므로 위임하는 공탁사건과 수임인이 구체적으로 특정되고 위임하고자 하는 내용과 위임의 취지가 기재되면 된다.

② 재외국민이 대리인에게 위임하면서 거주국 관공서 발행의 인감증명서를 첨부하는 경우에는 위임장에 거주국 주재 한국 대사관이나 영사관의 확인을 반드시 받아야 한다(행정예규 694호).

바. 주소 등 연결서면

공탁물 지급청구서에는 원칙적으로 주소를 소명하는 서면을 첨부할 필요가 없으나, 예외적으로 공탁서상 피공탁자의 주민등록번호 등이 기재되어 있지 않아 공탁관이 출급청구인과 피공탁자의 동일성 확인에 어려움이 있을 때에는 공탁관은 주소 등 연결서면을 그 소명자료로 제출하게 할 수 있다. 한편 전자정부법이 시행됨에 따라 행정정보 공동이용에 따른 공탁사무처리지침(행정예규 1015호)이 마련되어 공탁사무와 관련하여 신청인이 행정정보와 공동이용에 사전 동의하는 경우 주민등록 등·초본 등 행정정보 공동이용을 통하여 확인할 수 있는 정보에 대하여는 이를 행정정보 공동이용을 통하여 공탁관이 확인하고 해당 서면의 제출을 면제할 수 있다.

(가) 재외국민이나 외국인의 경우에도 원칙적으로 주소를 소명하는 서면을 첨부할 필요는 없으나, 공탁서상의 피공탁자 등 권리자의 주소와 인감증명서상의 주소가 다르다는 등의 사유로 권리자와 지급청구자가 같은 사람임을 공탁관이 확인할 수 없는 경우에는 공탁관은 주소변경내용이 나타나는 서면 등 같은 사람임을 소명하는 서면을 제출하게 할 수 있다(행정예규 1084호).

그 소명서면으로 재외국민의 경우는 시·군·구의 장 등이 발급한 주민등록표등·초본 또는 대한민국 재외공관의 장 등이 발급한 재외국민등록부등본이 있다. 다만 주재국에 대한민국 재외공관 등이 없어 이러한 증명을 발급받을 수 없을 때에는 거주국 공증인이 주소를 공증한 서면으로 갈음할 수 있다.

(나) 외국인의 경우는 본국 관공서의 주소증명 또는 거주사실증명을 첨부하면 되는데, 만약 주소증명을 발급하는 기관이 없는 경우에는 주소를 본국 공증인이 공증한 공정증서로 대신할 수 있다. 외국인이 입국한 경우에는 출입국·외국인청(사무소·출장소)장 등이 발급한 외국인등록 사실증명 또는 국내거소신고 사실증명으로도 가능하다.

외국국적 취득으로 성명이 변경된 경우에는 변경 전의 성명과 변경 후의 성명이 동일인이라는 본국 관공서의 증명 또는 공증(본국 공증인)이 있어야 한다.

(2) 공탁서상의 피공탁자주소와 전부명령상의 채무자주소가 다른 경우

전부채권자가 출급하는 경우 피공탁자와 채무자가 서로 동일인임을 소명할 수 있는 서면이나, 전부명령상의 채무자의 주소를 공탁서상의 주소로 경정하는 결정을 첨부하여야 한다(1991. 5. 27. 906호).

(3) 공탁서상의 피공탁자주소와 공탁금 출급청구권 양도 판결상의 주소가 다른 경우

공탁금 양수인이 출급청구하는 경우 피공탁자와 피고가 서로 동일인임을 소명할 수 있는 서면 또는 판결문상의 피고 주소를 공탁서상의 피공탁자 주소로 경정하는 결정을 첨부하여야 한다(1994. 11. 2. 법정 3302-422).

사. 권리승계사실 증명서면

출급청구가 피공탁자의 권리승계인인 때에는 출급청구권증명서면과 승계사실증명서면을 함께 첨부하여야 한다.

(1) 상속인의 경우 상속인을 증명하는 서면

공탁을 지급청구하기 위해서는 피상속인의 사망사실과 공탁지급청구인이 상속인임을 증명하는 서면을 첨부하여야 한다.

(가) 피상속인의 사망사실 및 사망일자 증명서면

가족관계의등록등에관한법률 제15조 제1항 제2호의 기본증명서

(나) 상속인임을 증명하는 서면

① 피상속인의 가족관계의등록등에관한법률 제15조 제1항 제1호의 가족관계증명서 및 제5호의 친양자입양관계증명서

☞ 친양자입양관계증명서의 첨부가 필요한 것
상속인 중 피상속인의 가족관계증명서에 없는 자녀로서 사망 이후에 친양자로 입양되어간 자녀가 있는 지 여부를 확인하기 위한 것이다.
2008. 1. 1. 이전에 사망한 자는 가족관계등록부가 작성되어 있지 아니하므로, 피상속인의 가족관계등록부의 각 제적등본의 첨부가 필요할 것이며, 제적등본에 의하여 확인된 각 상속인에 대하여는 그의 기본증명서가 첨부되어야 한다.

② 상속토지를 단독 소유로 하기로 협의분할한 후 그 등기를 하기 전에 기업자가 그 토지를 수용하고 피공탁자를 "망인의 재산상속인"이라 기재하여 보상금을 공탁한 경우의 공탁금출급청구방법

공동상속인들이 상속토지를 공동상속인 중의 1인의 단독 소유로 하기로 상속재산을 협의분할한 후 상속등기를 하기 전에 기업자가 그 상속토지를 수용하고 보상금을 "망인의 재산상속인" 앞으로 공탁한 경우 위 협의분할에 의하여 상속토지는 상속이 개시된 때에 한하여 소급하여 위 공동상속인 중의 1인의 단독소유로 되었다고 할 것이므로 위 공동상속인 중의 1인은 상속을 증명하는 서면(제적등본, 가족관계증명서 등)과 협의분할증명서면(그 후 협의분할에 의한 상속등기가 경료된 경우에는 그 등기가 수용등기로 인하여 직권말소되었는가에 관계없이 등기부등본 및 등기필증, 협의분할에 의한 상속등기가 되지 아니한 경우에는 상속인 전원의 인감증명서가 첨부된 상속재산분할협의서)를 첨부하여 단독으로 공탁금출급청구를 할 수 있다(1995. 4. 12. 법정 3302-1191).

(2) 전부채권자인 경우에는 전부명령정본 및 확정증명서를, 양수인인 경우에는 양도증서 등 양도사실을 증명하는 서면을 출급청구권증명서와 함께 첨부한다.

2. 공탁물 회수청구시 첨부서면

가. 공 탁 서

(1) 원 칙

공탁물을 회수하려고 하는 사람은 공탁물회수청구서에 공탁서를 첨부하여야 한다(공탁규칙 32조 1호).

(2) 공탁서를 첨부하지 않아도 되는 경우(공탁규칙 32조 1호)

양수인의 경우에는 양도증서 등 양도사실증명서면을 출급청구서와 함께 첨부한다.

(가) 공탁금액이 5,000만원 이하인 경우

회수청구하는 공탁금액이 5,000만원(유가증권의 총 액면금액이 5,000만원 이하인 경우 포함) 이하인 경우에는 공탁서를 첨부하지 않아도 된다.
다만, 청구인이 관공서이거나 법인 아닌 사단이나 재단인 때에는 그 금액이 1,000만원 이하인 경우이다.

(나) 이해관계인의 승낙서를 첨부한 경우

공탁자가 이해관계인인 피공탁자의 승낙서를 첨부한 경우 공탁서를 첨부하지 않아도 된다. 승낙서에는 공탁서 첨부 없는 공탁자의 회수청구서에 대한 승낙의 취지를 기재하고 피공탁자의 인감증명서를 첨부하여야 한다.

(다) 강제집행이나 체납처분에 의하는 경우

① 공탁물 회수청구권에 대한 강제집행에 의하여 추심명령 또는 전부명령을 얻은 추심채권자 또는 전부채권자가 공탁물을 회수청구하는 경우에는 공탁서를 첨부하지 않아도 된다.
집행채무자인 공탁자로부터 공탁서를 교부받은 것을 기대하기 어렵기 때문이다.

② 공탁물 회수청구권에 대하여 체납처분에 의한 압류를 한 세무서장 등이

회수청구하는 경우에도 강제집행에 의하는 경우와 마찬가지로 공탁서를 첨부하지 않아도 된다.

(라) 공탁서 보관사실 증명서면을 첨부한 경우

제3채무자가 압류 또는 가압류와 관련된 금전채권액 전액을 집행공탁한 경우 압류 또는 가압류의 효력이 미치지 않는 부분에 대하여는 회수청구할 수 있다. 이 경우 이미 공탁사유신고시에 공탁서가 압류명령을 발한 법원이나 가압류발령 법원에 제출되었으므로 공탁자인 제3채무자는 그 법원으로부터 공탁서를 보관하고 있다는 사실을 증명하는 서면을 교부받아 공탁금회수청구서에 첨부하여야 한다(행정예규 1018호).

[서식 29] 공탁서보관사실증명신청서

공탁서보관사실증명신청서

사　　건　OO지방법원 2000타기 OOO호 배당사건
　　　　　(또는 2000카합 OOO호 채권가압류신청사건)
공탁사건　OO지방법원 2000년 금제OOO호
공 탁 금　금 80,000,000원
공 탁 자　홍　길　동
공탁연월일　2000. O. O.

위 공탁금은 OO지방법원 2000타채 OOO호 채권압류(또는 2000카합 OOO호 채권가압류)명령에 의하여 제3채무자로서 공탁사유신고를 할 때에 위 공탁서를 첨부하여 제출하였으나 공탁한 금원 중 압류(가압류)가 미치지 아니하는 부분의 공탁금을 회수하는데 필요하오니 별첨 사본과 같은 공탁서를 귀원에서 보관하고 있는 사실을 증명하여 주시기 바랍니다.

첨　부　서　류

1. 공탁서 사본　1통

2000.　O.　.

신청인　O　O　O　(인)

O O 지 방 법 원　　귀 중

위 사실을 증명합니다.

2000.　O.　O.

법원사무관　O　O　O　(인)

[주] 1. 채권압류명령에 의하여 사유신고를 한 경우라면 배당사건으로 접수를 하였으므로 배당법원에서 채권가압류명령사건에 의하여 사유신고를 한 사건이라면 가압류법원에 각 증명신청을 한다.
2. 증명신청서에는 2통을 제출한다.
3. 신청서에는 1통당 500원의 인지를 붙인다.

나. 회수청구권을 갖는 것을 증명하는 서면

공탁물을 회수하려는 사람은 회수청구권을 갖는 것을 증명하는 서면을 첨부하여야 한다. 그러나 공탁서의 내용으로 그 사실이 명백한 경우에는 그러하지 아니하다(공탁규칙 32조 2호).

공탁물 회수청구권에 대한 압류 및 전부명령을 받은 자라도 원래의 공탁물 회수청구권자의 지위를 넘어서 공탁물을 회수할 수 없으므로 공탁물회수청구시 회수청구권을 갖는 것을 증명하는 서면을 첨부하여야 한다(대결 1973. 12. 22. 73마360).

(1) 민법 제489조에 따른 회수

(가) 민법 제489조에 따른 변제공탁물을 회수하는 경우에는 공탁서의 기재 그 자체에 의하여 회수청구권이 있음이 명백하므로 회수할 수 없는 특별한 사정이 없는 한 공탁자는 공탁물을 회수할 수 있으므로 회수청구권을 증명하는 서면을 첨부할 필요가 없다.

피공탁자는 공탁자의 회수를 저지하기 위하여 공탁을 수락한다는 취지를 기재한 서면 또는 공탁의 유효를 선고한 확정판결의 등본을 제출할 수 있으며(공탁규칙 49조), 공탁자는 공탁으로 인하여 질권·전세권·저당권이 소멸하는 때에는 그 소멸하는 권리를 공탁서에 기재하도록 되어 있으므로(공탁규칙 20조 2항 6호), 공탁관은 민법 제489조의 회수요건 충족 여부를 공탁기록에 의하여 판단할 수 있기 때문이다.

(나) 변제공탁의 조건으로 한 반대급부는 피공탁자의 공탁물 출급청구권 행사에 제한사유가 될 뿐 공탁자가 공탁금을 회수하는 경우에는 공탁관의 지급제한사유가 될 수 없다(공탁선례 2-333).

다만, 토지수용보상금의 공탁은 공익사업토지보상법 제42조에 따라 간접적으로 강제되는 것이므로 자발적으로 이루어지는 것이 아니므로, 민법 제489조의 적용이 배제되어 민법 제489조에 따른 공탁금회수청구는 인정되지 않는다.

(2) 착오공탁으로 인한 회수

(가) 공탁이 공탁함으로써 필요한 유효요건을 갖추고 있지 않아 무효이면 공탁자는 착오를 원인으로 하여 공탁물 회수를 할 수 있다. 이 경우 착오사실 증명서면을 첨부하여 한다.

착오로 공탁한 경우의 예로 다음과 같은 것을 들 수 있다. ① "갑" 명의로 공탁하여야 할 것을 "을" 명의로 공탁한 경우, ② 변제의 목적물이 아닌 것을 공탁한 경우, ③ 차용금 변제를 위한 변제공탁을 하였으나 애초부터 차용금 채무가 없었던 경우, ④ 선행 채권양도의 효력에 대하여 다툼이 없어 채권자불확지 변제공탁을 한 만한 사정이 없음에도 후행 채권가압류가 있어 혼합공탁을 한 경우, ⑤ 변제공탁의 관할 공탁소가 아닌 곳에 공탁한 경우, ⑥ 변제공탁의 피공탁자가 될 수 없는 가압류권자를 피공탁자에 포함하여 '가압류채무자 또는 가압류채권자'를 피공탁자로 하는 상대적 불확지공탁을 한 경우, ⑦ 법원의 담보제공명령도 없이 임의도 담보공탁을 한 경우, ⑧ 가압류해방공탁을 하였으나 공탁금액이 가압류명령에서 정한 해방금액 전부가 아니라 그 일부에 불과한 경우 등이다.

(나) 착오사실 증명서면 해당 여부는 구체적으로 각 경우에 따라 결정할 수밖에 없다. 예를 들면, ① 공탁이 무효인 것이 재판으로 확정되었다면 그 재판서, 채권양도를 하였음에도 불구하고 종전 채권자인 양도인을 피공탁자로 한 경우에는 채권양도통지서, 채무이행지 외에서 공탁한 경우에는 채권증서와 채권자의 주민등록표등본 등이 착오사실을 증명하는 서면이 된다. ② 집행법원이 집행공탁금의 배당을 실시하기 전에 공탁자가 집행공탁의 원인이 없음에도 착오로 집행공탁을 한 것임을 이유로 공탁사유신고를 철회하고 집행법원이 공탁사유신고 불수리결정을 하였다면, 공탁자는 공탁사유신고 불수리결정을 첨부하여 공탁금회수청구를 할 수 있다(대결 1999. 1. 8. 98마363).

(3) 공탁원인 소멸로 인한 회수

공탁 후 공탁원인이 소멸하면 공탁자는 공탁원인 소멸 증명서면을 회수청구권 입증서면으로 첨부하여 공탁물을 회수할 수 있다.

(가) 변제공탁의 경우

① 당사자 간의 협의로 채권자의 승낙에 의한 공탁물회수시 채권자의 승낙서(인감증명서 첨부), 채권자가 채권을 포기한 경우 채권포기 증명서면(인감증명서 첨부)이 공탁원인소멸 증명서면이 된다.

② 토지수용금 공탁이 부적법하여 토지수용재결의 효력이 상실되었다는 판결이 확정된 경우 사업시행자는 위 확정판결을 첨부하여 공탁금회수청구를 할 수 있다. 이 때 사업시행자 명의의 소유권이전등기가 말소된 수용대상토지의 등기사항증명서를 첨부할 필요는 없다(공탁선례 2-247).

(나) 재판상 담보(보증)공탁의 경우

① 담보취소결정정본과 확정증명서가 공탁원인소멸 증명서면이 된다.
보전명령이 일단 발해졌다면 보전명령이 집행되지 않은 채 집행기간이 도과되거나 목적물의 부존재로 집행불능이 되었다 하더라도 집행미착수증명이나 집행불능증명은 공탁원인 소멸증명서면이 될 수 없고, 이 경우에도 담보취소결정정본과 확정증명서가 있어야 한다.

② 다만, 보전명령신청이 각하되거나 보전명령 이전에 보전명령신청을 취하한 경우에는 각하결정정본이나 '결정전 취하증명서'가 공탁원인 소멸증명서면이 된다.

③ 법원의 담보물변경결정(민소법 126조)에 의하여 새로 공탁하고 종전의 공탁물을 회수하는 경우에는 담보물변경결정정본이 공탁원인 소멸증명서면이 된다. 이 경우 구 공탁의 원본, 담보물변경결정정본 및 그 결정에 따라 새로운 공탁을 한 공탁서 사본(같은 공탁소일 경우에는 공탁물회수청구서의 비고란에 공탁소 보관 공탁서를 원용한다는 취지를 기재하면 된다)을 첨부하면 된다.

④ 영업보증공탁은 종류에 따라 공탁원인 소멸사유가 일정하지 않으나, 공탁원인 소멸을 입증하는 서면은 대부분 감독관청의 승인서가 된다(예 : 여신전문금융업법 25조 4항의 금융위원회 승인서)
또한, 대공탁금의 회수청구권자는 감독관청의 승인은 있으나 공탁서 원본이 없다면 보증지급의 방법으로 영업보증공탁의 변형물인 대공탁금을 회수할 수 있다. 부속공탁금은 공탁원인 소멸과 무관하므로 감독관청의

승인서의 첨부를 요건으로 하지는 않고 기본공탁의 법정과실이므로 원칙적으로 영업보증공탁의 회수청구권자가 청구권을 가진다(공탁선례 2-270).

(다) 집행공탁의 경우

민사집행법 제130조 제3항에 따라 매각허가결정에 대한 항고시 보증으로 공탁한 현금 또는 유가증권을 공탁자가 공탁사유소멸을 이유로 회수하는 경우에는 공탁서와 항고인용의 재판이 확정되었음을 증명하는 서면 또는 해당 보증금이 배당할 금액에 포함될 필요가 없게 되었음을 증명하면 서면(집행법원의 법원사무관 등이 발급한 것에 한한다)을 첨부하여 공탁물 회수청구를 할 수 있다(행정예규 145호).

(라) 몰취공탁의 경우

민사소송법 제299조 제2항의 몰취공탁의 경우에는 공탁금반환결정정본을, 상업등기법 제41조의 몰취공탁의 경우에는 상업등기규칙 제82조 제1항에 의하여 등기관이 교부한 공탁원인 소멸증명서를 첨부하여 공탁금 회수청구를 할 수 있다.

다. 인감증명서

(1) 회수청구와 인감증명서를 첨부하는 경우

(가) 공탁서와 공탁물회수청구서에 날인한 공탁자 또는 법정대리인 등의 인영이 틀린 경우

(나) 공탁서와 회수청구위임장에 날인한 공탁자 또는 법정대리인 등의 인영이 틀린 경우

(다) 공탁위임장과 공탁물회수청구서에 날인한 공탁자 또는 법정대리인의 인영이 틀린 경우

(라) 공탁위임장과 회수청구위임장에 날인한 공탁자 또는 법정대리인 등의 인영이 틀린 경우 : 공탁물회수청구서 또는 회수청구위임장에 공탁자 또는 법정대리인 등의 인감으로 날인하고 공탁자 또는 법정대리인 등의 인감

증명서를 제출하여야 한다.

☞ 전임대표이사나 지배인이 공탁한 경우 같은 인장으로 후임 대표이사나 지배인이 회수하는 경우 후임자의 인감증명서를 제출해야 한다(선례).

(2) 인감증명서를 제출하지 않아도 되는 경우(공탁규칙 37조 3항).

(가) 본인이나 법정대리인 등이 공탁금을 직접 회수청구하는 경우로서 그 금액이 1,000만원 이하인 경우(공탁물 출급청구시 첨부서면 참조)

(나) 공탁물 회수청구서가 관공서인 경우

라. 자격증명서, 주소 등 연결서면, 승계사실증명서면 등

앞에서 설명한 출급청구시 첨부서면 참조.

3. 첨부서면의 생략

같은 사람이 동시에 법원에 여러 건의 공탁물 지급청구를 하는 경우에 첨부서면의 내용이 같은 때에는 그 중 1건의 청구서에 1통만을 첨부하면 된다. 이 경우에 다른 청구서에는 그 뜻을 기재하여야 한다(공탁규칙 38조 1항, 22조). 다른 청구서의 비고란에 "법인등기사항증명서는 20OO년 금 제OOO호 공탁물회수청구서에 첨부한 것을 원용함"이라고 기재하면 된다.

제 4 절 공탁관의 심사 및 공탁물 지급

1. 공탁관의 심사 및 인가

가. 심 사

(1) 공탁물의 지급청구를 받은 공탁관은 그 청구서와 첨부서면에 의하여 당해 청구가 적법한 지 여부를 심사한다.

이 경우 심사범위는 청구서가 소정의 서식과 기재사항에 의해서 적법하게 작성되었는가, 첨부서류는 완비되었는가, 청구서와 첨부서류가 상호 부합하는가 등 형식적인 면뿐만 아니라, 청구서의 청구사유 기재와 첨부서류의 기재내용으로 보아 해당 청구자가 실체상 청구권이 있는 자인가, 반대급부 조건부 변제공탁에 있어서는 그 조건이 이행되었는가 등 실체적인 면에서도 미친다. 마지막으로 공탁소에 보관되어 있는 당해 공탁기록과 대조하여 압류·양도 여부 등의 부처분이나 지급제한 또는 소멸시효 완성 여부 등을 확인한다.

(2) 심사방법은 공탁법규가 규정하는 청구서와 첨부서면만에 의하여 심사하는 형식적 심사주의에 의한다. 따라서 공탁관은 청구의 기초가 되는 실체적 법률관계의 존부나 제출된 서류에 대한 내용의 진부에 대한 실질심사를 할 수 없기 때문에, 이를 위한 증인신문·검증 등 증거조사를 할 수 없음을 물론 새로운 자료의 제출도 요구할 수 없다.

나. 인가 또는 불수리결정

(1) 인 가

공탁관은 심사결과 공탁물의 출급 또는 회수청구가 이유 있다고 인정할 때에는 청구서에 인가의 뜻을 적어 기명날인하고 전산등록을 한 다음 청구서 1통을 청구인에게 내주고, 공탁물보관자에게는 그 내용을 전송하여야 한다. 이 경우 공탁관은 청구서 말미에 청구인으로부터 청구서 수령인을 받아야 한다(공탁규칙 39조).

(가) 일부지급과 인가

① 공탁물의 일부지급을 인가하는 경우에는 공탁관은 청구인이 제출한 공탁통지서나 공탁서에 지급을 인가한 공탁물의 내용을 기재하고 기명날인한 후 청구인에게 반환하여야 하며, 또한 출급·회수청구서의 여백에 공탁통지서나 공탁서를 반환한 취지를 기재하고 영수인을 받아야 한다(공탁규칙 42조).

② 변제공탁에 있어서 피공탁자의 지정과 그 소명은 전적으로 공탁자의 행

위에 의존할 수밖에 없는 것으로 형식적심사권만을 가지는 공탁관으로서는 공탁서 및 첨부서류를 심사하여 그 수리여부를 결정하는 것이고, 공탁금 출급청구에 있어서 공탁서에 피공탁자의 대표자로 기재된 직무대행자가 공탁금출급청구에 필요한 서류를 갖추어 공탁금을 출급청구하는 경우 그 직무집행대행자가 공탁 후에 그 지위를 상실하였다 하더라도 출급청구시 대표자의 자격을 증명하는 서류가 제출된 이상 형식적 심사권의 범위 내에서 인가여부를 결정하는 공탁관으로서는 출급청구를 인가할 수밖에 없다.

(나) 불수리결정

공탁관이 출급·회수의 청구를 불수리결정을 한 경우 공탁관은 신청인에게 불수리결정등본을 교부하거나 배달증명우편으로 송달하여야 한다(행정예규 1013호 3조).

공탁관이 불수리결정을 한 때에는 불수리결정원본과 공탁서, 또는 공탁물 출급·회수청구서(각 2부) 그 밖의 첨부서류는 공탁기록에 철하여 보관한다. 다만 첨부서류에 대하여 신청인 등이 반환을 청구한 경우에는 공탁관은 해당 첨부서류의 복사본과 신청인 등에게 받은 영수증을 공탁기록에 철하고 첨부서류 원본을 반환한다(행정예규 1013호 5조).

공탁관의 불수리처분에 대하여 불복하는 자는 관할법원에 이의신청을 할 수 있으며, 이 경우의 이의신청은 공탁소에 이의신청서를 제출하는 방법으로 하여야 한다(공탁법 12조).

다. 각종 부기문의 기재

공탁서와 청구서 등에 적을 부기문은 그 서면의 여백에 적을 수 있다. 그러나 다른 용지에 적을 때에는 직인으로써 찍어야 한다. 위 서면 중 1통을 제출자나 공탁물보관자에게 내주는 때에는 두 서면에 직인으로써 계인을 찍어야 한다(공탁규칙 36조).

[서식 30] 등록오기정정(신청)서

[별표 3]

동록오기정정(신청)서

<table>
<tr><td>등록오기공탁소</td><td colspan="3"></td></tr>
<tr><td>등록오기발견일</td><td></td><td>등록오기정정(신청)일</td><td></td></tr>
<tr><td colspan="4">※ 등록오기내용
1. 전산등록일
2. 공탁사건표시
3. 전산등록업무항목 및 화면종류
4. 정정 전
5. 정정 후
6. 정정 사유</td></tr>
<tr><td colspan="4">위와 같이 등록오기정정을 신청합니다.
20 년 월 일
OO지방법원 OO지원
공탁관 O O O</td></tr>
<tr><td colspan="4">1. 등록오기정정 시 파생문제 :
1. 등록오기정정서에 대한 의견 :
1. 등록오기정정일 :
법 원 행 정 처
사법등기심의관 O O O</td></tr>
</table>

2. 공탁물의 지급

가. 공탁물보관자의 공탁물 지급

공탁물보관자는 출급·회수가 있을 때에는 공탁관이 전송한 내용과 대조하여 청구한 공탁물과 그 이자 또는 이표를 청구인에게 지급하고 그 청구서에 수령인을 받는다(공탁규칙 45조).

공탁물보관자는 위와 같이 공탁물을 지급한 후에 지급사실을 공탁관에게 전송한다. 다만, 물품공탁의 경우 지급결과통지서를 지급한 내용을 적어 공탁관에게 보낸다(공탁규칙 46조).

나. 공탁물 지급의 효과

(1) 공탁물 지급으로 공탁관계는 종료된다. 따라서 일단 공탁관의 공탁금 출급인가처분이 있고 그에 따라 공탁금이 출급되었다면 설사 이를 출급받은 자가 진정한 출급청구권자가 아니라 하더라도 공탁사무를 관장하는 국가를 상대로 하여 민사소송으로 그 공탁금의 지급을 구할 수는 없다(대법원 1992. 7. 28. 92다13011, 1993. 7. 13. 91다39429 등 참조).

(2) 공탁금 회수청구에 대한 인가처분으로 공탁금이 이미 공탁금 보관은행에서 지급된 경우에는 설령 그 인가처분이 제3자의 부정출급행위에 의한 것이라 하더라도 공탁관계는 이미 종료되어 해당 공탁관은 더 이상 어떤 처분을 할 수 없다(공탁선례 2-91).

다. 인가받은 공탁금 출급·회수청구서를 분실한 경우

(1) 인가받은 공탁물 지급청구서를 분실한 경우의 구체적인 공탁금 지급절차에 관하여는 대법원 행정예규 949조에 규정되어 있다.

(2) 인가받은 공탁물 지급청구서를 분실한 청구인이 공탁물을 지급받고자 하는 경우 청구인은 공탁사무 문서양식에 관한 예규(행정예규 1235호) 제16-2호 양식의 사실증명신청서 2통을 공탁관에게 제출하여야 하는데, 사실증명서에는 공탁물 지급청구에 대하여 인가한 사실이 있는지 여부에 대한 증명을 청구한다는 취지를 명확히 기재하고 공탁물 지급청구서 사본 및 청구

인의 신분증 사본을 첨부하여야 하며, 공탁규칙 14조 1항·2항에 따라 청구인이 간인하여야 한다. 공탁관은 위 신청이 이유 있다고 인정하는 경우에는 접수한 사실증명신청서의 아래에 그 신청사실을 증명하는 뜻을 적고 기명날인하며 첨부된 공탁물 지급청구서 사본과의 사이에 간인을 하고, 사실증명서 2통 중 1통을 영수증을 받고 청구인에게 내주고 나머지 1통은 공탁기록에 편철하여 보관하여야 한다.

제 5 절 승낙지급·보증지급

1. 승낙지급

- 공탁통지서를 공탁물 출급청구서에 첨부할 수 없는 경우 공탁물 출급청구자는 공탁물 출급청구에 대하여 이해관계를 갖고 있는 자의 승낙서를 첨부하여 출급청구할 수 있다(공탁규칙 33조 1호). 공탁서를 공탁물 회수청구서에 첨부할 수 없는 경우에도 마찬가지이다(공탁규칙 34조 1호).
  이와 같이 본래 첨부하여야 할 공탁통지서 또는 공탁서 대신 이해관계인의 승낙서를 첨부하여 출급 또는 회수하는 것을 승낙지급이라고 한다.
- 승낙서에는 작성자인 이해관계인의 인감을 날인하고 인감증명서를 첨부하여야 한다.

2. 보증지급

- 공탁물 출급·회수청구서에 공탁규칙 제33조 제1호 또는 제34조 제1호에 규정한 서류(공탁통지서, 공탁서)를 제출할 수 없는 경우에 공탁관이 인정하는 2명 이상이 연대하여 그 사건에 관하여 손해가 생기는 때에는 이를 배상한다는 보증에 의해 공탁물을 지급하는 것을 보증지급이라고 한다(공탁규칙 41조 1항).

- 보증지급은 공탁통지서나 주소가 주소증명서면(또는 인감증명서)상의 주소와 불일치하는 경우 동일인임을 입증하는 데까지 확대하여 적용할 수는 없다(공탁선례 2-50). 공탁출급청구권을 갖는 것을 증명하는 서면인 소유권 입증서류를 보증서로 갈음할 수도 있다(공탁선례 2-93).
- 보증지급절차에 의할 때에는 그 서류를 첨부한다는 뜻을 공탁물 출급·회수청구서에 기재하여야 하며(공탁규칙 32조 2항 7호), 공탁관이 인정하는 2명 이상이 연대하여 그 사건에 관하여 손해가 생기는 때에는 이를 배상한다는 자필서명한 보증서와 그 재산증명서(등기사항증명서 등), 및 신분증 사본을 첨부하여 제출하여야 한다(공탁규칙 41조 1항).

보증지급 청구인이 관공서인 경우에는 청구하는 공무원의 공탁금 출급·회수 용도의 재직증명서를 보증서 대신 제출할 수 있고(공탁규칙 41조 2항), 출급·회수청구를 변호사나 법무사 등 자격자대리인이 대리하는 경우에는 보증서 대신 손해가 생기는 때에는 이를 배상한다는 내용을 기재하고 자격자대리인이 기명날인한 자격자대리인 명의의 보증서를 작성하여 제출할 수 있다(공탁규칙 41조 3항). 한편 재직증명서 또는 자격자대리인 명의의 보증서를 제출하는 경우에는 재산증명서나 신분증 사본을 제출할 필요가 없다.

[서식 31] 보 증 서

[제10호 양식]

보 증 서

공탁번호	년 금(증·물) 제 호			
공탁금액				
공 탁 자	성 명 (상호, 명칭)		생년월일 (법인등록번호)	
	주 소 (본점, 주사무소)			
피공탁자	성 명 (상호, 명칭)		생년월일 (법인등록번호)	
	주 소 (본점, 주사무소)			

아래 연대보증인들은 위 공탁사건에 대하여 피공탁자(공탁자)가 공탁통지서(공탁서)를 첨부하지 않고 공탁금을 출급(회수)함으로 인하여 손해가 발생한 때에는 수령인과 연대하여 그 손해를 배상할 것을 보증합니다.

년 월 일

수 령 인 : (서명)

연대보증인 : (서명)
주민등록번호 :
주 소 :

연대보증인 : (서명)
주민등록번호 :
주 소 :

※ 1. 첨부서류 : 보증인의 재산증명서(부동산등기사항증명서 등), 신분증사본
2. 출급·회수청구를 자격자대리인(변호사, 법무사 등)이 대리하는 경우 그 대리인이 보증을 할 수 있고, 이때에는 재산증명서나 신분증사본은 첨부하지 않아도 됩니다.

제6절 일괄청구·일부지급·배당 등에 의한 지급

1. 일괄청구

가. 의 의

같은 사람이 여러 건의 공탁에 관하여 공탁물의 출급·회수를 청구하려는 경우 그 사유가 같은 때에는 공탁종류에 따라 하나의 청구서로 할 수 있다(공탁규칙 35조). 이를 일괄청구라 한다. 일괄청구에 관한 구체적인 절차를 "공탁물 출급·회수 일괄청구에 관한 업무처리지침(행정예규 450호)"에 규정되어 있다.

나. 청구절차

일괄청구의 청구서는 출급·회수별, 공탁물별, 청구사유별(공탁수락, 담보권실행, 담보권실행, 배당, 몰취 등)로 작성한다. 청구서는 통상 쓰이는 양식의 공탁사무 문서양식에 관한 예규(행정예규 1253호) 문서양식 중 제8-1호, 제8-2호, 제8-3호 양식을 사용하되, 공탁번호·공탁금액·공탁자·피공탁자란에는 "별지 일괄청구목록과 같음"으로 기재하고 그 내역을 별지 1-1 내지 1-3 양식에 기재하며, 청구내역란에는 "별지 청구내역목록과 같음"으로 기재하고 그 내역을 별지 2-1 내지 2-3 양식에 기재한다.

다. 일괄청구 승인기준

(1) 공탁관은 일괄청구요건을 갖추고 있는지를 구체적으로 심사하여 인가 여부를 결정한다. 일괄청구가 가능하기 위하여는 청구인이 동일인이어야 하고 출급 또는 회수청구사유가 같아야 하며 공탁물이 같은 종류이어야 한다.

(2) 유가증권을 공탁한 후 증권의 일부를 대공탁 및 부속공탁을 하였을 때에는 이에 대한 출급 또는 회수청구서는 대공탁 및 부속공탁을 기본공탁에 포함시켜 공탁종류(유가증권 또는 금전별)에 따라 각각 1건의 청구서로 작성할 수 있다(행정예규 954호).

그러나 ① 일부 지급 또는 분할 지급을 요하는 것이 있는 때, ② 사안이 복잡하여 즉시 처리가 곤란한 것이 있는 때, ③ 청구이유가 없어 불수리처분을 할 것이 있는 때, ④ 기타 일괄청구에 적합하지 않다고 인정되는 것이 있는 때에는 일괄청구를 허용하지 아니한다.

2. 일부지급

- 일부지급이란 1건의 공탁물 중 일부만 지급하는 것으로 다음과 같은 사례를 들 수 있다.
  ① 공탁물 일부에 대하여 공탁원인이 소멸하여 그 부분에 대하여 회수청구하는 경우, ② 공탁물 일부에 대하여 착오사유가 있어 그 부분에 대하여 회수청구하는 경우, ③ 공탁물 일부를 담보물변경하기 위하여 그 부분에 대하여 회수청구하는 경우, ④ 공탁물 일부에 대하여 담보권실행으로써 출급청구하는 경우, ⑤ 공탁물 일부에 대하여 압류 및 전부명령이 있어 그 부분에 대하여 출급 또는 회수청구하는 경우, ⑥ 공탁물 일부에 대한 채권양도가 있어 그 부분에 대하여 양수인이 출급 또는 회수청구하는 경우, ⑦ 변제공탁금에 대한 채권자인 공유자 중의 1인의 지분에 기하여 출급청구하는 경우, ⑧ 공탁물 일부에 대하여 배당에 의한 지급위탁이 있어 그 부분에 대하여 출급 또는 회수청구하는 경우 등이다.
- 청구서는 통상의 공탁물 출급·회수청구서를 사용하되 "청구내역"란에는 실제로 청구하는 공탁물을 표시한다. 일부 지급청구의 첨부서류도 통상의 경우와 같으나 공탁물의 일부에 대한 지급위탁에 의하여 일부지급을 청구하는 경우에는 공탁규칙 제43조에 따른다.

3. 배당 등에 의한 지급

- 배당이나 그 밖에 관공서의 결정에 의하여 공탁물을 지급하는 것을 배당 등에 의한 지급이라고 한다.
- 배당 등에 의한 공탁물의 지급을 받고자 하는 때에는 증명서를 첨부하여 공탁규칙 제32조에 따라 출급·회수청구를 하여야 한다(공탁규칙 43조 2항).

배당 등에 의한 지급을 청구하는 경우에 공탁규칙 43조 2항은 33조, 34조에 대한 특칙이므로 공탁서나 공탁통지서 또는 출급·회수청구권 증명서면은 첨부할 필요가 없다. 그러나 공탁규칙 37조와 공탁규칙 21조 1항·2항 및 22조를 준용하는 공탁규칙 38조 1항은 적용되므로 인감증명서와 자격증명서(법인 아닌 사단 또는 재단인 경우에는 정관 그 밖의 규약 포함)도 첨부하여야 한다. 다만 배당이나 그 밖에 관공서의 지급위탁에 의하여 1,000만 원 이하의 공탁금을 지급받을 사람 본인이나 법정대리인 등 공탁규칙 37조 2항의 사람이 공탁규칙 43조 1항의 증명서를 첨부하여 직접 공탁물의 출급청구를 하는 경우에는 인감증명서를 제출하지 않아도 된다(공탁규칙 37조 3항 1호).

- 배당이의 소송을 제기당한 채권자가 그 판결확정 후 경정된 배당표에 따라 갖게 되는 공탁금 출급청구권에 대하여 압류·전부명령을 받은 자가 전부받은 그 공탁금 출급청구권을 행사함에 있어서도 역시 공탁규칙 43조가 정하는 절차에 따라야 한다(대결 2000. 3. 2. 99마6289).

[서식 32] 지급위탁서

[제11호 양식]

지 급 위 탁 서

<table>
<tr><td colspan="5">법원 지원 공탁관 귀하</td></tr>
<tr><td colspan="2">공 탁 번 호</td><td>년 금 제 호</td><td>공 탁 금 액</td><td>금 일천만원
금 10,000,000원</td></tr>
<tr><td rowspan="2">공
탁
자</td><td>성 명
(상호, 명칭)</td><td colspan="3">O O O</td></tr>
<tr><td>주 소
(본점, 주사무소)</td><td colspan="3">OO시 OO구 OO로 OO(OO동)</td></tr>
<tr><td rowspan="3">수
령
인</td><td>성 명
(상호, 명칭)</td><td colspan="3">주식회사 OOOO</td></tr>
<tr><td>주 소
(본점, 주사무소)</td><td colspan="3">OO시 OO구 OO로 OO(OO동)</td></tr>
<tr><td>주민등록번호
(사업자등록번호)</td><td colspan="3">000000-0000000</td></tr>
<tr><td colspan="2">지 급 액</td><td colspan="3">(1) 금 육백만원
(2) 금 6,000,000원</td></tr>
<tr><td colspan="2">지 급 내 역</td><td colspan="3">20OO타기 OOO 배당절차에 의한 분할 출급</td></tr>
<tr><td colspan="5">공탁금을 위와 같이 지급 의뢰합니다.

년 월 일

법원 지원 (인)</td></tr>
</table>

[서식 33] 증 명 서

[제12호 양식]

증 명 서

<table>
<tr><td colspan="2">공 탁 번 호</td><td>년 금 제 호</td><td>공 탁 금 액</td><td>금 10,000,000원
(일천만원)</td></tr>
<tr><td colspan="2">수령할 공탁금액</td><td colspan="3">금 500,000원(오십만원)</td></tr>
<tr><td rowspan="3">수
령
인</td><td>성 명
(상호, 명칭)</td><td colspan="3">O O O</td></tr>
<tr><td>주 소
(본점, 주사무소)</td><td colspan="3">OO시 OO구 OO로 OO(OO동)</td></tr>
<tr><td>주민등록번호
(사업자등록번호)</td><td colspan="3">000000-0000000</td></tr>
<tr><td colspan="5">위 수령인이 위의 수령할 공탁금액에 대한 수령권자임을 증명합니다.

년 월 일

법원 지원 (인)</td></tr>
</table>

제 7 절 이자·이표 지급절차

1. 공탁금의 이자 지급절차

가. 공탁금의 이자

공탁금에는 대법원규칙이 정한 이자를 붙일 수 있고(공탁법 6조), 공탁금의 이자에 관하여는 "공탁금의 이자에 관한 규칙"에서 정하는 바에 따른다(공탁규칙 51조). 2020. 7. 1. 현재 공탁금의 이율은 연 1천분의 1이다(공탁이자규칙 2조). 공탁시와 지급시 사이에 이율이 변경된 경우에는 공탁시의 이율은 지급시까지 일률적으로 적용하거나 지급시의 이율을 공탁시까지 소급하여 적용하는 것이 아니고, 공탁시부터 이율 변경 전일까지의 변경 전 이율을 적용하고 변경일부터는 변경된 이율을 적용하여 합산한다(공탁선례 2-97).

나. 이자청구권자

(1) 변제공탁의 경우

변제공탁의 경우 공탁금에 대한 이자는 공탁자가 공탁금을 회수하는 때에는 피공탁자가 공탁금을 출급하는 때에는 피공탁자에게 귀속하는 것이 원칙이다.

(2) 담보공탁의 경우

담보공탁의 법정과실에 대하여는 피공탁자의 담보권이 미치지 않는다는 공탁법 제7조 단서의 취지가 공탁물이 금전인 경우에도 적용된다면 담보공탁의 경우 공탁금의 이자는 공탁자에게 귀속된다.

(3) 집행공탁의 경우

집행공탁의 경우에는 압류의 효력이 미치는 공탁금의 이자까지 포함하여 집행채권자에게 배당하여 지급하게 된다.

(4) 당사자의 교체가 있는 경우

공탁금 지급청구권에 대하여 당사자의 교체가 있는 경우에는 원칙적으로 교체일을 기준으로 그 전일까지의 이자는 교체 전 당사자에게, 그 후의 이자는 교체 후 당사자에게 각 귀속한다.

(가) 공탁금 지급청구권에 대한 양도시

양도통지서 도달일 이후의 이자는 양수인에게, 도달전일까지의 이자는 양도인에게 귀속한다.

(나) 공탁금 지급청구권에 대한 전부명령시

전부명령 송달이후의 이자는 전부채권자에게, 송달전일까지의 이자는 공탁당사자에게 귀속한다(공탁선례 2-98).

공탁금 지급청구권에 대한 채권압류 및 추심명령이 있는 때에 그 명령에 공탁금의 이자에 대한 언급이 없을 때에는 추심채권자에게는 압류 전의 공탁금의 이자에 대한 추심권은 없고 그 이자에 대하여 추심권을 행사하려면 별도의 압류 및 추심명령을 받아야 한다(공탁선례 2-99).

다. 이자의 지급시기

공탁금의 이자는 원금과 같이 지급한다. 그러나 공탁금과 이자의 수령자가 다를 때에는 원금을 지급한 후에 이자를 지급할 수 있다(공탁규칙 52조).

라. 이자의 지급절차

(1) 공탁금의 이자는 원금과 같이 지급하는 것이 원칙이기 때문에, 공탁금의 이자는 공탁금출급·회수청구서에 의하여 공탁금보관자가 계산하여 지급한다(공탁규칙 53조 1항).

(2) 이자를 별도로 청구하려는 사람은 공탁금이자청구서 2통을 공탁관에게 제출하여야 한다(공탁규칙 53조 2항). 이 경우에는 공탁규칙 제35조(일괄청구)와 제37조(인감증명서의 제출), 제38조(자격증명서 등의 첨부·첨부서면의 생략), 제39조(출급·회수의 절차), 제45조 및 제46조(공탁물보관자의 처리)를 준용한다(공탁규칙 53조 3항).

2. 공탁유가증권의 이표의 지급

가. 담보공탁

보증금에 대하여 유가증권을 공탁한 경우(담보공탁)에는 공탁자는 그 이자나 배당금을 청구할 수 있다(공탁법 7조 단서).

여기서 "이자나 배당금을 청구할 수 있다"라는 것은 이자나 배당금이라는 금전의 지급을 청구할 수 있다는 의미가 아니고 법률상 본권(本券)과 독립하여 이자나 배당금의 지급청구권을 표창한 유가증권으로서 이표(利票)의 지급을 청구할 수 있다는 의미이다.

또한 이표에는 담보의 효력이 미치지 않고, 이표 지급청구권은 이표의 지급기 도래와 동시에 발생하기 때문에 공탁자는 언제든지 지급기가 도래한 이표의 지급을 청구할 수 있다.

나. (유가증권)변제공탁

(1) 변제공탁에 있어서 공탁법 7조 본문의 해석상 공탁유가증권의 지급 전에 그 이표만 지급을 청구할 수는 없고 단지 공탁소에 대하여 이표의 지급을 받아 그것을 추심한 금전을 본래의 유가증권공탁에 부수하여 보관하여 줄 것을 청구하는 부속공탁만이 허용된다.

(2) 공탁유가증권의 이표를 받으려는 사람은 공탁유가증권 이표청구서 2통을 공탁관에게 제출하여야 한다(공탁규칙 54조 1항). 이 경우에는 공탁규칙 35조(공탁물 출급·회수의 일괄청구)와 37조(인감증명서의 제출), 38조(자격증명서 등의 첨부), 39조(출급·회수의 절차), 45조 및 46조(공탁물보관자의 처리)를 준용한다(공탁규칙 54조 2항).

[서식 34] 공탁금이자청구서

[제14-1호 양식]

공탁금 이자 청구서

공 탁 번 호	년 금 제 호	공 탁 금 액	한글 금 구십만원
			숫자 900,000원

위 공탁금에 대한 20○○년 ○월 ○일부터 20○○년 ○월 ○일까지의 이자를 청구합니다.

20○○ 년 ○ 월 ○ 일

청 구 인	대 리 인
주소 : 주민등록번호 : (사업자등록번호) 성명 : 인(서명) (전화번호 :)	주소 : 성명 : 인(서명) (전화번호 :)

위 청구를 인가합니다.

년 월 일

법원 지원 공탁관 (인)

위 공탁금이자(공탁금 이자청구서 1통)를 수령하였습니다.

년 월 일

수령인(청구인 또는 대리인) 성명 (인)

※ 1. 대리인이 청구하는 경우에는 대리인의 성명, 주소(자격자대리인은 사무소)를 적고 날인(서명)하여야 하며, 본인의 인감을 날인한 위임장과 그 인감증명서를 첨부하여야 합니다.
2. 공탁금이 5,000만원 이하인 사건에 대하여 전자공탁시스템을 이용하여 출급·회수 청구하는 경우에는 인감증명서를 첨부하지 아니하며, 서명은 인증서에 의한 전자서명 방식으로 합니다.
3. 인감을 날인하고 인감증명서를 첨부하여야 하는 경우, 이를 갈음하여 서명을 하고 본인서명사실확인서 또는 전자본인서명확인서 발급증을 제출할 수 있습니다.

[서식 35] 공탁유가증권 이표청구서

[제14-2호 양식]

공탁유가증권 이표 청구서

공탁번호	명 칭	장수	총 액면금	액면금 기호, 번호	청구이표	지급기일	장수
2000년증 제000호	산업금융채권	1매	금 일백만원 1,000,000원	가 001234		2000. 0. 0.	2매

위와 같이 이표의 지급을 청구합니다.

2000 년 0 월 0 일

청 구 인	대 리 인
주소 : 주민등록번호 : (사업자등록번호) 성명 : 인(서명) (전화번호 :)	주소 : 성명 : 인(서명) (전화번호 :)

위 청구를 인가합니다.

년 월 일

법원 지원 공탁관 (인)

공탁유가증권 이표 장 (총액)

위 공탁유가증권 이표(공탁유가증권 이표청구서 1통)를 수령하였습니다.

2000 년 0 월 0 일

수령인(청구인 또는 대리인) 성명 (인)

※ 1. 청구인의 인감증명서를 첨부하여야 합니다. 다만 이표의 총 액면금액이 1,000만원 이하인 경우 본인이 직접 청구하는 때에는 인감증명서를 제출하지 않아도 되며(신분증을 확인) 날인 대신 서명할 수 있습니다.

2. 대리인이 청구하는 경우(1,000만원 이하인 경우 포함) 대리인의 성명, 주소(자격자대리인은 사

무소)를 적고 날인(서명)하여야 하며, 이때에는 본인의 인감을 날인한 위임장과 그 인감증명서를 첨부하여야 합니다.

3. 인감을 날인하고 인감증명서를 첨부하여야 하는 경우, 이를 갈음하여 서명을 하고 본인서명사실확인서 또는 전자본인서명확인서 발급증을 제출할 수 있습니다.

제 8 절 계좌입금에 의한 공탁금 출급·회수절차

1. 개 설

- 공탁금 출급·회수청구인이 공탁금을 자기의 비용으로 자신의 예금계좌에 입금하여 줄 것을 공탁관에게 신청한 경우 공탁금을 신고된 예금계좌에 입금하여 지급하여야 한다.
- 계좌입금을 하려는 사람은 공탁금계좌입금신청서를 공탁관에게 제출하여야 한다.
- 계좌입금에 의한 공탁물 지급절차는 특정 공탁사건에 한하여 적용하는 방식과 신청인과 관련된 해당 법원의 모든 공탁사건에 계속적으로 적용되는 포괄계좌입금 방식으로 나뉜다. 이러한 절차는 종래 시·군법원 공탁소에는 적용되지 아니하였으나, 2012. 12. 17. 공탁규칙 개성으로 40조 5항을 삭제하여 현재는 전국 모든 공탁사건에 대하여 예금계좌로 공탁금을 지급받을 수 있게 되었다.

  한편 2015. 5. 26.부터는 국가·지방자치단체에 한하여 전국 법원의 모든 공탁사건에 계속적으로 적용할 수 있는 전국 공통 포괄계좌입금제도가 도입되었다.
- 계좌입금에 의한 공탁금 출급·회수절차에 관한 구체적인 업무처리는 대법원 행정예규 1045호 "계좌입금에 의한 공탁금 출급·회수절차에 관한 업무처리지침"에 따른다.

계좌입금에 의한 공탁금출급·회수절차에 관한 업무처리지침

2015. 05. 15. 개정 행정예규 제1045호

제1조(목적) 이 규정은 공탁금 출급 또는 회수청구자가 계좌입금에 의한 공탁금 지급을 신청한 경우에 공탁관의 업무처리요령 등에 관하여 필요한 사항을 규정함을 목적으로 한다.

제2조(계좌입금신청)

① 공탁금 계좌입금 신청은 「공탁사무 문서양식에 관한 예규」 제9-1호 양식의 공탁금계좌입금신청서를 공탁관에게 제출함으로써 한다.

② 제1항의 경우에 신청인은 먼저 공탁물 보관은행을 경유하여 이자소득세 원천징수에 필요한 사항을 등록하고 공탁금계좌입금신청서 하단에 등록확인인을 받아야 한다.

③ 입금계좌는 반드시 신청인 명의이어야 한다

제3조(포괄계좌입금신청)

① 공탁금 지급청구자가 포괄계좌입금신청을 하는 경우에는 「공탁사무 문서양식에 관한 예규」 제9-2호 양식의 공탁금 포괄계좌입금신청서를 제출하여야 한다.

② 제1항의 포괄계좌입금신청을 해지하고자 하는 때에는 위 예규 제9-3호 양식의 해지신청서를 제출하여야 한다.

③ 신청한 포괄계좌를 변경하고자 할 때에는 제2항의 해지신청서와 제1항의 포괄계좌입금신청서를 동시에 제출하여야 한다.

④ 공탁관은 포괄계좌입금신청 또는 해지신청이 있는 때에는 별지 제1호 양식의 포괄계좌입금신청자 명부를 전산시스템으로 작성·관리하여야 하고, 신청서(첨부서면 포함)는 스캔하여 전산시스템에 등록한 다음 연도별로 접수순서에 따라 편철하여 다음 해부터 5년간으로 보존하여야 한다.

제3조의2(전국공통 포괄계좌 입금신청)

① 국가·지방자치단체가 전국공통 포괄계좌 입금신청을 하는 경우에는 「공탁사무 문서양식에 관한 예규」 제9-5호 양식의 전국공통 포괄계좌 입금 신청서(국가·지방자치단체용)를 제출하여야 한다.

② 제1항의 전국공통 포괄계좌 입금신청을 해지하고자 하는 때에는 전국공통 포괄계좌 입금신청을 한 공탁소에 위 예규 제9-6호 양식의 해지 신청서(국가·지방자치단체용)를 제출하여야 한다.

③ 신청한 포괄계좌를 변경하고자 할 때에는 제2항의 해지 신청서와 제1항의 전국공통 포괄계좌 입금 신청서를 동시에 제출하여야 한다.

④ 공탁관은 전국공통 포괄계좌 입금신청 또는 해지신청이 있는 때에는 별지 제2호 양식의 전국공통 포괄계좌입금신청자 명부를 전산시스템으로 작성 · 관리하여야 하고, 신청서(첨부서면 포함)는 스캔하여 전산시스템에 등록한 다음 연도별로 접수순서에 따라 편철하여 다음 해부터 5년간 보존하여야 한다.

제4조(공탁관의 처리등)

① 공탁관은 공탁금 출급 또는 회수청구자가 계좌입금신청을 한 경우에는 공탁금 출급·회수청구서를 1통만 제출하도록 한다.

② 계좌입금에 의해 공탁금의 출급·회수를 청구하는 자는 청구서에 계좌입금을 신청한다는 취지와 입금계좌번호 및 실명번호를 기재하고 실명번호의 확인을 위해 주민등록번호(개인)나 사업자등록번호(법인)를 소명할 수 있는 자료를 제출하여야 한다. 다만, 이미 포괄계좌입금신청을 하였을 경우에는 실명번호 확인을 위한 소명자료를 제출하지 아니할 수 있다.

③ 공탁관이 공탁금의 출급·회수청구를 인가한 경우에는 공탁물 보관자에게 출급·회수 인가의 취지와 계좌입금 지시를 전송하고, 청구자에게는 당해 청구서를 교부하지 아니한다.

④ 공탁관은 계좌입금신청인이 출급지시 전에 계좌입금신청을 철회하거나 포괄계좌입금신청을 해지하지 아니하는 한 계좌입금 방식으로 공탁금을 지급하여야 하고, 신청인이나 그 대리인에게 직접 지급하여서는 아니된다.

⑤ 공탁관은 계좌입금 처리결과를 전산시스템으르 확인하여야 한다.

⑥ 삭제(2013. 07. 10. 제970호)

제5조(공탁물 보관자의 처리)

① 공탁관으로부터 계좌입금지시를 받은 공탁물 보관자는 그 처리결과를 공탁관에게 즉시 전송하여야 한다.

② 계좌입금 결과는 정상처리와 처리불능으로 구분하여 통보하며, 처리불능의 경우에는 그 사유를 명시하여야 한다.

③ 삭제(2013. 07. 10. 제970호)

부　　칙(2015. 05. 15. 제1045호)

이 예규는 2015년 5월 26일부터 시행한다.

2. 입금신청서 제출

가. 계좌입금 신청

계좌입금 신청은 특정 공탁사건에서 공탁금을 자신의 예금계좌에 입금하여 줄 것을 신청할 때 이용된다. 즉 해당 예금계좌는 1회만 이용될 뿐이다. 공탁금 지급청구자가 계좌입금 신청을 하는 경우에는 문서양식에 관한 행정예규 1235호 양식 중 제9-1호 양식의 공탁금 계좌입금신청서를 공탁관에게 제출하여야 하는데, 신청인은 먼저 공탁물 보관은행을 경유하여 이자소득세 원천징수에 필요한 사항을 등록하고 공탁금계좌입금신청서 하단에 등록확인인을 받아야 하며, 입금계좌는 반드시 신청인 명의이어야 한다.

나. 포괄계좌입금 신청

(1) 공탁금 지급청구자가 포괄계좌입금신청을 하는 경우에는 공탁사무 문서양식에 관한 예규(행정예규 1235호) 양식 중 제9-2호 양식의 공탁금 포괄계좌입금신청서를 제출하여야 한다.

(2) 포괄계좌입금신청을 해지하고자 하는 때에는 행정예규 1235호 양식 중 제9-2호 양식의 해지신청서를 제출하여야 한다.

다. 공탁관의 처리 등

(1) 공탁관은 공탁금 출급 또는 회수청구자가 계좌입금신청을 한 경우에는 공탁금 출급·회수청구서를 1통만 제출하도록 한다.

계좌입금에 의해 공탁금의 출급·회수를 청구하는 자는 청구서의 비고란에 계좌입금을 신청한다는 취지와 입금계좌번호 및 실명번호를 기재하고 실명번호의 확인을 위해 주민등록번호(개인)나 사업자등록번호(법인)를 소명할 수 있는 자료를 제출하여야 한다.

(2) 공탁관이 공탁금의 출급·회수청구를 인가한 경우에는 공탁물보관자에게 출급·회수 인가의 취지와 계좌입금 지시를 전송하고, 청구자에게는 당해 청구서를 교부하지 아니한다.

(3) 공탁관은 계좌입금 신청인이 출급지시 전에 계좌입금신청을 철회하거나

포괄계좌입금 신청을 해지하지 아니하는 한 포괄계좌로 등록된 계좌에 계좌입금 방식으로 공탁금을 지급하여야 하고, 신청인이나 그 대리인에게 직접 지급하여서는 아니된다.

(4) 전자신청의 방법으로 공탁금 지급청구를 한 경우에도 본인의 예금계좌로 공탁금을 지급받는 방법을 선택하여 계좌입금의 방법으로 공탁금을 지급받을 수 있다.

라. 공탁물보관자의 처리

(1) 공탁관으로부터 계좌입금지시를 받은 공탁물 보관자는 그 처리결과를 공탁관에게 즉시 전송하여야 한다.

(2) 계좌입금 결과는 정상처리와 처리불능으로 구분하여 통보하며, 처리불능의 경우에는 그 사유를 명시하여야 한다.

[서식 36] 공탁금 계좌입금신청서

[제9-1호 양식]

공탁금 계좌 입금 신청서

<table>
<tr><td>공탁번호</td><td></td><td>청구금액</td><td></td></tr>
<tr><td>입금계좌번호</td><td colspan="3">은행 지점 계좌번호 :
예 금 주 : 신청인 본인</td></tr>
<tr><td colspan="2">출 급 (회 수) 인</td><td rowspan="3">첨부서류</td><td rowspan="3">- 실명확인증표 사본
(사업자등록증, 주민등록증 등)

- 대리신청 시 위임장, 인감증명서</td></tr>
<tr><td>성 명
(상호, 명칭)</td><td></td></tr>
<tr><td>주민등록번호
(사업자등록번호)</td><td></td></tr>
<tr><td colspan="4">신청인이 수령할 위 공탁금을 신청인의 비용부담으로 위 예금계좌에 입금하여 주시기 바랍니다.

년 월 일

신청인 주소
성명 (인) (전화번호)

대리인 주소
주민등록번호
성명 (인) (전화번호)

법원 지원 공탁관 귀하

고객정보 등록필 : ○○은행 ○○지점 (인)</td></tr>
</table>

※ 1. 인감을 날인하고 인감증명서를 첨부하여야 하는 경우, 이를 갈음하여 서명을 하고 본인서명사실확인서 또는 전자본인서명확인서 발급증을 제출할 수 있습니다.

2. 실명확인증표가 이동통신단말장치에 암호화된 형태로 설치되는 동 사본화가 적합하지 않는 경우에는 「공탁사무 문서방식에 관한 예규」 별지 제20호 양식의 신분확인서를 첨부하시기 바랍니다.

[서식 37] 공탁금계좌입금신청서(원거리용)

[제9-4호 양식]

공탁금 계좌 입금 신청서(원거리 신청용)

<table>
<tr><td>접수공탁법원</td><td></td><td>접수공탁법원
공탁금
보관은행</td><td></td></tr>
<tr><td>관할공탁법원</td><td></td><td>관할공탁법원
공탁금
보관은행</td><td></td></tr>
<tr><td>관할공탁법원
공탁사건번호</td><td></td><td>청구금액</td><td></td></tr>
<tr><td>입금계좌번호</td><td colspan="3">은행 지점 계좌번호 :
예 금 주 : 신청인 본인</td></tr>
<tr><td colspan="2">출 급 (회 수) 인</td><td rowspan="3">첨부서류</td><td rowspan="3">- 실명확인증표 사본
(사업자등록증, 주민등록증 등)
- 대리신청 시 위임장, 인감증명서</td></tr>
<tr><td>성 명
(상호, 명칭)</td><td></td></tr>
<tr><td>주민등록번호
(사업자등록번호)</td><td></td></tr>
<tr><td colspan="4">신청인이 수령할 위 공탁금을 위 예금계좌에 입금하여 주시기 바랍니다.

년 월 일

신청인 주소
성명 (인) (전화번호)

대리인 주소
주민등록번호
성명 (인) (전화번호)

관할공탁법원: 법원 지원 공탁관 귀하

고객정보 등록필 : ○○은행 ○○지점 (인)</td></tr>
</table>

※ 1. 본 신청서를 접수한 은행은 접수 후 지체 없이 과세정보를 관할공탁소 공탁금보관은행에 송부하시기 바랍니다.

2. 인감을 날인하고 인감증명서를 첨부하여야 하는 경우, 이를 갈음하여 서명을 하고 본인서명사실확인서 또는 전자본인서명확인서 발급증을 제출할 수 있습니다.

3. 실명확인증표가 이동통신단말장치에 암호화된 형태로 설치되는 등 사본화가 적합하지 않는 경우에는 「공탁사무 문서방식에 관한 예규」 별지 제20호 양식의 신분확인서를 첨부하시기 바랍니다.

[서식 38] 공탁금 포괄계좌입금신청서

[제9-2호 양식]

공탁금 포괄계좌 입금 신청서

<table>
<tr><td>입 금 대 상
공 탁 금</td><td colspan="3">향후 신청인이 출급·회수청구자가 되는 귀 원의 공탁금 전부</td></tr>
<tr><td>입금계좌번호</td><td colspan="3">은행 지점 계좌번호 :
예 금 주 : 신청인 본인</td></tr>
<tr><td colspan="2">출 급 (회 수) 인</td><td rowspan="3">첨부서류</td><td rowspan="3">- 실명확인증표 사본
(사업자등록증, 주민등록증 등)

- 대리신청 시 위임장, 인감증명서</td></tr>
<tr><td>성 명
(상호, 명칭)</td><td></td></tr>
<tr><td>주민등록번호
(사업자등록번호)</td><td></td></tr>
</table>

향후 신청인이 출급·회수청구자가 되는 모든 공탁사건에 대하여 동일계좌 입금을 신청하오니, 수령할 공탁금을 신청인의 비용부담으로 위 예금계좌에 입금하여 주시기 바랍니다.

년 월 일

신청인 주소
성명 (인) (전화번호)

대리인 주소
주민등록번호
성명 (인) (전화번호)

법원 지원 공탁관 귀하

고객정보 등록필 : ㅇㅇ은행 ㅇㅇ지점 (인)

※ 1. 인감을 날인하고 인감증명서를 첨부하여야 하는 경우, 이를 갈음하여 서명을 하고 본인서명사실확인서 또는 전자본인서명확인서 발급증을 제출할 수 있습니다.
2. 실명확인증표가 이동통신단말장치에 암호화된 형태로 설치되는 등 사본화가 적합하지 않는 경우에는 「공탁사무 문서방식에 관한 예규」 별지 제20호 양식의 신분확인서를 첨부하시기 바랍니다.

[서식 39] 전국공통 포괄계좌입금신청서

[제9-5호 양식]

전국공통 포괄계좌 입금 신청서(국가·지방자치단체용)

입 금 대 상 공 탁 금	향후 신청인이 출급·회수청구자가 되는 귀 원의 공탁금 전부		
입금계좌번호	은행 지점 계좌번호 : 예 금 주 : 신청인 본인		
출 급 (회 수) 인		첨부서류	- 실명확인증표 사본 (사업자등록증 등) - 대리신청 시 위임장
명 칭			
사업자등록번호			

향후 신청인이 출급·회수청구자가 되는 모든 공탁사건에 대하여 동일계좌 입금을 신청하오니, <u>공탁금 보관은행에서는 위 신청인의 과세정보가 각 보관은행에 공유되도록 처리한 후, 고객정보 등록필에 직인처리 하시기 바랍니다.</u>

년 월 일

신청인 주소

명칭 (인) (전화번호)

대리인 주소

주민등록번호

성명 (인) (전화번호)

법원 지원 공탁관 귀하

고객정보 등록필 : ○○은행 ○○지점 (인)

공탁소의 각 보관은행 과세정보 등록 확인 :

확인 필 ☑, 미등록으로 인한 재처리 요망 ☑

※ 1. 본 신청서를 접수한 은행은 접수 후 지체 없이 전국공통 포괄계좌 등록을 통해 과세정보를 모든 공탁금 보관은행에 송부하시기 바랍니다.

2. 각 보관은행에 과세정보 등록 확인은 공탁소에서 과세정보 확인 후 체크하여야 하며, 전체 또는 일부 보관은행 과세정보 미등록시에는 '미등록으로 인한 재처리 요망'에 체크 후 다시 보관은행에서 재전송 하도록 해야 합니다.

[서식 40] 공탁금 포괄계좌입금 해지신청서

[제9-3호 양식]

공탁금 포괄계좌입금 해지 신청서

예금계좌은행	은행 지점
예금계좌번호	
예 금 주	신청인 본인

본인이 귀원에 신청한 위 계좌에 대한 공탁금 포괄계좌입금신청에 대하여 해지를 신청합니다.

년 월 일

신청인 주소
성명 (인) (전화번호)

대리인 주소
주민등록번호
성명 (인) (전화번호)

법원 지원 공탁관 귀하

고객정보 등록필 : OO은행 OO지점 (인)

※ 인감을 날인하고 인감증명서를 첨부하여야 하는 경우, 이를 갈음하여 서명을 하고 본인서명사실확인서 또는 전자본인서명확인서 발급증을 제출할 수 있습니다.

[서식 41] 전국공통 포괄계좌 해지 신청서

[제9-6호 양식]

전국공통 포괄계좌 해지 신청서(국가·지방자치단체용)

예금계좌은행	은행 지점
예금계좌번호	
예 금 주	신청인 본인

본인이 귀원에 신청한 위 계좌에 대한 전국공통 포괄계좌 입금 신청에 대하여 해지를 신청합니다.

년 월 일

신청인 주소
명칭 (인) (전화번호)
사업자등록번호

대리인 주소
생년월일
성명 (인) (전화번호)

법원 지원 공탁관 귀하

고객정보 등록필 : OO은행 OO지점 (인)

제 4 장 변제공탁

제 1 절 변제공탁의 의의

변제공탁이란 금전 기타 재산의 급부를 목적으로 하는 채무를 부담하는 채무자가 채권자 측에 존재하는 일정한 사유(채권자의 수령거절, 수령불능)로 인하여 변제를 할 수 없거나 채무자의 과실 없이 채권자가 누구인지를 알 수 없어 변제를 할 수 없는 사정이 있는 경우에 채무의 목적물을 공탁함으로서 채무를 면할 수 있도록 하는 제도이다.

변제공탁으로 채무에 대한 이자나 지연손해의 발생을 방지하고 그 채무의 질권, 저당권 등 담보물권이 설정되어 있는 때에는 이를 소멸하게 한다. 즉 공탁을 함으로써 채무자는 채무를 면제하는 점에서 채무자를 구제하는 기능을 말한다.

제 2 절 변제공탁의 신청

1. 관 할

가. 채무이행지의 공탁소(원칙)

- 민법 제488조 제1항의 규정에 의하면 변제공탁은 채무이행지의 공탁소에 하여야 한다. 이 규정은 다른 법률의 규정에 의한 변제공탁에 대하여도 특별한 규정이 없는 한 원칙적으로 유추적용된다.
- 공탁사무는 지방법원 또는 지방법원지원이나 시·군법원의 공탁관이 담당하

므로, 결국 채무이행지의 공탁소라 함은 "각급법원의설치와관할구역에관한 법률"에 의한 채무이행지 관할법원 소재 공탁소를 의미한다. 따라서 우리나라의 경우 채무이행지에 공탁소가 없는 경우란 없다.

다만, 시·군법원은 변제공탁의 경우 해당 시·군법원에 계속중이거나 시·군법원에서 처리한 "소액사건심판법"의 적용을 받는 민사사건과 화해·독촉 및 조정사건에 대한 채무의 이행으로서 하는 경우에만 관할한다(공탁규칙 2조).

• 채무이행지라 함은 채무가 현실적으로 행하여져야 할 장소를 말하는 것으로 1차적으로 당사자의 의사표시 또는 채무의 성질에 의해 정해지나(민법 467조 1항), 법률에서 채무이행지에 관해 특별히 규정하고 있는 경우에는 그 법률의 규정에서 정한 장소가 채무이행지이다.

따라서 매매목적물의 인도와 동시에 매매대금을 지급한 경우 그 매매대금의 채무이행지는 목적물의 인도장소이고(민법 586조), 임치물 반환의 채무이행지는 임치물의 보관장소이다(민법 700조, 상법 156조 2항).

• 또한 민법은 위 기준에 의해 채무이행지를 정할 수 없는 경우를 위하여 보충적인 규정을 두어 특정물 인도채무는 채권이 성립하였을 당시에 그 물건이 있었던 장소를 채무이행지로 보고(민법 467조 1항), 특정물인도 이외의 채무는 지참채무, 즉 채권자의 현주소(영업에 관한 채무는 채권자의 현영업소)를 채무이행지로 보고 있다(민법 467조 2항). 다만, 채권자의 현주소지를 알 수 없는 경우에는 거소지, 거소지도 모를 경우에는 최후주소지가 채무이행지이다(공탁선례 2-103).

• 형사사건의 피고인이 법령 등에 따라 피해자의 인적사항을 알 수 없는 경우에 그 피해자를 위하여 하는 변제공탁(이하 '형사공탁')은 해당 형사사건이 계속중인 법원 소재지의 공탁소에 할 수 있다(개정공탁법 5조의2 1항). 그리고 형사공탁의 특례 제도는 공소가 제기된 피고인에 대해서만 적용되고 수사단계에 있는 피의자에 대해서는 적용되지 않는다.

(1) 어음법상의 변제공탁(어음법 42조, 77조 1항)은 약속어음 발행인(환어음 지급인)의 영업소 또는 주소지 소재 공탁소에 할 수 있고, 토지보상법 제40조 제2항에 따른 수용보상금공탁은 수용 또는 사용하고자 하는 토지 등의 소재지 공탁소에 할 수 있다.

따라서 수용보상금공탁은 수용 또는 사용하고자 하는 토지 등의 소재지 공탁소나 피공탁자 주소지 소재 공탁소 중 어느 한 곳에 공탁이 가능하나, 실무상 수용 또는 사용하고자 하는 토지 등의 소재지 공탁소에 공탁이 이루어지고 있다.

(2) 농어촌정비법에 의한 농업기반 정비사업의 시행에 따른 환지청산금공탁은 민법 제487조의 규정에 의하여 공탁할 수 있다. 이 경우 농어촌정비법에 관할 공탁소에 관한 별도의 규정이 없으므로 민법 제488조 제1항 및 제467조 제2항의 규정에 따라 청산금수령권자 주소지 관할 공탁소에 공탁할 수 있다(공탁선례 2-104).

(3) 파산관재인이 "채무자회생및파산에관한법률" 제528조 제3항에 따라 파산채권자를 위하여 배당액을 변제공탁할 경우에 채무이행자인 파산관재인이 직무를 수행하는 장소를 관할하는 지방법원에 공탁할 수 있다(공탁선례 2-106).

(4) 채권자가 다수일 경우 동일 채무에 대하여 채권자가 2인 이상에 그 채권이 가분채권이면 각 채권자별로 각 채무이행지 공탁소에 함이 원칙이다. 예컨대, 채권자의 사망으로 수인의 상속인에게 법정상속비율에 변제공탁하는 것은 그 채권의 성질이 가분채권이므로 채권자인 상속인들의 주소지가 다를 때에는 특약이 없는 각 채권자의 주소지를 관할하는 공탁소에 상속인별로 나누어서 공탁하여야 하고, 교통사고 등 불법행위로 인하여 피해자가 다수인 경우에는 피해자들에게 손해배상금 등을 공탁하는 경우에도 이와 같다.

그러나 상속인들 및 피해자의 주소가 같은 공탁서 관할이라면 1건의 공탁사건으로 신청할 수 있고, 이 경우 각 채권자별 공탁금액은 공탁서상의 공탁원인사실란 등에 기재한다.

한편 공탁의 목적이 되는 채권이 불가분채권이라면 수인의 채권자 중 1인의 채무이행지 소재 공탁소에 공탁할 수 있다.

(5) 상대적 불확지 변제공탁의 경우에도 피공탁자들의 주소가 서로 달라 채무이행지가 달라지는 경우에는 피공탁자들 중 1인의 채무이행지 소재 공탁소에 공탁할 수 있다. 수용보상금의 절대적 불확지 변제공탁의 경우에는

공익사업토지보상법 제40조 제2항 및 도시개발법 제38조 제5항에 따라 수용 또는 사용하고자 하는 토지 등의 소재지 관할 공탁소에 공탁할 수 있다.

(6) 채권자의 주소가 미수복지구내인 경우에는 재산의 소재지 또는 대법원 소재지를 관할하는 공탁소에 공탁한다.

나. 관할위반 공탁의 효력

토지관할이 없는 공탁소에 한 변제공탁은 설사 수리되었더라도 원칙적으로 무효이다. 따라서 공탁자는 착오에 의한 공탁으로 회수할 수 있으며, 다시 공탁소에 변제공탁을 하여야 한다.

그러나 변제공탁의 토지관할은 피공탁자(채권자)의 이익을 위한 것이므로, 관할위반의 공탁이 절대적으로 무효인 것이 아니고, 피공탁자가 공탁을 수락하거나 공탁물을 출급할 경우 관할위반의 흠집은 치유되어 그 공탁은 처음부터 유효한 공탁이 된다.

다. 변제공탁의 시기

변제공탁의 시기에 관하여는 특별한 규정이 없다. 채권자의 수령거절을 원인으로 한 변제공탁의 경우에는 채무의 내용에 따른 변제제공 후 상당한 기간 내에 공탁하면 될 것이고 채권자의 수령불능 또는 채권자불확지를 공탁원인으로 한 변제공탁의 경우에는 변제기일에 공탁하면 될 것이다.

판례 잔금수령을 거절한 즉시로 변제공탁을 하지 않고 약 1년 후에 변제공탁을 하였다 하더라도 그 사실만을 가지고서는 그 공탁이 변제의 효력이 없는 것이라고는 할 수 없다(대판 1965. 5. 25. 65다522).

2. 공탁당사자

가. 공 탁 자

(1) 채무의 변제는 제3자도 할 수 있으므로 제3자도 변제공탁을 할 수 있으나, 채무의 성질 또는 당사자의 의사표시로 제3자의 변제를 허용하지 아니하

는 때에는 제3자가 변제공탁하지 못한다(민법 469조 1항).

(2) 이해관계 없는 제3자는 채무자의 의사에 반하여 변제공탁하지 못하나(민법 469조 2항), 이해관계 있는 제3자는 채무자의 의사에 반하여서도 변제공탁할 수 있고, 물상보증인, 담보부동산의 제3취득자, 연대채무자, 보증인 등이 이해관계 있는 제3자이다.

판례 민법 제481조는 변제할 정당한 이익이 있는 자는 변제로 당연히 채권자를 대위한다고 규정하고 있는바, 위 조항에서 말하는 "이해관계" 내지 "변제할 정당한 이익"이 있는 자라고 함은 변제를 하지 않으면 채권자로부터 집행을 받게 되거나 또는 채무자에 대한 자기의 권리를 잃게 되는 지위에 있기 때문에 변제함으로써 당연히 대위의 보호를 받아야 할 법률상 이익을 가지는 자를 말하고, 단지 사실상의 이해관계를 가진 자는 제외된다. 그러므로 공동저당의 목적인 물상보증인 소유의 부동산에 후순위로 소유권이전등기청구권 가등기가 설정되어 있는데 그 부동산에 대하여 먼저 경매가 실행되어 공동저당권자가 매각대금전액을 배당받고 채무의 일부가 남은 경우, 위 가등기권리자는 그 채무 잔액의 변제에 관하여 '이해관계 있는 제3자' 또는 '변제할 정당한 이익이 있는 자'에 해당하지 않는다(대결 2009. 5. 28. 2008마109).

나. 피공탁자

(1) 채권자의 수령불능 또는 수령거절을 원인으로 한 변제공탁의 피공탁자는 채권자이고, 채무자의 과실 없이 "갑" 또는 "을" 중 누가 진정한 채권자인지 알 수 없음을 원인으로 한 상대적 불확지 변제공탁의 피공탁자는 "갑" 또는 "을"이다.

(2) 부동산소유권이전등기절차의 이행을 명하는 판결에서 피고 6인에 대한 금원의 지급이 상환조건으로 붙여진 경우에 피고들이 그 금원의 수령을 거부하고 피고 각인의 몫을 산정하기 곤란하다면, 그러한 취지를 공탁원인사실란에 기재하고 피고 6인을 피공탁자로 표시하여 공탁할 수 있다(1990. 11. 12. 법정-1786).

(3) 피공탁자의 지정과 그 소명은 전적으로 공탁자의 행위에 의존할 수밖에 없는 것으로 형식적 심사권을 가지는 공탁관으로서는 공탁서 및 첨부서류를 심사하여 그 수리여부를 결정하는 것이다(공탁선례 2-31).

3. 공탁의 목적물

변제공탁은 '주는 채무'에 한해서만 가능하고, '하는 채무'는 그 성질상 변제공탁이 불가능하다.
우리 민법은 공탁목적물에 관하여서는 아무런 제한규정을 두고 있지 않다.

가. 부 동 산

우리나라는 현행법상 부동산의 공탁을 배제하는 규정이 없고 법기술상으로도 부동산 공탁이 불가능하지는 않으므로 부동산의 공탁을 긍정하는 견해가 있으나, 사실상 허용하지 않는다.

나. 자조매각금의 공탁

(1) 변제공탁은 변제 목적물 그 자체를 공탁물로 제공함이 원칙이나 변제의 목적물이 폭발물 등과 같이 공탁에 적합하지 않거나 채소나 어육 등과 같이 멸실 또는 훼손될 염려가 있거나, 소나 말 등과 같이 보관비용이 과대한 경우에는 예외적으로 변제자는 채무이행지를 관할하는 지방법원의 허가를 얻어 그 물건을 경매하거나 시가로 방매하여 그 대금을 공탁할 수 있는데(민법 490조, 비소법 53조, 55조). 이를 자소매각이라고 한다.

(2) 자조매각절차의 비용은 채권자가 부담하므로(비송법 55조, 53조 3항), 변제자는 법원허가절차의 비용 및 목적물의 경매 또는 방매비용을 목적물의 환가대금으로부터 공제하고 그 잔액을 공탁하면 된다. 이 경우 공탁원인사실란에 그 공제사실을 기재한다.

4. 공탁통지서 발송

가. 의 의

변제공탁에 특유한 제도로 공탁통지제도가 있다. 즉, 피공탁자에게 변제공탁사실을 알려 공탁물 출급청구권을 행사하도록 하기 위하여 변제공탁자는 공탁성립(공탁물 납입) 후 지체 없이 피공탁자에게 공탁통지를 하도록 하고 있다(민법 488조 3항).

그러나 실무에서는 공탁통지를 보다 확실하게 할 수 있도록 하기 위하여 공탁신청시에 공탁자로 하여금 공탁통지서를 공탁소에 제출하게 하고, 공탁물이 납입된 후에 공탁관이 공탁자 대신 피공탁자에게 공탁통지서를 발송하도록 하고 있다(공탁규칙 29조 1항).

따라서 공탁자가 피공탁자에게 공탁통지를 하여야 할 경우에는 피공탁자의 수만큼 공탁통지서를 첨부하여야 하고, 배당증명을 할 수 있는 우편료를 납입하여야 한다(공탁규칙 23조 1항·2항).

공탁관은 공탁통지서 봉투의 발신인란에 공탁소의 명칭과 그 소재지 및 공탁관의 성명을 적어야 한다.

나. 공탁통지를 하여야 할 경우

(1) 민법 제487조에 의한 변제공탁뿐만 아니라 다른 법령에 의한 변제공탁의 경우에도 원칙적으로 공탁통지서를 제출하여야 하고, 상대적 불확지 변제공탁의 경우에도 피공탁자의 수에 다른 공탁통지서를 제출하여야 한다. 그러나 절대적 불확지 변제공탁이나 피공탁자의 주소불명에 따른 수령불능을 원인으로 한 변제공탁의 경우에는 공탁신청 당시에는 공탁통지가 불가능하므로 공탁통지서를 제출할 필요가 없고, 다만 나중에 피공탁자를 알게 되거나 피공탁자의 주소를 알게 되어 공탁서 정정신청을 하는 경우에 공탁통지서를 제출하여야 한다(공탁규칙 30조 6항).

(2) 또한 제3채무자가 금전채권에 대한 가압류를 원인으로 공탁을 하거나 금전채권의 일부에 대한 압류를 원인으로 압류에 관련된 금전채권액 전액을 공탁하는 경우에도 피공탁자에게 공탁사실을 알려줄 필요가 있으므로 공탁통지서를 알려줄 필요가 있으므로 공탁통지서를 제출하도록 하고 있다(행정예규 1018호).

다. 공탁통지가 되지 않은 경우의 효과

(1) 공탁통지는 공탁이 성립된 경우에 공탁자가 피공탁자에게 출급청구권이 발행하였음을 알려 주어 피공탁자가 출급청구권을 행사하는 데 편의를 제

공하기 위한 것일 뿐 공탁의 유효요건은 아니므로 공탁통지가 되지 않은 변제공탁도 원칙적으로 그 효력에 영향이 없다(대판 1976. 3. 9. 75다1200). 따라서 공탁통지서를 피공탁자의 주소로 발송한 이상 그 통지서가 수취인 부재로 반송된 경우라 하더라도 채무소멸이라는 변제공탁의 효력은 발생한다.

(2) 다만, 공탁자 과실로 피공탁자의 주소표시가 잘못되어 공탁통지가 이루어지지 않았다면 공탁자에게 그에 따른 손해배상책임이 발생할 수도 있다(공탁선례 2-113).

[서식 42] 금전공탁통지서

[제2-1호 양식]

금전 공탁통지서

<table>
<tr><td colspan="2">공 탁 번 호</td><td>년 금 제 호</td><td colspan="2">년 월 일 신청</td><td>법령조항</td><td></td></tr>
<tr><td rowspan="2">공
탁
자</td><td>성 명
(상호, 명칭)</td><td></td><td rowspan="2">피
공
탁
자</td><td>성 명
(상호, 명칭)</td><td colspan="3"></td></tr>
<tr><td>주 소
(본점, 주사무소)</td><td></td><td>주 소
(본점, 주사무소)</td><td colspan="3"></td></tr>
<tr><td colspan="2" rowspan="2">공 탁 금 액</td><td>한글</td><td colspan="2" rowspan="2">보 관 은 행</td><td colspan="3" rowspan="2">은행 지점</td></tr>
<tr><td>숫자</td></tr>
<tr><td colspan="2">공 탁 원 인
사 실</td><td colspan="6"></td></tr>
<tr><td colspan="5">1. 공탁으로 인하여 소멸하는 질권, 전세권 또는 저당권
2. 반대급부 내용</td><td colspan="3"></td></tr>
<tr><td colspan="8">위와 같이 통지합니다. 대리인 주소

공탁자 성명 인(서명) 성명 인(서명)</td></tr>
</table>

1. 위 공탁금이 년 월 일 납입되었으므로 [별지] 안내문의 구비서류 등을 지참하시고, 우리 법원 공탁소에 출석하여 공탁금 출급청구를 할 수 있습니다.
   귀하가 공탁금 출급청구를 하거나, 공탁을 수락한다는 내용을 기재한 서면을 우리 공탁소에 제출하기 전에는 공탁자가 공탁금을 회수할 수 있습니다.
2. 공탁금 출급청구시 구비서류 등
   ※ [별지] 안내문을 참조하시기 바랍니다.
3. 공탁금액이 5천만원 이하인 경우에는 법원 전자공탁홈페이지(http://ekt.scourt.go.kr)를 이용하여 인터넷으로 공탁금 출급청구를 할 수 있습니다. 이 경우 인감증명서(또는 본인서명사실확인서)는 첨부하지 아니합니다.
   ※ 전자공탁홈페이지에서 이체 가능한 은행을 확인 후, 청구하시기 바랍니다.
4. 공탁금은 그 출급청구권을 행사할 수 있는 때로부터 10년 내에 출급청구를 하지 않을 때에는 특별한 사유(소멸시효 중단 등)가 없는 한 소멸시효가 완성되어 국고로 귀속되게 됩니다.
5. 공탁금에 대하여 이의가 있는 경우에는 공탁금 출급청구를 할 때에 청구서에 이의유보 사유(예컨대 "손해배상금 중의 일부로 수령함" 등)를 표시하고 공탁금을 지급받을 수 있으며, 이 경우에는 후에 다른 민사소송 등의 방법으로 권리를 주장할 수 있습니다.
6. 공탁통지서는 재발급 되지 않으므로 잘 보관하시기 바랍니다.
7. 사건 내용은 법원 전자공탁홈페이지에서 조회할 수 있으며, 통지서 하단에 발급확인번호가 기재되어 있는 경우에는 전자문서로 신청된 사건이므로 전자공탁홈페이지에서 공탁관련 문서를 열람할

수 있습니다.

년 월 일 발송

법원 지원 공탁관 (인)

(문의전화 :)

※ 피공탁자가 국가인 경우 공탁통지서는 소관청의 장에게 발송함.

※ 공탁원인사실 기재례

1. 공탁자는 피공탁자로부터 20OO. 9. 1. OO시 OO구 OO동 OOO 대 60㎡에 대하여 대금 100,000,000원에 매수하는 매매계약을 체결하고 계약금 10,000,000원, 20OO. 4. 5. 중도금 40,000,000원을 각 지급하였다. 잔대금 50,000,000원은 20OO. 5. 5. 위 부동산의 소유권이전등기절차이행에 필요한 일체의 서류 교부와 동시에 피공탁자의 주소지에서 지급하기로 하여 그냥 위 장소에서 위 금원을 현실제공하였으나 피공탁자가 대금의 증액을 요구하며 수령을 거부하므로 공탁함.
2. 공탁자는 피공탁자로부터 20OO. 8. 20. OO시 OO구 OO동 OOO 대 120㎡에 관하여 대금 300,000,000원, 지급기일 20OO. 9. 20. 지급장소 피공탁자의 주소지로 정하여 부동산매매계약을 체결하였는바, 공탁자는 위 부동산매매계약에 따라 지급기일에 채무이행지인 피공탁자의 주소지에서 매매대금 300,000,000원을 현실제공하였으나 수령을 거부하므로 공탁함.
3. 공탁자는 20OO. 8. 12. 15:40경 OO시 OO구 OO동 소재의 홍길동 운영의 중고가전 가게에다 김갑동이 습득하여 갖다놓은 금 6,000,000원의 자기앞수표를 이몽룡이 타인에게 주고 현금 5,000,000원으로 바꿔온 금전 중 금 20,000원을 취득한 바 있어, 동 금액의 피해자인 피공탁자에게 배상하고자 현실제공하였으나 피해자가 이를 수령을 거부하므로 이에 공탁함.
4. 채권자 홍길동과 채무자간 OO지방법원 20OO타경 OOO호 부동산강제경매사건에 관하여 20OO. 8. 10. 위 법원이 한 매각허가결정에 대하여 공탁자가 항고하고자 매각대금의 10분의 1 상당액인 1억원을 보증으로 공탁함.
5. 공탁자는 20OO. 8. 20. 승용차 운전을 하다가 OO시 OO구 OO동 한국병원 앞 노상에서 도로를 횡단 중인 피공탁자를 들이받아 왼쪽 발목에 전치 4주일을 요하는 상해를 입힌 입혔음. 그 후 공탁자와 피공탁자는 손해배상액에 대하여 합의를 보려고 하였으나 합의가 이루어지지 않으므로 공탁자는 20OO. 8. 26. 공탁자가 상당하리라고 생각되는 손해배상금 3,000,000원 및 사고일로부터 공탁일까지 연 5%의 비율로 계산한 지연손해금 23,000원, 합계금 3,023,000원을 현실로 제공하였으나 수령을 거부하므로 이에 공탁함.
6. 공탁자는 피공탁자 홍길동(갑)에 대하여 보상금 80,000,000원을 변제하고자 하나 채권자 홍길동으로부터 이몽룡(을)에게 채권양도의 통지를 받았으나 그 후 양도에 관한 다툼이 있어 채무자로서는 채권자가 위 홍길동인지 양수인 이몽룡인지 알 수 없어 변제공탁을 하고자 하나, 위 채권양도통지가 있은 후 채권자 장길산(병)으로부터 별지와 같은 채권압류 및 추심명령이 송달되었으므로 채무자로서는 위 채권양도의 유무효 및 채권압류명령의 우선순위 등을 판단할 수 없으므로 변제공탁과 집행공탁을 겸하여 공탁함(※ 공탁법령조항기재란 : 민법 제487조, 민사집행법 제248조 제1항).

[참조 3] 공탁금(유가증권) 출급청구 안내문

【문서양식 2-1, 2-2의 [별 지]】

공탁금(유가증권) 출급청구 안내문

귀하가 피공탁자로 지정된 공탁금이 납입되어 있으므로 공탁금을 지급받고자 할 경우에는 아래 표를 참조하여 구비서류를 지참하시고 우리 법원 공탁소를 방문하여 청구하시기 바랍니다.

<table>
<tr><th colspan="3" rowspan="2">구 분</th><th colspan="4">공탁금 출급청구권자</th></tr>
<tr><th>개 인</th><th>법 인</th><th>법인 아닌 사단·재단</th><th>관공서</th></tr>
<tr><td rowspan="10">공탁금액</td><td rowspan="3">5천만원 초과</td><td>공탁통지서</td><td>○</td><td>○</td><td>○</td><td>○</td></tr>
<tr><td>인감증명서와 인감도장</td><td>○</td><td>○</td><td>○</td><td>×</td></tr>
<tr><td>신분증</td><td>○</td><td>○</td><td>○</td><td>○</td></tr>
<tr><td rowspan="3">5천만원 이하 ~ 1천만원 초과</td><td>공탁통지서</td><td>×</td><td>×</td><td>○</td><td>○</td></tr>
<tr><td>인감증명서와 인감도장</td><td>○</td><td>○</td><td>○</td><td>×</td></tr>
<tr><td>신분증</td><td>○</td><td>○</td><td>○</td><td>○</td></tr>
<tr><td rowspan="4">1천만원 이하</td><td>공탁통지서</td><td>×</td><td>×</td><td>×</td><td>×</td></tr>
<tr><td>인감증명서와 인감도장</td><td>×</td><td>×</td><td>×</td><td>×</td></tr>
<tr><td>신분증</td><td>○</td><td>○</td><td>○</td><td>○</td></tr>
<tr><td colspan="5">※ 1천만원 이하의 금액을 본인이 직접 출급청구하는 경우와 법인의 대리인이 청구하는 경우에는 관할공탁소뿐만 아니라 가까운 공탁소에서도 공탁금을 찾을 수 있습니다(대법원 행정예규 제887호 참조).</td></tr>
</table>

※ 유가증권인 경우에는 그 액면금을 기준으로 보시면 됩니다.

1. 1천만원 이하의 금액을 본인이 직접 청구하는 경우와 법인의 위임을 받은 대리인이 청구하는 경우에는 관할공탁소 뿐만 아니라 가까운 지방법원 또는 지원 공탁소(관할공탁소와 같은 특별시 및 광역시에 소재하는 경우에는 제외)에서도 공탁금을 찾을 수 있습니다(자세한 내용은 대법원행정예규 제887호 참조).
2. 공탁금이 5,000만원 이하인 사건에 대하여는 대법원 전자공탁홈페이지(http://ekt.scourt.go.kr)에서 전자공탁시스템을 이용하여 공탁소를 방문하지 않고도 출급청구를 할 수 있습니다. 이 경

우 인감증명서를 첨부하지 아니하며, 서명은 인증서에 의한 전자서명으로 합니다.

3. 법인등기사항증명서, 가족관계증명서, 주민등록표 등·초본, 인감증명서(법인의 경우 사용인감계는 허용되지 아니함) 등 관공서 발급서면은 발급일로부터 3개월 이내의 것을 가져 오시기 바라며, 신분증으로는 주민등록증, 운전면허증, 여권 등을 가지고 오시기 바랍니다.
4. 대리인이 청구할 경우에는 위임장(본인의 인감도장이 찍힌 것), 본인의 인감증명서, 대리인의 신분증을 지참하여야 합니다(단, 미성년자의 법정대리인이 출급청구를 하는 경우에는 미성년자의 가족관계증명서 및 기본증명서를 첨부하여야 하고, 친권은 공동행사가 원칙이므로 부모 중 한명이 오실 경우에는, 배우자의 위임장·인감증명서 또는 배우자가 친권을 행사할 수 없다는 증명서를 추가로 가져오셔야 합니다).
5. 법인의 경우에는 위의 첨부서류 외에 법인등기사항증명서를 지참하여야 합니다.
6. 피공탁자 여러 명을 상대로 상대적 불확지공탁을 한 경우에는 다른 피공탁자의 동의서(인감증명서 첨부)나 확정판결서 등 출급권한을 증명하는 서면이 있어야 출급이 가능합니다.
7. 법인 아닌 사단·재단(종중, 교회 등)이 출급청구를 하는 경우에는 위의 첨부서류 외에 정관 또는 규약과 대표자임을 증명하는 서면을 첨부하여야 합니다. 특히, 대표자임을 증명하는 서면(대표자선임결의서 등)에는 2인 이상의 성년이 사실과 같다는 뜻을 적고 자필서명한 다음 각자의 신분증 사본을 첨부하여야 합니다.
8. 공탁금 출급청구서 양식은 우리 법원 공탁소에 비치되어 있으며, 대법원 전자공탁홈페이지에서 다운로드받아 사용할 수도 있습니다.

[서식 43] 금전공탁통지서(형사사건용)

[제2-4호 양식]

금전 공탁통지서(형사사건용)

<table>
<tr><td colspan="2">공 탁 번 호</td><td>년 금 제 호</td><td colspan="2">년 월 일 신청</td><td>법령조항</td><td></td></tr>
<tr><td rowspan="2">공
탁
자</td><td>성 명
(상호, 명칭)</td><td></td><td rowspan="2">피
공
탁
자</td><td>성 명
(상호, 명칭)</td><td colspan="2"></td></tr>
<tr><td>주 소
(본점, 주사무소)</td><td></td><td>주 소
(본점, 주사무소)</td><td colspan="2"></td></tr>
<tr><td colspan="2" rowspan="2">공 탁 금 액</td><td>한글</td><td colspan="2" rowspan="2">보 관 은 행</td><td colspan="2" rowspan="2">은행 지점</td></tr>
<tr><td>숫자</td></tr>
<tr><td rowspan="2">형사사건</td><td>사건번호</td><td colspan="5">경찰서 년제 호
지방검찰청 지청 년 형제 호
지방법원 지원 년 고단(합) 제 호</td></tr>
<tr><td>사건명</td><td colspan="5"></td></tr>
<tr><td colspan="2">공 탁 원 인
사 실</td><td colspan="5"></td></tr>
<tr><td colspan="2">반대급부 내용 등</td><td colspan="5"></td></tr>
<tr><td colspan="7">위와 같이 통지합니다. 대리인 주소
공탁자 성명 인(서명) 성명 인(서명)</td></tr>
</table>

1. 위 공탁금이 년 월 일 납입되었으므로 [별지] 안내문의 구비서류 등을 지참하시고, 우리 법원 공탁소에 출석하여 공탁금 출급청구를 할 수 있습니다.
2. 공탁금액이 5천만원 이하인 경우에는 법원 전자공탁홈페이지(http://ekt.sco urt.go.kr)를 이용하여 인터넷으로 공탁금 출급청구를 할 수 있습니다. 이 경우 인감증명서(또는 본인서명사실확인서)는 첨부하지 아니합니다.
   ※ 전자공탁홈페이지에서 이체 가능한 은행을 확인 후, 청구하시기 바랍니다.
3. 공탁자가 회수제한신고를 한 경우에는 공탁자는 귀하의 동의가 없으면 위 형사사건에 대하여 불기소결정(단, 기소유예는 제외)이 있거나 무죄판결이 확정될 때까지 공탁금에 대한 회수청구권을 행사할 수 없습니다.
   그러나, 공탁자가 회수제한신고를 하지 않은 경우에는 귀하가 공탁금 출급청구를 하거나, 공탁을 수락한다는 내용을 기재한 서면을 우리 공탁소에 제출하기 전에는 공탁자가 공탁금을 회수할 수 있습니다
4. 공탁금은 그 출급청구권을 행사할 수 있는 때로부터 10년 내에 출급청구를 하지 않을 때에는 특별한 사유(소멸시효 중단 등)가 없는 한 소멸시효가 완성되어 국고로 귀속되

게 됩니다.

5. 공탁금에 대하여 이의가 있는 경우에는 공탁금 출급청구를 할 때에 청구서에 이의유보 사유(예컨대"손해배상금 중의 일부로 수령함"등)를 표시하고 공탁금을 지급받을 수 있으며, 이 경우에는 후에 다른 민사소송 등의 방법으로 권리를 주장할 수 있습니다.

6. 공탁통지서는 재발급 되지 않으므로 잘 보관하시기 바랍니다.

7. 사건 내용은 법원 전자공탁홈페이지에서 조회할 수 있으며, 통지서 하단에 발급확인번호가 기재되어 있는 경우에는 전자문서로 신청된 사건이므로 전자공탁홈페이지에서 공탁관련 문서를 열람할 수 있습니다.

년 월 일 발송

법원 지원 공탁관 (인)

(문의전화 :)

※ **공탁원인사실 기재례**

1. 공탁자는 20OO. 4. 23. 10:00경 OO시 OO구 OO동 소재 공탁자의 아파트에서 피공탁자를 유인하여 추행한 사건에 대하여 피공탁자에게 잘못을 사과하는 한편 상당한 위로금을 주고 합의를 보고자 하였으나 위자료의 액수가 적다는 이유로 수령을 거절하므로 공탁자가 마련할 수 있는 최선의 금액에 해당하는 금 2,000,000원을 위자료로써 공탁함.
2. 공탁자는 20OO. 7. 20. 16:40경 OO시 OO구 OO동 롯데마트 2차선 도로상에서 공탁자가 운전하던 그랜져 승용차로 자전거를 타고 횡단하던 피공탁자를 가격하여 10일 후 피공탁자가 사망에 이르는 결과가 발생하였기에, 공탁자는 형사합의금조로 금 20,000,000원을 지급하고자 하나 피공탁자의 상속인들이 누구인지 알 수가 없으므로 이에 공탁함.
3. 공탁자는 20OO. 8. 12. 20:50경 OO시 OO구 OO로 OO(OO동) 소재 '올림피아" 유흥주점에서 함께 술을 마시던 피공탁자가 버릇없이 행동한다는 이유로 화가 나서 주먹으로 피공탁자의 턱 부위를 1회 때려 피공탁자에게 약 6주간의 치료를 요하는 하악골 골절상 등의 상해를 입게 하였는바, 공탁자는 수차례에 걸쳐 피공탁자를 찾아가 사죄하며 용서를 구하고 금 10,000,000원을 치료비 및 위자료 등으로 지급하며 원만히 합의하고자 하였으나, 피공탁자는 이에 불응하여 수령을 거절하므로 이에 공탁함.
4. 공탁자는 20OO. 8. 10. 14:20경 택시운전을 하다가 OO시 OO구 OO동 신세계백화점 앞 노상에서 도로를 횡단 중인 피공탁자를 들이받아 우측발목에 전치 4주일을 요하는 상해를 입혔는바, 그 후 공탁자는 수차례에 걸쳐 피공탁자를 찾아가 사죄하며 용서를 구하고 금 5,000,000원을 치료비 및 위자료 등으로 지급하며 원만히 합의하고자 하였으나, 피공탁자는 이에 불응하여 수령을 거절하므로 이에 공탁함.

[서식 44] 물품공탁통지서

[제2-3호 양식]

물품 공탁통지서

<table>
<tr><td colspan="2">공 탁 번 호</td><td colspan="2">년 물 제 　 호</td><td colspan="2">년 월 일 신청</td><td>법령조항</td><td></td></tr>
<tr><td rowspan="2">공
탁
자</td><td>성 　 명
(상호, 명칭)</td><td colspan="2"></td><td rowspan="2">피
공
탁
자</td><td>성 　 명
(상호, 명칭)</td><td colspan="2"></td></tr>
<tr><td>주 　 소
(본점, 주사무소)</td><td colspan="2"></td><td>주 　 소
(본점, 주사무소)</td><td colspan="2"></td></tr>
<tr><td colspan="4">공 　 탁 　 물 　 품</td><td rowspan="3">공탁
원인
사실</td><td colspan="3" rowspan="3"></td></tr>
<tr><td colspan="2">명 　 칭</td><td>종 류</td><td>수 량</td></tr>
<tr><td colspan="2"></td><td></td><td></td></tr>
<tr><td colspan="2"></td><td></td><td></td><td colspan="2" rowspan="3">1. 공탁으로 인하여 소멸하는 질권, 전세권 또는 저당권
2. 반대급부 내용</td><td colspan="2" rowspan="3"></td></tr>
<tr><td colspan="2"></td><td></td><td></td></tr>
<tr><td colspan="2"></td><td></td><td></td></tr>
<tr><td colspan="2"></td><td></td><td></td><td colspan="2">비 　 고</td><td colspan="2"></td></tr>
</table>

위와 같이 통지합니다. 　　 대리인 주소

공탁자 성명 　　 인(서명) 　　 성명 　　 인(서명)

1. 위 공탁물품이 　 년 　 월 　 일 납입되었으므로 아래와 같은 구비서류를 지참하시고, 우리 법원 공탁소에 출석하여 공탁물품 출급청구를 할 수 있습니다.
   귀하가 공탁물품 출급청구를 하거나 공탁을 수락한다는 내용을 기재한 서면을 우리 공탁소에 제출하기 전에는 공탁자가 공탁물품을 회수할 수 있습니다.
2. 공탁물품 출급청구시 구비서류 : ① 출급청구서 2통, ② 공탁통지서, ③ 인감증명서 1통, ④ 인감도장, ⑤ 신분증
   ※ 대리인이 올 경우에는 위 구비서류 ①, ② 외에 위임장(본인의 인감도장이 찍힌), 본인의 인감증명서, 대리인의 신분증을 지참하여야 합니다.
3. 공탁물품에 대하여 이의가 있는 경우에는 공탁물품 출급청구를 할 때에 청구서에 이의유보사유(예컨대 “손해배상금 중의 일부로 수령함” 등)를 적고 공탁물품을 지급받을 수 있으며, 이 경우에는 후에 다른 민사소송 등의 방법으로 권리를 주장할 수 있습니다.
4. 공탁통지서는 재발급 되지 않으므로 잘 보관하시기 바랍니다.

년 　 월 　 일 　 발송

법원 　 지원 공탁관 　　 (직인)

(문의전화 : 　　)

※ 인감을 날인하고 인감증명서를 첨부하여야 하는 경우, 이를 갈음하여 서명을 하고 본인서명사실확인서를 제출할 수 있습니다.

※ 공탁원인사실 기재례

1. 공탁자는 피공탁자에게 밍크모피원단 100마리분을 수입공급하기로 계약체결하고 그 대금을 선급금으로 지급하였으나 피공탁자가 그 수령을 거절하므로 이에 공탁함.
2. 공탁자와 피공탁자간 OO지방법원 20OO가합 OOO호 매매대금 청구사건에 관하여 공탁자는 위 법원에서 20OO. 9. 12. 선고한 가집행 선고부 판결정본에 기하여 피공탁자에 대한 매매잔대금 강제집행을 실시하고자 하나 피공탁자가 부동산소유권이전등기에 필요한 서류의 수령을 거부하므로 이에 공탁함.

[서식 45] 유가증권 공탁통지서

[제2-2호 양식]

유가증권 공탁통지서

<table>
<tr><td colspan="2">공 탁 번 호</td><td colspan="2">년 증 제 호</td><td colspan="2">년 월 일 신청</td><td>법령조항</td><td></td></tr>
<tr><td rowspan="2">공
탁
자</td><td>성 명
(상호, 명칭)</td><td colspan="2"></td><td rowspan="2">피
공
탁
자</td><td>성 명
(상호, 명칭)</td><td colspan="2"></td></tr>
<tr><td>주 소
(본점, 주사무소)</td><td colspan="2"></td><td>주 소
(본점, 주사무소)</td><td colspan="2"></td></tr>
<tr><td colspan="4">공탁유가증권</td><td rowspan="3">공탁
원인
사실</td><td colspan="3" rowspan="3"></td></tr>
<tr><td>명 칭</td><td></td><td></td><td>계</td></tr>
<tr><td>장 수</td><td></td><td></td><td></td></tr>
<tr><td>총액면금</td><td>한글
숫자</td><td></td><td></td><td colspan="2" rowspan="2">1. 공탁으로 인하여 소멸하는 질권, 전세권 또는 저당권
2. 반대급부 내용</td><td colspan="2" rowspan="2"></td></tr>
<tr><td>액면금
기호번호</td><td></td><td></td><td></td></tr>
<tr><td>부속이표</td><td></td><td></td><td></td><td colspan="2">보 관 은 행</td><td colspan="2">은행 지점</td></tr>
<tr><td>최종상환기</td><td></td><td></td><td></td><td colspan="2">비 고</td><td colspan="2"></td></tr>
<tr><td colspan="8">위와 같이 통지합니다. 대리인 주소
공탁자 성명 인(서명) 성명 인(서명)</td></tr>
<tr><td colspan="8">1. 위 공탁유가증권이 년 월 일 납입되었으므로 [별지] 안내문의 구비서류 등을 지참하시고, 우리 법원 공탁소에 출석하여 공탁유가증권 출급청구를 할 수 있습니다.
귀하가 공탁유가증권 출급청구를 하거나 공탁을 수락한다는 내용을 기재한 서면을 우리 공탁소에 제출하기 전에는 공탁자가 공탁유가증권을 회수할 수 있습니다.
2. 공탁유가증권 출급청구시 구비서류 등
※ [별지] 안내문을 참조하시기 바랍니다.
3. 공탁유가증권에 대하여 이의가 있는 경우에는 공탁유가증권 출급청구를 할 때에 청구서에 이의유보사유(예컨대 “손해배상금 중의 일부로 수령함” 등)를 표시하고 공탁유가증권을 지급받을 수 있으며, 이 경우에는 후에 다른 민사소송 등의 방법으로 권리를 주장할 수 있습니다.
4. 공탁통지서는 재발급 되지 않으므로 잘 보관하시기 바랍니다.

년 월 일 발송

법원 지원 공탁관 (인)
(문의전화 :)</td></tr>
</table>

제 3 절 변제공탁의 요건

1. 변제공탁의 목적인 채무

가. 현존하는 확정채무일 것

(1) 주는 채무

변제공탁을 할 수 있는 채무는 이른바 주는 채무의 경우에 한한다. 지참채무뿐만 아니라 추심채무도 포함한다. 채무가 어떠한 원인에 의하여 발생하였는가를 묻지 않으며, 세금 등과 같이 공법상의 채무라도 변제공탁의 대상이 된다는 데에는 이론이 없다. 따라서 세무공무원이 조세의 수령을 거부하는 경우에는 민법 제487조의 규정에 의하여 변제공탁할 수 있다.

(2) 현존하고 확정적인 채무

(가) 변제공탁의 목적인 채무는 법령의 규정 또는 당사자의 특약이 있는 경우를 제외하고는 현존하고 확정적인 채무이어야 한다. 장래의 채무자 불확정채무는 변제공탁을 할 수 없는 것이 원칙이다. 따라서 정지조건부채무나 시기부채무 등은 그 조건이 성취되거나 기한이 도래하여 채무자 현실적으로 반생하지 않으면 공탁할 수 없다.

(나) 주위토지통행권자가 통행지 소유자에게 매월 정기적으로 지급하기로 판결이 확정된 손해보상금에 관해서 통행지 소유자가 수령을 거절하는 경우에는 과거 수개월분의 손해보상금을 모아서 공탁할 수는 있으나 장래의 손해보상금 수개월분까지 일괄 공탁할 수는 없다(공탁선례 2-114).

(다) 불법행위로 인한 손해배상채무, 부당이득반환채무, 지상권 당사자의 지료증감청구(민법 286조)로 인한 지료의 금액처럼 나중에 재판을 통하여 구체적인 금액이 확정될 수 있는 채무도 이론적으로는 이미 객관적으로 채무금액이 확정되어 있다고 볼 수 있으므로 확정채무로 보아 공탁할 수 있다. 따라서 불법행위 채무자 등은 스스로 주장하는 채무액 전액에 불법행위일부터 변제제공일까지의 지연손해금을 합해서 변제공탁을 할 수

있다.

(라) 채권자와 채무자 사이에 손해배상채무액에 대해 다툼이 있어 소송이 진행되는 경우, 그 판결이 확정되기 전이라도 채무자가 가집행선고부 판결의 주문에 표시된 금액을 변제제공 하였으나 채권자가 수령거절 하는 등의 변제공탁사유가 있으면 채무자는 변제공탁할 수 있다. 다만, 이때의 변제공탁은 채무를 확정적으로 소멸시키는 것이 아니라 가집행선고로 인한 지급으로써의 성질을 갖는다는 점이 원래의 변제공탁과는 다르다(공탁선례 2-117).

나. 공법상의 채무

변제공탁의 목적인 채무의 발생원인에 제한이 없으므로 공법상의 채무라도 변제공탁의 대상이 될 수 있다. 따라서 조세채무(공탁선례 2-102)나 국민연금법에 의한 연금보험료채무도 민법 제487조에 의한 변제공탁의 목적이 될 수 있다(공탁선례 2-115).

다. 가집행선고판결에 의한 가집행금원의 지급의무의 공탁가능

채권자와 채무자 사이에 손해배상채무액에 대해 다툼이 있어 소송이 진행되는 경우, 그 판결이 확정되기 전이라도 채무자가 가집행선고부 판결의 주문에 표시된 금액을 이행 제공하고 이에 대해 채권자의 수령거부, 수령불능 등의 변제공탁사유가 있으면 공탁할 수 있다. 다만 이때의 공탁은 채무를 확정적으로 소멸시키는 것이 아니라 가집행선고로 인한 지급으로서 성질을 갖는다는 점이 원래의 변제공탁과는 다르다(2002. 3. 7. 3302-81호 선례).

판례 가집행부 제1심판결이 선고된 경우 피고들이 판결인용금액을 변제하고자 현실제공하였으나 원고가 수령거절하였음을 공탁원인사실로 하여 변제공탁하고 원고가 위 금원을 수령한 경우 위 공탁금을 수령한 것은 원고의 피고들에 대한 채권의 일부를 변제받은 것이 아니라 제1심판결에 붙은 가집행선고에 의하여 지급받은 금원이라고 할 것이고, 이와 같이 제1심판결에 붙은 가집행에 기하여 지급받은 금원은 확정적으로 변제의 효과가 발생하는 것이 아니어서 항소심에서 이를 참작할 사유가 되는 것이 아니다(대판 1994. 11. 11. 94다22446).

판례 가집행선고에 의한 금원의 지급에 의한 채권소멸의 효과는 그 판결이 확정된 때

비로소 발생한다. 따라서 그와 같은 금원을 지급하였다는 사유로는 본래의 소송의 확정판결의 집행력을 배제하는 적법한 청구이의사유가 된다(대판 1995. 6. 30. 95다15827).

판례 가집행선고가 붙은 1, 2심판결에 기한 금원지급에 의한 채권소멸의 효과는 확정적인 것이 아니라 상소심에서 가집행선고가 붙은 판결이 취소 또는 변경되지 아니하고 확정된 때에 비로소 발생한다(대판 2000. 12. 22. 2000다56259).

판례 가집행으로 인한 변제의 효력은 확정적인 것이 아니고 어디까지나 상소심에서 그 가집행의 선고 또는 본안판결이 취소되는 것을 해제조건으로 하여 발생한다(대판 2000. 7. 6. 2000다560).

2. 공탁원인

변제공탁은 채권자가 변제를 받지 아니하거나(수령거절), 변제를 받을 수 없을 경우(수령불능) 또는 변제자가 과실 없이 채권자를 알 수 없는 경우(채권자 불확지)에 할 수 있다(민법 487조). 그러나 변제를 할 수 없는 사정이 채무자의 과실에 기한 것이라면 변제공탁을 할 수는 없다.

가. 채권자의 수령거절

(1) 의 의

채무자가 채무의 내용에 따른 변제의 제공을 하였는데도 불구하고 채권자가 이를 수령하지 아니한 때에는 채무자는 변제공탁을 할 수 있다.

여기서 채무의 내용에 따른 변제의 제공이라 함은 채무자가 채권자에게 본래 채무의 목적물을 정해진 기일에 정해진 장소에서 제공하는 것을 의미한다.

(2) 유효한 변제제공의 요건

(가) 변 제 자

채무의 변제는 제3자도 할 수 있으나, 채무의 성질 또는 당사자의 의사표시로 제3자의 변제를 허용하지 아니한 때에는 제3자가 변제하지 못하며, 또한 이해관계 없는 제3자는 채무자의 의사에 반하여 변제하지 못한다(민법 469조 1항, 2항).

제3자가 변제공탁을 하는 경우에는 변제제공자와 공탁자는 동일인임을 요한다.

(나) 변제제공의 상대방

원칙적으로 채권자 본인이지만, 채권자 이외에 변제수령을 할 수 있는 권한이 주어진 자에 대한 변제제공은 유효한 변제제공이 된다.

① 채권자로부터 변제의 수령의 권한을 부여받은 자의 예로는 추심위임을 받은 수임인, 임의대리인, 부재자가 선임한 부재자의 재산관리인 등을 들 수 있고, ② 법률의 규정 또는 법원의 선임에 의하여 변제수령의 권한이 주어진 자의 예로는 제한능력자의 법정대리인, 대항요건을 갖춘 채권질권자(민법 353조), 파산관재인(채회파 312조), 압류 및 추심명령을 얻은 채권자(민집법 229조 2항·3항), 법원이 선임한 부재자의 재산관리인(민법 25조), 채권자대위권을 행사하는 자(민법 404조) 등을 들 수 있다.

판례 매매잔대금을 사망한 매도인의 상속인인 채권자들에게 제공하여 보지도 않은 채 매도인의 대리인이었던 자에게 제공하였다가 받지 아니하자 채권자들에 대하여 변제공탁을 한 것은 무효이다(대판 1968. 11. 26. 68다1163). 따라서 채권자가 사망한 때에는 그 상속인에게 변제를 제공해야 할 것이다.

판례 매수인이, 매도인을 대리하여 매매잔대금을 수령할 권한을 가지고 있는 병에게 잔대금의 수령을 최고하고, 병을 공탁물 수령자로 지정하여 한 잔대금 변제공탁은 배도인에 대한 잔대금 지급의 효력이 있고, 또 매수인이 위 공탁을 함에 있어서 반대급부로서 소유권이전등기절차에 필요한 서류 등의 교부를 요구하였다고 하여도 위 반대급부의 이행을 요구받은 상대방은 매도인이라고 할 것이며, 위 반대급부조건을 붙여서 한 위 공탁은 유효하다(대판 1981. 9. 22. 81다236).

(다) 변제제공의 시기

① 변제의 제공은 변제기에 하는 것이 원칙이고, 변제기는 당사자의 의사표시나 채무의 성질 또는 법률의 규정에 의하여 결정되나, 이러한 표준에 의하여 변제기를 결정할 수 없는 경우에는 채권이 발생함과 동시에 변제기에 있다고 본다.

따라서, 변제기가 특정일인 경우에는 그 특정일에 변제제공을 하여야 하고, 변제기가 매월 말일까지로 되어 있는 경우에는 그달의 월초부터 월말까지 변제제공이 가능하며, 변제기일이 정함이 없는 경우에는 언제나 변제제공이 가능하다.

② 그러나 변제기가 아님에도 변제제공을 할 수 있다. 그 예로는 기한의 이익을 포기 또는 상실한 때(민법 153조, 388조), 채무이행이 유예된 때, 쌍무계약에서 동시이행의 항변권을 가질 때(민법 536조) 등을 들 수 있다.

③ 기한은 일반적으로는 채무자의 이익을 위한 것으로 추정되지만 이자부 금전소비대차의 경우에는 채권자도 기한의 이익을 가지므로, 채무자가 기한의 이익을 포기하고 기한 전에 변제하고자 하는 경우에는 약정변제기까지의 이자도 포함하여 변제제공을 하여야 한다.

④ 변제기 후의 변제제공은 원칙적으로 채무내용에 좇은 변제제공이라 할 수 없으나, 채무가 아직 소멸되지 않고 채무자의 변제제공에 대하여 채권자가 그 수령을 거절하는 것이 신의칙에 반하는 경우의 변제제공은 유효하다. 다만, 이 경우에는 이행지체에 있는 채무자는 지연배상금도 함께 변제제공하여야 한다.

(라) 변제제공의 장소

① 변제의 장소도 원칙적으로 당사자의 의사표시나 채무의 성질 또는 법률의 규정에 의하여 정하여진다.

그러나 위 기준에 의해 확정되지 않는 경우에는 특정물의 인도를 목적으로 하는 채무는 채권이 성립하였을 당시에 그 물건이 있었던 장소가 변제장소이고(민법 467조 1항), 특정물의 인도 이외의 급부를 목적으로 하는 채무는 지참채무가 원칙이므로 채권자의 현주소 또는 현영업소(영업에 관한 채무)가 변제장소이다(민법 467조 2항). 따라서 변제장소에 관한 특약이 없으면 금전채무는 지참채무가 원칙이므로 채권자의 현주소 또는 현영업소에서 변제의 제공을 하여야 한다(민법 467조 2항).

② 예금채무 등은 원칙적으로 추심채무이므로 채무자의 현주소 또는 현영업소가 변제장소이다.

(마) 변제제공의 목적물

① 변제공탁에 채무소멸의 효과가 생기는 것은 그 공탁이 변제와 동일한 이익을 채권자에게 주기 때문이므로 변제제공의 목적물은 채무의 내용에 따른 것이어야 한다. 따라서 특별한 경우(민법 490조의 자조매각 등)를 제외하고는 변제제공의 목적물도 원칙적으로 본래 채무의 목적물과 동일하여야 한다.

② 채권의 전액에 관하여 공탁이 있었다 하더라도 그 전제로 되는 변제제공이 일부에 관하여서만 행하여진 경우에는 공탁원인의 흠결로 그 공탁이 무효로 된다.

(바) 변제제공의 방법

① 현실제공

변제의 제공은 원칙적으로 현실제공을 하여야 하나, 채무의 이행에 채권자의 행위를 요하는 경우 채무자가 금전을 준비·휴대하고 채권자의 주소지에 가서 그 수령을 최고하면 된다.

추심채무의 경우 변제준비의 완료를 통지하고 그 수령을 최고한 후 변제공탁하는 때에는 지급일 이후 최고일까지의 지연손해금과 함께 공탁하여야 할 것이다.

☞ 현실제공이란 변제가 완료되기 위해서 필요한 채권자의 행위가 변제의 수령뿐이거나 또는 채무자의 변제와 동시에 협력히여야 할 경우에 채무자가 채무이행에 필요한 모든 준비를 하여 채권자에게 사실상 제시하는 것을 말한다.

② 구두제공

통설 및 판례는 변제공탁에는 수령지체의 요건을 구비할 필요가 없으므로 채권자가 미리 수령을 거절한 때에는 변제자는 구두의 제공을 할 필요 없이 바로 변제공탁할 수 있다고 본다(대판 1955. 7. 14. 4288 민상124). 더 나아가 판례는 채권자가 미리 명시적으로 수령거절의 의사를 표명하지 않았다 하더라도 채권자의 태도로 보아 채무자가 설사 채무의 변제제공을 하였더라도 채권자가 그 수령을 거절하였을 것이 명백한 경우에는 채무자는 변제제공을 하지 않고 바로 변제공탁할 수 있다고 보고 있다(대판 1994. 8. 26. 93다42276).

결국, 구두제공은 채무이행에 채권자의 행위를 필요로 하는 경우, 즉 채권자가 변제의 수령행위 이외의 협력을 하여야 하는 경우에 할 수 있다. 그 예로는 채권자가 미리 공급하는 재료에 가공하여야 할 채무, 추심채무, 채권자가 지정하는 장소나 기일에 이행하여야 할 채무 등을 들 수 있다.

구두제공의 방법은 변제준비의 완료를 통지하고 그 수령을 최고하는 것인데, 구두제공시 채무자가 하여야 할 준비는 구체적인 경우마다 다르므로 결국 신의칙에 의하여 결정할 수밖에 없다.

☞ 구두제공이란 채권자가 미리 변제받기를 거절하거나 채무이행에 채권자의 행위를 요하는 경우에 채권자가 협력한다면 바로 변제를 할 수 있을 만큼의 준비를 완료하였음을 채무자가 채권자에게 통지하고 그 수령 기타의 협력을 최고하는 것을 말한다(민법 460조 단서).

③ 구두의 제공도 불필요한 경우

분할적·회귀적 지급채무(지료, 차임 등의 지급채무)의 경우 채무자가 1회분의 제공을 하였음에도 불구하고, 채권자가 수령을 거절함으로써 수령지체가 된 경우에는 채권자가 그 수령지체에서 벗어나지 않는 한 채무자는 차회 이후의 변제에 관하여는 구두의 제공을 하지 않더라도 바로 변제공탁할 수 있다.

또한, 채권자의 수령거절의사가 명백하여 전에 한 수령거절의사를 번복할 가능성이 보이지 않는 경우에는 채무자는 구두의 제공조차 할 필요가 없이 바로 변제공탁할 수 있다(대판 1975. 11. 9. 76다2218).

나. 채권자의 수령불능

(1) 의 의

수령불능이란 변제자가 채무의 이행을 하려고 해도 채권자 측의 사유로 채권자가 수령할 수 없는 경우를 말한다. 채권자의 수령불능은 사실상 불능이든 법률상 불능이든 불문하며, 수령지체의 객관적 요건(변제제공)을 구비할 필요가 없고 채권자의 귀책사유를 필요로 하지 않는다.

(2) 사실상 수령불능의 사례

(가) 채권자의 부재

지참채무의 경우 해당되며, 채권자의 일시적 부재의 경우의 경우에도 수령불능 사유에 해당된다 할 것이나 구체적 사안에 따라 수령불능 여부를 판단하여야 한다.

(나) 채권자의 주소불명

(다) 교통 두절

(3) 법률상 수령불능의 사례

(가) 채권자가 무능력자로서 법정대리인이 없는 경우 법률상의 수령불능에 해당되고, 이 경우 제한능력자일지라도 피공탁자는 될 수 있으므로 채무자는 수령불능을 원인으로 변제공탁을 할 수 있다.

(나) 질권자의 변제기에 이르렀음에도 질권자가 권리를 실행하지 아니하는 경우 제3채무자는 질권설정자(채무자)를 피공탁자로 하여 수령불능을 원인으로 한 변제공탁을 할 수 있고, 그러한 경우 질권은 그 공탁금 출급청구권에 대하여 존속한다(1999. 3. 18. 법정 3302-87).

다. 채권자 불확지

(1) 의 의

(가) 채권자의 불확지란 객관적으로 채권자 또는 변제수령권자가 존재하고 있으나 채무자가 선량한 관리자의 주의를 다하여도 채권자가 누구인가를 알 수 없는 경우를 말하며(대판 1988. 12. 20. 87다카3118), 채권자를 알 수 없는 데 관하여 변제자의 과실이 없음을 요한다. 채권자 불확지가 사실상의 것이건 법률상의 것이건 이는 문제되지 않는다.

예를 들면, 채권자가 사망하여 상속이 개시되었으나 그 상속인이 불명인 경우, 채권이 양도되었으나 양도의 효력에 관하여 양도인과 양수인 사이에 다툼이 있어 누가 채권자인지 알 수 없는 경우, 채권의 귀속에 대한 다툼으로 인하여 채권의 처분금지가처분이 행하여진 경우 등이 이에 해당한다.

(나) 우리 공탁제도상 채권자가 특정되거나 적어도 채권자가 상대적으로나마 특정되는 상대적 불확지의 공탁만이 허용되고, 채권자가 누구인지 모른다는 전혀 알 수 없는 절대적 불확지 공탁은 원칙적으로 허용되지 않는다. 다만 토지보상법 제40조 제2항 제2호와 같이 특별규정이 있는 경우 등과 같이 계약이 전제되지 않는 경우에는 과실 없이 그 보상금을 받을 자를 전혀 알 수 없는 경우가 있으므로 절대적 불확지 공탁이 예외적으로 허용된다{대판(전) 1997. 10. 16. 96다11747}.

판례 매매계약의 중도금 지급기일을 앞두고 사망한 매도인에게 상속인들이 여러 명이 있고 그 중에는 출가한 딸들도 있을 뿐 아니라 출가하였다가 자식만 남기고 사망한 딸도 있는 등 매수인인 원고들로서는 매도인의 공동상속인들이나 그 상속인들의 상속지분을 구체적으로 알기 어렵다면, 원고들이 중도금 지급기일에 사망한 매도인을 피공탁자로 하여 중도금의 변제공탁을 한 것은 민법 제487조 후단에 해당하여 유효하다(대판 1991. 5. 28. 91다3055).

(2) 구체적 사례

실무상 채권자 불확지공탁을 하는 경우는 수용보상금의 공탁절차에서 많이 발생하고 있으나 그 부분에 대한 자세한 설명은 수용보상금공탁에서 다루기로 한다. 여기서는 그 밖의 채권자 불확지공탁의 사례에 관하여 살펴본다.

(가) 채권양도의 효력에 관하여 사실상 또는 법률상 의문이 있는 경우

① 채권양도금지특약에 반하여 채권양도가 이루어진 경우, 그 양수인이 양도금지특약이 있음을 알았거나 중대한 과실로 알지 못하였던 경우에는 채권양도는 효력이 없게 된다(민법 449조 2항). 이 경우 채무자로서는 채권양도금지특약에 대한 양수인의 선의 등의 여부를 알 수 없어 과연 채권이 적법하게 양도된 것인지 의문이 제기될 여지가 충분히 있으므로, 특별한 사정이 없는 한 채권자 불확지에 해당된다(대판 2000. 12. 22. 2000다55904).

그러나 채권양도금지의 특약이 있는 채권에 대한 전부명령이 확정된 경우에는 양도금지의 특약 있는 채권이라도 전부채권자의 선의 여부를 불문하고 전부채권자에게 이전되므로 채무자는 채권자 불확지 변제공탁을 할 수 없다(대판 2002. 8. 27. 2001다71699 참조).

② 확정일자 있는 증서에 의한 채권양도통지가 동시에 이루어졌거나 그 도달의 선후가 불분명하다면 채무자는 이중변제의 위험이 있으므로 채권자 불확지에 해당된다(대판(전) 1994. 4. 26. 93다24223, 공탁선례 2-120).

③ 특정채권에 대하여 채권양도의 통지가 있었으나 그 후 통지가 철회되는 등으로 채권이 적법하게 양도되었는지 여부에 관하여 의문이 있는 경우도 채권자 불확지에 해당된다(대판 1996. 4. 26. 96다2583).

(나) 채권자에 대하여 처분금지가처분이 있는 경우

채권에 대하여 처분금지가처분이 있고 가처분채권자와 가처분채무자 사이에 채권의 귀속에 관해 다툼이 있는 경우 그 종국적 확정은 본안소송에 달려 있으므로 채권자 불확지에 해당하고, 피공탁자를 가처분채무자 또는 가처분채권자로 하는 상대적 불확지 변제공탁을 할 수 있다(공탁선례 201101-2).

예컨대, 갑이 을의 병에 대한 채권에 대해 압류 및 전부명령을 하였는데, 그 전부금채권에 대하여 다시 정이 갑을 가처분채무자, 병을 제3채무자로 하는 추심 및 지급금지가처분을 한 경우 병은 가처분채무자 갑 또는 가처분채권자 정을 피공탁자로 하여 채권자 불확지를 이유로 한 변제공탁을 할 수 있다(대판 1991. 3. 8. 90다17606 참조).

(다) 그 밖의 경우

① 전부명령이 송달된 후 강제집행정지결정이 송달된 경우에 제3채무자로서는 전부명령의 발령 전에 강제집행정지결정이 집행기관에 제출됨으로써 강제집행정지의 효력이 발생하였는지(민집법 49조) 여부나 전부명령이 과연 적법하게 발령되었는지 여부를 알 수 없으므로 채권자 불확지에 해당된다.

② 동일 채권에 대하여 채권양도와 (가)압류가 경합된 경우에는 확정일자 있는 채권양도통지와 가압류결정정본의 제3채무자에 대한 도달의 선후에 의하여 그 우열을 결정하여야 한다. 그러나 확정일자 있는 채권양도

통지와 (가)압류명령 등이 제3채무자에게 동시에 송달되어 그들 상호간에 우열이 없는 경우에는 제3채무자는 이중지급의 위험이 있으므로 채권자 불확지에 해당된다(대판(전) 1994. 4. 26. 93다24223).

채권양도통지와 (가)압류결정정본이 같은 날 도달되었는데 그 선후관계에 대하여 달리 입증이 없으면 동시에 도달된 것으로 추정한다.

③ 장래의 불확정채권에 대하여 수개의 전부명령이 존재하고, 그 후 확정된 피압류채권액이 각 전부금액의 합계액에 미달하는 경우에도 각 전부명령이 그 송달 당시 압류의 경합이 없어 유효한 이상 제3채무자는 이중지급의 위험이 있으므로 채권자 불확지에 해당된다(대판 1998. 8. 21. 98다15439).

④ 공탁자가 지급하여야 할 보상금의 총액은 확정되어 있으나 보상금 수령권자가 불분명할 뿐만 아니라 그 배분 금액도 다투는 경우에는 다투는 자 전원을 피공탁자로 지정하여 채권자 불확지공탁을 할 수 있다(2008. 8. 6. 공탁상업등기과-799).

⑤ 예금계약의 출연자와 예금명의자가 서로 다르고 양자 모두 예금채권에 관한 권리를 적극 주장하고 있는 경우로서 금융기관이 그 예금의 지급시는 물론 예금계약 성립시의 사정까지 모두 고려하여 선량한 관리자로서의 주의의무를 다하여도 어느 쪽이 진정한 예금주인지에 관하여 사실상 혹은 법률상 의문이 제기될 여지가 충분히 있다고 인정되는 때에는 채권자 불확지에 해당된다(대판 2004. 11. 11. 2004다37737).

⑥ 예금주가 사망했을 때 금융기관이 그 상속인을 확인하기 위하여 선량한 관리자로서의 주의의무를 다하여도 상속인의 전부 또는 일부를 알 수 없는 경우에는 채권자 불확지에 해당된다(공탁선례 2-122).

⑦ 채권자인 예금주가 사망한 후 상속인 중의 일부가 은행을 상대로 자신의 상속지분에 상당하는 돈의 지급을 구하는 소를 제기한 데 대하여 다른 상속인이 '자신에게 기여분이 있고, 망인이 상속인 중 망인의 처와 자신에게 대부분의 재산을 상속시킨다는 취지의 유언공정증서를 남겼다'는 등의 이유로 위 돈의 지급을 하지 말 것을 은행에 요구하고 있는 경우, 채무자인 은행은 상속인들을 피공탁자로 지정하고 그 상속지분을 알 수 없는 이유를 공탁원인사실에 구체적으로 기재하여 채권자 불확지 변제

공탁을 할 수 있다(2009. 4. 17. 상업등기심의관-936).

⑧ 국가가 제3채무자인 경우에 국가는 자기가 제정한 법률을 잘 알고 있다 할 것이므로 압류 및 전부명령이 경합된 경우에 어느 것이 우선하는가를 알지 못하였다면 이는 과실이라 아니할 수 없고, 따라서 이 경우는 채권자 불확지에 해당되지 않는다(대판 1963. 2. 7. 62다790).

3. 변제공탁의 내용

변제공탁에 의하여 채무소멸의 효과가 생기는 것은 그 공탁이 변제와 동일한 이익을 채권자에게 주기 때문이므로 변제공탁의 내용은 채무의 내용에 따른 것이어야 한다. 따라서 특별한 경우(민법 490조의 자조매각 등)를 제외하고는 변제공탁의 내용도 본래 채무의 내용과 동일하여야 한다.

이와 관련하여 공탁금 출급에 조건을 붙인 조건부 공탁과 채무액 일부의 공탁이 특히 문제가 된다.

가. 일부 공탁

(1) 의 의

(가) 변제공탁이 유효하기 위하여는 채무 전부(원금, 이자, 지연손해금, 비용 등)에 대하여 공탁하여야 하므로, 일부의 공탁은 일부의 채무이행이 유효하다고 인정될 수 있는 특별한 사정이 있는 경우를 제외하고는 채권자가 이를 수락하지 않은 한 그 공탁은 무효로 되어 채무소멸의 효과가 발생하지 않는다(대판 1983. 11. 22. 83다카161).

따라서 채무자는 채무의 일부소멸의 효과도 주장할 수 없다. 그러나 채권자에 대한 변제자의 공탁금액이 채무의 총액에 비하여 아주 근소하게 부족한 경우에는 당해 변제공탁은 신의칙상 유효한 것이라고 보아야 한다(대판 1988. 3. 22. 86다카909).

(나) 일부공탁이 유효한 경우에는 공탁서상의 공탁원인사실란에 그 일부공탁이 유효할 수 있는 근거를 기재하여야 하나 그에 대한 소명자료까지 첨부할 필요가 없다.

(다) 채무금액에 다툼이 있는 채권에 관하여 채무자가 채무 전액의 변제임을 공탁원인 중에 밝히고 공탁한 경우 채권자가 그 공탁금을 수령할 때 채권의 일부로서 수령한다는 등 별단의 유보의사표시를 하지 않은 이상 그 수령이 채권의 전액에 대한 변제공탁의 효력을 인정된다(대판 1983. 6. 28. 83다카88, 89).

그러나 채권자가 공탁금을 채권의 일부에 충당한다는 이의유보의 의사표시를 하고 이를 수령한 때에는 그 공탁금은 채권의 일부의 변제에 충당된다(대판 1997. 7. 26. 96다14616).

(라) 채무자가 채무액의 일부만을 변제공탁 하였으나 그 후 부족분을 추가로 공탁하였다면 그 때부터는 채무액 전액에 대하여 유효한 공탁이 이루어진 것으로 볼 수 있다. 이 경우 채권자가 공탁물수령의 의사표시를 하기 전이라면 추가공탁을 하면서 제1차 공탁시에 지정된 공탁의 목적인 채무의 내용을 변경하는 것도 허용된다(대판 1991. 12. 27. 91다35670).

(2) 구체적 사례

(가) 원금 이외에 이자, 지연손해금, 비용 등이 발생한 경우에는 이를 모두 포함한 금액을 공탁하여야 유효한 공탁이 된다. 이 경우 지연손해금은 변제기 다음날부터 유효한 변제제공일까지 계산한 금액으로 한다.

그러나 원금과 비용 및 이자를 별개 채무로 변제하기로 하는 특약이 있는 경우에는 그 중 하나의 채무에 대한 변제공탁도 유효하다.

(나) 부동산 임대차에 있어서 수수된 보증금은 차임채무, 목적물의 멸실·훼손 등으로 손해배상채무 등 임대차관계에 따른 임차인의 모든 채무를 담보하는 것으로서 그 피담보채무 상당액은 임대차관계의 종료 후 목적물이 반환될 때에 특별한 사정이 없는 한 별도의 의사표시 없이 보증금에서 당연히 공제되므로(대판 1999. 12. 7. 99다50729), 임대차관계가 종료되는 경우에 그 임대차보증금 중에서 목적물을 반환받을 때까지 생긴 연체차임 등 임대차관계에서 당연히 발생하는 모든 채무를 공제한 나머지 금액에 대한 변제공탁은 유효하다(대판 2002. 12. 10. 2002다52657).

(다) 매월 말일 차임을 지급하기로 약정한 경우에 비록 수개월분의 차임이 연

체되어 있더라도 차임지급채무는 매월 사용·수익의 대가로 부담하는 것이므로, 그 중 1개월분의 차임 및 지연손해금의 변제공탁은 채무의 내용에 따른 변제공탁으로서 유효하다.

(라) 경매부동산을 매수한 제3취득자가 그 부동산으로 담보하는 채권최고액과 경매비용을 변제공탁한 경우 그 변제공탁은 유효하다(대결 1971. 5. 15. 71마251).

(마) 근저당권의 피담보채무에 관하여 전액이 아닌 일부에 대하여 공탁한 경우 그 피담보채무가 계속적인 금전거래에서 발생하는 다수 채무의 집합체라고 하더라도 공탁금액에 상응하는 범위에서 채무소멸의 효과가 발생하는 것은 아니다(대판 1998. 10. 13. 98다17046).

(바) 채무자의 채무액이 근저당 채권최고액을 초과하는 경우에 채무자 겸 근저당권설정자가 그 채무의 일부인 채권최고액과 지연손해금 및 집행비용만을 변제공탁하였다면 일부 공탁에 해당되어 그 변제공탁은 원칙적으로 무효이다(대판 1981. 11. 10. 80다2712).

(사) 공익사업을위한토지등의취득및보상에관한법률에 의하여 사업시행자가 토지소유자에게 지급할 보상금이 소득세법 제156조 또는 법인세법 제98조에 의하여 원천징수의 대상이 되는 경우에는, 사업시행자는 토지소유자에게 지급할 보상금에서 그 원천징수세액을 공제한 나머지 금액을 공탁할 수 있다. 이 경우 공탁서상의 공탁원인사실란에 원천징수세액을 공제한 사실을 기재하여야 할 것이나 원천징수세액의 공제를 소명하는 자료는 제출할 필요가 없다(2004. 5. 11. 공탁법인 3302-106).

(아) 공익사업토지보상법에 의한 수용보상금의 공탁은 특별한 사정(사업시행자가 토지수용위원회가 재결한 보상액에 불복하여 자기의 예정금액을 지급하고 재결에서 정한 보상액과의 차액만을 공탁하는 경우)이 없는 한 보상금 전액을 공탁하여야 하므로 사업시행자가 피수용자의 전기요금 등을 대납하였다 하더라도 그 만큼을 공제한 차액만을 공탁할 수는 없다(2001. 11. 19. 법정 3302-458).

(자) 공익사업토지보상법에 의한 수용보상금의 공탁은 재결에서 정해진 보상금 전액의 공탁을 의미하므로, 피수용토지에 대한 상속등기를 대위신청할 때 소요될 등록면허세액 기타 비용을 공제한 나머지 금액만을 공탁한

다면 이는 유효한 공탁이 될 수 없다(2002. 5. 29. 법정 3302-197).

나. 반대급부 조건부 공탁

(1) 의 의

변제공탁이 유효하려면 공탁행위의 결과로서 당연히 생기는 것 외에는 채권자의 공탁물 출급청구권과 본래 채권자가 채무자에 대하여 가지고 있는 지급청구권과는 그 권리의 범위에 있어서 같아야 하므로, 채무자가 채권자에 대하여 동시이행의 항변권을 가지는 때에는 채무자는 채권자의 반대급부의 이행을 공탁물수령의 조건으로 하여 공탁할 수 있다.

그러나 변제공탁의 경우 채권자가 반대급부 또는 기타 조건의 이행을 할 의무가 없음에도 불구하고 채무자가 이를 조건으로 공탁한 때에는 채권자가 이를 수락하지 않는 한 그 변제공탁은 효력이 없으며 그 뒤 채무자의 공탁에 붙인 조건의 철회정정청구에 따라 공탁관으로부터 위 정정청구의 인가결정이 있었다 하더라도 그 변제공탁은 인가결정시부터 반대급부조건이 없는 변제공탁으로서의 효력을 갖는 것으로서 그 효력이 당초의 변제공탁시로 소급하는 것은 아니다(대판 1986. 8. 19. 85누280).

또한, 부당한 반대급부 조건을 붙여서 한 변제공탁이라 할지라도 그 반대급부 조건이 이미 성취되어 공탁물 수령에 아무런 지장이 없으면 그 공탁은 유효한 것으로 된다(대판 1969. 2. 18. 66다1244).

(2) 반대급부 조건부 공탁이 유효한 경우

반대급부 조건부 공탁이 유효한 경우로는 ① 매매, 교환 등 동시이행관계에 있는 쌍무계약상의 채무, ② 특약 등에 의하여 동시이행관계를 설정한 채무(예컨대, 피담보채무의 변제와 저당권설정등기말소는 동시이행관계는 아니나 특약에 의하여 동시이행관계를 설정할 수 있음), ③ 법률이 특히 동시이행관계를 규정한 채무(민법 317조의 전세금반환과 전세목적물의 인도 및 전세권설정등기의 말소등기에 필요한 서류의 교부 등), ④ 판례가 동시이행관계를 인정한 채무(임대차보증금의 반환과 임차목적물의 명도) 등을 들 수 있다.

(가) 반대급부 조건부 공탁이 유효한 사례

① 부동산매매시 매수인의 잔대금지급채무와 매도인의 소유권이전등기절차이행의무는 특약이 없는 한 동시이행관계에 있으므로, 매수인이 잔대금을 변제공탁하면서 소유권이전등기에 필요한 일체 서류의 교부를 반대급부 조건으로 한 것은 유효하다(공탁선례 2-126).

② 소유권 이외의 권리관계가 없는 부동산에 대하여 매매계약을 체결하고 계약금과 중도금까지 이행된 후 잔대금 지급기일 전에 목적 부동산 위에 근저당권설정등기 및 압류등기가 이루어진 경우에는 특약이 없는 한 매수인의 잔대금 지급의무와 매도인의 소유권이전등기 및 기타 권리등기의 말소의무와는 동시이행관계에 있다고 할 것이므로, 매수인이 잔대금 채무를 변제공탁하면서 소유권 이외의 권리 일체를 말소할 것을 반대급부 조건으로 하는 것은 유효하다(공탁선례 2-126).

③ 채무의 이행확보를 위하여 어음을 발행한 경우 채무의 이행과 어음의 반환은 동시이행의 관계에 있으므로, 그 채무를 변제공탁하면서 어음의 반환을 반대급부를 조건으로 하는 변제공탁은 유효하다(대판 1992. 12. 22. 92다8712).

④ 전세권자의 전세목적물 인도의무 및 전세권설정등기말소 이행의무와 전세권설정자의 전세금 반환의무는 서로 동시이행의 관계에 있기 때문에, 전세권설정자가 전세금을 공탁하면서 전세권말소를 반대급부 조건으로 한 것을 유효하다(공탁선례 2-128).

(나) 기타 동시이행의 항변권이 인정되는 사례

① 계약해제로 인한 쌍방의 원상회복의무(민법 549조), ② 매도인의 담보책임(민법 583조), ③ 도급인의 손해배상청구권과 수급인의 보수청구권(민법 667조 3항), ④ 종신정기금계약의 해제(민법 728조), ⑤ 가등기담보에서 청산금지급채무와 부동산의 소유권이전등기 및 인도의무(가등기담보등에관한법률 4조 3항), ⑥ 쌍무계약이 무효로 되어 각 당사자가 서로 취득한 것을 반환하여야 할 경우의 각 당사자 상호간의 반환의무(대판 1996. 6. 14. 95다54693), ⑦ 경매절차가 무효로 된 경우의 소유권이전등기 말소의무와 배당금반환의무(대판 1995.

9. 15. 94다55071), ⑧ 임대차계약기간이 만료된 경우에 임차인이 임차목적물을 명도할 의무와 임대인이 보증금 중 연체차임 등 해당 임대차에 관하여 명도시까지 생긴 모든 채무를 청산한 나머지를 반환할 의무(대판 1977. 9. 28. 77다1241, 1242), ⑨ 신탁계약에 있어서 위탁자 또는 수익자가 부담하는 신탁비용 및 신탁보수 지급의무와 신탁종료시에 수탁자가 부담하는 신탁재산을 이전할 의무(대판 2008. 3. 27. 2006다7532, 7549).

(3) 반대급부 조건부 공탁이 무효인 경우

변제공탁이 채무의 본지에 따른 것이라 하여도 채권자가 반대급부 또는 기타 조건의 이행을 할 의무가 없음에도 불구하고 채무자가 변제제공을 함에 있어서 채권자로 하여금 어떠한 조건을 이행하지 않는 한 그 공탁물을 수령할 수 없다는 취지로 공탁을 한 때에는 채권자가 이를 수락하지 않는 한 그 변제공탁은 효력이 없다(대판 1969. 5 27. 69다298, 299).

반대급부 조건부 공탁이 무효가 되는 경우는 다음과 같다.

(가) 근저당권의 피담보채무를 변제공탁하면서 근저당권등기의 말소에 필요한 일체 서류의 교부를 반대급부조건으로 한 경우 특약이 없는 한 그 공탁은 무효이다(대결 1966. 4. 29. 65마210, 대판 1975. 12. 23. 75다1134).

(나) 채무의 담보를 위하여 가등기 및 그 가등기에 기한 본등기가 경료된 경우에 채무자가 변제공탁을 하면서 가등기 및 본등기의 말소를 반대급부 조건으로 하였다면 그 공탁은 무효이다(대판 1982. 12. 14. 82다카 1321, 1322).

(다) 사업시행자가 공익사업토지보상법 제40조 제2항에 의하여 수용보상금의 공탁을 하면서 매매계약서, 등기필증, 인감증명서, 주민등록표초본, 부동산등기사항증명서(소유권이 사업시행자 앞으로 이전되고 소유권 이외의 권리가 말소된 것)을 반대급부 조건으로 한 경우 그 공탁은 무효이다(대판 1979. 10. 30. 78누378 참조).

(라) 채무자가 근저당권의 피담보채무의 변제공탁을 하면서 경매신청취하와 근저당권등기말소의 선이행을 반대급부 조건으로 한 경우 그 공탁은 무효이다(대판 1970. 9. 22. 70다1061).

(마) 건물명도와 동시이행관계에 있는 임차보증금의 변제공탁을 하면서 건물

을 명도하였다는 확인서를 첨부하여야 할 것을 반대급부 조건으로 붙인 경우 그 변제공탁은 명도의 선이행을 조건으로 한 것이라고 볼 수밖에 없으므로 무효이다(대판 1991. 12. 10. 91다27594). 다만, 건물명도와 임차보증금반환채무는 동시이행관계에 있으므로(대판 1998. 9. 4. 98다26453 등 다수) "건물을 명도하였다는 확인서"만을 반대급부 조건으로 하여 변제공탁하는 것은 불가능하지만, "건물명도"를 반대급부 조건으로 한 변제공탁은 할 수 있다.

(바) 임대인의 임대차보증금 반환의무와 임차인의 "주택임대차보호법" 제3조의3에 의한 임차권등기 말소의무가 동시이행관계에 있는 것은 아니므로(대판 2005. 6. 9. 2005다4529), 임차보증금을 변제공탁하면서 "주택임대차보호법" 제3조의3에 의한 임차권등기 말소를 반대급부 조건으로 공탁할 수 없다.

(사) 채무자가 채권 전부를 변제한 때에는 채권자에게 채권증서의 반환을 청구할 수 있으나(민법 475), 영수증 교부와는 달리 변제와 동시이행의 관계에 있는 것은 아니므로(대판 2005. 8. 19. 2003다22042), 채권증서의 반환을 반대급부 조건으로 공탁할 수는 없다.

제 4 절 변제공탁의 효과

1. 채무의 소멸

변제공탁을 하면 변제가 있었던 것처럼 채무는 소멸되고(민법 487조), 그 이자의 발생도 정지된다. 이러한 채무소멸의 효과는 공탁관이 공탁을 수리하고 공탁자가 공탁물보관자에게 공탁물을 납입한 때에 발생하는 것이지 피공탁자에 대한 공탁통지나 피공탁자의 수익의 의사표시가 있는 때에 공탁의 효력이 생기는 것이 아니다(대결 1972. 5. 15. 72마401).

그러나 공탁이 행해진 후에도 변제자에 의한 공탁자는 공탁물의 회수가 허용되기 때문에 회수권이 존속하는 동안은 공탁의 효력은 불확정적인 상태에 있다. 여기에서 공탁에 의한 채무소멸의 효력발생에 관하여 회수권의 조건으로 하는 해제조건설과 정지조건설이 나누어지고 있다.

가. 해제조건설(판례)

채권은 변제공탁의 성립에 의하여 소멸하지만 공탁자가 공탁물을 회수하면 공탁시에 소급해서 채무소멸의 효과가 발생하지 않는 것으로 된다. 장차 공탁물의 "회수"를 해제조건으로 하여 채무소멸의 효과가 성립시에 발생한다. 즉 공탁성립과 동시에 채무는 소멸되며 공탁자가 공탁물을 회수하면 처음부터 공탁이 없었던 것으로 채무는 소멸하지 않은 것으로 된다.

판례 변제공탁은 공탁관의 수탁처분과 공탁물보관자의 공탁물 수령으로 그 효력이 발생하여 채무소멸의 효과를 가져오는 것이고, 채권자에 대한 공탁통지나 채권자의 수익의 의사표시가 있는 때에 공탁의 효력이 생기는 것이 아니다(대결 1972. 5. 15. 72마401).

나. 정지조건설

공탁에 의한 채무소멸의 효력은 공탁회수권이 소멸을 정지조건으로 하지만 일반적인 정지조건의 성취의 경우와 달리 채무소멸의 효과는 소급하여 발생한다.

다. 결 어

민법 제487조는 채무자는 변제공탁을 하여 채무를 면한다는 규정과 공탁으로 인하여 질권 또는 저당권이 소멸한 때에는 공탁물 회수청구권을 행사할 수 없다는 규정(민법 489조 2항)에 의하여 볼 때 공탁과 동시에 채무자 소멸한다는 해제조건설이 타당하다.

2. 담보권의 소멸(저당권·질권·전세권)

변제공탁이 성립하면 채무가 소멸하므로 그 채무에 수반된 물적담보(질권, 저당권 등)나 인적담보(보증채무 등)도 변제공탁의 성립으로 당연히 소멸한다.

따라서 채무자는 담보물의 반환, 저당권설정등기의 말소를 청구할 수 있고, 변제공탁으로 인하여 질권 저당권이 소멸한 때에는 공탁자는 공탁물회수를 할 수 없다(민법 489조 2항).

3. 공탁물 지급청구권의 발생

변제공탁으로 피공탁자는 공탁소에 대하여 공탁물 출급청구권을 취득하고, 공탁자는 공탁물 회수청구권을 취득한다.
피공탁자의 공탁물 출급청구권은 본래의 채권을 갈음하는 권리로서 그 권리의 성질과 범위는 본래의 채권과 동일한 것이라고 할 것이므로, 본래의 채권이 압류금지채권이라면 그 공탁물 출급청구권도 압류금지채권으로 된다.

4. 공탁물 소유권의 이전

공탁물의 소유권이 피공탁자에게 이전되는 시기는 공탁물의 종류에 따라 다르다.
공탁물이 금전 기타 소비물인 경우 소비임치가 성립하므로(민법 702조), 공탁물의 소유권은 공탁 성립시에는 일단 공탁소가 취득하였다가 그 후에 피공탁자(채권자)가 공탁소로부터 동종, 동질, 동량의 물건을 수령한 때에 비로소 피공탁자가 공탁물의 소유권을 취득한다.
한편, 실무는 부동산 공탁을 인정하지 않고 있다(공탁선례 2-5).

제 5 절 변제공탁물의 지급

1. 의 의

공탁이 성립되면 공탁자에게는 회수청구권이, 피공탁자에게는 출급청구권이 각각 독립하여 공탁과 동시에 발생한다. 이들 양 권리를 합하여 강학상 지급청구권이라 한다.

공탁물 지급청구권은 공탁자 또는 피공탁자에게 귀속하는 일종의 지명채권의 성질을 가지며 일신전속권이 아니므로 상속의 대상이 된다. 양도, 질권설정 등의 임의처분은 물론 압류, 가압류, 가처분, 전부·추심명령, 체납처분 등 집행의 대상이 될 수 있으며, 채권자대위권의 목적이 될 수 있다.

공탁물 출급청구권과 공탁물 회수청구권은 하나의 공탁에 의하여 발생된 두 개의 권리인 점에서 그 중 어느 일방의 권리가 행사되면 타방의 권리도 소멸된다. 그전까지는 양 권리는 서로 독립한 별개의 청구권이므로 원칙적으로 어느 일방에 대한 양도, 압류 등은 타방에 대하여 아무런 영향을 미치지 않는다.

2. 변제공탁물의 출급

가. 의 의

공탁물의 출급은 출급청구권자인 피공탁자(채권자) 등의 청구에 의하여 공탁의 본래 목적에 따라 피공탁자 등에게 공탁물을 지급하는 것을 의미한다.

나. 출급청구권자

(1) 피공탁자

(가) 변제공탁의 공탁물 출급청구권자는 피공탁자 또는 그 승계인이고, 피공탁자는 공탁서의 기재에 의하여 형식적으로 결정되므로, 실체법상의 채권자라고 하더라도 피공탁자로 지정되어 있지 않다면 공탁물 출급청구권을 행사할 수 없다(대결 1993. 12. 15. 93마1470).

따라서 공탁자가 아닌 제3자가 피공탁자를 상대로 하여 공탁물 출급청구권 확인판결을 받았더라도 그 확인판결을 받은 제3자가 직접 공탁물 출급청구를 할 수는 없고, 수인을 공탁금에 대하여 균등한 지분을 갖는 피공탁자로 하여 공탁한 경우 피공탁자 각자는 공탁서의 기재에 따른 지분에 해당하는 공탁금을 출급청구할 수 있을 뿐이며, 비록 피공탁자를 내부의 실질적인 지분비율이 공탁서상의 지분비율과 다르다고 하더라도 이는 피공탁자 내부간에 별도로 해결해야 할 문제이다.

판례 채무자가 확정판결에 따라 갑과 을을 피공탁자(지분 각 1/2)로 하여 판결에서 지급을 명한 금액을 변제공탁한 경우, 갑과 을은 각자 위 공탁금의 1/2 지분에 해당하는 공탁금을 출급청구할 수 있을 뿐이고, 각자의 지분을 초과하는 지분에 대하여는 갑과 을이 피공탁자로 지정되어 있지 않으므로 초과지분에 대하여 상대방을 상대로 공탁금 출급청구권의 확인을 청구할 수 없다(대판 2006. 8. 25. 2005다67476). 이 경우 피공탁자로부터 공탁물 출급청구권을 양도하거나, 자발적으로 양도하지 않으면 피공탁자를 상대로 공탁물 출급청구권에 대한 양도의 의사표시를 하고 채무자인 국가(소관 공탁관)에게 통지하라는 내용의 판결을 받아 출급청구할 수 있을 것이다.

(나) 가분채권은 원칙적으로 각 채권자별로 그 채무이행지 공탁소에 공탁하여야 하나, 공탁원인과 공탁소가 동일한 경우에는 1건의 공탁으로 할 수 있고, 이 경우에는 각 채권자가 자기 지분만을 출급청구할 수 있다.

따라서 수용보상금을 공탁하면서 수용대상토지의 공유자 전원을 피공탁자로 한 그 수용보상금을 가분채권으로 보아 공유자 각자가 자기의 등기부상 지분에 해당하는 공탁금을 출급청구할 수 있다(공탁선례 2-202).

그러나 불가분채권의 목적물이 공탁된 경우에는 수인의 피공탁자 전원이 함께 공탁금을 출급하여야 한다. 실체법상 불가분채권자 1인이 모든 채권자를 위하여 단독으로 공탁서에 공탁금출급청구를 할 수 없고, 피공탁자 전원이 함께 청구하거나 피공탁자 1인이 나머지 피공탁자의 위임을 받아 청구하여야 한다(공탁선례 2-133).

(다) 조합재산을 토지보상법에 의하여 수용하고 그 보상금을 공탁하면서 합유자인 조합원 전체를 피공탁자로 한 경우에는 조합원의 지분을 특정하였다면 그 보상금은 조합원 전체의 합유이므로, 위 공탁금을 출급청구함에 있어서는 조합원 전원의 청구에 의하여야 한다(공탁선례 2-205 참조).

(2) 피공탁자의 승계인

(가) 피공탁자로부터 출급청구권을 상속, 채권양도, 전부명령 그 밖의 원인으로 승계받은 자는 그 사실을 증명하는 서면을 첨부하여 피공탁자의 승계

인으로서 공탁물 출급청구권을 행사할 수 있다.

따라서 공탁물 출급청구권에 대한 압류 및 전부명령이 국가에 송달된 후 그 전부명령이 확정되기 전에 다른 압류명령 등이 국가에 송달되었더라도 선행의 전부명령이 실효되지 않는 한 압류의 경합이 생기지 아니하므로, 차후에 그 전부명령이 확정되면 전부채권자는 피공탁자의 특정승계인으로서 토지수용보상 공탁금을 출급청구할 수 있다(공탁선례 2-352).

(나) 또한, 추심채권자가 집행채권을 제3자에게 양도한 경우 당해 추심권자로서의 지위도 집행채권의 양도에 수반하여 양수인에게 이전된다고 할 것이므로 집행채권의 양수인은 다시 국가를 제3채무자로 하여 압류 및 추심명령을 받을 필요는 없다(공탁선례 2-335).

(다) 한편, 근로기준법 제43조 제1항은 근로자를 보호하기 위하여 사용자가 임금을 직접 근로자에게 지급하도록 하고 있으므로, 사용자는 임금채권의 양수인이나 또는 근로자 대리인에게 임금을 지급할 수 없다.

따라서 사용자가 임금 또는 퇴직금을 변제공탁한 경우 근로자 본인이 아닌 대리인은 원칙적으로 출급청구를 할 수 없으나 근로자가 질병 등 부득이한 사정으로 직접 청구할 수 없는 사유가 있음을 소명하고 그 배우자나 자녀가 공탁금출급청구를 한 경우와 같이 사실상 본인이 청구한 것과 동일하게 볼 수 있는 때에는 예외적으로 공탁물을 출급청구할 수도 있다(공탁선례 2-52).

다. 출급청구권의 행사

(1) 출급청구권 증명서면

공탁물을 출급하기 위해서는 출급청구권 증명서면을 첨부하여야 하지만 공탁서의 기재에 의하여 출급청구권이 있는 사실이 명백한 경우에는 출급청구권 증명서면의 제출이 면제된다(공탁규칙 33조 3호).

(가) 확지 변제공탁

피공탁자를 확정적으로 지정한 일반적인 변제공탁의 경우에는 공탁서나 공탁통지서의 기재 자체에 의하여 출급청구권자와 출급청구권의 발생 및 그 범위를 대부분 알 수 있으므로 원칙적으로 별도의 출급청구권 증명서면을 제출할 필요가 없다.

(나) 상대적 불확지 변제공탁

상대적 불확지 변제공탁의 경우에는 공탁서만으로는 피공탁자가 특정되지 않으므로, 출급청구를 하려는 자는 다음과 같이 자기가 피공탁자임을 증명하는 서면을 첨부하여야 한다(행정예규 1061호).

① 피공탁자 전원이 공동으로 출급청구하는 경우에는 출급청구서의 기재에 의하여 상호 승낙이 있는 것으로 볼 수 있으므로, 별도의 출급청구권 증명서면을 제출할 필요가 없다.

② 사해행위취소 및 가액배상을 구하는 소송을 제기한 수인의 취소채권자들 중 누구에게 가액배상금을 지급하여야 하는지 알 수 없다는 이유로 채권자들의 청구금액 중 판결 또는 화해권고결정 등에 의하여 가장 다액으로 확정된 금액 상당을 공탁금액으로 하고 그 취소채권자 전부를 피공탁자로 하여 수익자가 공탁자로서 상대적 불확지공탁을 한 경우 피공탁자 각자는 공탁서의 기재에 따라 각자의 소송에서 확정된 판결 등에서 인정된 가액배상금의 비율에 따라 공탁금을 출급청구할 수 있다(대판 2007. 5. 31. 2007다3391).

③ 피공탁자 사이에 권리의 귀속에 관하여 분쟁이 없는 경우에는 다른 피공탁자의 승낙서 또는 협의성립서(모두 인감증명서 첨부 또는 본인서명사실확인서나 전자본인서명사실확인서 발급증 첨부)를 첨부하여 출급청구할 수 있다.

④ 피공탁자들 사이에 권리의 귀속에 관하여 분쟁이 있는 경우에는 일방의 피공탁자가 다른 피공탁자를 상대로 자기에게 출급청구권이 있음을 증명하는 내용의 판결(조정조서, 화해조서 포함)을 첨부하여 출급청구할 수 있다.

⑤ 공탁서의 승낙서나 공탁자 또는 국가를 상대로 한 공탁물 출급청구권 확인판결 등은 출급청구권 증명서면으로 볼 수 없다.

⑥ 수용대상토지에 소유권등기말소청구권을 피보전권리로 한 처분금지가처분등기가 되어 있어 사업시행자가 피공탁자를 "가처분채권자 또는 토지소유자"로 하는 상대적 불확지공탁을 한 경우, 가처분채권자가 토지

소유자를 상대로 제기한 소유권이전등기말소청구의 소에서 패소확정의 본안판결을 받았거나 상속회복청구권의 제척기간 도과를 이유로 소각하된 판결이 확정되었다면 토지소유자는 그 확정판결을 공탁금 출급청구권 증명서면으로 하여 공탁금 출급청구를 할 수 있다(공탁선례 2-92).

⑦ 수용보상금을 공탁하면서 피공탁자를 "갑과 을"로 하였는데, 갑이 수용토지대상토지가 갑의 단독소유임을 증명하는 서류를 첨부하여 단독으로 공탁물출급청구를 할 수는 없다(대결 1989. 12. 1. 89마821).

(다) 절대적 불확지 변제공탁

채권자가 누구인지 전혀 알 수 없어 절대적 불확지 변제공탁을 한 경우에 공탁자가 나중에 피공탁자를 알게 된 때에는 그를 피공탁자로 지정하는 공탁서 정정신청을 하도록 하여 피공탁자로 하여금 공탁물을 출급청구하게 할 수 있다. 공탁자가 이에 응하지 않을 경우에는 공탁자를 상대로 하여 공탁물에 대한 출급청구권이 자기에게 있다는 확인판결(화해, 조정조서 등)을 받은 자가 그 판결정본 및 확정증명서를 출급청구권을 증명하는 서면으로 첨부하여 공탁물을 직접 출급청구할 수 있다({대판(전) 1997. 10. 16. 96다11747}.

(2) 반대급부 이행증명서면

(가) 의 의

공탁자와 피공탁자 사이에 서로 상대방이 그 채무이행을 제공할 때까지 자기의 채무이행을 거절할 수 있는 동시이행의 관계에 있는 경우에는 쌍방간의 공평을 기하기 위하여 공탁자는 피공탁자가 이행하여야 할 반대급부의 내용을 공탁서에 기재하고 변제공탁할 수 있다.

(나) 반대급부 이행의 상대방

반대급부이행의 상대방은 채무자(공탁자)이고 공탁물출급청구서에 공탁법 제10조의 반대급부이행 증명서면을 첨부하도록 되어 있으므로 반대급부의 목적물을 직접 공탁관에게 이행할 수는 없다(행정예규 973호).

다만, 공탁물을 수령하려고 하는 사람이 공탁자에게 공탁서에 기재된 반대급부의 이행을 제공하였으나 공탁자가 그 수령을 거절하는 때에는 그 반대급부를 변제공탁하고 공탁관으로부터 교부받은 공탁서를 공탁법 제10조 소정의 반대급부가 있었음을 증명하는 공정서면으로 첨부하여 공탁물 출급청구를 할 수 있다(대결 1990. 3. 31. 89마546).

(다) 반대급부 이행증명서면

반대급부 이행증명서면으로 공탁자의 서면 또는 판결문, 공정증서, 그 밖의 관공서에서 작성한 공문서 등을 들 수 있다(공탁법 10조, 공탁규칙 33조 3호).

① 공탁자의 서면이란 반대급부를 수령하였다는 공탁자 작성 반대급부영수증 또는 반대급부채권 포기서·면제서 등을 말하며, 인감을 찍고 인감증명서(본인서명사실확인서 또는 전자본인서명확인서의 발급증)을 첨부하여야 한다.

② 판결문이란 반대급부 이행사실이나 반대급부채권 포기 또는 면제가 판결의 주문 또는 이유 중에 명백히 기재된 판결문 등을 말한다. 확인판결, 이행판결, 형성판결을 불문하나 확정되었음을 요하므로 미확정의 가집행선고부 판결은 해당되지 않는다.

③ 공탁자가 공탁물수령자로부터 공탁자 앞으로의 소유권이전등기에 필요한 등기필증 또는 등기필정보, 매매계약서, 인감증명서 등 서류를 공탁자에게 교부하라는 반대급부 조건을 붙여 변제공탁한 후, 이와는 별도로 같은 부동산에 관한 소유권이전등기절차이행의 소를 제기하여 승소확정판결을 받은 경우 비록 위 판결에 기하여 앞서 반대급부조건으로 요구한 위 각 서류 없이 강제집행의 방법으로 그 부동산에 관한 공탁자 명의의 소유권이전등기를 마칠 수 있게 되었다 하더라도 위 판결을 반대급부이행 증명서면으로 볼 수는 없다(대결 1985. 12. 28. 85마712).

그러나 공탁자가 위 판결에 기하여 그 부동산에 대하여 이미 소유권이전등기를 마친 경우에는 그 소유권이전등기가 경료된 부동산의 등기사항증명서는 반대급부 이행증명서면으로 볼 수 있다.

④ 공정증서란 반대급부 이행사실이나 반대급부채권 포기 또는 면제 등이 기재된 공증인, 법무법인·법무법인(유한) 또는 법무조합이 작성한 문서를 말한다.

⑤ 그 밖의 관공서에서 작성한 공문서 등이란 공문서 또는 관공서가 사문서

에 내용의 진정을 증명한 서면을 말한다. 반대급부 목적물을 내용증명 및 배달증명우편으로 발송한 경우의 내용증명 및 배달증명, 반대급부 목적물을 변제공탁한 경우의 물품공탁서(대결 1990. 3. 31. 89마546) 등이 이에 해당된다.

⑥ 또한, 건물인도나 철거 등을 반대급부내용으로 하여 공탁한 경우 공탁자의 강제집행신청으로 건물인도나 철거 등의 사실이 기재된 집행관 작성의 부동산인도집행조서도 이에 해당된다.

⑦ 이와 같이 부당한 반대급부조건을 붙인 변제공탁은 피공탁자가 위 조건을 수락하여 공탁금의 출급을 받으려고 한하면 먼저 반대급부조건을 이행하고 반대급부조건을 이행하였음을 증명하는 서면을 첨부(대결 1986. 12. 12. 86다카26, 공탁선례 2-75)하여야 하지만 공탁서에 기재된 공탁으로 인하여 소멸할 질권, 저당권, 전세권의 표시는 반대급부 조건이 아니므로 그 등기의 말소를 증명하는 서면을 첨부할 필요는 없다(공탁선례 2-142).

(3) 이의유보부 출급(이의유보 의사표시)

(가) 의 의

채무자가 변제공탁을 한 경우에 피공탁자인 채권자가 공탁원인사실은 다투면서 우선 그것이라도 받아놓고 싶은 경우에, 공탁자의 공탁원인을 받아들이지 않는다는 의사표시하면서 그 공탁물을 수령하는 것이 가능하다는 것이 현재 통설과 판례의 입장이지만, 이와 같이 공탁물출급청구를 함에 있어 공탁원인을 받아들이지 않는다는 의사표시를 이의의 유보라고 한다.

그러나 이의유보의 의사표시는 채권의 성질에 다툼이 있는 경우에는 할 수 없으므로, 차임으로 변제공탁한 것을 손해배상금으로 출급한다는 이의를 유보하고 공탁물을 출급하는 것은 허용되지 않는다.

판례 채권자가 단지 채무액에 대해서만 이의를 유보한 것이 아니라 채무자의 공탁원인인 부당이득반환채무금과 다른 손해배상채무금으로서 공탁금을 수령한다는 이의를 유보한 때에는, 채무자의 공탁원인인 부당이득반환채무의 일부 소멸의 효과가 발생하지 않고, 또한 이의유보의 취지대로 손해배상채무의 일부변제로서 유효하다고 할 수도 없다. 따라서 채권자의 위 공탁금을 회수할 수도 없게 됨으로써 동액 상당의 손해를 입었다 할 것이므로 채권자는 채무자에게 출급한 공탁금을 반환하여야 한다(대판 1996. 7. 26. 96다14616).

(나) 당 사 자

이의유보의 의사표시를 할 수 있는 자는 원칙적으로 변제공탁의 피공탁자이나, 공탁물 출급청구권에 대한 양수인, 전부채권자, 추심채권자, 채권자대위권을 행사하는 일반 채권자도 이의유보의 의사표시를 할 수 있다. 그러나 공탁물 출급청구권의 압류 또는 가압류채권자는 당해 공탁물 출급청구권의 처분권한을 갖지 못하므로 채권자대위에 의하지 않는 한 이의유보의 의사표시를 할 수는 없다.

이의유보 의사표시의 상대방은 공탁관뿐만 아니라 공탁자에 대하여도 할 수 있다(대판 1993. 9. 14. 93누4618).

판례 대한주택공사의 대리인은 대한주택공사법 제13조에 따라 공사의 업무에 관한 재판상 또는 재판 외의 모든 행위를 할 수 있는 권한을 갖고 있으므로 이의유보 의사표시의 상대방이 될 수 있으나(대판 1992. 9. 22. 92누3229 참조), 국립원호병원의 토지수용담당 주무과장은 원칙적으로 이의유보 의사표시의 상대방이 될 수 없다{대판(전) 1982. 11. 9. 82누197}.

(다) 이의유보 의사표시의 방법

공탁관에게 이의유보 의사표시를 하려면 공탁물 출급청구서의 "청구 및 이의유보 사유"란에 이의유보의 취지를 기재하면 되고, 공탁자에게 이의유보 의사표시를 하려면 공탁자에게 이의유보의 취지를 통지한 후 그 서면을 공탁물 출급청구서에 첨부하면 된다(공탁선례 2-143 참조).

(라) 이의유보 의사표시의 효과

채권액에 다툼이 있는 채권에 관하여, 채무자가 채무전액의 변제임을 공탁원인 중에 밝히고 공탁한 경우 채권자가 그 공탁금액을 수령할 때 채권의 일부로서 수령한다는 이의를 유보하고 공탁물을 출급 받는다면 이러한 이의유보부 출급으로 채권자는 그 나머지 잔액에 대하여도 다시 청구할 수 있으나, 피공탁자가 아무런 이의유보의 의사표시 없이 공탁물을 출급받은 때에는 공탁서에 기재된 공탁원인을 승낙하는 효과가 발생하여 채무전액에 대한 변제의 효과가 발생한다.

따라서 채권자가 아무런 이의 없이 공탁금을 수령하였다면 이는 공탁의 취지대로 수령한 것이 되어 그에 따른 법률효과가 발생하는 것이므로, 채무자가 변제충당할 채무를 지정하여 공탁한 것을 채권자가 아무런 이의 없이 수령하였다면 그 공탁의 취지에 따라 변제충당된다.

판례 공탁자가 공탁원인으로 들고 있는 사유가 법률상 효력이 없는 것이어서 공탁이 부적법하다고 하더라도, 피공탁자가 그 공탁물을 수령하면서 아무런 이의도 유보하지 아니하였다면, 특별한 사정이 없는 한 공탁자가 주장한 공탁원인을 수락한 것으로 보아 공탁자가 공탁원인으로 주장한 대로 법률효과가 발생한다(대판 1992. 5. 12. 91다44698).

판례 매도인이 매수인의 채무불이행을 이유로 매매계약을 해제하면서 그가 받은 중도금을 변제공탁하였고 매수인이 이를 아무 이의 없이 수령하였다면 실제로 매수인의 채무불이행이 있었는지 여부를 불문하고 위 공탁사유 취지, 즉 매수인의 잔대금 채무불이행으로 인한 매도인의 해제의 법률효과가 발생한다(대판 1980. 7. 22. 80다1124).

판례 피공탁자가 공탁된 보상금을 수령할 때 보상금 중 일부의 수령이라는 등 이의유보의 의사를 밝혔다면 토지수용위원회의 재결에 승복한 것으로 볼 수 없으나(대판 1987. 5. 12. 86누498), 피공탁자가 아무런 이의를 유보함이 없이 공탁금을 수령하였다면 이는 종전의 수령거절 의사를 철회하고 토지수용회위원회의 재결에 승복하여 그 공탁의 취지에 따라 보상금 전액을 수령한 것이라고 볼 수 있다(대판(전) 1982. 11. 9. 82느197).

(마) 묵시적 이의유보 의사표시

① 의 의

채권자인 피공탁자가 공탁금을 수령하면서 공탁관이나 공탁관에게 채권의 일부로 수령한다는 등 이의유보 의사표시를 한 바 없다면 피공탁자는 그 공탁취지에 따라 이를 수령하였다고 보아야 하지만, 공탁금 수령시 공탁자에 대한 이의유보의 의사표시는 반드시 명시적으로 하여야 하는 것은 아니라고 해석되므로, 일정한 사정 아래에서는 피공탁자가 위 공탁금을 수령함에 있어 이의유보의 의사표시를 명시적으로 하지 않았다 하더라도 공탁자에 대하여 채권의 일부로 수령한다는 묵시적인 이의유보의 의사표시가 있었다고 보아야 한다(대판 1989. 7. 25. 88다카11053,

1997. 11. 11. 97다37784).

② 묵시적 이의유보 의사표시를 부정한 사례

㉮ 사업시행자가 토지보상법 제40조 제2항 제1호에 의하여 토지수용위원회가 재결한 토지수용보상금을 공탁한 경우에, 피공탁자인 토지소유자가 위 재결에 대하여 이의신청을 제기하거나 소송을 제기하고 있는 중이라고 할지라도 그 쟁송 중에 보상금 일부의 수령이라는 등 이의유보의 의사표시를 함이 없이 공탁금을 수령하였다면, 이는 종전의 수령거절 의사를 철회하고 재결에 승복하여 공탁한 취지대로 보상금 전액을 수령한 것이라고 볼 수밖에 없으며, 공탁금 수령 당시 이의신청이나 소송이 계속 중이라는 사실만으로 공탁금의 수령에 관한 이의유보의 의사표시가 있는 것과 같이 볼 수는 없다(대판(전) 1982. 11. 9. 82누197).

㉯ 사업시행자가 토지보상법 제40조 제2항 제1호에 따라서 토지수용위원회가 재결한 토지수용보상금을 공탁하는 경우, 피공탁자가 아무런 이의도 유보하지 아니한 채 공탁금을 수령하였다면 원재결에서 정한 보상금을 증액하기로 원재결을 변경한 이의신청의 재결에 대하여 피공탁자가 제기한 행정소송이 공탁금 수령이 계속 중이었다는 사실만으로는, 공탁금의 수령에 관하여 묵시적인 이의유보의 의사표시가 있었다고 볼 수 없다(대판 1990. 1. 25. 89누4109).

㉰ 피공탁자가 수용재결에서 정한 손실보싱금을 수령할 당시 이의유보의 뜻을 표시하였다 하더라도 이의재결에서 증액된 손실보상금을 수령하면서 이의유보의 뜻을 표시하지 아니한 이상 이의재결의 결과에 승복하여 수령한 것으로 보아야 하고, 추가보상금을 수령할 당시 이의재결을 다투는 행정소송이 계속 중이라는 사실만으로는 추가보상금의 수령에 관하여 이의유보의 의사표시가 있는 것과 같이 볼 수 없다(대판 1995. 9. 15. 93누20627).

③ 묵시적 이의유보 의사표시를 긍정한 사례

㉮ 채권자가 1심에서 금 13,523,461원의 손해를 입었다고 주장하여 그 중 금 9,697,704원을 인용하는 가집행선고부 일부승소판결이 선고되었는

데, 채무자의 불복항소로 사건이 2심에 계속중일 때 채권자는 채무자가 공탁한 금 2,838,000원을 아무런 이의유보 의사표시를 하지 않는 채 수령하였고, 그 수령에 앞서 변호사를 선임하여 채무자의 항소를 다투어 왔으며, 공탁금 수령 즉시 제1심 판결에 기하여 금 9,697,704원을 청구금액으로 한 부동산강제경매신청을 하여 그 강제경매개시결정이 그 무렵 채무자에게 송달된 경우와 같은 사정 아래에서는 채권자가 위 공탁금을 수령함에 있어서 채무자에 대하여 채권의 일부로 수령한다는 묵시적인 이의유보의 의사표시가 있었다고 보아야 한다(대판 1989. 7. 25. 88다카11053).

㉯ 채권자가 제기한 대여금 청구소송에서 채무자와 채권자 간에 이자의 약정 여부에 관하여 다툼이 있던 중 채무자가 채권자를 공탁물수령자로 하여 원금과 법정이율에 의한 이자를 변제공탁하자 채권자가 그 공탁금을 원금과 약정이율에 따른 이자에 충당하는 방법으로 계산한 뒤 남은 금액을 청구금액으로 하여 청구취지를 감축하고 그 청구취지감축 및 원인변경 신청서가 채무자에게 송달된 후에 공탁금을 수령한 경우, 위 공탁금 수령시 채권의 일부로 수령한다는 채권자의 묵시적인 이의 유보의 의사표시가 있었다고 볼 것이다(대판 1997. 11. 11. 97다37784).

라. 출급의 효과

(1) 공탁절차의 종료

공탁물의 출급으로 공탁절차는 본래의 목적을 달성하고 종료하며, 피공탁자의 출급청구권은 물론 공탁자의 회수청구권도 소멸한다.

(2) 부적법 공탁의 하자 치유 여부

피공탁자가 이의를 유보하지 않는 채 공탁을 수락하고 공탁물을 출급청구하였다면 원칙적으로 공탁서에 기재된 공탁자의 주장을 다툴 수 없게 되고 공탁의 무효를 주장할 수도 없게 되므로, 형식적 요건이나 실체적 요건의 흠결이 있는 공탁일지라도 특별한 사정이 없는 한 그 흠결이 치유되어 유효한 공탁이 된다(실체적 요건의 흠결이 있는 공탁의 경우에는 반대견해가 있다).

3. 변제공탁물의 회수

가. 의 의

공탁자는 민법 제489조 제1항에 의한 경우, 착오로 공탁을 한 경우, 공탁원인이 소멸한 경우에 공탁물을 회수할 수 있다(공탁법 9조 2항).

민법 제489조 제1항에 의한 회수는 변제공탁의 특유한 회수사유이고, 착오나 공탁원인 소멸을 원인으로 한 회수는 공탁법상의 회수사유로서 제한규정이 없는 한 원칙적으로 모든 공탁의 회수사유이다.

나. 민법상의 회수

(1) 의 의

(가) 민법상의 회수란 변제공탁자는 공탁으로 인하여 질권, 저당권 등이 소멸하지 않는 경우에 피공탁자가 공탁을 승인하거나 공탁소에 대하여 공탁물을 받기를 통고하거나 공탁유효판결이 확정되기까지는 공탁물을 회수할 수 있다(민법 489조 1항)라는 것을 의미한다.

(나) 변제공탁은 채무자의 과실 없이 변제를 할 수 없는 특별한 사정이 있는 경우에 채무자가 채권관계의 구속으로부터 벗어날 수 있도록 성실한 채무자를 보호하기 위하여 인정된 제도이기 때문에 공탁 후의 사정변경 등으로 변제자가 공탁물을 회수하기를 원할 경우에는 허용하는 것이 공탁제도의 취지에 맞다고 할 수 있다.

(다) 그러나 변제공탁의 자유로운 회수를 인정하는 이유가 공탁자에 의하여 공탁이 자발적으로 행하여진다는 데 있으므로 그 공탁이 자발적이 아니라 강제되는 경우에는 민법 489조 1항에 의한 자유로운 회수는 인정되지 아니한다. 예컨대 토지수용보상금의 공탁은 토지보상법 42조 1항에 따라 간접적으로 강제되는 경우로써 자발적으로 이루어지는 것이 아니므로 민법 489조의 규정은 배제되어 사업시행자인 공탁자는 그 공탁금을 자유롭게 회수할 수 없다(대결 1988. 4. 8. 88마201, 대판 1997. 9. 26. 97다24290). 토지수용보상금 공탁은 착오공탁 또는 공탁상의 소멸을 원인으로 한 공탁물

회수청구만이 인정된다.

(2) 회수의 효과

(가) 공탁의 채무소멸효과의 소급적 실효(해제조건의 성취)

① 민법 제489조 제1항 단서는 변제자가 공탁물을 회수한 때에는 공탁하지 아니한 것으로 본다고 규정하고 있다.
통설인 해제조건설의 입장에서의 공탁물의 회수는 해제조건의 성취이며 이에 의하여 공탁은 소급적으로 효력을 상실하고 채권은 소멸하지 아니한 것으로 된다. 즉 적법한 변제공탁으로써 공탁원인사실에 특정되어 있는 채권이 소멸되는 효과가 발생되는 것이기는 하나 한편 공탁자가 공탁물회수권의 행사에 의하여 공탁물을 회수한 경우에는 공탁하지 아니한 것으로 보아 채권소멸의 효력은 소급하여 없어진다고 할 것이다(대판 1981. 2. 10. 80다77).

② 변제공탁자가 공탁물 회수청구권을 행사하여 공탁물을 회수한 경우에는 공탁하지 아니한 것으로 보아 채권소멸의 효력은 소급하여 없어지는데, 이와 같이 채권소멸의 효력을 소급적으로 소멸시키는 공탁물의 회수에는 공탁자에 의하여 이루어진 경우뿐만 아니라 제3자가 공탁자에 대하여 가지는 별도 채권의 집행권원으로써 공탁자의 공탁물 회수청구권에 대하여 압류 및 추심명령을 받아 그 집행으로 공탁물을 회수한 경우도 포함된다(대판 2014. 5. 29. 2013다212295).

(나) 질권, 저당권 이외의 담보권의 부활

① 공탁물의 회수가 있게 되면 채무는 처음부터 소멸하지 않았던 것으로 되고, 따라서 담보권 역시 소멸하지 않았던 것으로 된다. 이렇게 되면 제3자(공탁 후 회수 전의 담보물의 제3취득자 등)에게 불측의 손해를 줄 수밖에 없으므로 민법은 공탁으로 인하여 질권 또는 저당권이 소멸한 경우에는 공탁자가 공탁물을 회수할 수 없는 것으로 규정하였다(민법 489조 2항).
이 경우 질권과 저당권은 변제공탁의 성립으로 당연히 소멸되므로 공탁 후에 질물이 반환되었는지 또는 저당권설정등기가 말소되었는지 여부

는 전혀 고려될 필요가 없이 변제공탁의 성립과 동시에 민법 489조에 의한 공탁물 회수청구권은 확정적으로 소멸된다.

그러나 민법 489조 2항의 규정은 가등기 및 본등기에 의하여 담보된 채무의 변제공탁으로 인하여 가등기담보권이나 양도담보권이 소멸하는 경우에도 변제자가 공탁물을 회수할 수 없다는 취지를 포함하는 것은 아니므로 양도담보권·가등기담보권 등이 변제공탁으로 소멸된 경우에는 공탁자는 공탁물을 회수할 수 있다(대판 1982. 7. 27. 81다495).

② 가등기담보권의 경우에는 가등기담보 등에 관한 법률의 제정·시행으로 1984. 1. 1.부터 변제공탁으로 인하여 가등기담보권이 소멸한 경우에는 공탁물을 회수할 수 없다는 반대견해가 있다.

③ 공탁규칙 20조 2항 6호는 "공탁으로 인하여 질권, 전세권 또는 저당권이 소멸하는 그 질권, 전세권 또는 저당권의 표시를 공탁서에 기재하여야 한다"고 규정하고 있다.

이 규정과 전세권이 담보권과 유사하다는 점을 근거로 전세권이 소멸된 경우에는 공탁물 회수청구권은 발생하지 아니한다고 보는 견해가 있다. 그러나 전세권의 소멸사유는 민법에 규정되어 있고 전세권이 소멸되어야 전세금반환의무가 발생할 뿐 전세금을 반환하여야 전세권이 소멸되는 경우란 상정할 수 없으므로, 전세권설정자가 전세금을 공탁한 후 다시 이를 회수한 경우에는 전세권의 부활 여부를 논의할 여지가 없다.

(다) 이자의 부활

공탁으로 인하여 정지되었던 이자는 공탁의 소급적 실효로 약정이율이나 법정이율은 그대로 공탁 당시부터 다시 이자를 계산하여 지급하여야 한다.

(라) 공탁물의 소유권 귀속

공탁물이 금전 그 밖의 소비물인 경우에는 소비임치가 성립하므로 공탁물의 소유권은 공탁과 동시에 일단 공탁소에 귀속되나, 공탁물이 회수되면 그 소유권은 다시 공탁자에게 복귀하게 된다.

그러나 공탁물이 특정물인 경우에는 동산의 공탁물 소유권은 공탁 후 그 인도시로부터 직접채권자(피공탁자)에게 이전되는 것으로 본다.

따라서 공탁물의 회수시에는 아직 소유권이 공탁자에게 남아 있기 때문에 회수로 인한 공탁물 소유권귀속의 문제는 일어나지 아니한다.

(3) 회수권의 제한

(가) 공탁금 회수제한의 신고

공탁자는 공탁물 회수청구를 포기하는 의사표시를 공탁소에 할 수 있고, 이 경우 회수청구권은 일정한 조건 하에서만 행사할 수 있도록 그 행사가 제한된다. 즉 공탁신청과 동시에 또는 공탁을 한 후에 "공탁자는 피공탁자의 동의가 없으면 위 형사사건에 대하여 불기소결정(단, 기소유예는 제외)이 있거나 무죄판결이 확정될 때까지 공탁금에 대한 회수청구권을 행사하지 않겠다."는 뜻을 기재한 금전공탁서(형사사건용) 또는 공탁금 회수제한신고서를 제출할 수 있다.

이처럼 특정 형사사건에 대하여 불기소결정이 있거나 무죄판결이 확정될 때까지 공탁금 회수청구권을 행사하지 않겠다는 취지의 공탁금 회수제한신고는 만약 유죄판결이 확정된다면 공탁금 회수청구권을 행사하지 않겠다는, 즉 공탁금 회수청구권의 조건부 포기의 의사표시로 해석된다. 그러나 회수제한시고서의 제출이 강제되는 것은 아니므로 그 내용 또한 임의적일 수밖에 없다(공탁선례 2-144). 따라서 불법행위로 인한 손해배상의 채무자가 변제공탁제도를 악용하는 사례를 방지하기 위하여 형사재판에서 공탁사실을 양형에 참작할 때에는 공탁금 회수제한신고서가 첨부되었는지 여부를 확인하도록 하고 있다(재형 2000-4).

공탁관은 공탁금 회수제한신고서가 제출된 경우에는 공탁자의 회수청구권에 관하여 압류통지서가 접수된 경우에 준하여 처리하고, 공탁금을 납입한 공탁자가 회수제한신고서 부본을 제출하여 요구하면 그 부본에 동 서면의 접수사실을 확인하고 기명날인하여 교부한다(행정예규 1014호).

현재 시행 중인 행정예규 1235호 제1-9호 양식 '금전 공탁서(형사사건용)'에는 회수제한신고서에 관한 내용의 부동문자로 인쇄되어 있다.

[서식 46] 공탁금회수제한신고서

공탁금회수제한신고서

사　건 : 20　년 금 제　　호

공 탁 자 : 성 명 :
생년월일 :
주 소 :

피공탁자 : 성 명 :
생년월일 :
주 소 :

귀원의 위 공탁사건에 관하여 공탁자는 피공탁자의 동의가 없으면 다음의 형사사건에 대하여 불기소결정(단, 기소유예는 제외)이 있거나 무죄판결이 확정될 때까지 공탁금에 대한 회수청구권을 행사하지 않기로 신고합니다.

형사사건의 표시

1. 사건번호 : (　　)경찰서　20　년 제　　호
(　　)지방검찰청 (　　)지청 20　년 형제　　호
(　　)지방법원 (　　)지원 20　년 고단(합) 제　　호
2. 사건명 :
3. 피의자(피고인) : 성명 :
생년월일 :

20　.　.　.

신고인(공탁자) 성명 :　　(인)
생년월일 :
대리인　성명 :　　(인)
생년월일 :

(　　)지방법원 (　　)지원 공탁관　귀하

20　년 금 제　호 공탁사건에 관하여 20　년　월　일 접수된 서면임을 확인함 지방법원　　지원 공탁관　　(인)

(나) 공탁금 회수제한신고서가 제출된 경우의 공탁금 회수청구

공탁금 회수제한신고서가 제출된 경우 공탁자 또는 그 승계인이 공탁금의 회수를 청구하기 위해서는 그 회수제한신고서에 기재된 대로 회수청구의 조건이 구비되었음을 증명하는 서면을 첨부하여야 한다.

'특정 형사사건에 대하여 불기소결정이 있거나 무죄판결이 확정될 때까지 공탁금 회수청구권을 행사하지 않겠다'는 취지의 공탁금 회수제한신고는 만약 유죄판결이 확정된다면 공탁금 회수청구권을 행사하지 않겠다는, 즉 공탁금 회수청구권의 조건부 포기의 의사표시로 해석된다.

형사재판 과정에서 피공탁자가 한 공탁금 수령거절의 의사표시는 공탁금 회수청구에 대한 동의로 볼 수 없고(공탁선례 2-147), 피공탁자가 공탁금 회수동의서를 공탁소에 제출한 경우에도 피공탁자의 공탁금 출급청구권에는 영향이 없으므로 공탁금이 회수되지 않는 상태라면 피공탁자는 출급청구할 수 있다(공탁선례 201010-1). 또한 변제공탁 후 공탁서 및 회수제한신고서를 형사재판부에 제출하지 못한 경우라고 하더라도 가해자가 형사재판으로 유죄판결을 받아 확정되었다면 피공탁자의 동의서를 첨부하지 않는 한 공탁금 회수청구를 할 수 없다(공탁선례 2-148).

단지 착오로 공탁을 하거나 공탁원인이 소멸된 때에 한하여 공탁법 9조 2항의 규정에 의한 공탁금 회수청구를 할 수 있을 뿐이다(공탁선례 2-145).

다만 피공탁자가 동의가 있다면 형사사건의 종결이나 결과 여부에 관계없이 공탁금의 회수가 가능하다.

(4) 회수청구권의 소멸

(가) 공탁수락의 의사표시를 한 경우

① 의 의

공탁수락이란 변제공탁에서 피공탁자가 공탁물의 출급청구 이전에 공탁물 출급청구권을 행사할 의사가 있음을 미리 표시하는 것을 말한다. 따라서 피공탁자가 변제공탁의 출급청구를 할 때 공탁물 출급청구서에 출급청구사유로서 기재하는 공탁수락과는 구별된다.

② 공탁수락의 의사표시를 할 수 있는 자

공탁수락의 의사표시를 할 수 있는 자는 원칙적으로 피공탁자이다. 그러나 공탁물 출급청구권의 경우에 공탁수락의 의사표시를 할 수 있는 자는 출급청구권의 양수인, 전부채권자, 추심채권자 및 채권자대위권을 행사하는 일반채권자이다.

그러나 압류·가압류채권자는 전부 또는 추심명령을 받지 않는 한 해당 청구권의 처분권한을 가지지 아니하므로 채권자대위에 의한 경우가 아니면 공탁수락의 의사표시를 할 수 없다.

③ 공탁수락 의사표시의 상대방

공탁수락의 의사표시는 공탁서 또는 공탁자에 대하여 할 수 있으나, 공탁수락의 의사표시를 공탁자에게 한 후 그 취지를 기재한 서면을 공탁소에 제출하는 방법으로 해야 실제로 그 실효를 얻을 수 있다. 즉 공탁자에게만 공탁수락의 의사표시를 하고 공탁소에는 알리지 아니한 경우에는 공탁관은 이 사실을 알 수 없다.

④ 공탁수락의 방법

공탁자에 대한 공탁수락의 의사표시는 제한 규정이 없으므로 구두 서면으로 할 수 있으나, 공탁소에 대한 공탁수락의 의사표시는 공탁을 수락한다는 뜻을 적은 서면을 공탁관에게 제출하는 방법으로 하여야 한다(공탁규칙 49조 1항).

공탁관에게 도달된 공탁금 출급청구권의 양도통지서에 공탁수락의 의사표시가 명시적으로 기재되어 있지 않더라도 적극적인 불수리의 의사표시가 기재되어 있지 않은 한 그 양도통지서의 도달과 동시에 공탁수락의 의사표시가 있는 것으로 보아 공탁자의 민법 제489조 제1항에 의한 회수청구권은 소멸된다(행정예규 779호).

⑤ 공탁수락의 효과

공탁수락의 주된 효과는 공탁수락으로 공탁자의 민법 제489조에 의한 공탁물 회수청구권이 소멸된다는 것이다.

변제공탁의 피공탁자가 공탁소에 대하여 공탁수락서면을 제출한 경우에 공탁자의 민법 제489조에 의한 공탁물 회수청구권은 소멸하지만, 착오로 공탁을 하였거나 공탁원인이 소멸한 경우에만 공탁물을 회수할 수 있다.

그러므로 가집행선고부 판결에 기한 공탁은 채무를 확정적으로 소멸시키는 원래의 변제공탁이 아니기 때문에 가집행선고부 제1심판결의 채무액이 항소심 판결에서 일부 취소되었다면 그 차액에 대해서는 공탁원인이 소멸하였다 할 것이므로 공탁자가 회수할 수 있다(공탁선례 2-149).

또한, 변제공탁의 피공탁자가 공탁금 중 일부금을 이의를 유보하고 출급한 경우 미출급된 공탁금에 대하여 공탁수락의 의사표시가 미치지 않기 때문에 공탁자의 공탁금 회수청구권은 소멸되지 않는다(공탁선례 2-331).

⑥ 공탁불수락

피공탁자가 공탁불수리의 의사표시를 하더라도 그 공탁물 출급청구권의 존부에는 영향을 미친다고 볼 수 없으므로, 피공탁자의 공탁물 출급청구권에 대하여 강제집행을 함에 아무런 지장이 없다(공탁선례 2-342).

(나) 공탁유효판결이 확정된 경우

공탁유효판결이 확정되면 민법 제489조 제1항에 이하여 공탁물 회수청구권은 소멸되나, 그 판결등본이 공탁소에 제출되기 전에 공탁자가 공탁물 회수청구를 하면 공탁관은 공탁유효판결의 확정 여부를 알 수 없으므로 공탁물을 지급할 수밖에 없다. 이 경우 피공탁자는 공탁절차 외에서 공탁자를 상대로 부당이득반환청구 등을 하는 방법밖에는 없다. 그러므로 공탁유효의 확정판결이 있는 경우 공탁자의 회수를 제한하기 위해서는 피공탁자는 그 판결등본을 공탁관에게 제출하여야 한다(공탁규칙 49조 2항).

(다) 공탁으로 인하여 질권, 저당권이 소멸한 경우

공탁물의 회수가 있게 되면 채무는 처음부터 소멸하지 않았던 것으로 되므로 담보권 역시 소멸하지 않았던 것으로 되나, 이렇게 되면 제3자(공탁 후 회수 전의 담보물의 제3취득자 등)에게 불측의 손해를 줄 수밖에 없으므로 민법은 공탁으로 인하여 질권 또는 저당권이 소멸한 경우에는 공탁자가 공탁물을 회수할 수 없는 것으로 규정하고 있다(민법 489조 2항).

이 경우 질권과 저당권은 변제공탁의 성립으로 당연히 소멸되므로, 공탁 후에 반환되었는지 또는 저당권설정등기가 말소되었는지 여부는 전혀 고려할 필요 없이 변제공탁의 성립과 동시에 민법 제489조에 의한 공탁물 회수청구권은 확정적으로 소멸된다.

다. 공탁법상의 회수

(1) 의의 및 성질

공탁자는 착오로 공탁을 할 때 또는 공탁 후 공탁원인이 소멸한 경우에는 그 사실을 증명하여 공탁을 회수할 있는바 이것이 공탁법상의 회수이다(공탁법 9조 2항).

민법 제489조에 의한 공탁물 회수시에는 회수청구권 증명서면을 첨부하지 않아도 되나 착오 또는 공탁원인의 소멸로 인한 회수시에는 그 증명서면을 첨부하여야 하는 점에서 민법상의 회수가 가능한 때에는 별도로 공탁법상의 회수를 인정할 실익은 없고, 민법상의 회수가 불가능한 때에 공법상의 회수를 인정할 실익이 있다.

(2) 착오를 이유로 한 공탁물 회수청구

착오공탁이라 함은 공탁의 실질적 또는 형식적인 요건의 결여로 공탁법상 부적법하여 당해 공탁이 무효인 경우를 말한다.

공탁의 실질적 요건을 결한 경우의 예를 들면, 공탁자가 공탁물을 받을 권리를 갖지 않은 자를 피공탁자로 지정한 관계로 피공탁자 당사자적격을 갖지 않는 경우, 공탁자가 공탁원인의 존재를 믿고 공탁하였으나 실은 그것이 착오였고 당해 원인은 부존재하였던 경우, 채무액이 100만원인데도 불구하고 착오로 200만원을 공탁한 경우 또는 그 반대의 경우이다.

그리고 공탁의 형식적 요건을 결한 경우의 예를 들면, 변제공탁의 관할 공탁소가 아닌 곳에 공탁한 경우, 공탁물 납입기일이 경과하여 공탁수리결정이 실효되었는데도 불구하고 착오로 그 후에 공탁한 경우 등이다.

판례 "착오로 공탁한 때"라 함은 공탁으로서 필요한 유효요건을 갖추고 있지 아니한 경우를 말하고, 공탁요건을 갖추고 있는지의 여부는 어디까지나 공탁서에 기재된 공탁원인사실을 기준으로 하여 객관적으로 판단하여야 한다.
차용금 변제를 위한 변제공탁을 하였으나 애초부터 차용금 채무가 없었다면, 그 공탁은 차용금 변제로서의 효력이 생기지 아니하여 '착오로 공탁한 때'에 해당한다(대결 1995.7. 20. 95마190).

(3) 공탁원인 소멸로 인한 공탁물 회수청구

(가) 공탁은 공탁근거법령에서 정한 공탁원인이 존재하는 경우에 한하여 할 수 있는 것이므로, 공탁 후에 그 원인이 소멸하면 동 공탁을 지속시킬 이유가 없어진다. 공탁원인소멸에 해당하는 것으로 보통 생각할 수 있는 것은 담보공탁에 있어서 담보의 목적인 채권의 불발생 내지 소멸, 집행공탁에 있어서 압류해제 등을 들 수 있다.

(나) 공탁원인소멸에 관하여 민사소송법 제125조 제1항, 국세기본법 제34조 등과 같이 특히 법령에 규정이 있는 경우에는 당해 법령의 규정에 의하여 공탁원인 소멸여부를 판단하여야 할 것이다. 이와 같이 공탁원인소멸에 관하여 특별규정이 있는 경우 외에는 당해 공탁의 근거법령과 공탁서에 기재된 공탁원인사실 기재에 따라 각 경우마다 구체적으로 따져 보아야 할 것이다.

(다) 가집행선고부 판결에 기한 공탁은 채무를 확정적으로 소멸시키는 원래의 변제공탁이 아니고, 상소심에서 그 가집행의 선고 또는 본안판결이 취소되는 것을 해제조건으로 하는 것이므로, 가집행선고부 제1심판결의 채무액이 항소심 판결에서 일부 취소되었다면 그 차액에 대해서는 공탁원인이 소멸하였다고 할 수 있다(공탁선례 2-149).

(라) 공탁원인의 소멸을 이유로 공탁자가 회수청구하는 경우에도 그 공탁원인이 소멸되었음을 증명하는 서면이 필요한데, 어떤 것이 공탁원인 소멸 증명서면에 해당되는지는 구체적 사안에 따라 결정할 수밖에 없다.
예컨대, 변제공탁 후 채권자가 채권을 포기한 경우에는 그 채권포기를 증명하는 공탁원인의 소멸을 증명하는 서면이 된다.

제 6 절 특수한 성질의 변제공탁

1. 민법 제353조 제3항의 공탁

질권자의 목적물이 된 채권의 변제기가 질권자의 채권의 변제기보다 먼저 도래한 때에는 질권자는 제3채무자에 대하여 그 변제금액의 공탁을 청구할 수 있다. 이 경우 질권은 그 공탁금에 대하여 그 변제금액의 공탁을 청구할 수 있다. 이 경우 질권은 그 공탁금에 존재하게 된다(민법 353조).

따라서 이 경우에 질권자는 공탁된 금액에 대해 직접 출급청구를 할 수 있는데, 출급청구권의 발생 및 그 범위는 질권설정계약에 의하여 입증되므로 그 계약서가 출급청구권의 증명서면이 된다. 질권자가 질권실행을 민사집행법 273조에서 정한 채권에 대한 강제집행의 방법에 의한 경우에는 질권(담보권)실행을 위한 압류명령 정본 및 추심명령 정본 또는 전부명령 정본, 위 명령의 송달증명, 전부명령에 대한 확정증명 등이 출급청구권의 증명서면이 된다.

2. 민법 제589조의 공탁

위와 같은 공탁이 된 경우에 피공탁자인 매도인이 그 목적물에 대하여 권리를 주장하는 자를 상대로 한 소유권 등 권리의 확인소송에서 승소한 판결정본(확정증명포함) 등이 출급청구권의 증명서면이 된다.

3. 민법 제443조 후단의 공탁

주채무자가 배상의무를 면하기 위해 공탁한 경우에 피공탁자인 수탁보증인은 출급청구권 증명서면으로 그 보증채무를 이행한 영수증 등을 첨부하면 된다.

4. 가담법 제8조 제1항의 공탁

채권자가 이와 같이 공탁을 한 경우에는 채무자 등과 압류채권자 또는 가압류 채권자에게 지체 없이 공탁통지를 하여야 하고, 그 공탁금 출급청구권은 압류 또는 가압류된 것으로 보며, 채권자는 가등기담보등에관한법률 제14조에서 정한 경우 외에는 공탁금의 회수를 청구할 수 없다(동법 8조 2항, 3항, 4항).

5. 특수 성질의 변제공탁과 첨부서면

- 민법 제353조 제3항의 공탁 : 질권설정계약서 또는 전부명령 등
- 민법 제589조의 공탁 : 매도인의 목적물에 대하여 권리주장자를 상대로 한 소유권 등 권리확인승소판결정본(확정증명포함) 등
- 민법 제443조 후단의 공탁 : 수탁보증인이 보증채무를 이행한 영수증 등

| 제5장 수용보상금 공탁 |

제1절 총 설

1. 토지수용의 일반절차

토지수용이란 공공복리의 증진과 사유재산권과의 조절을 도모함으로써 국토의 합리적인 이용·개발과 산업의 발전에 기여함을 목적으로 공익사업에 필요한 토지 등의 재산권을 법률이 정하는 바에 따라서 강제적으로 취득하는 것을 말한다.

토지수용의 일반절차는 ① 사업인정고시, ② 토지조서·물건조서의 작성, ③ 협의, ④ 재결 순으로 이루어진다.

위와 같이 토지수용의 일반절차는 재결로써 종결된다. 재결은 사업시행자가 수용의 개시일까지 보상금을 지급 또는 공탁하지 아니하면 그 효력이 상실한다. 사업시행자는 원칙적으로 토지소유자 등에게 재결에서 정한 보상금을 직접 지급해야 하지만, 일정한 경우에는 보상금을 공탁할 수 있다(토지보상법 40조 2항).

2. 토지수용의 근거 법률

토지수용은 타인의 토지를 공공의 필요에 의하여 강제취득하는 것이므로 반드시 법률의 근거가 있어야 한다(헌법 23조 3항). 토지수용에 관한 일반적인 절차를 규정한 법률이 "공익사업을 위한 토지 등의 취득에 관한 법률"이다.

토지보상법은 공익사업을 위한 협의취득 또는 공용수용의 대상물, 공용수용의 절차 및 그 효과 등을 규정한 일반법이다. 따라서 토지수용절차에 대하여 "도시 및 주거환경정비법", "국토의 계획 및 이용에 관한 법률"등 특별법에서 달리 규정하고 있지 아니한 사항은 토지보상법이 적용된다.

수용보상금의 공탁에 관한 구체적인 사무처리치절차에 관하여 '토지수용보상금의 공탁에 관한 사무처리지침(행정예규 1061호)'이 마련되어 있다.

토지수용보상금의 공탁에 관한 사무처리지침

2015. 12. 09. 개정 행정예규 제1061호

1. 관할공탁소
   가. 피보상자의 주소지 공탁소
      (1) 피보상자가 특정된 경우에는 그의 주소지 관할공탁소에 공탁할 수 있다.
      (2) 피보상자가 특정되지 아니한 수인인 상대적 불확지공탁의 경우에는 그 중 1인의 주소지 관할공탁소에 공탁할 수 있다.
   나. 토지 소재지 관할공탁소
      토지보상금 공탁은 어느 사유에 의한 경우든 「공익사업을위한토지등의취득및보상에관한법률」(이하 "법"이라 한다) 제40조 제2항에 따라 수용대상이 된 토지 소재지의 공탁소에 공탁할 수 있다.
2. 공탁신청절차상 유의할 사항
   가. 피수용자 불확지를 사유로 공탁하는 경우
      (1) 절대적 불확지공탁의 인정
         공탁자인 사업시행자가 과실 없이 수인 중 누가 보상금을 수령할 진정한 권리자인지 알 수 없는 「상대적 불확지공탁」과 피수용자가 누구인지를 처음부터 전혀 알 수 없는 「절대적 불확지공탁」이 모두 인정된다.
      (2) 절대적 불확지공탁이 인정되는 경우
         (가) 수용대상토지가 미등기이고 대장상 소유자란이 공란으로 되어 있어 소유자를 확정할 수 없는 경우 및 대장상 성명은 기재되어 있으나 주소의 기재(동·리의 기재만 있고 번지의 기재가 없는 경우도 해당됨)가 없는 경우 또는 주소는 기재되어 있으나 성명의 기재가 없는 경우(피공탁자 : 피수용자 불명)
         (나) 수용대상토지가 등기는 되어 있으나 등기기록상 소유자를 특정할 수 없는 경우(피공탁자 : 피수용자 불명)
         (다) 피수용자가 사망하였으나 그 상속인 전부 또는 일부를 알 수 없는 경우(피공탁자 : 망○○○〈주소병기〉의 상속인, 망○○○의 상속인 주소 □□의 ◇◇◇ 외 상속인)
      (3) 상대적 불확지공탁이 인정되는 경우

(가) 수용대상토지에 대하여 소유권등기말소청구권을 피보전권리로 하는 처분금지가처분등기가 마쳐져 있는 경우(피공탁자 : 토지소유자 또는 가처분채권자). 다만, 사해행위취소에 따른 소유권등기말소청구권을 피보전권리로 하는 가처분은 제외한다.

(나) 수용대상토지에 대하여 예고등기가 마쳐져 있는 경우(피공탁자 : 토지소유자 또는 소 제기자)

(다) 수용대상토지에 대한 등기기록이 2개 개설되어 있고 그 소유명의인이 각각 다른 경우(피공탁자 : 소유명의인 갑 또는 을, 대법원 1992. 10. 13. 선고 92누3212 판결)

(라) 등기기록상 공유지분의 합계가 1을 초과하거나 미달되어 피수용자들의 정당한 공유지분을 알 수 없는 경우(피공탁자 : 공시된 공유자 전부)

(4) 상대적 불확지공탁을 할 수 없는 경우

(가) 수용대상토지에 대하여 담보물권·소유권이전등기청구권 보전을 위한 가처분등기 또는 가등기가 마쳐져 있는 경우

(나) 수용대상토지에 대하여 가압류, 압류, 경매개시, 공매공고(납세담보물의 공매공고 포함) 등의 기입등기가 마쳐져 있는 경우

(5) 삭제(2003. 11. 24. 행정예규 제526호)

(가) 삭제(2003. 11. 24. 제526호)

(나) 삭제(2003. 11. 24. 제526호)

(다) 삭제(2003. 11. 24. 제526호)

나. 반대급부 이행조건부 공탁의 불인정

(1) 수용보상금의 지급과 수용으로 인한 소유권이전등기는 동시이행관계에 있는 것이 아니므로, 수용보상금의 공탁서에 소유권이전등기 서류의 교부를 반대급부로 기재한 공탁은 이를 수리할 수 없다.

(2) 수용대상토지에 대하여 제한물권이나 처분제한의 등기가 있는 경우, 그러한 등기의 말소를 반대급부로 기재한 공탁도 이를 수리할 수 없다.

다. 공탁서의 기재 시 유의할 사항

(1) 피보상자 불확지를 사유로 공탁하는 경우에는 그 불확지 사유를 공탁원인사실에 구체적으로 명시하여야 한다.

(2) 피공탁자가 아닌 관계인(법 제2조 제5호) 명의로 수용대상토지에 등기된 지상권, 전세권, 저당권, 지역권, 임차권 등은 "공탁으로 인하여 소멸하는 질권, 전세권, 저당권란"에 기재할 사항은 아니며, 그 권리자도 "피공탁자란"에 기재하여서는 안 된다.

3. 공탁금지급절차상 유의할 사항

가. 공탁금회수청구의 불인정

(1) 수용보상금의 공탁은 법 제42조에 의하여 간접적으로 강제되는 것으로서 자

발적으로 이루어지는 것은 아니므로, 민법 제489조의 규정은 배제되어 어느 경우이든 사업시행자인 공탁자의 공탁금회수청구는 인정되지 않는다(대법원 1988. 4. 8. 선고 88마201 판결).

(2) 다만 착오공탁과 공탁사유의 소멸(예컨대 수용재결이 당연무효이거나 취소된 경우 등)을 원인으로 한 경우에는 공탁금회수청구는 인정된다.

나. 공탁금의 출급청구절차

(1) 피공탁자가 특정된 경우

(가) 피공탁자가 아닌 자로서 출급청구권을 갖는 경우와 그 증명서면

① 피공탁자로부터 출급청구권을 상속, 채권양도, 전부명령 기타 원인으로 승계 받은 자 - 그 사실을 증명하는 서면

② 수용시기 전에 수용대상토지의 소유권을 피공탁자로부터 승계받은 자 - 그 소유권승계사실을 증명하는 서면(등기사항증명서, 수용재결경정서, 형성판결문 등)

③ 수용대상토지에 대한 진정한 권리자(명의신탁자 포함)가 수용시기 전에 소유권등기를 회복한 경우 - 그 사실을 증명하는 서면

④ 사망한 사람을 피공탁자로 한 공탁의 경우 그 상속인 - 사망한 사람의 상속인임을 증명하는 서면

(나) 피공탁자가 아닌 자로서 출급청구권을 갖지 못하는 자

① 수용시기 이후 수용으로 인한 소유권이전등기를 하기 전에 소유권이전등기를 마친 매수인

② 매매 또는 명의신탁해지 등을 원인으로 소유권이전등기절차이행의 승소확정판결을 받았으나 수용시기 전에 그 등기를 마치지 못한 자(비록 공탁 이전에 가등기나 처분금지가처분등기를 마친 경우도 동일함)

③ 구 법 제18조(2007. 10. 17. 법률 제8665호로 폐지되기 전의 것)에 따라 시·구·읍·면의 장으로부터 소유자확인서를 발급받은 자

④ 피공탁자를 상대로 공탁금 출급청구권이 자기에게 있다는 확인판결을 받은 제3자

(2) 피공탁자가 특정되지 아니한 경우 - 채권자 불확지공탁의 경우

(가) 상대적 불확지공탁인 경우의 출급청구

① 피공탁자 사이에 권리의 귀속에 관하여 분쟁이 없는 경우에는 다른 피공탁자의 승낙서(인감증명서 또는 본인서명사실확인서 첨부) 또는 협의성립서를 첨부하여 출급청구할 수 있다.

② 피공탁자 사이에 권리의 귀속에 관하여 분쟁이 있는 경우에는 피공탁자 사이에 어느 일방에게 출급청구권이 있음을 증명하는 내용의 확정판결(조정조서, 화해조서 포함)을 첨부하여 출급청구할 수 있다.

③ 피공탁자 전원이 공동으로 출급청구를 하는 경우에는 출급청구서 기재에 의하여 상호 승낙이 있는 것으로 볼 수 있으므로 별도의 서면을 제

출하지 않아도 된다.

④ 공탁자의 승낙서나 공탁자 또는 국가를 상대로 한 판결 등은 출급청구권이 있음을 증명하는 서면으로 볼 수 없다.

(나) 절대적 불확지공탁인 경우의 출급청구

① 공탁자(사업시행자)가 후에 피공탁자를 알게 된 때에는 그를 피공탁자로 지정하는 공탁서정정신청을 하도록 하여 피공탁자가 직접 출급청구할 수 있다.

② 공탁자를 상대로 하여 공탁금에 대한 출급청구권이 자신에게 있다는 확인판결(조정, 화해조서 등)을 받은 경우에는 그 판결정본과 확정증명서를 첨부하여 직접 출급청구할 수 있다(대법원 1997. 10. 16. 선고 96다11747 전원합의체 판결).

(3) 공탁금 출급제한사유의 확인

(가) 사업시행자가 관할토지수용위원회가 재결한 보상금에 대하여 불복하면서 보상금을 받을 자에게 자기가 산정한 보상금을 지급하고 그 금액과 관할토지수용위원회가 재결한 보상금과의 차액을 공탁한 경우에, 보상금을 수령할 자는 그 불복 절차가 종결될 때까지 공탁금의 지급을 청구할 수 없다(법 제40조 제4항).

(나) 중앙토지수용위원회가 관할토지수용위원회의 재결에 대한 이의신청절차에서 보상금을 증액하였으나 사업시행자가 이에 불복하여 행정소송을 제기하면서 증액된 보상금을 공탁한 경우에, 보상금을 수령할 자는 행정소송이 종결될 때 까지 공탁금의 지급을 청구할 수 없다(법 제84조 제1항, 제85조 제1항).

4. 보상금지급청구권에 대하여 민사집행법에 따른 압류, 가압류 또는 체납처분에 의한 압류가 있는 경우의 공탁절차

가. 공탁사유

(1) 일반채권에 기한 압류 또는 가압류, 담보권자의 물상대위권에 의한 압류, 처분금지가처분이 있는 경우는 이 공탁사유에 해당한다.

(2) 체납처분에 의한 압류가 있다는 사유만으로는 이 공탁사유에 해당하지 않는다.

(3) 민사집행법에 따른 압류와 체납처분에 의한 압류가 있는 경우(선후 불문)는 이 공탁사유에 해당한다.

나. 공탁절차

(1) 보상금지급청구권에 대하여 민사집행법에 따른 압류 또는 가압류가 있는 경우의 공탁절차는 제3채무자의 권리공탁에 관한 업무처리절차)에서 정한 절차에 준하여 처리하고, 민사집행법에 따른 압류와 체납처분에 의한 압류가 있는 경우(선후 불문)의 공탁절차는 「금전채권에 대하여 민사집행법에 따른

압류와 체납처분에 의한 압류가 있는 경우의 공탁절차 등에 관한 업무처리 지침」에서 정한 절차에 준하여 처리한다.

(2) 이 경우 보상금지급청구권에 대하여 민사집행법에 따른 압류가 있거나 민사집행법에 따른 압류와 체납처분에 의한 압류가 있는 때에는 「공익사업을위한토지등의취득및보상에관한법률 제40조 제2항 제4호 및 민사집행법 제248조 제1항」을, 보상금지급청구권에 대하여 가압류가 있는 때에는 「공익사업을위한토지등의취득및보상에관한법률 제40조 제2항 제4호, 민사집행법 제291조 및 제248조 제1항」을 각 공탁근거법령으로 한다.

(3) 민법 제489조에 의한 공탁금 회수청구는 인정하지 않는다.

부　　칙(2015. 12. 9. 제1061호)

이 예규는 2016. 1. 1.부터 시행한다.

3. 수용보상금의 지급 또는 공탁

- 사업시행자는 수용의 개시일까지 토지소유자에게 관할 토지수용위원회가 재결한 보상금을 지급하여야 하고, 사업시행자가 수용의 개시일까지 보상금을 지급하지 아니하면 해당 재결은 그 효력을 상실한다(토지보상법 40조 1항, 42조 1항).

  그러므로 사업시행자는 토지소유자에게 보상금을 지급하여야만 그 수용의 개시일에 소유권을 취득할 수 있게 된다(토지보상법 45조).
- 만약에 토지소유자 등의 보상금 수령거절 등으로 인하여 수용개시일까지 보상금을 지급할 수 없다면 사업시행자로서는 해당 토지의 소유권을 취득할 수 없게 되므로, 귀책사유 없는 사업행자의 보호를 위해 공익사업토지보상법은 일정한 경우 보상금을 공탁할 수 있도록 규정하고 있다.

판례 사업시행자는 토지보상법 제40조 제2항 각 호의 1에 해당하는 사유가 있을 때에는 공탁할 수 있고 수용의 개시일까지 관할 토지수용회가 재결한 보상금을 지급 또는 공탁함으로써 토지를 수용한 날에 그 소유권을 취득하게 된다(대판 1991. 5. 10. 91다8654).

제 2 절 수용보상금 공탁절차

1. 관 할

가. 토지 등의 소재지 공탁소

사업시행자는 토지보상법 제2항 각 호의 1에 해당하는 사유가 있는 경우 수용 또는 사용하고자 하는 토지 등의 소재지의 공탁소에 보상금을 공탁할 수 있다(동법 40조 2항).

나. 피보상자 주소지 공탁소

수용보상금 공탁도 기본적으로는 변제공탁의 성질을 가지므로 민법 제488조 제1항에 따라 채무이행지 관할공탁소에 공탁할 수 있다.
그런데 실무상 대부분 수용 또는 사용하고자 하는 토지 등의 소재지 공탁서에 공탁이 이루어지고 있다.

다. 시·군법원 공탁관의 직무범위에서 제외

종전에는 시·군법원 공탁관의 직무범위에 제한이 없어 수용보상금 공탁도 시·군법원에서 이루어졌으나, 2002. 4. 22. 공탁사무처리규칙(2007. 3. 29) 공탁규칙으로 제명이 변경됨) 개정(2002. 7. 1.부터 시행)으로 수용보상금 공탁은 시·군법원 공탁관의 직무범위에서 제외되었다(공탁규칙 2조).

라. 금전 변제공탁의 관할 공탁소 이외의 공탁사건 처리지침 배제

행정예규 1167호 '관할공탁소 이외의 공탁소에서의 공탁사건처리 지침'은 공탁당사자가 관할공탁소와 멀리 떨어져 있는 경우 직접 관할공탁소를 방문해서 공탁업무를 처리해야 하는 불편을 덜어주기 위해 관할공탁소 이외의 공탁소에서 금전변제공탁신청 및 공탁금 지급청구에 관련된 공탁업무를 처리함에 필요한 특칙을 규정한 것이다. 그러나 수용보상금 공탁에 대하여는 위 행정예규가 적용되지 아니한다(행정예규 1167호 3. 다).

2. 공탁당사자

가. 공 탁 자

수용보상금 공탁의 당사자는 사업시행자이다. 토지보상법상의 사업시행자는 토지수용을 할 수 있는 공익사업시행자로서 동법 제20조에 따라 국토교통부장관의 사업인정을 받은 자를 의미한다. 국가·지방자치단체·사인 등 모두가 사업시행자로 될 수 있다.

나. 피공탁자

수용보상금 공탁의 피공탁자는 원칙적으로 토지수용으로 인한 손실보상금의 채권자, 즉 수용 또는 사용할 토지 등의 소유자이다. 사업시행자는 자기 책임하에 보상금을 받을 자를 특정하여 피공탁자로 기재하여야 한다(대판(전) 1997. 10. 16. 96다11747). 이와 관련하여 문제되는 경우는 다음과 같다.

(1) 확지공탁

(가) 관계인의 포함여부

공탁자의 피공탁자란에는 토지소유자만을 기재하고 토지등기사항증명서상의 담보물권자·압류·가압류채권자 등은 공탁서의 어느 난에도 기재하지 아니한다.

☞ 공익사업토지보상법상 토지의 소유자 아닌 관계인이란 사업시행자가 취득 또는 사용할 토지에 관하여 지상권·지역권·전세권·저당권·사용대차 또는 임대차에 의한 권리 그 밖의 토지에 관한 소유권 외의 권리를 가진 자, 또는 그 토지에 있는 물건에 관하여 소유권 그 밖의 권리를 가진 자를 말한다. 다만, 사업인정고시가 있는 후에 권리를 취득한 자는 기존의 권리를 승계한 자를 제외하고는 관계인에 포함되지 아니한다(공익사업토지보상법 2조 5호).
이는 사업시행자가 보상금을 지급(또는 공탁)하면 수용개시일에 소유권을 원시취득하게 되고 그 토지에 대한 권리는 토지수용위원회의 재결로서 인정한 권리 외에는 모두 소멸되기 때문이다(동법 45조 1항·3항). 담보물권자, 압류·가압류채권자 등은 별도로 수용보상금채권에 압류 등 조치를 하여야 한다.

(나) 수용보상금채권에 대하여 (가)압류가 있는 경우

수용보상금채권의 일부에 대한 압류가 있는 경우 압류된 채권만을 공탁하거나, 보상금채권 전부에 대한 압류 또는 압류경합을 원인으로 공탁하는 경우에는 집행공탁이므로 압류채무자를 피공탁자로 기재하지 아니한다.

다만, 수용보상금채권의 일부에 대한 압류를 원인으로 압류에 관련된 수용보상금채권 전액을 공탁하는 경우 또는 수용보상금채권에 대하여 가압류를 원인으로 공탁하는 경우에는 피공탁자란에 압류 또는 가압류채무자를 기재하고 공탁통지서도 발송한다(행정예규 1018호). 이러한 공탁은 변제공탁의 성질이 있기 때문이다.

(다) 수용개시일 이전까지 소유권이전등기를 경료하지 못한 경우

수용개시일 이전에 매매 등으로 소유권이전등기청구권을 취득하였거나 소유권이전등기절차이행 확정판결을 받았다 하더라도 실제로 수용개시일까지 소유권이전등기를 경료하지 않았다면 피공탁자가 될 수 없고, 등기사항증명서상 토지소유자가 피공탁자가 된다.

(라) 사업인정고시 후 소유권에 변동이 있는 경우

사 유	피공탁자의 기재
• 등기부상 공유지분합계가 1을 초과하거나 미달된 경우	공동소유자 전부
• 대장상 소유자의 성명만 기재되고 주소가 없는 경우	불명
• 상속인 불명의 경우	망 OOO(주소병기)의 상속인
• 수용대상토지상에 담보물권의 등기가 있는 경우(소유자)	소유자
• 수용대상토지에 소유권등기말소 예고등기가 경료된 경우 (갑 또는 을)	갑 또는 을
• 피공탁자의 등기기록상 주소만 아는 경우	등기기록상의 주소를 표시
• 수용개시 전에 수용대상토지의 소유권을 승계한 경우 피공탁자는 승계인으로 기재한다.	승계인

(2) 상대적 불확지공탁

상대적 불확지공탁의 경우와 절대적 불확지공탁의 경우 피공탁자 기재방법은 "토지수용보상금의 공탁에 관한 사무처리지침(행정예규 1061호)"에 따른다.

사 유	피공탁자의 기재
• 수용대상토지에 소유권등기말소청구권을 피보전권리로 하는 처분금지가처분등기가 경료된 경우	토지소유자 또는 가처분채권자
• 수용대상토지에 예고등기가 경료되어 있는 경우	토지소유자 또는 소제기자
• 수용대상토지에 등기부가 2개 개설되어 있고 그 소유명의자가 각각 다른 경우	각 소유명의자인 갑 또는 을
• 등기부상 공유지분의 합계가 1을 초과하거나 1에 미달되어 공유자들의 정당한 공유지분을 알 수 없을 경우	공시된 공유자 전원

(3) 절대적 불확지공탁

사 유	피공탁자의 기재
• 수용대상토지가 미등기이고 대장상 소유자란이 공란으로 되어 소유자를 확정할 수 없는 경우	피수용자 불명
• 수용대상토지가 미등기이고 대장상 성명은 기재되어 있으나 주소의 기재가 없는 경우	피수용자 불명
• 수용대상토지가 미등기이고 동·리의 기재만 있고 번지의 기재가 없는 경우	피수용자 불명
• 수용대상토지가 등기는 되어 있으나 등기기록상 소유자를 특정할 수 없는 경우(동·리의 기재만 있고 번지의 기재가 없는 경우)	피수용자 불명
• 피수용자가 사망하였으나 그 상속인 전부 또는 일부를 알 수 없는 경우	망 OOO(주소병기)의 상속인 또는 망 OOO의 상속인 주소 OOOOOO의 OOO의 상속인

(4) 집행공탁에 있어서의 예외로 피공탁자를 기재하는 경우

사 유	피공탁자의 기재
• 보상금지급청구권의 일부에 대하여 단일의 압류가 있으나 사업시행자의 전액을 공탁한 경우 압류된 부분을 제외한 나머지 부분	압류채무자
• 보상금지급청구권에 대한 단일의 가압류에 의하여 사업시행자가 보상금을 공탁하는 경우 형식은 집행 공탁이나 실질은 변제공탁일 때	가압류채무자

(5) 보상금에 대한 물상대위가 있는 경우(원칙)

사 유	피공탁자의 기재
기업자가 수용토지보상금을 지불하기 전에 담보물권자가 이를 압류한 경우	기재하지 아니한다.

3. 공 탁 물

수용보상금 공탁도 기본적으로는 변제공탁의 성질을 가지고, 변제공탁에서 있어서의 공탁물은 채무 내용에 따른 목적물이어야 하므로, 사업시행자가 보상금을 공탁할 경우 공탁물은 토지보상법에 규정되어 있는 금전 또는 채권이다.

가. 금전(원칙)

토지를 수용 또는 사용함으로 인하여 토지소유자 또는 관계인이 입은 손실에 대한 보상은 다른 법률에 특별한 규정이 없는 경우를 제외하고는 현금으로 지급하여야 한다(토지보상법 63조 1항). 이를 금전보상의 원칙이라고 한다. 따라서 현금으로 보상금을 지급하도록 되어 있을 때에는 현금으로 지급하거나 공탁을 하여야지 현금 대신 채권으로 지급하거나 공탁을 할 수는 없다(공탁선례 2-1).

수용의 효과를 발생시키는 보상금의 공탁은 일반 민법상의 변제공탁의 경우와 마찬가지로 보상금 전액을 공탁함이 원칙이다.

나. 채 권

(1) 사업시행자가 국가·지방자치단체 그 밖에 대통령령으로 정하는 공공기관의 운영에 관한 법률에 따라 지정·고시된 공공기관 및 공공단체인 경우로써 ① 토지소유자 또는 관계인이 원하는 경우이거나 ② 사업인정을 받은 사업에서 대통령령이 정하는 부재 부동산 소유자의 토지에 대한 보상금이 대통령령이 정하는 일정금액(시행법상 1억 원)을 초과하는 금액에 대하여 보상하는 경우에는 해당 사업시행자가 발행하는 채권으로 지급할 수 있다(토지보상법 63조 7항).

(2) 토지소유자의 채권자가 손실보상이 현금으로 지급될 것을 예상하여 수용보상금에 대하여 압류를 한 경우에도 '수용보상금에 대한 압류(압류의 경합 여부를 불문한다)가 있는 경우에는 현금으로 지급하여야 한다'는 규정이 없으므로, 위와 같은 토지수용의 채권보상 요건을 충족하고 공탁사유가 있으면 채권으로 공탁할 수 있다(공탁선례 2-242).

(3) 또한, 전부명령은 압류된 채권의 지급에 갈음하여 압류채권자에게 이전시키고 그것으로 채무자가 채무를 변제한 것으로 간주하는 것이어서 전부명령의 대상인 채권은 금전채권으로 한정된다. 따라서 장래의 조건부채권에 대한 전부명령이 확정된 후에 그 피압류채권의 전부 또는 일부가 존재하지 아니한 것으로 밝혀졌다면(사업시행자가 금전이 아닌 도시개발채권으로 공탁하였을 경우) 민사집행법 231조 단서에 의하여 그 부분에 대한 전부명령의 실체적 효력은 소급하여 실효된다(대판 2004. 8. 20. 2004다24168 참조).

(4) 사업시행자가 채권으로 공탁하였을 경우 이에 대한 공탁물유가증권에 대한 출급청구권은 유체물 인도를 목적으로 하는 채권의 일종이므로 그에 대한 강제집행은 유체동산인도청구권에 대한 강제집행절차에 따라야 하므로, 공탁자를 상대로 한 전부금청구소송에서 하는 바, 공탁자를 상대로 한 전부금소송에서 공탁유가증권을 직접 출급할 수 있다는 조정결정을 받았다 하더라도 위 조정조서를 가지고는 공탁된 수용보상금채권을 전부채

권자가 직접 출급할 수는 없다(공탁선례 2-242).

4. 공탁서 작성시 유의사항

가. 공탁원인사실의 기재

(1) 공탁원인사실란에 담보물권자의 보상금채권압류사실을 기재하여야 하지만 그러한 경우에도 피공탁자는 토지소유자이다.

(2) 피보상자가 불확지를 사유로 공탁하는 경우에는 그 불확지 사유를 공탁원인사실에 구체적으로 명시하여야 한다.

(3) 보상금지급청구권에 대한 압류 또는 가압류 등을 사유로 공탁하는 경우에는 공탁원인사실에 그 압류 또는 가압류의 내용을 구체적으로 명시하여야 한다. 실무상 압류법원, 사건번호, 채권자, 채무자, 제3채무자, 압류금액, 송달일자를 기재하는 방법으로 압류 또는 가압류의 내용을 특정하고 있다.

(4) 수용대상토지에 대하여 담보물권, 가압류, 경매개시결정 등의 등기가 되어 있다고 하더라도 그것만으로는 토지소유자가 보상금지급청구권자임에 변동이 없으므로, 수용보상금을 공탁하는 경우의 피공탁자는 토지소유자가 되고, 담보물권, 가압류채권자, 압류채권자 등은 공탁서상의 어느 난에도 기재할 필요가 없다.

나. 법령 조항의 기재

(1) 사업시행자가 수용보상금을 공탁하는 경우에는 토지보상법에 근거 조항이 있으므로 변제공탁의 성질을 갖는 공탁의 경우에도 민법 487조를 별도로 기재하지 않는다. 다만 토지보상법 40조 2항 각 호의 사유별로 공탁원인사실 및 출급청구권 증명서면 등이 다르므로 토지보상법 40조 2항 몇 호까지 구체적으로 기재하여야 한다.

(2) 그리고 보상금지급청구권에 대하여 압류 또는 압류경합이 있는 때에는 "공익사업을 위한 토지 등의 취득 및 보상에 관한 법률 40조 2항 4호 및

민사집행법 248조 1항"으로, 보상금지급청구권에 대하여 가압류가 있는 때에는 "공익사업을 위한 토지 등의 취득 및 보상에 관한 법률 40조 2항 4호, 민사집행법 291조 및 248조 1항"으로 기재한다(행정예규 1061호).

다. 공탁으로 인하여 소멸하는 저당권 등의 표시 여부

수용보상금의 공탁으로 인하여 수용대상토지에 설정된 저당권 등이 소멸된다 하더라도 이는 수용의 효과로 인하여 소멸하는 것이지 피담보채무의 변제로 인한 소멸이 아니므로, 수용대상토지에 등기된 지상권, 전세권, 저당권, 지역권, 임차권 등은 공탁서상의 "공탁으로 인하여 소멸하는 질권, 전세권, 저당권란"에 기재하여서는 아니 되며, 그 저당권 등을 공탁서상의 "피공탁자"란에 기재하여서도 아니 된다.

라. 반대급부의 기재 여부

수용보상금 공탁의 경우 수용보상금의 지급과 수용으로 인한 소유권이전등기는 동시이행관계에 있는 것이 아니므로 수용보상금의 공탁서에 소유권이전등기 서류의 교부를 반대급부로 기재할 수 없고, 또한 수용대상토지에 대하여 제한물권이나 처분제한의 등기가 있는 경우에도 그러한 등기의 말소를 반대급부로 기재할 수는 없다(행정예규 1061호).

마. 첨부서류

일반의 변제공탁과 마찬가지로 피공탁자의 주소를 소명하는 서면이 아닌 토지대장, 등기사항증명서, 재결서 등은 필요적 법정 첨부서면은 아니지만 신청서와 함께 제출받고 있다. 다만, 토지대장, 등기사항증명서, 재결서 등이 법정 첨부서면은 아니더라도 주소불명사유를 소명하는 서면으로 첨부되는 경우가 있다(공탁선례 2-170).

제 3 절 수용보상금의 공탁사유

1. 개 설

- 사업시행자는 수용 또는 사용의 개시일까지 보상금을 토지소유자 등에게 지급하는 것이 원칙이나 다음 사유가 있을 때는 공탁할 수 있다. 즉 ① 보상금을 받을 자가 그 수령을 거부하거나 보상금을 수령할 수 없는 때, ② 사업시행자의 과실 없이 보상금을 받을 자를 알 수 없는 때, ③ 관할 토지수용위원회가 재결한 보상금에 대하여 사업시행자의 불복이 있는 때, ④ 압류 또는 가압류에 의하여 보상금의 지불이 금지된 때에는 공탁할 수 있다 (토지보상법 40조 2항).
- 이의신청에 대한 중앙토지수용위원회의 재결에서 원재결의 취소 또는 변경으로 보상액이 증액된 때에는 사업시행자는 원재결의 취소 또는 변경의 재결서 정본을 송달받은 날부터 30일 이내에 보상금을 받을 자에게 그 증액된 보상금을 지급하여야 한다. 이 경우 토지보상법 제40조 제2항 제1호·제2호, 또는 제4호의 사유가 있으면 공탁할 수 있다(동법 84조 2항).

판례 이의신청에 대한 재결에 대하여 사업시행자가 행정소송을 제기할 경우에는 재결에서 증액된 보상금을 공탁하여야 한다(토지보상법 85조 1항). 이 때 증액된 보상금을 행정소송 제기 전에 공탁하여야 할 것이지만, 제소 당시 그와 같은 요건을 구비하지 못하였다 하여도 사실심 변론종결 당시까지 그 요건을 갖추었다면 그 흠결의 하자는 치유되었다고 본다(대판 2008. 2. 15. 2006두9832).

2. 공익사업토지보상법 제40조 제2항 제1호의 사유(수령거부, 수령불능)

민법상 변제공탁 사유인 채권자의 수령거절 및 수령불능과 그 요건이 같다.

가. 수령거절

채권자의 수령거절이란 채무자인 사업시행자가 채무의 내용에 다른 변제의 제공을 하였음에도 불구하고 채권자가 수령을 거절하는 경우를 말한다. 채무의 내용에 따른 변제제공이란 채무자가 채권자에게 본래 채무의 목적물을 변제기에 변제장소에서 제공하는 것을 말한다.

보상금을 받을 자가 보상금의 수령을 거절하는 것이 명백하다고 인정되는 경우에는 보상금을 현실제공하지 않고 바로 보상금을 공탁할 수 있다(대판 1998. 10. 20. 98다30537).

나. 수령불능

채권자의 수령불능이란 변제자가 채무이행을 하려고 해도 채권자 측의 사유로 채권자가 수령할 수 없는 경우를 말한다. 채권자가 부재중이거나 채권자의 주소가 불명인 사실상의 수령불능과 채권자가 무능력자이지만 법정대리인이 없는 경우를 들 수 있다. 채권자가 제한능력자일지라도 피공탁자는 될 수 있으므로 채무자는 수령불능을 원인으로 변제공탁을 할 수 있다.

피보상자에게 지급할 보상금을 공탁하고자 하나 피보상자의 주민등록상 현주소와 등기부상 주소가 다른 경우에는 피공탁자의 주소란에는 주민등록상 현주소를 기재하여야 한다. 피보상자의 주민등록상 현주소를 알 수 없다면 피보상자의 수령불능을 사유로 공탁할 수 있으며, 이 경우 피공탁자의 주소란에는 등기부상의 주소를 기재하여야 한다(공탁선례 2-169).

판례 토지소유자가 수용재결이 있기 전에 등기부상 주소를 실제 거주지로 변경등기하였음에도 불구하고 사업시행자가 토지소유자의 주소가 불명하다 하여 수용재결에서 정한 수용보상금을 토지소유자 앞으로 공탁한 경우, 그 공탁은 요건이 흠결된 것이어서 무효이고 토지소유자의 변경등기 전 주소로 수용절차가 진행되어 왔다고 하여 마찬가지이다(대판 1996. 9. 20. 95다17373).

3. 공익사업토지보상법 제40조 제2항 제2호의 사유(채권자 불확지)

- 사업시행자의 과실 없이 보상금을 받을 자를 알 수 없는 때라 함은 객관적으로 채권자가 존재하나 변제자가 선량한 관리자의 주의를 다하여도 채권자가 누구인지 알 수 없는 것을 말한다(대판 1996. 4. 26. 96다2583 등 다수).
- 채권자 불확지의 원인은 사실상의 이유(채권자가 사망하였으나 그 상속인을 알 수

없는 경우 등)나 법률상의 이유(채권양도의 효력에 대해 양도인과 양수인이 다투는 경우 등) 모두를 포함한다.

- 수용보상금의 공탁은 일단 변제공탁의 경우와는 달리 수용대상토지의 소유권에 대한 다툼이 있거나 소유자가 불명확한 경우에 불확지공탁이 인정되는 경우가 많다. 특히 사업시행자가 과실 없이 여러 사람 중 누가 보상금을 수령할 진정한 권리자인지 알 수 없는 상대적 불확지공탁 이외에도 보상금을 받을 자가 누구인지 전혀 알 수 없는 절대적 불확지공탁도 예외적으로 허용된다.

가. 상대적 불확지공탁

수용보상금 공탁의 피공탁자는 수용 당시 수용대상토지의 소유자이다. 그러나 토지의 소유권에 다툼이 있어 누가 진정한 토지소유자인지 모르는 경우에는 상대적 불확지공탁을 할 수 있다.

이 경우 상대적 불확지의 기준은, 수용당시 토지소유자의 소유권에 대하여 물권적 분쟁이 있을 때만 보상금 채권자가 누구인지 모른다 할 수 있으므로 상대적 불확지공탁을 할 수 있고, 단지 채권적 분쟁이 있을 때는 토지소유권에 대하여는 변동이 없으므로 토지소유자를 피공탁자로 하는 확지공탁을 하는 것이 타당하다.

☞ 물권적분쟁이란 현 토지소유자의 소유권을 인정하지 아니하고 토지소유권 귀속 자체에 대하여 다투는 것을 의미한다. 채권적 분쟁이란 현 토지소유자의 소유권 자체는 인정하되 자기에게 소유권을 이전해 달라는 등의 채권적 다툼이 있는 것을 의미한다.

(1) 상대적 불확지공탁이 인정되는 경우

① 수용대상토지에 대하여 소유권이전등기말소청구권을 피보전권리로 하는 처분금지가처분등기가 경료되어 있는 경우

이 경우 원인무효의 사유로 현재 등기되어 있는 토지소유자의 소유권자체를 부정하고 있으므로 물권적 분쟁에 해당된다. 따라서 "토지소유자 또는 가처분채권자"를 피공탁자로 하는 상대적 불확지공탁이 인정된다.

그러나 수용대상토지에 대하여 소유권이전등기청구권을 피보전권리로 하는 처분금지가처분등기가 경료되어 있는 경우에는, 현재 등기되어 있는 토지소유자의 소유권 자체를 부정하는 것이 아니라 소유권을 인정하는 전제하에서 매매 등을 원인으로 소유권이전등기를 해달하는 채권적 분쟁이므로, 토지소유자를 피공탁자로 하는 확지공탁만 할 수 있고, 가처분채권자를 피공탁자에 포함하는 상대적 불확지공탁은 할 수 없다.

이는 우리 민법상 법률행위에 의한 소유권의 취득은 등기를 하여야만 가능하므로 소유권이전등기청구권만을 가진 상태에서는 소유권을 인정할 수 없어 그를 소유자로 볼 수 없기 때문이다.

판례 수용대상토지에 대하여 처분금지가처분의 등기가 경료되어 있는 경우에 그 사유만으로는 피보상자를 알 수 없다는 이유로 공탁할 수 없고, 다만 소유권등기말소청구권을 피보전권리로 하는 처분금지가처분등기가 경료되어 있는 등 수용대상토지에 대한 소유권의 귀속에 관하여 다툼이 있는 경우에는 사업시행자가 피보상자를 알 수 없다는 이유로 공탁을 할 수 있으나, 그 피보전권리가 소유권이전등기청구권인 때에는 피공탁자의 상대적 불확지를 이유로 하는 공탁을 할 수는 없다(대판 1996. 3. 22. 95누5509, 2002. 10. 21. 2002다35461).

다만, 부동산처분금지가처분 기입등기시 피보전권리를 기재하는 것은 1997. 9. 11. 등기예규 제881호가 제정·시행된 이후이다. 따라서 예규 시행 이전에 이루어진 가처분의 경우 피보전권리가 등기기록증명서상 공시되어 있지 않다.

② 가처분의 피보전권리가 소유권말소등기청구권인지 아니면 소유권이전등기청구권인지가 공시되어 있지 않다면 일단 그 토지의 소유권 귀속에 관하여 다툼이 있는 것으로 보아 피공탁자의 상대적 불확지를 이유로 공탁할 수 있다(공탁선례 2-51).

(가) 수용대상토지에 대하여 등기사항증명서가 2개 개설되어 있고 그 소유명의인이 각각 다른 경우

수용대상토지에 대하여 갑 명으로 소유권이전등기가 되어 있고, 또 다른 등기부에 위 토지와 지번, 지목이 같고 지적만이 다른 을 명의의 소유권이전등기가 되어 있어, 사업시행자가 과실 없이 진정한 토지소유자를 알 수 없는 때에는 수용재결에서 정한 보상금을 적법하게 공탁하려면, 공탁원인을 그와 같은 취지로 기재하고 공탁물을 수령한 자는 갑 또는 을로

표시하여야 한다(대판 1992. 10. 13. 92누3212).

(나) 등기사항증명서상 공유지분의 합계가 1을 초과하거나 미달되어 피수용자들의 정당한 공유지분을 알 수 없는 경우

토지 공유자는 자신의 공유지분에 대하여 보통의 소유권과 실질적으로 같은 것이어서 보상금은 공유자의 공유지분별로 지급하여야 하고, 공탁을 할 경우에는 각 공유자를 피공탁자로 하는 확지공탁을 공유자별로 하여야 한다.

그러나 토지등기사항증명서상 공동소유자들의 공유지분 합계가 1을 초과하거나 미달되어 사업시행자로서는 받을 자인 공동소유자들의 정당한 공유지분을 알 수 없어 개인별 보상금액을 구체적으로 산정할 수 없다면 피보상자 불확지를 사유로 공탁할 수 있다. 이 경우 피공탁자는 공동소유자 전부를 기재하고 공탁원인사실에 위 공탁사유를 구체적으로 기재하여야 한다(공탁선례 2-165).

(다) 분할 전과 후의 토지대장의 소유명의인이 다른 경우 등

① 수용대상토지가 미등기 토지로 분할 전 토지의 토지대장에 갑이 사정받은 것으로 되어 있으나 분할 된 이후의 토지대장에는 '을' 명의로 소유권이전등록이 되어 있다면 '갑'과 '을' 중 누가 진정한 소유자인지 알 수 없으므로 "갑 또는 을"을 피공탁자로 하여 상대적 불확지공탁을 할 수 있다(공탁선례 2-174).

② 또한, 사업시행자가 미등기 건물의 수용보상금을 공탁할 때 그 소유권에 대한 다툼이 있어 과실 없이 누가 진정한 수용재상 건물의 소유자인지 알지 못하는 경우에는 피공탁자를 "건축물대장상 소유자 또는 실제소유자라고 주장하는 자"로 하여 상대적 불확지공탁을 할 수 있다(공탁선례 2-175).

(라) 수용보상금채권에 대한 처분금지가처분이 있는 경우

가처분권자가 수용보상금채권에 대하여 권리의 귀속을 다투는 경우에는 공탁근거법령을 토지보상법 40조 2항 2호로 하고, 피공탁자는 '가처분채무자 또는 가처분채권자'로 하는 상대적 불확지공탁을 할 수 있다.

(2) 상대적 불확지공탁이 인정되지 않는 경우

수용대상토지에 대하여 소유권이전등기청구권은 피보전권리로 하는 처분금지가처분의 등기가 경료되어 있는 경우에는 그 사유만으로는 피보상자를 알 수 없다는 이유로 상대적 불확지공탁을 할 수 없음은 앞에서 설명하였다.

판례 수용대상토지가 일반채권자에 의하여 압류 또는 가압류되어 있거나 수용대상토지에 근저당권설정등기가 마쳐져 있더라도 그 토지의 수용에 따른 보상금청구권 자체가 압류 또는 가압류되어 있지 아니한 이상 보상금의 지급이 금지되는 것은 아니므로, 이러한 사유만으로 공익사업토지보상법 제40조 제2항 제2호 소정의 '사업시행자가 과실 없이 보상금을 지급받을 자를 알 수 없을 때'의 공탁사유에 해당되지 않는다(대판 2000. 5. 26. 98다22062).

나. 절대적 불확지공탁

절대적 불확지공탁이란 변제공탁에서 공탁수령자인 피공탁자(채권자)가 누구인가를 공탁자가 전혀 알 수 경우에 하는 공탁을 말한다.

판례 우리 공탁제도상 채권자가 특정되거나 적어도 채권자가 상대적으로나마 특정되는 상대적 불확지의 공탁만이 허용될 수 있는 것이고 채권자가 누구인지 전혀 알 수 없는 절대적 불확지의 공탁은 허용되지 아니하는 것이 원칙이지만, 토지보상법 제40조 제2항 제2호는 토지수용의 주체인 사업시행자가 과실 없이 보상금을 받을 자를 알 수 없을 때에는 절대적 불확지의 공탁이 허용됨을 규정하여, 사업시행자는 그 공탁에 의하여 보상금 지급의무를 면하고 그 토지에 대한 소유권을 취득하도록 하고 있다. 이와 같이 절대적 불확지의 공탁을 예외적으로 허용하는 것은 공익을 위하여 신속한 수용이 불가피함에도 사업시행자가 과실 없이 채권자를 알 수 없다는 부득이한 사정으로 인한 임시적 조치로서 편의상 방편일 뿐이므로, 사업시행자는 공탁으로 수용보상금 지급의무는 면하게 되지만, 이로써 위에 본 공탁제도상 요구되는 채권자 지정의무를 다하였다거나 그 의무가 면제된 것은 아니다(대판(전) 1997. 10. 16. 96다11747).

(1) 수용대상토지가 미등기이고 대장상 소유자란이 공란으로 되어 있어 소유자를 확정할 수 없는 경우

등기부와 토지대장 등 지적공부가 6·25사변으로 모두 멸실되고 그 후 토지대장이 새로 복구되었으나 소유권란은 복구되지 않은 채 미등기로 남아 있어 피수용자를 불확지로 하는 수용재결이 있었다면, 택지개발사업 시행자로서는 과실 없이 보상금을 받을 자를 알 수 없었다고 봄이 상당하므로 공탁을 할 수 있다(대판 1995. 6. 30. 95다13159).

(2) 대장상 성명은 기재되어 있으나 주소의 기재(동·리의 기재만 있고 번지의 기재가 없는 경우도 해당됨)가 없는 경우

미등기인 수용대상토지가 토지대장에 주소는 기재됨이 없이 소유자의 성명만 기재되어 있는 경우에는 사업시행자가 토지소유자 즉, 피보상자를 과실 없이 알 수 없는 경우에 해당하므로 절대적 불확지공탁을 할 수 있다(공탁선례 2-21).

(3) 대장상 주소는 기재되어 있으나 성명의 기재가 없는 경우

(4) 수용대상토지가 등기는 되어 있으나 등기사항증명서상 소유자를 특정할 수 없는 경우

수용대상토지의 등기사항증명서상 소유자의 주소 표시 중 번지가 누락된 경우에는 소유자를 특정할 수 없으므로 절대적 불확지공탁을 할 수 있고, 이 경우 소유자 표시를 등기사항증명서상 표시와 같이 경정하더라도 소유자를 특정한 것으로 볼 수는 없어 경정의 효력이 없다(공탁선례 2-197).

(5) 등기사항증명서의 일부인 공동인명부와 토지대장상의 공유자명부가 멸실된 경우

등기사항증명서의 일부인 공동인명부[구(2011. 4. 12. 법률 제10580호로 개정되기 전의 것) 부동산등기법 20조 및 58조, 구(2011. 9. 28. 규칙 제2356호로 개정되기 전의 것) 부동산등기규칙 2조에 있던 공동인명부에 관한 근거규정이 개정 부동산등기법과 개정 부동산등기규칙에서 삭제되었음]와 토지대장상의 공유자연명부가 멸실된 토지에 대하여 사업시행자가 토지소유자를 알 수 없어 협의를 할 수 없음을 이유로 관할 토지수용위원회에 재결을 신청하고 그에 따라 피수용자를 불확지로 한 수용재결을 얻은 경우에는 절대적 불확지공탁을 할 수 있다(등기선례 3-758 참조).

(6) 피수용자가 사망하였으나 그 상속인 전부 또는 일부를 알 수 없는 경우

토지수용재결 후 보상금을 지급하기 전에 토지소유자가 사망하여 그 상속

인에게 보상금을 지급하고자 하나 사업시행자로서는 상속인의 범위 또는 상속지분을 구체적으로 알 수 없는 경우에는 피공탁자 불확지공탁을 할 수 있다(공탁선례 2-162 참조).

수용재결 전에 보상금을 받을 자가 사망하고 그 상속이 완료되지 않아 사업시행자로서는 그 상속인의 범위나 상속지분을 알 수 없는 경우 또는 상속인 부존재로서 상속재산관리인이 없는 경우에도 보상금을 받을 자의 전부 또는 일부를 알 수 없다는 이유로 보상금을 공탁할 수도 있다.

(7) 피수용자의 등기사항증명서상 주소지가 미수복지구인 경우

피수용자의 등기사항증명서상 주소지가 미수복지구로 되어 있고, 그와 다른 주소지를 사업시행자가 별도로 알 수 없는 경우에는 절대적 불확지공탁을 할 수 있다.

판례 사업시행자가 피공탁자의 주소를 미수복지구로 기재하고 공탁관례법령을 보상금을 받을 자가 그 수령을 거부하거나 보상금을 수령할 수 없는 때에 해당하는 법령의 조문을 기재한 경우, 피공탁자의 주소 표시가 제대로 되지 아니하고 공탁통지서도 송달할 수 없으므로 피공탁자가 특정되지 않았다고 할 것이어서 '공탁을 하게 된 관계법령'의 기재가 사실에 합치되지 아니하지만 그렇다고 그 공탁이 바로 무효로 되는 것은 아니고, 그 공탁을 "사업시행자가 과실 없이 보상금을 받을 자를 알 수 없는 때"에 허용되는 절대적 불확지의 공탁으로 보아 유효하다고 해석하고 있다{대판(전) 1997. 10. 16. 96다11747}.

(8) 사업시행자가 과실 없이 영업손실보상금을 받을 자를 알 수 없는 경우

사업시행자가 토지조서 및 물건조서의 작성을 위하여 영업시설에 출입하여 영업의 현황 및 영업주의 현황을 방문 조사하였으나, 영업주, 종업원 등이 고의적으로 조사를 회피하는 등의 사정으로 과실 없이 영업주를 알 수 없는 경우에는 이러한 내용이 기재된 물건조서 또는 조사를 담당한 자의 진술서 등 소명자료를 첨부하여 영업손실보상금을 절대적 불확지공탁할 수 있다(공탁선례 2-177).

4. 공익사업토지보상법 제40조 제2항 제3호의 사유(사업시행자 불복)

관할 토지수용위원회가 재결한 보상금에 대하여 사업시행자가 불복하는 경우 사업시행자는 보상금을 받을 자에게 자기가 산정한 보상금을 지급하고 그 금액과 토지수용위원회가 재결한 보상금과의 차액을 공탁하여야 한다.
이 경우 보상금을 받을 자는 그 볼복의 절차가 종결될 때까지 공탁된 보상금을 수령할 수 없다(공익사업토지보상법 40조 1항).

5. 공익사업토지보상법 제40조 제2항 제4호의 사유(압류·가압류)

- 보상금지급청구권에 대하여 압류 또는 가압류에 의하여 보상금 지급이 금지된 때에는 공탁할 수 있다.
  일반채권에 기한 압류 외에 담보권리자의 물상대위권 행사에 의한 압류도 포함된다. 그러나 국세징수법상의 강제징수 또는 지방세기본법상 체납처분 압류만을 이유로 하여 사업시행자가 집행공탁을 할 수는 없으므로 강제징수 또는 체납처분 압류만이 있는 경우에는 이 공탁사유에 해당하지 않는다(대한 2007. 4. 12. 2004다20326 참조, 공탁 선례 2-286 참조).
- 토지수용보상금 공탁에서도 보상금채권에 대하여 압류경합은 물론 단일의 압류, 압류의 경합이 없는 복수의 압류, 단일 또는 복수의 가압류의 경우에도 토지보상법 제40조 제2항 제4호 및 민사집행법 제248조 제1항에 의하여(가압류는 민사집행법 제291조 및 제248조 제1항) 집행공탁할 수 있다(행정예규 1018호).
- 담보물권의 변형물인 보상금에 대하여 이미 제3자가 압류하여 특정된 이상 담보물권자는 스스로 이를 압류하지 않고서도 통상대위권을 행사할 수 있다. 그러나 그 권리실행은 민사집행법 제273조에 따라 채권에 대한 강제집행절차를 준용하여 채권압류 및 전부명령을 받거나 배당요구를 하는 등의 방법으로 하여야 한다. 근저당권등기가 되어 있는 토지에 대한 수용재결이 있는 후 제3자가 보상금채권을 압류하였으나 근저당권자가 물상대위권을 행사하지 아니한 경우에 사업시행자는 압류에 의하여 보상금의 지급이 금지되었음을 이유로 보상금을 공탁하여야 하고, 압류하지 않는 근저당권자

도 압류한 것으로 취급하여 공탁할 것은 아니다(공탁선례 2-179).

판례 수용되는 토지에 대하여 체납처분에 의한 압류가 집행되어 있어도 토지의 수용으로 사업시행자가 그 소유권을 원시취득함으로써 그 압류의 효력은 소멸되지만, 토지에 대한 압류가 그 수용보상금청구권에 당연히 이전되어 그 효력이 미치게 된다고는 볼 수 없다. 따라서 수용 전 토지에 대하여 체납처분으로 압류를 한 체납처분청이 다시 수용보상금에 대하여 체납처분에 의한 압류를 하였다고 하여 물상대위의 법리에 의하여 수용 전 토지에 대한 체납처분에 의한 우선권이 수용보상금채권에 대한 배당절차에서 종전 순위대로 유지된다고 볼 수도 없다(대판 2003. 7. 11. 2001다83777).

6. 공익사업토지보상법 제84조 제2항에 따른 공탁

중앙토지수용위원회는 토지보상법 제83조에 따른 이의신청이 있는 경우 동법 제34조의 재결이 위법 또는 부당하다고 인정하는 때에는 그 재결의 전부 또는 일부를 취소하거나 보상액을 변경할 수 있다.

보상금이 증액된 경우 사업시행자는 재결의 취소 또는 변경의 재결서정본을 받은 날부터 30일 이내에 보상금을 받은 자에게 그 증액된 보상금을 지급하여야 한다. 다만, 동법 제40조 제2항 제1호·제2호·제4호의 사유에 해당하는 때에는 이를 공탁할 수 있다(동법 84조 2항).

판례 이의신청에 의한 재결절차는 수용재결에 대한 불복절차이면서 수용재결과는 확정의 효력 등을 달리하는 별개의 절차이므로, 증액된 보상금의 지급 또는 공탁이 없는 경우 관할 토지수용위원회의 재결에 대한 보상금의 지급 또는 공탁이 없는 경우와는 달리 그 이의신청에 대한 재결이 실효되는 것은 아니다(대판 1992. 3. 10. 91누8081).

7. 공익사업토지보상법 제85조 제1항에 따른 공탁

사업시행자·토지소유자 또는 관계인은 동법 34조의 재결에 대하여 불복이 있는 때에는 재결서를 받은 날부터 60일 이내에, 이의신청을 거친 때에는 이의신청에 대한 재결서를 받은 날부터 30일 이내에 각각 행정소송을 제기할 수 있다. 이 경우 사업시행자는 행정소송을 제기하기 전에 동법 84조(이의신청에 대한 재결)에 따라 증액된 보상금을 공탁하여야 하고, 보상금을 받을 자는 공탁된 보상금을 소송종결시까지 수령할 수 없다(동법 85조 1항).

이 공탁의무규정은 사업시행자가 행정소송을 제기한 경우에 한한다. 따라서 토지소유자 또는 이해관계인만이 이의재결에 대하여 행정소송을 제기한 경우에는 보상금을 받을 자는 이의유보의 의사표시를 하여 공탁된 보상금을 지급받을 수 있다(공탁선례 2-239).

8. 공익사업토지보상법 제39조 제1항(담보공탁)

- 사업시행자의 재결 신청을 받은 토지수용위원회는 그 재결을 기다려서는 재해를 방지하기 곤란하거나 그 밖에 공공의 이익에 현저한 지장을 줄 우려가 있다고 인정하는 때에는 사업시행자의 신청에 의하여 담보로써 토지수용위원회가 상당하다고 인정하는 금전 또는 유가증권을 공탁하게 하고 즉시 해당 토지의 사용을 허가할 수 있다(동법 39조 1항, 동법시행령 19조 1항).
- 이 경우의 공탁은 사업시행자의 보상금지급채무를 담보한다는 점에서 담보공탁의 성질을 갖는다. 사업시행자가 토지수용위원회의 재결에 의한 보상금의 지급시까지 이를 지급하지 아니하는 때에는 토지소유자 등은 관할 토지수용위원회의 확인을 받아 담보공탁의 전부 또는 일부를 취득한다(동법 41조 2항, 동법시행령 22조 1항).

제 4 절 수용보상금 공탁의 효과

1. 사업시행자의 소유권취득

사업시행자가 수용개시일까지 관할 토지수용위원회가 재결한 보상금을 공탁한 때에는 수용개시일에 토지나 물건의 소유권을 취득한다(토지보상법 45조 1항). 설령 그 후 중앙토지수용위원회의 이의재결에 의하여 위 수용제결에서 정한 손실보상금이 증액되었다 하더라도 달리 볼 수 없다(토지보상법 88조, 대판 2017. 3. 30. 2014두43387 참조). 이 경우 소유권 취득은 원시취득이다(대판 1995. 12. 22. 94다40765, 대판 2009. 9. 10. 2006다78565 등).

판례 사업시행자는 토지를 수용한 날에 그 소유권을 취득하며 그 토지에 관한 다른 권리는 소멸하는 것인바, 수용되는 토지에 대하여 가압류가 집행되어 있어도 토지의 수용으로 인하여 사업시행자가 그 소유권을 원시취득함으로써 가압류의 효력은 소멸되고, 토지에 대한 가압류가 그 수용보상금청구권에 당연히 이전되어 그 효력이 미치게 된다고는 볼 수 없다(대판 2000. 7. 4. 98다62691).

판례 수용재결의 재결서 정본이 피수용자에게 적법하게 송달되기 이전에 사업시행자가 한 보상금의 공탁도 그것이 수용개시일 이전에 이루어진 것이라면 효력이 있다(대판 1995. 6. 30. 95다13159).

2. 토지소유자의 공탁금 출급청구권 취득

보상금의 공탁으로 사업시행자에 대한 손실보상금 채권은 소멸하고 토지소유자는 공탁소에 대한 공탁금 출급청구권을 취득한다. 양 권리는 형식상 별개이나 실질상 공탁금 출급청구권은 보상금지급청구권에 갈음하는 것이므로 양 권리의 성질과 범위는 같다.

3. 공탁의 하자와 수용재결의 실효

가. 수용보상금을 지급 또는 공탁하지 아니한 때

토지보상법 제42조는 사업시행자가 수용 또는 사용개시일까지 관할 토지수용위원회가 재결한 보상금을 지급 또는 공탁하지 아니한 때에는 해당 토지수용위원회의 재결은 효력을 상실한다고 규정하고 있으므로 사업시행자가 수용개시일까지 보상금 전액을 지급 또는 공탁하지 아니하였다면 해당 재결은 무효가 된다.

판례 토지수용은 보상금 지급을 조건으로 하고 있는 만큼 재결된 보상금을 수용개시일까지 지급 또는 공탁하지 않은 이상 위 재결은 물론 재결의 전제가 되는 재결신청도 아울러 그 효력을 상실하는 것이라고 해석함이 상당하고, 그로 인하여 동법 제28조 소정의 사업인정의 고시가 있은 날로부터 1년 이내에 재결신청을 하지 않는 것으로 되었다면 사업인정도 역시 효력을 상실하여 결국 그 수용절차 일체가 백지상태로 환원된다(대판 1987. 3. 10. 84누158).

판례 토지수용법상의 이의신청에 의한 재결절차는 수용재결에 대한 불복절차이면서 수용재결과는 확정의 효력 등을 달리하는 별개의 절차이므로 사업시행자가 이의신청에 대한 재결에서 증액된 보상금을 일정한 기한 내에 지급 또는 공탁하지 아니하였다 하더라도 그 때문에 이의신청에 대한 재결 자체가 당연히 실효되는 것은 아니다(대판 1992. 3. 10. 91누8081).

나. 수용보상금 공탁이 무효인 경우

사업시행자가 일단 수용보상을 공탁하였다 하더라도 그 공탁이 무효라면 토지보상법 제42조 소정의 사업시행자가 수용개시일까지 보상금을 지불 또는 공탁하지 아니하였을 때에 해당하므로 그 수용재결은 효력을 상실한다.

판례 공익사업토지보상법에 의한 수용재결에 따른 수용보상금의 공탁이 유효한 것인지 여부는 동법 제40조 제2항 및 공탁법이 정한 요건을 갖추었는지 여부에 의하여 결정되고, 공탁의 전제가 되는 수용재결이 유효하다 하여 그에 따른 공탁도 당연히 유효한 것이라고 할 수는 없다(대판 1996. 9. 20. 95다17373).

(1) 공탁요건에 해당하지 아니하는 공탁

수용보상금은 수용의 개시일까지 사업시행자가 피수용자에게 직접 지급하여야 하나, 토지보상법 제40조 제2항이 정한 공탁요건(공탁원인)이 있는 경우에 한하여 공탁할 수 있다. 따라서 동법 제40조 제2항 각 호 중의 하나에 해당하지 아니하는 경우에 한 공탁은 보상금의 지급으로서의 효력을 발생하지 못한다.

판례 지방자치단체가 수용대상토지를 압류하였더라도 그 토지의 수용에 따른 보상금 청구권을 압류하지 아니한 이상 보상금을 받을 자는 여전히 토지소유자이다. 그런데 사업시행자가 수용대상토지가 지방자치단체에 의하여 압류되어 있어 보상금을 수령할 자를 알 수 없다는 이유로 공탁을 하였다면 이는 공익사업토지보상법 제40조 제2항의 각 호에 연결된 공탁의 요건에 해당되지 않아 보상금 지급의 효력이 발생할 수 없다(대판 1993. 8. 24. 92누9548).

판례 토지소유자가 그 토지에 대한 수용재결이 있기 전에 등기부상 주소를 실제 거주지로 변경등기하였음에도 불구하고 사업시행자가 토지소유자의 주소가 불명하다 하여 수용재결에서 정한 수용보상금을 토지소유자 앞으로 공탁한 경우, 그 공탁은 요건이 흠결된 것이어서 무효이다(대판 1996. 9. 20. 95다17373).

(2) 일부 공탁의 경우

수용의 효과를 발생시키는 보상금의 공탁은 일반 민법상의 변제공탁의 경우와 마찬가지로 보상금 전액을 공탁함이 원칙이다. 다음의 사례는 수용보상금을 공탁할 때에 일부 공탁에 해당하는 지의 여부가 문제되는 경우라 할 수 있다.

(가) 수용의 효과를 발생시키는 보상금의 공탁은 특별한 사정(사업시행자가 토지수용위원회가 재결한 보상액에 불복하여 자기의 예정금액을 지급하고 재결에서 정한 보상액과의 차액만을 공탁하는 경우)이 없는 한 보상금 전액을 공탁하여야 하므로 사업시행자가 피수용자의 전기요금 등을 대납하였다 하더라도 그 만큼을 공제한 차액만을 공탁할 수는 없다(공탁선례2-182).

(나) 수용의 효과를 발생시키는 보상금의 공탁은 재결에서 정해진 보상금 전액의 공탁을 의미하므로, 수용대상토지에 대한 상속등기를 대위신청할 때 소요될 등록면허세액(지방교육세 포함) 그 밖의 비용을 공제한 나머지 금액만을 공탁한다면 이는 유효한 공탁이 될 수 없다. 이 경우 사업시행자는 대신 지출한 상속등기비용은 별도로 수용보상금 채권자들에게 구상하여야 한다(공탁선례 2-125).

(다) 그러나 토지소유자에게 지급할 보상금이 소득세법 제156조 또는 법인세법 제98조에 의하여 원천징수의 대상이 되는 경우에는 사업시행자는 토지소유자에게 지급할 보상금에서 그 원천징수세액을 공제한 나머지 금액을 공탁할 수 있다. 이 경우 공탁서상의 공탁원인사실란에 원천징수세액을 공제한 사실을 기재하여야 할 것이나 원천징수세액의 공제를 소명하는 자료는 제출할 필요가 없다(공탁선례 2-173).

(3) 조건부 공탁의 경우

피수용자가 반대급부 또는 그 밖의 조건의 이행을 할 의무가 없음에도 불구하고 사업시행자가 이를 조건으로 공탁을 한 때에는 피수용자가 그 조건을 수락하지 아니하는 공탁은 효력이 없다.

판례 이행의무가 없는 반대조건을 붙여 무효가 된 공탁을 수용의 개시일 이전에 반대급부가 없는 공탁으로 정정하면 그 공탁이 유효하게 되나, 수용의 개시일이 지난 후에는 반대급부 없는 공탁으로 정정하였다 하더라도 그 효력이 수용의 개시일까지 소급되지 아니하므로 재결의 효력이 상실된다(대판 1986. 8. 19. 85누280).

4. 공탁 흠결의 치유

보상금의 일부만을 공탁하거나 조건을 붙여서 한 공탁은 무효이지만 피공탁자가 아무런 이의도 유보하지 아니하고 그 공탁금을 수령하면 무효원인인 하자가 치유되어 공탁일에 소급하여 그 공탁은 보상금을 지급한 것과 같은 효력을 발생하게 된다.

판례 공익사업토지보상법상의 보상금채권에 관하여 이루어진 집행공탁이 요건을 갖추지 못한 경우라 하더라도, 수용부동산의 소유자 또는 공익사업보상법 제2조 제5호 소정의 관계인 등 보상금채권에 관한 채권자가 집행공탁의 하자를 추인하며 그 집행공탁에 기초하여 진행된 배당절차에 참여하여 배당요구를 함에 따라 보상금채권에 관계된 채권자들에게 우선순위에 따라 배당이 이루어졌다면, 집행공탁의 하자는 치유되고 보상금채무 변제의 효력이 발생한다(대판 2008. 4. 10. 2006다60557). 그러나 공탁요건에 해당하지 아니한 공탁이거나, 일부 공탁, 조건부 공탁 등 하자 있는 공탁에 대하여 피공탁자가 이의를 유보하고 그 공탁된 보상금을 수령한 경우에는 공탁의 취지에 따라 공탁금을 수령한 것으로 볼 수 없기 때문에 무효가 된 공탁의 하자가 치유될 수 없을 것이다.

판례 수용시기가 지난 후에 사업시행자가 공탁서의 공탁원인사실과 피공탁자의 주소와 성명을 정정하고 토지소유자가 이의를 유보한 채 공탁금을 수령하더라도 이미 실효된 수용재결이 다시 효력이 생기는 것은 아니다(대판 1993. 8. 24. 92누9548).

제 5 절 수용보상금 공탁자 정정

1. 개 설

- 공탁신청이 수리된 후에 공탁서의 착오기재를 발견한 공탁자는 공탁의 동일성을 해하지 아니하는 범위 내에서 공탁서의 정정을 신청할 수 있다(공탁규칙 30조·1항).
  이와 같이 공탁서 정정이란 공탁서에 공탁수리 전부터 존재하는 명백한 표현상의 착오가 있음을 공탁수리 후에 발견한 경우에 정정된 전·후의 공탁의 동일성을 해하지 아니하는 한도에서 공탁자의 신청에 의하여 그 오류를 시정하는 것을 말한다.
- 공탁자·공탁금액·공탁물수령자에 관한 사항은 공탁의 요건에 관한 것이므로 원칙적으로 정정이 불가능하다. 따라서 공탁서 정정은 종전 공탁에 의하여 형성된 실체관계의 변경을 가져오지 않는 경우에 한하여 허용될 수 있다.

2. 공탁자의 공탁서 정정의무(절대적 불확지공탁)

- 변제공탁은 채권자가 특정되거나 적어도 채권자가 상대적으로나마 특정되는 상대적 불확지의 공탁만이 허용될 수 있는 것이고 채권자가 누구인지 전혀 알 수 없는 절대적 불확지의 공탁은 허용되지 아니하는 것이 원칙이다. 예외적으로 토지수용보상금 공탁에서는 절대적 불확지공탁이 인정된다.
  따라서 사업시행자가 수용보상금을 절대적 불확지공탁한 후에 피공탁자를 알게 된 때에 그를 피공탁자로 지정하는 공탁서 정정을 신청할 수 있다. 공탁자가 임의로 정정하지 않을 경우에는 공탁자(국가가 아님)를 상대로 공탁물 출급청구권이 자신에게 있다는 확인판결을 받아 공탁물을 출급청구할 수 있다.
- 공탁금을 수령할 자가 누구인지 전혀 몰라 피공탁자를 불명 또는 미지정으로 등으로 절대적 불확지공탁을 한 경우에 공탁자가 후에 피공탁자를 알게

된 때에는 먼저 공탁물을 수령할 자를 지정하여 공탁서를 정정한 후에 피공탁자로 하여금 공탁금을 출급청구하게 할 수 있고, 그 공탁서 정정이 적법하게 수리된 경우에 정정의 효력은 조건부 공탁을 조건 없는 공탁으로 정정하는 경우와는 달리 당초 공탁서로 소급하여 발생한다.

따라서 수용재결이 있은 후 수용개시일까지 보상금을 공탁하였다면 그 수용재결이 당연무효이거나 소송 등에 의하여 취소되지 아니하는 한 사업시행자는 수용한 날에 소유권을 취득한다(공탁선례 2-48).

3. 수용보상금 공탁서 정정이 허용되는 경우

가. 공탁서 기재사항 자체로 보아 착오임이 명백한 경우

사업시행자가 수용보상금채권에 대한 처분금지가처분이 있음 이유로 토지수용보상금을 공탁하는 경우에는 "사업시행자의 과실 없이 보상금을 받을 자를 알 수 없는 때"에 해당하여 피공탁자를 상대적 불확지로 하여 "갑" 또는 "병"으로 기재하여야 할 것을 "병"으로 기재하였음이 공탁서 기재 자체로 보아 명백한 경우 피공탁자를 "병"에서 "갑" 또는 "병"으로 공탁서 정정이 허용된다(공탁선례 2-186).

나. 피공탁자의 표시가 잘못된 경우

사업시행자가 토지수용에 따른 보상금을 받을 자를 등기부상 소유명의인인 '전교림'으로 확정하여 그를 피공탁자로 하여 공탁하였으나, 그 '전교림'은 재단법인 전라북도향교재단 소속 전주향교 유림의 약칭에 불과하므로 토지수용에 따른 보상금을 받을 자는 수용토지의 실소유자인 재단법인 전라북도향교재단임이 밝혀졌다면, 공탁자(사업시행자)로 하여금 피공탁자를 전교림에서 재단법인 전라북도향교재단으로 정정하는 공탁서 정정을 신청하도록 하여야 한다(이 경우 정정사유를 소명하는 서면으로써 토지보상법 18조(2007. 10. 17. 법률 제8665호로 폐지되기 전의 것))에 따라 시·구·읍·면의 장으로부터 소유사실확인서를 발급받은 자 또는 특별시장·광역시장·도지사 또는 특별자치도지사의

향교재산처분 허가서 등의 서류를 제출할 수 없을 것임]. 위와 같은 정정사유에 의한 피공탁자 정정은 공탁의 동일성을 해하지 않는 것이므로 공탁관은 그러한 공탁서 정정신청을 수리하지 않을 수 없다(공탁선례 2-188).

다. 동명이인의 주민등록표등본을 첨부한 경우

등기부상 소유명의인의 주소와 성명을 기재하여 피공탁자를 특정하고, 다만 그 주소를 소명하는 서면으로써 착오로 피공탁자와 동명이인의 주민등록표등본을 첨부한 경우 피공탁자의 위 등기부상 주소와 현재 주소로 연결하는 주민등록표등본 등을 첨부하여 그 주소를 현재 주소로 정정하는 공탁서 정정은 허용된다(공탁선례 2-189).

라. 반대급부를 철회하는 경우

소유권이전에 필요한 일체의 서류를 반대급부로 제공할 것을 조건으로 보상금을 공탁한 경우 반대급부 조건을 철회하는 공탁서 정정은 허용된다(대판 1986. 8. 19. 85누280).

4. 수용보상금 공탁서 정정이 허용되지 않는 경우

가. 확지공탁을 불확지공탁으로 정정

갑 1인으로 되어 있는 피공탁자를 갑 및 을로 하는 경우와 같이 피공탁자를 추가하는 공탁서 정정은 공탁의 동일성을 해하는 것으로써 허용될 수 없다(대판 1998. 9. 22. 98다12812).

나. 불확지공탁을 확지공탁으로 정정

"갑 또는 을" 2인으로 되어 있는 피공탁자를 "갑"으로 하는 경우와 같이 기존의 상대적 불확지 변제공탁을 확지 변제공탁으로 정정하는 것도 허용될 수 없다. 수용대상토지에 대하여 가처분등기가 경료되어 있으나 그 가처분의 피보전권리가 공시되어 있지 않아 사업시행자가 "토지소유자 또는 가처분권리자"를 피공탁자로 하는 상대적 불확지공탁을 한 이후에 그 가처분의 피보전권리가 소유권이전등기청구권임이 확인된 경우라 하더라도 기존의 불확지공탁에서 토지소유자를 피공탁자로 하는 확지공탁으로 바꾸는 공탁서 정정은 공탁의 동일성을 해하므로 허용될 수 없다(공탁선례 2-191).

5. 공탁서 정정의 효력발생시기

공탁서 정정이 적법하게 수리된 경우에 정정의 효력은 최초 공탁시로 소급하여 발생한다(공탁선례 2-48). 다만, 변제공탁의 경우 채권자가 반대급부 또는 그 밖의 조건을 이행할 의무가 없음에도 불구하고 채무자가 이를 조건으로 공탁한 때에는 채권자가 이를 수락하지 않는 한 그 변제공탁은 효력이 없으며, 그 뒤 채무자의 공탁에 붙인 조건의 철회정정청구에 따라 공탁관으로부터 위 정정청구의 인가결정이 있었다 하더라도 그 변제공탁은 인가결정시부터 반대급부나 조건이 없는 변제공탁으로서의 효력을 갖는 것으로서 그 효력이 당초의 변제공탁시로 소급하는 것은 아니다.

판례 토지수용에서 사업자가 지방토지수용위원회의 원재결에 정한 수용보상금을 공탁하면서 토지소유권이전에 필요한 일체의 서류를 반대급부로 제공할 것을 조건으로 하였고 원재결 수용개시일 이후에야 반대급부 없는 공탁으로 정정인가결정이 있었다면 토지수용에 있어서 토지소유자가 위 서류를 반대급부로 제공할 의무가 없고 그 정정인가의 효력이 당초의 공탁시나 원재결 수용시기에 소급되는 것이 아니므로, 위 공탁은 원재결대로의 보상금지급의 효력이 없다. 따라서 원재결은 공익사업토지보상법 제42조에 의한 사업시행자가 수용개시일까지 재결보상금을 지급 또는 공탁하지 아니한 때에 해당하여 그 효력을 상실하였다. 실효된 원재결을 유효한 재결로 보고서 한 중앙토지수용위원회의 이의재결도 또한 위법하여 무효이다. 그러나 위의 중앙토지수용위원회의 이의재결이 절대적 무효는 아니므로 이의취소나 무효확인을 구할 이익은 있다(대판 1986. 8. 19. 85누280).

제6절 수용보상 공탁물의 출급

1. 일반적인 출급청구권 행사

가. 확지공탁의 경우

(1) 의 의

사업시행자가 수용보상금을 공탁하면서 피공탁자를 특정하여 공탁하였다면 일반 변제공탁의 경우와 마찬가지로 출급청구권자는 피공탁자 또는 승계인이다.

피공탁자가 공탁물출급청구를 하는 경우 공탁서나 공탁통지서의 기재 자체에 의하여 출급청구권자와 출급청구권의 발생 및 범위를 알 수 있으므로 원칙적으로 별도의 출급청구권 증명서면을 제출할 필요가 없다. 그러나 출급청구인과 피공탁자의 동일성이 소명되지 않는 경우에는 공탁자를 상대로 한 확정판결 등의 별도의 출급청구권 증명서면이 필요하다.

피공탁자로부터 출급청구권을 상속·채권양도·전부명령 그 밖의 원인으로 승계사실을 증명하는 서면을 첨부하여 출급청구할 수 있다.

판례 피공탁자는 공탁서의 기재에 의하여 형식적으로 결정되므로 실체법상의 채권자라고 하더라도 피공탁자로 지정되어 있지 않다면 공탁물 출급청구권을 직접 행사할 수 없다. 따라서 피공탁자 아닌 제3자가 피공탁자를 상대로 하여 공탁물 출급청구권 확인판결을 받았다 하더라도 그 확인판결을 받은 제3자가 직접 공탁물출급청구를 할 수는 없다(대결 1993. 12. 15. 93마1470). 이 경우 실체법상의 채권자는 피공탁자로부터 공탁물 출급청구권의 양도를 받거나, 자발적으로 양도하지 않으면 양도의 의사표시를 하고 채무자인 국가(소관 공탁관)에게 통지하라는 내용의 판결을 받아 출급청구할 수 있다.

(2) 구체적인 사례

(가) 피공탁자가 피공탁자 아닌 자를 상대로 공탁금의 출급청구권이 자신에게 있다는 확인을 구할 필요는 없다.

판례 수용대상물인 지장물건에 대하여 소유권 분쟁이 있어 그 수용보상금이 공탁된 경우, 공탁서상 피공탁자로 기재된 자는 직접 공탁관에 대하여 공탁금의 출급청구권을 행사하여 이를 수령하면 되는 것이고, 구태여 피공탁자가 아닌 위 소유권 분쟁 당사자를 상대로 공탁금의 출급청구권이 자신에게 있다는 확인을 구할 필요는 없다. 피공탁자로 기재된 사람이 아닌 다른 사람에 대한 출급청구권 확인의 소는 그 권리보호의 이익이 없어 부적법하다(대판 2001. 6. 26. 2001다19776).

(나) 사업시행자가 토지를 수용하고 수용보상금을 공유자 전원을 피공탁자로 하여 공탁한 경우에 공유토지에 대한 수용보상 공탁금을 가분채권으로 보아 공유자 각자가 자기의 등기부상 지분에 해당하는 공탁금을 출급청구할 수 있다. 비록 수용된 토지부분에 대한 공유자 내부의 실질적인 지분 비율이 등기부상 지분비율과 다르다고 하더라도 이는 공유자 내부간에 별도로 해결하여야 할 문제이다(공탁선례 2-202).

(다) 토지수용시 사업시행자가 토지등기사항증명서상 공유자들의 공유지분 합계가 1을 초과하여 각 공유자의 정당한 지분을 알 수 없어 개인별 보상금액을 산정할 수 없다는 사유로 보상금을 공탁하였다면 이는 일종의 불확지공탁이라고 볼 수 있다. 이러한 경우 공유자인 피공탁자 전원이 합의에 이르렀다면 전원의 공탁금 합의에 의한 개인별 또는 전원의 출급청구가 가능하다 할 것이나, 공유자 전원의 합의가 이루어지지 않는다면 재판에 의하여 각 공유자의 지분을 확정한 후 출급청구하여야 할 것이고, 공유자들 전원의 정당한 지분을 알 수 없어 공탁한 것이므로 공유자 중 일부가 자기지분에서 일정부분 차감함으로써 공유지분 합계를 1로 하여 산정된 개인별 공탁금을 출급청구할 수는 없다(공탁선례 2-203).

(라) 조합재산을 수용하고 그 보상금을 합유자 전체 명의로 공탁하면서 합유자의 지분을 특정한 경우라 하더라도 그 보상금은 합유자의 소유에 속하므로, 위 공탁금을 출급하려면 합유자전원의 청구에 의하여야 한다(1991. 7. 19. 법정-1158).

또한 그 합유자 중 1인이 사망하면 특약이 없는 사망한 사람의 상속인들에게 공탁금 출급청구권이 승계되지 않으므로 잔존 합유자들은 합유자간의 특약 유무에 대한 소명 없이 공탁금 출급청구를 할 수 있다(공탁선례 21006-1).

(마) 공탁물을 수령할 자가 수용대상토지의 소유자로 표시된 "갑과 을"의 2인으로 기재되어 있다면 수용대상토지가 갑의 단독 소유임을 증명하는 서류를 첨부하였다 하더라도 "갑"이 단독으로 공탁금 출급청구를 할 수 없다(대결 1989. 12. 1. 89마821).

(바) 수용보상금을 받을 자가 주소불명으로 인하여 그 보상금을 수령할 수 없어 공탁한 경우, 정당한 공탁금수령권자이면서도 공탁관으로부터 공탁금의 출급을 거부당한 자는 그 법률상 지위의 불안·위험을 제거하기 위하여 공탁자인 사업시행자를 상대방으로 하여 그 공탁금출급권의 확인을 구하는 소송을 제기할 이익이 있다(대판 2007. 2. 9. 2006다68650).

(사) 등기부상 소유명의가 예명으로 기재되어 있어 수용보상금의 피공탁자를 예명으로 하여 공탁한 경우 그 상속인이 공탁금을 출급하기 위해서는 공탁자를 상대로 하여 공탁금 출급청구권이 자기에게 있다는 확인판결(조정, 화해조서 등)을 받아 공탁금 출급청구를 할 수 있다(공탁선례 2-207).

(3) 보상금이 승계 전의 소유자에게 공탁된 경우

(가) 개 설

재결서에 기재된 수용대상토지의 소유자를 피공탁자로 하여 수용보상금을 공탁하였으나 수용개시일 전에 수용대상토지의 소유권이 변동된 경우에는 피공탁자의 정정은 불가능하므로 사업시행자가 피수용자를 경정하는 재결을 받아서 착오를 이유로 공탁물을 회수하게 되면 소급적으로 공탁이 실효되므로 그 공탁을 전제로 한 재결의 효력도 무효가 되는 문제가 발생한다.

따라서 토지보상법은 사업시행자는 사업인정의 고시가 있은 후 소유권 등의 변동이 있는 경우에는 그 소유권 등을 승계한 자에게 보상금을 지급하거나 공탁된 보상금을 수령할 수 있도록 하고(동법 40조 3항), 그 경우에 공탁금을 받을 권리를 승계한 사실을 증명하는 서면을 공탁관에게 제출하도록 규정하고 있다(동법 시행령 21조).

(나) 승계인의 인정기준

사업인정의 고시가 있은 후 소유권의 변동되었는지 여부는 결국 수용개시일 당시를 기준으로 토지의 소유권이 누구에게 있는지가 기준이 된다. 매매 등 법률행위에 의하여 소유권의 변동되었으면 그 소유권이전등기가 수용개시일 이전에 경료되어야 할 것이고, 상속 등 법률행위에 의하지 아니한 소유권의 변동은 그 원인이 수용개시일 전에 이루어졌을 때만 정당한 승계인이다(수용개시일 이후에 사망한 피공탁자의 상속인들이 상속인의 지위에서 공탁물을 수령하는 것은 변론으로 한다).

따라서 사실상 매매를 하고 수용개시일 이전까지 소유권이전등기를 하지 않았다면 피공탁자의 공탁물 출급청구권을 양도받아야만 공탁물을 출급할 수 있고, 공탁자가 임의로 양도해 주지 않으면 "공탁물 출급청구권 양도의 의사를 표시하고 채무자인 국가(소관 공탁관)에게 이를 통지하라"라는 내용의 확정판결을 받아 공탁물 출급청구를 할 수 있다.

(다) 구체적인 경우

① 판 결

㉮ 매수인이 매도인(등기부상 소유명의인)을 상대로 매매를 원인으로 한 토지소유권이전등기절차 이행의 승소확정판결을 받았으나 그에 따른 소유권이전등기를 수용이 개시일 이후에 경료한 경우, 그 매수인은 피공탁자인 매도인으로부터 공탁물 출급청구권을 양도받지 않는 한 직접 공탁물의 출급청구를 할 수 없다(공탁선례 2-208).

㉯ 수용일 개시일 이전에 수용대상토지에 대하여 처분금지가처분을 한 자가 수용의 개시일이 지난 후에 소유권이전등기청구소송의 승소확정판결을 얻었다고 하더라도, 위 판결을 집행하여 자기 명의로의 소유권이전등기를 경료할 수도 없고 피공탁자의 승계인으로서 공탁물을 출급청구할 수도 없다(1989. 6. 15. 법정-862).

㉰ 사업시행자가 미등기 토지를 수용하면서 토지대장에 등록된 사망한 소유자를 피공탁자로 지정하여 수용보상금을 공탁하였다면, 사망한 토지대장상의 소유자와 매매계약을 체결한 매수인이 토지대장에 등

록된 소유자의 상속인들을 상대로 소유권이전등기절차이행의 소를 제기하여 승소확정판결을 받아 수용개시일 이후에 대위로 상속인들 명의로 소유권보존등기를 하고 이어 매수인 앞으로의 소유권이전등기를 경료한 경우라 하더라도, 그 수용토지는 이미 수용개시일에 사업시행자의 소유로 된 것이므로 매수인이 대위로 한 소유권보존등기와 소유권이전등기는 실체관계에 부합하지 않는 무효의 등기로 밖에 볼 수 없다.

따라서 매수인은 그 판결에 기하여 자기 앞으로의 소유권이전등기를 경료하였다는 사실만으로는 위 공탁된 수용보상금을 출급청구할 수 없으며, 상속인들에게 공탁금 출급청구권의 양도받거나 공탁금 출급청구권의 양도의사를 표시하고 채무자인 국가에게 이를 통지하라는 내용의 확정판결을 받아 공탁금 출급청구를 할 수 있다(공탁선례 2-212 참조).

㉣ 사업시행자가 과실 없이 진정한 토지소유자를 알지 못하여 등기부상 소유명의인을 토지소유자로 보고 그를 피수용자로 하여 손실보상금을 공탁하여 수용절차를 마쳤다면, 그 수용의 효과는 수용대상토지의 진정한 소유자가 누구임을 막론하고 이를 부인할 수 없으며 그가 가지고 있던 소유권은 수용으로 인하여 소멸함과 동시에 사업시행자가 그 권리를 완전히 취득하게 된다.

수용대상토지의 진정한 소유자가 수용대상토지에 대한 소유권의 귀속에 관하여 수용개시일 전에 등기부상 소유권보존등기명의인을 상대로 하여 소유권보존등기말소 등기절차이행의 소를, 국가를 상대로 하여 소유권확인의 소를 각 제기하여 수용개시일 이후에 각 승소확정판결을 받아 그 수용대상토지의 소유자로 확인되었다 하더라도 그 판결을 근거로 하여 수용의 효과를 다툴 수는 없다.

다만, 판결문상에 수용대상토지의 진정한 소유자가 누구임이 명시되어 있는 경우 그 진정한 소유자는 보상금(공탁금)을 수령할 지위에 있는 자이므로, 그 판결문을 소유권의 승계사실을 증명하는 서면의 제출절차에 준하여 공탁금의 출급청구권을 증명하는 서면의 하나로 제출하여 공탁서의 정정 없이도 직접 공탁금의 출급청구를 할 수 있다(공탁선례 2-213).

㉤ 소유권이전등기의무의 목적 부동산이 수용되어 그 소유권이전등기의무가 이행불능이 된 경우, 등기청구권자는 등기의무자에게 대상청구권의 행사로써 등기의무자가 지급받은 수용보상금의 반환을 구하거나 또는 등기의무자가 취득한 수용보상금청구권의 양도를 구할 수 있을 뿐 그 수용보상금청구권 자체가 등기청구권자에게 귀속되는 것은 아니다(대판 1996. 10. 29. 95다56910).

② 명의신탁

종중이 수용대상토지에 대한 명의신탁을 해지하였다고 하더라도 수용개시일 전에 소유권등기를 회복하지 못하였다면, 수용보상금의 출급청구권은 수용 당시의 소유자인 명의수탁자가 취득하는 것이고 종중은 명의수탁자로부터 공탁금 출급청구권을 양도받지 않는 한 공탁금 출급청구권을 취득할 수는 없다. 비록 종중이 명의수탁자를 피고로 하여 명의신탁의 해지를 이유로 공탁금 출급청구권 확인판결(공탁금 출급청구권을 증명하는 서면이 될 수는 없음)을 받았다고 하더라도 종중은 그 판결에 기하여 직접 공탁금출급청구를 할 수는 없다(공탁선례 2-214).

③ 매 각

부동산경매절차에서 낙찰인은 매각대금 납부시에 매각부동산의 소유권을 취득하므로, 매수인이 매각대금 납부 전에 수용개시일이 도래되었다면 수용개시일 후에 매각대금을 납부하였다고 하더라도 매각부동산의 소유권을 취득할 수 없다.

따라서 매각부동산에 대한 수용보상금인 공탁금에 대하여도 직접적인 권리행사는 할 수 없다. 또한 수용완료 당시의 소유자를 피공탁자로 하여 수용보상금이 공탁된 이상 그 피공탁자 명의를 정정할 수는 없을 것이며, 매각대금을 납부한 매수인으로서는 매각의 하자에 따르는 청구권에 기하여 권리를 확보할 수밖에 없을 것이다(공낙선례 2-218 참조).

④ 사자(死者)의 상속인

수용보상금을 사망한 등기부상 소유명의인(또는 미등기인 경우 토지대장상 소유명의인)을 피공탁자로 하여 공탁하였다면, 피공탁자의 상속인들은 상속을 증명하는 서면(사망자의 기본증명서, 가족관계증명서) 등을 첨부하여 직접 공탁금을 출급청구할 수 있다. 이 경우 각 상속인은 자기의 지분에 해당하는 공탁금만을 출급청구할 수 있다(공탁선례 2-220).

판례 사업시행자의 과실 없이 토지소유자 및 관계인을 알 수 없는 때에는 그들과 협의를 하지 아니하고, 그들의 성명 및 주소를 재결신청서에 기재하지 아니하여 그들로 하여금 수용절차에 참가케 아니한 채 재결에 이르렀다 하여 위법이라고 할 수 없다. 설령 사업시행자의 과실로 인하여 토지소유자나 관계인을 알지 못하여 그들로 하여금 참가하게 하지 아니하고 수용재결을 하여 그 절차가 위법이라 하여도 그 사유만 가지고는 당연무효라고 할 수 없으므로 수용재결의 상대방인 토지소유자가 사망자라는 이유만으로는 그 수용재결이 당연무효라고 할 수 없다(대판 1971. 5. 24. 70다1459).

(라) 피공탁자 아닌 자로서 출급청구권을 갖지 못하는 경우

① 매매 등을 원인으로 소유권이전등기절차 이행의 승소확정을 받았으나 수용의 개시일 전에 그 등기를 경료하지 못한 자도 출급청구권을 행사할 수 없다. 비록 공탁 이전에 가등기나 처분금지가처분등기를 경료하였다 하더라도 마찬가지이다. 이 경우에도 피공탁자로부터 공탁물 출급청구권의 양도를 받아야 출급청구할 수 있고, 피공탁자가 임의로 공탁물 출급청구권을 양도하지 않으면 "공탁물 출급청구권 양도의 의사를 표시하고 국가(소관 공탁관)에게 이를 통지하라."라는 내용의 확정판결을 받아 공탁금을 출급청구할 수 있다.

② 실제 1인의 소유인 토지가 주택조합의 구성으로 조합원 50명의 소유명의로 등기가 경료되어 있어, 사업시행자가 그 토지를 수용하면서 등기부상 소유명의인 50명을 공탁물을 받을 자로 지정하여 위 토지에 대한 손실보상금을 공탁하였다면 위 공탁물을 수령할 자는 공탁자가 지정한 등기부상 소유명의인 50명 각자가 되는 것이다. 위 토지의 전부에 대한 실제 소유자가 다른 피공탁자들(공탁물을 수령할 자)을 상대로 하여 공탁금 출급청구권존재 확인판결을 받는다 하더라도 그 판결은 공탁규칙 제33조 제2호의 공탁물 출급청구권을 증명하는 서면으로 볼 수는 없으므로, 실제 소유자가 그러한 확인판결에 기하여 직접 공탁금 출급청구를 할 수

는 없다.

다만 실제 소유자는 피공탁자인 다른 공유자들에 대하여 대상(代償)으로 취득한 공탁물 출급청구권의 양도를 청구하여 양도받은 후(위 다른 공유자들이 자발적으로 양도하지 않으면 공탁금 출급청구권의 양도의사를 표시하고 채무자인 국가에게 이를 통지하라는 내용의 판결을 구할 수 있다) 공탁금의 출급청구를 할 수 있다(공탁선례 2-221).

③ 소유권이전등기의무의 목적 부동산이 수용되어 그 소유권이전등기의무가 이행불능이 된 경우, 등기청구권자는 등기의무자에게 대상청구권의 행사로써 등기의무자가 지급받은 수용보상금의 반환을 구하거나 또는 등기의무자가 취득한 수용보상금청구권의 양도를 구할 수 있을 뿐 그 수용보상금청구권 자체가 등기청구권자에게 귀속되는 것은 아니다(대판 1996. 10. 29. 95다56910).

④ 토지보상법 18조(2007. 10. 17. 법률 제8665호로 폐지되기 전의 것)에 따라 발급한 소유사실확인서는 협의에 의한 취득 또는 사용의 경우에 보상금의 수령권한을 증명하는 서면에 불과하므로 수용에 의한 취득 또는 사용의 경우 위 소유사실확인서를 첨부하여 공탁금을 출급청구할 수는 없다(공탁선례 2-222).

⑤ 손실보상이 채권으로 공탁된 경우의 공탁유가증권 출급청구권은 유체물 인도를 목적으로 하는 채권의 성질을 갖는다. 따라서 공탁유가증권 출급청구권에 대한 강제집행은 유체동산 인도청구권에 대한 강제집행절차에 의하게 된다(민집법 242조, 243조).

유체동산의 인도나 권리이전의 청구권에 대하여는 전부명령을 하지 못하므로(민집법 245조), 손실보상이 현금으로 지급될 것을 예상하여 토지소유자의 채권자가 채권압류 및 전부명령을 받았는데 이후 손실보상이 채권으로 공탁되었다면 전부명령은 무효이므로 공탁된 채권에 대하여 전부채권자는 출급청구를 할 수 없다(공탁선례 2-242).

⑥ 사업시행자가 미등기토지에 대하여 피공탁자를 “망 갑의 상속인”으로 하여 수용보상금을 공탁한 경우, 수용개시일 이후에 2005. 6. 26. 제정된 부동산소유권 이전등기 등에 관한 특별조치법(이 법은 2007. 12. 23.까지 효력

을 가졌다)에 의하여 토지대장상 소유자로 이전등록을 마친 토지대장등본을 첨부하여 위 공탁금을 출급청구할 수 없고, 피공탁자인 망 갑의 상속인으로부터 공탁금 출급청구권을 양도받아야 공탁금을 출급청구할 수 있다(공탁선례 2-226).

⑦ 또한, 사업시행자가 토지수용보상금을 공탁하고 수용개시일 이후에 "부동산소유권이전등기등에관한특별조치법"에 의하여 이전등기를 마친 경우라도 공탁된 수용보상금을 직접 출급할 수 없다(공탁선례 2-229).

나. 상대적 불확지공탁

(1) 피공탁자 사이에 권리의 귀속에 관하여 분쟁이 없는 경우에는 다른 피공탁자 승낙서 또는 협의성립서(모두 인감증명서 또는 본인서명사실확인서나 전자본인서명확인서의 발급증 첨부)를 첨부하여 출급할 수 있다. 피공탁자 사이에 권리의 귀속에 관하여 분쟁이 있는 경우에는 피공탁자 사이에 어느 일방에게 출급청구권이 있음을 증명하는 내용의 확정판결(조정조서, 화해조서 포함)을 첨부하여 출급청구할 수 있다.

(2) 또한 피공탁자 전원이 공동으로 출급청구하는 경우에는 출급청구서의 기재에 의하여 상호 승낙이 있는 것으로 볼 수 있으므로 별도의 출급청구권 증명서면을 제출하지 않아도 된다. 그러나 공탁서나 공탁자 또는 국가를 상대로 한 판결 등은 출급청구권이 있음을 증명으로 하는 서면으로 볼 수 없다.

(3) 수용대상토지에 소유권등기말소청구권을 피보전권리로 한 처분금지가처분등기가 되어 있어 사업시행자가 피공탁자를 "가처분채권자 또는 토지소유자"로 하는 상대적 불확지공탁을 한 경우, 가처분채권자가 토지소유자를 상대로 제기한 소유권이전등기말소청구의 소에서 패소확정의 본안판결을 받았거나 상속회복청구권의 제척기간도과를 이유로 소각하판결이 확정되었다면 토지소유자는 그 확정판결을 공탁금 출급청구권 증명서면으로 하여 공탁금 출급청구를 할 수 있다(공탁선례 2-230).

(4) 공탁자가 토지를 수용하면서 가처분권자가 있어서 그 토지의 합유자들과 위 가처분권자를 피공탁자로 한 상대적 불확지공탁을 한 경우에 합유자들

이 공탁금을 출급하기 위하여는 공탁 이후에 가처분권자의 가처분취하로 인한 가처분취하증명원은 공탁금 출급청구권이 있음을 증명하는 서면이 될 수 없고, 가처분권자의 승낙서(인감증명서 또는 본인서명사실확인서나 전자본인서명확인서의 발급증 첨부) 등이 필요하다(공탁선례 2-231 참조).

(5) 상대적 불확지 변제공탁의 경우 공탁자를 상대로 한 판결은 공탁물 출급청구권 입증서면이 아니다.

(6) 상대적 불확지 변제공탁의 경우 피공탁자 중의 1인이 공탁물을 출급청구하기 위해서는 다른 피공탁자들의 승낙서나 그들을 상대로 받은 공탁물 출급청구권확인 승소확정판결이 있으면 되므로 피공탁자가 아닌 제3자를 상대로 공탁물 출급청구권의 확인을 구하는 것은 확인의 이익이 없다(대판 2008. 10. 23. 2007다35596).

(7) 상대적 불확지 변제공탁의 피공탁자 중 1인을 채무자로 하여 그의 공탁금 출급청구권에 대하여 채권압류 및 추심명령을 받은 추심채권자는 공탁물을 출급하기 위하여 자기의 이름으로 다른 피공탁자를 상대로 공탁물 출급청구권이 추심채권자의 채무자에게 있음을 확인한다는 확인의 소를 제기할 수 있다(대판 2011. 11. 10. 2011다55405, 대판 2016. 3. 24. 2014다3122,3139).

다. 절대적 불확지공탁

(1) 공탁금 출급청구권의 확인의 이익(적극)

사업시행자가 보상금 수령권자의 절대적 불확지를 이유로 수용보상금을 공탁한 경우 자기가 진정한 보상금 수령권자라고 주장하는 자의 입장에서 보면 사업시행자가 적극적으로 그에게 공탁금 출급청구권이 없다고 '부인'하지는 아니하고 단순히 '부지'라고 주장하더라도 이는 보상금 수령권자의 지위를 다툰 것이고 언제 다른 사람이 진정한 권리자라고 주장함에 대하여 사업시행자자 이를 긍정할지 알 수 없는 것이므로 그 법률상의 지위에 불안·위험이 현존하는 것으로 보아야 한다.

또한 공탁제도상으로도 수용토지의 원소유자가 사업시행자를 상대로 절대적 불확지의 공탁이 된 공탁금에 대한 출급청구권이 자신에게 귀속되었다는 확인판결을 받아 그 판결이 확정되면 그 확정판결 정본은 규칙 제33조 제2호에 정한 '출급청구권을 갖는 것을 증명하는 서면'에 해당하여 수용 토지의 원소유자는 위 판결정본을 공탁금 출급청구서에 첨부하여 공탁소에 제출함으로써 공탁금을 출급 받을 수 있으므로, 수용 토지의 원소유자가 사업시행자를 상대로 하는 공탁금 출급청구권 확인의 소는 절대적 불확지공탁의 공탁금 출급을 둘러싼 법적 분쟁을 해결하는 유효적절한 수단이어서 그 확인의 이익이 있다(대판(전) 1997. 10. 16. 96다11747).

(2) 출급청구권 행사방법

사업시행자인 공탁자가 후에 피공탁자를 알게 된 때에 그를 피공탁자로 지정하는 공탁서 정정을 하여 피공탁자가 직접 출급할 수 있다. 사업시행자인 공탁자가 공탁정정절차를 취하지 않는 경우에는 사업시행자인 공탁자를 상대로 하여 공탁금에 대한 출급청구권이 자신에게 있다는 확정판결(조정, 화해조서 포함)을 첨부하여 직접 출급청구할 수 있다.

사업시행자인 국가를 상대로 하여 '공탁금 출급청구권 확인판결'이 아닌 '토지 소유권확인판결'을 받은 경우에도 판결에 의하여 수용 당시의 소유자임이 확인되는 경우에는 그 판결을 출급청구권 입증서면으로 볼 수 있다(공탁선례 2-234).

그러나 사업시행자가 발행한 출급청구권을 갖는다는 확인증명서는 출급청구권 입증서면으로 볼 수 없다(공탁선례 2-72).

(3) 사망한 등기사항증명서상 소유명의인을 피공탁자로 한 경우

(가) 등기부상 소유자가 사망하였음을 간과하고 사망자를 피수용자로 재결한 후 사망한 등기사항증명서상 소유명의인을 피공탁자로 하여 보상금이 공탁된 경우에도 그 공탁은 상속인들에 대한 공탁으로 유효하다. 상속인은 상속을 증명하는 서면(망인의 기본증명서, 가족관계증명서, 친양자입양관계증명서 또는 제적등본)을 첨부하여야 공탁금을 출급청구할 수 있다(공탁선례 2-237).

그러나 상속인들이 공탁금 수령의 권한을 위임하지 않는 한 상속인들 중 일부가 공탁금 전부를 출급청구할 수는 없다(1997. 4. 29. 법정 3302-138).

(나) 매수인이 매도인인 등기부상 소유명의인의 상속인들을 상대로 매매를 원

인으로 한 소유권이전등기절차이행의 승소판결을 받아 그 판결이 확정되었으나 그에 따른 소유권이전등기를 경료하지 않고 있던 중 사업시행자가 위 토지를 수용하고 피공탁자를 '망 OOO의 상속인'으로 하여 수용보상금을 공탁한 경우, 수용개시일 이전에 소유권이전등기를 경료하지 아니한 이상 공탁된 수용보상금의 출급청구권은 수용 당시의 등기부상 소유자가 취득하는 것이므로 위 소유권이전등기 확정판결은 공탁금 출급청구권을 증명하는 서면이 될 수 없다.

또한 공탁당사자가 아닌 제3자에 불과한 매수인이 피공탁자를 상대로 하여 받은 공탁금 출급청구권 확인판결(화해·조정조서 포함) 역시 공탁금의 출급청구권을 증명하는 서면이 될 수 없기 때문에 매수인은 피공탁자로부터 공탁금 출급청구권을 양도받거나 피공탁자가 임의로 양도하지 아니하면 "공탁금 출급청구권 양도의 의사를 표시하고 채무자인 국가(소관 공탁관)에게 이를 통지하라"라는 내용의 판결을 받아 공탁금을 출급할 수 있다(공탁선례 2-238 참조).

2. 담보물권자의 물상대위권 행사

가. 의 의

(1) 담보물권의 목적물이 수용 또는 사용된 경우 당해 담보물권은 그 목적물의 수용 또는 사용으로 인하여 채무자가 받을 보상금에 대하여 그 지급 전에 압류하는 방법으로 행사할 수 있는데, 이를 담보물권의 물상대위라 한다.

(2) 담보물권자가 물상대위권을 행사하기 위해서는 수용보상금의 지급 전에 압류하여야 하는데, 그 취지는 물상대위의 목적이 되는 금번 기타 물건의 특정성을 유지하여 제3자에게 불측의 손해를 입히지 아니하려는 데 있는 것이므로, 담보목적물의 변형물인 금전 기타 물건에 대하여 이미 제3자가 압류하여 그 금전 또는 물건이 특정된 이상 담보물권자는 스스로 이를 압류하지 않고서도 물상대위권을 행사할 수 있다(대판 1996. 7. 12. 96다21058).

나. 물상대위권 행사방법

(1) 물상대위권의 행사방법은 민사집행법 제273조에 따라 담보권의 존재를 증명하는 서류(등기사항증명서)를 집행법원에 제출하여 채권압류 및 전부명령을 신청하거나 민사집행법 제247조 제1항에 의하여 배당요구를 하는 것이다(대판 2002. 10. 11. 2002다33137). 따라서 일반채권자로서 강제집행을 하는 것이 아니므로 집행권원을 필요 없다.

(2) 물상대위권을 행사하기 위해서는 압류를 요한다. 압류를 요하는 이유는 압류를 통하여 물상대위의 목적인 채권의 특정성을 유지하도록 함으로써 그 효력을 보전함과 동시에 제3자에게 불측의 손해를 입히지 않으려는 것이다. 압류는 반드시 저당권자 스스로 하여야 하는 것은 아니고, 이미 제3자가 압류하여 그 금전 또는 물건이 특정된 이상 저당권자는 스스로 이를 압류하지 않고서도 물상대위권을 행사할 수 있다(대판 1996. 7. 12. 96다21058).

(3) 따라서 물상대위권의 행사에 나아가지 아니한 채 단지 수용대상토지에 대하여 담보물권의 등기가 된 것만으로는 그 보상금으로부터 우선변제를 받을 수 없고, 저당권자가 물상대위권의 행사에 나아가지 아니하여 우선변제권을 상실한 이상 다른 채권자가 그 보상금 또는 이에 관한 변제공탁금으로부터 이들을 얻었다고 하더라도 저당권자는 이를 부당이득으로서 반환청구할 수도 없다(대판 2002. 10. 11. 2002다33137).

(4) 또한, 저당권에 기한 물상대위권을 갖는 채권자가 동시에 집행권원을 가지고 있으면서 집행권원에 의한 강제집행의 방법을 선택하여 채권의 압류 및 전부명령을 얻은 경우에는, 비록 그가 물상대위권을 갖는 실체법상의 우선권자라 하더라도 원래 일반 집행권원에 의한 강제집행절차와 담보권의 실행절차와는 그 개시요건이 다를 뿐만 아니라 다수의 이해관계인이 관여하는 집행절차의 안정과 평등배당을 기대한 다른 일반채권자의 신뢰를 보호할 필요가 있는 점에 비추어 압류가 경합된 상태에서 발부된 전부명령은 무효로 볼 수 밖에 없다(대판 1990. 12. 26. 90다카24816).

(5) 근저당권자가 물상대위권 행사를 위한 압류를 하지 아니하고 일반채권에 기하여 가압류만 하고 있던 중에 다른 채권자가 압류를 하게 되면 공탁관은 압류와 가압류의 경합을 사유로 하여 압류법원에 사유신고를 하게 되

므로, 그 이후에는 근저당권자는 물상대위권 행사를 위한 압류나 배당요구를 할 수 없으므로(배당가입 차단효로 인하여) 근저당권자는 위 배당절차에서 근저당권자가 아닌 단순한 가압류채권자로서 다른 채권자들과 안분배당을 받을 수 있을 뿐이다(공탁선례 2-158).

다. 물상대위권 행사의 시기 및 종기

(1) 사업인정의 고시가 있으면 수용대상토지에 대한 손실보상금의 지급이 확실시되므로 토지수용의 재결 이전 단계에서도 물상대위권을 행사할 수 있다(대판 1998. 9. 22. 98다12812). 수용보상금이 공탁되기 이전에는 보상금지급청구권에 대하여 제3채무자를 사업시행자로, 공탁한 이후에는 공탁금 출급청구권에 대하여 제3채무자를 국가(소관 공탁관)로 하여 압류하여야 할 것이다.

(2) 담보물권의 목적물이 수용되었을 경우에 보상금에 대하여 해당 담보물권을 행사하기 위한 요건으로써 그 지급 전에 압류하여야 하는데, 사업시행자가 수용보상금을 변제공탁한 경우 그 공탁금이 출급되기까지는 그 지급이 있었다고 할 수 없고, 이는 보상금의 변제의 효과와는 별개의 문제이다(대결 1992. 7. 10. 92마380, 381). 설사 그 압류 전에 양도 또는 전부명령 등에 의하여 보상금 채권이 타인에게 이전된 경우라도 보상금이 직접 지급되거나 보상금지급청구권에 관한 강제집행절차에서 배당요구의 종기에 이르기 전에는 여전히 그 청구권에 대한 추급이 가능하다(대판 1998. 9. 22. 98다12812).

(3) 실무상 물상대위권의 행사와 관련하여 자주 문제되는 것은 사업시행자가 공탁을 하고 민사집행법 248조 4항에 의하여 공탁사유신고를 한 이후에 물상대위권을 행사할 수 있는지 여부이다. 이에 대하여는 물상대위권은 늦어도 민사집행법 247조 1항 각 호에서 정하고 있는 배당요구의 종기까지 행사하여야 하므로, 저당권자로서는 제3채무자가 민사집행법 248조 4항 소정의 공탁사유신고를 하기 이전에 스스로 담보권의 존재를 증명하는 서류를 제출하여 물상대위권의 목적채권을 압류하거나 법원에 배당요구를 하여야 하는 것이고, 그 이후에는 물상대위권자로서의 우선변제권을

행사할 수 없게 된다.

판례 민사집행법 제247조 제1항이 압류채권자 이외의 채권자가 배당요구의 방법으로 채권에 대한 강제집행절차에 참가하여 압류채권자와 평등하게 자신의 채권의 변제를 받는 것을 허용하면서도, 다른 한편으로 그 배당요구의 종기를 제3채무자의 공탁사유 신고시까지로 제한하고 있는 이유는, 제3채무자가 채무액을 공탁하고 그 사유신고를 마치면 배당할 금액이 판명되어 배당절차를 개시할 수 있는 만큼 늦어도 그 때까지는 배당요구가 마쳐져야 배당절차의 혼란과 지연을 막을 수 있기 때문이다. 이러한 배당요구 시한의 설정은 배당요구를 제한 없이 허용할 경우에 초래될 배당절차의 혼란과 지연을 방지하기 위한 합리적인 조치로서, 물상대위에 있어서 우선변제청구권 있는 자의 경우라 하여 달리 취급할 수 없기 때문이다(대판 1999. 5. 14. 98다62688). 따라서 제3채무자의 공탁사유신고가 있게 되면 배당기일 차단효로 인하여 더 이상 물상대위권 행사는 할 수 없게 된다.

라. 다른 채권자와의 관계

물상대위권 행사 전에 일반채권자가 이미 가압류·압류·추심·전부명령을 얻었다 하더라도, 보상금이 직접 지급되거나 배당요구의 종기에 이르기까지 담보권리자가 물상대위권을 행사하면 그 물상대위권자가 다른 일반채권자에 우선하여 보상금 지급을 받거나 공탁된 보상금을 출급할 수 있다.

3. 수용보상 공탁금의 출급제한

가. 토지보상법 제40조 제2항 제3호에 따른 효력

토지보상법 제40조 제2항 제3호의 규정에서 관할 토지수용위원회가 재결한 보상금액 중 불복이 있는 부분에 대하여 사업시행자가 피수용자에게 지급하지 않고 공탁하도록 한 이유는, 사업시행자의 불복이 받아들여졌을 경우 공탁금을 회수하게 하여 종결된 보상금액의 정산을 쉽게 하고자 하는 데 있다. 이 경우 피공탁자(보상금을 받을 자)는 그 불복의 절차가 종결 때까지는 공탁된 보상금을 수령할 수 없다(동법 40조 4항).

나. 토지보상법 제85조 제1항에 따른 공탁

사업시행자, 토지소유자 또는 관계인은 토지보상법 제34조의 재결에 대하여 불복이 있는 때에는 재결서를 받은 날부터 90일 이내에, 이의신청을 거친 때에는 이의신청에 대한 재결서를 받은 날부터 60일 이내에 각각 행정소송을 제기할 수 있다. 이 경우 사업시행자가 행정소송을 제기하기 전에 동법 제84조에 따라 증액된 보상금을 공탁하여야 하며, 보상금을 받을 자는 공탁된 보상금을 소송종결시까지 수령할 수 없다(동법 85조 1항).

그러나 사업시행자가 아닌 토지소유자 또는 이해관계인만이 이의재결에 대하여 행정소송을 제기한 경우에는 이의유보의 의사표시를 하고 공탁된 보상금을 지급받을 수 있다(대판 1987. 2. 24. 86누759, 공탁선례 2-239).

4. 수용보상 공탁금 출급의 효과

가. 이의유보 없이 출급한 경우

피수용자가 사업시행자에게 아무런 이의도 유보함이 없이 사업시행자가 지급하는 보상금을 수령한 경우에는 그 후 비록 그 재결에 대하여 이의신청을 한 바 있더라도 관할 토지수용위원회가 행한 재결에 대하여 피수용자가 승복한 것으로 본다. 이로써 사업시행자의 보상금 지급의무는 확정적으로 소멸한다.

판례 토지소유자가 그 공탁에 대하여 아무런 이의를 유보하지 아니한 채 이를 수령한 때에는 종전의 수령거절의사를 철회하고 재결에 승복하여 공탁의 취지에 따라 보상금 전액을 수령한 것으로 볼 것이고 공탁금 수령당시 단순히 그 공탁의 취지에 반하는 소송이나 이의신청을 하고 있다는 사실만으로는 그 공탁물수령에 관한 이의를 유보한 것과 같이 볼 수 없다(대판 1990. 10. 23. 90누6125).

판례 당초 관할토지수용위원회에서 재결한 보상금을 수령하면서는 이의를 유보하였으나 그 후 이의재결에서 증액된 보상금을 수령하면서 그 재결에 불복한다는 뜻을 유보하지 않는 경우에도 유보하지 않는 경우에도 재결에 승복한 것으로 보아야 하고, 추가보상금을 수령할 당시 이의재결을 다투는 행정소송이 계속 중이라는 사실만으로는 이의의 의사표시가 있는 것과 같이 볼 수 없다(대판 1993. 9. 14. 92누18573).

나. 이의를 유보하고 출급한 경우

(1) 의 의

공탁물의 수령에 관한 이의유보의 의사표시는 변제공탁의 피공탁자가 공탁물 출급청구시 공탁원인에 승복하여 공탁물을 수령하는 것이 아님을 분명히 함으로서 공탁한 취지대로 채무소멸의 효과가 발생함을 방지하고자 하는 의사표시를 말한다.

판례 채무액의 범위에 관하여 다툼이 있어 채무자가 수령을 거부함을 이유로 변제공탁을 하는 경우에 채무자는 채무액의 범위에 대하여 이의를 유보한 채 그 공탁금을 수령할 수 있는 것이고, 이러한 법리는 공익사업토지보상법 제40조 제2항 제1호에 의하여 토지수용위원회가 재결한 토지수용보상금 액수에 대하여 이의를 제기함에 따라 사업시행자가 공탁한 경우에도 전혀 다를 것이 없다(대판 2002. 10. 11. 2002다35461).

이와 같이 공탁물의 수령에 관한 이의유보의 의사표시는 변제공탁의 피공탁자가 공탁물 출급청구시 공탁원인에 승복하여 공탁물을 수령하는 것이 아님을 분명히 함으로서 공탁한 취지대로 채무소멸의 효과가 발생함을 방지하고자 하는 의사표시이다. 이렇게 공탁원인에 대하여 이의유보의 의사표시를 붙여 공탁물을 출급받을 수 있다고 보는 것이 통설, 판례의 입장이다.

(2) 당 사 자

이의유보의 의사표시를 할 수 있는 자는 원칙적으로 변제공탁의 피공탁자이지만, 공탁물 출급청구권에 대한 양수인, 전부채권자, 추심채권자, 채권자대위권을 행사하는 일반 채권자도 이의유보의 의사표시를 할 수 있다.
그러나 공탁물 출급청구권의 압류만을 한 압류채권자나 가압류채권자는 해당 공탁물 출급청구권의 처분권한을 갖지 못하므로 채권자대위에 의하지 않는 한 이의유보의 의사표시를 할 수는 없다.

판례 이의유보 의사표시의 상대방은 반드시 공탁관에 국한할 필요는 없고 보상금 지급의무자인 사업시행자에 대하여도 할 수 있다(대판 1993. 9. 14. 93누4618).

판례 한국토지주택공사의 대리인은 한국토지주택공사법 제7조에 공사의 업무에 관한 재판상 또는 재판 외의 모든 행위를 할 수 있는 권한을 갖고 있으므로 이의유보

의사표시의 상대방이 될 수 있다(대판 1992. 9. 22. 92누3229).

판례 보훈병원의 토지수용담당 주무과장은 원칙적으로 이의유보 의사표시의 상대방이 될 수 없다{대판(전) 1982. 11. 9. 82누197}.

(3) 이의유보 의사표시의 방법

이의유보 의사표시는 피공탁자가 공탁자에 대하여 보상금 채권의 일부에 충당한다는 등의 이의유보 의사표시를 통지하거나 공탁물 출급청구서의 청구 및 이의유보사유란에 이의유보의사를 기재하는 등의 방법으로 한다(공탁선례 2-240 참조).

(4) 이의유보 의사표시의 효과

채권액에 다툼이 있는 채권에 관하여, 채무자가 채무 전액의 변제임을 공탁원인사실 중에 밝히고 공탁한 경우 피공탁자(채권자)가 그 공탁금액을 수령할 때 채권의 일부로써 수령한다는 이의를 유보하고 공탁금을 출급받는다면, 이러한 이의유보부 출급으로 채권자는 그 나머지 잔액에 대하여 다시 청구 할 수 있다.

그러나 피공탁자(채권자)가 아무런 이의유보의 의사표시 없이 공탁금을 출급받은 때에는 공탁서에 기재된 공탁원인을 승낙하는 효과가 발생하여 채권 전액에 대한 변제의 효과가 발생하게 된다. 따라서 채무자가 변제충당할 채무를 지정하여 공탁한 것을 채권자가 아무런 이의 없이 수령하였다면 그 공탁의 취지에 따라 변제충당된다.

판례 공탁자가 자신의 반대급부의 이행제공 없이 피공탁자의 잔대금 지급의무 불이행을 이유로 계약을 해제하면서 중도금만을 공탁한 사안에서 피공탁자가 그 공탁물을 수령하면서 아무런 이의도 유보하지 아니하였다면, 특별한 사정이 없는 한 공탁자가 주장한 공탁원인을 수락한 것으로 보아 공탁자가 공탁원인으로 주장한 대로 법률효과(매매계약 해제)가 발생한다(대판 1992. 5. 12. 91다44698).

판례 피공탁자가 공탁된 보상금을 수령할 때 보상금 중 일부의 수령이라는 등 이의유보의사를 밝혔다면 토지수용위원회의 재결에 승복한 것으로는 볼 수 없다(대판 1987. 5. 12. 86누498).

판례 피공탁자가 아무런 이의를 유보함이 없이 공탁금을 수령하였다면 이는 종전의 수령거절의사를 철회하고 토지수용위원회의 재결에 승복하여 그 공탁의 취지에 따라 보상금 전액을 수령한 것이라고 볼 수 있다({대판(전) 1982. 11. 9. 82누197}.

(5) 묵시적 이의유보 의사표시

피공탁자가 공탁금을 수령하면서 공탁관이나 공탁자에게 채권의 일부로 수령한다는 등 이의유보의 의사표시를 한 바 없다면 피공탁자는 그 공탁의 취지에 따라 이를 수령하였다고 보아야 한다. 공탁금 수령시 채무자에 대한 이의유보의 의사표시는 반드시 명시적으로 해야 하는 것은 아니다. 일정한 사정 아래서는 피공탁자가 위 공탁금을 수령함에 있어 이의유보의 의사표시를 명시적으로 하지 않았다 하더라도 채무자에 대하여 채권의 일부로 수령한다는 묵시적인 이의유보의 의사표시가 있었다고 보아야 한다(대판 1989. 7. 25. 88다카11053, 1997. 11. 11. 97다37784).

제 7 절 수용보상 공탁금의 회수

1. 민법 제489조에 의한 회수불가

변제공탁은 채권자가 공탁을 승인하거나 공탁소에 대하여 공탁물을 받기를 통고하거나 공탁유효의 판결이 확정되기까지는 언제든지 변제자는 공탁물을 회수할 수 있다. 이 경우에는 공탁하지 아니한 것으로 본다(민법 489조 1항). 따라서 일반 변제공탁은 회수제한사유가 존재하지 않는 한 공탁자는 아무런 제한 없이 공탁물을 회수할 수 있다. 공탁물을 회수하면 공탁의 효력은 소급하여 실효된다.

그런데 수용보상금 공탁의 경우 공탁자의 회수를 인정하면 공탁이 없었던 것으로 처리되어 재결이 실효되므로 토지수용절차 및 이해관계인의 법률관계에 중대한 영향을 미친다.

판례 수용보상금의 공탁은 토지보상법 제42조에 의하여 간접적으로 강제되는 것으로서 자발적으로 이루어지는 것이 아니므로, 민법 제489조의 규정은 배제되어 어느 경우이든 사업시행자인 공탁자의 민법 제489조에 의한 공탁금회수청구권을 인정하지 않는다(대판 1988. 4. 8. 88마201).

판례 사업시행자가 토지보상법에 따라 적법하게 보상금을 공탁하는 등의 수용절차를 마친 이상 수용목적물의 소유권을 원시적으로 적법하게 취득하므로 그 후에 부적법하게 공탁금이 회수된 사정만으로 종전의 효력이 무효로 되는 것은 아니다(대판 1997. 9. 26. 97다24290).

2. 착오 또는 공탁원인 소멸에 의한 회수

- 사업시행자는 착오로 공탁을 한 때 또는 재결이 당연무효이거나 취소된 경우와 같이 공탁의 원인이 소멸한 때는 공탁법에 의하여 공탁금을 회수할 수 있다(공탁선례 2-243).
- 사업시행자가 중앙토지수용위원회가 재결한 손실보상금액의 전부를 공탁하면서 그 보상금에 관한 재결부분에 대하여 이의신청을 토지소유자와 함께 각각 제기하였는바, 중앙토지수용위원회가 이의신청에 대한 재결을 하면서 손실보상금액을 처음 중앙토지수용위원회가 재결한 손실보상금액보다 감액하는 재결을 하고 그 재결이 확정됨으로써 이의신청에 대한 재결상의 손실보상금액이 확정되었다면, 사업시행자는 이의신청에 대한 중앙토지수용위원회 재결에서 확정된 손실보상금액보다 초과하여 공탁한 부분에 관하여 착오를 이유로 하여 공탁법상의 회수절차에 따라 회수할 수 있다(공탁선례 2-244).
- 공탁자가 착오로 공탁한 때 또는 공탁의 원인이 소멸한 때에는 공탁자가 공탁물을 회수할 수 있을 뿐 피공탁자의 공탁물 출급청구권은 존재하지 않으므로, 이러한 경우 공탁자가 공탁물을 회수하기 전에 위 공탁물 출급청구권에 대한 전부명령을 받아 공탁물을 수령한 자는 법률상 원인 없이 공탁물을 수령한 것이 되어 공탁자에 대하여 부당이득반환의무를 부담한다(대판 2008. 9. 25. 2008다34668).
- 수용보상금(공동운영 영업보상금 등) 수령권자가 3명임에도 불구하고 사업시행자가 착오로 그 중 1명만을 피수용자로 하여 재결을 받고 그자를 피공탁자로 잘못 지정하여 공탁을 하였다면 공탁법 제9조 제2항 제2호에 따라 착오

공탁을 이유로 공탁금 전부를 회수할 수 있다(공탁선례 2-246).

- 수용보상금 공탁이 부적법하여 토지수용재결의 효력이 상실되었다는 확정 판결에 의하여 공탁자인 사업시행자가 공탁금의 회수를 청구하는 때에는 회수청구서에 위 확정판결을 첨부하는 것으로 충분하고, 수용된 토지의 등기부상 사업시행자 명의의 소유권이전등기가 말소된 등기사항증명서를 첨부할 필요는 없다(공탁선례 2-247).

| 제6장 담보공탁 |

제1절 총 설

담보공탁이란 기존 채권 또는 장래 피공탁자에게 발생할 손해배상채권을 담보하기 위한 공탁으로써, 그 종류로는 재판상 담보공탁, 영업보증공탁, 납세담보공탁 등이 있다.

재판상 담보공탁은 당사자의 소송행위(소송비용의 담보)나 재판상의 처분(가압류·가처분, 강제집행의 정지·실시·취소 등)으로 인하여 상대방이 받게 될 손해를 담보하기 위한 공탁이고, 영업보증공탁은 영업거래 등으로 발생할 피해자의 손해배상채권 등을 담보하기 위한 공탁이며, 납세담보공탁은 국세, 지방세 등의 징수유예나 상속세·증여세의 연부연납 허가시 그 세금의 납부나 징수를 담보하기 위한 공탁이다.

이와 같이 담보공탁은 공탁물에 대하여 일정한 상대방에게 일종의 우선변제권을 부여함으로써 채권담보의 기능을 하게 된다.

제2절 재판상 담보공탁

1. 의 의

재판상 담보공탁이라 함은 당사자의 소송행위(소송비용의 담보)나 가압류·가처분·강제집행의 정지·실시·취소 등 재판상의 처분으로 인하여 상대방이 받게 될 손해를 담보하기 위한 공탁이다.

재판상 담보공탁은 담보권리자가 받게 될 손해를 담보한다는 점에서 민사집행법상 채무자나 제3채무자 또는 집행기관(집행법원 또는 집행관)이 상대방에 대한 손해담보를 위해서가 아니라 이행의 강제를 면하기 위하여 또는 손해를 피하기 위하여 또는 절차를 완결짓기 위한 이행으로써 집행의 목적물이나 이를 갈음하는 금전을 공탁하는 집행공탁과 구별된다.

2. 공탁당사자

가. 공 탁 자

재판상 담보공탁은 담보제공명령을 받은 당사가가 공탁자가 되는 것이 원칙이지만, 제3자도 담보제공명령을 받은 자를 대신하여 공탁할 수 있다. 이 경우 공탁자(제3자)는 공탁서의 공탁자란에 자신의 성명 및 주소를, 비고란에는 제3자로서 공탁한다는 취지를 기재하면 되며 상대방(피공탁자)의 동의는 요하지 않는다.

나. 피공탁자

담보공탁에 있어서 피공탁자로 될 자는 공탁물에 대하여 법정의 담보권 또는 우선변제권을 취득할 자이다. 재판상 담보공탁은 피공탁자의 손해를 담보하기 위한 공탁으로 공탁신청 당시에 담보권리자가 될 자가 특정되므로 공탁서에 담보권리자를 피공탁자로 기재한다.

3. 관 할

공탁법상 공탁소의 토지관할에 대하여는 일반적 규정을 두고 있지 않으므로 담보공탁의 토지관할도 원칙적으로 제한이 없다. 실무는 대부분 담보제공명령을 발한 법원의 소재지의 공탁서에 공탁하고 있다.

4. 공탁목적물

- 재판상 담보공탁의 목적물은 금전 또는 법원이 인정하는 유가증권이지만(민소법 122조, 민집법 19조), 담보는 성질상 종국에는 현금화할 수 있어야 하므로 공탁하는 유가증권은 환가가 용이하지 않거나 시세의 변동이 심하여 안정성이 없는 것은 적당하지 않다(대결 2000. 5. 31. 2000그22).
- 실무상 국채나 공채가 주로 지정되고 있으나 반드시 이에 한하는 것은 아니며, 시세변동이 심한 주권과 같은 것은 피하는 것이 좋다.
- 법원의 담보제공명령에 의하여 공탁물이 구체적으로 특정되므로 그에 따라 공탁하면 될 것이다.
- 공탁을 하려고 하는 사람은 공탁사무 문서양식에 관한 예규(행정예규 1235호) 양식 중 제1-2호 양식(금전인 경우) 또는 제1-6호 양식(유가증권인 경우)에 의한 공탁서 2통을 작성하여 공탁관에게 제출한다. 이때 법원은 담보제공명령 사본을 첨부한다.

5. 재판상 담보공탁의 종류

가. 민사소송법상의 담보

'민사소송법상의 담보'란 당사자의 소송행위 또는 법원이 한 처분에 의하여 상대방에게 생길지 모를 손해의 배상을 미리 확보하기 위한 소송상의 수단을 말한다. 민사소송법상의 담보에는 소송비용의 담보, 가지행의 담보 등이 있다.

민사소송법은 총칙편에 소송비용의 담보에 관하여 상세히 규정하면서(민소법 117조 내지 126조), 가집행의 담보, 집행정지의 담보에 관하여도 위 규정을 준용하는 체제를 취하고 있다(민소법 214조, 502조 3항).

(1) 소송비용의 담보

"소송비용의 담보"란 원고가 소를 제기하는 경우 그 패소시에 피고의 소송비용액 상환청구권의 이행을 확보하기 위하여 피고의 신청에 의해 법원이 제공을 명한 담보를 말한다(민소법 117조).

(2) 가집행선고의 담보

"가집행선고의 담보"란 가집행선고 있는 판결의 집행이 실시되는 경우에 나중에 가집행선고가 취소 또는 변경될 경우 채무자가 입게 되는 손해를 담보하는 것을 말한다(민소법 213조 1항).

"가집행 면제선고의 담보"는 가집행을 하지 못함으로 인하여 승소채권자가 입게 되는 손해를 담보하는 것이다(민소법 213조 2항).

나. 민사집행법상의 담보

(1) '민사집행법상의 담보'란 당사자 또는 제3자가 집행을 실시하거나 집행을 정지·취소함으로 인하여 상대방에게 주는 손해를 담보하기 위하여 제공되는 것이다. 가압류·가처분 등 보전처분과 관련된 담보공탁, 강제집행의 정지·취소·실시 등 강제집행과 관련된 담보제공에 관한 규정들이 민사집행법 여러 조문에 산재되어 있다.

(2) 채무자가 제공하는 담보로는 ① 재심 또는 상소추후보완의 신청에 의한 집행정지·취소(민소법 500조1항), ② 가집행의 선고가 붙은 판결에 대한 상소 또는 정기금의 지급을 명한 확정판결에 대한 변경의 소 제기로 인한 집행정지·취소(민소법 501조, 500조1항), ③ 즉시항고에 의한 집행정지(민집법 15조6항 단서), ④ 집행에 관한 이의신청에 의한 집행정지(민집법 16조2항), ⑤ 집행문부여 등에 관한 이의신청에 의한 집행정지(민집법 34조2항, 16조2항), ⑥ 청구에 관한 이의의 소, 집행문부여에 대한 이의의 소에 의한 집행정지·취소(민집법 46조2항), ⑦ 압류금지물의 확장 또는 압류금지물에 대한 압류명령 취소·변경에 의한 집행정지(민집법 196조3항, 16조2항), ⑧ 가압류·가처분에 대한 이의신청에 의한 변경 또는 취소 결정(민집법 286조5항, 301조), ⑨ 담보제공을 이유로 한 가압류·가처분의 취소신청에 의한 취소(민집법 288조1항 2호, 301조, 307조1항), ⑩ 소송물인 권리 또는 법률관계가 이행되는 것과 같은 내용의 가처분을 명한 재판에 대하여 이의신청이 있는 경우에 하는 가처분의 집행정지 또는 집행처분의 취소(민집법 309조1항) 등을 할 때의 담보

등이다.

(3) 채권자가 제공하는 담보로는 ① 재심 또는 상소추후보완의 신청에 대하여 재심피고 또는 추후보완신청의 상대방의 집행실시(민소법 500조1항), ② 가집행의 선고가 있는 판결에 대한 상소의 제기에서 승소자의 집행실시 또는 정기금의 지급을 명한 확정판결에 대한 변경의 소 제기에서 상대방의 집행실시(민소법 501조, 500조1항), ③ 즉시항고에서 상대방이 하는 집행의 속행(민집법 15조6항 단서), ④ 집행에 관한 이의신청시 채권자가 하는 집행의 속행(민소법 16조2항), ⑤ 집행문 부여 등에 관한 이의신청에서 상대방이 하는 집행의 속행(민집법 34조2항, 16조2항), ⑥ 청구에 관한 이의의 소, 집행문 부여에 대한 이의의 소에서 집행정지에 대하여 피고가 하는 집행의 속행(민집법 46조2항), ⑦ 제3자 이의의 소에서 피고가 하는 집행의 속행(민집법 48조3항), ⑧ 채권자의 신청에 의한 부동산 관리명령으로서의 인도명령(민집법 136조3항), ⑨ 압류금지물에 대한 압류명령 또는 압류금지물이 확장신청에서 상대방이 하는 집행의 속행(민집법 196조3항), ⑩ 가압류·가처분(민집법 280조2항, 3항, 301조), ⑪ 가압류·가처분에 대한 이의신청에서 인가 또는 변경결정(민집법 286조5항, 301조), ⑫ 가압류·가처분의 취소결정에 대한 즉시항고로 인한 가집행선고의 효력정지(민집법 289조1항, 301조), ⑬ 본안의 제소명령 불이행을 이유로 한 가압류·가처분의 취소결정에 대한 즉시항고(민집법 287조3항)와 가압류·가처분 집행 후 3년간 본안의 소를 제기하지 아니하였음을 이유로 한 가압류·가처분의 취소결정(민집법 288조1항3호, 301조)에 대한 즉시항고의 경우 각 가압류·가처분 취소결정의 효력정지(민집법 289조1항, 301조) 등을 할 때의 담보 등이 있다.

(4) 제3자가 제공하는 담보로는, ① 제3자이의 소에 의한 집행의 정지, 취소(민집법 48조3항, 46조2항), ② 제3자가 제기한 집행에 관한 이의신청에 의한 집해정지(민집법 16조2항) ③ 매수인의 신청에 의한 부동산관리명령으로서의 인도명령(민집법 136조3항) 등을 할 때의 담보 등이 있다.

(5) 집행에 관한 담보도 소송비용의 담보 등과 함께 소송상의 담보에 속하므로, 민사집행법상 특별한 규정을 제외하고는 소송비용의 담보에 관한 민사소송법 제122조·제123조·제125조 및 제126조의 규정이 준용된다(민집법

19조3항).

(6) 민사집행법상 일정한 보증의 제공을 요구하고 있는 경우가 있다. 예컨대, 부동산에 대한 강제경매에서 최저매각가격으로 남을 가망이 없다고 인정될 때 경매절차의 속행을 위하여 압류채권자에게 보증을 제공하도록 한 것(민집법 102조2항, 104조1항)이라든가 매수신청을 할 경우 매수신청인에게 보증을 제공하도록 한 것(민집법 113조)을 비롯하여 매각허가결정에 대한 항고를 할 때 항고인이 제공하는 보증(민집법 130조3항), 선박에 대한 강제경매에서 강제경매절차를 취소받기 위하여 채무자가 제공하는 보증(민집법 181조1항) 등이 이에 속한다.

이러한 보증은 모두 배당재단을 확보하기 위하여 제공된 것으로서 상대방의 손해배상의 이행을 확보하기 위한 민사집행법상 담보와 성질이 다르다. 따라서 보증에 관하여는 민사집행법이 아닌 개별적으로 정하는 바에 따라 처리된다. 따라서 위와 같은 사유로 보증을 제공하기 위한 공탁은 집행공탁으로 보아야 하므로 제7장 집행공탁 부분에서 다루기로 한다.

6. 담보제공절차

가. 담보의 제공명령

(1) 소송비용의 담보에서 담보를 제공할 의무는 법원의 담보제공을 명하는 재판에 의하여 구체화 되므로 담보제공명령이 있어야만 공탁할 수 있다. 담보제공은 법원이 직권으로 하며 담보액과 담보제공기간을 정하여야 한다. 다만, 가집행선고를 위한 담보나 가집행을 면제받기 위한 담보의 경우에는 판결주문에 담보액이 표시되며 담보의 제공이 정지조건으로 되므로 담보제공의 기간을 정할 필요가 없다.

(2) 집행정지결정, 가압류·가처분결정 등의 담보제공명령은 재판이 있기 전에 미리 독립한 결정으로 하는 방법(흔히 이를 담보제공명령 또는 공탁명령이라 부른다)과 가집행선고가 있는 판결이나 집행정지결정, 가압류·가처분명령에 대한 이의신청의 결과 담보액을 증액하는 경우 등에 있어서는 후자의 방법이 이용되며, 후자의 경우에는 담보제공의 기간을 정할 필요가 없다.

(3) 유가증권으로 담보를 제공하고자 하는 경우에는 그 종류와 수량을 명시한다.

나. 담보의 제공(공탁)

담보의 제공은 금전 또는 법원이 인정하는 유가증권을 공탁하거나 대법원규칙이 정하는 바에 따라 지급보증위탁계약을 맺은 문서를 제출하는 방법에 의한다(민집법 19조 3항, 민소법 122조).

담보제공자는 공탁법의 절차에 따라 공탁관에게 공탁을 한 후 공탁을 수리한다는 취지의 기재가 있는 공탁서(은행의 납입증명이 있는 것)을 받아 이를 법원에 제출하거나 지급보증위탁계약을 맺은 문서 원본을 법원에 제출한다.

담보제공을 위한 공탁의 절차는 공탁법 및 공탁규칙에 규정되어 있다.

공탁을 하려고 하는 사람은 공탁서 2통을 작성하여 공탁관에게 제출한다. 이 때 법원의 담보제공명령 사본을 첨부한다.

다. 공탁서 제출

공탁관이 공탁신청을 수리하면 공탁자는 공탁관으로부터 공탁서 1통을 교부받은 다음 공탁물을 첨부하여 공탁물보관자에게 제출하며, 공탁물보관자로부터 공탁물을 납입받았다는 취지가 기재된 공탁서를 수령하여 담보제공을 명한 법원에 제출한다.

공탁서의 제출이 있을 때에는 법원사무관 등은 그 사본을 받아 원본과 대조한 후 그 사본의 여백에 원본과 대조하여 틀림이 없다는 뜻을 기재하고 서명 또는 날인한 다음 법관의 검열을 받아 기록에 편철하고 원본을 제출자에게 반환한다(법원재판사무처리규칙 13조).

[서식 47] 금전공탁서(재판상의 보증)

[제1-2호 양식]

금 전 공 탁 서(재판상의 보증)

<table>
<tr><td colspan="2">공 탁 번 호</td><td colspan="2">년 금 제 호</td><td colspan="2">년 월 일 신청</td><td>법령조항</td><td></td></tr>
<tr><td rowspan="4">공
탁
자</td><td>성 명
(상호, 명칭)</td><td colspan="2"></td><td rowspan="4">피
공
탁
자</td><td>성 명
(상호, 명칭)</td><td colspan="2"></td></tr>
<tr><td>주민등록번호
(법인등록번호)</td><td colspan="2"></td><td>주민등록번호
(법인등록번호)</td><td colspan="2"></td></tr>
<tr><td>주 소
(본점, 주사무소)</td><td colspan="2"></td><td>주 소
(본점, 주사무소)</td><td colspan="2"></td></tr>
<tr><td>전화번호</td><td colspan="2"></td><td>전화번호</td><td colspan="2"></td></tr>
<tr><td colspan="2" rowspan="2">공 탁 금 액</td><td colspan="2">한글</td><td colspan="2" rowspan="2">보 관 은 행</td><td colspan="2" rowspan="2"></td></tr>
<tr><td colspan="2">숫자</td></tr>
<tr><td colspan="2" rowspan="2">법원의 명칭과
사 건</td><td colspan="6">사건</td></tr>
<tr><td>당사자</td><td>원 고
신청인
채권자</td><td></td><td>피 고
피신청인
채무자</td><td colspan="2"></td></tr>
<tr><td>공탁
원인
사실</td><td colspan="7">1. 가압류보증
2. 가처분보증
3. 가압류 취소보증
4. 가처분 취소보증
5. 강제집행정지의 보증
6. 강제집행 취소의 보증
7. 강제집행 속행의 보증
8. 소송비용 담보
9. 가집행 담보
10. 가집행을 면하기 위한 담보
11. 기타( )</td></tr>
<tr><td colspan="2">비고(첨부서류 등)</td><td colspan="6">☐ 계좌납입신청</td></tr>
<tr><td colspan="8">위와 같이 신청합니다. 대리인 주소
전화번호
공탁자 성명 인(서명) 성명 인(서명)</td></tr>
<tr><td colspan="8">위 공탁을 수리합니다.
공탁금을 년 월 일까지 위 보관은행의 공탁관 계좌에 납입하시기 바랍니다.
위 납입기일까지 공탁금을 납입하지 않을 때는 이 공탁 수리결정의 효력이 상실됩니다.
년 월 일
법원 지원 공탁관 (인)</td></tr>
<tr><td colspan="8">(영수증) 위 공탁금이 납입되었음을 증명합니다.
년 월 일
공탁금 보관은행(공탁관) (인)</td></tr>
</table>

※ 1. 서명 또는 날인을 하되, 대리인이 공탁할 때에는 대리인의 성명, 주소(자격자대리인은 사무소)를 기재하고 대리인이 서명 또는 날인하여야 합니다. 전자공탁시스템을 이용하여 공탁하는 경우에는 날인 또는 서명은 인증서에 의한 전자서명 방식으로 합니다.

2. 공탁당사자가 국가 또는 지방자치단체인 경우에는 법인등록번호란에 '고유번호'를 기재하시기 바랍니다.

3. 공탁금 회수청구권은 소멸시효 완성으로 국고에 귀속될 수 있습니다.

4. 공탁서는 재발급되지 않으므로 잘 보관하시기 바랍니다.

5. 공탁원인사실 기재례

서울중앙지방법원 2011년증제126호 공탁유가증권 총액면금 50,000,000원에 대한 같은 법원 2011카 125호 공탁담보변경명령에 의하여 금전으로 대체 공탁함.

[서식 48] 유가증권공탁서(재판상의 보증)

[제1-6호 양식]

유가증권 공탁서(재판상의 보증)

<table>
<tr><td colspan="2">공 탁 번 호</td><td>년 증 제 호</td><td colspan="2">년 월 일 신청</td><td>법령조항</td><td></td></tr>
<tr><td rowspan="4">공
탁
자</td><td>성 명
(상호, 명칭)</td><td></td><td rowspan="4">피
공
탁
자</td><td>성 명
(상호, 명칭)</td><td colspan="2"></td></tr>
<tr><td>주민등록번호
(법인등록번호)</td><td></td><td>주민등록번호
(법인등록번호)</td><td colspan="2"></td></tr>
<tr><td>주 소
(본점, 주사무소)</td><td></td><td>주 소
(본점, 주사무소)</td><td colspan="2"></td></tr>
<tr><td>전화번호</td><td></td><td>전화번호</td><td colspan="2"></td></tr>
</table>

<table>
<tr><td colspan="4">공탁유가증권</td><td rowspan="3">법원의명칭과사건</td><td colspan="5">법원 사건</td></tr>
<tr><td rowspan="2">명 칭</td><td rowspan="2"></td><td rowspan="2"></td><td rowspan="2">계</td><td>당사자</td><td>원고
신청인
채권자</td><td></td><td>피고
피신청인
채무자</td><td></td></tr>
<tr></tr>
<tr><td>장 수</td><td></td><td></td><td></td><td rowspan="3">공탁원인사실</td><td colspan="5" rowspan="3">1. 가압류보증 7. 강제집행속행보증
2. 가처분보증 8. 소송비용담보
3. 가압류취소보증 9. 가집행담보
4. 가처분취소보증 10. 가집행을 면하기
5. 강제집행정지보증 위한 담보
6. 강제집행취소보증 11.기타( )</td></tr>
<tr><td>총액면금</td><td>한글
숫자</td><td></td><td></td></tr>
<tr><td>액면금
기호번호</td><td></td><td></td><td></td></tr>
<tr><td>부속이표</td><td></td><td></td><td></td><td colspan="2">보 관 은 행</td><td colspan="4">은행 지점</td></tr>
<tr><td>최종상환기</td><td></td><td></td><td></td><td colspan="2">비고(첨부서류 등)</td><td colspan="4"></td></tr>
</table>

위와 같이 신청합니다. 공탁자 성명 인(서명)	대리인 주소 전화번호 성명 인(서명)

위 공탁을 수리합니다. 공탁유가증권을 년 월 일까지 위 보관은행의 공탁관 계좌에 납입하시기 바랍니다. 위 납입기일까지 공탁유가증권을 납입하지 않을 때는 이 공탁 수리결정의 효력이 상실됩니다. 년 월 일 법원 지원 공탁관 (인)
(영수증) 위 공탁유가증권이 납입되었음을 증명합니다. 년 월 일 공탁금 보관은행(공탁관) (인)

※ 1. 서명 또는 날인을 하되, 대리인이 공탁할 때에는 대리인의 성명, 주소(자격자대리인은 사무소)를 기재하고 대리인이 서명 또는 날인하여야 합니다.

2. 공탁당사자가 국가 또는 지방자치단체인 경우에는 법인등록번호란에 '고유번호'를 기재하시기 바랍니다.

3. 공탁서는 재발급되지 않으므로 잘 보관하시기 바랍니다.

[서식 49] 공탁서 등

위　　임　　장

수임인(대리인) 성　　　명 :
주민등록번호 :
주　　　소 :

OO지방법원 금제OOO호 사건에 관하여 위 사람을 대리인으로 정하고 다음 사항의 권한을 위임한다.

다　　　음

1. 공탁서작성 및 제출행위
1. 회수제한신고서 작성 및 제출행위
1. 공탁서 열람·등본신청 및 이를 교부받는 행위
1. 각종 증명서 신청 및 이를 교부받는 행위
1. 공탁통지서 수령행위
1. 공탁금 청구 및 출급·회수하는 행위

첨부서류 : 1. 위임인이 개인일 경우 : 인감증명서(위임인)
2. 위임인 법인일 경우 : 법인인감증명서, 법인등기사항증명서

2000.　O.　O.

위임인 성　　　명 : O　O　O (인)
주민등록번호 : OOOOOO-OOOOOOO
주　　　소 : OO시 OO로 OO(OO동)
전 화 번 호 : OO-OOO-OOOO

7. 담보권의 성질

민사소송법은 담보권리자는 담보물에 대하여 질권자와 동일한 권리가 있다고 규정하고 있고(민소법 123조), 민사집행법상의 담보의 경우에도 이를 준용하고 있다(민집법 19조).

8. 담보권이 미치는 범위(피담보채권의 범위)

가. 보전명령이 부집행·집행불능인 경우

재판 또는 집행상의 담보는 소송행위 또는 집행행위의 실시·정지·취소로 인해서 상대방에게 손해를 담보한다. 그러나 보전명령이 부집행·집행불능인 경우에라도 그 명령의 존재만으로 피공탁자는 명예훼손 또는 신용저하, 불안 등 정신상의 손해를 입을 수 있으므로 이 정신적 손해배상청구권도 피담보채권의 범위에 든다 할 것이다. 위 보전명령 그 자체를 다투는 데 필요한 소송의 비용도 위 담보채권의 범위에 포함된다(대결 1967. 12. 29. 67마1009).

나. 이 자

담보공탁의 법정과실에 대하여 피공탁자의 담보권이 미치지 않는다는 공탁법 제7조의 단서의 취지가 공탁물이 금전인 경우에도 적용된다고 해석하면, 담보공탁의 경우 공탁금의 이자는 공탁자에게 기속된다.

다. 경매절차정지 담보공탁

근저당권에 기한 경매절차의 정지를 위한 담보공탁은 그 경매절차의 정지 때문에 채권자에게 손해가 발생할 경우에 그 손해배상의 확보를 위하여 하는 것이므로, 그 담보적 효력이 미치는 범위는 위 손해배상청구권에 한하고, 근저당권의 피담보채권이나 근저당권설정등기말소소송의 소송비용에까지 미치는 것은 아니다(대결 1992. 10. 20. 92마728).

라. 부당한 보전처분의 경우

가압류나 가처분 등 보전처분은 법원의 재판에 의하여 집행되는 것이기는 하나 그 실체상 청구권이 있는지 여부는 본안소송에 맡기고 단지 소명에 의하여 채권자의 책임 아래 하는 것이다. 그 집행 후에 집행채권자가 본안소송에서 패소 확정되었다면 그 보전처분의 집행으로 인하여 채무자가 입은 손해에 대하여는 특별한 반증이 없는 한 집행채권자에게 고의 또는 과실이 있다고 추정되고, 따라서 부당한 집행으로 인한 손해에 대하여 이를 배상할 책임이 있고, 부당한 보전처분으로 인한 손해배상에 대하여 이를 배상하여야 할 책임이 있다(대판 1999. 4. 13. 98다52513).

그리고 본안소송에서 패소 확정된 보전처분 채권자에 대하여 손해배상을 청구하는 경우, 가압류채무자가 가압류 청구금액을 공탁하고 그 집행취소 결정을 받았다면, 가압류채무자는 적어도 그 가압류 집행으로 인하여 가압류해방 공탁금에 대한 민사 법정이율인 연 5% 상당의 이자와 공탁금의 이율 상당의 이자의 차액 상당의 손해를 입었다고 보아야 한다(대판 1995. 12. 12. 95다34095, 34101).

마. 기본채권에 미치는지 여부

가집행선고부 판결에 대한 강제집행정지를 위하여 공탁한 담보는 강제집행정지로 인하여 채권자에게 생길 손해를 담보하기 위한 것이고 정지의 대상인 기본채권 자체를 담보하는 것은 아니므로 채권자는 위 손해배상청구권에 한하여서만 질권자와 동일한 권리가 있을 뿐 기본채권에까지 담보적 효력이 미치는 것은 아니다.

금전 및 이에 대한 지연손해금의 지급을 명한 판결이나 건물명도 및 그 명도시까지의 차임 상액의 지급을 명한 가집행선고부 판결에 대한 강제집행정지를 위하여 담보공탁을 한 경우, 그 가집행이 지연됨으로 인한 손해에는 반대의 사정이 없는 한 집행의 정지가 효력을 있는 기간 내에 발생된 지연손해금이나 차임 상당의 손해가 포함된다. 이 경우 지연손해금이나 차임 상당의 그 손해배상청구권은 기본채권 자체라 할 것은 아니므로 강제집행정지를 위한 담보공탁의 피담보채무가 된다(대판 2000. 1. 14. 98다24914).

바. 제1심 및 제2심에서의 담보공탁

근저당권설정등기의 채무자로서 부동산임의경매절차 진행 중 근저당권설정등기 말소등기청구소송을 제기하면서 담보공탁을 하고 제1심 판결선고시까지 경매절차정지결정을 받았으나 패소한 후, 항소하면서 다시 담보공탁을 하고 항소심 판결선고시까지 경매절차정지결정을 받아 항소심 계속중인 경우, 2차에 걸친 공탁은 각기 해당 심급에 관한 채권자의 손해를 담보하는 것이다.

따라서 1심에서 제공한 담보에 관하여는 항소심에서 다시 담보가 제공되었다는 이유로 담보사유가 소멸되었다고 할 수 없으며, 담보를 제공한 당사자의 승소판결이 확정된 경우 또는 그것에 준하는 경우에만 담보의 사유가 소멸하는 것이다.

그러므로 공탁자는 담보권리자의 동의가 있는 경우를 제외하고는 공탁자의 승소판결이 확정되거나, 패소의 경우에는 소송의 완결 후 담보권리자가 권리행사최고기간 내에 그 행사를 하지 않는 경우에 비로소 담보취소결정을 받아 공탁금을 회수할 수 있다(1992. 1. 23. 법정-175).

사. 담보권리자가 권리행사를 위하여 제기한 소송의 소송비용

강제집행정지를 위하여 법원의 명령으로 제공된 공탁금은 채권자가 강제집행정지 자체로 인하여 입은 손해배상금채권을 담보한다. 그 손해의 범위는 민법 제393조에 따라 정해진다. 담보제공자의 권리행사최고에 따라 담보권리자가 권리행사를 위하여 제기한 소송의 소송비용은 강제집행정지로 인하여 입은 통상손해에 해당한다고 할 것이므로 위 소송비용은 강제집행정지를 위하여 법원의 명령으로 제공된 담보공탁금의 피담보채권이 된다(대결 2004. 7. 5. 2004마177).

9. 담보권의 성질

가. 의 의

"담보권의 실행이란"이라 함은 담보권을 행사할 수 있는 사유가 발생한 때, 즉 소송비용의 담보에 있어서는 원고가 패소하여 원고가 소송비용 부담의 재판을 받은 때, 또는 강제집행절차에 있어서 담보제공으로써 보전할 손해가 담보권리자에게 발생한 때에 담보권리자가 제공된 담보로부터 소송비용 또는 손해를 변상받는 절차를 말한다.

나. 담보권의 실행방법(실무)

재판상 담보공탁(금전)의 피공탁자(담보권리자)가 담보권을 실행하는 방법 및 공탁관의 관련 업무지침을 규정하기 위하여 대법원행정예규 제952호 "재판상 담보공탁금의 지급청구절차 등에 관한 예규"가 제정되어 있다.

위 예규에 따르면 담보권리자의 담보권의 실행방법은 직접 출급청구를 하는 경우와 질권실행을 위한 압류 등을 하는 경우가 있다.

재판상 담보공탁금의 지급청구절차 등에 관한 예규

2013. 3. 13. 개정 [행정예규 제952호 시행 2013. 3. 20.]

1. 목 적

이 예규는 재판상 담보공탁(금전)의 피공탁자(담보권리자)가 담보권을 실행하는 방법 및 공탁관의 관련 업무처리지침을 규정함을 목적으로 한다.

2. 재판상 담보공탁의 담보범위

가. 재판상 담보공탁의 의의

이 예규에서 말하는 재판상 담보공탁이란 당사자의 소송행위(소송비용의 담보)나 법원의 처분(강제집행의 정지, 실시, 취소 등)으로 인하여 담보권리자가 받게 될 손해를 담보하기 위한 금전공탁을 말한다.

나. 담보권의 내용

(1) 재판상 담보공탁의 피공탁자(담보권리자)는 소송비용 또는 담보되는 손해에 관하여 담보물(공탁금회수청구권)에 대하여 질권자와 동일한 권리를 가진다(민사소송법 제123조, 제502조 제3항, 민사집행법 제19조 제3항).

(2) 예를 들어, 가집행선고부 판결에 대한 강제집행정지를 위하여 공탁한 담보(민사소송법 제501조)는 강제집행정지로 인하여 채권자에게 생길 손해를 담보 하기 위한 것으로서 정지의 대상인 기본채권 자체를 담보하는 것은 아니므로, 채권자는 강제집행 정지로 인한 손해배상청구권에 한하여서만 질권자와 동일한 권리가 있다.

3. 공탁의 관할

재판상 담보공탁의 관할에 대하여는 법률에 규정이 없으나, 담보제공명령을 한 법원의 소재지를 관할하는 지방법원(지원) 공탁소에서 공탁을 수리함이 바람직하다.

4. 담보권리자의 담보권 실행방법

가. 직접 출급 청구

(1) 공탁관은 재판상 담보공탁의 피공탁자(담보권리자)가 공탁원인 사실에 기재된 피담보채권이 발생하였음을 증명하는 서면을 제출하여 공탁금을 출급청구(청구서에 회수청구라고 기재한 때에도 출급청구한 것으로 본다)한 경우에는 공탁금을 피공탁자에게 교부한다. 그러나, 담보취소결정정본 및 확정증명이 이미 제출된 경우에는 그러하지 아니한다.

(2) 피담보채권에 관한 확정판결(이행판결과 확인판결을 모두 포함), 이에 준하는 서면(화해조서, 조정조서, 공정증서 등) 또는 공탁자의 동의서(인감증명서 첨부)는 특별한 사정이 없는 한 피담보채권이 발생하였음을 증명하는 서면으로 본다.

(3) 금전 및 이에 대한 완제일까지의 지연손해금의 지급을 명한 판결이나 건물명도 및 그 명도시까지의 차임 상당액의 지급을 명한 가집행선고부 판결에 대한 강제집행정지를 위하여 담보공탁을 한 경우, 그 가집행이 지연됨으로 인한 손해에는 반대의 사정이 없는 한 집행의 정지 효력이 있는 기간 내에 발생된 지연손해금이나 차임 상당의 손해가 포함되므로, 이에 관한 지급을 명한 확정판결 부분은 강제집행정지를 위한 담보공탁의 피담보채권이 발생하였음을 입증하는 서면이 된다(대법원 2000. 1. 14. 선고 98다24914 판결 참조).

(4) 공탁관은 피공탁자가 제출한 서면이 담보공탁의 피담보채권이 발생하였음을 증명하는 서면에 해당하는지 여부를 신중히 판단하여야 하며, 피공탁자가 출급청구한 금액 중 일부에 관하여 피담보채권이 발생된 것으로 인정되는 경우에는 그 범위 내에서 출급청구를 수리하되, 피담보채권이 발생하였는지 여부가 명확하지 아니한 경우에는 출급청구를 수리하지 아니한다.

나. 질권실행을 위한 압류 등

공탁관은 담보공탁의 피공탁자가 피담보채권에 터잡아 「민사집행법」 제273조에서 정한 채권에 대한 강제집행절차에 따라 공탁자의 공탁금회수청구권을 압류하고 추심명령이나 확정된 전부명령을 얻어 공탁금 출급청구(청구서의 표시를 회수청구라고 기재한 때에도 같다)한 경우에도 공탁물을 피공탁자에게 교부한다. 이 경우에, 피공탁자는 공탁금출급청구서와 함께 질권(담보권) 실행을 위한 압류명령 정본, 추심명령 또는 전부명령 정본, 위 명령의 송달증명, 전부명령에 관한 확정증명을 제출하여야 한다(담보권실행의 신청을 할 때 담보권의 존재를 증명하는 서류를 제출하므로 따로 담보취소결정을 받을 필요는 없음).

5. 담보취소에 기초한 공탁금 회수청구

담보권리자가 공탁자에 대한 집행권원(피담보채권 자체를 집행권원으로 한 경우도 포함)에 기초하여 일반 강제집행절차에 따라 공탁자의 공탁금회수청구권을 압류하고 추심명령 또는 전부명령을 얻어 공탁금 회수청구를 하는 경우에는, 공탁금회수청구서와 함께 담보취소 결정정본 및 확정증명, 질권(담보권) 실행이 아닌 일반 강제집행절차에 의한 압류명령 정본, 추심명령 또는 전부명령 정본, 위 명령의 송달증명, 전부명령에 관한 확정증명을 제출하여야 한다.

6. 압류의 경합 및 사유신고 등

가. 공탁관은 공탁자의 채권자 등이 공탁자의 공탁금회수청구권에 대하여 일반 강제집행절차에 따라 한 압류가 경합된 경우(공탁관의 사유신고에 관한 업무처리지침 1. 가. 참조. 이하 같다), 공탁원인의 소멸을 증명하는 서면(담보취소결정정본 및 확정증명)이 제출된 때에 먼저 송달된 압류명령의 집행법원에 사유신고를 한다.

나. 공탁자의 채권자가 공탁자의 공탁금회수청구권에 대하여 일반 강제집행 절차에 따라 (가)압류하였거나, 공탁자의 공탁금회수청구권이 제3자에게 양도된 경우에도, 피공탁자가 제4항의 절차에 따라 담보권을 실행하면 피공탁자에게 공탁금을 지급한다. 그러나, 담보취소결정정본 및 확정증명이 이미 제출된 경우에는 그러하지 아니하다.

다. 피공탁자가 담보권을 실행함으로써 가지게 되는 공탁금 출급청구권에 대하여 피공탁자의 채권자가 (가)압류한 때에는{(가)압류 채권목록의 기재를 피공탁자가 담보권을 실행함으로써 갖는 공탁금회수청구권으로 한 경우도 같다}, 피공탁자가 제4항의 절차에 따라 공탁금 출급청구(청구서의 표시를 회수청구라고 한 때에도 같다)를 하더라도 피공탁자에게 공탁금을 지급하지 아니한다.

라. 공탁관은 위 다.항의 공탁금 출급청구권에 대하여 압류가 경합된 경우에는 제4항에 의한 담보권 실행 요건을 갖춘 때(즉, 출급청구권 입증서면이 제출되거나 질권실행을 위한 압류 및 현금화명령이 효력을 발생한 경우)에 먼저 송달된 압류명령의 집행법원에 사유신고를 한다.

부　　칙 (2013. 3. 13. 제952호)

이 예규는 2013. 3. 20.부터 시행한다.

(1) 직접 출급 청구를 하는 경우

(가) 공탁관은 재판상 담보공탁의 피공탁자(담보권리자)가 공탁원인사실에 기재된 피담보채권이 발생하였음을 증명하는 서면을 제출하여 공탁금을 출급청구(청구서에 회수청구라고 기재한 때에도 출급청구한 것으로 본다)한 경우에는 공탁금을 피공탁자에게 교부한다. 그러나 담보취소결정정본 및 확정증명이 이미 제출된 경우에는 그러하지 아니한다.

(나) 피담보채권에 관한 확정판결(이행판결과 확인판결을 모두 포함), 이에 준하는 서면(화해조서, 조정조서, 공정증서 등) 또는 공탁자의 동의서(인감증명서 첨부)는 특별한 사정이 없는 한 피담보채권이 발생하였음을 증명하는 서면으로 본다.

위 확정판결은 공탁서의 부당한 보전처분이나 강제집행정지 등으로 피공탁자에게 손해가 발생하였음을 청구원인으로 한 판결을 말한다.

(다) 또한 금전 및 이에 대한 지연손해금의 지급을 명한 판결이나 건물명도 및 그 명도시까지의 차임 상당액의 지급을 명한 가집행선고부 판결에 대한 강제집행정지를 위하여 담보공탁을 한 경우, 그 가집행이 지연됨으로 인한 손해에는 반대의 사정이 없는 한 집행의 정지효력이 있는 기간 내에 발생된 지연손해금이나 차임 상당의 손해가 포함되므로 이에 관한 지급을 명한 확정판결 부분은 강제집행정지를 위한 담보공탁의 피담보채권이 발생하였음을 입증하는 서면이 된다(대판 2000. 1. 14. 98다24914 참조).

(라) 공탁관은 피공탁자가 제출한 서면이 담보공탁의 피담보채권이 발생하였음을 증명하는 서면에 해당하는 지 여부를 신중히 판단하여야 한다. 피공탁자가 출급청구한 금액 중 일부에 관하여 피담보채권이 발생된 것으로 인정되는 경우에는 그 범위 내에서 출급청구를 수리하되, 피담보채권이 발생하였는지 여부가 명확하지 아니한 경우에는 출급청구를 수리하지 아니한다.

(2) 질권실행을 위한 압류 등을 하는 경우

공탁관은 담보공탁의 피공탁자가 피담보채권에 터잡아 민사집행법 제273조에서 정한 채권에 대한 강제집행절차에 따라 공탁자의 공탁금회수청구권을 압류하고 추심명령이나 확정된 지급명령을 얻어 공탁금 출급청구한 경우에도 공탁물을 피공탁자에게 교부한다. 이 경우에, 피공탁자는 공탁금 출급청구서와 함께 질권(담보권)실행을 위한 압류명령정본, 추심명령 또는 전부명령정본, 위 명령의 송달증명, 전부명령에 관한 확정증명을 제출하여야 한다(담보권실행의 신청을 할 때 담보권의 존재를 증명하는 서류를 제출하므로 따로 담보취소결정을 받을 필요는 없다).

다. 담보취소에 기초한 공탁금 회수청구

(1) 실무상 많이 활용하는 방법으로 담보권리자가 공탁자에 대한 집행권원(피담보채권 자체를 집행권원으로 한 경우도 포함)에 기초하여 일반 강제집행절차에 따라 공탁자의 공탁금 회수청구권을 압류하고 추심명령 또는 전부명령을 얻어 공탁금회수청구를 하는 경우에는, 공탁금 회수청구서와 함께 담보취소결정정본 및 확정증명, 질권(담보권)실행이 아닌 일반 강제집행절차에 의한 압류명령정본, 추심명령 또는 전부명령정본, 위 명령의 송달증명, 전부명령에 관한 확정증명을 제출하여야 한다.

(2) 위와 같이 담보권리자가 피담보채권 자체를 집행권원으로 하여 공탁금회수청구권에 대하여 권리를 행사한 경우에 있어 판례는, 담보권리자가 공탁자의 공탁금 회수청구권을 압류하고 추심명령이나 확정된 전부명령을 받은 후 담보취소결정을 받아 공탁금회수청구를 하는 경우에도, 그 담보공탁의 피담보채권을 집행채권으로 하는 것인 이상, 담보권리자의 위와 같은 담보취소신청은 어디까지나 담보권을 포기하고 일반 채권자로서 강제집행을 하는 것이 아니라, 오히려 적극적인 담보권실행에 의하여 그 공탁물 회수청구권을 행사하기 위한 방법에 불과하다고 보는 것이 합리적이므로 이는 담보권의 실행방법으로 인정된다. 따라서 이 경우에도 질권자와 동일한 권리가 있다고 할 것이므로 그에 선행하는 일반 채권자의 압류 및 추심명령이나 전부명령으로 이에 대항할 수 없다고 하여(대판 2004. 11. 26. 2003다19183) 담보권의 우선적 효력을 인정하고 있다.

이처럼 담보권의 실행방법의 하나로써 담보권리자가 공탁금 회수청구권에 대한 압류·전부명령을 받은 후 담보취소결정을 받아 공탁금회수청구를 하는 경우에는 그 전부명령은 확정되어 효력이 있는 것이어야 한다(대결 2007. 6. 14. 2007마214 결정).

라. 압류와 경합 및 사유신고 등

행정예규 제952호에서는 담보공탁금에 대한 압류의 경합 등이 있는 경우 사유신고 등에 관한 절차를 규정하고 있는데, 그 내용은 아래와 같다.

(1) 공탁관은 공탁자의 채권자 등이 공탁자의 공탁금 회수청구권에 대하여 일반 강제집행절차에 따라 한 압류가 경합된 경우, 공탁원인의 소명을 증명하는 서면(담보취소결정정본 및 확정증명)이 제출된 때에 먼저 송달된 압류명령의 집행법원에 사유신고를 한다.

(2) 공탁서의 채권자가 공탁자의 공탁금 회수청구권에 대하여 일반 강제집행절차에 따라 (가)압류하였거나, 공탁자의 공탁금출급회수청구권이 제3자에게 양도된 경우에도, 피공탁자가 위 나, (1), (2)항의 절차에 따라 담보권을 실행하면 피공탁자에게 공탁금을 지급한다. 그러나 담보취소결정정본 및 확정증명이 이미 제출된 경우에는 그러하지 아니하다.

(3) 피공탁자가 담보권을 실행함으로써 가지게 되는 공탁물 출급청구권에 대하여 피공탁자의 채권자가 (가)압류한 때에는 {(가)압류 채권목록의 기재를 피공탁자가 담보권을 실행함으로써 갖는 공탁금 회수청구권으로 한 경우도 같다)} 피공탁자가 위 나. (1), (2)항의 절차에 따라 공탁금 출급청구(청구서의 표시를 회수청구라고 한 때에도 같다)를 하더라도 피공탁자에게 공탁금을 지급하지 아니한다.

(4) 공탁관은 위 (3)항과 같이 공탁금 출급청구권에 대하여 압류가 경합된 경우에는 위 나. (1), (2)항에 의한 담보권실행 요건을 갖춘 때(즉, 출급청구권 입증서면이 제출되거나 질권실행을 위한 압류 및 현금화명령이 효력을 발생한 경우)에 먼저 송달된 압류명령의 집행법원에 사유신고를 한다.

10. 담보의 취소

가. 의 의

"담보의 취소"라 함은 담보제공자(공탁자)가 담보의 필요(사유)가 소멸된 경우 제공한 담보를 반환받은 절차를 말한다. 민사소송법은 담보제공자가 담보의 사유가 소멸된 것을 증명한 때, 또는 담보권리자의 동의가 있음을 증명한 때에는 법원은 신청에 의하여 담보취소의 결정을 하여야 한다고 규정하여(민소법 125조 1항·2항), 반드시 법원의 결정을 거치도록 하고 있다.

나. 신 청 인

담보취소신청을 할 수 있는 사람은 담보를 제공한 사람 또는 그 승계인이다. 승계인은 포괄승계인은 물론 담보제공자의 담보물반환청구권(공탁물 회수청구권)에 대한 양수인 및 압류·전부·추심명령을 받은 사람과 같은 특정승계인을 포함한다.

승계인 또는 대리인이 신청하는 경우에는 가족관계증명서(법정대리인이 이혼한 경우에는 자녀의 기본증명서), 등기사항증명서, 담보물 반환청구권의 양도증서와 양도통지서, 압류·전부명령의 등본 및 확정증명서, 압류·추심명령의 등본 및 송달증명서, 위임장 등을 제출하여야 한다.

담보취소 신청사건은 담보제공을 명한 법원 또는 그 기록을 보관하고 있는 법원의 전속관할에 속한다(민소규 23조1항).

다. 담보취소의 사유(요건)

담보취소의 사유로는 담보사유의 소멸(민소법 125조 12항), 담보권리자의 동의(2항), 권리행사 최고기간의 만료(3항)를 들 수 있다.

(1) 담보사유의 소멸

담보제공의 원인사실이 처음부터 없어진 때 또는 담보제공의 원인사실에 의하여 손해배상채권이 발생하지 아니하거나 장래에 있어서도 발생할 가능성이 없게 된 때에는 담보취소사유가 된다.

신청인은 판결의 정본·등본·초본, 확정증명서, 화해·인낙·포기·조정조서의 정본·등본·초본 등을 제출함으로써 그 사유를 증명하게 된다. 다음에서는 담보제공의 사유를 들어 살펴본다.

(가) 소송비용의 담보

담보의무자(제공자)인 원고가 국내에 주소·사무소 또는 영업소를 가지게 된 때, 소송구조의 결정(민소법 128조)을 받은 때, 원고가 전부 승소하여 소송비용이 피고의 부담으로 된 때, 원고가 소송비용의 일부 부담의 판결을 받았으나 원고 청구의 인용액이 원고가 부담할 소송비용을 초과하게 된 때에는 담보의 필요성이 없어진다.

(나) 가집행선고와 관련하여 제공된 담보

가집행을 위하여 제공된 담보의 경우에는 가집행선고부 판결이 취소됨이 없이 원고가 승소의 확정받은 때, 가집행을 면하기 위해 제공된 담보의 경우에는 가집행선고부 판결을 취소하는 판결이 확정된 때에 각각 담보사유가 소멸한다.

(다) 가집행의 정지를 위해 제공된 담보

상소심의 소송절차에서 담보제공자의 승소판결이 확정된 경우, 또는 이와 같이 볼 수 있는 경우에는 담보의 사유가 소멸된다. 제1심에서 가집행의 정지를 위해 제공된 담보는 항소심에서 제1심 판결이 취소된 경우에도 담보사유가 소멸되지 않는다(대결(전) 1999. 12. 3. 99마2078).

항소심에서 가집행선고부 1심 판결이 취소된 경우에는 그 항소심 판결이 확정되어야 담보의 사유가 소멸된다(대결 1983. 9. 28. 83마435).

이에 반하여 항소심의 가집행 선고부 판결에 대한 강제집행정지를 위해 제공된 담보는 상고심에서 그 항소심 판결이 파기되면 담보의 사유가 소멸한다(대결 1984. 4. 26. 84마171).

(라) 청구이의의 소(민집법 44조) 또는 집행문 부여에 대한 이의의 소(민집법 45조)를 제기한 당사자가 제1심에서 강제집행정지를 구하기 위하여 제공된 담보

이러한 담보는 항소심에서 다시 강제집행정지를 위한 담보가 제공되었다 하더라도 그 담보의 사유가 소멸되는 것이 아니고, 담보를 제공한 당사자가 승소판결을 받아 종국적으로 확정되거나 이와 같이 볼 수 있는 경우에만 담보의 사유가 소멸한다. 제3자이의소(민집법 48조)의 경우도 이에 준한다.

(마) 가압류·가처분을 위해 제공된 담보

이러한 담보는 본안소송이 계속중인 한 담보사유가 소멸되지 않는다(대결 1959. 7. 5. 4291민재항213). 채권자(담보제공자)가 본안의 승소판결을 받아 확정되어야 담보의 사유가 소멸한다. 따라서 가압류집행이 불능인 경우(대결 1967. 4. 19. 67마154), 가처분명령이 집행되지 아니하고 집행기간을 도과한 경우(대결 1967. 12. 29. 67마1009), 보전처분의 집행불능 후 보전처분신청이 취하된 경우(대결 1981. 12. 22. 81마290)에는 담보사유가 소멸되지 아니한다. 채권자가 보전처분 결정 전에 보전처분의 신청을 취하한 경우에는 권리행사최고 등 담보의 취소절차 없이 취하증명(실무상 '결정전 취하증명서'를 받는다)을 제출하여 공탁금을 회수할 수 있다.

그리고 채권자(담보제공자)가 제1심에서 승소하고 가압류가 가집행으로 이행한 경우 또는 본안 제1심에서 승소하고 항소심 계속 중 가처분신청을 취하하여 그 집행이 취소된 경우 등에는 그 자체만으로 담보사유가 소멸되지 아니한다.

> **판례** 가처분결정을 취소하는 판결에 대하여 가처분채권자가 상소하면서 그 판결의 가집행결정을 위한 담보의 소멸사유는 되지 아니한다. 또한, 병합청구의 본안소송에서 일부 승소하였다 하여도 나머지 일부가 계속중인 한 담보사유가 소멸되었다 할 수 없다(대결 1967. 1. 19. 66마1035).

(바) 가압류·가처분명령의 취소를 위하여 제공한 담보(민집법 286조 5항)

법원이 채무자의 이의신청에 의하여 종국적으로 가압류·가처분명령을 취소하는 판결이 확정된 때에 담보의 사유가 소멸한다.

그러나 법원이 가처분채무자의 이의신청에 의하여 결정으로 가처분을 취소하면서 적당한 담보를 제공할 것을 명한 경우에, 그 제공된 담보가 가처분의 취소 자체로 인하여 가처분채권자가 입은 손해를 담보하기 위한 것이고 가처분을 취소하는 재판이 부당한 것으로 판명되는 경우에 한하여 그로 인하여 가처분채권자가 입게 될 손해만을 담보하는 것이 아니므로 가처분을 취소하는 결정이 확정되었다는 이유만으로 담보의 사유가 소멸된 것으로 보아 담보취소의 결정을 할 수는 없다(대결 1992. 12. 22. 92마 782).

(2) 담보권리자의 동의

담보취소에 대하여 담보권리자인 피공탁자의 동의가 있는 경우(손해배상청구권의 포기의사)에는 담보취소의 사유가 된다. 동의의 증명은 서면에 의하는 것이 실무이다.

(가) 본안에서 재판상 화해가 성립되고 화해조항으로써 담보취소에 동의하고 담보취소결정에 대한 항고권을 포기한다는 기재가 있으면 그 화해조서가 동의의 증명으로 인정된다.

(나) 담보권리자의 동의는 공탁물에 대한 권리의 포기라고 인정되므로 동의가 있는 이상 법원은 본안사건 종료 전이라 하더라도 담보취소결정을 할 수 있다. 담보취소의 동의는 담보의 전부에 관하여 함이 보통이겠지만, 담보의 일부에 관한 동의도 허용되므로, 이 경우엔 담보의 일부 취소결정을 할 수 있다.

(다) 담보권리자의 동의가 있는 경우 본안사건의 종국판결 전이라도 담보취소의 사유가 된다.

(라) 보전처분의 채무자가 채권자의 공탁금회수청구권을 압류 및 추심명령 또는 전부명령을 받아 담보취소를 대위신청한 경우 담보권리자와 담보취소신청인이 동일인이므로 별도의 담보권리자의 동의서나 항고권포기서를 제출할 필요가 없다.

(3) 권리행사 최고기간의 만료

소송완결 후 담보제공자의 신청이 있는 때에는 법원은 담보권리자에게 일정한 기간 이내에 그 권리를 행사할 것을 최고하고, 담보권리자가 그 행사를 하지 아니하는 때에는 담보취소에 대한 담보권리자의 동의가 있는 것으로 본다(민소법 125조 3항).

(가) **소송의 완결**

"소송의 완결"이란 담보권의 객체인 피담보채권(소송비용상환청구권 또는 손해배상청구권)이 확정되고 그 금액의 계산에 장애가 없어진 상태를 말한다. 소송비용의 담보에서는 소송절차가 종결되고 소송비용부담의 재판이 내려진 경우에 소송이 완결된다.

가압류사건의 경우 가압류의 본안사건이 계속 중이라면 가압류사건이 완결되었다 하여도 담보권리자에게 그 권리행사를 최고할 수 있는 소송완결이 있다고 할 수 없다(대결 1969. 12. 22. 69마967).

그러나 이에 반하여, 채권가압류결정에 대한 이의의 소가 완결된 이상 그에 관한 본안소송이 완결되지 않았다 하더라도 소송완결이 있는 경우에 해당된다는 다른 취지의 판례도 있다(대결 1970. 2. 21. 69마970).

가압류·가처분의 취하가 있더라도 본안소송이 계속 중이라면 소송완결이 있다고 할 수 없다. 다만, 본안소송이 제기되기 전에 가처분사건이 완결된 경우에는 그 가처분사건의 완결로서 소송완결이 있는 것으로 해석하고 있다.

청구이의의 소, 집행문부여에 대한 이의의 소에 있어서 집행정지를 위한 담보는 그 소송에서 원고 패소판결이 확정된 때에 소송이 완결되었다고 할 수 있다. 그러나 제3자 이의의 소의 강제집행정지를 위한 담보는 이의가 배척되고 집행절차가 배척된 것만으로는 소송이 완결되었다고 할 수 없다. 매각허가결정에 의하여 매각대금이 확정되어야 비로소 정지로 인한 손해액을 산정할 수 있기 때문에 매각절차가 완결되어야 소송의 완결로 볼 수 있다.

(나) **권리행사의 최고**

권리행사의 최고는 신청인의 신청에 의하여 법원이 담보권리자에게 한다. 법원은 사건이 완결되었는가의 여부를 조사하고 완결되었다고 인정되는 경우에는 권리행사최고서를 작성하여 송달한다. 권리행사기간은 1주일 내지 2주일 정도가 보통이다. 담보권리자의 주소불명 등 공시송달의 요건이 있는 때에는 신청에 의해 공시송달을 할 수 있다.

(다) 담보권리자의 권리불행사

권리행사는 피담보채권에 대한 재판상의 청구이어야 한다. 피담보채권에 대한 소제기, 지급명령, 제소전 화해신청 등이 이에 해당한다. 소송비용의 담보의 경우에는 소송비용액확정신청이 권리행사가 된다.

권리행사기간 안에 일단 담보권리자에 의한 소의 제기가 있었으나, 그 후 소가 취하되거나 취하간주되어 그 기간이 경과하면, 담보권리자가 담보취소에 동의한 것으로 간주함이 상당하다. 최고에서 정한 권리행사 기간 안에 권리를 행사하지 않았더라도 담보취소결정을 하기 전에 권리행사를 한 사실을 증명하면 담보취소결정을 할 수 없다. 또 담보취소결정이 있었더라도 그 결정이 확정되기 전에 권리행사가 있으면 담보취소결정은 유지될 수 없다.

라. 담보취소 신청에 대한 재판

법원은 신청이 적법하고 담보취소의 요건이 구비되었다고 인정되는 때에는 담보취소결정을 한다(민소법 125). 이 결정은 양쪽 당사자에게 정본을 송달하여 고지한다. 담보취소를 인용한 결정에 대하여는 즉시항고(민소법 125조 4항)로, 기각 또는 각하한 결정에 대하여는 통상항고로써 불복할 수 있다.

마. 공탁금의 회수

담보취소결정이 확정되면 담보제공자는 담보취소결정의 정본이나 등본 및 확정증명서와 함께 공탁금회수청구에 필요한 절차를 밟아 공탁소로부터 공탁금을 회수할 수 있다.

실제로 2인이 공동명의로 강제집행정지신청을 하고 담보제공명령을 받아 담보공탁을 하면서 각자의 공탁금액을 나누어 기재하지 않고 공동으로 하나의 공탁금액을 기재한 경우 공탁의 내용은 공탁소의 기재에 의하여 형식적으로 결정되므로 공탁자들은 균등한 비율로 공탁한 것으로 보아야 한다. 따라소 담보취소결정으로 공탁원인이 소멸한 경우 공탁자 중 1인은 공탁금

중 1/2의 회수를 청구할 수 있고, 공탁자들 내부의 실질적인 분담금액이 다르다고 하더라도 이는 공탁자들 내부 사이에 별도로 해결할 문제이다. 한편 제3자가 위와 같은 2인의 공동공탁자 중 어느 1인의 공탁금 회수청구권에 대하여 압류 및 추심명령을 한 경우에는 그 공탁자가 실제로 담보공탁금을 출현하였는지 여부와 관계없이 그 압류 및 추심명령은 공탁금 중 1/2의 한도 내에서 효력이 있다(공탁선례 201510-1).

[서식 50] 동의에 의한 담보취소신청서

동의에 의한 담보취소신청

신 청 인 김 O O (000000-0000000)
OO시 OO구 OO로 OO(OO동)
(전화 :)

피신청인 장 O O (000000-0000000)
OO시 OO구 OO로 OO(OO동)
(전화 :)

신 청 취 지

위 당사자간 귀원 20OO카단 345 채권가압류 신청사건에 관하여 신청인이 20OO. 1. 10. 공탁관에게 20OO년 금제12호로 공탁한 금 2,000,000원의 담보는 피신청인의 동의로 인하여 이를 취소한다.라는 재판을 구합니다.

신 청 이 유

1. 신청인과 피신청인 사이의 귀원 20OO카단 345 채권가압류신청사건에 관하여 신청인은 피신청인의 손해보증을 위하여 금 2,000,000원을 20OO. 1. 10. 귀원 공탁관에게 공탁하였습니다(공탁번호 20OO년 금제12호).

2. 신청인의 담보취소신청에 담보권리자인 피신청인이 동의함으로써 담보사유가 소멸하였으므로 담보취소결정을 신청합니다.

첨 부 서 류

1. 담보취소동의서 1통
1. 즉시항고권포기서 1통
1. 인감증명서 1통
1. 등기사항일부증명서 1통
1. 위임장 1통
1. 영수증 3통

2000.　O.　O.

위 신청인　김　O　O　(인)

OO 지 방 법 원　　귀중

[서식 51] 담보취소동의서

담보취소동의서

신 청 인　김　O　O (000000-0000000)
　　　　　OO시 OO구 OO로 OO(OO동)
　　　　　(전화 :　　　　　　)

피신청인　장　O　O (000000-0000000)
　　　　　OO시 OO구 OO로 OO(OO동)
　　　　　(전화 :　　　　　　)

위 당사자간 귀원 2000카단 345 채권가압류 신청사건에 관하여 신청인은 피신청인의 손해보증으로 2000년 금제12호로 금 2,000,000원을 공탁한 바, 담보권자인 피신청인은 신청인이 공탁금을 회수하는데 동의하고, 그 회수를 위한 담보취소신청에 동의합니다.

첨부 : 인감증명　1통

2000.　O.　O.

피신청인　장　O　O　(인감도장날인)

OO 지 방 법 원　귀 중

[서식 52] 즉시항고권포기서

즉시항고권포기서

신 청 인　김　　O　　O (000000-0000000)
　　　　　OO시 OO구 OO로 OO(OO동)
　　　　　(전화 :　　　　　　　　　)

피신청인　장　　O　　O (000000-0000000)
　　　　　OO시 OO구 OO로(OO동)
　　　　　(전화 :　　　　　　　　　)

위 당사자간 귀원 20OO카담　　　호 담보취소신청사건에 관하여 귀원의 담보취소결정에 대하여 피신청인은 즉시항고를 포기합니다.

20OO. O. O.

피신청인　장　O　O (인감도장날인)

OO 지 방 법 원　귀 중

[서식 53] 위임장(담보취소신청)

위 임 장

법무사 ○ ○ ○
전남 ○○군 ○○읍 ○○로 ○○
(전화 : , 팩스 :)

위 사람을 대리인으로 정하고 다음 사항의 권한을 위임한다.

다 음

1. 담보취소신청서 서류의 작성, 제출과 이를 교부받는 행위
1. 이에 부수하는 행위

20○○. ○. .

위임인 신청인 ○ ○ ○ (인)

[서식 54] 영수증(담보취소결정문)

OO지방법원 OO지원

영 수 증

법원주사 귀 하

사 건 20OO카담 호 담보취소신청

1. 위 결정정본 1통

위 서류를 20OO. . . : 시에 틀림없이 영수하였습니다.

20OO. O. .

영수인 신청인 O O O (인)

[접수방법 및 유의사항]

1. 필요한 서류 등
   - 담보취소신청서(※ 대리인이 제출하는 경우 인감도장이 찍인 위임장과 인감증명서 각 1부 제출)
   - 담보취소동의서 1통(인감도장 날인)
   - 즉시항고권포기서(피공탁자) 1통(인감도장 날인) (* 항고기간은 1주일임)
   - 인감증명서 2통(동의서와 항고권포기서에 각 1통씩 첨부하여야 하나 실무상으로 1장만 첨부하는 경우가 많음)
   - 확정증명원(실무상 미리 제출함)
   - 영수증 3통(공탁자 1통, 공탁자 2통)
   - 정부수입인지 : 1,000원
   - 송달료 : 당사자 1인당 2회분
   - 공탁서 : 채권압류 및 전부명령등본 1통, 위 확정증명원 1통(담보권리자가 별도의 집행권원에 기하여 담보제공자의 담보물회수권을 전부 받아 담보취소신청을 하는 경우).
2. 관할 법원

   가. 담보제공결정을 한 법원의 전속관할

   나. 이의, 취소결정사건의 제1심에 대하여 항소가 되어 기록이 항소심에 있더라도 1심법원
3. 본안소송과는 아무런 관련없이 동의 자체가 하나의 담보취소 사유가 되는 것으로, 동의는 담보권의 포기를 의미하므로 담보의 일부에 대한 동의도 가능하며 이 경우 담보의 일부취소결정을 할 수 있다.
4. 담보권리자가 별도의 집행권원에 기하여 담보제공자의 담보물회수권을 전부받아 담보취소신청을 하는 경우도 포함된다.

[서식 55] 소멸에 의한 담보취소신청서

소멸에 의한 담보취소신청

신 청 인 김 O O (000000-0000000)
OO시 OO구 OO로 OO(OO동)
(전화 :)

피신청인 장 O O (000000-0000000)
OO시 OO구 OO로 OO(OO동)

신 청 취 지

위 당사자간 귀원 20OO카단 345 채권가압류 신청사건에 관하여 신청인이 20OO. 1. 10. 공탁관에게 20OO년 금제12호로 공탁한 금 2,000,000원의 담보는 그 사유가 소멸되었으므로 이를 취소한다.
라는 재판을 구합니다.

신 청 이 유

1. 신청인과 피신청인 사이의 귀원 20OO카단 345 채권가압류신청사건에 관하여 신청인은 피신청인의 손해보증을 위하여 금 2,000,000원을 20OO. 1. 10. 귀원 공탁관에게 공탁하였습니다(공탁번호 20OO년 금제12호).

2. 신청인이 본안소송(귀원 20OO가단 45 대여금)에서 전부승소하여 위 판결이 확정됨으로써 담보사유가 소멸하였으므로 담보취소결정을 신청합니다.

첨 부 서 류

1. 판결정본 1통
1. 위 확정증명원 1통
1. 위임 1통
1. 영수증 1통

20OO. O. O.

위 신청인 김 O O (인)

OO지방법원 귀중

[서식 56] 확정증명서(담보취소)

확 정 증 명 원

사 건 2000카담 호 담보취소신청

신 청 인 O O O

피신청인 O O O

위 사건에 관하여 동 담보취소결정이 2000. . . 확정되었음을 증명하여 주시기 바랍니다.

2000. O. .

신청인 O O O (인)

[서식 57] 위임장(담보취소신청)

위 임 장

법 무 사 O O O
전남 OO군 OO읍 OO로 OO
(전화 , 팩스)

위 사람을 대리인으로 정하고 다음 사항의 권한을 위임한다.

다 음

1. 담보취소신청서 서류의 작성, 제출과 이를 교부받는 행위
1. 이에 부수하는 행위

20OO. O. .

위임인 신청인 O O O (인)

[서식 58] 영수증(담보취소결정문)

OO지방법원 OO지원

영 수 증

법원사무관(법원주사) 귀 하

사 건 20OO카담 호 담보취소신청

1. 위 결정정본 1통

위 서류를 . . . : 시에 틀림없이 영수하였습니다.

20OO. O. .

영 수 인 신청인 O O O (인)

[접수방법 및 유의사항]

1. 필요한 서류 등
   - 담보취소신청서(※ 대리인이 제출하는 경우 인감도장이 찍인 위임장과 인감증명서 각 1부 제출)
   - 정부수입인지 : 1,000원 • 송달료 : 당사자 1인당 2회분
   - 공탁서 : 판결정본 및 송달, 확정증명(판결이 아닌 경우에는 화해조서정본(송달증명 첨부), 인락조서정본(송달증명 첨부), 확정된 지급명령정본 등을 첨부, 이 경우 별도의 송달, 확정증명서는 필요하지 않음) 1통
2. 관할 법원
   - 담보제공결정을 한 법원의 전속관할
   - 이의, 취소결정사건의 제1심에 대하여 항소가 되어 기록이 항소심에 있더라도 1심법원
3. 즉시항고기간 및 담보취소확정일 : 재판을 고지받은 날로부터 1주일(항고기간)이 경과되면

확정

4. 담보사유 소멸

① 본안승소판결의 확정의 경우 : 채권자의 본안승소의 판결은 본안의 청구의 존재가 확정된 것이기는 하나 반증이 없는 한 보전의 필요성도 있는 것으로 일응 추인되므로 담보사유가 소멸됨

② 본안소송에서의 청구인낙, 지급명령의 확정의 경우 담보사유가 소멸됨

③ 본안소송에서의 화해, 조정성립의 경우

- 화해조항, 조정조항의 일부로서 담보취소의 동의 및 즉시항고권의 포기가 명시되어 있으면 담보소멸사유임
- 위의 약정이 명시되어 있지 않는 경우 및 명시되어 있어도 동의가 효력이 없는 경우는 채무자가 보전처분에 의한 손해배상권을 유보하는 등의 특별한 사정이 없는 한은 그 담보사유가 소멸됨
- 채권자가 보전처분 후 채무자와의 사이에 소송 외에서 화해가 성립한 경우에는 확정판결과 동일한 효력이 없으므로 담보사유가 소멸되지 않음.

④ 본안승소판결에 대한 상소추완 재심 또는 청구인낙조서, 화해조서, 조정조서에 대한 준재심이 제기된 경우 담보사유가 소멸됨

⑤ 보전처분이 본집행으로 이행된 경우 담보소멸사유임

⑥ 담보권리자의 손해배상에 대하여 패소판결이 확정된 때에는 담보소멸사유임

⑦ 담보권리자가 손해배상청구 승소 후 항소심에서 소취하한 때 담보소멸사유임

⑧ 변제 등에 의하여 손해배상청구권이 소멸할 때 담보소멸사유임

⑨ 가집행선고가 있는 판결에 대하여 항소를 제기함과 동시에 강제집행정지신청을 하면서, 그 정지 보증금으로 공탁을 하고 항소심 판결 선고시까지 제1심 판결의 강제집행이 정지된 경우 : 항소심 판결의 선고로서 담보사유가 소멸됨(판결확정과는 무관)

⑩ '⑨'의 경우 강제집행정지결정에서 '항소심 판결 확정시까지' 강제집행을 정지한다고 한 경우 : 본안판결 확정 시 담보사유가 소멸됨

⑪ 청구에 관한 이의의 소, 제3자이의의 소, 집행문부여에 대한 이의의 소를 제기하고 강제집행정지 보증공탁을 한 경우 : 위 소송절차에서 공탁한 당사자가 승소판결을 받고 확정됨으로써 담보사유가 소멸됨

⑫ 가압류, 가처분사건의 경우

- 보전처분 신청담보금은 채권자가 본안소송에서 승소확정판결을 받았을 때, * 보전처분취소를 위한 담보금은 보전처분취소재판이 확정된 때, * 보전처분의 발령 전에 그 신청을 취하한 경우에 각 담보사유가 소멸됨
- 보전처분결정전에 신청이 취하되거나, 각하된 경우에는 담보취소결정없이 결정전 취하증명원이나 각하결정에 대한 확정증명을 받아 공탁금을 회수한다.

[서식 59] 권리행사최고 및 담보취소신청서

권리행사최고 및 담보취소신청

신 청 인 김 O O (000000-0000000)
OO시 OO구 OO로 OO(OO동)
(전화 :)

피신청인 장 O O (000000-0000000)
OO시 OO구 OO로 OO(OO동)
(전화 :)

신 청 취 지

위 당사자간 귀원 20OO카단 345 채권가압류 신청사건에 관하여 신청인이 20OO. 1. 10. 공탁관에게 20OO년 금제12호로 공탁한 금 2,000,000원의 담보에 대하여 권리행사를 최고한 후 그 권리를 행사하지 않을 때에는 이를 취소한다.
라는 재판을 구합니다.

신 청 이 유

1. 신청인과 피신청인 사이의 귀원 20OO카단 345 채권가압류신청사건에 관하여 신청인은 피신청인의 손해보증을 위하여 금 2,000,000원을 20OO. 1. 10. 귀원 공탁관에게 공탁하였습니다(공탁번호 20OO년 금제12호).

2. 신청인의 담보취소신청에 담보권자인 피신청인이 동의함으로써 담보사유가 소멸하였으므로 담보취소결정을 신청합니다.

첨 부 서 류

1. 채권압류 및 전부명령결정등본 1통
1. 담보취소동의서 1통
1. 항고권포기서 1통
1. 영수증 1통

20OO. O. O.

위 신청인 김 O O (인)

OO 지 방 법 원 귀중

[서식 60] 권리행사최고 및 담보취소신청서

권리행사최고 및 담보취소신청

신 청 인 O O O (000000-0000000)
전남 OO군 OO읍 OO로 OO
(전화 :)

피신청인 O O O (000000-0000000)
전남 OO군 OO읍 OO로 OO
(전화 :)

신 청 취 지

위 당사자간 귀원 20OO카단 OOO호 채권가압류 신청사건에 관하여 신청인이 20OO. O. O. 귀원 공탁관에게 20OO년 금제OOO호로 공탁한 금 5,000,000원의 담보에 대하여 권리행사를 최고한 후 그 권리를 행사하지 않을 때에는 이를 취소한다.
라는 재판을 구합니다.

신 청 이 유

1. 신청인은 피신청인에 대하여 임금청구채권이 있어 귀원 20OO카단 OOOO호로써 채권가압류신청을 할 당시 신청취지 기재와 같이 보증공탁을 한 후 가압류집행을 한 바 있으며 이후 신청인이 피신청인을 상대로 20OO가소 OOOO호로 임금청구의 소를 제기하자 귀원에서 피신청인은 신청인에게 금 OOOOOOO원을 지급하라는 화해권고결정을 하였고 위 화해권고 결정은 20OO. O. O. 확정되었습니다.
2. 따라서 위 채권가압류신청 사건의 보증공탁은 그 사유가 소멸되었다 할 것이므로 신청인은 담보사유 소멸로 인한 담보취소결정을 구하고자 하오니 그 동안 피신청

인에게 위 채권가압류로 인한 손해발생이 있다면 위 신청취지의 공탁금에 대하여 권리행사할 것을 최고한 후 그 권리행사가 없을 시에는 이건 담보의 취소결정을 구하기 위하여 이건 신청에 이른 것입니다.

첨 부 서 류

1. 화해권고결정 1통
1. 화해권고확정증명원 1통
1. 주민등록초본 1통
1. 위임장 1통
1. 영수증 1통

2000. 0. .

위 신청인 O O O (인)

OO지방법원 OO지원 귀중

[접수방법 및 유의사항]

1. 필요한 서류 등
   - 담보취소신청서(※ 대리인이 제출하는 경우 인감도장이 찍인 위임장과 인감증명서 각 1부 제출)
   - 보전처분신청취하서 및 집행해제증명원, 동산가압류인 경우에는 집행관이 발급한 해제증명원, 부동산가압류가 선담보권에 의한 경매신청에서 말소된 경우에는 가압류가 말소된 등기부등본, 본안소송에서 담보제공자(신청인)가 패소하거나, 일부 승소한 경우에는 판결정본 및 확정증명원
   - 정부수입인지 : 2,000원
   - 송달료 : 당사자 1인당 3회분(통상 권리행사최고신청과 담보취소신청을 1개의 신청서로 함)
   - 공탁서
2. 관할 법원
   - 담보제공결정을 한 법원의 전속관할
   - 이의, 취소결정사건의 제1심에 대하여 항소가 되어 기록이 항소심에 있더라도 1심법원
3. 소송이 완결(본안이 제기되지 아니한 채 보전처분이 취하 등으로 완결된 경우 포함, 대판 2001.5.20. 2009마1073)된 후 담보제공자는 법원에 담보권리자에 대하여 일정한 기간 내에 그

권리를 최고하도록 신청하고, 이에 따라 법원으로부터 권리행사최고서를 송달받은 담보권자가 최고서에 정한 기간 내(통상 7일)에 권리행사를 하지 않으면 담보취소에 동의한 것으로 간주하고 담보취소결정을 할 수 있다. 소송완결 후임을 요한다.

[서식 61] 대위에 의한 담보취소신청서

대위에 의한 담보취소신청

신 청 인(전부채권자) 김 O O (000000-0000000)
OO시 OO구 OO로 OO(OO동)
(전화 :)

담보제공자 이 O O (000000-0000000)
OO시 OO구 OO로 OO(OO동)
(전화 :)

피신청인(담보권리자) 김 O O (000000-0000000)
OO시 OO구 OO로 OO(OO동)
(전화 :)

신 청 취 지

위 당사자간 귀원 20OO카기 456호 강제집행정지사건에 관하여 신청인이 20OO. 1. 10. 공탁관에게 20OO년 금제12호로 공탁한 금 3,000,000원의 담보는 피신청인의 동의로 인하여 이를 취소한다.
라는 재판을 구합니다.

신 청 이 유

1. 신청인은 담보제공자를 상대로 OO지방법원 20OO가단 567 대여금청구의 소를 제기하여 금 2,000,000원의 집행권원을 득한 바 있습니다.

2. 신청인은 담보제공자의 채무관계로 담보권을 실행하여 귀원 20OO타경 678호 부동산임의경매사건을 진행할 때 담보제공자는 강제집행정지신청을 하여(귀원 20OO카기 456), 보증공탁으로 금 2,000,000원을 공탁하고 20OO가단 678호

근저당권설정등기말소청구 판결시까지 강제집행정지결정을 받았습니다.

3. 한편, 신청인은 위 공탁금에 대하여 위 집행력있는 판결정본에 기하여 귀원 2000 카기 789호로 채권압류 및 전부명령을 신청하여 위 명령은 2000 3. 4. 확정되어 위 권리를 신청인에게 승계하였고, 위 소송에서 담보제공자가 2000. 3. 16. 패소하였습니다.

4. 따라서 신청인은 담보제공자를 대위하여, 이 건 담보취소를 신청하고, 한편 신청인은 담보권리자인 피신청인이 스스로 담보취소에 의하고 즉시항고를 포기하므로 이 건 신청을 합니다.

첨 부 서 류

1. 채권압류 및 전부명령결정문 사본 1통

2000. ○. ○.

위 신청인(전부채권자) 김 ○ ○ (인)

○○지방법원 귀중

[서식 62] 대위에 의한 담보취소신청서

대위에 의한 담보취소신청

신 청 인(전부채권자) 김 O O (000000-0000000)
OO시 OO구 OO로 OO(OO동)
(전화 :)

담보제공자(채권자) 이 O O (000000-0000000)
OO시 OO구 OO로 OO(OO동)
(전화 :)

피신청인(채무자) 김 O O (000000-0000000)
OO시 OO구 OO로 OO(OO동)
(전화 :)

신 청 취 지

1. 위 당사자간 귀원 20OO카기 1234호 채권가압류신청 사건에 담보제공자가 20OO. 10. 12. 귀원 공탁관에게 20OO차 2345호 대여금 청구의 독촉사건을 신청하여 금 50,000,000원의 확정된 집행권원을 얻은 바 있습니다.

2. 그런데 담보제공자는 20OO. 7.경 신청인에 대하여 갖는 물품대금채권에 대하여 신청인의 시업자 은행예금계좌에 대하여 귀원 20OO카단 1234호 채권자 압류를 하면서 그 보증으로 8,000,000원을 공탁하고 채권가압류결정을 받은 것입니다.

3. 한편, 신청인은 위 공탁금에 대하여 위 집행력있는 지급명령정본에 기하여 귀원 20OO타채 345호로 채권압류 및 전부명령을 신청하여 위 명령은 20OO. 10. 24. 확정되어 위 권리를 신청인이 승계하였고, 담보제공자가 제기한 물품대금(또는 근저당권등기말소) 청구소송은 귀원 20OO가단 4567호로 진행하였으므로 담보제공자가 20OO. 3. 12. 패소하였습니다.

4. 따라서 신청인은 담보제공자를 대위하여, 이 건 담보취소를 신청하고, 한편 신청인은 담보권리자인 피신청인이 스스로 담보취소에 의하고 즉시항고를 포기하므로 이 건 신청을 합니다.

첨 부 서 류

1. 판결문 사본 1통
1. 채권압류 및 전부명령결정문 사본 1통
1. (전부명령의) 확정증명원 1통

2000. O. O.

위 대위신청인(채무자) 김 O O (인)

O O 지 방 법 원 귀중

[접수방법]

1. 본안판결이 확정된 후, 채무자는 대위담보취소신청서에 ① 본안의 판결문 사본 ② 확정증명원 ③ 채권압류 및 전부(추심)명령결정문, ④ 전부명령 확정증명원(추심명령은 송달증명원)을 첨부하여, 담보제공명령을 내린 법원 신청계에 담보취소신청서 1부를 신청한다.
2. 수입인지 : 1,000원을 첩부한다.
3. 송달료 : 당사자 1인당 2회분
4. 이후의 절차

   담보취소결정이 내려지면 그 결정정본이 각 당사자에게 송달되며 대위신청인인 채무자는 법원 신청계로부터 담보취소의 '확정증명원'을 교부받고, 이에 ② '담보취소결정정본'을 '공탁회수청구권'에 첨부하여 공탁소에서 공탁금을 출급할 수 있다.

[서식 63] 보 증 서

[제10호 양식]

보 증 서

<table>
<tr><td>공탁번호</td><td colspan="4">년 금(증·물) 제 호</td></tr>
<tr><td>공탁금액</td><td colspan="4"></td></tr>
<tr><td rowspan="2">공 탁 자</td><td>성 명
(상호, 명칭)</td><td></td><td>생년월일
(법인등록번호)</td><td></td></tr>
<tr><td>주 소
(본점,
주사무소)</td><td colspan="3"></td></tr>
<tr><td rowspan="2">피공탁자</td><td>성 명
(상호, 명칭)</td><td></td><td>생년월일
(법인등록번호)</td><td></td></tr>
<tr><td>주 소
(본점, 주사무소)</td><td colspan="3"></td></tr>
</table>

아래 연대보증인들은 위 공탁사건에 대하여 피공탁자(공탁자)가 공탁통지서(공탁서)를 첨부하지 않고 공탁금을 출급(회수)함으로 인하여 손해가 발생한 때에는 수령인과 연대하여 그 손해를 배상할 것을 보증합니다.

년 월 일

수 령 인 : (서명)

연대보증인 : (서명)
주민등록번호 :
주 소 :

연대보증인 : (서명)
주민등록번호 :
주 소 :

※ 1. 첨부서류 : 보증인의 재산증명서(부동산등기사항증명서 등), 신분증사본
2. 출급·회수청구를 자격자대리인(변호사, 법무사 등)이 대리하는 경우 그 대리인이 보증을 할 수 있고, 이 때에는 재산증명서나 신분증사본은 첨부하지 않아도 됩니다.

제 3 절 영업보증공탁

1. 의 의

영업보증공탁이란 거래의 상대방이 불특정 다수인이고 거래가 광범위하고 빈번하게 행해지므로 영업자의 신용이 사회 일반에 대하여 보장되지 않으면 안 되는 영업이나, 기업의 규모와 내용이 주위의 토지, 건물 등에 손해를 끼치는 것이 불가피한 산업에 관하여 그 영업거래상 채권을 취득하는 거래의 상대방이나 그 기업활동에 의하여 손해를 입을 피해자를 보호하기 위하여 특별히 인정되는 보증공탁이다.

2. 영업보증공탁의 종류

- 신용카드업자가 선불카드에 의하여 물품 또는 용역을 제공한 신용카드가맹점에게 지급하여야 할 선물카드대금 및 미상환 선불카드의 잔액을 상환할 수 없게 된 때에 해당 신용카드가맹점 및 미상환 선불카드의 전액을 상환할 목적으로 하는 공탁(여선전문금융업법 25조 1항).
- 원자력사업자가 원자로의 운전 등으로 인하여 생기는 손해를 배상함에 필요한 조치의 하나로서 하는 공탁(원자력손해배상법 5조 2항).
- 부동산중개업자가 중개행위를 하면서 고의·과실로 인하여 또는 자기의 사무소를 다른 사람의 중개행위의 장소로 제공함으로써 거래당사자에게 발생하게 한 재산상의 손해배상책임을 보장하기 위한 공탁(공인중개사법 30조 3항).
- 신탁회사가 신탁의무의 위반으로 인하여 수익자에게 생기게 될 손해의 담보로써 금융위원회가 정하는 바에 따라 하는 공탁(구 신탁업법 16조 1항, 법률 제863호에 의하여 신탁업법이 폐지되어 현재는 공탁의무규정은 없다)
- 그의 공동주택관리법 66조 2항, 민영교도소의 등의 설치·운영에 관한 법률 38조 2항, 자동차관리법 58조의3 2항, 석탄관리법 39조 8항 등에도 영업보증공탁의 근거를 두고 있다.

3. 공탁의 신청

가. 공탁서 작성

영업보증공탁에서는 영업자의 신용력 확인이라는 목적이 있으므로 제3자에 의한 공탁은 허용되지 않는다.

영업보증공탁에서 피공탁자는 영업자와의 거래에 의하여 채권을 취득한 자 또는 영업자의 사업활동에 의하여 손해를 입은 피해자이나, 이는 피담보채권이 구체적으로 발생한 때에 비로소 확정되는 것이므로 그때까지는 관념적 존재에 불과하므로, 공탁서의 피공탁자란은 두지 않는다.

나. 관 할

영업보증공탁의 관할은 각 영업보증공탁의 근거법규에서 정하고 있는 경우가 많다.

예컨대, 여전전문금융업법상의 보증공탁은 선불카드를 발행한 신용카드업자의 본점 또는 주된 사무소 소재지의 공탁소(여신전문금융업법 25조 2항), 원자력 손해배상법상의 보증공탁은 원자력사업자의 주사무소를 관할하는 공탁소(원자력손해배상법 11조)에 각각 공탁하여야 한다.

따라서 해당 영업보증공탁의 근거법령 등에 관할에 관한 규정이 없으면 그 공탁관계법령의 취지에 비추어 상당한 공탁소 또는 공탁을 명한 관공서 소재지 공탁소 중 공탁자가 임의로 정하여 공탁하면 된다.

[서식 64] 금전공탁서(영업보증)

[제1-4호 양식]

금전 공탁서(영업보증)

<table>
<tr><td colspan="2">공 탁 번 호</td><td>년금제 호</td><td>년 월 일
신청</td><td>법령조항</td><td></td></tr>
<tr><td colspan="2" rowspan="2">공 탁 금 액</td><td>한글</td><td rowspan="2">보 관 은 행</td><td colspan="2" rowspan="2">은행 지점</td></tr>
<tr><td>숫자</td></tr>
<tr><td rowspan="4">공
탁
자</td><td>성 명
(상호, 명칭)</td><td colspan="4"></td></tr>
<tr><td>주민등록번호
(법인등록번호)</td><td colspan="4"></td></tr>
<tr><td>주 소
(본점,주사무소)</td><td colspan="4"></td></tr>
<tr><td>전화번호</td><td colspan="4"></td></tr>
<tr><td colspan="2">공탁원인사실</td><td colspan="4"></td></tr>
<tr><td colspan="2">관공서의 명칭,
건명(허가번호 등)</td><td colspan="4"></td></tr>
<tr><td colspan="2">비고(첨부서류 등)</td><td colspan="4">□ 계좌납입신청</td></tr>
<tr><td colspan="6">위와 같이 신청합니다. 대리인 주소
전화번호
공탁자 성명 인(서명) 성명 인(서명)</td></tr>
<tr><td colspan="6">위 공탁을 수리합니다.
공탁금을 년 월 일까지 위 보관은행의 공탁관 계좌에 납입하시기 바랍니다.
위 납입기일까지 공탁금을 납입하지 않을 때는 이 공탁 수리결정의 효력이 상실됩니다.
년 월 일
법원 지원 공탁관 (인)</td></tr>
<tr><td colspan="6">(영수증) 위 공탁금이 납입되었음을 증명합니다.
년 월 일
공탁금 보관은행(공탁관) (인)</td></tr>
</table>

※ 1. 서명 또는 날인을 하되, 대리인이 공탁할 때에는 대리인의 성명, 주소(자격자대리인은 사무소)를 적고 대리인이 서명 또는 날인을 하여야 합니다. 전자공탁시스템을 이용하여 공탁하는 경우에는 날인 또는 서명은 인증서에 의한 전자서명 방식으로 합니다.

2. 공탁금 회수청구권은 소멸시효 완성으로 국고에 귀속될 수 있습니다.

3. 공탁서는 재발급 되지 않으므로 잘 보관하시기 바랍니다.

4. 공탁원인사실 기재례

공탁자는 공탁번호 20OO년증제OOO호로 상품권 발행 잔고에 대한 법정공탁금으로 금 50,000,000원 상당의 유가증권을 공탁하였으나 금번 동 공탁물을 금전으로 대체하기 위하여 영업보증금으로 금 50,000,000원을 공탁함.

[서식 65] 유가증권공탁서(영업보증)

[제1-7호 양식]

유가증권 공탁서(영업보증)

<table>
<tr><td colspan="3">공 탁 번 호</td><td colspan="2">년 증 제 호</td><td colspan="2">년 월 일 신청</td><td>법령조항</td><td></td></tr>
<tr><td rowspan="4">공
탁
자</td><td colspan="2">성 명
(상호, 명칭)</td><td colspan="6"></td></tr>
<tr><td colspan="2">주민등록번호
(법인등록번호)</td><td colspan="6"></td></tr>
<tr><td colspan="2">주 소
(본점, 주사무소)</td><td colspan="6"></td></tr>
<tr><td colspan="2">전화번호</td><td colspan="6"></td></tr>
<tr><td colspan="5">공탁유가증권</td><td rowspan="3">공탁
원인
사실</td><td colspan="3" rowspan="3"></td></tr>
<tr><td colspan="2">명 칭</td><td></td><td></td><td>계</td></tr>
<tr><td colspan="2">장 수</td><td></td><td></td><td></td></tr>
<tr><td colspan="2">총액면금</td><td>한글
숫자</td><td></td><td></td><td colspan="2" rowspan="2">관공서의 명칭,
건명(허가번호 등)</td><td colspan="2" rowspan="2"></td></tr>
<tr><td colspan="2">액면금
기호번호</td><td></td><td></td><td></td></tr>
<tr><td colspan="2">부속이표</td><td></td><td></td><td></td><td colspan="2">보 관 은 행</td><td colspan="2">은행 지점</td></tr>
<tr><td colspan="2">최종상환기</td><td></td><td></td><td></td><td colspan="2">비 고</td><td colspan="2"></td></tr>
<tr><td colspan="9">위와 같이 신청합니다. 대리인 주소
전화번호
공탁자 성명 인(서명) 성명 인(서명)</td></tr>
<tr><td colspan="9">위 공탁을 수리합니다.
공탁유가증권을 년 월 일까지 위 보관은행의 공탁관 계좌에 납입하시기 바랍니다.
위 납입기일까지 공탁유가증권을 납입하지 않을 때는 이 공탁 수리결정의 효력이 상실됩니다.
년 월 일
법원 지원 공탁관 (인)</td></tr>
<tr><td colspan="9">(영수증) 위 공탁유가증권이 납입되었음을 증명합니다.
년 월 일
공탁금 보관은행(공탁관) (인)</td></tr>
</table>

※ 1. 서명 또는 날인을 하되, 대리인이 공탁할 때에는 대리인의 성명, 주소(자격자대리인은 사무소)를 적고 대리인이 서명 또는 날인하여야 합니다.

2. 공탁당사자가 국가 또는 지방자치단체인 경우에는 법인등록번호란에 '고유번호'를 기재하시기 바랍니다.

3. 공탁서는 재발급 되지 않으므로 잘 보관하시기 바랍니다.

다. 공탁의 목적물 등

영업보증공탁의 공탁물은 각 영업보증공탁의 근거법령에서 정하고 있는 경우가 많다. 예컨대, 여신전문금융업법에 의한 공탁목적물은 현금, 한국거래소에 상장된 국채·공채, 사채, 한국거래소에서 상장된 후 3개월이 경과한 주권 또는 출자지분이 그 목적물이고(동법 시행규칙 8조). 원자력손해배상법에 의한 공탁목적물은 금전 또는 대통령령이 정하는 유가증권이다(동법 11조). 또한, 개인공인중개사는 중개행위를 하면서 거래 당사자에게 손해배상책임을 부담하게 될 경우 그 책임의 보증으로 보증보험 또는 공제에 가입하거나 공탁을 하도록 규정되어 있으나(공인중개사법 30조 3항), 공탁물의 종류에는 명확한 규정이 없다.

4. 공탁물의 출급

- 영업보증공탁은 해당 영업거래에서 생기는 채권을 취득한 불특정다수의 거래 상대방이나 기업활동에 의해서 손해를 입은 피해자를 보호하기 위하여 특별한 담보로써 공탁제도를 이용하는 것이므로, 공탁자인 사업자와의 거래에 의하여 채권을 취득한 자, 또는 그 사업활동에 의하여 손해를 입은 자는 공탁물에 대하여 다른 채권자에 우선하여 변제를 받을 수 있는 권리(담보권 또는 출급청구권)를 갖는다.
- 영업보증공탁은 공탁신청 당시에는 아직 피공탁자가 확정되지 아니하므로, 공탁 후 공탁자와의 영업거래 등으로 인하여 손해를 입었다고 주장하는 자가 공탁물을 출급청구하기 위해서는 출급청구권의 존재와 그 범위의 확정, 즉 공탁자와의 영업상의 거래 등으로 생긴 채권이라는 것을 증명하여야 한다.
- 공탁물의 출급청구권 행사에 대하여 각 근거법령에 규정이 있는 경우에는 그에 따르고, 각 근거법령에 특별한 규정이 없는 경우에는 원칙적으로 해당 영업거래 등으로부터 입은 손해라는 것을 판결(화해조서, 조정조서 등)로 증명하여야 한다. 즉, 여신전문금융업법에 의한 공탁은 금융위원회의 배당 등의 절차에 따르고(동법 26조), 원자력손해배상법이나 신탁법에 의한 보증공탁은

별도의 규정을 두고 있지 않다.

5. 공탁물의 회수

- 영업보증공탁은 착오공탁이 아닌 한, 공탁의 원인이 소멸되어야 회수할 수 있다.
- 영업보증공탁의 종류에 따라 공탁원인 소멸사유도 일정하지 않으나, 공탁물의 회수청구방법에 대하여 각 근거법령에 규정하고 있는 경우에는 그에 따르고, 각 근거법령에 특별한 규정이 없는 경우에는 원칙적으로 감독관청의 승인서 등으로 공탁원인소멸을 증명하고 공탁물을 회수청구하면 된다.
- 여신전문금융업법에 따라 공탁을 한 신용카드업자는 금융위원회의 승인을 얻어 공탁물을 반환받을 수 있다(동법 25조 4항). 원자력 손해배상법에 의한 공탁은 공탁을 갈음하는 다른 손해배상조치를 한 경우나 원자로의 운전 등을 폐지한 경우에는 원자력안전위원회의 승인을 얻어 공탁한 금전 또는 유가증권을 반환받을 수 있다(동법 13조). 그런데 공인중개사법은 공탁물의 회수절차에 관하여 특별히 규정한 바는 없으나, 중개업자가 폐업 또는 사망한 날부터 3년 이내에는 이를 회수할 수 없다는 제한 규정을 두고 있다(동법 30조 4항).

  이와 같이 공탁 근거법령에 공탁물 회수절차 등에 관한 규정이 없는 경우에는 영업자의 사업폐지 등을 원인으로 한 감독관청의 승인서 등을 공탁원인소멸을 증명하는 서면으로 첨부하여 공탁물을 회수 청구하면 된다.

제 4 절 납세보증공탁

1. 의 의

납세보증공탁이란 국세나 지방세의 납세의 고지를 유예하거나 결정한 세액을 분할하여 고지하거나 그 징수를 유예할 때에 그 납부나 징수를 확보하기 위하여 납세자에게 일정한 담보를 제공하게 한 경우에 그 담보제공의 방법으로 금전이나 유가증권을 공탁하는 것을 말한다.

납세담보는 세법상에 명문으로 규정되어 있는 것으로서 납세자가 자금부족 등으로 납세의무를 납부기한까지 이행하기가 곤란한 경우에 그 납세의무이행을 완화시켜 주기 위하여, 또는 납세자가 납부기한까지 납세의무를 이행할 것을 기다릴 경우에는 종국적인 조세징수가 곤란하게 될 염려가 있을 경우에 그 조세징수를 확보하기 위하여 인정된다.

2. 납세담보공탁의 종류

- 납세기한 등의 연장 또는 `납부고지가 유예된 국세와 납세담보공탁(국세징수법 15조).
- 징수유예 또는 체납처분 유예된 지방세의 납세담보공탁(국세징수법 27조, 105조 3항, 지방세기본법 67조 1항)
- 상속세 또는 증여세의 연부연납 허가시 납세담보공탁(상속세 및 증여세법 71조 1항)
- 주세의 납세담보공탁(주세법 21조, 24조)
- 개별소비세의 납세담보공탁(개별소비세법 10조 5항)
- 관세법에 의한 납세담보공탁(관세법 24조) 등

3. 공탁의 신청 등

가. 공탁당사자

납세담보공탁의 공탁자는 국세나 지방세 등의 징수유예, 연부연납 등의 허가를 구하려는 납세의무자 또는 납세의무자를 위하여 담보를 제공하는 제3자가 될 것이고, 피공탁자는 국가·지방자치단체 등 과세관청이 되고, 공탁서에는 "국가(소관청 : ○○○세무서)" 등으로 기재하면 될 것이다.

나. 관 할

납세담보공탁의 경우에는 각종 세법에 관할에 관한 별도의 규정이 없으나 실무상으로는 해당 세무서 또는 지방자치단체를 관할하는 공탁소에 공탁하고 있다.

다. 공탁의 목적물

납세담보물로 공탁이 가능한 것은 금전 또는 유가증권이다(국세기본법 20조, 지방세기본법 67조 1항).

라. 납세담보물의 변경·보충

납세담보를 제공한 자는 세무서장 또는 지방자치단체 장의 승인을 얻어 그 담보를 변경할 수 있다.

세무서장 또는 지방자치단체의 장은 납세담보물의 가액 또는 보증인 자력의 감소 그 밖의 사유로 그 납세담보로는 국세·가산금과 체납처분비의 납부를 담보할 수 없다고 인정하는 때에는 담보를 제공한 자에 대하여 담보물의 추가제공 또는 보증인의 변경을 요구할 수 있다(국제징수법 21조 2항, 지방세기본법 68조 2항). 상속세 및 증여세법은 담보물변경에 관하여 국세징수법을 준용하고 있으며(상속세 및 증여세법 시행령 67조 4항). 관세의 경우도 담보물의 변경에 관한 규정이 있다(관세법 시행령 12조).

4. 공탁물의 출급

세무서장은 납세담보의 제공을 받은 국세·강제징수비가 담보의 기간 내에 납부되지 아니한 때에는 대통령령이 정하는 바에 따라 그 담보로써 그 국세 및 강제징수비를 징수한다(국세징수법 22조 2항).

납세담보로 공탁된 금전 또는 유가증권을 세무서장 또는 지방자치단체의 장이 출급청구하려면 국세징수법 22조 2항, 지방세기본법 69조 2항의 담보사유가 발생하였음을 증명하는 서면, 다시 말하면 공탁자가 의무를 불이행하여 공탁물을 세금에 충당하는 것을 입증하는 서면을 공탁규칙 35조 2호의 공탁물 출급청구권의 입증서면으로 하여야 할 것이다.

5. 공탁물의 회수

세무서장은 납세담보의 제공을 받은 국세·가산금과 체납처분비가 납부된 때에는 납세담보된 공탁물에 관하여 지체 없이 담보해제의 절차를 밟아야 한다(국세기본법 34조). 이 경우 납세담보의 해제는 그 뜻을 기재한 문서로 이를 제공한 자에게 통지하게 되어 있으므로(동법 시행령 17조 1항), 공탁자는 이러한 서면을 첨부하여 담보원인이 소멸되었다는 것을 입증한 후 공탁된 금전 또는 유가증권을 회수청구한다.

제7장 집행공탁

제1절 총 설

1. 의 의

집행공탁은 강제집행절차나 보전처분절차의 어느 단계에서 집행기관이나 집행당사자(추심채권자 등) 또는 제3채무자가 민사집행법상의 권리·의무로서 집행 목적물을 공탁소에 공탁하여 그 목적물의 관리와 집행당사자에의 교부를 공탁절차에 따라 행하게 하는 제도이다. 즉, 집행절차의 일환으로서 집행절차를 보조하여 집행절차를 원활하게 하는 기능을 수행한다.

2. 집행공탁의 종류

- 부동산 등 경매절차에서 배당을 받아야 할 채권자에게 정지조건 또는 불확정기한이 있는 등 즉시 지급할 수 없거나 지급하는 것이 적당하지 않아 배당액을 공탁하는 경우(민집법 160조)
- 보전집행의 정지·취소를 위하여 채무자가 목적물에 갈음하는 금전을 공탁하는 경우(민집법 282조, 299조)
- 압류채권의 제3채무자가 채무를 면하기 채무액을 공탁하는 경우(민집법 248조 1항)
- 배당협의가 불성립된 때 또는 여러 채권자를 위하여 동시에 금전을 압류한 경우에 집행관이 매각대금을 공탁하는 경우(민집법 222조 1항·2항)
- 채무자가 강제집행의 목적물이 아닌 동산의 수취를 게을리 한 때 집행관이 법원의 허가를 받아 그 동산을 매각하고 매각대금을 공탁하는 경우(민집법 258조 6항)

- 집행관이 가압류한 금전을 공탁하거나 가압류물을 매각하여 매각대금을 공탁하는 경우(민집법 296조 4항·5항)
- 채권추심의 신고 전에 다른 압류·가압류 또는 배당요구가 있는 때에 채권자가 추심한 금전을 공탁하는 경우(민집법 236조 2항)
- 부동산의 매각허가결정에 대하여 항고하고자 하는 경우의 항고인의 보증공탁(민집법 130조 3항)
- 유체동산에 대한 강제집행에서 집행관의 압류물 매각대금공탁(민집법 198조 4항)
- 가압류집행으로 강제관리를 하는 경우 관리인의 청구채권액 공탁(민집법 294조)
- 민사집행법 제181조·민사집행규칙 제104조에 의한 채무자의 공탁
- 민사집행규칙 126조 5항의 법원사무관 등의 공탁
- 민사집행규칙 88조 2항의 관리인의 공탁 등이 있다.

3. 집행공탁의 당사자

- 집행공탁에서 피공탁자로 될 자는 원칙적으로 해당 집행기관이나 집행채무자 또는 재3채무자 등이다.
- 민사집행법 248조에 의한 집행공탁의 공탁자는 제3채무자이고, 민사집행법 282조에 의한 가압류해방공탁의 공탁자는 가압류채무자이다. 그 이외 집행공탁의 공탁자는 집행기관인 집행법원이나 집행관, 추심채권자 또는 항고인 등이다.

  집행절차에 부수해서 행해지는 집행공탁의 성질상 제3자는 공탁자를 갈음하여 공탁할 수 없다.
- 민사집행법 258조 1항에 의한 집행공탁의 피공탁자는 배당절차에서 배당받을 수 있는 단계에서나 피공탁자로 확정되고 공탁당시에는 관념적으로만 존재하므로 공탁신청시에는 피공탁자를 기재하지 않으며, 공탁당시에 피공탁자를 기재하였더라도 피공탁자의 기재는 법원을 구속하는 효력이 없다(대판 1999. 5. 14. 98다62688).

- 다만, 민사집행법 248조 1항에 의하여 금전채권의 일부에 대한 압류를 원인으로 하여 제3채무자가 압류에 관련된 금전채권에 전액을 권리공탁하는 경우에는 피공탁자란에 압류명령의 채무자를 기재하고 공탁통지서도 발송하도록 하였다.
- 민사집행법 282조에 의한 가압류해방공탁의 회수청구권에 대한 공탁신청서에 피공탁자를 기재해서는 안된다.

4. 관 할

집행공탁의 토지관할에 대해서는 명문의 규정이 없으므로 집행공탁은 어느 공탁소에 공탁하여도 무방하다(공탁선례 2-11 참조).

그러나 가압류해방공탁의 경우 공탁 후 공탁서를 첨부하여 가압류집행취소를 신청하는 것과 관련하여 볼 때 집행법원(가압류발령법원)에 공탁하는 것이 편리할 것이고(공탁선례 2-11). 민사집행법 제248조 제1항에 의한 공탁의 경우, 공탁 이후 사유신고는 먼저 송달된 압류명령을 발령한 법원에 사유신고를 하여야 하므로(민집규 172조 3항), 사유신고와 관련하여 볼 때 먼저 송달된 압류명령을 발령한 집행법원의 소재지 공탁소에 공탁하는 것이 편리한 것이다(공탁선례 2-271). 따라서 실무에서는 먼저 압류명령을 발령한 집행법원 소재지 공탁소에 공탁하도록 안내하고 있다.

5. 집행공탁의 목적물

집행공탁에서 공탁물은 금전에 한한다. 그러나 경매절차에서 매각허가결정에 대한 항고보증공탁은 법원이 인정한 유가증권을 공탁할 수 있고(민집법 130조 3항). 선박에 대한 강제집행에서 채무자가 집행정지문서를 제출하고 매수신고 전에 보증의 제공으로 공탁하는 경우에는 법원이 인정한 유가증권도 가능하다(민집법 181조, 민집규 104조).

가압류해방공탁의 경우 가압류해방금액은 채무자가 입을 수 있는 손해를 담보하는 취지의 이른바 소송상의 담보와는 달리 가압류의 목적물을 갈음하는 것으로서 금전에 의한 공탁만이 허용되고, 유가증권에 의한 공탁은 그 유가증권이 실질적 통용가치가 있는 것이라고 하더라도 허용되지 않는다(대결(전) 1996. 10. 1. 96마162).

제 2 절 민사집행법 제248조에 의한 공탁

2002. 7. 민사집행법이 시행되면서 권리공탁의 요건으로써 채권자가 경합하는 경우에 한정하지 않고 압류채권자가 한 사람인 경우 또는 가압류가 집행된 경우에도 압류에 관련된 금전채권의 면책을 위하여 그 전액에 상당하는 금액을 권리공탁하는 것을 인정하고 있다(민집법 248조 1항, 297조).

금전채권에 대하여 압류가 있는 경우에 제3채무자가 하는 공탁은 민사집행법 제248조 제1항에 의한 권리공탁과, 제2항·제3항에 의한 의무공탁으로 크게 나누어 볼 수 있다.

전자는 채권이 압류되면 채권자의 경합이 없더라도 제3채무자는 선택에 따라 압류채권 상당액 또는 채권 전액을 공탁하여 자신의 채무를 면할 수 있게 된 것을 말한다. 후자는 제3채무자가 금전채권에 관한 배당요구서의 송달을 받거나 금전채권 중 압류되지 아니한 부분을 초과한 (가)압류명령의 송달을 받은 후 배당에 참가한 채권자 또는 (가)압류채권자가 공탁을 청구하는 경우에는 제3채무자가 자신의 채무를 면하기 위해서는 해당 압류에 관련된 금전채권액을 의무적으로 공탁하여야 하는 것을 말한다.

민사집행법 제248조(제3채무자의 채무액의 공탁)

① 제3채무자는 압류에 관련된 금전채권의 전액을 공탁할 수 있다.

② 금전채권에 관하여 배당요구서를 송달받은 제3채무자는 배당에 참가한 채권자의 청구가 있으면 압류된 부분에 해당하는 금액을 공탁하여야 한다.

③ 금전채권중 압류되지 아니한 부분을 초과하여 거듭 압류명령 또는 가압류명령이 내려진 경우에 그 명령을 송달받은 제3채무자는 압류 또는 가압류채권자의 청구가 있으면 그 채권의 전액에 해당하는 금액을 공탁하여야 한다.

④ 제3채무자가 채무액을 공탁한 때에는 그 사유를 법원에 신고하여야 한다. 다만, 상당한 기간 이내에 신고가 없는 때에는 압류채권자, 가압류채권자, 배당에 참가한 채권자, 채무자, 그 밖의 이해관계인이 그 사유를 법원에 신고할 수 있다.

1. 권리공탁(민집법 제248조 제1항)

가. 의 의

민사집행법 248조 1항은 "제3채무자는 압류에 관련된 금전채권의 전액을 공탁할 수 있다"라고 규정하여 제3채무자로 하여금 채권자의 공탁청구, 추심청구, 경합 여부 등을 따질 필요 없이 해당 압류에 관련된 채권 전액을 공탁할 수 있도록 하였다.

금전채권의 일부만이 압류된 경우에 제3채무자는 집행공탁의 취지상 당연히 압류의 효력이 미치는 채권에만 공탁할 수 있고, 압류의 효력이 미치지 않는 나머지 채권액은 강제집행절차와 관련이 없으므로 함께 공탁할 수 없다고 보는 것이 논리적일 것이다.

그러나 이렇게 되면 제3채무자로서는 금전채무 중 일부가 압류된 경우에 그 부분은 집행공탁하면서도 나머지 부분은 따로 변제공탁의 요건이 갖추어지지 않는 한 함께 공탁할 수 없어 채무관계의 청산을 위하여는 나머지 부분에 대하여 변제 등 별도의 조치를 취하여야 하는 번거로움이 있으므로, 민사집행법은 금전채권의 일부만이 압류된 경우에 제3채무자의 선택에 따라 압류 채권액 상당액 또는 금전채권의 전액을 공탁할 수 있도록 하였다. 압류금액만 공탁하는 경우와 압류금액을 초과한 금전채권 전액을 공탁하는 경우는 그 법적 성질 및 그에 따른 공탁절차까지 모두 달라지게 된다.

나. 권리공탁이 가능한 경우

(1) 민사집행법 248조 1항의 규정에 따라 권리공탁이 인정되는 경우는

① 구 민사소송법 581조 1항 및 2항의 규정에 포섭되지 못하여 판례[대한(전) 1994. 12. 13. 93다9511] 및 예규(2002. 6. 29. 행정예규 481호로 폐지된 행정예규 232

호)에 따라 변제공탁으로 문제를 해결하였던 것을, 즉 ㉠ 단일 또는 복수의 가압류집행만이 있는 경우, ㉡ 단일의 압류만이 있는 경우, ㉢ 압류가 경합되지 않는 복수의 압류 등을 들 수 있다.

② 나아가 구 민사소송법 581조 1항·2항이 유추적용 되는 것으로 해석되던, 즉 압류가 중복되어 각 채권자들의 청구채권의 합계액이 피압류채권액을 넘어선 압류경합의 경우에도 제3채무자는 민사집행법 248조 1항의 규정에 따라 공탁할 수 있다. 한편 위 ①, ㉠의 경우는 공탁근거법령이 민사집행법 291조 및 248조 1항이 된다.

(2) 토지수용보상금채권의 일부에 대하여 압류 및 전부명령이 제3채무자인 사업시행자에게 송달되었으나 전부명령의 확정 여부를 알 수 없는 경우에는 제3채무자는 ① 피공탁자를 압류채무자(토지 소유자)로 하고, 공탁근거법령을 토지보상법 40조 2항 4호 및 민사집행법 248조 1항으로 하여 보상금 전액을 공탁할 수 있고, ② 압류된 보상금 부분은 공탁근거법령을 토지보상법 40조 2항 4호 및 민사집행법 248조 1항으로 하고 피공탁자란은 기재하지 않는 집행공탁으로 하고, 압류되지 아니한 보상금 부분은 압류채무자(토지 소유자)에게 토지보상법 40조 2항 1호 또는 2호에 따른 공탁사유가 있는 경우에는 피공탁자를 압류채무자(토지 소유자)로 하여 변제공탁할 수도 있다(공탁선례 201012-21).

다. 공탁하여야 할 금액

(1) 채권 전부가 압류된 경우

예를 들어, 갑의 을에 대한 1,000만 원의 대여금채권을 집행채권으로 하여 갑의 대한 1,000만 원의 물품대금채권 전액을 압류한 경우에 을은 압류된 채권 전액(1,000만 원)을 공탁해야 한다(민집법 248조 1항).

다만, 병은 갑이 을에 대해 1,000만 원의 보증금채권을 가지고 있는 줄 알고 그 전액에 대해 압류를 하였으나, 실제 갑이 을에 대해 700만 원의 채권밖에 가지고 있지 않았던 경우나, 일부 양도 또는 제3채무자의 상계로 인하여 1,000만 원 채권이 700만 원으로 되었던 경우에는 을로서는 그 700만원 만 공탁하면 된다.

(2) 채권 일부가 압류된 경우

예를 들어, 갑의 을에 대한 위 채권에 대하여 병이 700만 원만 특정하여 압류하였다면(보통 청구금액을 700만 원으로 하고, 피압류채권의 특정을 "갑의 을에 대하여 가지는 1,000만 원의 물품대금채권 중 위 청구금액"이라는 방법을 취함), 제3채무자인 을은 압류에 관련된 채권 전액(1,000만 원)을 공탁할 수도 있고, 압류금액(700만 원)만을 공탁할 수도 있다.

따라서 제3채무자는 압류에 관련된 금전채권의 전액을 공탁할 경우 압류된 금액이 아닌 부분에 대하여 별도의 변제제공이나 수령거부 등의 변제공탁 사유가 있어야 하는 것은 아니다.

(3) 이자, 지연손해금 등

압류의 효력은 압류명령이 제3채무자에게 송달 후에 발생하는 이자, 지연손해금 등에 미치므로 압류채권에 대한 압류명령 송달 후의 이자 또는 손해금을 포함하여 공탁해야 한다.

따라서 변제기로부터 공탁일까지의 지연손해금(이자가 생기는 채권에 대하여는 변제기로부터 공탁일까지의 이자 포함)을 더하여 공탁하는 것이 필요하다. 또한 변제기 전에도 공탁서에 기한의 이익을 포기한 뜻이 기재되고, 변제기까지의 이자를 더한 합계액을 공탁금액으로 하는 공탁이 인정된다.

라. 구체적인 공탁절차

금전채권에 대하여 압류가 있는 경우 그 공탁절차에 관하여는 대법원 행정예규 행정예규 제1018호 "제3채무자의 권리공탁에 관한 업무처리절차"에 따른다.

제3채무자의 권리공탁에 관한 업무처리절차

2014. 5. 16. 개정 [행정예규 제1018호, 시행 2014. 5. 19.]

1. 목 적

이 예규는 금전채권에 대하여 압류 또는 가압류가 이루어진 경우에 제3채무자가 민사집행법 제248조 및 제291조에 의하여 압류 또는 가압류에 관련된 금전채권을 공탁하고 그 공탁금을 출급하는 업무처리에 관한 절차를 규정함을 목적으로 한다.

2. 금전채권의 일부에 대하여 압류가 있는 경우

가. 총 칙

(1) 제3채무자는 압류된 채권액 또는 압류와 관련된 금전채권액 전액을 공탁할 수 있고, 공탁을 한 후 즉시 공탁서를 첨부하여 그 내용을 서면으로 집행법원에 사유신고하여야 한다. 이 경우 공탁근거 법령조항은 민사집행법 제248조 제1항으로 한다.

(2) 제3채무자는 공탁신청시 압류결정문 사본을 첨부하여야 한다.

(3) 압류채권자는 집행법원의 지급위탁에 의하여 공탁금의 출급을 청구할 수 있다.

나. 제3채무자가 압류된 채권액에 대하여만 공탁한 경우 공탁서의 피공탁자란은 기재하지 아니한다.

(1) 삭제(2003.12.17 제528호)

(2) 삭제(2003.12.17 제528호)

다. 제3채무자가 압류와 관련된 금전채권액 전액을 공탁한 경우

(1) 제3채무자는 공탁서의 피공탁자란에 압류명령의 채무자를 기재하며, 공탁규칙 제23조 제1항에서 정한 공탁통지서를 첨부하여, 같은 조 제2항에 따라 우편료를 납입하여야 한다.

(2) 공탁관은 피공탁자(압류채무자)에게 위 (1)항의 공탁통지서를 발송하여야 한다.

(3) 공탁금 중에서 압류의 효력이 미치는 부분에 대하여는, 집행법원의 지급위탁에 의하여 공탁금의 출급을 청구할 수 있다.

(4) 공탁금 중에서 압류의 효력이 미치지 않는 부분에 대하여는, 변제공탁의 예에 따라 피공탁자(압류채무자)가 출급을 청구할 수 있으며, 공탁자도 회수청구할 수 있다.

(5) 제3채무자가 압류의 효력이 미치지 않는 부분에 대하여 회수청구를 할 경우에는, 집행법원으로부터 공탁서를 보관하고 있다는 사실을 증명하는 서면을 교부받아 이를 공탁금회수청구서에 첨부하여야 한다.

라. 둘 이상의 채권압류(가압류를 포함한다)가 있고 압류된 채권액의 합계액이 압류와 관련된 금전채권액보다 적은 경우

제3채무자는 압류·가압류된 채권액의 합계액 또는 압류·가압류와 관련된 금전채권 전액을 위 나. 및 다.항의 예에 따라 공탁할 수 있으며, 이 때에 사유신고는 먼저 송달된 압류명령의 발령법원에 하여야 한다.

3. 금전채권의 전부에 대하여 압류가 있거나 압류의 경합이 있는 경우

가. 제3채무자는 압류된 채권 전액에 대하여 공탁할 수 있다.

나. 공탁 및 공탁금의 출급에 관한 절차는 위 2. 의 가. 및 나. 항의 예에 따르되, 압류의 경합을 원인으로 한 공탁의 경우에는 먼저 송달된 압류명령의 발령법원에 사유신고 하여야 한다.

4. 금전채권의 일부 또는 전부에 대하여 가압류가 있는 경우

가. 총 칙

(1) 제3채무자는 가압류된 채권액 또는 가압류와 관련된 금전채권액 전액을 공탁할 수 있고, 공탁을 한 후 즉시 공탁서를 첨부하여 그 내용을 서면으로 가압류발령법원에 신고하여야 한다.

(2) 위의 경우 공탁서의 피공탁자란에는 가압류채무자를 기재하고, 공탁근거 법령조항은 민사집행법 제291조 및 제248조 제1항으로 한다.

(3) 제3채무자는 공탁신청시 가압류결정문 사본과 「공탁규칙」 제23조 제1항에서 정한 공탁통지서를 첨부하여야 하며, 위 공탁통지서의 발송과 아래 (4)항에서 정하는 공탁사실 통지를 위하여 같은 조 제2항에 따른 우편료를 납하여야 한다.

(4) 공탁을 수리한 공탁관은 전산시스템에 가압류 사실을 입력 기재하고 공탁출금청구권에 대한 가압류가 있는 경우에 준하여 처리하여야 하며(민사집행법 제297조), 피공탁자(가압류채무자)에게 공탁통지서를 발송하고, 가압류채권자에게는 별지 양식에 의하여 공탁사실을 통지하여야 한다.

(5) 가압류채권자가 가압류를 본압류로 이전하는 압류명령을 받은 경우에는, 집행법원의 지급위탁에 의하여 공탁금의 출급을 청구할 수 있다.

나. 제3채무자가 가압류된 채권액에 대하여만 공탁한 경우

피공탁자는 가압류가 실효되지 않는 한 공탁금의 출급을 청구할 수 없고, 가압류채권자는 가압류를 본압류로 이전하는 압류명령을 얻은 후 집행법원의 지급위탁에 의하여 공탁금의 출급을 청구할 수 있다.

다. 제3채무자가 가압류에 관련된 금전채권 전액을 공탁한 경우

(1) 공탁금 중에서 가압류의 효력이 미치는 부분에 대하여는, 가압류채권자가 가압류를 본압류로 이전하는 압류명령을 얻은 후 집행법원의 지급위탁에 의하여 공탁금의 출급을 청구할 수 있다.

(2) 공탁금 중에서 가압류의 효력이 미치지 않는 부분에 대하여는, 변제공탁의 예에 따라 피공탁자(가압류채무자)가 출급을 청구할 수 있으며, 공탁자도 회수청구할 수 있다.

(3) 제3채무자가 가압류의 효력이 미치지 않는 부분에 대하여 회수청구를 할 경우에는 위 2.의 다. (5)항의 예에 따른다.

라. 둘 이상의 가압류가 있는 경우

제3채무자는 가압류된 채권액의 합계액 또는 가압류와 관련된 금전채권액 전액을 위 나. 및 다.항의 예에 따라 공탁할 수 있으며, 이 때에 공탁자는 즉시 공탁

서를 첨부하여 먼저 송달된 가압류명령의 발령법원에 그 내용을 서면으로 신고하여야 한다.

5. 제3채무자의 공탁 후 압류 또는 가압류가 실효된 경우

가. 압류가 실효된 경우

금전채권에 대한 압류를 이유로 제3채무자가 민사집행법 제248조 제1항에 의하여 공탁한 후에, 압류명령이 취소되거나 신청의 취하 등으로 인하여 압류가 실효된 경우, 채무자는 압류된 채권액에 대하여 집행법원의 지급위탁에 의하여 공탁금의 출급을 청구할 수 있다.

나. 가압류가 실효된 경우

금전채권에 대한 가압류를 이유로 제3채무자가 민사집행법 제291조 및 제248조 제1항에 의하여 공탁한 후에, 가압류명령이 취소되거나 신청의 취하 등으로 인하여 가압류가 실효된 경우, 가압류채무자(피공탁자)는 공탁통지서와 가압류가 실효되었음을 증명하는 서면을 첨부하여 공탁관에게 공탁금의 출급을 청구할 수 있다.

6. 공탁관이 제3채무자인 경우

가. 공탁물 출급·회수청구권에 대하여 압류 또는 가압류가 되었으나 압류의 경합이 성립하지 않는 경우, 공탁관은 민사집행법 제248조 제1항에 의한 공탁 및 사유신고를 하지 아니한다.

나. 금전채권에 대한 가압류를 원인으로 제3채무자가 민사집행법 제291조 및 제248조 제1항에 의하여 공탁한 후에, 피공탁자(가압류채무자)의 공탁금 출급청구권에 대한 압류가 이루어져 압류의 경합이 성립하거나, 공탁사유인 가압류를 본압류로 이전하는 압류명령이 있는 경우에는, 공탁관은 즉시 먼저 송달된 압류명령의 발령법원에 그 사유를 신고하여야 한다.

7. 종전예규의 폐지

이 예규의 시행과 동시에 대법원 행정예규 제232호는 폐지한다.

부 칙(2014. 5. 16. 제1018호)

이 예규는 2014. 5. 19.부터 시행한다.

(1) 금전채권에 단일 압류 등이 있는 경우의 공탁

집행채권자는 목적채권의 일부에 대하여만 압류할 수 있으며 목적채권의 일부에 대하여만 압류명령을 신청하는 때에는 그 범위를 압류명령신청서에 적어야 한다(민집규 159조 1항 3호).

예컨대 목적채권 100만원에 대하여 집행채권자가 500만 원인 집행채권액 한도에서 압류한 경우에는 목적채권 1,000만 원 중 500만 원 부분만 압류한 것으로 된다. 실무상 청구금액을 500만 원으로 하고, 피압류채권의 특정을 "갑이 을에 대하여 가지는 1,000만 원의 임차보증금반환채권 중 위 청구금액"의 방법으로 압류의 범위를 제한하는 형태를 취한다.

이와 같이 금전채권의 일부만이 압류된 경우에 제3채무자의 선택에 따라 압류된 금전채권만을 공탁할 수도 있고, 압류에 관련된 금전채권 전액을 공탁할 수도 있다. 둘 이상의 채권압류(가압류를 포함한다)가 있고 압류된 채권액의 합계액이 압류에 관련된 금전채권액보다 적은 경우에도 이에 해당한다.

(가) 압류된 금전채권액만을 공탁하는 경우

① 공탁의 성질

금전채권 전액에 대한 압류가 있어 그 전액을 공탁하거나 금전채권 일부에 대한 압류가 있어 압류된 금전채권액만을 공탁하는 경우에는 민사집행절차와 관련된 집행공탁에 해당된다고 보아야 할 것이므로, 구체적인 공탁절차도 집행공탁절차에 따라야 한다.

② 공탁절차

㉮ 공탁근거 법령조항은 민사집행법 제248조 제1항으로 기재하며, 공탁서 압류결정문 사본을 첨부하여야 한다.

㉯ 이 경우에는 집행공탁이므로 제3채무자는 공탁 후 집행법원에 사유신고를 하여야 하며(민집법 248조 4항), 사유신고를 한 때가 배당요구의 종기가 된다(민집법 247조 1항 1호).

㉰ 둘 이상의 채권압류(가압류를 포함한다)가 있고 압류된 채권액의 합계액이 압류와 관련된 금전채권액보다 적어 압류된 금전채권액만을 공탁한 경우의 사유신고는 먼저 송달된 압류명령의 발령법원에 하여야 한다.

㉱ 법률상 배당절차를 개시할 수 있는 시기는 민사집행법 제252조에 정해진 시기, 즉 공탁한 때가 되겠으나, 배당법원은 공탁신고를 한 때, 즉 사유신고서가 제출된 때 공탁사실을 알 수 있게 된다.

㉮ 제3채무자가 공탁 후 사유신고를 하면 배당절차가 진행되므로 공탁금 전부는 배당재단에 포함되어 집행법원의 관리하에 놓이게 된다.
따라서 집행법원에의 배당절차에 의하여 배당채권자로 확정된 자만이 피공탁자가 되어 집행법원의 지급위탁에 의하여 공탁금이 출급된다.

㉯ 따라서 공탁신청시에는 피공탁자가 있을 수 없으며, 공탁서의 피공탁자란은 기재할 수가 없고, 당연히 공탁통지서도 첨부할 필요가 없다.

③ 공탁 후 압류명령이 실효된 경우

민사집행법 제248조 제1항에 의하여 채권압류를 원인으로 한 공탁이 성립되면 공탁이 무효인 경우가 아닌 한 제3채무자는 바로 채무를 면하게 되고, 공탁금은 이후 배당재단에 포함되어 집행법원의 관리하에 놓이게 되므로, 공탁이 성립된 후에 그 공탁원인이 된 압류명령의 효력이 실효되었다고 하더라도 압류채무자는 집행법원의 배당절차에 의한 지급위탁으로 증명서를 교부받아 공탁금을 출급해 갈 수 있을 뿐, 집행법원의 지급위탁에 의하지 아니한 공탁자(제3채무자)가 공탁원인 소멸을 이유로 회수청구권을 행사하거나, 압류채무자가 압류명령의 실효를 이유로 직접 공탁금을 출급할 수가 없다.

(나) 금전채권의 일부가 압류되어 압류와 관련된 금전채권의 전액을 공탁하는 경우

① 공탁의 성질

민사집행법 제248조 제1항은 금전채권의 일부만이 압류된 경우에도 금전채권의 전액을 공탁할 수 있도록 하고 있다. 이 경우 공탁금 중 압류의 효력이 미치는 금전채권은 당연히 집행공탁이지만 압류금액을 초과한 부분은 변제공탁이다.

② 공탁절차

㉮ 제3채무자는 압류에 관련된 금전채권 전액을 공탁할 수 있으므로 금전채권 전액에 대하여 1건으로 공탁신청을 할 수 있다.

㉯ 제3채무자는 압류의 효력이 미치지 않는 부분에 대하여 별도의 변제공탁 사유가 없더라도 민사집행법 제248조 제1항에 의하여 압류와 관련된 금전채권 전액을 1건으로 공탁할 수 있다.

㉰ 공탁근거 법령조항은 민사집행법 제248조 제1항으로 기재하며, 공탁시 압류결정문 사본을 첨부하여야 한다.

㉱ 압류의 효력이 미치는 부분은 집행공탁으로써 제3채무자는 공탁 후 집행법원에 사유신고를 하여야 하며(민집법 248조 4항), 사유신고를 한 때가 배당요구의 종기가 된다(민집법 247조 1항 1호).

㉲ 압류의 효력이 미치지 않는 부분에 대하여는 변제공탁으로 보아야 하므로 공탁시 제3채무자는 공탁서상의 피공탁자란에 압류채무자를 기재하고, 공탁규칙 21조 3항에 따라 피공탁자의 주소를 표시하는 때에는 그 주소를 소명하는 서면을, 피공탁자의 주소가 불명인 경우에는 이를 소명하는 서면을 첨부하며, 공탁규칙 23조 1항에서 정한 공탁통지서를 첨부하고, 같은 조 2항에 따른 우편료를 납입하여야 한다.

㉳ 공탁금 중에서 압류의 효력이 미치는 부분에 대하여는 집행법원의 지급위탁에 의하여 공탁금의 출급을 청구할 수 있고, 공탁금 중에서 압류의 효력이 미치지 않는 부분에 대하여는 변제공탁의 예에 따라 피공탁자인 압류채무자가 출급을 청구할 수 있다.

㉴ 공탁금 중에서 압류의 효력이 미치지 않는 부분에 대하여는 공탁자가 민법 제489조 제1항에 의해 회수청구할 수 있으며, 이 경우에는 집행법원으로부터 공탁서를 보관하고 있다는 사실을 증명하는 서면을 교부받아 이를 공탁금 회수청구서에 첨부하여야 한다.

㉵ 둘 이상의 채권압류(가압류를 포함한다)가 있고 압류된 채권액의 합계액이 압류와 관련된 금전채권액보다 적어 압류와 관련된 금전채권 전액을 공탁할 경우에 사유신고는 먼저 송달된 압류명령의 발령법원에 하여야 한다.

(2) 금전채권에 대하여 압류경합이 있는 경우의 공탁

(가) 이 경우의 공탁은 전형적인 집행공탁이므로 그 공탁 지급절차도 앞에서 설명한 "압류된 금전채권액만을 공탁하는 경우'와 동일하다.
다만, 압류채권액의 총액이 피압류채권액보다 많은 중복압류(압류와 가압류의 경합 포함)의 경우에 각 압류의 효력은 그 채권 전액에 확장되므로(민집법

235조), 단일압류 등의 경우처럼 금전채권 중 일부만 공탁할 수 없다.

(나) 이때 공탁근거 법령조항은 민사집행법 제248조 제1항으로 하고, 공탁서의 피공탁자란은 기재하지 않으며, 공탁시 압류결정문 사본을 첨부하여야 한다.

(다) 제3채무자가 민사집행법 248조 1항에 따라 압류가 경합되어 있음을 이유로 한 공탁이 유효하려면 피압류채무에 해당하는 채무 전액을 공탁하여야 하지만 압류 및 추심명령의 제3채무자가 채무 전액을 공탁하지 않아 집행공탁의 효력이 인정되지 않는다고 하여도 그 공탁이 수리된 후 공탁된 금원에 대하여 배당이 실시되어 배당절차가 종료되었다면 그 공탁되어 배당된 금원에 대하여는 변제의 효력이 있다고 할 것이다(대판 2014. 7. 24. 2012다91385).

(라) 공탁한 제3채무자는 즉시 공탁서를 첨부하여 그 내용을 서면으로 집행법원에 신고하여야 하며, 사유신고할 법원은 먼저 송달된 압류명령의 발령법원이다.

2. 의무공탁(민집법 제248조 제2항·제3항)

가. 의 의

(1) 금전채권에 관하여 배당요구서를 송달받은 제3채무자는 배당에 참가한 채권자의 청구가 있으면 압류된 부분에 해당한 금액을 공탁하여야 하고(민집법 248조 2항), 금전채권 중 압류되지 아니한 부분을 초과하여 거듭 압류명령 또는 가압류명령이 내려진 경우에 그 명령을 송달받은 압류채권자나 가압류채권자의 청구가 있으면 그 채권의 전액에 해당하는 금액을 공탁하여야 한다(민집법 248조 3항).

여기서 배당에 참가한 채권자라 함은 집행력 있는 정본에 의한 채권자이든 우선변제청구권이 있는 채권자이든 묻지 않으며 배당요구채권자 이외에 배당요구와 동일한 효력이 있는 중복압류채권자나 교부청구채권자를 포함한다.

(2) 제3채무자는 채권자가 경합하는 경우에 채권자가 경합하는 사정만으로는

공탁의무가 생기는 것이 아니고 위와 같은 배당을 받을 채권자의 청구가 있는 때에는 공탁의무가 생긴다. 그러나 압류가 중복되어 경합하는 경우에도 경합한 집행채권의 합계액보다 피압류채권의 총액이 더 많은 때에는 민사집행법 제248조 제3항에서 말하는 압류의 경합이 아니므로 채권자의 청구가 있더라도 공탁할 의무는 없다.

그리고 추심소송에서 추심채권자에게 채무액을 직접 지급하라는 판결이 있은 뒤에 중복압류나 배당요구를 한 다른 채권자는 추심채권자에게 채무액의 공탁을 청구할 수 있다.

나. 공탁의무의 성격 등

여기서 "공탁하여야 한다"라는 것은 공탁의 방법에 의하지 않고서는 면책받을 수 없다는 것이므로 공탁을 하지 않고 그 중 1인의 채권자에게 변제한 경우에는 제3채무자는 이중지급의 위험을 부담한다.

따라서 공탁의무가 있는데도 불구하고 제3채무자가 추심채권자에게 변제한 경우에는 다른 채권자에 대한 관계에서는 채무의 소멸을 주장할 수 없다.

이러한 공탁의무는 민사제도의 목적에서 생기는 제3채무자의 절차협력의무이고, 제3채무자의 실체법상 지위를 변경하는 것이 아니므로 제3채무자가 채무자에 대하여 기한 미도래, 동시이행, 선이행의 항변 등 지급거절사유를 갖는 때에는 집행의 경합이 있더라도 공탁의무를 부담하지 아니한다. 또한 어음·수표금채권에 대하여는 그 제시가 없는 한 공탁의무가 없다.

채권자의 공탁청구는 일종의 최고로써 내용증명우편 등으로 이용함이 바람직하다.

판례 제3채무자가 배당요구채권자의 공탁청구에도 불구하고 공탁의무를 이행하지 않을 때에는 민사집행법 제249조 제1항에 따라 소로서 공탁을 명하는 추심소송을 제기할 수 있다. 이 규정에 따라 추심의 소에 의해 공탁을 구하려면 추심명령을 받은 경우에 한하여 제기할 수 있는 것이므로 추심명령을 받지 아니한 상태에서는 이를 제기할 원고 적격이 없다(대판 1979. 7. 24. 79다1023).

배당요구채권자 또는 압류채권자는 해당 채권을 압류한 후 추심명령을 얻거나 혹은 압류된 채권에 대하여 추심명령을 받은 다음에 제3채무자에게 공탁을 명하는 취지의 추심소송을 제기하여 그 판결에 기초한 강제집행으로 공탁을 강제할 수 있으며, 그 공탁이 이루어져 사유신고가 있는 때에 배당요구의 종기에 이르게 된다(민집 247조 1항 1호).

다. 공탁하여야 할 금액

(1) 민사집행법 248조 2항에 따른 배당요구의 경우에는 배당요구 자체에 압류경합의 경우와 달리 압류의 확장효가 없으므로 공탁의무의 대상이 되는 것은 당초 압류된 부분에 해당하는 금액이다. 즉, 갑의 을에 대한 1,000만 원의 대여금채권 중 갑의 채권자 병이 600만 원에 대하여 압류한 후에, 갑의 다른 채권자 정이 500만 원의 채권을 가지고 배당요구한 다음 제3채무자 을에게 공탁을 청구하였다면, 을로서는 당초 압류된 금액인 600만 원만 공탁하면 된다.

그런데 만일 병이 갑의 대여금채권 1,000만 원 전액에 대하여 압류하였다면 그 압류의 효력은 압류할 시점에 현실로 존재하는 목적채권의 전부에 미치고(대결 1973. 1. 24. 72마1548), 민사집행법 248조 2항의 '압류된 부분에 해당하는 금액'이란 집행채권액이 아닌 압류의 효력이 미치는 피압류채권액을 의미하므로 제3채무자인 을로서는 1,000만 원 전액을 공탁하여야 한다.

(2) 또한 민사집행법 248조 3항에 따른 압류경합의 경우에는 각각 압류의 효력이 채권 전액으로 확장되므로(민집법 235조), 그 채권 전액을 공탁하여야 한다. 즉, 위 예에서 정이 압류채권자라면 병과 압류의 경합이 있는 것이어서 병의 600만 원에 대한 압류도 피압류채권 전액으로 그 효력이 확장되고, 정의 500만 원에 대한 압류도 그 전액으로 효력이 확장되므로 채권자 중 1인인 정이 공탁을 청구하면 제3채무자인 을은 피압류채권 전액이 1,000만 원을 공탁해야 한다.

(3) 압류명령의 효력은 압류명령이 제3채무자에게 송달 뒤에 발생하는 이자, 손해금에 미치는 것으로 되어 있으므로 피압류채권에 대한 압류명령 송달 후의 이자 또는 손해금을 포함하여 공탁하여야 한다.

따라서, 피압류채권의 변제기 도래 후에 공탁하는 경우는 변제기(공탁의무가 발생한 때부터가 아님)로부터 공탁일까지의 지연손해금(이자가 생기는 채권에 대하여는 변제기부터 공탁일까지의 이자를 합하여)을 덧붙여 공탁하여야 한다. 다만, 실제법상 이행지체가 없으면 지연손해금을 덧붙일 필요가 없다.

라. 공탁절차

민사집행법 제248조 제2항, 제3항에 의한 의무공탁의 법적 성질도 당연히 전형적인 집행공탁이므로, 그 공탁절차 등은 앞에서 설명한 1. 라. "구체적인 공탁절차"와 같다.

마. 공탁비용의 문제

민사집행법 제248조의 규정에 따라 채무액을 공탁한 제3채무자는 압류의 효력이 미치는 부분에 해당하는 금액의 공탁을 위하여 지출한 비용 및 같은 조 제4항의 공탁신고서 제출을 위한 비용을 집행법원에 신청하면 공탁금에서 지급을 받을 수 있다(민사소송비용법 10조의 2).

제3채무자가 청구하는 비용의 우선순위에 대하여는 명문의 규정이 없지만, 집행법원이 제3채무자의 청구에 따라 공탁금 중에서 지급하는 것이고, 본질적으로는 배당절차 전에도 집행법원의 지급결정에 기초하여 지급할 수 있는 것이므로 엄밀하게는 배당금으로서 지급되는 것이 아니라고 하더라도 이를 배당표에 적는다고 한다면 절차비용보다는 우선하는 최선순위를 적어야 한다.

3. 민사집행법 제248조에 의한 공탁의 효과

가. 채무변제의 효과

제3채무자가 민사집행법 제248조에 따라 공탁을 하게 되면 기본적인 효과로서 채무자에 대한 채무를 면하게 된다.

나. 압류명령취하 또는 취소의 불가

채권자가 채무자의 제3채무자에 대한 채권을 압류한 상태에서 제3채무자가 민사집행법 제248조에 따라 공탁을 하게 되면 압류명령은 공탁에 의한 목적달성으로 인하여 그 존재 의의를 잃고 장래에 향하여 소멸하게 된다. 즉, 압류명령으로 인한 집행이 종료된다.

따라서 위 공탁 이후에는 채권자는 위 압류명령을 취하할 수 없고, 설사 취하한다고 하더라도 이는 단지 그 후에 진행되는 배당 등 절차에서의 배당수령권을 포기하는 의사라고 해석될 뿐 위 압류명령 자체의 효력에 영향을 주지 않게 된다.

다. 배당가입 차단효의 발생

배당가입의 차단효란 배당절차 등에 가입하는 것을 차단하는 효력을 말한다.

집행공탁이 된 금전에 대하여 배당가입의 차단효가 발생하지 않는다면 그 공탁금을 대상으로 한 배당 등 절차는 개시될 수 없고 또한 개시해서도 안 된다. 집행공탁에서 배당가입의 차단효가 없으면 배당을 받을 채권자를 특정지을 수가 없게 되기 때문에 집행법원으로서는 누구를 상대로 배당 등 절차를 진행해야 되는지 확정할 수 없기 때문이다.

배당요구의 종기에 관하여 민사집행법 제247조 제1항 제1호는 제3채무자가 민사집행법 제248조 제4항에 의하여 공탁사유신고를 한 때까지라고 규정하고 있다.

판례 금전채권의 일부만이 압류되었음에도 불구하고 제3채무자가 민사집행법 제248조 제1항에 의하여 그 채권 전액을 공탁하고 공탁사유신고를 한 경우에는 그 공탁금 중 압류의 효력이 미치는 금전채권액은 그 성질상 당연히 집행공탁으로 보아야 하나, 압류금액을 초과하는 부분은 압류의 효력이 미치지 않으므로 집행공탁이 아니라 변제공탁으로 보아야 하고, 변제공탁한 부분에 대하여는 제3채무자의 공탁사유신고에 의한 배당가입 차단효과가 발생할 여지 없다(대판 2008. 5. 15. 2006다74693).

[서식 66] 제3채무자의 공탁신고서

채 무 액 공 탁 신 고 서

사　　건　2000카단 000 채권가압류

채 권 자　홍　길　동

채 무 자　이　몽　룡

제3채무자　장　길　산

공탁금액　금 000000원

위 당사자간 귀원 2000카단 000(2000. 0. 0.) 채권가압류 명령에 의하여 채권자로부터 채무자가 제3채무자에 대하여 가지는 있는 차용금 1,000,000원(2000. 0. 0 차용)의 채권에 대하여 가압류명령의 송달을 받아 공탁관에게 공탁을 하였으므로 공탁서를 첨부하여 민사집행법 제248조 제4항, 제291조 및 민사집행규칙 제172조에 의하여 신고합니다.

첨 부 서 류

1. 공탁서　　1통

2000.　0.　.

제3채무자　장　길　산 (인)

00 지 방 법 원　　귀 중

[주] 채권가압류명령이 있어 공탁한 경우이므로 공탁한 후 공탁서를 첨부하여 공탁신고서를 가압류법원에 제출하여야 하며, 둘이상의 가압류가 있을 때에는 먼저 송달된 가압류명령의 발령 법원에 신고하여야 한다(행정예규 528조). 제3채무자의 공탁신고는 압류명령이 있을 때의 공탁사유신고서와 같이 배당가입의 차단효과도 없을 뿐만 아니라 가압류의 채권이 가압류법원에 공탁되어 있다는 사실을 인식시키는 의미 밖에 없기 때문에 공탁신고서라 했음(행정예규 528호). 공탁신고서를 제출받은 법원의 접수처리에 관하여는 재민 2004-1에 규정되어 있다.

제 3 절 금전채권에 대한 가압류를 원인으로 하는 공탁(민집법 제248조 제1항, 제291조)

1. 의 의

민사집행법 제291조는 가압류의 집행에 대하여 특별규정이 없으면 강제집행에 관한 규정을 준용한다고 규정하고 있고 민사집행법 제297조는 가압류집행된 금전채권액을 제3채무자가 공탁한 경우의 가압류의 효력에 관하여 규정하는 있는 점에서 민사집행법 시행으로 제3채무자는 민사집행법 제248조 제1항 및 제291조에 의하여 가압류와 관련된 금전채권의 전액을 공탁할 수 있게 되었다.

2. 공탁의 법적 성질

채권가압류를 원인으로 하는 공탁은 원래의 채권자인 가압류채무자를 피공탁자로 하는 일종의 변제공탁이고 가압류의 효력은 그 청구채권액에 해당하는 공탁금액에 대한 가압류채무자의 공탁금 출금청구권에 존속하는 것으로 보아야 한다(민집법 297조),

따라서 채권압류를 원인으로 하는 민사집행법 제248조 제1항에 의한 공탁과는 그 성질이 다르고. 민사집행법 제291조에 따라 민사집행법 제248조 제1항이 준용된다고 하더라도 이는 단지 공탁의 근거를 부여하는데 불과하며, 민사집행법 제248조 제1항의 권리공탁과 같은 성질의 공탁이 이루어지는 것을 뜻하는 것은 아니다.

한편, 민사집행법 제291조에 의해 준용되는 민사집행법 제248조 제1항에 의해 금전채권의 일부만이 가압류된 경우에도 가압류에 관련된 금전채권 전액을 공탁할 수 있는바, 공탁금 중 가압류의 효력이 미치지 않는 부분은 당연히 집행공탁에 포함시킬 수는 없고, 가압류채무자의 이익을 위해서 변제공탁절차의 예에 따라 피공탁자(가압류채무자)가 출급을 청구할 수 있으며, 공탁자도 회수청구할 수 있다.

3. 공탁신청 및 지급절차

구체적인 공탁절차 등은 대법원 행정예규 제1018호 "제3채무자의 권리공탁에 관한 업무처리절차"에 규정되어 있다.

가. 공탁절차

(1) 금전채권의 일부 또는 전부에 대하여 가압류가 있는 경우 제3채무자는 가압류된 채권액 또는 가압류와 관련된 금전채권액 전액을 공탁할 수 있고, 이 때 공탁근거 법령조항은 민사집행법 제291조 및 제248조 제1항으로 기재한다.

(2) 공탁 이후에는 가압류의 효력이 그 청구채권액에 해당하는 공탁금액에 대한 가압류채무자의 출급청구권에 미치므로(민집법 297조), 채권압류를 원인으로 하는 집행공탁과는 달리 가압류된 금액만을 공탁하거나 가압류와 관련된 채권 전액을 공탁하는 경우에 가압류의 효력이 미치는 부분이나 미치지 않는 부분이나 모두 공탁신청시에 피공탁자가 존재한다.

(3) 따라서 공탁서의 피공탁자란에는 가압류채무자를 기재하고, 공탁신청시 가압류결정문 사본과 공탁규칙 제23조에서 정한 공탁통지서를 첨부하여야 하며, 위 피공탁자(가압류채무자)에 대한 공탁통지서의 발송과 가압류채권자에 대하여 예규에서 정한 공탁사실통지를 위해 필요한 우편료를 납입하여야 한다.

(4) 공탁을 수리한 공탁관은 공탁금 출급청구권에 대한 가압류가 있는 경우(민집법 297조)에 준하여 처리하여야 하며, 피공탁자(가압류채무자)에게 공탁통지서를 발송하고, 가압류채권자에게는 대법원 행정예규 제1018호 소정의 공탁사실을 통지하여야 한다.

(5) 채권가압류를 원인으로 제3채무자가 채무액을 공탁한 때에도 그 사유를 서면으로 법원에 신고하여야 한다(민집법 248조 4항, 291조, 민집규 172조, 213조 2항, 행정예규 1018호).

[서식 67] 공탁사실통지서

[별 지]

○ ○ 법 원

공 탁 사 실 통 지 서

가압류채권자 ○ ○ ○ 귀하

사 건 :
채 권 자 :
채 무 자 :
제 3채무자 :

위 가압류사건의 피(가)압류채권이 아래와 같이 공탁되었음을 통지합니다.

아 래

공탁사건번호 :
금 액 :
공 탁 자 :
피 공 탁 자 :
공 탁 일 자 :

20 년 월 일

○ ○ 법 원

공 탁 관 (인)

나. 공탁금의 지급절차

(1) 가압류가 본압류로 이전된 경우 사유신고의 여부

(가) 채권가압류로 인한 공탁 후 가압류채무자가 가지는 공탁금 출급청구권에 대하여 다른 채권자가 압류를 하여 압류의 경합이 생기면 공탁관은 먼저 송달된 압류명령의 발령법원에 사유신고를 하여야 한다.

공탁금은 사유신고 후 집행법원의 지급위탁에 의하여 채권자들에게 지급된다.

(나) 채권가압류로 인한 공탁 후 그 가압류채권자가 가압류로부터 본압류로 이전하는 채권압류 및 추심명령이나 전부명령을 받은 경우에도 공탁관은 집행법원에 사유신고를 하여야 한다(행정예규 1018호).

(2) 제3채무자가 가압류된 채권액에 대하여만 공탁한 경우

피공탁자(가압류채무자)는 가압류가 실효되지 않는 한 공탁금의 출급을 청구할 수 없고, 가압류채권자의 가압류를 본압류로 이전하는 압류명령이 송달되면 공탁관은 즉시 압류명령의 발령법원에 그 사유를 신고하여야 하며 집행법원의 지급위탁에 의하여 공탁금의 출급이 이루어진다.

(3) 제3채무자가 가압류에 관련된 금전채권 전액을 공탁한 경우

(가) 공탁금 중에서 가압류의 효력이 미치는 부분에 대하여는, 가압류채권자의 가압류를 본압류로 이전하는 압류명령이 송달되면 공탁관은 즉시 압류명령의 발령법원에 그 사유를 신고하여야 하고, 집행법원이 지급위탁에 의하여 공탁금의 출급이 이루어진다.

(나) 가압류의 효력이 미치지 않는 부분에 대하여는 가압류의 효력이 존속하지 않게 되므로(민집법 297조), 피공탁자(가압류채무자)는 변제공탁의 예에 따라 그 부분에 해당하는 공탁금을 출급청구할 수 있으며, 공탁자는 회수청구할 수 있다.

(다) 피공탁자(가압류채무자)가 가압류의 효력이 미치지 않는 부분에 대하여 공탁금을 출급청구할 때에는 공탁규칙 33조에 따라 공탁관이 발송한 공탁

통지서를 첨부하여야 하며, 공탁자(제3채무자)가 가압류의 효력이 미치지 않는 부분에 대하여 회수청구를 할 때 공탁규칙 34조에 따라 공탁서를 첨부하여야 하는 경우에는 공탁신고를 한 가압류발령 법원으로부터 공탁서를 보관하고 있다는 사실을 증명하는 서면을 교부받아 이를 공탁금 회수청구서에 첨부하여야 한다.

(4) 가압류가 실효된 경우

(가) 금전채권에 대한 가압류를 이유로 제3채무자가 민사집행법 제291조, 제248조 제1항에 따라 공탁한 후에 가압류명령이 취소되거나 신청의 취하 등으로 인하여 가압류가 실효된 경우 가압류채무자(피공탁자)는 공탁통지서와 가압류가 실효되었음을 증명하는 서면을 첨부하여 공탁관에게 출급청구할 수 있다.

(나) 보전처분의 이의신청에 대한 재판은 결정으로 하여야 하고, 이 결정은 상당한 방법으로 고지하면 그 효력이 발생하므로 가압류채무자가 가압류이의를 신청하여 가압류를 취소하는 결정을 받았다면 가압류채무자는 공탁통지서와 가압류취소결정정본 및 그 송달증명을 첨부하여 공탁금의 출급을 청구할 수 있을 것이고, 이때 가압류취소결정의 확정증명을 별도로 첨부할 필요가 없다(공탁선례 2-281 참조).

(다) 2개 이상의 가압류가 경합되었음을 이유로 제3채무자가 공탁한 후 가압류채무자가 그 중 1개의 가압류에 대하여 해방공탁을 하여 그 가압류집행이 취소되었다면, 가압류채무자는 집행공탁금 중 집행취소되지 않은 나머지 가압류사건의 가압류청구금액을 초과하는 공탁금에 대하여 공탁통지서, 가압류집행취소결정정본, 송달증명서를 첨부하여 출급청구할 수 있다(공탁선례 2-282).

4. 변제공탁의 허용여부(소극)

금전채권에 대하여 단일압류 등이나 채권가압류 있는 경우 제3채무자는 민법 제487조에 의한 변제공탁은 허용되지 않는다.

제 4 절 민사집행법 제248조와 관련된 그 밖의 공탁관계

1. 압류 및 전부명령이 있는 경우

가. 전부명령이 확정된 경우

전부명령이 확정된 때에는 피전부채권은 권면액으로 전부채권자에게 이전하는 것이므로 제3채무자로서는 채권양도의 경우와 동일하게 전부채권자에게 직접 지급하여야 한다.

전부명령의 확정에 의하여 전부채권에 대한 집행절차는 당연히 종료되고 압류의 효력도 그 목적을 이루어 소멸하므로, 민사집행법 제248조 제1항에 의한 집행공탁도 인정되지 않는다.

다만, 전부채권자의 수령거절 등 전부채권자에 대한 별도의 변제공탁사유가 있는 경우에는 민법 제487조 전단에 따라 변제공탁할 수 있다.

나. 전부명령이 확정되기 전의 경우

전부명령이 발령되어도 확정되기 전이라면 제3채무자는 민사집행법 제248조 제1항에 따라 권리공탁을 할 수 있다.

다. 전부명령의 확정유무를 알 수 없는 경우

제3채무자는 전부명령의 확정 여부를 알려면 전부명령에 대한 즉시항고 여부, 즉시항고에 대한 재판결과 등을 조사하여야 한다. 그렇다고 제3채무자에게 전부명령의 확정여부를 조사할 의무가 있다고 보기 어렵고, 그로 인하여 위험을 부담하도록 하는 것은 타당하지 않다.

따라서 이러한 제3채무자를 보호하는 관점에서 전부명령이 실제로 확정되었다고 하더라도 전부명령의 확정을 할 수 없는 제3채무자에 대하여 민사집행법 제248조 제1항에 의한 공탁을 인정하게 된다. 따라서 공탁서 기재상 전부명령이 확정되어 있음이 명확한 경우를 제외하고는 제3채무자의 민사집행법 제248조 제1항에 의한 공탁신청이 있는 경우에는 공탁관은 공탁을 수리할 수밖에 없다.

라. 전부명령과 다른 압류명령 등이 경합하는 경우

(1) 가압류, 압류명령이 송달된 후에 전부명령이 송달된 경우

전부명령은 실질적으로 피압류채권을 압류채권자에게 이전시킴으로써 그에게 독점적인 만족을 주는 제도이므로 전부명령이 제3채무자에게 송달될 때까지 그 금전채권에 관하여 다른 채권자가 압류·가압류 또는 배당요구를 한 때에는 전부명령은 효력을 가지지 않는다(민집법 229조 5항).

이 경우는 선행하는 가압류·압류명령과 전부명령의 전제가 된 압류만이 경합하는 것으로 되기 때문에 제3채무자로서는 민사집행법 제248조 제1항 내지 제3항을 근거로 공탁을 할 수 있게 된다.

(2) 전부명령 송달 후에 가압류·압류명령 등이 송달된 경우

전부명령이 제3채무자에게 송달된 후에 다른 채권자의 가압류·압류명령 또는 배당요구가 있어도 그 후 전부명령이 확정되면 제3채무자에게 송달된 시점에 소급하여 채권이전의 효력이 생긴다.

그 후의 가압류·압류 등이 제3채무자에게 송달되더라도 전부명령은 유효하게 확정된다.

그러므로 전부명령 송달 후 가압류·압류명령 등이 송달되고 그 후 전부명령이 확정된 경우에는 제3채무자는 전부채권자에 대하여 직접 변제하든가 또는 그가 수령을 거절하면 이를 이유로 민법 제487조 전단에 따라 변제공탁을 하면 된다.

다만, 공탁서 기재상 선행의 전부명령이 확정되어 있음이 명확한 경우를 제외하고는 민사집행법 제248조 제1항에 의한 공탁신청이 있는 경우에는 공탁관은 공탁을 수리할 수밖에 없다.

(3) 전부명령과 전부명령이 경합하는 경우

전부명령과 전부명령이 경합하는 경우 후행의 전부명령은 다른 채권자가 압류한 이후의 전부명령이므로 그 효력이 생기지 않기 때문에 전부명령 후에 다른 압류명령 등이 송달된 경우와 동일한 상황이 되고 만다.

따라서 나중에 선행의 전부명령이 확정된 경우에는 후행의 전부명령은 무효가 된다. 이 경우 제3채무자는 선행의 전부채권자에 대하여 직접 변제하든가, 그가 수령을 거절하면 민법 제487조 전단에 따라 변제공탁을 하면 된다. 그러나 이 경우도 제3채무자로서는 선행 전부명령의 확정여부를 통상 알기 어려우므로 이러한 제3채무자 보호의 관점에서 민사집행법 제248조 제1항에 의한 공탁을 인정할 필요가 있다. 따라서 공탁서 기재상 선행의 전부명령이 확정되어 있음이 명확한 경우를 제외하고는 민사집행법 제248조 제1항에 의한 공탁신청이 있는 경우에는 공탁관은 공탁을 수리할 수밖에 없다.

(4) 압류명령 등과 질권 등 담보권 실행에 의한 전부명령이 경합하는 경우

전부명령이 제3채무자에게 송달될 때까지 전부명령에 관계된 금전채권에 대하여 다른 채권자가 압류 등을 한 경우에는 그 전부명령의 효력이 생기지 않지만(민집법 229조 5항), 질권 등 담보권 실행에 기초한 채권자인 경우에는 그 전부명령은 유효하다. 채권에 대한 담보권의 실행이나 물상대위권(민법 342조)의 행사의 경우에도 채권에 대한 강제집행의 규정이 준용되므로(민지법 273조 3항). 담보권의 실행을 위한 압류와 일반 채권에 의한 압류가 외형상 경합할 수 있지만, 담보권의 실행의 경우에는 담보권자에게 우선권이 있고, 이러한 우선변제권의 범위 내에서 압류의 효력이 확장되지 않기 때문에 일반 채권에 의한 압류경합이 있더라도 담보권실행에 의한 전부명령은 유효하다.

즉 저당권이 설정된 전세권의 존속기간이 만료된 경우에 전세권부 저당권자가 저당권의 목적물인 전세권에 갈음하여 존속하는 것으로 볼 수 있는 전세금반환채권에 대하여 우선권 있는 채권에 기하여 전부명령을 받은 경우에는 전세권부 채권가압류결정이 위 전부명령에 앞서 제3채무자에게 송달되어 형식상 압류가 경합되었다 하더라도 그 전부명령은 우선권 있는 전세권부 저당권에 기한 것으로 형식상 압류의 경합이 발생하였는지와 무관하게 유효하다(대판 2008. 12. 24. 2008다65396).

따라서 질권 등 담보권에 기초한 압류명령 및 전부명령이 송달된 경우에는 그전에 다른 압류명령 등이 송달되어 있었더라도 제3채무자로서는 전부명령이 확정되면 전부채권자에게 직접 변제하면 된다.

공탁된 토지수용보상금에 대해 물상대위에 의한 수 개의 채권압류 및 추심명령이 공탁관에게 송달된 경우 공탁관은 압류 및 추심채권자들 사이의 우열에 대한 판단이 곤란하여 사유신고를 할 수 있으므로(공탁선례 2-353) 같은 취지에서 제3채무자 역시 민사집행법 248조 1항에 따라 공탁하는 것을 인정할 필요가 있다.

2. 체납처분에 의한 압류가 있는 경우

가. 개 설

체납처분은 협의의 체납처분과 교부청구 및 참가압류로 나누어진다.

협의의 체납처분은 과세권자인 국가 또는 지방자치단체가 납세자의 재산을 압류하여 조세채권의 만족을 얻은 절차로서 재산압류, 압류재산의 매각, 매각대금의 충당배분의 각 행정처분으로 이루어진다.

현재 민사집행절차와 체납처분절차는 각기 다른 법령과 집행기관에 의하여 별도의 독립한 절차로 진행되기 때문에 동일한 채권에 대하여 (가)압류와 체납처분절차의 압류가 경합하는 경우가 생기게 된다. 이 경우 (가)압류절차와 체납처분절차의 경합을 인정할 수 있는 것인지, 만일 경합을 인정한다면 그 공탁관계를 어떻게 합리적으로 조정할 것인지 여부가 문제로 제기된다. 그러나 우리나라는 아직까지 양 절차의 조정에 관한 특별법이 없어 공탁실무에서 혼선이 있었으나, 2015. 12. 9. 제정된 '금전채권에 대하여 민사집행법에 따른 압류와 체납처분에 의한 압류가 있는 경우의 공탁절차 등에 관한 업무처리지침(행정예규 1060호)'이 시행됨에 따라 공탁실무의 혼선은 다소 해소되었다고 볼 수 있다.

나. 단일의 체납처분 압류가 있는 경우

국세징수법 제41조에 의한 채권압류의 효력은 피압류채권의 채권자와 채무자에 대하여 그 채권에 대한 변제, 추심 등 일체의 처분행위를 금지하고, 추심채권자가 체납자에 대신하여 추심할 수 있게 하는 것이므로, 제3채무자는 피압류채권에 관하여 체납자에게는 변제할 수 없고, 추심채권자인 국가에게만 이행할 수 있을 뿐이다(대판 1999. 5. 14. 99다3686).

따라서 체납처분에 의한 압류가 있음을 이유로 압류채무자(체납자)를 피공탁자로 한 변제공탁은 할 수 없고, 단지 압류채권자와의 관계에서 별도의 변제공탁사유가 있을 때만 압류권자(체납처분청)를 피공탁자로 하는 변제공탁을 할 수 있다.

또한, 체납처분에 의한 압류는 민사집행절차와는 별개 절차이므로 민사집행법 제248조 제1항에 의한 집행공탁을 할 수는 없다.

다. 체납처분에 의한 압류와 강제집행에 의한 압류가 경합하는 경우

(1) 체납처분에 의한 압류가 선행하고 강제집행에 의한 압류가 후행하는 경우

(가) 현행법상 체납처분절차와 민사집행절차는 별개의 절차이므로 체납처분에 의한 압류가 선행하는 경우에도 민사집행법상의 압류 및 추심명령은 가능하다(대판 1999. 5. 14. 99다6386, 대판 2015. 7. 9. 2013다60982 참조), 그러나 압류채권자에게 독점적 만족을 주는 전부명령은 그렇지 않다. 피압류채권의 일부에 대하여 체납처분에 의한 압류가 있은 후 그 나머지 부분을 초과하여 민사집행법에 의한 압류 및 전부명령이 있는 경우에 그러한 전부명령은 위 각 압류가 중첩되는 부분에 관하여는 무효이다(대판 1991. 10. 11. 91다12233 참조).

(나) 제3채무자는 피압류채권의 이행기가 도래하면 지체 없이 체납처분에 의한 압류권자에게 채무이행을 하여야 하며, 압류채무자(체납자)를 피공탁자로 하여 변제공탁을 할 수 있는 근거가 없다.

판례 체납처분과 금전채권에 대한 압류가 경합하는 경우에는 체납처분에 의한 압류권자가 취득하는 추심권의 효력에 의하여 압류권자는 제3채무자에게 피압류채권을 직접 추심할 수 있고, 압류채무자는 추심 등 압류채권자에게 불이익한 일체의 처분행위가 금지되며, 제3채무자는 피압류채권에 관하여 압류채무자에게는 변제할 수 없고 추심채권자인 압류채권자에게만 채무이행을 하여야 함은 물론 강제집행에 의한 압류 또는 가압류가 있다고 해서 이를 이유로 체납처분에 의한 압류권자의 추심청구를 거절할 수도 없다(대판 1999. 5. 14. 99다3686).

(다) 금전채권에 대하여 민사집행법에 따른 압류와 체납처분에 의한 압류가 있는 경우(선후 불문) 제3채무자는 압류채무자를 피공탁자로 한 변제공탁은 할 수 없으나, 민사집행법 248조 1항에 따라 압류와 관련된 금전채권액 전액을 공탁할 수 있다(공낙선례 201512-1). 또한 토지수용보상금이 지급되지 전에 우선권 있는 저당권자가 물상대위에 의하여 토지수용보상금채권을 압류한 경우 그 압류를 전후하여 토지수용보상금채권에 대한 체납처분에 의한 압류가 있었다고 하더라도 민사집행법 248조 1항에 의한 집행공탁을 할 수 있다(공탁선례 201210-1).

(2) 강제집행에 의한 압류가 선행하고 체납처분에 의한 압류가 후행하는 경우

이 경우에도 제3채무자의 공탁의 필요성은 인정되나 변제공탁은 할 수 없다. 그러나 금전채권에 대한 강제집행에 의한 압류가 선행하고 그 후에 국세징수법에 의한 교부청구나 참가압류 또는 체납처분에 의한 압류가 있는 경우에 민사집행법상의 배당요구가 있는 것으로 볼 수 있으므로 제3채무자는 민사집행법 제248조 제1항에 의한 집행공탁을 할 수 있다.

같은 취지로 대법원 행정예규는 "공탁관의 사유신고에 관한 업무처리지침"에서는 체납처분에 의한 압류가 선행하고 강제집행에 의한 압류가 후행하는 경우에는 공탁관의 사유신고의 대상은 아니지만, 반대로 강제집행에 의한 압류가 선행하고 체납처분에 의한 압류나 교부청구 또는 참가압류가 후행한 경우에는 압류의 경합에 준하여 공탁관은 사유신고를 하도록 하고 있다.

라. 체납처분에 의한 압류와 가압류가 경합하는 경우

(1) 체납처분절차와 가압류절차는 별개의 절차이므로 동일한 채권에 대하여 체납처분에 의한 압류 후에 가압류도 할 수 있을 것이나, 만일 체납처분절차가 먼저 종료되면 그 후에 이루어진 가압류의 효력은 소멸된다.

(2) 또한 국세징수법 26조 및 지방세징수법 45조는 "재판상의 가압류 또는 가

처분 재산이 체납처분 대상인 경우에도 이 법에 따른 체납처분을 한다"고 규정하고 있으므로 이미 체납자의 채권에 대하여 가압류가 되어 있어도 체납처분에 의한 압류는 가능하나, 체납처분의 집행에 영향을 미치지 않는 한 가압류채권자의 지위를 존중하여야 하므로 가압류의 효력은 체납처분에 의한 압류에 의하여 바로 소멸되지는 않지만 체납처분에 의한 압류에 기해 채권추심이 완료된 경우에는 소멸하는 것으로 보는 것이 타당하다.

(3) 체납처분에 의한 피압류채권에 대하여 근로기준법상 우선변제권을 갖는 임금 등 채권에 우선한 가압류집행이 이루어진 경우라도 제3채무자는 그 가압류를 이유로 체납처분에 의한 압류채권자의 추심청구를 거절할 수 없다(대판 2008. 11. 13. 2007다33842, 공탁선례 2-351). 그리고 채권가압류를 원인으로 민사집행법 291조 및 248조 1항에 따라 집행공탁 후 피공탁자(가압류채무자)에 대한 체납처분에 의한 압류통지가 이루어진 경우에도 체납처분에 의한 압류채권자는 위 채권가압루가 근로기준법에 의한 우선변제권을 가지는 임금 등의 채권에 기한 것이라 하더라도 공탁금을 추심할 수 있다(공탁선례 2-351).

(4) 한편, 체납처분에 의한 압류와 채권가압류가 경합하는 경우에는 재판상 배당을 전제로 하는 압류경합에 해당하지 않으므로 압류경합을 이유로 한 집행공탁은 허용될 수 없으나, 민사집행법은 채권가압류의 경우에도 공탁을 허용하고 있으므로(민집법 291조, 248조 1항) 체납처분에 의한 압류와는 별개 절차인 채권가압류를 원인으로 한 집행공딕을 할 수 있다.

(5) 그러나 이렇게 공탁을 인정한다면 공탁 전에 이루어진 체납처분의 효력이 가압류채무자가 갖는 공탁금 출급청구권에도 당연히 미친다고 볼 수 없어 체납처분권자는 공탁금 출급청구권을 직접 행사할 수 없고, 또한 가압류가 본압류로 이전되면 현행 공탁법실무상 배당절차가 개시된다. 이 경우에 체납처분권자는 배당절차에 참가할 수 없는 부당한 상황에 놓이게 된다.

(6) 동일한 채권에 대하여 체납처분에 의한 압류와 그 이후의 가압류가 경합하는 경우 제3채무자는 체납처분에 의한 압류채권자의 추심권 행사에 응하여야 하므로 변제공탁이나 집행공탁이 허용될 수 없고, 제3채무자가 공탁하였다고 하더라도 체납처분에 의한 압류채권자는 여전히 제3채무자에

게 직접 피압류채권을 추심할 수 있다.

판례 체납처분에 의한 피압류채권에 대하여 근로기준법상 우선변제권을 갖는 임금 등 채권에 의한 가압류집행이 이루어진 경우라도 제3채무자는 그 가압류를 이유로 체납처분에 의한 압류채권자의 추심청구를 거절할 수 없다(대판 2008. 11. 13. 2007다33842).

(7) 결국, 동일한 채권에 대하여 체납처분에 의한 압류와 가압류가 경합하는 경우 제3채무자는 체납처분권자의 추심권 행사에 응해야지 채권가압류를 이유로 한 민사집행법 제291조, 제248조 제1항에 의한 공탁을 할 수 없는 것으로 해석하는 것이 타당하다.

[서식 68] 금전공탁서(변제 등)

[제1-1호 양식]

금전 공탁서(변제 등)

<table>
<tr><td colspan="2">공 탁 번 호</td><td>년 금 제 호</td><td colspan="2">년 월 일 신청</td><td>법령조항</td><td>민사집행법 제248조</td></tr>
<tr><td rowspan="4">공탁자</td><td>성 명
(상호, 명칭)</td><td>OO농업협동조합
대표자 조합장 OOO</td><td rowspan="4">피공탁자</td><td>성 명
(상호, 명칭)</td><td colspan="3"></td></tr>
<tr><td>주민등록번호
(법인등록번호)</td><td>000-00-00000</td><td>주민등록번호
(법인등록번호)</td><td colspan="3"></td></tr>
<tr><td>주 소
(본점, 주사무소)</td><td>경남 OO군 OO읍
OO로 OO</td><td>주 소
(본점, 주사무소)</td><td colspan="3"></td></tr>
<tr><td>전화번호</td><td>000-000-000</td><td>전화번호</td><td colspan="3"></td></tr>
<tr><td colspan="2" rowspan="2">공 탁 금 액</td><td>한글 일천칠백사만오천
일백이십원</td><td colspan="2" rowspan="2">보 관 은 행</td><td colspan="3" rowspan="2">OO은행 OO지점</td></tr>
<tr><td>숫자 17,045,120원</td></tr>
<tr><td colspan="2">공탁원인사실</td><td colspan="6">별지 기재와 같음</td></tr>
<tr><td colspan="2">비고(첨부서류 등)</td><td colspan="6">1. 공탁서부본 1통
2. 결정문사본 3통 □ 계좌납입신청
3. 급여압류금보관내역 사본 1통 □ 공탁통지 우편료 원
4. 위임장 1통</td></tr>
<tr><td colspan="3">1. 공탁으로 인하여 소멸하는 질권, 전세권 또는 저당권
2. 반대급부 내용</td><td colspan="5">없 음</td></tr>
<tr><td colspan="8">위와 같이 신청합니다. 대리인 주소 : 경남 OO군 OO읍 OO로 OO
전화번호 : 000-000-0000
공탁자 성명 OO농업협동조합 성명 : 법무사 O O O (인)
대표자 조합장 OOO (인)</td></tr>
<tr><td colspan="8">위 공탁을 수리합니다.
공탁금을 년 월 일까지 위 보관은행의 공탁관 계좌에 납입하시기 바랍니다.
위 납입기일까지 공탁금을 납입하지 않을 때는 이 공탁 수리결정의 효력이 상실됩니다.
년 월 일
OO지방법원 OO지원 공탁관 (인)</td></tr>
<tr><td colspan="8">(영수증) 위 공탁금이 납입되었음을 증명합니다.
년 월 일
공탁금 보관은행(공탁관) (인)</td></tr>
</table>

공 탁 원 인 사 실

제3채무자인 공탁자는 채무자 OOO에게 매월 급료(본봉, 상여금 및 제수당)에서 제세공과금을 공제한 나머지 돈(단, 채무자가 청구채권액에 달하기전에 명예퇴직한 때에는 명예퇴직금 중 제세공과금을 공제한 나머지 돈)을 지급해야 할 채무가 있는 바, 공탁자를 제3채무자로 한 별지와 같이 채권자들의 채권가압류 1건, 채권압류 및 추심명령 1건, 가압류에서 본압류로 이전하는 채권압류 및 추심명령 1건이 경합되었으므로, 누구에게 얼마를 지급할지를 알 수 없어 공탁자는 이건 집행공탁 및 사유신고서 작성비용으로 돈 240,500원을 공제한 나머지 돈 17,045,120원을 공탁하기에 이르렀음. 끝.

별 지

1. OO지방법원 OO지원 OO군법원 2000카단 OOOO 채권가압류
   가. 채 권 자 : 대한생명보험주식회사, 서울 영등포구 여의도로 OO(OO동)
   송달장소 : 광주 동구 대인로 OO(OO동) 대한생명빌딩 3층
   나. 채 무 자 : O O O (000000-0000000)
   경남 OO군 OO읍 OO로 OO
   다. 제3채무자 : OO농업협동조합 라. 청구금액 : 금 5,726,488원
   마. 결정일자 : 20OO. 8. 1. 바. 송달일자 : 20OO. 8. 6.

2. OO지방법원 OO지원 2000타채 OOOO 채권압류 및 추심명령
   가. 채 권 자 : 우리신용카드주식회사, 서울 서초구 서초로 OO(OO동)
   (합병후 : 주식회사 우리은행, 서울 중구 회현로 OO(OO동)
   송달장소 : 서울 중구 충무로 OO(OO동) 신일빌딩 6층
   (소관 : 특수관리팀)
   나. 채 무 자 : O O O (000000-0000000)
   경남 OO군 OO읍 OO로 OO
   결정문상주소 : 경남 OO군 OO읍 OO로 OO
   송달장소 : 경남 OO군 OO읍 OO로 OO
   다. 제3채무자 : OO농업협동조합 라. 청구금액 : 금 9,413,736원
   마. 결정일자 : 20OO. 2. 14. 바. 송달일자 : 20OO. 3. 28.

3. OO남부지방법원 2000타채 OOOO 가압류를 본압류로 이전하는 채권압류 및 추심명령
   가. 채 권 자 : 서울보증보험주식회사, 서울 종로구 연지로 OO(OO동)

송달장소 : 목포시 명륜로 OO(OO동) (소관 : 목포지점)

나. 채 무 자 : O O O (000000-0000000)

경남 OO군 OO읍 OO로 OO

결정문상주소 : 경남 OO군 OO읍 OO로 OO

송달장소 : 경남 OO군 OO읍 OO로 OO

다. 제3채무자 : OO농업협동조합 (소관 : OO지점)

라. 청구금액 : 금 10,337,016원

마. 결정일자 : 20OO. 11. 20.(결정경정결정일자 : 20OO. 12. 10.)

바. 송달일자 : 20OO. 11. 24.(결정경정정본송달일자 : 20OO. 12. 16.)

[참조 4] 금전압류보관내역

급여압류금 보관내역 (홍길동 분)

(단위 : 원)

년 월 일	급여공제액	공제합계액	비 고
20OO. 12. 19.	1,260,630	1,260,630	
20OO. 1. 20.	1,205,030	2,465,660	
20OO. 2. 20.	1,375,180	3,840,840	
20OO. 3. 20.	1,269,570	5,110,410	
20OO. 4. 20.	1,269,570	6,379,980	
20OO. 5. 20.	1,314,480	7,694,460	
20OO. 6. 19.	1,292,680	8,987,140	
20OO. 7. 20.	1,746,680	10,733,820	
20OO. 8. 20.	1,314,480	12,048,300	
20OO. 9. 18.	1,292,680	13,340,980	
20OO. 10. 20.	1,337,480	14,678,460	
20OO. 11. 20.	1,314,480	15,992,940	
20OO. 12. 18.	1,292,680	17,285,620	
보 관 금		17,285,620	

위의 사실과 틀림없음

20OO. O. .

O O 농업협동조합

조합장 O O O (인)

[참조 5] 공탁비용 등 내역서

공탁비용 등 내역서

1. 공탁서 및 사유신고서 작성 및 제출대행수수료 : 금 190,000원

1. 접수증명원 인지대 : 500원

1. 출장비 등 : 50,000원 (전주 - 대전)

합계 금 240,500원

[서식 69] 위임장(공탁서)

위 임 장

법무사 O O O
전남 OO군 OO읍 OO로 OO
(전화 000-000-0000, 팩스 000-000-000)

위 사람을 대리인으로 정하고 다음사항의 권한을 위임함.

다 음

1. 공탁서 작성 및 제출과 이를 교부받는 행위
1. 이에 부수하는 행위

20OO. O. .

위임인(공탁자) O O 농업협동조합
조합장 O O O (인)

3. 민사집행법 제248조와 공탁사유신고

가. 의 의

민사집행법 제248조의 공탁에는 권리공탁과 의무공탁이 있지만, 제3채무자는 어느 공탁을 하든지 사유를 집행법원에 신고하여야 한다(민집법 248조 4항). 민사집행법 제252조 제2호는 제3채무자가 제248조의 규정에 따라 공탁한 때에 배당절차가 개시된다고 규정하고 있지만, 제3채무자가 공탁하였다 하더라도 그 사실을 집행법원에 사유신고하지 않는 한 집행법원이 이를 알 수 없으므로, 사유신고를 해야만 집행법원이 배당절차를 개시할 수 있을 것이다. 이러한 신고가 있을 때 비로소 배당요구의 종기에 이르게 된다(민집법 247조 1항 1호).

한편, 가압류를 원인으로 제3채무자가 민사집행법 제291조 및 제248조 제1항에 의하여 공탁한 후에, 피공탁자(가압류채무자)의 공탁금 출급청구권에 대한 압류가 이루어져 압류의 경합이 성립하거나, 공탁사유인 가압류를 본압류로 이전하는 압류명령이 있는 경우에는 공탁관이 사유신고를 하여야 한다(행정예규 542호).

나. 사유신고의 방식, 내용, 제출법원 등

(1) 사유신고서의 제출, 내용 등

(가) 민사집행법 제248조 제4항의 규정에 따라 제3채무자 등이 공탁사유와 공탁한 금액을 기재한 서면과 공탁서를 제출하여야 하며(같은 법 단서에 규정된 사람이 신고하는 때에는 공탁서를 첨부할 필요 없음), 압류된 채권에 관하여 다시 압류명령 또는 가압류명령이 송달된 경우에는 먼저 송달된 압류명령을 발령한 법원에 신고를 하여야 한다(민집규 172조 3항).

(나) 민사집행법 제248조 제4항이 규정하는 사유신고는 다음과 같이 구분할 수 있다.

① 가압류만 집행된 채권에 대하여 제3채무자가 민사집행법 제291조, 제248조 제1항에 따라 공탁한 다음 신고하는 경우

② 압류가 경합되지 않는 때, 즉 압류가 1개이거나 또는 집행이 경합되어있

지만 압류금액이 피압류채권을 초과하지 아니하여 압류의 경합이 아닌 경우에 제3채무자가 민사집행법 제248조 제1항에 따라 공탁한 후에 사유신고를 하는 경우

③ 압류된 채권에 대하여 배당요구가 있거나 혹은 압류의 경합이 있는 때에 민사집행법 제248조 제1항 내지 제3항에 의해 공탁한 후에 사유신를 하는 경우이다.

(다) 위 ③의 경우라면, 제3채무자는 "압류집행이 있는 사실+압류가 경합된 사실(혹은 배당요구가 있는 사실)+압류에 관련된 채권액을 공탁한 사실을 사유신고서에 적게 된다. 이 사유신고는 집행법원에 대해 배당절차를 진행함으로써 권리자를 확정시켜 달라는 취지로 이루어지는 것이다.

위 ②의 경우에는 사유신고서에 "압류집행이 있는 사실+압류에 관련된 채권액을 공탁한 사실"을 적게 된다. 이는 현재 변제금 교부절차 등 간이한 공탁금 지급절차가 마련되어 있지 않아 집행법원의 배당절차에 따라야 한다. 이에 관하여는 "채권 등에 대한 배당절차 사건의 처리기간 및 간이배당절차에 관한 예규(재민 2004-2)"가 마련되어 있다.

(라) 위 ②, ③의 경우에는 모두 사유신고한 때에 배당 등 절차사건으로 접수되어 "타배" 사건번호가 부여된다. 그런데 ①의 경우에는 이와 좀 다르다. 즉 가압류된 채권의 경우에는 위와 같은 집행공탁이 이루어지더라도 민사집행법 제247조가 규정하고 있는 바와 같이 배당가입의 차단효가 발생하지 않고, 또 그 사유신고도 배당할 법원이 아닌 가압류발령 법원에 대하여 이루어진다.

(마) 제3채무자가 상당한 기간 내에 공탁사유신고를 하지 않으면 압류채권자, 가압류채권자, 배당에 참가한 채권자, 채무자 그 밖의 이해관계인이 그 사유를 법원에 신고할 수 있다(민집법 248조 4항). 이는 제3채무자가 공탁을 하였더라도 사유신고를 하지 않는 한 배당요구의 종기가 도래하지 아니하여 배당 등의 절차가 사실상 진행되지 못하는 등 절차의 신속한 진행에 지장이 있으므로 다른 이해관계인에게 사유신고할 수 있는 권리를 더불어 인정한 것이다.

(2) 사유신고서 제출법원

(가) 압류명령을 송달받은 제3채무자는 채권자가 경합되지 않는 경우라면 원칙적으로 압류명령을 발령한 법원에 하여야 하며, 채권자가 경합된 경우라면 먼저 송달된 압류명령을 발령한 법원에 사유신고를 하여야 한다(민집규 172조 3항).

(나) 가압류와 본압류가 경합된 경우에는 본압류를 발령한 법원에 하여야 한다.

(다) 가압류명령만을 송달받은 제3채무자는 공탁을 한 후 즉시 공탁서를 첨부하여 가압류발령 법원에 신고하여야 하고, 둘 이상의 가압류가 있는 경우에는 먼저 송달된 가압류 발령법원에 신고해야 한다(행정예규 1018호).

[서식 70] 사유신고서(추심금)

사 유 신 고 서

사　　건 : 2000타채 OOOO 채권압류 및 추심명령
채 권 자 : OO신용카드 주식회사
채 무 자 : 홍 길 동
제3채무자 : 서울특별시
추심한 금액 : 금 3,786,340원 2000. O. O. 추심
공탁한 금액 : 금 3,786,340원

위 사건에 관하여 채권자는 위와 같이 추심명령에 의하여 제3채무자로부터 추심한 바 있으나 추심신고 전에 다음과 같이 압류명령이 있어 공탁하였으므로 공탁서 첨부하여 민사집행법 제236조 및 민사집행규칙 제162조에 의하여 사유신고합니다.

다　　음

사　　건 : 2000타채 OOOO 채권압류 및 추심명령
압류한 법원 : OO지방법원
채 권 자 : OO신용카드 주식회사
채 무 자 : 홍 길 동
제3채무자 : 서울특별시
청구금액 : 20,000,000

첨 부 서 류

1. 공탁서　　1통
1. 채권압류명령 사본　　1통

2000. O. O.

추심채권자 OO신용카드주식회사
대표이사 O O O (인)

OO 지방법원 귀중

[서식 71] 사유신고서

사 유 신 고 서

사　　건 : 2000타채 OOOO 채권압류명령

채 권 자 : 홍　길　동

채 무 자 : 이　몽　룡

제3채무자 : 장　길　산

공탁금액 : 금 OOOOOOO원

위 사건에 관하여 채무자가 제3채무자로부터 받은 물품대금(의류대금) 2,000,000원에 대하여 압류명령이 있으므로 제3채무자는 동 금원을 공탁하였기에 민사집행법 제248조 제4항 및 민사집행규칙 제172조에 의하여 사유신고합니다.

첨 부 서 류

1. 공탁서　　　　　　1통
1. 채권압류명령정본　　1통

2000.　O.　O.

제3채무자　장　길　산 (인)

OO 지방법원　　귀중

[서식 72] 사유신고서

[제15호 양식]

사 유 신 고 서

<table>
<tr><td colspan="6">법원 지원 귀하</td></tr>
<tr><td colspan="2" rowspan="2">공 탁 번 호</td><td rowspan="2"></td><td rowspan="2">공 탁 금 액</td><td>한글</td><td></td></tr>
<tr><td>숫자</td><td></td></tr>
<tr><td rowspan="3">공
탁
자</td><td>성 명
(상호, 명칭)</td><td colspan="4"></td></tr>
<tr><td>주 소
(본점, 주사무소)</td><td colspan="4"></td></tr>
<tr><td>생년월일
(법인등록번호)</td><td colspan="4"></td></tr>
<tr><td rowspan="3">피
공
탁
자</td><td>성 명
(상호, 명칭)</td><td colspan="4"></td></tr>
<tr><td>주 소
(본점, 주사무소)</td><td colspan="4"></td></tr>
<tr><td>생년월일
(사업자등록번호)</td><td colspan="4"></td></tr>
<tr><td colspan="6">위 공탁금의 회수(출급) 청구권에 대하여 아래와 같이 채권압류명령 등이 경합되었으므로 사유신고 합니다.

- 아 래 -

년 월 일

법원 지원 공탁관 (인)</td></tr>
</table>

※ 1. '아래'란에는 가압류·압류 사건번호와 법원, 채권자 및 채무자의 성명과 주소, 청구금액 및 압류명령서 등의 송달 연월일 등을 기재 합니다.

2. 공탁당사자가 국가 또는 지방자치단체인 경우에는 법인등록번호란에 '고유번호'를 기재하시기 바랍니다.

[서식 73] 위임장(공탁서 등)

위 임 장

수임인(대리인) 성 명 :
주민등록번호 :
주 소 :

OO지방법원 2000년 금제OOO호 사건에 관하여 위 사람을 대리인으로 정하고 다음 사항의 권한을 위임한다.

다 음

1. 공탁서작성 및 제출행위
1. 공탁사유신고서 작성 및 제출행위
1. 회수제한신고서 작성 및 제출행위
1. 공탁서 열람·등본신청 및 이를 교부받는 행위
1. 각종 증명서 신청 및 이를 교부받는 행위
1. 공탁통지서 수령행위
1. 공탁금 청구 및 출급·회수하는 행위

첨부서류 : 1. 위임인이 개인일 경우 : 인감증명서(위임인)
2. 위임인 법인일 경우 : 법인인감증명서, 법인등기사항증명서

2000. O. O.

위임인 성 명 : O O O (인)
주민등록번호 : OOOOOO-OOOOOOO
주 소 : OO시 OO로 OO(OO동)
전 화 번 호 : OO-OOO-OOOO

[서식 74] 제3채무자의 채무액 공탁사유신고서

제3채무자의 채무액 공탁사유신고서

채 권 자　　대한생명보험주식회사 외 2
[(별지(1)과 같음]

채 무 자　　O　　O　　O

제3채무자　　OO농업협동조합
(사유신고인)　대표자 조합장 OOO

사유신고인 제3채무자 OO농업협동조합은 채무자 OOO에게 매월 급료(본봉, 상여금 및 제수당)에서 제세공과금을 공제한 나머지 돈(단, 채무자가 청구채권액에 달하기전에 명예퇴직한 때에는 명예퇴직금 중 제세공과금을 공제한 나머지 돈)을 지급해야 할 채무가 있는 데, 별지 (1) 채권자들이 별지 (2)와 같이 채권가압류, 채권압류 및 추심명령, 가압류에서 본압류로 이전하는 채권압류 및 추심명령을 단행함으로서 압류가 경합되었는 바, 누구에게 얼마를 지급할지를 알 수 없어 공탁자는 200O. O. O. OO지방법원 OO지원 200O년 금제　　호로 돈 17,045,120원을 권리공탁하였으므로, 민사집행법 제248조 제4항의 규정에 의하여 그 사유를 신고합니다.

첨 부 서 류

1. 공탁서 원본　　1통
1. 결정정본 사본　　3통
1. 급여압류금보관내역　　1통
1. 법인등기사항전부증명서　　3통
1. 위임장　　1통

200O.　O.　　.

신 고 인　OO농업협동조합
조합장 O　O　O (인)

OO지방법원 OO지원　　귀중

별 지 (1)

1. 대한생명보험주식회사
   서울 영등포구 여의도로 OO(OO동)
   송달장소 : 광주 동구 대인로 OO(OO동) 대한생명빌딩 3층 채권관리팀
   대표이사 O O O (결정문상 : 대표이사 : OOO)

2. 주식회사 우리은행 (합병 전 : 우리신용카드주식회사)
   서울 중구 회현로 OO(OO동) (소관 : 특수관리팀)
   대표이사 O O O (결정문상 : 대표이사 OOO)

3. 서울보증보험주식회사
   서울 영등포구 연지로 OO(OO동)
   송달장소 : 목포시 명륜로 OO(OO동) (목포지점)
   대표이사 O O O (대표이사 OOO)

별 지 (2)

1. OO지방법원 OO지원 OO군법원 2000카단 OOOO 채권가압류
   가. 채 권 자 : 대한생명보험주식회사, 서울 영등포구 여의도로 OO(OO동)
   　　송달장소 : 광주 동구 대인로 OO(OO동) 대한생명빌딩 3층
   나. 채 무 자 : O O O (000000-0000000)
   　　경남 OO군 OO읍 OO로 OO
   다. 제3채무자 : OO농업협동조합　　라. 청구금액 : 금 5,726,488원
   마. 결정일자 : 20OO. 8. 1.　　바. 송달일자 : 20OO. 8. 6.

2. OO지방법원 OO지원 2000타채 OOOO 채권압류 및 추심명령
   가. 채 권 자 : 우리신용카드주식회사, 서울 서초구 서초로 OO(OO동)
   　　(합병 후 : 주식회사 우리은행, 서울 중구 회현로 OO(OO동)
   　　송달장소 : 서울 중구 충무로 OO(OO동)
   　　(소관 : 특수관리팀)
   나. 채 무 자 : O O O (000000-0000000)
   　　경남 OO군 OO읍 OO로 OO

결정문상주소 : 경남 OO군 OO읍 OO로 OO
송달장소 : 경남 OO군 OO읍 OO로 OO

다. 제3채무자 : OO농업협동조합　　라. 청구금액 : 금 9,413,736원

마. 결정일자 : 20OO. 2. 14.　　바. 송달일자 : 20OO. 3. 28.

3. OO남부지방법원 20OO타채 OOOO 가압류를 본압류로 이전하는 채권압류 및 추심명령

가. 채 권 자 : 서울보증보험주식회사, 서울 종로구 연지로 OO(OO동)
송달장소 : 목포시 명륜로 OO(OO동) (소관 : 목포지점)

나. 채 무 자 : O　O　O (000000-0000000)
경남 OO군 OO읍 OO로 OO
결정문상주소 : 경남 OO군 OO읍 OO로 OO
송달장소 : 경남 OO군 OO읍 OO로 OO

다. 제3채무자 : OO농업협동조합 (소관 : OO지점)

라. 청구금액 : 금 10,337,016원

마. 결정일자 : 20OO. 11. 20.(결정경정결정일자 : 20OO. 12. 10)

바. 송달일자 : 20OO. 11. 24.(결정경정정본송달일자 : 20OO. 12. 16)

[참조 6] 급여보관금 보관내역

급여압류금 보관내역 (홍길동 분)

(단위 : 원)

년 월 일	급여공제액	공제합계액	비 고
2000. 12. 19.	1,260,630	1,260,630	
2000. 1. 20.	1,205,030	2,465,660	
2000. 2. 20.	1,375,180	3,840,840	
2000. 3. 20.	1,269,570	5,110,410	
2000. 4. 20.	1,269,570	6,379,980	
2000. 5. 20.	1,314,480	7,694,460	
2000. 6. 19.	1,292,680	8,987,140	
2000. 7. 20.	1,746,680	10,733,820	
2000. 8. 20.	1,314,480	12,048,300	
2000. 9. 18.	1,292,680	13,340,980	
2000. 10. 20	1,337,480	14,678,460	
2000. 11. 20.	1,314,480	15,992,940	
2000. 12. 18	1,292,680	17,285,620	
보 관 금		17,285,620	

위의 사실과 틀림없음

2000. 0. 0.

00농업협동조합
조합장 0 0 0 (인)

[참조 7] 공탁비용 등 내역서

공탁비용 등 내역서

1. 공탁서 및 사유신고서 작성 및 제출대행수수료 : 금 190,000원

1. 접수증명원 인지대 : 500원

1. 출장비 등 : 50,000원 (전주 - 대전)

합계 금 240,500원

[서식 75] 위임장(공탁사유신고서)

위 임 장

수임인 성 명 :

주민등록번호 :

주 소 :

위 사람을 대리인 정하고 다음 사항의 권한을 위임한다.

다 음

1. 공탁사유신고서 작성 및 제출하는 일체행위
2. 이에 부수하는 일체행위

첨부서류 : 1. 위임인이 개인일 경우 : 인감증명서(위임인)
2. 위임인 법인일 경우 : 법인인감증명서, 법인등기사항증명서

2000. 0. 0.

위임인 성 명 : 0 0 0 (인)
주민등록번호 : 000000-0000000
주 소 : 00시 00로 00(00동)
전 화 번 호 : 00-000-0000

[서식 76] 접수증명원(사유신고서)

접 수 증 명 원

채 권 자 대한생명보험주식회사 외 5
[(별지(1)과 같음]

채 무 자 O O O

제3채무자 O O O
(사유신고인)

제3채무자 OOO은 별지 (2)와 같이 가압류, 압류가 경합되어 20OO. . . 제3채무자의 채무액공탁에 관한 사유신고서를 접수하여 OO지방법원 OO지원 20OO타기 호 배당절차 사건으로 계속중에 있음을 증명하여 주시기 바랍니다.

20OO. O. .

제3채무자(사유신고인) O O O (인)

OO지방법원 OO지원 귀중

제 5 절 민사집행법 제282조에 의한 공탁(해방공탁)

1. 의 의

- 가압류명령에는 가압류의 집행정지나 집행한 가압류를 취소하기 위하여 채무자가 공탁한 금액(가압류해방금액)을 적어야 하고(민집법 282조), 채무자가 그 금액을 공탁한 때에는 법원은 결정으로 집행한 가압류를 취소하여야 한다(민집법 299조). 이 경우 채무자가 하는 공탁을 가압류해방공탁이라고 한다.
- 가압류제도는 금전적 청구권을 보전하기 위한 것이므로 채무자가 금전적 청구권 보전에 필요한 충분한 금액을 공탁하게 하고 그 가압류의 효력을 공탁금에 미치게 한다면 채권자로서는 당초의 가압류 목적을 달성할 수 있게 되는 동시에 채무자도 가압류집행을 취소하여 가압류 목적물이 처분이나 이용 등을 할 수 있게 된다는 점에서 가압류 해방공탁제도는 채권자와 채무자의 이해관계를 조정하는 제도이다.

2. 해방공탁금의 법적 성질

해방공탁금은 가압류의 집행정지나 취소로 채권자가 입을 손해를 담보하는 것이 아니고 가압류의 목적재산을 갈음하는 것이므로 소송비용의 담보에 관한 규정이 준용되지 않고, 채권자는 여기에 대하여 우선변제권이 없다.

판례 가압류집행의 목적물에 갈음하여 가압류해방금이 공탁된 경우에 그 가압류의 효력은 공탁금 자체가 아니라 공탁자인 채무자의 공탁금 회수청구권에 대하여 미치는 것이므로 채무자의 다른 채권자가 가압류해방공탁금 회수청구권에 대하여 압류명령을 받은 경우에는 가압류채권자의 가압류와 다른 채권자의 압류는 그 집행대상이 같아 서로 경합하게 된다(대결 1996. 11. 11. 95마2520).

결국, 가압류해방공탁금은 가압류목적물을 갈음하는 것으로서, 가압류해방공탁이 된 경우에 가압류명령 그 자체의 효력은 소멸되는 것이 아니라 공탁자인 가압류채무자의 공탁금 회수청구권에 미치게 되는 것이다.

또한, 가압류해방공탁금액을 공탁하게 하는 목적은 가압류집행과 마찬가지로 피보전채권이 강제집행을 보전하는데 있으므로, 가압류해방공탁은 채무변제를 위한 공탁이 아니다. 따라서 가압류채무자는 가압류해방공탁에 의하여 채무의 소멸을 주장할 수 없다.

3. 공탁의 신청 등

가. 공탁당사자

(1) 공 탁 자

가압류해방공탁을 할 수 있는 자는 가압류채무자이다.

실무상 가압류채무자 이외의 제3자의 해방공탁은 허용되지 아니하여, 가압류된 부동산의 제3취득자도 해방공탁할 수 없다. 다만, 가압류목적물에 대한 이해관계인으로서 채무자를 대위하여 그 피보전채권을 변제할 수는 있을 것이며, 이때에는 그에 따른 권리구제를 취할 수밖에 없다(1998. 9. 8. 법정 3302-321).

또한, 상속·합병 등으로 가압류채무자에 대한 권리·의무를 포괄적으로 승계한 자도 해방공탁을 할 수 있다.

(2) 피공탁자

해방공탁의 경우 피공탁자는 원시적으로 있을 수 없으므로 공탁서의 피공탁자란은 공란으로 둔다.

[서식 77] 금전 공탁서(가압류해방)

[제1-3호 양식]

금전 공탁서(가압류해방)

<table>
<tr><td>공 탁 번 호</td><td colspan="3">년 금 제 호</td><td colspan="2">년 월 일 신청</td><td>법령
조항</td><td colspan="2">민사집행법 제282조</td></tr>
<tr><td rowspan="4">공 탁 자
(가압류 채무자)</td><td>성 명
(상호, 명칭)</td><td colspan="7"></td></tr>
<tr><td>주민등록번호
(법인등록번호)</td><td colspan="7"></td></tr>
<tr><td>주 소
(본점, 주사무소)</td><td colspan="7"></td></tr>
<tr><td>전화번호</td><td colspan="7"></td></tr>
<tr><td rowspan="2">공 탁 금 액</td><td colspan="3">한글</td><td colspan="2" rowspan="2">보 관 은 행</td><td colspan="3" rowspan="2">은행 지점</td></tr>
<tr><td colspan="3">숫자</td></tr>
<tr><td rowspan="2">법원의 명칭과
사 건</td><td colspan="8">법원 사건</td></tr>
<tr><td>당 사 자</td><td>채 권 자</td><td colspan="2"></td><td colspan="2">채 무 자</td><td colspan="2"></td></tr>
<tr><td>공탁원인사실</td><td colspan="8">위 사건의 가압류 집행 취소를 위한 해방공탁</td></tr>
<tr><td>비고(첨부서류 등)</td><td colspan="8">1. 가압류 결정문 사본
2. □ 계좌납입신청</td></tr>
<tr><td colspan="9">위와 같이 신청합니다. 대리인 주소
전화번호
공탁자 성명 인(서명) 성명 인(서명)</td></tr>
<tr><td colspan="9">위 공탁을 수리합니다.
공탁금을 년 월 일까지 위 보관은행의 공탁관 계좌에 납입하시기 바랍니다.
위 납입기일까지 공탁금을 납입하지 않을 때는 이 공탁 수리결정의 효력이 상실됩니다.
년 월 일
법원 지원 공탁관 (인)</td></tr>
<tr><td colspan="9">(영수증) 위 공탁금이 납입되었음을 증명합니다.
년 월 일
공탁금 보관은행(공탁관) (인)</td></tr>
</table>

※ 1. 서명 또는 날인을 하되, 대리인이 공탁할 때에는 대리인의 성명, 주소(자격자대리인은 사무소)를 기재하고 대리인이 서명 또는 날인하여야 합니다. 전자공탁시스템을 이용하여 공탁하는 경우에는 날인 또는 서명은 인증서에 의한 전자서명 방식으로 합니다.

2. 공탁당사자가 국가 또는 지방자치단체인 경우에는 법인등록번호란에 '고유번호'를 기재하시기 바랍니다.

3. 공탁금 회수청구권은 소멸시효 완성으로 국고에 귀속될 수 있습니다.

4. 공탁서는 재발급되지 않으므로 잘 보관하시기 바랍니다.

5. 공탁원인사실 기재례

채권자 홍길동과 채무자간 서울중앙지방법원 20OO타경 1234호 부동산가압류신청사건의 가압류결정에 정해져 있는 가압류해방금의 공탁

[서식 78] 위임장(공탁서 등)

위　　임　　장

수임인(대리인) 성　　명 :
주민등록번호 :
주　　소 :

OO지방법원 20OO년 금제OOO호 사건에 관하여 위 사람을 대리인으로 정하고 다음 사항의 권한을 위임한다.

다　　음

1. 공탁서작성 및 제출행위
1. 회수제한신고서 작성 및 제출행위
1. 공탁서 열람·등본신청 및 이를 교부받는 행위
1. 각종 증명서 신청 및 이를 교부받는 행위
1. 공탁통지서 수령행위
1. 공탁금 청구 및 출급·회수하는 행위

첨부서류 : 1. 위임인이 개인일 경우 : 인감증명서(위임인)
2. 위임인 법인일 경우 : 법인인감증명서, 법인등기사항증명서

20OO.　O.　O.

위임인 성　　명 : O　O　O (인)
주민등록번호 : OOOOOO-OOOOOOO
주　　소 : OO시 OO로 OO(OO동)
전 화 번 호 : OO-OOO-OOOO

나. 공 탁 물

(1) 가압류해방공탁금은 가압류목적물에 갈음하는 것이며 금전에 의한 공탁만이 허용되고 유가증권에 의한 공탁은 허용되지 않는다.

(2) 또한, 가압류채무자가 가압류의 집행취소신청을 하기 위해서는 가압류명령에서 정한 금액의 전부를 공탁하여야 하며, 가압류명령에서 정한 금액의 일부만을 공탁하고 가압류집행의 일부취소를 구하는 것은 허용되지 않는다.

예컨대, 가압류결정에서 가압류채무자 '을'과 '병' 및 '정'을 공동채무자로 하여 청구금액 1억원을 공탁하고 가압류의 집행취소를 신청할 수 있도록 정한 경우에는 '병' 및 '정'은 자신들의 상속채무액만큼만 공탁하여 자신들이 공유자는 부동산에 대한 가압류의 집행취소를 구할 수는 없다(2002. 10. 11. 법정 3302-342).

(3) 해방금액을 결정하는 기준에 대하여는 통상 청구채권의 금액과 같은 금액으로 하고 있다. 그러나 목적물의 가액이 청구금액보다 적은 경우에는 목적물의 가액 상당금액으로 정할 수 있고, 채권자의 청구권이 다른 방법에 의하여 그 일부가 보전되어 있다면 이를 고려하여 그 금액을 정할 수 있다.

다. 공탁신청서

가압류해방공탁신청은 집행공탁인 점에서 공탁사무 문서양식 예규(행정예규 1235호) 양식 중 제1-3호 양식(금전공탁서(가압류해방))을 사용하여야 한다.

라. 가압류 집행취소결정

해방금액을 공탁한 채무자는 공탁서를 첨부하여 가압류 집행법원에 가압류 집행취소를 신청하고, 이러한 집행취소신청이 있으면 집행취소의 결정을 한다. 이 결정에 대하여는 채권자가 즉시항고를 할 수 있다(민집법 299조 3항). 이 취소결정은 확정되지 아니하여도 효력이 생긴다(민집법 299조 4항).

해방공탁으로 인한 가압류집행취소가 이루어져도 가압류명령 그 자체의 효력이 소멸되는 것이 아니라 공탁자인 가압류채무자의 공탁금회수청구권에 대하여 미친다.

판례 가압류집행이 있은 후 가압류가 강제경매개시결정으로 인하여 본압류로 이행된 경우에 가압류집행이 본집행에 포섭됨으로써 당초부터 본집행이 있었던 것과 같은 효력이 있고, 본집행의 효력이 유효하게 존속하는 한 상대방은 가압류집행의 효력을 다툴 수는 없고 오로지 본집행의 효력에 대하여만 다투어야 하는 것이므로, 본집행이 취소, 실효되지 않는 한 가압류집행이 취소되었다고 하여도 이미 그 효력을 발생한 본집행에는 아무런 영향을 미치지 않는다. 따라서 가압류등기 후 제3자 앞으로 소유권이전등기가 마쳐진 부동산에 대하여 가압류권자의 신청에 의한 강제경매절차가 진행 중 가압류해방금액 공탁으로 가압류집행이 취소되어 가압류등기가 말소된 경우, 이를 이유로 강제경매개시결정을 취소할 수 없다(대결 2002. 3. 15. 2001마6620).

4. 해방공탁금의 지급

가. 가압류채권자의 권리행사

(1) 가압류채무자가 가압류공탁을 하면 가압류목적물에 대한 가압류의 집행은 취소되나 가압류의 효력은 공탁금자체가 아니라 공탁자인 가압류채무자의 공탁금회수청구권에 미치게 되는 것이고(즉 금전이 공탁되면 공탁금이 공탁소로 소유권이 이전되어 공탁금회수청구권에 대하여 가압류의 효력이 미치게 된다). 가압류채권자는 본안승소판결의 집행력 있는 집행권원에 기하여 가압류채무자가 가지는 해방공탁금 회수청구권에 대하여 집행법원의 현금화명령(전부명령 또는 추심명령)을 받아서 공탁금을 회수할 있다(대결 1996. 11. 11. 95마252).

(2) 따라서 가압류채권자는 본안승소판결 등을 집행권원으로 하여 가압류채무자가 가지는 공탁금회수청구권에 대하여 가압류로부터 본압류로 이전하는 채권압류 및 추심(또는 전부)명령을 받아 공탁소에 대하여 회수청구를 할 수 있다(전부명령은 확정증명, 추심명령은 송달증명 각 첨부). 그 경우의 집행권원으로서는 확정판결뿐만 아니라 가집행선고부 종국판결도 포함된다(공탁선례 2-293).

(3) 이 경우 채권압류가 가압류를 본압류로 이전하는 채권압류가 아닌 한 가압류의 피보전권리와 압류의 집행채권의 동일성을 소명해야 한다(공탁선례 2-294). 그 소명방법으로 가압류신청서와 소장, 본안판결문 등을 제출하면 공탁관이 동일성 여부를 판단하게 된다.

공탁관이 압류가 가압류로부터 이전된 것이 명백하지 않다고 하여 가압류와 압류가 경합되었음을 이유로(전부명령의 경우 효력이 없는 것으로 판단하여) 집행법원에 사유신고를 한 때에는 집행법원의 배당절차에 의한 지급위탁절차에 의하여 교부하는 증명서를 첨부하여 공탁금의 회수청구를 하게 된다(공탁선례 2-296).

(4) 따라서 해방공탁금에 대하여 가압류채권자가 가압류채권의 피보전권리와 압류된 집행채권의 동일함에도 불구하고 가압류에서 본압류로 이전하지 않고 채권압류 및 전부명령이 추심명령을 얻었을 경우, 이를 송달받은 공탁관은 공탁금 지급청구권에 대하여 압류경합이 있음을 이유로 지체 없이 사유신고를 하게 되므로(행정예규 1225호에 의하여 익일부터 3일 이내), 가압류채권자는 공탁관이 압류경합을 이유로 집행법원에 사유신고를 하기 전까지만 가압류채권의 피보전권리와 집행채권이 동일함을 소명하면 공탁금을 지급받게 된다.

(5) 가압류채권자가 가압류목적물에 대하여 우선변제를 받을 권리가 없는 것과 마찬가지로 가압류해방공탁금에 대하여 가압류채권자는 우선변제권이 없다(대결 1996. 11. 11. 95마252). 따라서 가압류해방공탁금 회수청구권에는 우선권 없는 보통의 가압류만이 된 상태이므로 가압류채무자에 대하여 채권을 가진 다른 채권자는 가압류해방공탁금에 대하여 가압류나 압류를 할 수도 있다.

이와 같이 공탁자인 가압류채무자의 다른 채권자가 가압류해방공탁금 회수청구권에 대하여 압류명령을 받은 경우에는 가압류채권자의 가압류와 다른 채권자의 압류는 그 집행대상이 같아 서로 경합하게 된다(대결 1996. 11. 11. 95마252). 이 경우 공탁관은 지체 없이 집행법원에 그 사유를 신고하여야 하고, 압류 및 추심명령을 받은 채권자 등에게 공탁금을 지급하여서는 아니 된다(대판 2002. 8. 27. 2001다73107).

제3채무자인 공탁관이 사유신고를 하게 되면 배당요구의 종기가 도달하여 더 이상 다른 채권자가 배당요구 등을 할 수 없으므로, 공탁사유의 신고를 받은 집행법원은 바로 배당절차를 개시할 수 있다.

한편, 가압류채무자에게 해방공탁금의 용도로 대여하여 가압류집행을 취소할 수 있도록 한 자는 특별한 사정이 없는 한 가압류채권자에 대한 관계에서 가압류해방공탁금 회수청구권에 대하여 위 대여금 채권에 의한 압류 또는 가압류의 효력을 주장할 수 없다(대판 1998. 6. 26. 97다30820).

나. 가압류채무자의 권리행사

(1) 가압류해방공탁금에 대하여는 가압류채권자의 공탁금 출급청구권은 없고 가압류채무자의 공탁금 회수청구권만 있다.

공탁자인 가압류채무자의 해방공탁금 회수청구권은 공탁원인의 소멸을 정지조건으로 하는 청구권이므로 그와 같은 조건이 성취되면 공탁자는 그것을 입증하고 해방공탁금을 회수할 수 있다. 채무자인 공탁자의 공탁금 회수청구권에 대한 양수인이나 전부 또는 추심채권자도 마찬가지이다.

(2) 따라서 해방공탁금을 가압류채무자인 공탁자가 회수하기 위해서는 가압류의 효력을 이의신청 또는 사정변경에 의한 가압류결정취소신청 등으로 깨뜨리거나, 가압류채권자와 합의를 하여 해방공탁금에 대한 가압류를 풀어야 한다. 즉, 공탁자인 가압류채무자가 공탁금을 회수청구하는 경우 그 첨부서면은 일반적인 첨부서면 이외에 공탁원인의 소멸을 증명하는 서면을 첨부하여야 한다.

(3) 가압류의 효력이 소멸되었음을 증명하는 서면으로는 ① 가압류를 취소하는 결정정본 및 송달증명(민사집행법 제286조 제6항의 효력유예선언이 있는 경우에는 효력발생기간경과), ② 제소기간 도과로 인한 민사집행법 제287조 제3항의 가압류결정취소결정 및 송달증명, ③ 집행 후 3년간 본안의 소를 부제기로 인한 민사집행법 제288조 제1항 제3호의 가압류취소결정 및 송달증명, ④ 가압류취하증명이나 가압류취하간주증명, ⑤ 가압류해제증명 등을 들 수 있다.

(4) 가압류채권자가 본안소송에서 패소하여 그 판결이 확정되면 채무자가 사

정변경에 따른 가압류취소신청을 하여 가압류취소결정을 받아 공탁금을 회수할 수 있다. 그리고 가압류해방공탁은 가압류로 인한 손해담보공탁이 아니므로 가압류해방공탁금 회수청구시 담보취소결정이 필요 없다.

(5) 가압류채권자의 채권자가 '가압류채권자의 가압류채무자에 대한 본안판결 확정 후 제3채무자인 국가에 대하여 회수청구할 공탁금채권'을 피압류채권으로 채권가압류를 받았다 하더라도, 가압류의 효력이 소멸될 수 없으므로, 공탁자인 가압류채무자가 일반적인 첨부서면 이외에 가압류해방공탁의 원인이 된 그 가압류의 효력이 소멸되었음을 증명하는 서면을 첨부하여 공탁금 회수청구를 하는 경우 공탁관은 그 회수청구를 인가하여야 한다(공탁선례 2-295).

(6) 가압류채권자가 법원이 정한 제소기간 내에 제소증명서 등을 제출하지 않아, 가압류채무자가 제소기간 도과에 의한 가압류결정취소결정을 받은 경우(민집법 287조 3항), 가압류채무자는 일반적인 첨부서면 이외에 공탁원인의 소멸을 증명하는 서면으로 가압류결정취소결정정본 및 송달증명을 첨부하여 가압류해방공탁금을 회수할 수 있으며, 가압류취소결정의 확정증명을 요하지 않는다. 이는 가압류가 집행된 후 가압류채권자가 3년간 본안의 소를 제기하지 않아 가압류채무자가 가압류결정취소결정을 받은 경우(민집법 288조 1항 3호)에도 마찬가지이다(공탁선례 2-299).

(7) 가집행선고부 판결에 의하여 집행이 완결된 사건에 있어서는 그 본안판결이 항소심에서 취소 또는 변경되더라도 이를 이유로 이미 완결된 강제집행을 취소할 수는 없다(공탁선례 2-300).

다. 이자의 귀속문제

(1) 공탁금 지급청구권에 대하여 당사자의 교체(전부·양도 등)가 있는 경우에는 교체일을 기준으로 그 전일까지의 이자는 구 당사자(공탁자)에게, 그 이후부터는 선 당사자(전부채권자·양수인 등)에게 귀속하는 것이 원칙이다.
따라서 공탁금 지급청구권에 대한 채권압류 및 추심명령이 있는 때에 그 명령에 공탁금의 이자에 대하여 언급이 없는 때에는 추심채권자는 압류 전 공탁금의 이자에 대한 추심권은 없으므로(공탁선례 2-99), 공탁금의 이자에 대하여 추심권을 행사하려면 별도의 압류 및 추심명령을 받아야 한다.

(2) 가압류로부터 본압류로 이전하는 압류 및 전부명령이 확정된 때에는 그 명령이 제3채무자인 국가에 송달된 때에 채무자의 공탁금 회수청구권은 지급을 갈음하여 전부명령상 권면액의 범위 내에서 채권자에게 이전하는 것이므로, 공탁일로부터 위 명령이 제3채무자인 국가에 송달되기 전일까지의 공탁금에 대한 이자는 공탁자(가압류채무자)에게 지급되어야 하고 그 이후의 공탁금에 대한 이자는 전부채권자에게 지급되어야 한다(공탁선례 2-98).

(3) 가압류해방공탁금의 회수청구권에 대하여 가압류로부터 본압류로 이전하는 압류 및 전부명령과 함께 지연손해금채권으로 추가로 위 가압류해방공탁금의 회수청구권에 대하여 압류 및 전부명령을 한 경우라도, 그 명령에 이자채권에 대하여 언급이 없으면 공탁일로부터 압류·전부명령이 제3채무자인 국가에 송달되기 전일까지의 공탁금에 대한 이자를 전부채권자에게 지급할 수 없다(공탁선례 2-301).

(4) 공탁금에 대한 이자의 지급을 동시에 받으려고 하는 때는 그 취지를 공탁금 출급·회수청구서에 기재하도록 되어 있으나(공탁규칙 32조 2항 4호), 실무상으로는 이자의 지급을 청구하지 않는 특별한 경우에만 위 그 취지를 기재하고 그러한 기재가 없으면 공탁물보관자가 공탁금 납입일로부터 공탁금 지급 전일까지의 이자를 계산하여 지급한다.

제 6 절 부동산경매절차에서 배당금의 공탁

1. 의 의

민사집행법 제160조 제1항은 부동산에 대한 강제경매에서 배당액을 즉시 채권자에게 지급할 수 없거나 지급하는 것이 타당하지 아니한 때에는 법원사무관 등은 배당액을 직접 지급하지 않고 공탁하도록 규정하고 있다.

즉 배당받을 채권액에 대하여 ① 정지조건의 성취 또는 불확정기한이 붙어있는 때, ② 가압류채권자의 채권인 때, ③ 민사집행법 제49조 제2호(강제집행의 일시정지를 명한 취지를 적은 재판의 정본) 및 제266호 제1항 제5호(담보권실행을 일시정지 하도록 명한 재판의 정본)에 규정된 문서가 제출되어 있는 때, ④ 저당권설정의 가등기가 마쳐져 있는 때, ⑤ 민사집행법 제154조 제1항에 의한 배당이의의 소가 제기된 때, ⑥ 민법 제340조 제2항 및 제370조에 따른 배당금액의 공탁청구가 있는 때에는 집행법원은 그에 따른 배당액을 공탁하여야 한다.
또한 민사집행법 제160조 제2항은 채권자가 배당기일에 출석하지 아니한 때에도 그에 대한 배당액을 공탁하도록 규정하고 있다.
위 민사집행법 제160조는 부동산에 대한 담보권실행을 위한 경매절차 및 채권에 대한 강제집행의 배당절차에도 준용된다(민집법 256조, 268조). 다만, 위 ④항은 그 성질상 채권에 대한 강제집행에 있어서는 제외된다.

2. 민사집행법 제160조 제1항 각 호에 의한 공탁

가. 채권에 정지조건 또는 불확정기한이 붙어 있는 때(민집법 제160조 제1항 제1호)

(1) 정지조건이 있거나 불확정기한이 있는 채권의 배당액은 공탁하고, 공탁의 원인이 소멸한 때, 즉 조건의 성부나 기한의 도래에 의하여 지급하거나 추가배당하여야 한다(민집법 161호). 정지조건이 있거나 불확정기한이 있는 채권은 원래 강제집행은 물론 배당요구도 할 수 없다.
"주택임대차보호법" 제3조의2 및 "상가건물임대차보호법" 제5조의 규정에 의하여 우선변제권이 인정되는 임대차보증금도 임차인이 임차목적물을 매수인에게 인도하지 아니하면 이를 수령할 수 없으므로 정지조건 있는 채권에 대한 배당액 교부방법과 마찬가지로 임차물의 인도를 조건으로 배당액을 공탁하고 목적물의 인도를 증명한 때에 이를 지급한다(재민 84-10, 전세보증금의 반환도 전세목적물의 반환과 동시이행관계에 있으므로 전세권의 경우도 인도확인서가 필요하다.
소액임차인의 경우 "주택임대차보호법" 제8조 제2항에서 동법 제3조의2 제3항을 준용하지 않으므로 인도확인서를 제출하여야 한다(재민 84-10).

한편, 목적물의 인도를 증명하는 증거로는 보통 매수인이 작성한 인도(명도)확인서를 제출하도록 하고 있으나, 반드시 이에 한하지는 않고, 예컨대 배당기일 전에 미리 인도명령이 발령된 경우에는 인도집행조서, 그 밖에 이사확인서와 변경된 주민등록등본 및 공무소에의 조회 등을 통한 새로운 점유자의 확인 등을 종합적으로 고려하여 판단한다.

(2) 정지조건이 있는 채권은 조건의 성취에 의하여, 불확정기한이 있는 채권은 기한의 도래에 의하여 채권이 확정되므로, 조건이 성취되었거나(조건이 성취된 것으로 간주되는 경우를 포함한다) 기한이 도래한 경우에 해당 채권자가 그 사실을 증명하여 원래의 배당표에 적힌 대로 배당액 지급청구를 하면, 법원은 배당기일을 열지 않고 배당액 지급절차를 밟는다.

(3) 조건의 불성취가 확정된 경우에는 그 채권자에 대한 배당을 실시할 수 없으므로 달리 추가배당을 받을 채권자가 있는 경우에는 다른 채권자가 그 사실을 증명하면 집행법원은 추가배당을 실시하고, 나머지가 있으면 채무자 등(강제경매의 경우에는 채무자, 임의경매의 경우에는 소유자, 민사집행법 제147조 제2항에 해당하는 경우에는 보증 등을 제공한 자)에게 지급하여야 한다. 달리 추가배당을 받을 채권자가 없는 경우에는 채무자 등에게 지급한다.

나. 가압류채권자의 채권(민집법 제160조 제1항 제2호)

가압류의 경우에 확정되지 아니한 채권은 공탁하여야 한다. 그리고 본안소송에서 가압류채권자가 승소하여 집행력 있는 종국판결을 받거나 화해조서 등 그 밖의 집행권원은 취득한 때에 가압류채권자가 집행권원을 제출하면 법원사무관 등은 그 자격에 관한 증명서를 교부하는 지급위탁절차에 의하여 배당채권자에게 공탁금이 지급된다.

그러나 가압류의 피보전채권의 부존재가 본안의 확정판결에 의하여 확정되거나 가압류결정의 취소 등에 의하여 가압류집행이 취소된 때에는 위 공탁된 배당액은 아직 만족하지 못한 채권자가 있는 경우에는 추가배당하여야 하고(민집법 161조 2항 1호), 그렇지 아니하면 채무자 등에게 지급한다. 다만, 다른 채권자가 가압류채권자의 채권에 대한 배당액에 대하여 이의를 한 경우에는 배당절차가 종료되지 아니하므로 판결 내용에 따라 다시 배당을 실시한다.

다. 민사집행법 제49조 제2호(강제집행의 일시정지를 명한 취지를 적은 재판의 정본) 및 제266조 제1항 제5호(담보권실행을 일시정지하도록 명한 재판의 정본)의 문서가 제출되어 있는 때(민집법 제160조 제1항 제3호)

강제경매의 경우에 집행력 있는 정본을 가진 배당채권자의 전원에 대하여 집행정지서면이 제출된 경우에는 배당절차는 정지되므로 배당액의 공탁문제가 일어날 여지가 없다. 집행력 있는 정본을 가진 배당채권자의 일부에 대해서만 집행정지서면이 제출되었거나 임의경매의 경우에는 법원은 배당을 속행하여야 하고, 다만 법원사무관 등은 그 채권자에 대한 배당을 공탁하여야 한다.

채무자가 집행력 있는 정본을 가진 채권자의 배당액에 대하여 배당이의를 하고 그 후 청구이의의 소 등을 제기하면서 소제기증명과 함께 집행정지의 잠정처분을 제출한 경우에도 여기에 해당한다.

담보권리자에 대하여 담보권의 실행을 일시정지하도록 명한 재판의 정본이 제출된 경우에도 같다.

이와 같이 공탁이 된 후 정지의 본안소송 또는 이의의 결과로써 집행불허의 재판의 정본이 제출되면 아직 만족하지 못한 다른 채권자가 있는 경우에는 그 채권자에게 추가배당을 하고(민집법 161조 2항 1호), 그렇지 아니하면 채무자 등에게 지급한다.

반대로 집행정지를 받은 채권자가 본안소송 또는 이의의 소에서 승소한 사실을 증명하면 그 채권자에게 공탁금을 지급한다.

라. 저당권설정의 가등기가 마쳐져 있는 때(민집법 제160조 제1항 제4호)

압류의 효력발생 전에 저당권설정의 가등기가 되어 있는 경우에 그 가등기권리자는 후일 본등기를 하면 우선변제를 받을 수 있는 지위에 있으므로, 가압류의 경우에 준하여 가등기권리자가 본등기를 하였다고 가정하고 그에게 배당할 금액을 정하여 이를 공탁하면 된다.

가등기권리자가 본등기를 하든가 본등기를 하지 않더라도 본등기에 필요한 조건을 구비한 때에는 그 가등기권리자에게 그 배당금액을 지급한다.

이 경우 본등기에 필요한 조건이란 등기의무자의 동의서나 본등기에 필요한 저당권 그 자체의 성립을 인낙하는 등기의무자의 채권확인서 또는 본등기를 명하는 확정판결 등이 제출된 경우를 말한다.

이러한 서류가 제출되면 법원사무관 등은 공탁 전이면 공탁을 하지 않고 배당액을 지급하고, 공탁 후라면 배당액 지급절차에 의하여 배당액을 지급한다.

마. 배당이의 소가 제기된 때(민집법 제160조 제1항 제5호)

배당표에 대한 이의가 있는 채권액 관하여 적법한 배당이의의 소가 제기된 때에는 그 배당액을 공탁하여야 한다.

배당이의의 소의 판결이 확정된 때, 그 소가 취하 또는 취하간주된 때에는 이해관계 있는 채권자가 그 사실을 증명하면 그 판결의 내용에 따라, 종전의 배당표를 경정하거나 추가배당 또는 재배당을 하여야 할 경우에는 법원이 그 필요한 절차를 밟으면 된다. 종전의 배당표가 그대로 확정된 경우에는 법원사무관 등이 종전의 배당표에 따라 배당액을 지급한다.

바. 저당권자가 저당권의 목적 부동산이 아닌 다른 부동산에 관한 배당절차에서 배당을 받는데 다른 채권자가 그 배당금의 공탁청구(민법 제340조 제2항, 제370조)를 한 때(민집법 제160조 제1항 제6호)

저당권자는 담보권을 가지고 있는 일반채권자로서의 자격을 상실하는 것은 아니므로 집행권원을 가지는 한 저당목적 부동산 이외의 채무자의 다른 부동산에 대하여도 강제집행을 할 수 있다. 이 경우에 저당권자는 저당목적 부동산에 의하여 먼저 변제를 받고 그 부족액에 한하여 채무자의 일반재산에서 변제를 받을 수 있다(민법 370조, 340조 1항).

그러나 저당권자가 저당권을 실행하기에 앞서 채무자의 다른 부동산에 대하여 다른 채권자가 먼저 강제집행을 개시하여 배당이 실시되는 경우에까지 위와 같이 제한을 한다면 후에 저당권이 실행되어 채권변제의 부족이 판명된 때에는 이미 다른 부동산에 대한 집행이 종료되어 부족액의 변제를 받을 기회를 상실하게 되므로 이런 경우에는 저당권자도 일반채권자와 동등한 자격으로 채권 전액을 가지고 배당에 참가할 수 있다(민법 370조, 340조 2항 본문). 다만, 저당목적 부동산으로써 채무액의 변제에 충분함에도 불구하고 저당권자가 미리 배당액을 수령한다면 결과적으로 민법 제340조 제1항의 취지와 모순되고 다른 채권자의 이익을 해하게 되므로 다른 채권자는 배당에 참가하는 저당권자에게 배당금의 공탁을 요구할 수 있다(민법 370조, 340조 2항 단서).

이러한 공탁청구가 있으면 법원사무관 등은 그 저당권자에 대한 배당액을 공탁하여야 한다.

3. 배당기일에 출석하지 아니한 채권자의 배당액 공탁(민집법 제160조 제2항)

배당받을 채권자가 배당기일에 출석하지 아니한 경우에는 배당액을 지급할 수 없으므로 공탁하여 배당을 완결한다.

후일 그 채권자가 지급을 청구하면 법원사무관 등은 지급위탁서에 의하여 배당액을 지급한다.

채무자 등이 배당기일에 출석하지 아니한 경우도 채무자 등에게 지급할 금원이 있으면 공탁하였다가 채무자 등이 그 지급을 청구하면 배당액 지급방법에 의하여 처리할 것이다(재민 92-2 참조).

불출석채권자에 대한 배당액의 공탁 또는 계좌입금은 배당기일부터 10일 안에 하도록 되어 있으나(재민 91-5), 채권자가 배당기일에 출석하지 아니하였다 하여 즉시 공탁을 할 것이 아니라 10일 동안 그 채권자의 지급청구를 기다렸다가 끝내 그 채권자의 지급청구가 없으면 그때 공탁을 할 것이다.

한편, 채권자가 법원에 대하여 공탁금의 수령을 포기하는 의사를 표시한 때에는 그 채권자의 채권이 존재하지 아니하는 것으로 보고 추가배당을 실시하거나 또는 채무자 등에게 지급하여야 한다(민집법 161조 3항).

집행사건에 있어서 배당액 등의 공탁 및 공탁배당액 등의 관리절차에 관한 예규(재민 92-2)

2020. 5. 15. 개정 [재판예규 제1740호 시행 2020. 7. 1.]

제1조(목적) 이 예규는 민사집행법(이하 "법"이라 한다) 제160조, 제256조, 제268조 , 민사집행규칙(이하 "규칙"이라 한다) 제156조제1항 등의 규정에 의하여(선박, 항공기, 자동차, 건설기계 및 소형선박에 준용되는 경우를 포함한다) 채권자에게 교부하지 아니하는 배당액 등의 공탁, 공탁 이후의 업무처리절차 및 잔고현황의 보고절차 등을 정함을 목적으로 한다.

제2조(배당액등의 공탁) 집행법원이 배당기일을 진행하는 집행사건에서 사건담임법원서기관, 법원사무관, 법원주사 또는 법원주사보(이하 "담임법원사무관등"이라 한다)는 배당기일에 채권자에게 교부하지 아니하는 배당액 및 채무자 또는 소유자가 배당기일에 출석하지 아니하여 교부되지 아니한 배당잔여액에 관하여 배당기일부터 10일 이내에 각 배당 또는 교부받을 자별로 공탁절차를 취하여야 한다.

제3조(집행관 사유신고의 접수 등)

① 유체동산에 대한 집행절차에서 집행관이 매각대금이나 배당액을 공탁한 후 법원에 사유신고서를 제출하는 경우에 접수담당 법원사무관등은 사유신고서에 다음 각 호 중 어느 사유에 따른 사유신고인지가 명확히 기재되어 있는지 확인하여야 한다.

1. 채권에 정지조건 또는 불확정기한이 붙어 있음
2. 가압류채권자의 채권임
3. 강제집행 또는 담보권 실행을 일시 정지하도록 명한 재판의 정본이 제출됨
4. 매각대금으로는 배당에 참가한 모든 채권자를 만족하게 할 수 없고 배당협의기일에 배당협의가 이루어지지 아니함

② 집행관의 사유신고가 제1항제1호, 제2호, 제3호 중 어느 하나에 따른 경우에는 접수담당 법원사무관등은 재판사무시스템의 사건입력 화면에서 사건부호를 '타기'로, 사건분류를 '집행관의 배당액 공탁사유신고'로 입력하여야 한다.

③ 집행관의 사유신고가 제1항제4호에 따른 경우에는 접수담당 법원사무관등은 재판사무시스템의 사건입력 화면에서 사건부호를 '타배'로, 사건분류를 '배당절차'로 입력하여야 한다.

④ 제2항의 경우 집행관의 집행기록 표지 위에 해당 법원의 민사집행기록표지[전산양식 A1020]를 편철하고, 그 후에 접수되는 문건은 기록 마지막에 편철된 사유신고서 다음에 가철하는 방식으로 처리한다.

⑤ 제1항의 사유신고 사건의 담임법원사무관 등은 사건기록을 검토하여 집행관의 사

유신고가 제1항제1호, 제2호, 제3호 중 어느 하나에 해당하는 경우에는 제4조제1항, 제2항에 따른 조치를 취하여야 한다.

제4조(공탁서등 보관책임자)

① 담임법원사무관등은 제2조의 규정에 따라 배당액등에 관한 공탁절차를 취하거나 제3조제1항제1호, 제2호, 제3호의 규정에 따라 사유신고서의 접수 등 절차를 마친 후 즉시 그 공탁서 사본과 배당표(집행관 사유신고의 경우에는 배당계산서를 말한다. 이하 같다) 원본은 사건기록에 첨부하고, 따로 배당표 등본을 작성하여 이를 공탁서 원본과 함께 주무과장이 지정하는 보관책임자(이하 "공탁서등 보관책임자"라 한다)에게 인계한다.

② 담임법원사무관등이 제1항에 따라 배당계산서 등본을 작성한 경우에는 배당계산서 등본 중 문서 제목 오른쪽 여백에 해당 법원의 사건번호를 부기하여야 한다[예 : 배당계산서(○○지방법원 20○○타기 ○○○)].

③ 공탁서등 보관책임자는 담임법원사무관등으로부터 공탁서 원본등을 인계받음에 있어 제2조, 제3조제1항제1호, 제2호, 제3호에 따라 공탁된 배당액 및 배당잔여액(이하 "공탁배당액등"이라 한다)에 관한 공탁서등 보관대장 〔전산양식 A3454〕 에 해당사항을 기재한 후, 인계받은 공탁서 원본등은 연도별, 사건번호순으로 별도 보관한다.

④ 제3항의 규정에 따라 공탁서등 보관책임자가 보관하는 공탁서 원본 등은 공탁서등 보관책임자의 사무인계인수시 철저히 인계, 인수하여야 한다[재판사무 인계요령(재일 2004-4) 참조]

⑤ 공탁배당액등의 출급에 관련된 부수절차에 관한 업무 (출급청구인에 대한 청구권의 존부 확인, 지급위탁서의 송부, 지급증명서의 교부등 및 추가배당 관련업무등)는 공탁서등 보관책임자가 이를 담당한다.

⑥ 사건기록이 폐기된 후에 출급청구가 있는 경우에는 출급청구인이 제출한 소명자료 중 채권자 또는 채무자에게 교부한 것을 제외하고는 6개월간 이를 별도 보관한다.

⑦ 공탁관은 공탁배당액등에 관하여 국고귀속절차를 취할 경우에는 집행 주무과장(참조 : 공탁서등 보관책임자)에게 그 사실을 통보하여야 한다.

⑧ 담임법원사무관등이 전산공탁시스템을 이용하여 공탁절차를 취하는 경우, 위 ① ~ ⑦항의 공탁서 원본, 공탁서 사본, 배당표 원본, 배당표 등본, 배당계산서 등본, 공탁서 등 보관대장(이하 "공탁서등"이라 한다)에 관한 규정은 적용하지 아니하며, 전자문서로만 생성·관리한다.

제5조(보고)

① 공탁서등 보관책임자는 공탁서 원본등을 인계받거나 공탁배당액등에 관한 출급절차를 취할 때에는 공탁배당액등 출납부 〔전산양식 A3455〕 에 해당사항을 기재하

여 매월 말에 그 잔고에 관하여 주무과장의 확인을 받아야 한다.
② 공탁관은 매월 말 현재의 공탁배당액등의 잔고현황을 다음달 5일까지 [전산양식 A3456] 에 의하여 집행 주무과장에게 통보한다.
③ 주무과장은 제1항의 공탁배당액등 출납부상의 매월말 현재의 잔고현황과 제2항의 규정에 의하여 공탁관으로부터 통보받은 공탁배당액등의 잔고현황을 대조하여 그 잔고현황 및 대조결과를 다음달 10일까지 [전산양식 A3457] 에 의하여 법원장 또는 지원장에게 보고한다.
④ 법원장은 제3항의 규정에 의하여 보고받은 잔고현황 및 대조결과를 매년 말을 기준으로 하여 그 전년도말과 대비하여 [전산양식 A3458] 에 의하여 다음해 1월말까지 법원행정처장에게 보고한다(지원장은 다음해 1. 20.까지 법원장에게 보고한다).
⑤ 담임법원사무관등이 전자공탁시스템을 이용하여 공탁절차를 취하는 경우, 위 ①항의 공탁서 원본의 인계에 관한 규정은 적용하지 아니하며, 전자문서로만 생성·관리한다.

부 칙 (2020. 5. 15 제1740호)

제1조(시행일) 이 예규는 2020년 7월 1일부터 시행한다.
제2조(적용례) 이 예규는 이 예규 시행 당시 법원에 계속 중인 사건에도 적용한다.

4. 그 밖의 사유로 인한 배당액 공탁

가. 저당권부 채권이 압류 또는 가압류된 경우

저당권이 있는 채권이 압류(가압류를 포함한다)된 것만으로는 그 채권의 권리자가 바뀌는 것은 아니지만 저당권이 있는 채권에 대한 압류의 효력은 저당권자의 배당금청구권에 미친다고 해석되므로 압류가 존속하는 한 해당 배당금을 지급하지 않고 저당권자를 피공탁자로 하여 공탁을 한다.
그 절차는 아래 나.항의 처리 방법과 같다.

나. 배당금 또는 잉여금 수령채권에 대하여 압류, 가압류 또는 전부명령, 추심명령이 발령된 경우 처리 방법

(1) 압류, 가압류된 경우

배당받을 채권의 존재 및 액수에 관하여 아무런 다툼이 없어 배당표가 확정되었지만 배당금 수령채권이 압류(가압류 포함한다)되어 있는 경우에는 배당받을 채권자를 배당금 수령권자로 기재하여 배당표를 작성한다.

이 경우에 하는 배당금의 공탁은 현행 공탁실무에서는 민사집행법 제248조의 집행공탁으로 처리한다. 따라서 배당금 전액이 압류된 경우에는 피공탁자를 기재하지 아니하고 일부가 압류되어 관련된 배당금 전액을 공탁하는 경우에는 압류의 효력이 미치지 아니하는 부분에 대하여는 변제공탁으로 보아야 하므로 피공탁자란에 압류채무자를 기재하여야 한다.

민사집행법 제248조로 집행공탁할 때는 공탁사유신고(민집법 248조 4항, 민집규 172조)도 하여야 한다.

가압류·압류채권자는 민사집행법 제252조 이하의 배당절차를 통하여 수령할 수 있다.

(2) 전부명령, 추심명령이 발령된 경우

(가) 배당금 수령채권에 대하여 추심명령 또는 전부명령이 발하여진 경우에 이를 송달받은 출납공무원이 해당 경매계에 그 사실을 통지하면 집행법원은 배당표상의 채권자란에 당초 채권자를 기재한 다음 그 옆 괄호 안에 전부채권자 또는 추심채권자 OOO라고 기재하고, 이유란에 당초 채권자에 대한 배당사유(예컨대 근저당권자)를 기재하며{다만, 배당기일 전에 전부명령이 확정된 것으로 밝혀진 경우에는 배당표상의 채권자란에 전부채권자 OOO라고 기재한 다음 그 옆 괄호 안에 당초의 채권자를 기재하고, 이유란에 당초 채권자에 대한 배당사유(예컨대 근저당권자)를 기재한다}. 지급위탁서를 전부채권자 또는 추심채권자 앞으로 작성하여 배당액을 지급한다.

한편, 이 경우 공탁 전에 전부명령이 확정되어 이미 전부의 효력이 발생한 경우가 아니면 민사집행법 제248조에 의한 집행공탁도 가능하지만 다수의 채권자가 경합되었거나 또는 민사집행법 제248조 제2항과 제3항에 해당하는 경우가 아니면 굳이 민사집행법 제248조 제1항에 의한 집행공탁을 하여 배당절차를 거치도록 할 필요가 없을 것이다. 다만, 추심채권자나 전부채권자가 배당기일에 출석하지 아니한 때에는 민사집행법 제

160조 제2항에 따라 공탁할 수 있다.

한편, 다수의 압류나 가압류로 인하여 채권자가 경합하거나 민사집행법 제248조 제2항과 제3항에 해당하는 경우에는 민사집행법 제248조의 해당조문에 의하여 공탁하고 공탁사유신고(민집법 248조 4항, 민집규 172조)를 한다.

(나) 배당금 수령채권에 대하여 전부명령이나 추심명령이 있는데, 만일 배당받은 채권자가 가압류채권자라든가 또는 배당받은 채권자의 배당액에 채권자가 배당이의가 있는 경우(배당받은 채권자가 가압류채권자이고 그 채권에 대하여 배당이의가 있는 경우도 이에 준한다)에는 두 가지 처리방법이 가능하다.

첫째, 전부명령이 확정되기 전이거나 추심명령이 있는 경우에 민사집행법 제160조 제1항 제2호 또는 제5호와 제248조를 모두 적용하여 공탁을 하고 동시에 공탁사유신고를 한 후 배당받은 채권자에게 배당금지급청구권이 확정되면 채권배당절차로 이행하여 채권배당절차에 따라 지급하는 방법이다. 다만, 공탁 전에 전부명령이 확정되었다면 민사집행법 제248호에 의한 집행공탁은 할 수 없으므로 이 경우에는 아래 두 번째 방법에 의한다.

둘째, 일단 민사집행법 제160조 제1항 제2호 또는 제5호에 의하여 공탁을 하면서 추가로 배당금채권에 전부명령이나 추심명령이 있음을 기재하였다가 나중에 배당받은 채권자에게 배당금지급청구권이 확정되면 그때 전부채권자 또는 추심채권자에게 지급한다. 다만, 사안에 따라 채권배당절차를 거치는 것이 상당하다고 판단되는 경우에는 종전의 공탁은 유지한 채 민사집행법 제248조 제4항 및 민사집행규칙 제172조에 따라 공탁사유신고를 하여 채권배당절차에 따라 지급하면 된다.

채권배당절차의 미제사건을 줄인다는 면에서는 후자에 따라 처리하는 것이 타당할 것이나, 어느 경우이든 배당금채권에 전부명령 등이 있음을 기재하는 것을 누락하여서는 아니된다.

5. 공탁절차

(1) 배당액을 공탁할 사유가 있는 경우에는 공탁사무 문서양식에 관한 예규(행정예규 1235호) 양식 중 제1-1호에 의하여 공탁서 2통을 작성하여 공탁관에게 공탁한다(공탁규칙 20조).

배당액 공탁은 배당기일로부터 10일 안에 하여야 한다(재민 91-5).

배당재단이 법원보관금인 경우 실무는 법원사무관 등이 2통의 공탁서를 작성하여 공탁계에 제출하면 그 중 1통은 공탁소가 보관하고, 나머지 1통을 반환받아 출납공무원이 교부한 출급지시서와 함께 취급점에 제출하면 취급점에서는 보관금계정에 있는 배당액을 공탁금계정으로 대체시킨 후 공탁서를 법원사무관 등에게 반환한다.

(2) 공탁서에 적어야 할 내용은 다음과 같다(공탁규칙 20조 2항).

① 공탁자의 성명, 주소, 주민등록번호 : 공탁자는 법원사무관 등이므로 'OO지방법원 법원사무관 OOO'라고 적고, 주소와 주민등록번호는 적지 않는다.

② 법령조항 : 민사집행법 제160조에 따라 공탁할 경우에는 민사집행법 제160조의 해당 조항을 적고, 민사집행법 제248조 제1항, 제2항, 제3항에 의하여 공탁할 경우에는 위 각 조문을 적는다. 이 두 가지 이상의 공탁원인이 있는 경우에는 모두 적는다.

③ 공탁물을 수령할 자의 성명, 주소, 주민등록번호 : 이의 있는 채권에 대한 배당액을 공탁하는 경우에는 공란으로 두며(다만, 실무에서는 배당표 원안에 배당받는 것으로 기재된 채권자를 기재하기도 한다), 정지조건부 채권에 대한 배당액, 가압류의 피보전채권에 대한 배당액 또는 기일에 출석하지 아니한 채권자의 배당액을 공탁하는 경우에는 그 채권자의 주소, 성명을 적는다. 주민등록번호를 알 수 있는 때에는 주민등록번호도 기재한다(공탁규칙 20조 2항 5호).

④ 공탁원인사실 : 'OO지방법원 20OO타경 OOO호 부동산강제경매사건에 관하여 채권자 갑으로부터 채권자 을의 채권에 대하여 이의가 있고 또 소정기간 내에 배당이의의 소제기의 증명이 있었으므로 이의 있는 채권

액에 대한 배당액을 공탁함' 또는 'OO지방법원 20OO타경 OOO호 부동산 강제경매사건에 관하여 채권자 갑은 OO지방법원 20OO카단 OOO 부동산가압류명령에 의한 가압류채권자로서 위 가압류의 피보전채권이 확정되지 아니하였으므로 위 채권에 대한 배당액을 공탁함'이라고 적는다. 특히, 두 가지 이상의 공탁사유가 있는 경우에는 공탁원인사실에 그 사유를 모두 적어야 한다.

한편, 배당금을 공탁할 경우에는 배당기록의 보존기한이 지나 기록이 폐기되더라도 공탁서만으로도 출급이 가능하도록 공탁원인사실에 공탁금의 출급청구를 하게 될 가능성이 있는 모든 채권자의 기본적인 인적사항도 적는 것이 좋다. 예컨대, 가압류채권자의 채권을 공탁하는 경우에는 가압류채권자의 주소 및 주민등록번호와 채무자의 주소 및 주민등록번호를, 배당이의가 완결되지 아니하여 공탁하는 경우에는 배당이의를 한 채권자 및 그 이의에 관계된 채권자의 주소 및 주민등록번호를 적는다.

법원사무관은 위와 같은 공탁서 2통을 작성한 뒤 공탁서에 배당표등본을 첨부한 뒤 공탁관에게 제출하여 공탁한다.

(3) 한편, 앞에서 설명한 민사집행법 제248조에 따라 공탁할 경우에는 같은 조 제4항에 따라 공탁사유신고도 하여야 한다. 다만, 일단 다른 사유로 공탁하였다가 후에 제248조를 적용하고자 하는 경우에는 종래의 공탁을 그대로 유지하면 되고 다시 집행공탁을 할 필요는 없으며 공탁시유신고서를 관할 집행법원에 제출하면 된다(공탁규칙 58조 1항).

이 때 압류된 채권에 관하여 다시 압류명령 또는 가압류명령이 송달된 경우에 공탁사유신고는 먼저 송달된 압류명령을 발령한 법원에 하여야 하므로(민집규 172조 3항), 공탁규칙 제58조 제1항의 관할 집행법원은 반드시 부동산경매절차를 실시한 법원을 뜻하는 것이 아니고, 민사집행규칙 제172조 제3항의 먼저 송달된 압류명령을 발한 법원에 뜻한다.

(4) 공탁규칙 제43조는 공탁물의 지급이 배당 기타 관공서의 결정에 의하여 이루어지는 경우 그 공탁물의 출급절차에 관한 특별규정이므로, 집행법원이 배당이의의 소송을 제기당한 채권자에 대한 배당액을 민사집행법 제160

조 제1항 제5호에 의하여 공탁한 경우, 배당이의 소송에서 청구를 일부 인용하는 판결이 확정된 후 채권자가 그 공탁금 중 경정된 배당표에 따른 자신의 배당액을 출급받기 위해서는, 공탁규칙 제43조가 정하는 바에 따라 우선 집행법원에 배당이의 소송의 판결이 확정된 사실 등을 증명하여 배당금의 교부를 신청하여야 한다. 그 신청을 접수한 집행법원은 공탁관에게 채권자에 대한 배당액에 상당한 금액의 지급위탁서를 송부하고 채권자에게는 그의 지급을 받을 자격에 관한 증명서를 교부하면, 채권자는 이 증명서를 첨부하여 공탁관에게 공탁금의 출급을 청구하여야 한다.

판례 채권의 압류·전부명령은 피압류채권의 귀속자에 대한 변경을 가져올 뿐 피압류채권의 행사절차에는 아무런 변경을 가져오지 아니하므로, 채권자가 갖게 되는 공탁금 출급청구권에 대하여 압류·전부명령을 받은 자가 전부받은 공탁금 출급청구권을 행사함에 있어서도 역시 공탁규칙 제43조가 정하는 절차에 따라야 한다(대결 2000. 3. 2. 99마6289).

제 7 절 민사집행법 제130조 제3항의 공탁 (매각허가결정에 대한 항고보증공탁)

1. 의 의

부동산에 대한 강제경매에서 매각허가결정에 대하여 항고를 하고자 하는 사람은 보증으로 매각대금의 1/10에 해당하는 금전 또는 법원이 인정한 유가증권을 공탁하여야 한다(민집법 130조 3항). 이 규정은 부동산을 목적으로 하는 담보권실행을 위한 경매절차에도 준용된다(민집법 268조).

무익한 항고를 제기하여 절차를 지연시키는 것을 방지하기 위하여 매각허가결정에 불복하는 모든 항고인에 대하여 보증금을 공탁하도록 되어 있다.

위 규정은 매각허가결정에 대한 항고시에 적용되는 것이므로, 매각불허가결정의 항고에 대하여는 보증의 제공을 요하지 않는다.

이 공탁은 항고인의 남항고에 대한 제재적 성격과 경매절차지연에 따른 채권자 등의 손해담보적 성격도 가지나 항고가 기각된 때 또는 항고인이 항고를 취하한 경우 공탁물의 전부 또는 일부가 배당재단의 일부로써 집행절차에 따라 채권자 등에게 배당되는 점에서 집행공탁의 성질을 갖는다.

2. 공탁물의 지급

가. 항고가 기각(각하)된 경우

(1) 배당할 금액에 편입

매각허가결정에 대한 항고가 기각되어 확정된 경우 보증금의 처리에 관하여, ① 채무자 및 소유자가 한 항고가 기각된 때에는 항고인은 보증으로 제공한 금전이나 유가증권을 돌려줄 것을 요구하지 못하므로 그 전액을 배당할 금액에 편입시키고, ② 채무자 및 소유자 외의 사람이 한 항고가 기각된 때에는 항고인은 보증을 제공한 금전이나 유가증권으로 현금화한 금액 가운데 항고를 한 날부터 항고기각결정이 확정된 날까지의 매각대금에 대한 연 100분의 12의 이율(민집규 75조)에 의한 금액(보증으로 제공한 금전이나 유가증권을 현금화한 금액을 한도로 한다)에 대하여는 돌려 줄 것을 요구할 수 없으므로(민지 130조 7항 본문), 그 지연손해금만을 배당할 금액에 포함시키고 나머지는 보증제공자에게 반환한다. 다만, 보증으로 제공한 유가증권을 현금화하기 전에 위의 금액을 항고인이 지급한 때에는 그 유가증권을 돌려 줄 것을 요구할 수 있다(민집법 130조 7항 단서).

반환받지 못한 보증금은 나중에 배당할 금액에 산입되지만(민집법 147조 1항 3호·4호), 항고가 기각되었더라도 경매신청이 취하되거나 매각절차가 취소된 때에는 항고인이 보증금을 반환받을 수 있다.

채무자 또는 경매목적물의 소유자가 매각허가결정에 대하여 항고를 하면서 보증으로 공탁한 현금 또는 유가증권은 항고가 기각된 경우에는 배당할 금액에 포함되어 공탁자는 회수청구권을 행사할 수 없게 된다.

경매법원이 배당재단에 귀속된 공탁금을 배당채권자에게 배당하였을 때에는 배당채권자는 공탁금 출급청구권을 가지게 된다. 매각허가결정에 대한 항고가 기각되기 전에 항고인의 공탁금 회수청구권에 대하여 압류 및 전부명령이 있었다고 하여도 공탁금 출급청구권에는 아무런 영향을 미칠 수는 없는 것이므로, 공탁금의 출급청구를 받은 공탁금으로서는 공탁금 회수청구권에 대한 압류 및 전부명령이 있었다는 이유로 출급청구를 거부할 수는 없다(대결 1991. 11. 18. 91마501).

(2) 항고가 각하된 경우

민사집행법 제130조 제6항, 제7항의 규정은 항고가 기각된 경우뿐만 아니라 항고가 각하된 경우에도 적용된다.

(3) 배당절차에서 잔여가 있는 경우

배당절차에서 채권자에게 배당하고 남은 금액이 있으면 채무자 또는 소유자에게 지급하는바, 남은 금액이 있다고 하더라도 채무자나 소유자 이외의 항고인이 출연한 보증금이 채무자나 소유자에게 귀속하는 것은 불합리하므로, 채무자와 소유자를 제외한 항고인이 제공한 항고보증금이 배당할 금액에 편입된 경우에 배당하고 남은 금액이 있으면 배당할 금액에 편입된 금액의 범위 안에서 이를 제공한 사람에게 돌려주어야 한다(민집법 147조 2항). 또한, 배당하고 남은 금액을 돌려주는 경우에 부족한 경우로써 그 보증을 제공한 사람이 여럿인 때에는 배당할 금액에 편입된 각 보증금 등의 비율에 따라 나누어 준다(민집법 147조 3항).

(4) 배당금의 일부로 출급하는 경우의 절차

집행법원은 보증으로 공탁된 금액을 포함하여 배당을 한 후 공탁금에 관하여 공탁규칙 제43조 제1항에 따라 지급위탁서를 공탁관에게 송부하고, 배당받은 집행채권자에게 증명서 1통을 교부하여야 하며, 이를 받은 공탁관이 공탁금 출급을 인가함으로 인하여 공탁금이 지급된다(행정예규 980호).

나. 항고인이 항고를 취하한 경우

항고인이 항고를 취하한 경우에도 항고가 기각된 경우와 같이 취급하므로,

민사집행법 제130조 제6항, 제7항의 규정이 준용되므로(민집법 130조 8항). 위와 같이 보증의 반환이 제한된다. 재항고를 취하한 항고기각으로 확정되므로, 마찬가지로 항고가 기각된 경우(민집법 130조 6항·7항)에 따라 처리하게 되므로, 역시 보증의 반환이 제한된다.

다. 항고가 인용된 경우

항고가 인용된 경우에는 확정증명을 제출하여 바로 보증금을 회수할 수 있으며, 공탁의 성질이 집행공탁이기 때문에 담보취소절차를 밟을 필요가 없다. 항고인이 공탁물을 회수할 경우에는 공탁서와 항고인용의 재판이 확정되었음을 증명하는 서면 또는 해당 보증금이 배당할 금액에 포함될 필요가 없게 되었음을 증명하는 서면(집행법원의 법원사무관 등이 발급한 것에 한함)을 첨부하여 공탁물 회수청구를 한다(행정예규 980호).

라. 경매신청이 취하되거나 경매절차가 취소된 경우

항고인은 이러한 사실을 증명하는 서면을 첨부하여 공탁금의 회수를 청구할 수 있다.

제 8 절 그 밖의 집행공탁

1. 민사집행법 제198조 제4항에 의한 공탁(긴급매각)

가. 의 의

유체동산에 대한 강제집행에 있어서 민사집행법 제19조 제1호(강제집행의 일시정지를 명한 취지를 적은 재판의 정본) 또는 제4호(집행할 판결이 있는 뒤에 채권자가 변제를 받았거나 의무이행을 미루도록 승낙한 취지를 적은 문서)가 제출된 경우에는 압류물을 즉시 매각하지 아니하면 값이 크게 내릴 염려가 있거나 보관에 지나

치게 많은 비용이 드는 때에는 집행관은 그 물건을 매각할 수 있다.

이는 민사집행법 제296조 제5항 단서와 취지를 같이 하는 것으로 실체법상의 자조매각(상법 67조 제2항 등)에 상당한 것이다.

긴급매각한 경우 압류물의 매각대금은 공탁하여야 한다(민집법 198조 4항).

나. 공탁금의 지급

민사집행법상의 의무로서 집행관이 공탁하는 점에서 집행공탁이나 목적물을 보관만을 목적으로 하는 점에서 실질상 보관공탁의 성격을 가진다. 따라서 출급청구권은 없고 공탁자인 집행관의 회수청구권만이 존재한다.

집행관은 집행정지사유가 소멸되면 공탁금을 지급받아 채권자에게 교부하거나 배당하여야 하고, 강제집행의 취소나 취하된 때에는 채무자에게 교부하여야 한다.

2. 민사집행법 제222조 제1항에 의한 공탁(매각대금공탁)

가. 의 의

유체동산에 대한 강제집행에 있어서 매각대금으로 배당에 참여한 모든 채권자를 만족하게 할 수 없고 매각허가된 날로부터 2주 이내에 채권자 사이에 배당협의가 이루어지지 아니한 때에는 집행관은 매각대금을 공탁하여야 한다(민집법 222조 1항). 여러 채권자를 위하여 동시에 금전을 압류한 경우에도 이와 같다.

위 공탁을 한 경우에 집행관은 집행절차에 관한 서류를 붙여 그 사유를 법원에 신고하여야 한다.

나. 공탁금의 지급

민사집행법 제222조의 규정에 따라 집행관이 공탁한 때에 법원은 배당절차를 개시하고(민집법 252조) 배당절차를 거쳐 법원은 지급위탁서를 공탁관에게 송부하고 지급받을 자에게 그 자격을 증명서를 교부하여 공탁금이 배당채권자에게 지급된다.

3. 불확정채권 등의 공탁

가. 불확정채권인 경우

(1) 유체동산에 대한 강제집행에 있어서 매각대금 등으로 각 채권자의 채권과 집행비용의 변제를 할 수 있거나 채권자 사이에 배당협의가 이루어졌더라도 배당 등을 받을 채권자의 채권의 일부 또는 전부가 불확정채권인 경우, 즉 ① 정지조건 또는 불확정기한이 붙어 있는 채권, ② 가압류채권, ③ 그 채권에 관한 우선변제권 또는 질권의 실행을 일시금지 하는 재판의 정본이 제출되어 있는 때에는 그 채권에 대하여는 집행관이 직접 교부할 수 없고, 그 배당 등의 액에 상당하는 금액을 공탁하고 집행관계서류를 첨부하여 집행법원에 사유를 신고하여야 한다(민집규 156조 1항, 155조 ·1항·3항, 157조 2항·3항).

(2) 불확정채권자도 배당협의에 참가할 수 있음을 전제로 압류금전이나 매각대금으로 각 채권자의 채권과 집행비용의 전부를 변제할 수 없는 경우에도 배당협의가 이루어지면 그 중 불확정채권에 대한 교부금에 한하여 공탁 및 사유신고를 하도록 되어 있다.

(3) 집해법원은 사유신고의 내용에 따라 민사집행법 제252조 이하의 규정에 따른 배당을 실시하거나 정지조건이 있는 채권에 대하여는 조건성취여부에 따라서, 불확정기한이 있는 채권에 대하여는 그 기한의 도래에 따라서, 가압류채권에 대하여는 본안소송의 결과에 따라 배당이의의 소가 있는 경우에는 그 결과에 따라, 배당이의의 소가 제기된 경우에는 그 결과에 따라 각각 채권자 또는 채무자에게 지급하면 된다.

나. 당사자가 불출석한 경우

집행관은 배당 등을 수령하기 위하여 출석하지 아니한 채권자 또는 채무자에 대한 배당 등의 액에 상당하는 금액을 공탁하여야 한다(민집규 156조 2항). 집행관은 교부받은 채권자가 출석하지 아니한 경우에는 그 배당액을 지급할 수 없으므로 이를 공탁하여 배당을 완결한다. 이 경우에는 집행관이 집행법원에 사유신고서를 제출한 필요가 없다.

후일 그 채권자가 배당금지급을 청구하면 집행관은 지급위탁서의 송부, 배당액지급증의 교부 등의 절차에 의하여 처리한다.

채무자가 출석하지 아니한 경우도 채무자에게 지급할 금원이 있으면 이를 공탁하였다가 채무자가 그 지급을 청구하면 위와 같이 처리한다.

다. 집행정지서류가 제출된 경우

(1) 집행관이 금전을 압류한 이후 또는 매각대금을 영수한 이후 채권자에게 교부하기 전에 집행정지사유가 제출된 경우에는 민사집행규칙 제156조 제1항 제3호에 의하여 처리한다.

즉, 집행관은 배당받을 채권자의 채권에 관하여 민사집행법 제49조 제2호 또는 유체동산을 목적으로 하는 담보권실행을 위한 경매절차에서 민사집행법 제266조 제1항 제5호에 적은 문서(담보권실행을 일시정지하도록 명한 재판의 정본)가 제출되어 있는 때에는, 그 채권자에 대한 배당 등의 액에 상당하는 금액을 공탁하고 그 사유를 법원에 신고하여야 한다.

이 사유신고서에는 사건의 표시, 압류채권자와 채무자의 이름, 공탁의 사유와 공탁금액(민집규 157조 2항)이고, 공탁서와 사건기록을 붙여 신고하여야 한다(민집규 157조 3항).

(2) 제출된 서류가 민사집행법 제49조 제1호, 제5호, 제6호의 서류인 경우에는 그 채권자에게 대한 배당금을 채무자에게 교부하여야 한다.

만약 제출된 서류가 민사집행법 제49조 제4호의 서류인 때에는 배당액을 해당 채권자에게 그대로 지급한다.

4. 민사집행법 제236조 제2항에 의한 공탁

가. 의 의

(1) 추심채권자의 추심신고의무

추심채권자가 채권을 추심한 때에는 추심한 채권액을 법원에 신고하여야 한다(민집법 236조 1항). 추심신고의무는 추심명령의 대상인 채권의 일부만이 추심된 경우에도 발생하며, 계속적 수입채권이 압류된 경우에는 추심신고 시마다 신고를 하여야 한다.

이러한 추심신고서가 제출될 때까지는 추심명령 신청사건은 미제로 처리하여야 한다. 추심신고가 있으면 다른 채권자들에 의한 배당요구는 더 이상 허용되지 않는다(민집법 247조 1항 2호).

(2) 추심채권자의 공탁의무

채권자가 추심의 신고를 하기 전에 다른 압류, 가압류 또는 배당요구가 있었을 때에는 채권자는 추심한 금액을 지체 없이 공탁하고 그 사유를 신고하여야 한다(민집법 236조 2항).

사유신고는 사건과 당사자의 표시, 제3채무자로부터 지급받은 금액과 날짜, 공탁사유 및 공탁한 금액을 적은 서면에 공탁서를 붙여서 하여야 한다(민집규 162조 2항).

판례 만일 추심채권자가 공탁신고를 하였음에도 지체 없이 공탁 및 사유신고를 하지 아니한 경우에는 그로 인한 손해배상으로서, 제3채무자로부터 추심금을 지급받은 후 공탁 및 사유신고에 필요한 상당한 기간을 경과한 때부터 실제 추심을 공탁할 때까지의 기간 동안 금전채무의 이행을 지체한 경우에 관한 법정지연손해금 상당의 금원도 공탁할 의무가 있다(대판 2005. 7. 28. 2004다8753).

압류 등의 경합이 있음에도 불구하고 추심을 완료한 채권자가 공탁의무를 이행하지 않을 경우에 다른 경합채권자는 추심채권자를 상대로 추심한 금원을 법원에 공탁하고, 그 사유를 신고할 것을 구하는 소를 제기할 수 있다.

제3채무자가 공탁하거나 추심채권자가 공탁을 한 때에는 집행법원은 배당절차를 개시하여야 한다(민집법 252조 2호).

나. 공탁금의 지급

민사집행법 제236조 제2항의 규정에 따라 추심채권자가 공탁한 때 법원은 배당절차를 개시한다(민집법 252조). 배당절차를 거쳐 법원은 지급위탁서를 공탁관에게 송부하고 지급을 받을 자에게는 그 자격에 관한 증명서를 교부하여 공탁금이 배당채권자에게 지급되게 된다.

5. 민사집행법 제258조 제6항의 공탁(민사집행규칙 제142조 제3항의 공탁)

가. 의 의

채무자가 부동산이나 선박을 인도하여야 할 때 강제집행의 목적물이 아닌 동산은 집행관이 제거하여 채무자에게 인도하여야 하는 데 채무자가 그 동산의 수취를 게을리 한 때에는 집행관은 집행법원의 허가를 받아 동산에 대한 강제집행의 매각절차에 관한 규정에 따라 그 동산을 매각하고 비용을 뺀 뒤에 대금을 공탁하여야 한다. 위 경우의 공탁이 민사집행법 제258조 제6항의 공탁이다.

또한, 민사집행규칙 제142조 제3항은 압류가 취소된 유체동산을 인도할 수 없는 경우에는 민사집행법 제258조 제6항의 규정을 준용하도록 되어 있다. 압류가 취소된 유체동산을 인도할 수 없는 경우에는 집행관은 집행법원의 허가를 받아 동산에 대한 강제집행의 매각절차에 관한 규정에 따라 매각하고, 그 대금에서 비용(동산을 수취할 권리가 있는 사람이 수령지체에 빠진 후의 보관에 드는 비용, 매각수수료 등)을 뺀 나머지 금액을 공탁하도록 되어 있다.

나. 공탁금의 지급

민사집행법상의 의무로써 집행관이 공탁한다는 점에서 형식상 집행공탁이나 매각대금의 보관 및 지급의 책임을 면하기 위한 공탁인 점에서 실질상 변제공탁이므로 일반의 집행공탁과는 달리 공탁금의 지급을 피공탁자(채무자)의 출금청구에 따라 이루어진다.

따라서 공탁시에는 공탁규칙 23조에 따라 공탁통지서를 첨부하고, 우편법 시행규칙 25조 1항 4호 다목에 따른 배달증명을 할 수 있는 우편료를 납입하여야 하다(공탁선례 2-305 참조).

채권자는 부동산의 인도집행을 신청함에 있어서 집행관에게 수수료를 지급하여야 하고, 이는 집행비용이 되지만, 그 비용에 관하여는 채무자 점유 동산의 현금화에서 상환받을 수는 없고, 채권자가 현금화 대금인 공탁금에서 상환받기 위해서는 집행비용액확정결정을 얻어 채무자가 가지는 공탁금 출급청구권에 대하여 별도의 집행절차를 밟아야 한다.

6. 민사집행법 제296조 제4항 또는 제5항의 공탁

가. 의 의

가압류한 금전을 공탁하여야 한다. 즉, 가압류물은 현금화하지 못한다. 다만 가압류물을 즉시 매각하지 아니하면 값이 크게 떨어질 염려가 있거나 그 보관에 지나치게 많은 비용이 드는 경우에는 집행관은 그 물건을 매각하여 매각대금을 공탁하여야 한다.

나. 공탁금의 지급

민사집행법상의 의무로써 집행관이 공탁한다는 점에서 형식상 집행공탁이나 목적물의 보관이 주목적이므로 그 실질을 보관공탁의 성질을 가진다. 따라서 출급청구권은 없고 회수청구권만이 있다. 집행관은 가압류 집행해제신청서부본이나 가압류취소재판 등본을 첨부하여 공탁금을 회수할 수 있다.

7. 민사집행법 제181조 공탁(민사집행규칙 104조의 공탁)

가. 의 의

선박에 대한 강제집행에서 채무자가 강제집행의 일시정지를 명한 취지의 재판의 정본 또는 집행할 판결이 있는 뒤에 채권자가 변제를 받았거나 의무이행을 미루도록 승낙한 취지를 적은 증서를 제출하고 압류채권자 및 배당요구채권자의 채권과 집행비용에 해당하는 보증을 매수신고 전에 제공한 때에는 법원은 신청에 따라 배당절차 외의 절차를 취소하여야 한다(민집법 181조 1항).

이는 민사집행법 제269조에 의하여 선박을 목적으로 하는 담보권실행을 위한 경매절차에도 준용된다.

나. 보증의 제공

위 배당절차를 취소하고자 하는 경우에는 채무자가 금전 또는 법원이 상당하다고 인정하는 유가증권을 공탁한 사실을 증명하는 문서를 집행법원에 제출하는 방법으로 보증을 제공할 수 있다.

다. 공탁금의 지급

(1) 공탁으로 집행의 목적물은 선박에서 공탁물로 변환되었으므로 채무자가 청구이의의 소 등에서 패소하여 집행정지의 효력을 잃은 때
금전공탁이 보증제공의 방법인 경우에는 바로 배당하고, 유가증권이 보증제공의 방법인 경우에는 집행법원이 공탁된 유가증권을 지급받아(민집규 104조 2항) 집행관에게 현금화하게 하여 그 대금이 법원에 제출되면 배당한다(민집규 104조 3항, 80조).

(2) 채무자가 청구이의의 소 등에서 승소하여 선박에 대한 강제집행이 불허된 때에는 집행법원으로부터 보증취소의 결정을 받아 보증취소결정정본 및 확정증명을 첨부하여 채무자인 공탁자가 공탁금을 회수청구할 수 있다.

8. 민사집행규칙 제126조 제5항의 법원사무관 등의 공탁

가. 의 의

자동차의 특성상 자동차의 가격이 크게 떨어질 염려가 있거나 보관에 지나치게 많은 비용이 드는 때에는 집행정지 중이라도 긴급매각의 필요성이 있으므로 일정한 경우 압류채권자 또는 채무자의 신청이 있는 때에는 긴급매각을 인정하고 있다(민집규 126조).

법원사무관 등은 강제집행의 일시정지를 명한 취지를 적은 재판의 정본(민집법 49조 2호) 또는 집행할 판결이 있는 뒤에 채권자가 변제를 받았거나 의무

이행을 미루도록 승낙한 취지를 적은 증서(민집법 49조 34호)가 제출된 때에는 집행관에게 그 사실을 통지하여야 한다.

이 경우 집행관은 자동차집행을 정지하여야 하고, 정지사유가 소멸될 때까지 인도를 받은 자동차를 계속 보관하여야 한다. 다만 자동차의 가격이 크게 떨어질 염려가 있거나 그 보관에 지나치게 많은 비용이 드는 때에는 압류채권자·채무자 및 저당권자에게 그 사실을 통지하여야 한다(민집규 126조 2항). 법원은 압류채권자 또는 채무자의 신청이 있은 때에는 자동차를 매각하도록 긴급매각결정을 할 수 있다(민집규 126조 3항). 위 통지 후의 긴급매각절차는 일반 자동차집행절차에 의한다.

긴급매각절차에 기초하여 자동차가 매각되어 그 대금이 집행법원에 납부된 때에는 법원사무관 등은 매각대금을 공탁하여야 한다(민집규 126조 5항).

나. 공탁금의 지급

민사집행법상의 의무로써 공탁한다는 점에서 형식상 집행공탁이나 압류된 자동차의 변형물인 매각대금의 보관만을 목적으로 하는 점에서 실질상 보관공탁적인 성질을 가진다. 이후 자동차집행이 속행되면 집행법원은 배당절차를 거쳐 지급위탁의 방법으로 공탁금을 지급하고 자동차집행신청이 취하되거나 절차가 취소되면 지급위탁의 방법으로 채무자에게 공탁금을 지급하게 된다.

9. 채무자 회생 및 파산에 관한 규칙 제84조 제2항의 개인회생채권자를 위한 공탁

가. 의 의

개인회생채권자는 개인회생채권자집회의 기일 종료시까지 변제계획에 따른 변제액을 송금받기 위한 금융기관 계좌번호를 회생위원회에게 신고하여야 한다(채회파규 84조 1항).

회생위원은 위의 신고를 하지 아니한 개인회생채권자에 대하여 공탁하기 전에 공탁예정통지서를 발송하여 통지서를 송달받은 날부터 1주일 안에 계좌번호를 신고하지 아니하면 변제액을 공탁한다는 점을 알려주는 등의 절차를 거쳐 연 1회 변제액을 공탁한다(재민 2004-4).

나. 공탁금의 지급

공탁금을 출급받으려는 채권자의 청구가 있는 경우 공탁규칙 제43조에 따라 회생위원은 지급위탁서를 공탁관에게 송부하고 지급받을 채권자에게는 그 자격에 관한 증명서를 주어야 한다(재민 2004-4).
채권자는 증명서를 첨부하여 공탁규칙에 따라 공탁관에게 출급청구를 하면 된다.

10. 「채무자 회생 및 파산에 관한 법률」 제618조 제2항 및 제623조 제2항의 항고인의 공탁

가. 의 의

변제계획불인가의 결정 및 개인회생절차폐지의 결정에 대하여는 즉시항고를 할 수 있다(채회파 618조 1항, 623조 1항). 이러한 항고가 있는 때에는 회생계속법원은 기간을 정하여 항고인에게 보증으로 대법원규칙이 정하는 범위 안에서 금전 또는 법원이 인정하는 유가증권을 공탁하게 할 수 있다(채회파 618조 2항, 623조 2항).

나. 공탁금의 지급

(1) 파산재단에 속하게 된 경우의 출급절차

항고가 기각되고 채무자에 대하여 파산선고가 있거나 파산절차가 속행됨으로써 보증으로 공탁한 현금 또는 유가증권이 파산재단에 속하게 된 경우에는 파산관재인이 위 사항을 증명하는 서면을 첨부하여 공탁물 출급청구를 한다. 이 증명서면은 파산사건 담당 재판부의 법원사무관 등이 발급한 것이어야 한다(재민 2004-4 19조 1호).

(2) 공탁자에게 지급

항고가 인용된 경우 또는 항고가 기각되고 채무자에 대하여 파산선고가 없으며 파산절차가 속행되지 않는 경우에는 공탁자가 공탁서와 항고인용의 재판이 확정되었음을 증명하는 서면 또는 채무자에 대하여 파산선고가 없으며 파산절차가 속행되지 않음을 증명하는 서면을 첨부하여 공탁물을 회수청구할 수 없다. 위 증명서면을 개인회생사건 담당 재판부의 법원사무관 등이 발급한 것이어야 한다(재민 2004- 4 19조 2호, 공탁선례 2-306).

| 제 8 장 혼합공탁 |

제 1 절 총 설

1. 의 의

혼합공탁이라 함은 공탁원인사실 및 공탁근거법령이 다른 실질상 두 개 이상의 공탁을 채무자의 이익보호를 위하여 하나의 공탁절차에 의하여 하는 공탁을 말하는데, 이러한 혼합공탁은 주로 변제공탁과 집행공탁 사이에 발생한다. 즉, 혼합공탁은 변제공탁의 공탁근거법령과 집행공탁의 공탁근거법령 쌍방을 공탁근거법령으로 한 공탁으로서 변제공탁과 집행공탁의 성질을 함께 갖는 공탁이므로, 이 경우 그 요건은 채권자 불확지 변제공탁 사유와 집행공탁 사유가 함께 존재하여야 한다.

따라서 혼합공탁은 변제공탁에 관련된 채권자들에 대하여는 변제공탁으로서의 효력이 있고, 집행공탁에 관련된 집행채권자들에 대하여는 집행공탁으로써의 효력이 있다(대판 1996. 4. 26. 96다2583).

2. 혼합공탁의 요건

- 혼합공탁은 주로 변제공탁과 집행공탁 사이에 발생한다. 변제공탁과 집행공탁을 원인으로 혼합공탁을 하는 경우에 있어서 그 요건은 채권자 불확지 변제공탁 사유와 집행공탁 사유가 함께 존재하여야 한다.
- 채권자 불확지로 인한 변제공탁의 사유는 계약당사자의 확정, 제3자를 위한 계약, 채권양도의 효력유무 등 다양한 형태로 발생할 수 있으나, 실무상 대부분은 채권양도와 관련하여 발생한다. 예들 들면, 채권양도금지의 특약이 있는 채권이 양도된 경우나, 양도통지 후에 무효나 취소의 통지를 받은 경

우, 확정일자 있는 증서에 의한 통지여부가 불분명한 경우, 가압류 이후에 채권양도가 있는 경우 등을 들 수 있다.

- 이와 같이 혼합공탁은 채권양도의 효력 자체에 대하여 다툼이 있는 등 채권자 불확지 변제공탁을 할 만한 사정이 있어야 하므로 단순히 채권양도와 가압류 또는 압류가 경합한다는 사정만으로는 혼합공탁을 할 수 없다.
- 또한 혼합공탁을 하기 위한 요건으로 집행공탁 사유가 존재하여야 한다. 민사집행법 시행으로 단일의 압류, 압류경합이 없는 복수의 압류, 단일 또는 복수의 가압류일 경우에도 집행공탁을 인정하므로, 현행 민사집행법에서는 혼합공탁을 하기 위한 요건으로 집행공탁의 사유는 반드시 압류경합이 있어야 하는 것은 아니다.

3. 혼합공탁의 효력

혼합공탁은 변제공탁의 공탁근거법령과 집행공탁의 공탁근거법령 양자를 공탁근거법령으로 한 공탁이며, 변제공탁과 집행공탁의 성질을 함께 갖는다.

판례 혼합공탁은 변제공탁에 관련된 채권자들에 대하여는 변제공탁으로서의 효력이 있고, 집행공탁에 관련된 집행채권자들에 대하여는 집행공탁으로서의 효력이 있다(대판 1996. 4. 26. 96다2583).

제 2 절 혼합공탁의 신청절차

1. 공탁서의 기재사항

가. 법령조항 기재

혼합공탁은 실무상 대부분이 채권양도와 관련하여 이루어진다. 채권양도와 채권가압류의 경합을 원인으로 한 혼합공탁의 공탁근거 법령조항란에는 민법 제487조 후단 및 민사집행법 제291조, 제248조 제1항을, 채권양도와 채권압류의 경합을 원인으로 한 혼합공탁의 공탁근거 법령조항란에는 민법 제487조 후단 및 민사집행법 제248조 제1항을 기재한다.

나. 피공탁자

공탁서의 피공탁자란에는 양도인(집행채무자) 또는 양수인 피공탁자로 기재하고, 집행채권자(가압류나 압류채권자들)들은 공탁서에 피공탁자로 기재하지 않는다.

다. 원인사실 기재

공탁원인사실란에 가압류나, 압류, 압류경합 등의 사실을 구체적으로 기재하여야 한다.

채권전부 가압류, 채권전부 양도, 가압류나 압류(압류경합 불문)가 있는 경우에는, 채권양도 전에 발령되었으나 송달이 양도통지 이후에 있는 가압류나 압류에 관하여 선행의 압류명령에 대한 배당요구의 효력을 인정할 것인가 아닌가에 의해 배당받을 채권자의 범위가 달라질 수 있으므로 공탁서에는 중간의 채권양도 및 그 후의 가압류나 압류명령의 송달이 있었던 사실을 함께 기재한다.

2. 공탁통지

피공탁자들(양도인과 양수인)에게 대하여는 변제공탁인 점에서 공탁통지를 하여야 한다. 따라서 공탁할 때에 피공탁자 수만큼의 공탁통지서를 첨부하고 우편법 시행규칙 25조 1항 4호 다목의 배달증명으로 할 수 있는 가액의 우편료를 납입하여야 한다.

또한, 채권양도와 채권가압류의 경합을 원인으로 한 혼합공탁의 경우에는 가압류채권자에게도 공탁사실을 알려 줄 필요가 있으므로 행정예규 제1018호에서 정한 별지 소정 양식의 공탁사실통지서 발송에 필요한 우편료도 함께 납입하여야 한다.

3. 관 할

변제공탁의 일면을 가지는 혼합공탁에 있어서 채권자인 피공탁자의 주소지 공탁소가 관할공탁소가 된다. 채권자 불확지 변제공탁과 집행공탁을 합한 혼합공탁에 있어서의 관할공탁소는 피공탁자 어느 1인의 주소지 공탁소 중 한 곳이 관할공탁소가 된다.

4. 집행법원에 대한 사유신고

제3채무자가 압류에 관련된 금전채권의 채무액을 공탁한 때에는 그 사유를 법원에 신고하여야 하는데(민집법 248조 4항) 혼합공탁도 집행공탁의 일면을 가지므로 집행법원에 사유신고를 하여야 한다.

- 혼합공탁에서 집행공탁의 효력은 집행채무자가 진정한 채권자인 것을 정지조건으로 하는 점에서 사유신고서에 그 취지를 구체적으로 기재하여야 할 것이다.
  혼합공탁을 전제로 하는 사유신고를 받은 집행법원은 채권양도의 유효, 무효가 확정되지 않는 이상 그 후의 절차를 진행할 수 없으므로(대판 2001. 2. 9. 2000다10079), 그 유효, 무효가 확정되기까지는 사실상 절차를 정지하여야 한다.
- 집행법원이 배당절차를 진행하기 위해서는 압류의 대상이 된 채권이 압류채무자에게 귀속하는 것을 증명하는 문서(혼합해소문서)를 제출하여야 하고, 만일 압류채무자에게 피압류채권이 귀속되지 않는 것으로 확정된 경우에는, 정지조건의 불성취가 확정되었으므로 사유신고를 불수리하여야 한다.
- 채권양도와 가압류를 원인으로 한 혼합공탁의 경우에도 공탁사실을 가압류 발령법원에 신고하여야 할 것이지만, 압류와는 달리 가압류를 원인으로 한 경우에는 집행공탁을 하더라도 배당가입의 차단효과가 발생하지 않으므로 배당절차를 개시하는 사유가 되지 않고, 나중에 가압류에서 본압류로 이전하는 채권압류가 있으면 공탁관이 집행법원에 사유신고하고 그때 배당절차를 진행하기 위한 요건의 충족여부를 판단하여야 할 것이다.

제 3 절 혼합공탁의 가능 여부

1. 채권양도가 선행하고 채권(가)압류명령이 후행하는 경우

가. 확정일자 있는 양도통지가 이루어진 경우

(1) 동일채권에 대하여 (가)압류집행을 한 자와 양수인 사이의 우열은 (가)압류명령의 송달과 확정일자 있는 양도 통지의 선후에 의하여 결정하게 된다(대판(전) 1994. 4. 26. 93다24223 참조).

따라서 확정일자 있는 채권양도의 통지가 이루어진 이후에 양도인을 (가)압류채무자로 하는 채권 (가)압류명령의 송달이 이루어진 경우에는 원칙적으로 채권양도가 우선하게 되므로 그 채권 (가)압류는 효력을 발생할 수 없다. 따라서 제3채무자는 양수인에게 채무를 이행하면 되고 혼합공탁을 할 수는 없다.

(2) 확정일자 있는 채권양도 통지를 받은 후 양도인을 가압류채무자로 하는 가압류(3건)가 있는데 선행 채권양도에 대한 없고, 채권자불확지 변제공탁을 할 만한 사정이 없는데도 제3자가 피공탁자를 "양도인 또는 양수인"으로 지정하고, 공탁근거법령으로 민법 제487조, 민사집행법 제248조 제1항 및 제291조에 의한 혼합공탁을 한 경우, 이는 혼합공탁의 요건을 갖추기 못해 유효한 공탁으로 볼 수 없으므로 공탁자(제3채무자)는 착오로 인한 공탁금회수청구를 할 수 있다(2008. 6. 9. 공탁상업등기과-597).

나. 채권양도의 효력에 대하여 다툼이 있는 경우

채권양도의 통지가 이루어진 이후에 양도인을 (가)압류채무자로 하는 채권 (가)압류명령의 송달이 이루어졌으나, 양도된 채권에 대하여 양도금지특약이 있거나 양도인으로부터 양도철회 등 채권양도의 효력에 대하여 다툼이 있는 경우에는 그 채권양도의 효력 유무에 따라 변제공탁(채권양도가 유효한 경우) 또는 집행공탁(채권양도가 무효인 경우)이 될 수 있으므로, 채무자(제3채무자)는 변제공탁과 집행공탁을 합한 혼합공탁을 할 수 있다.

2. 채권(가)압류명령이 선행하고 채권양도가 후행하는 경우

가. 채권압류명령이 선행하고 채권양도가 후행하는 경우

채권압류명령이 먼저 이루어진 이후에 채권양도가 이루어진 경우에는 원칙적으로 채권압류명령이 우선하게 되므로 채권양도는 효력을 발생할 수 없고, 따라서 제3채무자는 추심명령 또는 전부명령을 얻은 압류채권자에게 채무를 이행하면 되고 혼합공탁을 할 수는 없다.

나. 채권가압류명령이 선행하고 채권양도가 후행하는 경우

(1) 채권가압류명령이 먼저 이루어진 이후에 채권양도가 이루어진 경우에는 가압류가 이후에 취소 등의 사유로 그 효력을 상실할 수도 있으므로, 가압류의 효력 유무에 따라 변제공탁(가압류가 무효인 경우) 또는 집행공탁(가압류가 유효한 경우)이 될 수 있고, 따라서 제3채무자는 변제공탁과 집행공탁을 합한 혼합공탁을 할 수 있다.

판례 채권가압류의 처분금지의 효력으로 인하여 가압류채권자가 본안소송에서 승소하는 등으로 집행권원을 취득하는 경우에는 가압류에 의하여 권리가 제한된 상태의 채권을 양수받은 양수인에 대한 채권양도는 무효가 된다(대판 2002. 4. 26. 2001다59033). 반대로 가압류의 효력이 상실되면 채권양도는 완전히 유효하게 된다.

(2) 민사집행법의 시행 이전에는 채권가압류가 있는 경우에 민법 제487조에 다른 변제공탁을 할 수 있었으므로{대판(전) 1994. 12. 13. 93다951}, 채권가압류명령이 선행하고 채권양도가 후행하는 경우나 채권양도의 통지 이후에 양도인을 가압류채무자로 하는 가압류명령의 송달이 있고 그 채권양도의 효력 유무에 대하여 다툼이 있는 경우에 제3채무자는 민법 제487조 후단에 의하여 채권자 불확지를 이유로 양도인 또는 양수인을 피공탁자로 하는 상대적 불확지 변제공탁을 할 수 있었다(2002. 1. 17. 법정 3302-16).

(3) 그러나 민사집행법이 제정된 이후에는 채권가압류에 대하여 집행공탁을 할 수 있게 되었다(민집법 291조, 248조 1항).

따라서 이와 같은 경우에 가압류가 유효하면 집행공탁을, 가압류의 효력이 상실되면 양수인을 피공탁자로 하는 변제공탁을 할 수 있게 되었으므로, 제3채무자는 집행공탁과 변제공탁을 합한 혼합공탁을 할 수 있는 것으로 바뀌었다.

3. 기타 문제되는 경우

가. 채권(가)압류명령의 송달과 채권양도의 통지가 동시에 도달된 경우

(1) 동일한 채권에 대하여 양도와 (가)압류가 경합하는 경우에 양수인과 (가)압류채권자와의 우열은 확정일자 있는 양도통지와 가압류결정정본의 제3채무자(채권양도의 경우는 채무자)에 대한 도달의 선후에 의하여 그 우열을 결정하여야 한다.

(2) 그러나 채권양도 통지, 가압류 또는 압류명령 등이 제3채무자에게 동시에 송달되어 그들 상호간에 우열이 없는 경우에는 그 채권양수인, 가압류 또는 압류채권자는 모두 제3채무자에 대하여 완전한 대항력을 갖추었다고 할 것이므로, 그 전액에 대하여 채권양수금, 압류전부금 또는 추심금의 이행청구를 하고 적법하게 이를 변제받을 수 있고, 제3채무자로서는 이들 중 누구에게라도 그 채무 전액을 변제하면 다른 채권자에 대한 관계에서도 유효하게 면책된다.

(3) 하지만 채권양도의 통지와 가압류 또는 압류명령이 제3채무자에게 동시에 송달되었다고 인정되어 채무자가 채권양수인 및 추심명령이나 전부명령을 얻은 가압류 또는 압류채권자 중 한 사람이 제기한 급부소송에서 전액 패소한 이후에도 다른 채권자가 그 송달의 선후에 관하여 다시 문제를 제기하는 경우 기판력의 이론상 제3채무자는 이중지급의 위험이 있을 수 있으므로, 동시에 송달된 경우에도 제3채무자는 송달의 선후가 불명한 경우에 준하여 채권자를 알 수 없다는 이유로 변제공탁을 함으로서 법률관계의 불안으로부터 벗어날 수 있다(대판(전) 1994. 4. 26. 93다24223 참조).

(4) 채권양도통지와 채권(가)압류결정 정본이 같은 날 도달되었는데 그 선후관계에 대하여 달리 입증이 없으면 동시에 도달된 것으로 추정한다.

나. 채권의 일부양도 후에 가압류나 압류가 있는 경우

채권양도가 된 부분에 대하여는 채권양수인만이 배타적인 채권자가 되므로, 양수인에게 변제하면 되고, 양도가 되지 아니한 부분에 대하여는 가압류나 압류가 있으면 집행공탁을 하면 된다.

그러나 만약 채권 일부에 대한 양도의 효력에 문제가 있거나 채권양도와 가압류 또는 압류의 우열이 문제되는 경우에는, 양도가 된 부분에 대하여는 채권자 불확지 변제공탁과 그 양도가 무효일 경우 가압류 또는 압류를 원인으로 한 집행공탁을 합한 혼합공탁을 할 수 있고, 양도가 이루어지지 아니한 부분에 대하여는 민사집행법 제248조 제1항(가압류일 경우에는 민사집행법 제291조 및 제248호 제1항)에 의한 집행공탁이 가능하다.

다. 채권전부 가압류, 채권일부양도, 채권압류(압류경합 불문)가 있는 경우

이 경우 양도되지 않는 채권에 대하여는 가압류와 양도 이후의 압류가 경합되고 있으므로 제3채무자는 민사집행법 제248조 제1항을 근거로 집행공탁을 한 후 집행법원에 사유신고할 수 있고, 이 경우 집행법원은 곧바로 배당절차를 진행할 수 있다.

양도된 부분에 대하여는 채권자 불확지 변제공탁과 집행공탁을 합한 혼합공탁을 할 수 있으나, 가압류가 취하 또는 취소되거나 본안소송의 패소로 인하여 그 효력을 상실할 수도 있으므로 집행법원은 곧바로 배당절차를 진행할 수 있다.

라. 채권일부 가압류, 채권전부 양도, 채권압류(압류경합 불문)가 있는 경우

이 경우 가압류된 부분에 대하여는 양도인 또는 양수인을 피공탁자로 하는 혼합공탁을 할 수 있다. 가압류부분을 제외한 나머지에 대하여는 양도의 효력에 다툼이 없는 경우라면 양수인에게 지급하든가, 수령거절 등을 원인으로 변제공탁을 하면 된다. 다만, 양도의 효력에 다툼이 있는 경우에는 양도인 또는 양수인을 피공탁자로 하는 채권자 불확지 변제공탁과 양도 이후에 압류가 있음을 원인으로 한 집행공탁을 합한 혼합공탁을 할 수 있다.

마. 근저당권부 채권에 대하여 압류가 경합된 경우 담보부동산의 제3취득자의 공탁

근저당권부 채권에 대하여 압류 등이 경합된 부동산의 제3취득자는 근저당권을 소멸시키기 위하여 변제공탁과 집행공탁이 결합된 혼합공탁을 하여야 하고, 공탁서에 피공탁자를 채무자(근저당권자)로 기재하여야 한다.

공탁근거법령으로는 제3취득자가 근저당권을 소멸시키기 위한 변제공탁과 근저당권부 채권에 대한 압류경합으로 인한 제3채무자를 대위한 집행공탁이 결합된 혼합공탁으로 민법 제364조, 제487조 및 민사집행법 제248조 제1항을 기재하여야 한다(2008. 4. 21. 공탁상업등기과-450).

바. 혼합공탁 후 양수인이 제3채무자의 책임재산으로 채권만족을 얻은 경우

제3채무자가 채권양도통지를 받은 후 채권가압류결정 정본을 송달받았고, 그 후 채권양도의 효력에 다툼이 있어 제3채무자는 민법 제487조 후단 및 민사집행법 제291조, 제248조 제1항에 의하여 혼합공탁을 한 후, 양수인이 제3채무자를 상대로 양수금청구소송에서 얻은 집행권원으로 제3채무자의 다른 책임재산에 대한 강제집행에 의하여 채권만족을 얻은 경우 제3채무자는 공탁원인 소멸을 원인으로 하는 공탁금회수청구를 하면 된다.

제9장 보관·몰취공탁 등

제1절 보관공탁

1. 의 의

보관공탁이라 함은 목적물 그 자체의 보관을 위한 공탁을 말한다. 변제공탁, 담보공탁, 집행공탁은 궁극적으로는 청구권의 만족을 위한 제도이나, 보관공탁은 그와 같은 목적이 없고 단순히 목적물 자체의 보관을 위한 공탁이므로, 피공탁자가 원시적으로 존재하지 아니하며 공탁금 출급청구권이 없고 회수청구권만 존재한다.

순수한 보관만을 목적으로 하는 보관공탁을 형식적 공탁이라 하고, 변제공탁이나 담보공탁과 같이 보관 이상의 법률적 효과를 달성하기 위하여 하는 공탁을 실질적 공탁이라고 하여 구분하기도 한다.

2. 보관공탁의 종류

가. 상법 제491조 제4항에 의한 보관공탁

무기명채권을 가진 자가 사채권자집회를 소집하거나 소집을 청구할 때 그 채권을 공탁하는 경우이며, 이 보관공탁은 사채권자집회의 소집청구권자 또는 소집권자임을 확인함과 동시에 소집권 남용의 방지를 위한 공탁이다.

나. 상법 제492조 제2항에 의한 보관공탁

무기명식채권을 가진 자가 사채권자집회에서 의결권을 행사하기 위하여 회일(會日)로부터 1주간 전에 채권을 공탁하는 경우이며, 이 공탁은 사채권자집회에서의 의결권자임을 확인하는 동시에 의결권의 개수를 입증하는 공탁이다.

다. 담보부사채신탁법 제50조 제3항에 의한 보관공탁

담보부사채신탁법에 의한 사채권자가 사채권자집회 소집의 절차 또는 그 결의방법이 법이나 신탁계약의 조항에 위반하여 그 결의의 무효를 법원에 청구하는 때에 그 채권을 공탁한 경우이며, 이 공탁은 사채권자집회의 결의무효청구권 남용방지를 위한 공탁이다.

라. 담보부사채신탁법 제84조 제2항의 보관공탁

사채총액의 10분의 1 이상에 해당하는 사채권자로서 무기명식채권을 가진 자가 신탁업자의 담보물보관상태를 검사하기 위하여 그 채권을 공탁하는 경우이며, 이 공탁은 신탁업자의 담보물보관상태 검사자임을 확인하기 위한 공탁이다.

3. 공탁의 신청

가. 신청서 작성 등

보관공탁에 관하여는 특별히 따로 서식을 정한 바가 없어 공탁물이 금전인 경우에는 공탁사무 문서양식에 관한 예규(행정예규 1235호) 양식 중 제1-1호 양식을, 유가증권인 경우에는 제1-5호 양식을 이용하여 신청서를 작성한다. 피공탁자는 원시적으로 존재하지 아니하므로 기재하지 않는다.

나. 공탁의 공탁물

상법상의 공탁은 “무기명식 사채권”, 담보부사채신탁법상의 공탁은 “사채권”으로 법정되어 있다.

다. 관 할

무기명 사채권을 공탁하고자 하는 사람은 시·군법원 공탁소를 제외한 모든 공탁소에 공탁이 가능하며, 공탁관에게 공탁을 하지 아니하는 경우에는 대법원장에게 공탁기관의 지정을 구하여 그 지정된 은행 또는 신탁회사에 공탁할 수도 있다(2002. 9. 5. 법정 3302-305).

또한 담보부사채신탁법 제84조 제2항에 의하여 사채총액이 10분의 1 이상에 해당하는 사채권자 중 무기명식 채권을 가진 자는 그 채권을 신탁업자에게 공탁하여야만 신탁업자의 담보를 보관상태를 검사할 수 있는바(동법 84조 2항), 이 규정에 의한 공탁은 법원의 공탁소에 공탁하지 아니하고 신탁업자에게 하여야 한다.

4. 공탁물의 지급

피공탁자가 원시적으로 존재하지 아니하므로 출급청구권이란 있을 수 없다. 공탁물의 회수절차에 관하여는 규정이 없으므로 각 절차가 완료되었다면 이를 증명하여 사채권자 등 공탁자가 회수하면 된다.

제 2 절 몰취공탁

1. 의 의

몰취공탁이란 일정한 사유가 발생하였을 때에는 공탁물을 몰취할 수 있도록 하기 위하여 인정된 공탁이다. 몰취공탁은 상대방의 손해를 담보하기 위해서가 아니라 국가에 대하여 자기의 주장이 허위인 때는 몰취의 제재를 당하여도 이를 감수한다는 취지의 공탁인 점에서 행위자의 성실성을 담보하는 기능을 한다.

2. 종 류

가. 소명에 갈음하는 공탁

법원은 당사자나 법정대리인으로 하여금 보증금을 공탁하게 하여 이로써 소명에 갈음하는 제도를 두고 있다(민소법 299조 2항). 이는 재판상의 상대방에 대한 손해담보가 아니라, 국가에 대하여 자기의 주장이 허위인 때에는 몰취의 제재를 당하여도 감수한다는 의미에서 제공하는 제재적 성질을 가진 공탁이다.

나. 상호가등기를 위한 공탁

상호의 가등기를 위한 공탁은 상호가등기 제도의 남용을 방지하기 위한 것으로써 상호가등기의 신청 또는 예정기간을 연장하는 등기를 신청하는 경우에 일정한 금액을 공탁하도록 하는 것이다(상업등기법 41조).

상호의 가등기의 공탁금액 [별표 1]

공탁금액 / 상호의 가등기의 종류	상호의 가등기 신청시		예정기간 연장의 등기 신청시
	예정기간이 6월 이하인 경우	예정기간이 6월을 초과하는 경우	
유한책임회사, 주식회사 또는 유한회사 설립시 상호의 가등기(상법 제22조의2 제1항)	200만원	200만원에다가 초과되는 예정기간 6월(6월 미만의 기간은 6월로 봄)마다 100만원을 추가한 금액	연장기간 6월(6월 미만의 기간은 6월로 봄)마다 100만원을 추가한 금액
상호나 목적, 또는 상호와 목적의 변경, 본점이전시 상호의 가등기(상법 제22조의2 제2항 및 제3항)	150만원	150만원에다가 초과되는 예정기간 6월(6월 미만의 기간은 6월로 봄)마다 70만원을 추가한 금액	연장기간 6월(6월 미만의 기간은 6월로 봄)마다 70만원

3. 공탁의 신청

가. 공탁서의 작성

몰취공탁에 관하여는 그 서식이 특별히 정해지지 아니하였으므로, 문서양식에 관한 예규(행정예규 제1235호) 제1-1호 양식을 이용하여 신청서를 작성한다.

나. 공탁의 목적물

소명에 갈음하는 몰취공탁(민소법 제299조 제2항)의 공탁물은 금전이다.

상호가등기 몰취공탁(상업등기법 제41조)도 금전만이 허용될 뿐 지급보증위탁계약체결문서(보증보험증권)를 제출할 수는 없다(2003-5).

다. 관 할

관할에 대하여 법정된 바는 없으나, 민사소송법 제299조 제2항의 몰취공탁은 수소법원의 소재지를 관할하는 공탁소에, 상업등기법 제41조에 의한 몰취공탁을 상호를 가등기할 등기소를 관할하는 본점 소재지의 공탁소에 공탁함이 바람직하다.

라. 공탁당사자

(1) 몰취공탁에의 공탁하는 소송당사자나 법정대리인(민소법 299조 2항) 또는 등기신청인(상업등기법 41조) 등으로 법정되어 있다.

몰취공탁은 국가에 대하여 자기의 주장이 허위이거나 약정기한 내 등기절차를 불이행한 경우에는 몰취의 제재를 당하여도 감수한다는 취지의 공탁이므로, 그 성질상 제3자에 의한 공탁이 허용되지 않는다.

(2) 몰취공탁에서의 피공탁자는 국가이므로, 공탁서상의 피공탁자란에는 '대한민국' 또는 '국'이라고 기재한다.

4. 공탁물의 지급

가. 소명에 갈음하는 몰취공탁(민사소송법 제299조 제2항)

(1) 출 급(몰취로 인한 국고귀속)

(가) 보증금을 공탁한 당사자 또는 법정대리인이 거짓 진술을 한 경우에는 법원은 보증금을 몰취하고(민소법 300조), 이러한 몰취결정에 대하여는 즉시항고할 수 있다(민소법 302조).

(나) 공탁금의 몰취공탁절차를 정한 규정은 없으나 공탁금의 국고귀속 규정인 공탁규칙 제62조 제3항이 적용된다.

즉, 몰취결정이 확정되면 수소법원은 보증금몰취결정정본과 확정증명서를 공탁관에게 공부하고, 공탁관은 그 때마다 공탁금국고귀속조서를 작성하여 출납공무원에게 송부하며, 출납공무원은 지체 없이 이를 해당법원의 수입징수관에게 송부하여야 한다(규칙 62조 3항).

(다) 수입징수관은 출납공무원으로부터 공탁금국고귀속조서를 받은 때에는 조사한 후 총액에 대한 국고귀속공탁금납부고지서 2통을 해당 출납공무원에게 보내고, 출납공무원은 지체 없이 그 중 1통을 첨부하여 해당 공탁관에게 하나의 청구서로 한꺼번에 지급청구를 하여야 한다(공탁규칙 63조 2항).

(라) 공탁관이 국고귀속공탁금의 지급청구를 받았을 때에는 공탁규칙 제35조 및 제39조의 규정에 따라 인가하고(공탁규칙 63조 3항), 출납공무원은 지체 없이 그 금액을 해당 수입징수관 앞으로 납부하여야 한다(공탁규칙 63조 4항).

(2) 회 수

보증금을 몰취할 것이 아닌 때에는 사건완결 후 공탁을 명한 법원은 공탁금환부결정을 하고, 공탁자는 공탁금환부결정정본 및 공탁서를 첨부하여 공탁금을 회수하게 된다.

나. 상호가등기 몰취공탁(상업등기법 제41조)

(1) 출 급(몰취로 인한 국고귀속)

(가) 본등기를 하지 아니하고 예정기간을 경과한 때에는 등기관은 상호의 가등기를 직권으로 말소하여야 하고(상업등기법 44조 2호), 이와 같이 상호의 가등기가 말소된 때에는 회사 또는 발기인 등이 공탁금을 회수할 수 있는 경우를 제외하고는 공탁금은 국고에 귀속된다(상업등기법 44조 2항).

(나) 공탁금이 국고에 귀속된 때에는 등기관은 공탁연월일, 공탁번호, 공탁금액, 공탁자, 공탁금이 국고에 귀속된 취지와 그 연월일을 기재한 별지 양식의 "공탁금국고귀속통지서"를 해당 공탁소의 공탁관에게 송부하여야 한다(상법등기규칙 83조, 등기예규 1557호).

(다) 공탁관은 등기관으로부터 공탁금국고귀속통지가 있는 때에는 국고귀속되는 공탁금에 관한 규정인 공탁규칙 제63조 제3항을 준용하여 그 때마다 공탁금국고귀속조치를 작성하여 출납공무원에게 보내고, 출납공무원은 지체 없이 이를 해당 법원의 수입징수관에게 보내야 한다(공탁규칙 62조 3항).

(라) 수입징수관은 출납공무원으로부터 공탁금국고귀속조서를 받았을 때에는 이를 조사한 후 총액에 대한 국고귀속공탁금납부고지서 2통을 당해 출납공무원에게 보내고(공탁규칙 63조 1항). 출납공무원은 지체 없이 그 중 1통을 첨부하여 해당 공탁관에게 한꺼번에 지급청구를 하여야 한다(공탁규칙 63조 2항).

(마) 공탁관이 국고귀속공탁금의 지급청구를 받았을 때에는 공탁규칙 제35조 및 제39조의 규정에 따라 인가하고(공탁규칙 63조 3항), 출납공무원은 지체 없이 그 금액을 당해 수입징수관 앞으로 납부하여야 한다(공탁규칙 63조 4항).

[서식 79] 공탁금 국고귀속통지

[별 지]

공탁금 국고귀속 통지

OO 제 호

OO지방법원 공탁관 귀하

아래의 공탁금은 상업등기법 제44조 제2항에 따라 국고에 귀속하여야 하므로 상업등기규칙 제83조에 따라 통지합니다.

아 래

1. 공탁의 연월일 :
1. 공 탁 번 호 :
1. 공 탁 금 액 :
1. 공 탁 자 :

2000. O. O.

OO지방법원 OO등기소 등기관 O O O (직인)

(2) 회 수

(가) 예정기간 내에 본등기를 한 때에는 등기관은 상호의 가등기를 직권으로 말소하여야 하고(상업등기법 43조 1호), 이 경우 회사 또는 발기인 등은 등기관으로부터 교부받은 "공탁원인 소멸증명서"를 첨부하여 공탁금을 회수할 수 있다(상업등기규칙 44조 1항).

(나) 이와 같이 회사 또는 발기인 등이 상업등기법 제44조 제1항 본문의 규정에 의하여 공탁금을 회수할 수 있는 경우에는 등기관은 회사 또는 발기인 등의 청구에 의하여 공탁의 원인이 소멸하였음을 증명하는 서면을 교부하여야 한다.

(다) 그 청구서에는 상호, 공탁법원, 공탁의 연월일, 공탁번호, 공탁금액, 공탁의 원인이 소멸한 연월일, 증명을 청구하는 취지와 청구연월일을 기재하고 청구인이 기명날인하여 2통을 제출한다.
등기관은 청구서의 1통에 "위와 같이 증명합니다."라는 증명문을 부기하고, 연월일과 등기소의 명칭 및 등기관의 표시와 그 성명을 기재한 후 직인을 날인하여 청구인에게 교부한다(상업등기규칙 82조, 등기예규 1557호).

[서식 80] 공탁원인 소멸증명서

[별 지]

공탁원인 소멸 증명서

1. 상호 :
1. 공탁법원 :
1. 공탁의 연월일 :
1. 공탁번호 :
1. 공탁금액 :
1. 공탁의 원인이 소멸한 연월일 :

당 회사(또는 발기인)는 본점이전을 위한 (OO의 변경을 위한) 상호의 가등기를 하기 위하여 위와 같은 공탁을 하였는데, 예정기간 내인 2000. O. O. 그 본등기를 완료함에 따라 공탁원인이 소멸하였으므로 이를 증명하여 주시기 바랍니다.

2000. O. O.

청구인 OO주식회사
OO시 OO로 OO(OO동)
대표이사 O O O ㊞

OO지방법원 OO등기소 귀중

위와 같이 증명합니다.

2000. O. O.

OO지방법원 OO등기소 등기관 O O O (직인)

제 3 절 몰수보전, 추징보전 관련 공탁

1. 의 의

몰수보전이란 "공무원범죄에관한몰수특례법"과 "마약류불법거래방지에관한 특례법"에 의하여 몰수재판의 집행을 보전하기 위하여 몰수할 수 있는 재산에 대한 처분을 일시적으로 금지하는 강제처분을 말하며, 추징보전이란 위 특례법에 의하여 추징재판의 집행을 확보하기 위하여 피고인과 피의자의 재산의 처분을 일시적으로 금지하는 강제처분을 말한다.

2. 근거법률

- 공무원범죄에 관한 몰수특례법 제23조 내지 49조
- 마약류불법거래방지에 관한 특례법 제33조 내지 제59조
- 불법정치자금 등의 몰수에 관한 특례법 제22조 내지 제48조
- 범죄수익은닉의 규제 및 처벌 등에 관한 법률 제12조

3. 몰수보전

몰수보전은 민사집행법의 대틈의 대상에 관한 계쟁물에 관한 가처분제도를 형사처벌절차에 채용한 것으로 그 효력은 상대적이므로, 몰수보전된 금전채권이라도 몰수의 재판이 있기까지 채권자는 양도 등의 처분을 할 수 있고 그 처분행위는 당사자간에는 유효하다. 다만 그 후 몰수의 재판이 확정되면 그 효력이 부정된다.

그리고 금전채권에 대하여 몰수보전이 된 경우에는 채무자는 채권자에 대한 지급이 금지되나 채무자의 편의를 위하여 채무자는 몰수보전명령에 관련된 금전채권의 전액을 공탁소에 공탁함으로서 면책을 받을 수 있다.

4. 추징보전

추징보전은 위 특별법 등에 의하여 추징재판의 집행을 확보하기 위하여 피고인이나 피의자의 재산의 처분을 일시적으로 금지하는 강제처분을 말한다. 몰수대상재산의 몰수가 불가능한 때에는 재산의 성질, 사용상황, 그 재산에 관한 범인 외의 자의 권리유무 기타 사정으로 몰수대상재산을 몰수함이 상당하지 않다고 인정된 때에는 그 가액을 추징할 수 있는데 추징재판의 집행을 보전하기 위하여 금전채권에 관하여 추징보전이 된 경우에는 민사집행법에 의한 가압류가 된 경우와 같은 효력이 인정된다.

제10장 공탁금 지급청구권의 변동(처분)

제1절 총 설

공탁물 출급청구권이란 공탁성립 후 피공탁자가 공탁소에 대하여 공탁물을 출급할 수 있는 권리를 말하고, 공탁물 회수청구권이라 함은 공탁자가 일정한 요건하에 공탁물을 회수할 수 있는 권리를 말한다. 공탁물 회수청구권과 공탁물 출급청구권을 통칭하여 공탁물 지급청구권이라 한다.

공탁물 지급청구권은 공탁자 또는 피공탁자에게 귀속하는 일종의 지명채권의 성질을 가지며 일신전속권이 아니므로 상속의 대상이 되고, 양도·질권설정 등의 임의처분은 물론 압류·가압류·가처분·전부·추심명령·체납처분 등 집행의 대상이 될 수 있으며, 채권자대위권의 목적이 될 수 있다.

제2절 공탁물 출급청구권과 공탁물 회수청구권의 상호관계

1. 일방 권리의 처분이 타방 권리에 미치는 영향

공탁물 출급청구권과 공탁물 회수청구권은 동일한 공탁물에 대한 두 개의 권리인 점에서 각별의 청구자에게 속하는 독립·별개의 권리이므로, 원칙적으로 일방에 대한 양도, 질권설정, 압류 그 밖의 처분은 타방에 대하여 아무런 영향을 미치지 아니한다. 따라서 일방의 양도 후에도 타방에 대한 양도·압류 등의 처분이 가능하다. 즉, 두 청구권은 별개의 독립된 청구권으로 존재한다.

그러나 공탁물은 하나이므로 출급 또는 회수의 어느 일방의 청구권이 일단 행사되어 공탁물이 지급됨으로써 공탁관계가 종료되면 다른 청구권도 당연히 소멸한다. 두 청구권은 전혀 별개의 청구권은 아니고 상호 관련성이 있다.

2. 양 권리의 우선적 효력

가. 재판상 담보공탁의 우선권

재판상 담보공탁은 피담보채권이 발생하였음을 증명하여 공탁물에 대하여 담보권을 실행할 수 있다. 그러나 공탁자가 회수청구권을 행사하려면 담보취소가 선행되어야 하므로 재판상 담보공탁의 공탁물 출급청구권은 공탁물 회수청구권보다 우선한다.

따라서 재판상 담보공탁의 공탁물 회수청구권에 대항 양도·전부 등이 있더라도 담보권이 소멸되지 않는 한 양수인 등이 권리를 행사할 수 없으며, 피공탁자는 여전히 담보권이 발생하였음을 증명하여 출급청구권을 행사할 수 있다.

판례 담보권리자가 공탁금회수청구권을 압류하고 추심명령이나 확정된 전부명령을 받은 후 담보취소결정을 받은 후 담보취소결정을 받아 공탁금회수청구를 하는 경우에도, 담보공탁금의 피담보채권을 집행채권으로 하는 이상, 담보권리자의 위와 같은 담보취소신청은 어디까지나 담보권을 포기하고 일반채권자로서 강제집행을 하는 것이 아니라, 오히려 적극적인 방법으로 담보권실행에 의하여 공탁물 회수청구권을 행사하기 위한 방법에 불과하다고 보는 것이 합리적이므로 이는 담보권의 실행방법으로 인정되고, 따라서 이 경우에도 질권자와 동일한 권리가 있다고 할 것이므로, 그에 선행하는 일반채권자의 압류 및 추심명령이나 전부명령으로 대항할 수 없다(대판 2004. 11. 26. 2003다19183).

나. 항고보증공탁(집행공탁)의 경우

매각허가결정에 대한 항고보증으로 공탁한 현금 또는 유가증권은 그 항고가 기각된 경우에 배당할 금액에 포함되어 공탁자는 그 회수청구권을 행사할 수 없게 되고 경매법원이 배당재단에 귀속된 공탁금을 배당채권자에게 배당하였을 때에는 배당채권자는 공탁금 출급청구권을 가지게 된다.

따라서 매각허가결정에 대한 항고가 기각되기 전에 항고인의 공탁금 회수청구권에 대하여 압류 및 전부명령이 있었다고 하여도 이는 집행채권자에게 그 회수청구권을 이전하게 하는 효과를 발생할 뿐 공탁금 출급청구권에는 아무런 영향을 미칠 수는 없는 것이므로, 위 공탁금의 출급청구를 받은 공탁관으로서는 공탁금회수청구권에 대한 압류 및 전부명령이 있었다는 이유로 그 출급청구를 거부할 수는 없다(대결 1991. 11. 18. 91마501).

다. 변제공탁 출급청구권의 비우선성

변제공탁 이외의 공탁은 착오나 공탁무효, 공탁원인이 소멸되지 않는 한 회수청구권은 인정하지 않음이 원칙이나, 변제공탁에 있어서는 민법 제489조의 회수청구권이 소멸되지 않는 한 공탁자는 자유롭게 공탁물 회수청구권을 행사할 수 있으므로 회수청구권과 출급청구권의 우열이 없어 먼저 행사한 쪽이 우선한다.

다만, 토지수용보상금 공탁은 토지보상법 제42조에 따라 간접적으로 강제되고 자발적으로 이루어지는 공탁이 아니므로 착오나 공탁의 무효 또는 공탁원인이 소멸되지 않는 한 민법 제489조에 의한 회수가 인정되지 않기 때문에 공탁물 출급청구권와 회수청구권의 성질은 일반 변제공탁과는 다르다.

라. 그 밖의 공탁

가압류해방공탁, 보관공탁 등과 같이 회수청구권만 있고 출급청구권이 없는 공탁도 있다.

특히, 가압류해방공탁은 가압류의 효력이 해방공탁금의 회수청구권에 존속하므로 공탁자는 가압류가 취하나 취소 등으로 그 효력이 소멸될 때까지는 회수청구를 할 수 없으며, 가압류채무자에 대한 다른 채권자도 해방공탁금 회수청구권에 대하여 자유로이 강제집행을 할 수 있게 된다.

이 경우 가압류채권자의 가압류와 채무자의 다른 채권자의 압류는 서로 경합되어(대결 1996. 11. 11. 95마252) 서로 간에 우열은 없다.

마. 선후결정의 기준

공탁물 출급청구권과 공탁물 회수청구권은 어느 일방의 권리행사에 의하여 타방의 권리도 소멸한다. 따라서 공탁물 출급청구권과 회수청구권의 행사의 선후 관계를 따질 필요성이 있다. 그 선후관계는 공탁관의 지급인가의 전후에 의하여 그 선후가 결정될 것이 아니라 지급청구서의 접수시점이 기준이 되어야 할 것이다.

이 경우 접수의 의미를 해석함에 있어 판례는, 공탁관으로부터 공탁물출급청구서에 첨부할 서류가 없다고 지적받은 공탁물수령자가 지체 없이 그 미비서류를 보정하는 동안에 공탁물 출급청구권에 대하여 제3자로부터 가압류결정이 송달되었다는 이유로 공탁관이 위 공탁물 출급청구를 불수리한 처분은 정당하다고 하여(대결 1973. 6. 29. 73마532), 지급요건이 충족된 지급청구서가 접수되어야 그 우선순위를 확보한 것으로 해석된다.

따라서 공탁물 출급청구권과 공탁물 회수청구권 행사의 선후관계를 결정함에 있어서도 공탁관의 지급인가의 전후에 의하는 것이 아니라, 지급요건이 충족된 지급청구서가 접수된 때를 기준으로 선후관계를 결정하여야 한다.

제 3 절 공탁물 지급청구권의 처분

1. 공탁물 지급청구권의 양도

가. 의 의

채권의 양도라 함은 채권의 동일성을 유지하면서 채권을 법률행위에 의하여 이전하는 것을 말한다. 즉, 채권양도는 채권의 귀속주체를 변경시키는 처분행위이다.

공탁물 지급청구권도 공탁자 또는 피공탁자에게 귀속하는 일종의 지명채권의 성질을 가지며 일신전속권이 아니므로, 법률의 규정에 의하여 양도가 제한되거나 양도금지에 관한 당사자의 의사표시(양도금지특약)가 없는 한 원칙적으로 양도성을 가지며, 지명채권양도에 관한 민법의 규정이 그대로 적용된다.

[서식 81] 공탁금양도계약서

공탁금양도계약서

양도인(갑) 공탁자 OOOO주식회사
OO시 OO구 OO로 OO(OO동)
대표이사 OOO

양수인(을) OOOO주식회사
OO시 OO구 OO로 OO(OO동)
대표이사 OOO

채무자(병) OO지방법원 공탁관

제1조 [목 적]
"갑"이 "을"에 대하여 현재 및 장래에 부담해야 할 채무담보를 위하여 본 약정으로 "갑"이 "병"에 대하여 가지고 있는 다음의 공탁금청구채권에 대한 청구수령 등 공탁금청구권 행사에 관한 일체의 권한을 "을"에게 양도한다.

제2조 [양도채권]
1. 공탁번호 : OO지방법원 20OO년 금제OOO호(20OO카단 제OOO호 유체동산가압류보증공탁금)
2. 공탁금액 : 금 30,000,000원
3. 공탁자 : OOOO주식회사

제3조 [채권양도의 통지의무]
"갑"은 본 계약 체결과 동시에 지체 없이 "병"에게 확정일자 있는 서면으로 채권양도의 통지를 하거나 채무자의 승낙을 받는다.

제4조 [손해배상]
1. 위 양도채권은 타인에 양도하였거나 가압류·압류 등 권리의 없음을 담보한다.
2. 채무자(병)이 "갑"에게 상계적상에 있는 반대채권을 가지고 있지 않음을 확약한다.

제5조 [추심 및 충당]
1. "갑"은 위 양도채권은 "을"이 추심하여 양도목적을 달성할 때까지 성실히 협력

한다.

2. "을"은 위 양도채권의 추심에 소요된 비용·손해금 등을 공제한 후"갑"이 진다.

제6조 [관할의 합의]

본 계약에 관한 소송은 "을"의 주소지를 관할하는 법원으로 한다.

첨 부 서 류

1. "갑"의 법인등기사항증명서 1통
1. "을"의 법인등기사항증명서 1통

2000. 0. .

양도인(갑) OOOO주식회사
OO시 OO구 OO로 OO(OO동)
대표이사 O O O (인)

양수인(을) OOOO주식회사
OO시 OO구 OO로 OO(OO동)
대표이사 O O O (인)

[주] 1. 대리인이 약정서를 작성할 때에는 그 직위·성명을 기재하여야 한다.
2. "병"의 날인이 없는 경우에는 "병"에게 반드시 양도통지를 하여야 한다.

나. 양도통지

(1) 대항요건

(가) 공탁물 지급청구권의 양도는 채무자인 국가(소관 : 공탁관)에게 통지하지 아니하면 채무자 기타 제3자에게 대항하지 못하며, 위 통지는 확정일자 있는 증서에 의하지 아니하면 채무자 이외의 제3자에게 대항하지 못한다(민법 450조).

(나) 국가기관인 공탁소에서 사문서인 양도통지서에 기입한 일자는 확정일자로 볼 수 있으므로(공탁규칙 40조), 별도의 확정일자 있는 증서에 의하지 아니하여도 공탁관의 접수시부터 채무자 이외의 제3자에 대항할 수 있다.

(다) 채권양도의 통지는 양도인이 채무자에게 하여야 하며, 양수인 자신이 통지하거나 양도인을 대위하여 통지할 수는 없다. 다만, 양수인은 사자 또는 대리인의 자격으로서 통지할 수는 있다(대판 2004. 2. 13. 2003다43490).

(라) 피공탁자의 상속인 중의 1인이 다른 상속인들 중 일부로부터 출급청구권을 양도받아 공탁금 출급청구권자가 된 경우에는 양수사실을 증명하는 서면의 첨부 외에 양도인이 제3채무자인 국가(소관 OO법원 공탁관)에게 그 사실을 통지하는 것이 필요하므로, 공탁금 출급청구권을 양도받은 사실을 이유로 국가를 상대로 공탁금수령권한이 있다는 확인판결을 받은 것만으로는 양도를 증명하는 서면은 갖추었으나 양도인의 적법한 통지가 있다고 볼 수 없으므로 공탁금을 출급청구할 수 없다(공탁선례 2-338).

(2) 통지의 주체

채권양도의 통지는 양도인이 채무자에게 하여야 하며, 양수인 자신이 통지하거나 양도인을 대위하여 통지할 수 없다. 다만, 양수인은 양도인의 사자 또는 대리인의 자격으로써 통지할 수 있다(대판 2004. 2. 13. 2003다43490).

(3) 양도통지의 방법

(가) 양도통지서는 특별한 형식을 요하지 아니하나 양도목적물을 특정하기 위하여 공탁번호, 공탁물의 표시, 양도인과 양수인의 성명·주소 등을 기재

한다.

(나) 공탁금 지급청구권의 양도통지서에 날인된 양도인의 인영에 대하여 인감증명서가 첨부되지 아니한 경우라 하더라도 공탁관은 일단 적법한 양도통지가 있는 것으로 취급하여야 하므로, 양도인의 인감증명서가 첨부되지 아니한 경우라도 양도인의 공탁금 회수청구에는 응할 수는 없으나, 나중에 양수인이 공탁금 회수청구를 할 경우에는 양도인의 인감증명서를 제출하여야 한다(행정예규 779호).

(다) 공탁금 지급청구권의 채무자는 국가이고 그 대표자는 법무부장관이므로 양도통지의 상대방 표시방법은 "대한민국 위 법률상 대표자 법무부장관 OOO(소관 OO법원 공탁관)"이라고 쓰는 것이 실무이다. 이 경우 양도통지서가 법무부장관에게 도달된 때에 송달의 효력(대항요건)이 생기는 것이 원칙이나, 법무부장관에게는 도달되지 않고 공탁관에게 직접 도달된 경우에도 유효한 도달의 효력이 생긴 것으로 본다(공탁선례 2-339).

(라) 공탁금 출급청구권 양도의 의사표시 및 그 통지를 명하는 판결이 확정되었다면 양도의 의사표시가 있는 것으로 의제되고, 양수인은 위 판결과 그 확정증명 등을 채무자인 대한민국(소관 OO지방법원 공탁관)에 송부하거나 제시하고 공탁금을 출급받을 수 있다(공탁선례 2-339).

[서식 82] 공탁금회수청구권양도통지서

공탁금회수청구권양도통지서

1. 공탁번호 : OO지방법원 20OO년금제OOO호
2. 공탁금액 : 금 30,000,000원, OO지방법원 20OO가합 OOO호 채무자 OOO에 한 유체동산가압류보증공탁

위 공탁금회수청구권을 20OO. O. O. OO시 OO구 OO로 OO(OO동) OOOO 주식회사에게 양도하였으므로 민법 제450조에 의하여 통지합니다.

첨 부 서 류

1. 채권양도통지증서 1통
1. 법인인감증명서 1통

20OO. O. .

양도인 OOOO주식회사
OO시 OO구 OO로 OO(OO동)
대표이사 O O O (인)

OO지방법원 공탁관 귀하

[주] 1. 양도통지서를 받은 채권압류의 통지를 받았을 때와 같이 처리하면 된다(공탁규칙 40조).
2. 양도통지는 양도인만이 할 수 있으며 양수인이 양도인을 대위하여 한 양도통지는 효력이 없다(대판 2004. 2. 13. 2003다43490).

다. 양수인의 지급청구

(1) 양수인의 지급청구시 첨부서면

양수인이 공탁금의 지급을 청구하는 때에는 지급청구권의 요건사실 및 양수사실을 증명하는 서면을 첨부하여야 한다(공탁선례 2-340).

즉, 반대급부가 붙어 있는 변제공탁의 출급청구권을 양도받은 양수인은 그 반대급부의 이행을 증명하지 아니하면 출급청구권을 행사하지 못하고, 담보공탁의 회수청구권을 양도받은 양수인은 공탁원인소멸(예, 담보취소)을 증명하여야 회수청구권을 행사할 수 있다.

양도통지서에 공탁금뿐만 아니라 그 이자까지 양도한다는 취지의 기재가 있는 경우에는 양도 전후의 모든 이자가 양수인에게 귀속되나, 이자에 대한 명시적인 의사표시가 없는 경우에는 양도통지서가 도달된 날 이후의 이자만 양수인에게 귀속되는 것으로 해석된다.

(2) 양도통지서에 인감증명서가 첨부되지 않은 경우

공탁금 지급청구권의 양도통지서에 날인된 인영에 대하여 인감증명서가 첨부되지 않은 경우에는 양수인의 공탁금 지급청구시 양도인의 인감증명서를 제출하여야 한다. 그러나 양도증서를 공증 받은 경우에는 양도인의 인감증명서를 첨부하지 않아도 된다(행정예규 779호).

라. 양도통지와 공탁수락의 의사표시

변제공탁의 경우 공탁관에게 도달된 공탁금 출급청구권의 양도통지서에 공탁수락의 의사표시가 명시적으로 기재되어 있지 않더라도 적극적인 불수락의 의사표시가 기재되어 있지 않는 한 그 양도통지서의 도달과 동시에 공탁수락의 의사표시가 있는 것으로 보아 공탁자의 민법 제489조 제1항에 의한 회수청구권은 소멸된다(행정예규 779호).

[서식 83] 공탁수락서

공 탁 수 락 서

OO지방법원 공탁관 귀하

다음의 공탁을 수락합니다.

다 음

1. 공탁번호 :
2. 공탁금액(또는 공탁유가증권의 명칭, 권면액 및 장수) :
3. 공 탁 자 :
4. 피공탁자 :
5. 공탁원인 :

2000. O. .

피공탁자(채권자) 홍 길 동 (인)

마. 양도통지서가 동시도달된 경우

양도통지서나 압류명령 등을 받은 때에는 접수연월일, 시, 분을 기재하여 공탁관이 기명날인 하도록 되어 있는데, 현실적으로는 다수의 우편물을 동시에 수령하는 것이 보통이므로 공탁관이 실제로 동시 도달된 우편물을 뜯어 본 순서대로 접수시, 분을 기재하는 것이 타당하지 않고, 공탁관이 동시에 2개 이상의 양도통지서 또는 (가)압류명령을 받았을 때는 접수순위는 동일하여 선후관계는 없다고 보는 것이 타당하다.

이 경우 공탁관은 그 우열을 가릴 수 없으므로 우선권을 주장하는 자가 확정판결 등으로 먼저 도달된 사실을 입증하여야 공탁금을 지급할 수 있다.

바. 가압류 이후 양도통지가 있는 경우

공탁금 지급청구권에 대한 가압류명령정본이 공탁관에게 송달된 이후에 공탁금 지급청구권을 양수받은 양수인은 가압류에 의하여 권리가 제한된 상태의 채권을 양수받는다고 보아야 할 것이고, 이는 채권을 양도받았으나 확정일자 있는 양도통지나 승낙에 의한 대항요건을 갖추지 아니하는 사이에 양도된 채권이 가압류된 경우에도 동일하다.

위와 같은 채권가압류의 처분금지의 효력은 본안소송에서 가압류채권자가 승소하여 집행권원을 얻는 등으로 피보전권리의 존재가 확정되는 것을 조건으로 하여 발생하는 것이므로, 채권가압류결정의 채권자가 본안소송에서 승소하는 등으로 집행권원을 취득하는 경우에는 가압류에 의하여 권리가 제한된 상태의 채권을 양수받은 양수인에 대한 채권양도는 무효가 된다(대판 2002. 4. 26. 2001다59033).

사. 양도계약의 해제·취소

공탁물 지급청구권의 양도계약이 적법하게 해제된 경우에는 그 해제통지를 양수인이 채무자인 국가(소관 공탁관)에게 하여야만 채무자 기타 제3자에게 대항할 수 있으므로(대판 1993. 8. 27. 93다17379), 양도인이 공탁관에 대하여 공탁물 지급청구권의 양도통지를 한 후 양도인이 다시 일방적으로 양도계약을 해제한 뜻의 통지를 하여도 양수인이 양도인의 위 채권양도 통지철회에 동의하였다고 볼 증거가 없으면 그 효력이 생기지 아니한다(대판 1993. 7. 13. 92다4178).

2. 질권설정

가. 의 의

공탁물 지급청구권에 대한 질권설정이라 함은 채권자(질권자)가 자기 채권의 담보로써 채무자인 공탁자 또는 피공탁자가 제3채무자인 국가(소관 : 공탁관)에 대하여 갖는 공탁물 지급청구권을 유치하고, 채권의 변제가 없는 때에는 다른 채권자에 우선하여 자기 채권의 변제를 받은 것을 말한다.

공탁물 지급청구권도 지명채권이므로 질권의 목적이 될 수 있고, 공탁물 지급청구권에 대하여 질권이 설정된 경우에는 질권설정자인 공탁자 또는 피공탁자는 질권자의 동의 없이 질권의 목적인 공탁물 지급청구권을 소멸하게 하거나 질권자의 이익을 해하는 변경을 할 수 없다(민법 352조).

나. 질권설정 절차

질권의 설정은 당사자의 계약에 의하여 성립하나, 채권을 질권의 목적으로 하는 경우에 채권증서가 있는 때에는 그 증서를 질권자에게 교부함으로써 그 효력이 생기므로(민법 347조), 공탁물 회수청구권에 질권을 설정한 경우에 공탁서 원본을, 변제공탁물의 출급청구권에 질권을 설정한 경우에는 공탁통지서를 위 채권증서에 준하는 것으로 보아 질권자에게 교부함으로서 효력이 생긴다고 보아야 한다.

지명채권을 목적으로 한 질권의 설정은 설정자가 민법 제450조의 규정에 의하여 제3채무자에게 질권설정의 사실을 통지하거나, 제3채무자가 이를 승낙하지 아니하면 이로써 제3채무자 기타 제3자에게 대항하지 못하고, 위 통지나 승낙은 확정일자 있는 증서에 의하지 아니하면 채무자 이외의 제3자에게 대항하지 못한다(민법 349조 1항).

따라서 공탁물 지급청구권에 대한 질권의 설정도 질권설정자가 제3채무자인 국가(소관 공탁관)에게 질권설정의 사실을 통지하거나 제3채무자가 이를 승낙하지 아니하면 제3채무자 기타 제3자에게 대항하지 못하고, 질권설정의 통지나 승낙이 확정일자 있는 증서에 의하지 아니하면 제3채무자 이외의 제3자에게 대항하지 못한다.

다만, 공탁관이 질권설정통지서를 받은 때에는 양도통지를 받은 경우와 마찬가지로 그 통지서에 접수연월일, 시, 분을 적고 기명날인하여야 하는데(공탁규칙 44조), 이는 공무소가 사문서인 질권설정통지서에 기입한 일자이므로 확정일자로 볼 수 있고(민법 부칙 3조 4항), 따라서 확정일자 없는 질권설정의 통지라도 공탁관의 접수시부터 제3자에게 대항할 수 있다.

다. 질권의 실행

(1) 공탁물의 직접청구

질권자는 질권의 목적인 공탁물 출급청구권 또는 회수청구권을 직접 행사하여 자기 명의로 제3채무자인 국가(소관 공탁관)에 대하여 공탁물의 출급 또는 회수를 청구할 수 있다.

따라서 질권자는 공탁물이 금전인 때에는 자기 채권의 한도에서 직접 공탁물의 지급청구를 할 수 있고(민법 353조 2항), 공탁물이 유가증권인 때에는 유가증권의 인도를 받아 집행관에게 제출하면 집행관이 강제집행규정을 준용하여 이를 경매하고 그 매각대금에서 우선변제를 받을 수 있다(민법 353조 4항, 338조, 민집법 271조). 그리고 이 때 공탁서 또는 공탁통지서를 첨부하여야 한다.

(2) 강제집행에 의한 청구

질권자는 민사집행법에서 정한 집행방법, 즉 채권에 대한 강제집행방법에 의하여 질권을 실행할 수도 있다.

따라서 질권자는 집행권원 없이 질권의 존재를 증명하는 서류를 첨부하여 질권의 목적인 공탁물 출급청구권 또는 회수청구권에 대하여 압류 및 추심명령 또는 전부명령을 얻어 공탁물의 출급 또는 회수를 청구할 수 있다(민집법 273조). 다만, 강제집행에 의한 방법으로 공탁물을 지급청구하는 경우에는 공탁서 또는 공탁통지서는 첨부하지 않아도 된다(공탁규칙 33조, 34조).

3. 압류명령

가. 의 의

공탁금 지급청구권도 일반 지명채권과 마찬가지로 압류의 대상이 될 수 있으므로, 채권자는 공탁금 지급청구권을 압류할 수 있다.

채권자가 종국적으로 자기 채권의 변제를 받기 위해서는 공탁금 지급청구권을 압류한 후 추심이나 전부명령 등을 얻어야 하는데, 추심명령이나 전부명령은 보통 압류명령의 신청과 동시에 신청하는 경우가 대부분이다.

나. 공탁금 지급청구권에 대한 압류방법 등

(1) 피압류채권의 특정문제

(가) 채권자는 압류명령신청서에 압류할 채권(피압류채권)의 종류와 액수를 특정하여야 하는데(민집법 225조), 그 특정의 정도는 다른 채권과 구별할 수 있으면 충분하고 완전한 특정을 요구하는 것은 아니다.

즉, 공탁금 지급청구권에 대하여 압류명령을 신청할 경우에는 집행의 대상이 공탁금 출급청구권인지 공탁금회수청구권인지를 특정하여야 하고, 나아가 공탁번호, 공탁자, 피공탁자, 공탁원인, 공탁연월일, 공탁금액으로 특정하여야 한다(공탁번호를 반드시 적을 필요는 없으나 기재하는 것이 바람직하다).

공탁관은 공탁번호가 특정되지 않고 집행법원의 부동산경매사건번호를 특정한 압류 등이 송달된 때에는 부동산경매사건번호로 공탁사건을 검색하여 집행채무자(배당표원안의 채권자와 배당이의의 소 제기자)를 확인하여야 하고, 또한 배당이의의 소송 결과에 따라 공탁원인 사실에 나타나지 않는 채권자 또는 소유자도 공탁금 수령권자가 될 수 있으므로 집행사건기록을 확인한 후 집행법원에 압류명령서 등의 사본을 송부하여야 한다.

판례 토지수용에 대한 손실보상금채권에 대한 압류 및 전부명령은 기업자가 장래에 보상을 현금으로 지급하기로 선택하는 것을 정지조건으로 하여 발생하는 손실보상금채권을 그 대상으로 하는 것이라고 할 것이므로, 현금이 아닌 채권으로 공탁하였다면 그 부분에 대하여는 정지조건이 성취되지 아니하는 것으로 확정되어 피압류채권인 손실보상금채권이 존재하지 아니하는 것으로 밝혀져 그 부분에 관한 전부명령의 실체적 효력은 소급하여 실효된다(대판 2004. 8. 20. 2004다24168).

(나) 압류채권의 특정방법은 다음과 같이 하면 된다.

• 변제공탁의 출급청구권

채무자가 제3채무자에 대하여 가지는 20○○. ○. ○. 공탁자가 아래 물건의 매매대금으로 ○○지방법원 20○○년 금제○○○호로 공탁한 금 ○○○○○원의 출급청구권

• 변제공탁의 회수청구권

채무자가 제3채무자 대하여 20○○. ○. ○. 피공탁자를 ○○○로 하여 아래 물건의 매매대금으로 ○○지방법원 20○○년 금제○○○호로 공탁한 금 ○○○○○원의 회수청구권

• 재판상 담보공탁의 회수청구권

채무자가 ○○지방법원 20○○카단(합) ○○○호 부동산처분금지가처분신청사건의 담보로 ○○지방법원 20○○년 금제○○○호로 공탁한 금 ○○○○○원의 회수청구권

(2) 공탁유가증권 지급청구권에 대한 집행방법

(가) 추심명령이나 전부명령은 금전채권에 대한 강제집행이므로 공탁유가증권지급청구권에 대한 강제집행은 유체동산인도청구권에 대한 강제집행 절차에 의하여야 한다.

(나) 공탁유가증권지급청구권을 압류하는 경우에는 법원이 제3채무자인 국가(소관 공탁관)에 대하여 공탁유가증권을 채권자의 위임을 받은 집행관에게 인도하도록 명한다(민집법 243조 1항).

(다) 압류채권자로부터 집행의 위임을 받은 집행관은 공탁관에게 공탁유가증권의 지급청구를 하고 공탁관으로부터 유가증권의 인도를 받으면 압류한

유체동산의 현금화에 관한 규정을 적용하여 현금화한 후 현금화된 금전을 제출하면 법원은 배당을 실시한다(민집규 183조).

다. 압류명령의 송달방법

(1) 국가(소관 공탁관)를 제3채무자로 하는 채권(공탁금 지급청구권)압류명령의 국가에 대한 송달은 "국가를 당사자로 하는 법률" 제9조를 준용하여 서울, 대전, 대구, 부산, 수원, 광주지방법원과 그 지원의 경우에는 해당 고등검찰청의 장에게, 그 외의 경우에는 지방검찰청의 장에게 송달한다.

(2) 실무상 대부분은 검찰청을 통하여 압류명령이 송달되고 있는데, 통상 압류명령을 송달받은 검찰청에서 그 압류명령서 등의 접수연월일, 시, 분을 전언통신으로 소관 공탁관에게 전화로 미리 알려주고 압류명령서 사본을 팩시밀리로 보낸 후 나중에 압류명령서 정본을 우편으로 송부하고 있다. 전원통신으로 압류사실을 통지받은 공탁관은 그 접수연월일, 시, 분을 공탁기록표지와 전산시스템에 등록 후 검찰청으로부터 송부된 압류명령서 정본 등을 공탁기록에 편철하고 있다. 그런데 압류의 효력이 생기는 기준은 실제로 공탁관이 전언통신을 받거나 압류명령서를 송부받은 때가 아니라 압류명령이 검찰청에 송달된 때이므로 현실적으로 그 시간적 간격 사이에 압류사실을 모르는 공탁관이 지급 인가할 경우도 생길 수 있다는 문제점이 있다. 최소한 공탁관의 입장으로써는 검찰청으로부터 전원통신 등으로 압류사실을 통지 받으면 지체하지 않고 전산시스템에 전언통신내역을 등록하는 등의 조치를 취하여야 할 것이다.

라. 압류명령의 효과

(1) 압류의 효력발생

압류명령은 제3채무자인 국가(소관 공탁관)에게 송달된 때에 압류의 효력이 생긴다(민집법 277조 3항). 압류명령의 효력발생으로 집행채무자인 공탁자 또는 피공탁자는 공탁금 지급청구권의 추심 그 밖의 처분이 금지되며, 제3채무자인 국가(소관 공탁관)는 집행채무자에 대한 공탁금의 지급이 금지된다.

(2) 본래의 채권이 압류금지채권인 경우

본래의 채권이 압류금지채권인 경우, 예를 들면, 사용자가 퇴직한 직원의 퇴직금을 민법 제487조의 규정에 의하여 근로자의 수령거부 또는 수령불능을 원인으로 한 변제공탁한 경우 그 공탁금은 임금채권의 성질을 유지하고 있다고 보아야 한다(공탁선례 2-89). 따라서 압류금지채권인 본래의 채권과 공탁금 출급청구권은 동일한 채권이기 때문에 그 경우의 공탁금 출급청구권도 압류금지채권이다(공탁선례 2-277).

(3) 이자에 미치는 범위

압류의 효력은 종된 권리에도 미치므로 공탁원금만 명시하여 압류명령이 발해진 때에도 원칙적으로 압류의 효력발생 이후의 공탁금의 이자에 압류의 효력이 미치나, 압류의 효력발생당시 이미 변제기가 도래한 공탁금의 이자에 대하여는 원본채권으로부터 독립성이 있으므로 압류명령에 목적채권으로 명시된 경우에만 그 효력이 미친다.

(4) 압류가 실효된 경우

공탁금 지급청구권에 대한 압류명령의 신청이 취하되거나 압류명령을 취소하는 결정이 확정된 때에는 집행법원의 법원사무관 등은 압류명령을 송달받은 제3채무자인 국가(소관 공탁관)에게 그 사실을 통지하여야 한다(민집규 160조 1항).

마. 압류에 따른 공탁관의 사유신고

공탁관은 공탁금 지급청구권에 대한 압류명령이 송달되더라도 압류의 경합이 성립하지 않는 경우에는 사유신고를 하지 아니한다(단, 가압류를 원인으로 공탁한 후 가압류가 본압류로 이전되는 경우에는 사유신고하여야 함). 하지만 공탁금 지급청구권에 대하여 채권자의 경합이 생기고 집행채권의 총액이 피압류채권(공탁금 지급청구권)의 총액을 초과하여 재판상 배당을 필요로 하는 경우 공탁관은 사유신고를 하여야 한다(행정예규 1225호).

4. 공탁물 지급청구권에 대한 추심명령

가. 의 의

추심명령은 압류채권자가 대위절차(민법 제404조)를 요하지 않고 채권자(공탁자 또는 피공탁자)에 갈음하여 압류채권(공탁물 지급청구권)을 제3채무자(소관 : 공탁관)에게 청구하여 이를 변제에 충당할 권한을 수여하는 집행법원의 명령으로(민집법 247조) 공탁물 지급청구권이 추심명령의 대상이 됨은 명백하다. 전부명령은 압류된 채권을 지급에 갈음하여 채무자로부터 압류채권자에게 이전하는 것으로써 채권이 이전되면 그 현실적인 추심 여부와 관계없이 집행채권은 그 권면액만큼 소멸하지만, 추심명령은 압류된 채권의 채권자의 지위에 변동을 가져오는 것이 아니고 채무자가 여전히 압류된 채권의 채권자로 남아있긴 하지만 압류채권자가 채무자 대신 압류된 채권의 추심권능을 취득하는 것이다. 이런 점에서 추심명령은 전부명령과는 달리 압류의 경합이 있어도 할 수 있다.

나. 추심명령의 효력

(1) 공탁물 지급청구권에 대한 추심명령은 제3채무자인 국가(소관 : 공탁관)에게 송달되었을 때에 그 효력이 생기므로(민집법 229조 4항, 227조 3항), 추심명령에 대하여 즉시항고가 제기되더라도 추심명령의 효력발생에는 아무런 영향을 미치지 아니한다(민집법 15조 6항).

(2) 압류 및 추심명령은 압류채권자에게 채무자의 제3채무자에 대한 추심권능만을 부여하는 것으로서, 추심권능은 그 자체로서 독립적으로 처분하여 환가할 수 있는 것이 아니어서 추심권능에 대한 가압류결정은 무효이고, 추심권능을 소송상 행사하여 승소확정판결을 받았다 하더라도 그 판결에 기하여 금원을 지급받은 것 역시 추심권능에 속하는 것이므로 이러한 판결에 기하여 지급받을 채권에 대한 가압류결정도 무효라고 보아야 한다(대판 1997. 3. 14. 96다54300).

(3) 공탁금 출급청구권에 대하여 압류 및 추심명령이 발해진 경우에 그 명령이 공탁금의 이자채권에 대하여 언급이 없을 때에는 압류 전의 이자에 대

한 추심권이 없고, 그 이자채권에 대하여 추심권을 행사하려면 별도의 압류 및 추심명령을 받아야 한다(공탁선례 2-99). 전부명령의 경우도 마찬가지이다.

다. 추심채권자의 추심권행사

(1) 추심명령의 효력발생만으로 추심채권자는 집행채무자인 공탁자 또는 피공탁자에 대신하여 자기 이름으로 제3채무자인 국가(소관 : 공탁관)에 대하여 추심에 필요한 일체의 권리를 행사할 수 있다.

(2) 추심채권자는 추심명령정본 및 그 송달증명서를 첨부하여 공탁관에게 공탁금의 지급을 청구할 수 있고, 확정증명서나 공탁서·공탁통지서는 필요 없다.

(3) 재판상 담보공탁의 회수청구권의 경우는 담보취소결정을 받아 이를 추심명령정본과 함께 공탁관에게 제출하여야 하고, 변제공탁의 출급청구권에 대하여 반대급부 등의 조건이 붙어 있는 경우에는 조건이 성취되지 아니한 추심채권자는 공탁금의 출급을 청구할 수 없다.

(4) 채권을 추심한 때에는 추심한 채권액을 법원에 신고하여야 하며(민집법 236조 1항), 추심채권자의 추심신고가 있으면 다른 채권자들에 의한 배당요구는 더 이상 허용되지 않는다(민집법 247조 1항 2호). 따라서 추심신고가 있을 때까지 다른 채권자들의 배당요구가 없으면 추심채권자가 독점적으로 만족을 얻게 되어 추심신고를 하는 것이 유리하다.

(5) 채권자가 추심신고를 하기 전에 다른 압류·가압류 또는 배당요구가 있었을 때에는 채권자는 추심한 금액을 바로 공탁하고 그 사유를 신고하여야 한다(민집법 236조 2항). 압류 등의 경합이 있음에도 불구하고 추심을 완료한 채권자가 공탁의무를 이행하지 않을 경우에 다른 경합채권자는 추심채권자를 상대로 추심한 금원을 법원에 공탁하고 그 사유를 신고할 것을 구하는 소를 제기할 수 있다.

라. 추심권의 포기 등

(1) 추심채권자는 추심권을 포기할 수 있으며, 추심권의 포기는 집행법원에

서면으로 신고하여야 한다. 이 경우에 집행법원의 법원사무관 등은 추심 포기서등본을 제3채무자와 채무자에게 송달하여야 한다(민집법 240조).

(2) 추심권 포기의 경우에도 기본채권에는 영향이 없으며, 추심권뿐만 아니라 압류에 의한 권리 그 자체를 포기하기 위하여는 압류명령을 취하하여야 한다.

(3) 추심명령신청이 있은 후 강제집행의 일시정지를 명한 취지를 적은 재판의 등본(민집법 49조 2호)이 제출된 때에는 법원사무관 등은 채권자 및 제3채무자에 대하여 그 서류가 제출되었다는 사실과 서류의 요지 및 위 서류의 제출에 따른 집행정지가 효력을 잃기 전에는 압류채권자는 채권의 추심을 하여서는 아니되고 제3채무자는 채권자의 채권의 지급을 하여서는 아니된다는 취지를 통지하여야 한다(민집규 161조 1항).

5. 공탁금 지급청구권에 대한 전부명령

가. 의 의

전부명령은 채무자가 제3채무자에 대하여 가지는 채권을 집행채권의 변제에 갈음하여 권면액으로 압류채권자에게 이전하는 것으로써 공탁금 지급청구권도 전부명령의 대상이 된다.

이와 같이 전부명령은 압류된 채권을 지급에 갈음하여 채무자로부터 압류채권자에게 이전하는 것으로써 채권이 이전되면 그 현실적인 추심여부와 관계없이 집행채권은 그 권면액만큼 소멸되어 채권자의 지위에 변동을 가져오므로, 채무자가 여전히 압류된 채권의 채권자로 남아 있고 추심채권자가 채무자 대신 압류된 채권의 추심권능만을 취득하는 추심명령과는 구별된다.

나. 공탁물 지급청구권의 피전부적격

(1) 변제공탁의 경우

(가) 회수청구권

변제공탁으로 인한 질권이나 저당권이 소멸한 경우가 아닌 한 채권자가 공탁을 승인하거나, 공탁소에 대하여 공탁물을 받기를 통고하거나, 공탁유효의 판결이 확정되기까지 공탁자는 공탁물을 회수할 수 있다.

이 경우의 공탁금회수청구권은 즉시 행사할 수 있는 권리이므로 피전부적격이 있다(대판 1981. 2. 10. 80다77).

(나) 출급청구권

반대급부 조건이 붙지 않는 변제공탁의 출급청구권은 즉시 행사할 수 있는 권리이므로 피전부적격이 있다. 또한 반대급부 조건이 붙은 변제공탁의 출급청구권도 반대급부이행을 증명하여야 이를 행사할 수 있으나, 집행채권자가 집행채무자(피공탁자)의 반대급부 불이행으로 인한 불이익의 위험을 각오하고 독점적 지위를 얻는 것을 굳이 거부할 이유는 없으므로 피전부적격이 있다 할 것이다.

다만, 민사집행법 246조 1항 5호 소정의 압류금지채권인 근로자의 퇴직금 1/2 상당액을 근로자의 수령거절을 이유로 공탁한 때에는 근로자의 출급청구권도 압류금지채권이라 할 것이므로 그 출급청구권에 대한 압류 및 전부명령은 무효라 할 것이다(대판 1987. 3. 24. 86다카1588 참조, 공탁선례 2-277).

(2) 담보공탁의 경우

재판상 담보공탁의 경우 회수청구권은 공탁원인소멸(담보취소)을 정지조건으로 하는 권리로써 조건이 성취되기까지는 그 권리를 행사할 수 없으나 담보권리자의 담보권 행사에 기한 전부명령 소급소멸의 위험을 각오하고 독점적 지위를 얻은 것이 굳이 거부할 이유는 없으므로 회수청구권의 피전부적격을 인정하고 있다(대결 1984. 6. 26. 84마13, 1996. 11. 25. 95마601, 602 참조).

(3) 집행공탁의 출급청구권

(가) 집행법원이 배당이의 소송을 제기당한 채권자에 대한 배당액을 민사집행법 제160조 제1항에 의하여 공탁한 경우, 집행공탁의 출급청구권은 그 존부 및 범위를 불확실하게 하는 요소를 내포하고 있는 장래의 채권이라고 하더라도 피전부적격이 있다(대결 2000. 3. 2. 99마6289 참조).

다만, 장래의 채권에 대한 전부명령이 확정된 후에 피압류채권의 전부 또는 일부가 존재하지 아니한 것으로 밝혀졌다면 그 부분에 대한 전부명령의 실체적 효력은 소급하여 실효된다(대판 2001. 9. 25. 99다15177, 2002. 7. 12. 99다68652).

(나) 집행공탁 중 가압류해방공탁은 회수청구권에 대하여 가압류채권자의 가압류가 있는 것으로 보게 되므로 그 회수청구권에 대하여 압류 및 전부명령이 송달된 경우에는 전부명령의 효력은 없고 압류의 효력만 있기 때문에 공탁관은 가압류와 압류의 경합이 있는 것으로 보아 집행법원에 사유신고를 하여야 한다. 다만, "가압류에서 본압류로 이전"하는 압류 및 전부명령인 경우에는 사유신고를 하지 않으며, 전부명령이 확정되면 전부채권자에게 공탁금을 지급한다.

다. 전부명령의 효력

(1) 전부명령 효력발생의 소급효

전부명령의 기본적인 효력은 피전부채권의 전부채권자에로의 이전(권리이전효과)과 그로 인한 집행채권의 소멸(변제효)이다. 이러한 효력은 전부명령의 확정시. 즉 즉시항고가 제기되지 않는 경우에는 1주일의 즉시항고기간이 경과한 때, 즉시항고가 제기된 경우에는 그 기각 또는 각하결정이 확정된 때에 발생하지만(민집법 229조 7항), 그 확정에 의하여 발생하는 효력은 전부명령이 제3채무자인 국가(소관 : 공탁관)에게 송달된 때로 소급한다.

따라서 전부명령이 제3채무자인 국가(소관 : 공탁관)에 송달될 때까지 그 금전채권에 관하여 다른 채권자가 압류·가압류 또는 배당요구를 한 때에는 그 전부명령은 무효이지만, 압류명령 등이 전부명령의 송달 후에 있으면 비록 전부명령이 확정되기 전이었다 하더라도 전부명령의 효력에는 영향을 미치지 않는다(민집법 229조 5항).

(2) 다른 절차와의 경합

(가) 다른 채권자에 의한 압류나 가압류가 경합하거나 배당요구가 있을 경우에는 그러한 경합채권자를 배제하고 압류채권자에게만 독점적 만족을 주

는 것은 채권자평등의 원칙에 어긋난다. 따라서 전부명령이 제3채무자에게 송달될 때까지 그 금전채권에 관하여 다른 채권자가 압류·가압류 또는 배당요구를 한 때에는 전부명령은 효력을 가지지 않는다(민집법 229조 5항). 다만, 동일한 채권에 대하여 중복하여 압류 등이 있다고 하더라도 그 압류 등의 효력이 미치는 범위가 채권의 각 일부에 국한되고, 이를 합산하더라도 총 채권액에 미치지 아니할 때에는 압류의 경합이 있다고는 할 수 없고, 이 경우에는 채권의 일부에 관하여 발령된 전부명령도 유효하다.

(나) 여러 채권자에 의하여 공동압류가 행하여진 경우에는 각 채권자에 대한 분할비율을 명시하는 방법에 의하여 전부할 수 있으므로 집행채권의 총액이 집행의 목적인 채권액을 초과하더라도 공동으로 전부명령을 얻을 수 있다.

이처럼 전부명령이 제3채무자에게 송달된 당시에 압류 등의 경합이 있으면 그 전부명령은 무효이고, 후에 경합된 압류나 가압류 또는 배당요구 등의 효력이 소멸하더라도 그 전부명령의 효력이 되살아나지 않는다. 이와 같이 압류의 경합 등으로 인하여 전부명령이 무효가 되는 경우에 그 전부명령의 기초가 되었던 압류명령까지 무효가 되는 것은 아니므로 압류명령에 기초하여 추심명령을 얻을 수 있다.

(3) 우선권 있는 질권 등 담보권 실행에 의한 전부명령

(가) 채권에 대한 담보권(질권 등)의 실행이나 물상대위권(민법 342조 등)의 행사의 경우에는 우선변제권이 있는 담보권리자가 민법 제370조, 제342조에서 정한 바에 따라 물상대위권을 행사하기 위하여 피담보채권을 압류한 경우에는 채권압류의 경합에 정한 규정들이 적용될 수 없다(대판 2004. 2 13. 2002다72712).

(나) 판례는, 재판상 담보공탁의 피공탁자인 담보권리자가 공탁금 회수청구권을 압류하고 추심명령이나 전부명령을 받은 후 담보취소결정을 받아 공탁금회수청구를 하는 경우에도, 그 담보공탁금의 피담보채권을 집행권원으로 하는 이상 그에 선행하는 일반채권자의 압류 및 추심명령이나 전부명령으로 대항할 수 없다고 하였다(대판 2004. 11. 26. 2003다19183).

(다) 주로 공탁 실무상 수용보상금 공탁에 대하여 수용대상토지의 근저당권자가 물상대위권을 행사하는 경우나 재판상 담보공탁의 피공탁자가 공탁자가 가지는 회수청구권에 대하여 담보권을 행사하는 경우에 발생될 수 있다.

(4) 채권이전의 범위

전부명령에 의하여 피전부채권(공탁금 지급청구권)은 그 동일성을 유지하면서 전부채권자에게 이전된다. 피전부채권(공탁금 지급청구권)이 집행채권과 집행비용의 합산액보다 적으면 피전부채권 전액이 이전되지만, 피전부채권이 위 합산액보다 많으면 그 합산액을 한도로 이전한다.

전부채권 이전의 효력은 종된 권리에도 미치므로 공탁원금만을 명시하여 전부명령이 발해진 때에도 전부명령의 효력이후의 공탁금의 이자는 전부채권자에게 기속된다.

(5) 집행채무자에 대한 효력

집행채무자(공탁자 또는 피공탁자)는 피전부채권(공탁금 지급청구권)에 대한 청구권자인 지위를 상실한다.

가집행선고부 판결에 의한 채권압류 및 전부명령이 확정된 경우 그 가집행의 효력이 상소심의 판결에 의하여 소멸하기에 앞서 이미 집행절차가 완료된 경우에는 집행처분을 취소할 여지가 없으므로 이미 이루어진 집행처분의 효력(전부명령)은 아무런 영향을 받지 아니한다(대결 1961. 2. 4. 4293민항409). 따라서 피전부채권 상실의 효과에는 변함이 없으나, 전부채권액애 상당하는 부당이득의 반환문제가 생긴다(대판 1993. 1. 15. 92다38812).

(6) 제3채무자에 대한 효력

(가) 제3채무자인 국가(소관 : 공탁관)는 피전부채권(공탁금 지급청구권)이 존재하는 한 종전의 공탁자 또는 피공탁자(집행채무자)에게 부담했던 것과 동일한 채무를 전부채권자에게 부담한다.

(나) 전부명령이 제3채무자인 공탁관에게 송달된 후에 압류, 가압류, 체납처분

에 의한 압류 등이 있어도 그 후 확정된 전부명령에 대항할 수 없으므로, 나중에 전부명령이 확정되었다면 공탁관은 확정증명을 첨부한 전부채권자에게 지급청구를 인가하여야 한다.

(다) 전부명령이 그 방식에 있어서 적법한 이상, 그 내용이 위법 무효하더라도 그것이 발부되어 채무자와 제3채무자에게 송달되면 강제집행종료의 효력을 가지므로 형식적 심사권밖에 없는 공탁관으로서는 그 전부명령의 유·무효를 심사할 수는 없고, 따라서 공탁물 회수청구권에 대하여 압류 및 전부명령을 송달받은 공탁관이 공탁자의 공탁금회수청구를 불수리한 처분은 정당하다(대결 1983. 3. 25. 82마733).

(라) 그리고 전부명령의 효력에 의문이 있는 때에는 전부채권자의 공탁금지급청구는 불수리하여야 할 것이다(공탁선례 2-89).

라. 전부채권자의 권리행사

(1) 전부명령의 효력에 따라 피전부채권이 전부채권자에게 이전되고 민법상 채권양도와 마찬가지로 전부채권자는 피전부채권의 채권자로서 지위를 승계하므로, 전부채권자는 원래의 채권자인 집행채무자에 갈음하여 그의 채권을 취득하며 자기의 채권으로 이를 자유롭게 처분할 수 있고, 따라서 이를 추심하거나 양도·포기하는 등의 일체의 행위를 할 수 있다.

(2) 또한 전부채권자는 공탁자 또는 피공탁자에 갈음하여 공탁금의 지급을 청구할 수 있고, 재판상 담보공탁의 회수청구권에 대해 전부명령을 얻은 전부채권자는 담보취소신청권도 있다.

(3) 전부명령은 확정되어야 효력을 발생하므로 전부채권자의 지위에서 권리를 행사할 때에는 확정증명서가 필요하다.

마. 전부명령의 취하, 취소

(1) 전부명령이 제3채무자인 국가(소관 : 공탁관)에게 송달된 뒤에는 제3자는 배당요구를 하지 못하므로(민집법 247조 2항), 전부명령이 확정되었을 경우에는 전부명령의 송달 이후에 한 배당요구의 효력은 없어지게 되고, 다만 전부명령이 즉시항고 등에 의하여 취소되면 배당요구의 효력은 살아난다.

(2) 전부명령이 취하되거나 취소하는 결정이 확정된 때에는 집행법원의 법원사무관 등은 전부명령을 송달받은 제3채무자에게 그 사실을 통지하여야 하므로(민집규 160조 2항), 이와 같은 취하서 등을 통지받은 공탁관은 추심명령의 경우와 마찬가지로 공탁기록표지에 통지받은 사실을 표시한 후 공탁원장파일에서 전부명령내역을 삭제하여 전부명령의 효력이 그대로 살아있는 것처럼 취급되지 않도록 한다.

6. 보전처분

가. 가 압 류

(1) 채권가압류명령이란 금전채권 또는 금전으로 환산할 수 있는 채권에 관하여 채권자가 후일의 강제집행을 보전하기 위하여 채무자(공탁자 또는 피공탁자)가 제3채무자(소관 : 공탁관)에 대하여 갖고 있는 채권(공탁물 지급청구권)에 관해서 제3채무자에게 그 지급을 금하는 법원의 명령을 말한다.

(2) 가압류명령은 제3채무자에게 송달된 때에 효력이 발생한다(민집법 291조, 227조 3항). 공탁물 지급청구권이 가압류되면 가압류채무자(공탁자 또는 피공탁자)는 공탁관으로부터 추심 기타 일체의 처분행위가 금지된다. 공탁관도 공탁물지급이 금지된 결과 이를 위반하면 이중지급의 위험을 부담한다.

나. 가 처 분

(1) 공탁물 지급청구권의 귀속주체에 대하여 다툼이 있는 경우에 공탁물 지급청구권을 양수할 권리 또는 반환받을 권리 등을 보전하기 위하여 공탁물 지급청구권의 추심이나 양도 등의 처분 및 제3채무자인 국가(소관 : 공탁관)에 대하여는 지급을 금지하는 가처분을 할 수 있다.

예컨대, 피공탁자 '갑'이 출급청구권을 '을'에게 양도한다는 내용의 양도통지서가 채무자인 국가(소관 : 공탁관)에게 도달되었는데, 그 이후에 '갑'이 양도의 무효를 주장하는 경우 양수인 '을'은 양도인 '갑'을 가처분채무자로 하고 국가(소관 : 공탁관)을 제3채무자로 하는 출급청구권의 추심 등을 금하는 처분금지가처분을 신청할 수 있을 것이다.

(2) 공탁물 지급청구권에 대한 처분금지가처분명령은 제3채무자인 국가(소관 : 공탁관)에게 송달되었을 때에 그 효력이 생기며, 그 이후에는 가처분채무자인 공탁자 또는 피공탁자의 공탁물지급청구나 양도 등의 처분행위와 공탁관의 공탁물지급이 금지되고 이에 위반되는 행위는 가처분채권자에게 대항할 수 없다(대결 2000. 10. 2. 2000마5221).

(3) 공탁자의 공탁물 출급청구권에 대한 처분금지가처분결정이 국가(공탁관)에 송달된 후 그 본안소송에서 그 가처분채권자가 패소확정판결을 받았다면, 피공탁자는 가처분결정의 효력이 소멸되었음을 증명하는 서면을 첨부하여 공탁물출급청구를 할 수 있다(공탁선례 2-349).

7. 체납처분에 의한 압류

가. 의 의

체납처분에 의한 압류라 함은 납세자가 임의로 납세의무를 이행하지 않는 경우에 조세채권의 강제적 실현을 위해 납세자의 채권에 대하여 법률상, 사실상의 처분을 금하고 그것을 환가할 수 있는 상태로 두기 위한 강제집행을 말한다.

공탁물 지급청구권도 일반채권과 같이 체납처분의 대상이 되고, 그 효과도 일반채권과 동일하다. 국세나 지방세 이외에도 국민건강보험법, 국민연금법 등의 특별법에 의해 건강보험료, 연금보험료 등의 징수에도 체납처분에 의한 압류를 할 수 있다(국민건강보험법 81조 3항, 국민연금법 95조 4항).

나. 체납처분에 의한 압류의 효력

(1) 개 설

세무서장 또는 지방자치단체의 장이 공탁물 지급청구권을 압류한 때에는 그 뜻을 채무자(체납자의 채무자인 제3채무자를 의미하므로 이하 '제3채무자')에게 통지하여야 한다(국세징수법 51조 1항, 지방세징수법 51조 1항). 공탁물 지급청구권에 대한 체납처분에 의한 압류의 효력은 채권압류통지서가 제3채무자인 국가(소관 : 공탁관)에게 송달된 때에 발생한다(국세징수법 52조, 1항, 지방세징수법 52조).

공탁물 지급청구권에 대한 체납처분에 의한 압류는 일반 민사집행법상의 압류와 마찬가지로 제3채무자인 국가(소관 : 공탁관)에게 체납자(공탁자 또는 피공탁자)에 대한 공탁물의 지급을 금지시키고, 체납자에게는 공탁물 지급청구권의 처분 및 공탁금 수령을 금지시키는 효력이 있음을 물론, 국가(세무서장) 또는 지방자치단체의 장이 체납자에 대위하여 공탁물의 지급을 청구할 수 있는 효력이 있다.

체납처분에 의한 압류의 효력이 발생하면 세무서장 또는 지방자치단체의 장은 국세 또는 지방세 가산금과 체납처분비를 한도로 하여 피압류채권의 채권자인 체납자를 대위한다(국세징수법 52조 2항, 지방세징수법 51조 2항). 여기서 대위라 함은 세무서장이 공탁물 지급청구권의 추심권을 취득한다는 의미로 해석할 수 있을 것이므로, 제3채무자인 공탁관은 이행기가 도래한 때에 대위채권자인 세무서장 또는 지방자치단체의 장에게 공탁금을 지급할 의무가 생긴다. 국세징수법 31조 2항 또는 지방세징수법 33조 2항에 의하여 국세 또는 지방세 확정 전의 압류로써 채권을 압류한 경우에는 국세 또는 지방세가 확정되었을 때 국가 또는 지방자치단체가 피압류채권에 대하여 추심권을 취득한다(대판 1997. 4. 22. 95다41611).

(2) 체납처분에 의한 압류의 효력 범위

강제집행압류에 있어서는 채권의 일부가 압류된 뒤에 그 나머지 부분을 초과하여 다시 압류명령이 내려진 때에는 각 압류의 효력은 그 채권의 전부에 미치나(민집법 235조 1항), 체납처분압류에 있어서는 피압류채권의 일부를 특정하여 압류한 경우 그 특정한 채권 부분에 한하여 압류의 효력이 미친다. 따라서 체납처분에 의한 압류 후에 전부명령이 발령된 경우에는 체납처분에 의한 압류가 미치는 범위를 제외한 나머지 부분에 대하여는 전부명령의 효력이 있다(대판 1991. 10. 1. 91다12233).

또한 체납처분압류의 효력은 압류재산에서 생기는 법정과실에도 미치므로(국세징수법 44조 1항, 지방세징수법 46조 본문), 체납처분압류의 통지를 받은 날 이후의 공탁금의 이자에 대하여도 그 효력이 있다.

(3) 선행가압류와 체납처분압류의 효력

공탁물 지급청구권에 대한 선행 가압류가 있는 경우에도 이후 체납처분압류가 있고 추심권을 갖는 체납처분권자의 지급청구가 있으면 공탁관은 공탁물을 지급할 수 있다(대판 1999. 5. 14. 99다3686 참조).

채권가압류를 원인으로 민사집행법 제248조 제1항 및 제291조에 따라 집행공탁한 후 피공탁자(가압류채무자)에 대한 체납처분에 의한 압류통지가 이루어진 경우에도 체납처분에 의한 압류채권자의 추심청구를 공탁관은 거절할 수 없다. 위의 채권가압류가 근로기준법에 의한 우선변제권을 가지는 임금 등의 채권에 기한 것이라 하더라도 마찬가지이다(공탁선례 2-351).

공탁금 지급청구권에 대하여 가압류와 체납처분에 의한 압류가 있는 경우(그 선후를 불문한다)에도 사유신고의 대상이 되지 않는다(행정예규 1225호).

(4) 선행가처분과 체납처분압류의 효력

선행 가처분이 있는 경우에는 이후 가처분채권자가 본안소송에서 승소판결을 받아 확정이 되면 그 피보전권리의 범위 내에서 가처분위반행위가 체납처분에 기한 것이라 하여 달리 볼 것이 아니므로 체납처분압류에 의한 세무서장 또는 지방자치단체의 장의 지급청구가 있으면 공탁관은 이를 불수리하여야 할 것이다(대결(전) 1993. 2. 19. 92마903 참조).

(5) 선행압류와 체납처분의 효력

체납처분에 의하여 압류된 채권에 대하여도 민사집행법에 따라 압류 및 추심명령을 할 수 있고, 그 반대로 민사집행법에 따른 압류 및 추심명령의 대상이 된 채권에 대하여도 체납처분에 의한 압류를 할 수 있으므로(대판 2015. 8. 27. 2013다203833 등) 공탁금 지급청구권에 대하여 민사집행법에 따른 압류와 체납처분에 의한 압류가 있고(선후 불문) 그 압류금액의 총액이 피압류채권액을 초과하는 경우에는 공탁관은 집행법원에 사유신고를 하여야 한다(행정예규 1060호, 1225호).

다. 체납처분권자의 공탁물 지급절차

체납처분압류 후 세무서장 또는 지방자치단체의 장이 공탁금의 지급을 청구하는 경우에도 공탁법이 정하는 첨부서류와 절차에 의하여야 한다. 따라서 소유권이전등기에 필요한 일체의 서류 교부를 반대급부 조건으로 한 변제공탁의 출급청구권에 대해 체납처분에 의한 압류를 한 경우에 세무서장 또는 지방자치단체의 장은 반대급부이행 증명서면을 첨부하여야만 공탁금의 출급청구를 할 수 있다. 다만, 체납처분에 의한 압류권자가 공탁물의 출급 또는 회수청구시 공탁통지서나 공탁서를 첨부할 필요가 없다(공탁규칙 33조, 34조).

제 4 절 공탁물 지급청구권에 대한 처분의 경합

1. 양도와 타처분과의 관계

가. 양도와 양도

동일한 공탁물 지급청구권이 이중으로 양도되어 그 양도통지서를 공탁관이 동시에 접수한 경우에는 확정판결 등 정당한 양수인임을 확인할 수 있는 서면을 첨부하여 청구자에 한하여 지급인가를 하여야 한다.

그러나 유효한 양도통지서가 접수된 이후에 다시 송달된 이중의 양도는 효력이 없다.

나. 양도와 압류 및 전부명령

양도 후에 압류·전부가 된 경우에는 그 압류 및 전부명령은 타인의 권리에 대해서 행해진 것으로 무효이다.

양도통지와 압류·전부명령이 동시에 공탁관에게 도착한 경우에는 이중양도 통지의 동시도달의 경우에 준하여 처리한다.

다. 양도와 압류 및 추심명령

선행하는 채권양도가 유효하다면 후행하는 압류·추심명령은 효력을 발생할 수 없다. 즉 양도 이후의 압류·추심명령의 효력은 그 이전에 행하여진 채권양도의 효력 여하에 의존한다.

2. 질권설정과 타처분과의 관계

가. 질권설정과 질권설정

수개의 질권이 경합했을 경우에는 그 우선변제의 순위는 대항요건 구비의 선후에 의한다.

나. 질권설정과 압류 및 전부명령

질권이 설정된 채권을 압류·전부 받았는데 후일 질권자가 질권을 실행하면 전부채권자는 아무 것도 얻는 것이 없고, 더구나 전부명령의 결과 그의 채권은 변제 받은 것으로 되어 소멸한다. 이 경우 집행채무자는 부당이득을 얻게 되므로 전부채권자는 그 반환청구를 할 수 있다.

3. 가압류와 타처분과의 관계

가. 가압류와 가압류

공탁금 지급청구권에 이중의 가압류가 가능하며 양 가압류 간에는 우열이 없다. 양 가압류가 모두 본집행으로 이행하면 안분배당이 행해지고, 일방만이 본집행으로 이행되면 타방은 배당요구채권자와 마찬가지로 취급된다.

나. 가압류와 압류

보전처분인 가압류와 본집행인 압류와는 저촉의 문제가 생기지 아니하며, 제3자는 가압류목적물에 대하여 다시 압류할 수 있다(민집법 235조). 이 경우 가압류는 배당요구를 한 것과 마찬가지로 취급된다.

다. 가압류와 전부명령

제3채무자에게 송달될 때까지 그 금전채권에 관하여 다른 채권자가 압류·가압류 또는 배당요구를 한 경우에는 전부명령은 효력을 가지지 아니하므로(민집법 229조 5항) 가압류 중에 있는 지급청구권에 대해서 다른 채권자가 압류·전부명령을 얻거나, 가압류와 압류가 경합하고 있는 때에 압류채권자가 전부명령을 얻었을 경우에는 압류명령은 유효하나 전부명령은 무효이며 후일 가압류가 해제되더라도 전부명령이 효력이 되살아나는 것은 아니다.

라. 가압류와 추심명령

가압류된 채권에 대하여 압류 및 추심명령이 있거나 또는 가압류와 압류가 경합하고 있는 때에 압류채권자가 추심명령을 얻었을 경우에는 그 추심명령은 유효하므로 추심채권자는 동 채권의 추심을 할 수 있으나 가압류가 있으므로 추심채권자는 추심한 금액을 지체 없이 공탁하고 그 사유를 신고하여야 한다(민집법 236조 2항).

4. 압류와 타처분과의 관계

가. 압류와 가압류

압류된 지급청구권에 대하여 민사집행법 제247조의 배당요구시기까지(제3채무자가 채무액을 공탁하고 그 사유를 신고하기까지, 또는 채권자가 추심하고 그 사유를 신고하기까지, 혹은 전부명령이 제3채무자에게 송달되기까지) 제3자는 그에 대하여 가압류를 할 수 있다. 이 경우에는 가압류채권자가 배당요구를 한 것과 같은 효력이 있다.

나. 압류와 압류

압류된 지급청구권에 대한 이중압류도 허용되며, 일방의 압류는 타방의 압류에 대하여 배당요구의 효력을 가진다.

다. 압류와 전부명령

압류된 지급청구권에 대하여 다른 채권자가 압류 및 전부명령을 얻은 경우 전부명령은 무효이나(민집법 229조 5항), 압류명령까지 무효인 것은 아니므로 결국 두 개의 압류가 경합하는 경우와 같다.

라. 압류와 추심명령

공탁금 지급청구권에 대하여 압류와 추심명령이 송달되어 압류의 경합이 있는 때에는 공탁관은 추심채권자에게 지급할 수 없고 반드시 공탁사유신고를 하여야 한다(행정예규 1225호 참조).

마. 압류와 체납처분

체납처분에 의한 채권압류가 선행하는 경우에도 민사집행법상의 채권압류는 가능하다. 그러나 전부명령은 그렇지 않다. 공탁금 지급청구권의 일부에 대하여 체납처분에 의한 압류가 있은 후 그 나머지 부분을 초과하여 민사집행법에 따른 압류 및 전부명령이 있는 경우에 체납처분에 의한 압류는 민사집행법 229조 5항의 '다른 채권자의 압류'에 해당하므로 그러한 전부명령은 압류가 중첩되는 부분에 관해서는 무효이지만, 체납처분에 의한 압류의 효력이 피압류채권의 전액으로 확장되는 것은 아니어서 나머지 부분에 관해서는 유효하다(대판 2015. 8. 27. 013다203833).

민사집행법상의 채권압류가 선행하는 경우에는 세무서장 또는 지방자치단체의 장은 집행법원에 대하여 국세 또는 지방세·가산금과 체납처분비의 교부청구를 하거나(국세징수법 59조, 지방세징수법 66조) 교부청구에 갈음하여 참가압류통지서를 집행법원에 송달함으로써 참가압류를 할 수도 있다(국세징수법 61조, 지방세징수법 67조). 이러한 교부청구나 참가압류는 민사집행법상 배당요구와 같은 효력을 가진다(대판 1994. 3. 22. 93다19276).

체납처분에 의하여 선행 압류가 되어 있는 공탁금 지급청구권에 체납처분을 하고자 하는 자는 교부청구 또는 참가압류의 방식으로 선행의 체납처분절차에 참가할 수 있을 뿐이고, 이중으로 압류하였다고 하더라도 이는 교부청구 또는 참가압류의 효력밖에는 없다(대판 2008. 10. 23. 2008다47732 참조).

바. 압류와 양도

압류 후의 채권양도는 압류채권자와의 관계에서는 상대적 무효이나 그 밖의 이해관계인에 대하여는 유효하고, 압류가 해제되면 양도가 유효하다.

사. 압류와 가처분

채권압류의 효력발생 후에 동일채권에 타인이 다시 제3자가 처분금지가처분을 했다 하더라도 선행 압류채권자에 대항하지 못한다. 따라서 이 경우에 압류채권자가 얻은 전부명령은 유효하다. 선행압류의 효력이 우선하므로 그것을 해치지 않는 한도 내에서 후행 가처분의 효력이 있다.

5. 추심명령과 타처분과의 관계

가. 추심명령과 가압류·압류

추심명령은 단순히 추심권의 부여일 뿐이므로 집행법원에 추심신고를 하기 전에는 가압류·압류 등을 할 수 있다. 압류 및 추심명령과 가압류·압류는 경합되면 가압류·압류는 배당요구의 효력이 있다.

나. 추심명령과 추심명령

여러 개의 추심명령이 송달되어 압류의 경합이 있는 경우 일반 제3채무자는 추심채권자 중 1인에게 지급하든가 공탁하면 되지만, 공탁관은 반드시 사유신고를 하여야 한다.

다. 추심명령과 전부명령

압류 및 추심명령이 있는 채권에 대하여 압류 및 전부명령이 있는 경우 그 전부채권의 우선권이 있는 채권(질권, 저당권 등 담보권)이 아닌 한 전부명령은 무효이다. 다만, 압류의 효력까지 소멸하는 것은 아니다.

6. 전부명령과 타처분과의 관계

가. 전부명령과 전부명령

전부명령은 확정되어야 효력이 있고(민집법 229조 7항), 전부명령이 확정된 경우에는 전부명령이 제3채무자에게 송달된 때에 소급하여 채무자는 채무를 변제한 것으로 본다(민집법 231조 본문).

제1의 압류 및 전부명령이 국가(소관 : 공탁관)에 송달된 다음 제2의 압류 및 전부명령이 송달되고 그 후 먼저 송달된 전부명령이 확정되면 그 전부명령이 우선하여 제2의 압류 및 전부명령은 효력을 잃게 된다. 채무변제의 효력이 소급하여 발생되는 결과이다.

그러나 공탁관으로서는 전부명령의 확정 여부를 알 수 없으므로 일단 압류가 경합된 것으로 보고 법원에 사유신고를 할 수밖에 없을 것이다.

동일한 채권에 대하여 두 개 이상의 채권압류 및 전부명령이 발령되어 제3채무자에게 동시에 송달된 경우 해당 전부명령이 채권압류가 경합된 상태에서 발령된 것으로써 무효인지의 여부는 그 각 채권압류명령의 압류액을 합한 금액이 피압류채권액을 초과하는지를 기준으로 판단하여야 한다(대판 2002. 7. 26. 2001다68839).

나. 전부명령과 양도

전부명령 후 채권양도가 있는 경우는 전부명령이 우선한다.

제 5 절 공탁관의 사유신고

1. 의 의

- 공탁금 지급청구권에 대한 압류의 경합 등이 있는 경우에는 국가(소관 : 공탁관)가 제3채무자가 되므로 공탁관은 공탁을 지속하고 지체 없이 관할 집행

법원에 사유신고를 하여야 한다(공탁규칙 58조, 행정예규 542호).

일반의 제3채무자는 배당에 참가한 채권자의 청구가 없는 한 공탁을 할 의무는 없으나 공탁관은 사유신고의 사유가 있으면 반드시 의무적으로 사유신고를 하여야 한다.

- 공탁관의 사유신고에 의하여 원래의 공탁이 민사집행법의 집행공탁으로 바뀐다고 할 것이며, 사유신고에 의하여 배당절차가 개시되어 후일 집행법원에서는 각 채권자의 우열을 판단하여 배당하게 되며, 이때에 공탁소는 소정 절차에 따라 공탁금을 분할지급하게 될 것이다.
- 그러나 압류의 경합이 있는 경우뿐만 아니라 압류와 압류 및 추심명령이 경합한 때에도 제3채무자인 공탁관은 추심채권자에게 공탁금을 지급할 것이 아니라 공탁을 지속하고 집행법원에 사유신고를 하여야 하고, 추심채권자 등의 공탁금지급청구를 수리하여서는 안 된다(대판 2002. 8. 27. 2001다73107).

2. 사유신고의 요건

가. 일반적인 경우

공탁금 지급청구권에 대하여 채권자 경합이 생기고 {① 압류명령을 송달받은 후 다른 채권자의 배당요구통지를 받은 때, ② 압류(또는 가압류)명령을 송달 받은 후 다른 채권자의 전부(추심)명령을 송달 받은 때, ③ 압류명령을 송달 받은 후 다른 채권자의 압류명령 또는 가압류명령을 송달받은 때 등}, 집행채권의 총액이 피압류채권(공탁금 지급청구권) 총액을 초과하여 재판상 배당을 필요로 하는 경우에 공탁관은 사유신고를 하여야 한다. 다만 동일한 채권자가 서로 다른 채권에 기초하여 압류를 한 후 다시 압류(또는 가압류)를 한 경우에도 채권자 경합이 있는 것으로 본다.

나. 특별한 경우

(1) 금전채권에 대한 가압류를 원인으로 제3채무자가 민사집행법 제291조 및 제248조 제1항에 의하여 공탁한 후에, 피공탁자(가압류채무자)의 공탁금 출급청구권에 대한 압류가 이루어져 압류의 경합이 성립하거나, 공탁사유인

가압류를 본압류로 이전하는 압류명령이 있는 경우에는 공탁관은 사유신고를 하여야 한다.

(2) 공탁금 지급청구권에 대하여 복수의 압류명령 등이 있더라도 각 압류의 법률적 성질상 압류액의 총액이 피압류채권액을 초과하지 아니하여 본래의 의미에서의 압류의 경합으로 볼 수 없는 경우에도, 공탁관의 입장에서 보아 그 우선순위에 대하여 문제가 있는 등 압류의 경합이 있는 등 압류의 경합이 있는지 여부에 대한 판단이 곤란하다고 보이는 객관적 사정이 있는 경우에는 공탁관은 사유신고를 할 수 있다.

3. 사유신고의 요건에 해당하지 않는 경우

다음과 같은 경우는 비록 복수의 압류가 있고 집행채권의 총액이 피압류채권(공탁금 지급청구권) 총액을 초과하더라도 사유신고의 대상이 아니다.

① 복수의 가압류만 있는 경우

② 가압류와 체납처분에 의한 압류가 있는 경우(그 선후를 불문한다)

③ 공탁금 지급청구권이 제3자에게 양도되어 대항요건을 갖춘 후에 압류, 가압류 등이 경합된 경우

④ 선행의 압류(또는 가압류) 후에 목적채권인 공탁금 지급청구권이 제3자에게 양도되어 대항요건을 갖춘 후 압류, 가압류 등이 경합된 경우

⑤ 금전공탁이 아닌 유가증권 또는 물품공탁의 지급청구권에 대하여 압류가 경합된 경우

4. 사유신고의 대상이 되는 지 여부

가. 공탁금 지급청구권에 대한 (가)압류명령이 송달된 경우

금전채권에 대하여 하나의 압류 또는 가압류가 있는 경우에도 제3채무자는 공탁을 할 수 있으나, 공탁관은 압류의 경합이 없는 한 공탁금 지급청구권에 대하여 압류 또는 가압류가 있는 경우에도 민사집행법 제248조 제1항의 공탁 및 공탁사유신고를 하지 아니한다(행정예규 1018호).

따라서 압류와 동시 또는 압류 이후에 추심명령 또는 전부명령이 있으면 추심명령 또는 전부채권자의 청구에 의하여 공탁금을 지급하면 된다.
다만, 제3채무자가 가압류를 원인으로 민사집행법 제291조 및 제248조에 의하여 공탁한 후 그 가압류에서 본압류로 이전하는 압류명령이 있으면 공탁관은 사유신고를 하여야 한다.

나. 물상대위에 의한 수 개의 채권압류 등

공탁된 토지수용보상금에 대하여 물상대위에 의한 수개의 채권압류 및 공탁관에게 송달된 경우, 공탁관은 그 압류 및 추심채권자들 사이의 우열에 대한 판단이 곤란하다고 보아 사유신고를 할 수 있다(공탁선례 2-353).

다. 가압류해방공탁금의 회수청구권

(1) 가압류해방공탁금의 회수청구권에 대하여 압류명령이 송달된 때에는 공탁관은 지체 없이 집행법원에 그 사유를 신고하여야 한다. 다만, 그 압류가 가압류로부터 본압류로 이전된 것임이 명백하고 다른 (가)압류의 경합이 없는 때에는 사유신고할 필요가 없다(재민 84-6).

(2) 가압류해방공탁금의 회수청구권에 대하여 가압류채권자가 가압류에서 본압류로 이전하지 않고 별도의 압류명령을 송달받은 때에는 가압류의 피보전권리와 압류의 집행채권의 동일성 여부가 불명하므로 공탁관은 압류의 경합에 준하여 사유신고를 하여야 한다.
그러나 사유신고 이전에 채권자가(추심이나 전부 등 현금화명령까지 받은 경우) 가압류채권의 피보전권리와 압류채권의 동일성을 소명하는 서면(예컨대, 가압류신청서, 소장, 판결문 등)을 첨부하여 지급청구할 경우 양 채권의 동일성이 인정되면 공탁관은 사유신고절차를 거칠 필요 없이 공탁금을 지급해야 한다.

라. 전부명령이 있는 경우

(1) 공탁금 지급청구권에 대하여 압류 및 전부명령을 송달받은 공탁관은 그 전부명령이 확정되기 전에 다른 압류 및 전부명령을 송달받은 경우 선행의 전부명령이 실효되지 않는 한 압류의 경합은 생기기 아니하므로, 차후

에 선행의 전부명령이 확정되면 전부채권자는 특정승계인으로서 공탁금을 지급청구할 수 있을 것이나(공탁선례 2-353). 선행의 전부명령의 확정 여부를 알 수 없는 공탁관으로서는 선행의 압류 및 전부명령과 후행의 압류 및 전부명령의 유효 여부와 우선순위 문제, 압류의 경합이 있는지에 관하여 판단이 어려운 처지에 있다고 보여지므로 공탁사유신고를 할 수 있다(대판 1989. 1. 31. 88다카42).

(2) 선행의 가압류가 있고 후행의 압류 및 전부명령이 있을 경우 양 집행채권의 피압류채권 총액이 초과하여 압류가 경합되었다면 후행의 전부명령은 무효이며 설사 선행의 가압류가 해제되더라도 전부명령은 부활되지 않아(대판 1965. 5. 18. 65다336) 공탁관은 집행법원에 사유신고하여 집행법원의 배당절차에 의하여 공탁금을 지급하여야 한다(공탁선례 2-354).

5. 사유신고의 시기

가. 일반적인 경우

공탁금 지급청구권에 대하여 압류가 경합되고 집행채권의 총액이 피압류채권 총액을 초과하는 등으로 사유신고를 할 사정이 발생한 때(예컨대 경합하는 압류명령 등이 송달된 때)에는 공탁관은 지체 없이 집행법원에 사유신고를 하여야 한다(공탁규칙 58조). 여기서 '지체 없이'란 사유신고할 사정이 발생한 그 익일부터 3일 이내를 말한다(행정예규 1225호 2. 가).

나. 예외적인 경우(행정예규 제542호)

다음과 같은 경우에는 그 지급요건이 충족된 때에 사유신고를 하여야 한다.

(1) 재판상 담보공탁금의 회수청구권에 압류의 경합이 있는 경우에는 공탁원인을 소멸을 증명하는 서면(법원의 담보취소결정정본 및 확정증명서)이 제출된 때

(2) 재판상 담보공탁금의 출급청구권에 압류의 경합이 있는 경우에는 담보권 실행요건을 갖춘 때(출급청구권 증명서면이 제출되거나 질권실행을 위한 압류 및 현금화명령이 효력을 발생할 때)

(3) 상대적 불확지공탁에 있어서 피공탁자 중 일방의 공탁금 출급청구권에 대

하여 압류의 경합이 있는 경우에는 해당 피공탁자에게 공탁금 출급청구권이 있음을 증명하는 서면이 제출된 때

6. 사유신고절차

공탁관은 사유신고를 할 사정이 발생한 때는 지체 없이 사유신고서 2통을 작성하여 그 중 1통을 관할 집행법원에 보내고 다른 1통은 해당 공탁기록에 편철한다(공탁규칙 58조 1항).

공탁관은 사유신고서에 공탁서 사본과 경합된 압류, 가압류 또는 배당요구통지서 등의 사본을 첨부하여야 한다. 제3채무자가 국가이고 그 소관이 공탁관이기 때문에 재공탁을 하지 않고 공탁을 그대로 지속하면서 사유신고하기 때문에 일반의 제3채무자와는 달리 공탁서 원본을 첨부할 필요가 없다.

7. 사유신고를 할 법원

경합된 압류명령이 서로 다른 법원에 의하여 발하여진 경우에는 공탁관은 먼저 송달된 압류명령을 발령한 법원에 사유신고를 하여야 하고, 가압류명령과 압류명령이 경합하는 경우에는 압류명령을 발령한 법원에 사유신고를 하여야 한다(민집규 172조 3항, 행정예규 1225호).

8. 사유신고 이후의 절차

공탁금 지급청구권에 대한 압류의 경합으로 공탁관이 집행법원에 사유신고를 한 이후에 채권자로부터 압류나 가압류 등이 있더라도 추가로 사유신고를 할 필요는 없다.

공탁관이 공탁사유신고에 따른 배당요구종기가 도래된 이후에 공탁금 출급·회수청구권에 대한 압류명령서 등을 접수한 때에도 접수연월일, 시, 분을 기재하여 기명날인하고, 전산시스템에 압류명령서 등의 접수연월일, 공탁금 출급 또는 회수청구권이 압류된 사실 등을 입력한 후 압류명령서 등의 사본을 집행법원에 송부하여야 한다(행정예규 951호 참조).

[서식 84] 사유신고서(공탁관 작성)

[제15호 양식]

사 유 신 고 서

<table>
<tr><td colspan="5">법원 지원 귀하</td></tr>
<tr><td colspan="2" rowspan="2">공 탁 번 호</td><td rowspan="2"></td><td rowspan="2">공 탁 금 액</td><td>한글</td></tr>
<tr><td>숫자</td></tr>
<tr><td rowspan="3">공탁자</td><td>성 명
(상호, 명칭)</td><td colspan="3"></td></tr>
<tr><td>주 소
(본점, 주사무소)</td><td colspan="3"></td></tr>
<tr><td>생년월일
(법인등록번호)</td><td colspan="3"></td></tr>
<tr><td rowspan="3">피공탁자</td><td>성 명
(상호, 명칭)</td><td colspan="3"></td></tr>
<tr><td>주 소
(본점, 주사무소)</td><td colspan="3"></td></tr>
<tr><td>생년월일
(사업자등록번호)</td><td colspan="3"></td></tr>
</table>

위 공탁금의 회수(출급) 청구권에 대하여 아래와 같이 채권압류명령 등이 경합되었으므로 사유신고 합니다.

– 아 래 –

1. OO지방법원 20OO타채 OOO 채권압류 및 추심명령
   채권자 홍 길 동
   채무자 이 몽 룡
   청구금액 금 OOOOO원 차용금
2. OO지방법원 20OO타채 OOO 채권압류 및 전부명령
   채권자 장 길 산
   채무자 이 몽 룡
   청구금액 금 OOOOO원 수표금

년 월 일

법원 지원 공탁관 (인)

※ 1. '아래'란에는 가압류·압류 사건번호와 법원, 채권자 및 채무자의 성명과 주소, 청구금액 및 압류명령서 등의 송달 연월일 등을 기재 합니다.

2. 공탁당사자가 국가 또는 지방자치단체인 경우에는 법인등록번호란에 '고유번호'를 기재하시기 바랍니다.

| 제11장 공탁금 지급청구권의 소멸시효와 국고귀속 |

제 1 절 소멸시효와 국고귀속절차

1. 의 의

공탁금 지급청구권의 소멸시효라 함은 공탁금의 출급 또는 회수청구권을 행사할 수 있음에도 불구하고 이를 일정기간 행사하지 않는 경우에 그 권리를 소멸시키는 제도이다.

공탁금 지급청구권은 공탁당사자가 그 권리를 행사할 수 있는 때로부터 10년간 행사하지 아니하면 시효에 의하여 소멸된다고 본다. 따라서 소멸시효가 완성된 공탁금은 국고수입 납부전이라도 출급·회수청구를 인가할 수 없음에 주의하여야 한다(공탁규칙 61조). 그러나 공탁유가증권 및 공탁물품에 대하여는 소유권에 기한 청구가 가능하므로 소멸시효가 완성하지 않는다.

공탁금 지급청구권에 대한 소멸시효와 국고귀속절차 등에 관하여는 "공탁금 지급청구권의 소멸시효에 관한 국고귀속절차(2004. 9. 24. 대법원 행정예규 948호)"에 따른다.

2. 소멸시효의 기산점

소멸시효는 권리를 행사할 수 있는 때로부터 진행한다(민법 166조 1항). 따라서 공탁금 지급청구권의 소멸시효 기산점은 공탁금 지급청구권을 행사할 수 있는 때이다.

소멸시효의 기산점인 "권리를 행사할 수 있는 때"란 권리를 행사함에 있어서 법률상의 장애(예, 이행기 미도래, 정지조건 미성취)가 없는 경우를 말하며, 권리자의 개인적인 사정이나 법률지식의 부족, 권리존재의 부지 또는 채무자의 부재 등

사실상의 장애로 권리를 행사하지 못하였다 하여 시효가 진행하지 아니하는 것이 아니며, 이행기가 정해진 채권은 그 기한이 도래한 때부터 소멸시효가 진행한다(대판 1982. 1. 19. 80다2626, 대판 2015. 9. 10. 2013다73957 등).

3. 공탁금 지급청구권의 소멸시효 기산일 등

가. 변제공탁

변제공탁의 경우 공탁금회수청구권은 "공탁일"로부터, 공탁금 출급청구권은 "공탁통지서 수령일"로부터 기산함이 원칙이나, 다음의 경우에는 주의를 요한다.

(1) 공탁의 기초가 된 사실관계에 대하여 공탁자와 피공탁자 사이에 다툼이 있는 경우에는 공탁금출급 및 회수청구권은 모두 그 "분쟁이 해결된 때"로부터 기산한다.

(2) 채권자의 수령불능을 원인으로 한 공탁과 절대적 불확지공탁의 경우, 공탁금 출급청구권은 공탁서 정정 등을 통한 공탁통지서의 수령 등에 의하여 "피공탁자가 공탁사실을 안 날(공탁통지서 수령일)"부터 기산한다.

(3) 상대적 불확지공탁의 경우의 공탁금 출급청구권은 "공탁금의 출급청구권을 가진 자가 확정된 때"로부터 기산한다.

(4) 공탁에 반대급부의 조건이 있는 때에는 "반대급부가 이행된 때"로부터, 공탁이 정지조건 또는 시기부 공탁인 경우에는 "조건이 성취된 때 또는 기한이 도래한 때"로부터 기산한다.

나. 재판상 담보(보증)공탁

담보권리자(피공탁자)의 공탁금 출급청구권의 기산일은 담보권을 행사할 수 있는 사유가 발생한 때로부터 기산한다. 담보제공자(공탁자)의 공탁금 회수청구권의 기산일은 담보제공자가 본안소송(화해, 인낙, 포기 포함)에서 승소한 때에는 "재판확정일 또는 종국일"로부터, 패소한 때에는 "담보취소결정 확정일"로부터 각 기산하고, 본안소송 종국 전에 담보취소결정을 한 경우 또는 재판(결정)이 있은 후 그 재판(결정)을 집행하지 않았거나 집행불능인 경우에는 "담보취소결정확정일"로부터, 재판(결정) 전에 그 신청이 취하된 경우에는 "취하일"로부터 각 기산한다.

다. 집행공탁

배당 기타 관공서의 결정에 의하여 공탁물의 지급을 하는 경우에는 그 "증명서 교부일"로부터 기산하고, 경매절차에서 채무자에게 교부할 잉여금을 공탁한 경우 또는 배당받을 채권자의 불출석으로 인하여 민사집행법 제160조 제2항에 따라 공탁한 경우에는 "공탁일"로부터 기산한다.

라. 기 타

변제공탁, 재판상 보증(담보)공탁, 집행공탁을 제외한 나머지 공탁사건의 공탁금 지급청구권의 소멸시효는 원칙적으로 "공탁금의 지급청구권을 행사할 수 있는 때"로부터 기산한다.

공탁원인이 소멸된 경우 공탁금 회수청구권의 소멸시효는 "공탁원인이 소멸된 때"로부터 기산하고, 착오공탁의 경우 공탁금 회수청구권의 소멸시효는 "공탁일"로부터 기산한다.

마. 공탁금의 이자

통상 공탁금 이자는 원금과 같이 지급되어 이자청구권 자체의 소멸시효는 문제되지 않으나, 예외적으로 공탁금과 이자의 수령권자가 다른 경우에 공탁금 이자의 지급청구권의 소멸시효는 "공탁금 원금 지급일"로부터 기산한다.

바. 지급 인가된 청구서에 의한 환급청구권의 소멸시효 여부

공탁금 지급청구가 이유 있다 하여 지급 인가된 동 청구서에 의한 현금청구권도 소멸시효의 대상이 된다(인가한 날로부터 10년).

4. 소멸시효 진행의 중단사유 해당 여부 등

가. 소멸시효 진행의 중단사유로 볼 수 있는 사유

(1) 시효기간 중에 공탁사실증명서(공탁규칙 59조 4항)을 교부한 경우

(2) 공탁관이 공탁자 또는 피공탁자 등 정당한 권리자에 대하여 공탁사건의 완결여부의 문의서를 발송한 경우

(3) 공탁금의 지급청구에 대해 첨부서면의 불비를 이유로 불수리결정을 한 경우

(4) 공탁관이 공탁자 또는 피공탁자에 대하여 당해 사건의 공탁금을 지급할 수 있다는 취지를 구두로 답한 경우

(5) 공탁의 확인을 목적으로 공탁관계서류를 열람시킨 경우

(6) 일괄 공탁한 공탁금의 일부에 대해 출급 또는 회수청구를 인가하였다면 나머지 잔액에 대하여도 시효가 중단된다.

(7) 불확지공탁을 하였다가 공탁물을 수령할 자를 지정하거나 공탁원인 사실을 정정하는 공탁서정정신청을 인가한 경우, 공탁금회수청구권의 소멸시효는 중단된다.

(8) 행정예규 1203호(소멸시효 완성 전 공탁금 출급 및 회수청구 안내에 관한 업무처리지침)에 의한 '공탁금 출급·회수청구에 관한 안내문'이 공탁자·피공탁자에게 송달된 때에는 공탁금 출급·회수청구권의 시효가 중단된다(행정예규 1203호 6조의2 2항 참조).

나. 소멸시효 진행의 중단사유로 볼 수 없는 사유

(1) 변제공탁에 대해 피공탁자로부터 제출된 수락서를 공탁관이 받았다 해도 그것만으로 출급청구권의 시효가 중단되지 않는다.

(2) 공탁금 지급청구권에 대한 압류, 가압류, 가처분은 피압류채권 즉 공탁금 지급청구권의 시효중단사유가 되지 않는다.

(3) 피공탁자가 수인인 경우 그 1인에 대한 시효중단사유는 다른 출급청구권자의 시효진행에 영향을 미치지 않는다.

(4) 공탁금 회수청구권에 대한 시효중단은 출급청구권의 시효진행에 영향을

미치지 않는다. 그 반대의 경우도 동일하다.

(5) 공탁관이 피공탁자의 요구에 대해 지급절차 등에 대해 일반적인 설명을 한 것만으로는 시효의 중단유로 되지 않는다.

다. 시효중단 후의 시효진행

시효가 중단된 때에는 중단까지 경과한 시효기간은 이를 새로 진행하는 시효기간에 산입되지 아니하고 중단사유가 종료한 때로부터 시효기간이 새로이 진행한다(민법 178조 1항).

라. 시효중단시 공탁관의 처리

시효중단의 효과는 공탁당사자 및 공탁관에세 중대한 영향을 미치므로 공탁금 지급청구권에 대한 소멸시효 중단사유가 발생한 경우에는 공탁기록표지 비고란 등에 시효중단의 뜻과 그 연월일을 기재하고 날인한 다음 전산시스템("사건메모"란 등)에 이를 입력하여야 한다.

5. 시효이익의 포기 간주

공탁금 지급청구권에 대한 소멸시효가 완성된 후 공탁사실증명서의 교부청구가 있는 경우에는 그 증명서를 교부해서는 아니 되나, 착오로 이를 교부한 경우에는 시효이익을 포기한 것으로 처리한다.

6. 공탁금의 편의 시효처리절차 등

가. 시효완성 여부가 불분명한 경우

변제공탁을 한 후 10년이 경과한 공탁금에 대하여 출급 또는 회수청구가 있을 경우 공탁서, 지급청구서 및 그 밖의 첨부서류, 전산시스템에 입력된 사항 등에 의하여 공탁금 지급청구권의 소멸시효 완성 여부를 형식적 심사권에 의하여 조사한다. 조사 결과 소멸시효가 완성되지 않는 경우는 물론 소멸시효의 완성 여부가 불분명한 때에는 이를 인가하여도 무방하다.

나. 편의적 국고귀속조치

공탁일로부터 15년이 경과된 미제 공탁사건의 공탁금은 편의적으로 소멸시효가 완성된 것으로 보아 공탁규칙 제62조의 규정에 따라 국고귀속조치를 취하되, 그 후 소멸시효가 완성되지 아니한 사실을 증명하여 공탁금 지급청구를 한 경우에는 착오 국고귀속 공탁금의 반환절차에 따라 처리한다.

다. 공탁유가증권상의 상환청구권이 시효소멸된 경우의 조치

(1) 공탁유가증권의 상환금청구권이 시효소멸된 경우에도 그 소유권에 기한 반환청구는 인정된다.

(2) 공탁유가증권의 상환금청구권이 시효소멸된 경우 공탁관은 그 시효완성을 이유로 유가증권 보관은행 등에 대하여 매년 1회 이상 시효소멸된 당해 유가증권의 회수청구를 할 수 있다.

(3) 보관은행 등으로부터 유가증권을 회수한 경우 공탁관은 공탁서 및 공탁기록 표지 비고란에 그 취지를 기재하고 날인한 다음 전산시스템("사건메모"란 등)에 이를 입력하고, 그 사건은 완결된 것으로 처리하며, 해당 유가증권은 공탁기록에 편철하여 5년간 공탁기록과 같이 보관한다.

(4) 위 (3)의 절차를 마친 경우에도 폐기 전에는 당해 공탁유가증권의 소유권에 기한 반환청구는 인정된다.

라. 몰취공탁의 경우

민사소송법 제299조에 제2항에 의한 소명을 갈음하는 공탁이나, 상호가등기를 하기 위한 공탁을 한 경우에 일정한 사유가 발생하면 공탁물을 몰취하여 국고에 귀속하는 절차를 취하여야 한다.

7. 소멸시효가 완성된 공탁금에 대한 국고귀속절차

가. 소멸시효 조사

공탁관은 공탁금의 국고귀속조치를 위하기 전에 공탁금 지급청구권의 시효소멸 여부 및 그 시기 등을 법원, 그 밖의 관공서에 조회를 통하여 조사할 수 있다(공탁규칙 60조). 소멸시효가 완성된 공탁금은 국고수입 납부 전이라도 이를 지급하여서는 아니 된다(공탁규칙 61조).

나. 공탁관의 국고귀속조서의 송부

공탁관은 출급·회수청구권의 소멸시효가 완성되어 국고귀속되는 공탁원금이나 이자가 있는 때에는 해당 연도분을 정리한 다음 공탁금 국고귀속조서를 작성하여 다음 연도 1월 20일까지 이를 해당 법원의 세입세출외현금출납공무원(이하 "출납공무원"이라 한다)에 보낸다(공탁규칙 62조 1항). 출납공무원이 위 조서를 받은 때에는 1월 31일까지 해당 법원의 수입징수관에게 보내야 한다(공탁규칙 62조 2항).

공탁관은 위 경우 이외의 사유로 국고귀속되는 공탁원금 또는 이자가 있는 때에는 그때마다 공탁금국고귀속조서를 작성하여 출납공무원에게 보내고, 출납공무원은 지체 없이 해당 법원의 수입징수관에게 보내야 한다(공탁규칙 62조 3항). 이는 실무상 몰취공탁의 경우에 해당된다.

다. 납입의 고지와 수납

수입징수관은 공탁금국고귀속조서를 받았을 때에는 이를 조사한 후 총액에 대한 납부고지서 2통을 해당 출납공무원에게 보내고(공탁규칙 63조 1항), 출납공무원은 위 납부고지서를 받았을 때에는 지체 없이 그 중 1통을 첨부하여 해당 공탁관에게 하나의 청구서로 한꺼번에 지급청구를 하여야 한다(공탁규칙 63조 2항).

공탁관이 지급청구를 받았을 때에는 공탁규칙 제35조 및 제39조의 규정에 따라 인가하고(공탁규칙 63조 3항), 출납공무원이 지급청구인가를 받은 때에는 지체 없이 그 금액을 해당 수입징수관 앞으로 납부하여야 한다(공탁규칙 63조 4항).

8. 착오로 국고귀속된 공탁금의 반환절차 등

공탁금 지급청구권의 소멸시효가 완성되지 않았음에도 불구하고 공탁관이 착오로 공탁금의 국고귀속조치를 위한 경우에는 공탁관을 과오납부자로 보아 공탁규칙 제64조(국고금관리법시행령 제17조, 제18조, 제28조, 동 시행규칙 제29조, 제30조)의 규정에 의하여 다음과 같이 처리한다.

가. 착오로 국고귀속된 공탁금의 반환신청

공탁관은 착오로 국고귀속조치를 시킨 공탁금이 있음을 알거나 그 공탁금에 대한 소멸시효가 완성되지 아니한 사실을 증명하는 서면을 첨부한 공탁금 지급신청이 있는 경우에는, 그러한 사실을 적시한 "공탁금반환 신청서"를 수입징수관에게 제출하여 착오로 국고귀속된 공탁금의 반환신청을 하여야 한다.

나. 수입징수관의 과오납금 반환결정 및 통지 등

위 반환신청을 받은 수입징수관은 "국고금 관리법 시행규칙" 29조 1항에 따라 착오로 국고귀속된 금액에 대하여 과오납금 반환결정을 하고, "과오납금 반환결정통지서"에 의해 공탁관에게 이를 통지하며, 그 통지를 받은 공탁관은 '과오납부자계좌번호통지'를 수입징수관에게 송부하여 반환금의 계좌입금을 청구한다.

다. 수입징수관의 한국은행 등에 대한 과오납금 반환금 지급요구

수입징수관은 공탁관으로부터 위 나.의 반환금의 계좌입금 청구를 받는 즉시 "국고금 관리법 시행령" 28조 및 동 시행규칙 45조에 따라 '국고금입금요구서 또는 국고금대체입금요구서'를 한국은행에 송부하는 방법으로 과오납금을 예금계좌로 이체하여 지급하게 하여야 한다.

라. 공탁금의 출급

수입징수관이 "국고금 관리법 시행규칙" 48조에 한국은행 등으로부터 계좌이체를 완료하였다는 통지를 받은 경우에는 이를 공탁관에게 통지하고, 공탁관은 그 계좌입금된 반환금을 출급하여 공탁금 지급청구권자에게 지급한다.

마. 공탁기록에의 편철과 기재

공탁관은 착오로 국고귀속 공탁금의 반환절차와 관련된 모든 서류를 공탁기록에 편철하고, 그 처리 결과를 공탁기록 표지 비고란에 기재하고 날인한 다음 전산시스템("사건메모"란 등)에 이를 입력하여야 한다.

[서식 85] 공탁금반환신청서

[별지 제1호]

공탁금 반환 신청서

<table>
<tr><td colspan="2">공탁번호</td><td>년 금제 호</td><td colspan="2">공탁금액</td><td>금 원</td></tr>
<tr><td rowspan="3">공
탁
자</td><td>성 명
(상호, 명칭)</td><td></td><td rowspan="3">피
공
탁
자</td><td>성 명
(상호, 명칭)</td><td></td></tr>
<tr><td>주민등록번호
(법인등록번호)</td><td></td><td>주민등록번호
(법인등록번호)</td><td></td></tr>
<tr><td>주 소
(본점, 주사무소)</td><td></td><td>주 소
(본점, 주사무소)</td><td></td></tr>
<tr><td colspan="2" rowspan="2">반환할 금액</td><td>원금</td><td colspan="2">이자</td><td>합계</td></tr>
<tr><td></td><td colspan="3"></td></tr>
</table>

위 공탁금이 2000년 0월 0일 소멸시효의 완성으로 2000년 0월 0일 국고귀속되었으나, 공탁금 지급청구권은 소멸시효가 완성되지 아니한 것이 명백하므로 이에 공탁금 반환을 신청합니다.

첨 부 : 공탁금 지급청구권이 소멸되지 않았음을 증명하는 서면

2000년 월 일

OO지방법원 공탁관 O O O (인)

O O지방법원 수입징수관 귀하

[서식 86] 과오납금반환결정통지서

[별지 제3호]

과오납금반환결정통지서

제　　호

<table>
<tr><td rowspan="2">과오납부자</td><td>성 명</td><td colspan="2"></td><td colspan="2">주민등록번호
(사업자등록번호)</td><td></td></tr>
<tr><td>주 소</td><td colspan="2"></td><td colspan="2">전화번호</td><td></td></tr>
<tr><td colspan="7"></td></tr>
<tr><td rowspan="4">과오납내역</td><td>회 계</td><td>소 관</td><td>연 도</td><td colspan="2">수입과목</td><td>납부일</td></tr>
<tr><td></td><td></td><td></td><td colspan="2"></td><td></td></tr>
<tr><td colspan="2">당초납부액</td><td colspan="2">정당납부액</td><td colspan="2">과오납금액
(반환금액)</td></tr>
<tr><td colspan="2"></td><td colspan="2"></td><td colspan="2"></td></tr>
<tr><td>과오납된 사유</td><td colspan="6"></td></tr>
</table>

위와 같이 과오납금이 발생하여 국고금관리법 시행령 제17조 제1항의 규정에 의하여 이를 통지합니다.

※ 과오납부자는 공탁관으로 합니다.

20　년　월　일

OO지방법원　수입징수관　O　O　O　(인)

[서식 87] 과오납부자계좌번호통지서

[별지 제4호]

과오납부자계좌번호통지

수신 : (   )지방법원   수입징수관 귀하

<table>
<tr><td colspan="4">과오납금반환결정통지서</td><td colspan="2">제   호</td></tr>
<tr><td rowspan="2">과오납부자</td><td>성 명</td><td colspan="2"></td><td>주민등록번호</td><td></td></tr>
<tr><td>주 소</td><td colspan="4">TEL</td></tr>
<tr><td colspan="6"></td></tr>
<tr><td rowspan="2">과오납금반환내역</td><td colspan="2">회 계</td><td>연 도</td><td>수입과목</td><td>과오납금액</td></tr>
<tr><td colspan="2"></td><td></td><td></td><td></td></tr>
<tr><td rowspan="2">예금계좌</td><td>금융기관명</td><td>영업점명</td><td>예금종류</td><td>계좌번호</td><td>예금주성명</td></tr>
<tr><td></td><td></td><td></td><td></td><td></td></tr>
</table>

※ 예금계좌의 예금주 성명은 과오납부자(공탁관)의 성명과 동일하여야 합니다.

20   년   월   일

OO지방법원 공탁관 O O O (인)

제2절 공탁금 출급·회수청구 안내문 발송

1. 목 적

공탁금 출급·회수청구 안내문 발송제도는 일정 기간이 지나도록 출급되지 아니한 변제공탁, 집행공탁, 재판상 보증공탁, 그 밖에 공탁사건의 공탁금 출급·회수청구권 행사를 촉구하는 취지의 안내문을 발송함으로써 소멸시효 완성으로 인하여 국고로 귀속되는 공탁금을 줄이려는 데 그 목적이 있다.
이에 관하여는 대법원 행정예규 제1203호 "공탁금 출급·회수청구 안내문 발송에 관한 업무처리 지침"이 마련되어 있다.

2. 대상사건 및 대상자

- 예규 제정 당시에는 직전 연도말 기준 "만 4년 전에 수리된 변제공탁사건 중 잔액이 10만원 이상인 사건의 피공탁자"에 한하여 통지하였으나(2002. 12. 21. 행정예규 제501호), 점차 확대되어 현재는 직전 연도말 기준 "만 2년 전 및 만 4년 전에 수리된 변제공탁사건 및 집행공탁사건 중 잔액이 10만원 이상인 사건의 피공탁자"와 "만 2년 전 및 만 4년 전에 수리된 재판상 보증공탁사건 중 잔액이 10만원 이상인 사건의 공탁자"까지 포함되었다(2010. 3. 24. 행정예규 860호).
- 출급(회수)청구권에 대한 지급제한 사유(가압류, 반대급부조건 등)의 유무는 상관없다.
- 또한, 예규 제정 당시에는 "변제공탁사건 중 공탁통지서가 송달되었음이 공탁기록상 나타나는 사건"에 한하여 안내문을 통지하도록 하였으나, 행정안전부의 주민등록전산정보자료를 이용하여 변동된 현주소로 통지할 수 있게 됨에 따라 현재는 "주소불명 또는 절대적불확지가 아닌 모든 사건"에 대하여 발송한다.

3. 안내문 발송

- 안내문을 발송한 사건은 직전 연도 말 기준 만 2년, 4년, 6년, 8년 전인 해에 수리된 변제공탁사건 및 집행공탁사건 중 잔액이 10만 원 이상인 사건의 피공탁자, 재판상 보증공탁사건 중 잔액이 10만 원 이상인 사건의 공탁자를 대상으로 한다
- 공탁금 지급청구권에 관한 지급제한사유가 있는지 여부와 관계없이 발송한다. 다만 변제공탁의 원인이 피공탁자의 주소불명에 의한 수령불능이거나 채권자 절대적 불확지인 경우처럼 공탁통지서를 제출하지 아니하여 공탁통지서 송달이 이루어지지 못하는 경우는 안내문 발송대상에서 제외된다.
- 발송한 안내문이 반송된 경우 재발송할 필요가 있을 때(예 : 폐문부재 또는 수취인부재로 반송된 경우)에는 안내문을 다시 발송할 수 있으나, 재발송할 필요가 없는 경우에는 반송된 안내문을 폐기한다.
- 공탁금 출급·회수청구 안내문은 공탁서 및 공탁통지서를 대신하여 공탁금 출급·회수청구서의 첨부서면이 될 수 없다.

4. 안내문 발송 후 사무처리

안내문을 발송한 경우 그 송달정보는 전산시스템에 의하여 관리하여야 하며 안내문을 발송결과(직전 연도 발송 전수, 도달 건수, 안내문 발송 후 출급·회수한 사건 수 등)는 다음 해 1. 31.까지 법원행정처장에게 보고하여야 한다.

5. 안내문 송달과 소멸시효

소멸시효가 진행 중인 사건에 대하여 공탁자 또는 피공탁자에게 안내문이 송달된 경우에는 시효 진행이 중단되며, 송달된 날로부터 다시 10년의 소멸시효가 진행하되 공탁 후 15년이 경과하면 국고귀속 처리한다. 그리고 안내문이 송달되지 않은 경우에는 출급·회수청구할 수 있는 시점으로부터 10년이 경과하면 소멸시효가 완성되므로 국고귀속 처리한다. 소멸시효가 진행하지 않은

사건은 안내문의 송달 여부와 관계없이 공탁 후 15년이 경과하면 편의적 국고귀속 처리한다.

안내문을 발송한 사건에 대하여 공탁금 출급·회수청구가 있는 경우 소멸시효 완성여부 확인을 위하여 필요한 때에는 공탁관은 전산시스템을 이용하여 안내문의 송달정보를 확인하여야 한다.

[참조 8] 공탁금 출급청구에 관한 안내

[별지 1]

공탁금 출급청구에 관한 안내

- 법원행정처에서는 「공탁법」 제9조 제4항(소멸시효 완성 전 공탁금의 수령·회수 안내)에 따라 공탁금이 장기간 지급되지 않고 있는 공탁사건에 대하여 안내를 하고 있습니다.
- 공탁금 출급청구와 관련하여 문의사항이 있는 경우 아래 담당부서로 연락하시기 바랍니다.

관할공탁소			
공탁사건번호	년 금제 호	공 탁 종 류	변제공탁
금액(잔액)※	원	공 탁 일 자	년 월 일
공 탁 자			
피 공 탁 자			
관 련 사 건			
지급제한사건			

※ 공탁당사자가 다수인 경우 본 안내문에 표시된 "금액(잔액)"은 일부 권리자가 출급·회수 후 남은 금액(귀하 또는 다른 권리자들에게 지급할 금액)일 수 있음을 유의하시기 바랍니다.

1. 귀하를 피공탁자로 한 위 변제공탁사건이 현재 지급되지 않는 상태로 있습니다.
2. 반대급부 이행조건 또는 지급제한사유 * 가 있거나 상대적 불확지 변제공탁인 경우 등 공탁금 출급청구권 행사에 관한 장애사유가 있다면 그 사유를 해소한 후 공탁금 출급청구권을 행사하시기 바랍니다.

※ 민사집행법상 (가)압류, 체납처분에 의한 압류 등을 말하며, 지급제한사건의 구체적인 내용은 해당 사건의 (가)압류 발령법원 또는 소관부서에서 확인하시기 바랍니다.

3. 공탁금 출급청구시 첨부해야 할 서류는 함께 보내드린 "공탁금 출급·회수청구절차 안내문"을 참고하여 준비하시기 바랍니다.

※ 첨부서류는 개별 사건마다 다를 수 있으니 유의하시기 바랍니다.

4. 공탁금에 대하여 이의가 있는 경우에는 이의를 유보하고 공탁금을 지급받을 수 있으며, 이 경우 후에 민사소송 등 다른 방법으로 권리를 주장할 수 있습니다.
5. 공탁금 출급청구권은 출급청구를 할 수 있는 때부터 10년간 행사하지 않으면

소멸시효 완성으로 국고에 귀속될 수 있습니다(공탁법 제9조 제3항).

6. 본 안내문 발송을 위하여 「전자정부법」 제42조 제2항 제4호, 같은 법 시행령 제49조 제2항 제1호에 의하여 귀하의 현 주소지를 조회하여 발송합니다.

※ 전화로 문의하시는 경우 신분확인관계상 공탁사건의 내용을 알아보실 수 없으므로 의문이 있으시면 관할공탁소에 방문하셔서 기록을 열람하시기 바랍니다.

년 월 일

법원행정처 사법등기국 사법등기심의관

[별지 2]

공탁금 출급청구에 관한 안내

- 법원행정처에서는 「공탁법」 제9조 제4항(소멸시효 완성 전 공탁금의 수령·회수 안내)에 따라 공탁금이 장기간 지급되지 않고 있는 공탁사건에 대하여 안내를 하고 있습니다.
- 공탁금 출급청구와 관련하여 문의사항이 있는 경우 아래 담당부서로 연락하시기 바랍니다.

관할공탁소			
공탁사건번호	년 금제 호	공 탁 종 류	집행공탁
금액(잔액)※	원	공 탁 일 자	년 월 일
공 탁 자			
피 공 탁 자			
관 련 사 건			
지급제한사건			

※ 공탁당사자가 다수인 경우 본 안내문에 표시된 "금액(잔액)"은 일부 권리자가 출급·회수 후 남은 금액(귀하 또는 다른 권리자들에게 지급할 금액)일 수 있음을 유의하시기 바랍니다.

1. 귀하를 피공탁자로 한 위 집행공탁사건이 현재 지급되지 않는 상태로 있습니다.
2. 민사집행법상 (가)압류, 체납처분에 의한 압류 등 지급제한으로 인하여 출급청구권 행사의 장애사유가 있다면 그 사유를 해소한 후 공탁금 출급청구권을 행사하시기 바랍니다.
   ※ 지급제한사건의 구체적인 내용은 해당 사건의 (가)압류 발령법원 또는 소관부서에서 확인하시기 바랍니다.
3. 공탁금 출급청구시 첨부해야 할 서류는 함께 보내드린 "공탁금 출급·회수청구절차 안내문"을 참고하여 준비하시기 바랍니다.
   ※ 배당절차와 관련된 집행공탁의 경우는 관련사건의 부서(경매계 또는 기타집행계)를 경유하여 증명서를 받아 이를 출급청구서에 첨부하여야 합니다.
4. 공탁금 출급청구권은 출급청구를 할 수 있는 때부터 10년간 행사하지 않으면 소멸시효 완성으로 국고에 귀속될 수 있습니다(공탁법 제9조 제3항)
5. 본 안내문 발송을 위하여 「전자정부법」 제42조 제2항 제4호, 같은 법 시행령 제49조 제2항 제1호에 의하여 귀하의 현 주소지를 조회하여 발송합니다.

※ 전화로 문의하시는 경우 신분확인관계상 공탁사건의 내용을 알아보실 수 없으므로 의문이 있으시면 관할공탁소에 방문하셔서 기록을 열람하시기 바랍니다.

년 월 일

법원행정처 사법등기국 사법등기심의관

[참조 9] 공탁금 회수청구에 관한안내

[별지 3]

공탁금 회수청구에 관한 안내

● 법원행정처에서는 「공탁법」 제9조 제4항(소멸시효 완성 전 공탁금의 수령·회수 안내)에 따라 공탁금이 장기간 지급되지 않고 있는 공탁사건에 대하여 안내를 하고 있습니다.

● 공탁금 회수청구와 관련하여 문의사항이 있는 경우 아래 담당부서로 연락하시기 바랍니다.

관할공탁소			
공탁사건번호	년 금제 호	공 탁 종 류	재판상 보증공탁
금액(잔액)※	원	공 탁 일 자	년 월 일
공 탁 자			
피 공 탁 자			
관 련 사 건			
지급제한사건			

※ 공탁당사자가 다수인 경우 본 안내문에 표시된 "금액(잔액)"은 일부 권리자가 출급·회수 후 남은 금액(귀하 또는 다른 권리자들에게 지급할 금액)일 수 있음을 유의하시기 바랍니다.

1. 귀하를 공탁자로 한 위 재판상 보증공탁사건이 현재 지급되지 않는 상태로 있습니다.
2. 민사집행법상 (가)압류, 체납처분에 의한 압류 등 지급제한으로 인하여 출급청구권 행사의 장애사유가 있다면 그 사유를 해소한 후 공탁금 회수청구권을 행사하시기 바랍니다.
   ※ 지급제한사건의 구체적인 내용은 해당 사건의 (가)압류 발령법원 또는 소관부서에서 확인하시기 바랍니다.
3. 공탁금 회수청구시 첨부해야 할 서류는 함께 보내드린 "공탁금 출급·회수청구절차 안내문"을 참고하여 준비하시기 바랍니다.
   ※ 담보취소결정정본 및 확정증명은 담보제공명령을 발령한 법원에 신청할 수 있습니다.
   ※ 담보취소는 ① 담보제공자(공탁자)가 승소한 본안판결이 확정된 경우 등 담보제공사유가 소멸한 경우, ② 담보취소에 관한 담보권리자(피공탁자)의 동의가 있는

경우, ③ 소송완결 후 담보권리자가 권리행사 최고기간 내에 권리를 행사하지 않은 경우에 신청할 수 있습니다.

※ 첨부서류는 개별 사건마다 다를 수 있으니 유의하시기 바랍니다.

4. 공탁금 회수청구권은 회수청구를 할 수 있는 때부터 10년간 행사하지 않으면 소멸시효 완성으로 국고에 귀속될 수 있습니다(공탁법 제9조 제3항)
5. 본 안내문 발송을 위하여 「전자정부법」 제42조 제2항 제4호, 같은 법 시행령 제49조 제2항 제1호에 의하여 귀하의 현 주소지를 조회하여 발송합니다.

※ 전화로 문의하시는 경우 신분확인관계상 공탁사건의 내용을 알아보실 수 없으므로 의문이 있으시면 관할공탁소에 방문하셔서 기록을 열람하시기 바랍니다.

년 월 일

법원행정처 사법등기국 사법등기심의관

[참조 10] 공탁금 출급·회수청구에 관한 안내

[별지 4]

공탁금 출급·회수청구에 관한 안내

- 법원행정처에서는 「공탁법」 제9조 제4항(소멸시효 완성 전 공탁금의 수령·회수 안내)에 따라 공탁금이 장기간 지급되지 않고 있는 공탁사건에 대하여 안내를 하고 있습니다.
- 공탁금 출급·회수청구와 관련하여 문의사항이 있는 경우 아래 담당부서로 연락하시기 바랍니다.

관할공탁소			
공탁사건번호	년 금제 호	공 탁 종 류	공탁
금액(잔액)※	원	공 탁 일 자	년 월 일
공 탁 자			
피 공 탁 자			
관 련 사 건			
지급제한사건			

※ 공탁당사자가 다수인 경우 본 안내문에 표시된 "금액(잔액)"은 일부 권리자가출급·회수 후 남은 금액(귀하 또는 다른 권리자들에게 지급할 금액)일 수 있음을 유의하시기 바랍니다.

1. 귀하를 공탁자 또는 피공탁자로 한 위 공탁사건이 현재 지급되지 않는 상태로 있습니다.
2. 민사집행법상 (가)압류, 체납처분에 의한 압류 등 지급제한으로 인하여 출급청구권 행사의 장애사유가 있다면 그 사유를 해소한 후 공탁금 출급·회수청구권을 행사하시기 바랍니다.
   ※ 지급제한사건의 구체적인 내용은 해당 사건의 (가)압류 발령법원 또는 소관부서에서 확인하시기 바랍니다.
3. 공탁금 출급·회수청구시 첨부해야 할 서류는 함께 보내드린 "공탁금 출급·회수청구 절차 안내문" 을 참고하여 준비하시기 바랍니다.
   ※ 첨부서류는 개별 사건마다 다를 수 있으니 유의하시기 바랍니다.
4. 공탁금 출급·회수청구권은 출급·회수청구를 할 수 있는 때부터 10년간 행사하지 않으면 소멸시효 완성으로 국고에 귀속될 수 있습니다(공탁법 제9조 제3항)

5. 본 안내문 발송을 위하여 「전자정부법」 제42조 제2항 제4호, 같은 법 시행령 제49조 제2항 제1호에 의하여 귀하의 현 주소지를 조회하여 발송합니다.
   ※ 전화로 문의하시는 경우 신분확인관계상 공탁사건의 내용을 알아보실 수 없으므로 의문이 있으시면 관할공탁소에 방문하셔서 기록을 열람하시기 바랍니다.

년 월 일

법원행정처 사법등기국 사법등기심의관

[공통]

공탁금 회수청구에 관한 안내문

▣ 본인이 직접 청구하는 경우

변제공탁	재판상 담보공탁
1. 공탁통지서 원본(5천만원 초과인 경우) 2. 인감증명서 및 인감도장(1천만원 초과인 경우) 3. 법인등기사항증명서(법인인 경우) 4. 반대급부이행 증명서면(반대급부가 있는 경우) 5. 공탁금 출급청구권 증명서면(불확지 공탁의 경우) 6. 주민등록표 초본(주소가 변동된 경우) 7. 신분증	1. 공탁서 원본(5천만원 초과인 경우) 2. 담보취소결정정본 3. 담보취소 확정증명원 4. 인감증명서 및 인감도장(1천만원 초과인 경우) 5. 법인등기사항증명서(법인인 경우) 6. 주민등록표 초본(주소가 변동된 경우) 7. 신분증

일반집행공탁	경매집행공탁
1. 증명서 2. 인감증명서 및 인감도장(1천만원 초과인 경우) 3. 법인등기사항증명서(법인인 경우) 4. 신분증	1. 증명서(경매계에서 수령) 2. 인감증명서 및 인감도장(1천만원 초과인 경우) 3. 법인등기사항증명서(법인인 경우) 4. 주민등록표 초본(주소가 변동된 경우) 5. 신분증

※ 인감증명서, 법인등기사항증명서, 주민등록표 초본, 위임장(대리인이 청구하는 경우)은 경매계 또는 기타 집행계에서도 제출하여도 하므로 각 2부씩 가져오시기 바랍니다.

해방공탁(공탁자의 회수청구시)	기타 공통 사항
1. 공탁서 원본(5천만원 초과인 경우) 2. [가압류 취하(해제)증명원] 또는 3. [가압류취소결정정본 및 송달증명원] ★ 접수증명원 및 집행해제증명원은 안됨 3. 인감증명서 및 인감도장(1천만원 초과인 경우) 4. 법인등기사항증명서(법인인 경우) 5. 주민등록표 초본(주소가 변동된 경우) 6. 신분증	• 법인 아닌 사단·재단(종중, 교회, 사찰 등) 또는 관공서는 1천만을 초과하는 경우에 공탁서 또는 공탁통지서를 제출하여야 합니다. • 개인이 지급청구를 한 경우에는 인감을 날인하고 인감증명서를 첨부하는 것을 대신하여, 서명을 하고 본인서명 사실확인서 또는 전자본인서명확인서의 발급증을 제출할 수 있습니다. • 공탁서 또는 피공탁자로부터 지급청구권을 승계받은 경우에는 승계사실 증명서면을 함께 제출하여야 합니다.

▣ 대리인에 의하여 청구하는 경우

● ① 위임장(위임인의 인감도장 날인) ② 위임인의 인감증명서 ③ 대리인의 신분증(위임인의 신분증 불요)을 추가로 제출하여야 합니다.

- 미성년자의 법정대리인이 공탁금 청구하는 경우 ① 미성년자의 가족관계증명서·기본증명서와 ② 법정대리인의 신분증을 제출하여야 하며, ③ 부모 1인이 청구하는 때에는 배우자의 위임장(배우자의 인감도장 날인)과 인감증명서 또는 다른 배우자가 친권을 행사할 수 없다는 증명서를 추가로 제출하여야 합니다.

※ ① 1천만원 이하의 금액을 본인이 직접 청구하는 경우와 ② 법인의 위임을 받은 대리인이 청구하는 경우에는 관할공탁소뿐만 아니라 가까운 지방법원 또는 지원 공탁소(관할공탁서와 같은 특별시 및 광역시에 소재하는 경우에는 제외)에서도 공탁금을 찾을 수 있습니다.

※ 공탁금이 5,000만원 이하인 경우에는 전자공탁홈페이지(http://ekt.court.go.kr)에서 전자공탁시스템을 이용하여 지급청구를 할 수 있습니다. 이 경우 인감증명서를 첨부하지 아니하며, 서명은 공인인증서에 의한 전자서명합니다(전자공탁홈페이지에서 이체 가능한 은행을 확인하신 후 청구하시기 바랍니다.

※ 인감증명서, 법인등기사항증명서, 주민등록표 초본 등 관공서 발급서면은 발급일로부터 3개월 이내의 것을 제출하여야 합니다.

※ 첨부서류에 대한 자세한 사항이나 기타 사항은 법원행정처 공탁법인심의담당실 또는 관할공탁소에 문의하시기 바랍니다.

| 제 12 장 공탁관계서류의 열람 및 사실증명 |

제 1 절 공탁관계서류의 열람 등

1. 의 의

공탁당사자 및 이해관계인은 공탁관에게 공탁관계서류의 열람 및 사실증명을 청구할 수 있다(공탁규칙 59조 1항).

공탁은 등기와 달리 공시를 위한 제도는 아니지만 공탁당사자나 이해관계인은 공탁에 관한 서류를 열람하여 그 권리상태를 알아볼 필요가 있을 수 있고, 공탁에 관한 사항의 증명서를 발급받아 재판 등 입증자료로 제출할 필요도 있을 것이다. 따라서 공탁규칙은 일정한 경우에 한하여 열람 및 사실증명의 교부청구를 인정하고 있다.

2. 청구할 수 있는 자

공탁관계서류의 열람 및 사실증명의 교부청구를 할 수 있는 자는 해당 공탁에 관하여 법률상 이해관계를 가지는 자이어야 한다. 즉 공탁당사자(공탁자, 피공탁자) 및 상속인 등 일반 승계인, 양수인, 질권자, 가압류·압류채권자, 체납처분권자 등 공탁기록에 나타난 이해관계인이어야 한다. 민사재판기록과 열람·복사는 이해관계를 소명한 제3자도 가능하지만(재일 2012-2) 공탁은 반드시 공탁기록에 나타난 공탁당사자 또는 법률상 이해관계인이어야 열람이 가능함에 주의하여야 한다. 따라서 공탁자 또는 피공탁자의 공탁금 지급청구권에 대하여 압류하려는 자는 이해관계인에 포함되지 않는다. 또한 공탁의 일방 당사자인 피공탁자로부터 공탁에 관한 권리를 양수한 것은 아니고 본안소송에서 피고의 소송상의 권리만을 양수한 자는 위 규칙에서 규정하는 이해관계인에 해당하지 않고, 수용 대상 부동산의 가등기권자는 토지보상법에 따라 공탁된 보상금에 대하여 따로 그 권리를 주장하는 처분금지가처분 또는 가압류 등의 조치를 취하지 않는 이상 이해관계인이라 할 수 없다(공탁선례 2-155 참조).

3. 대상서류

열람의 대상이 되는 서류는 공탁관계서류(공탁규칙 59조 1항)로, 공탁서와 그 첨부서류, 공탁물 지급청구서와 첨부서류, 가압류, 가처분, 압류, 양도 등에 관한 서류, 공탁금납입통지서, 공탁물 지급결과통지서 등 공탁기록상의 서류를 의미한다. 따라서 공탁관계장부 등은 공탁관계서류가 아니다.

4. 열람신청

- 공탁관계서류의 열람청구를 하는 자는 열람신청서(행정예규 1235호 제16—1호 양식)를 제출하여야 한다(공탁규칙 59조 4항).
- 공탁관은 '장기미제 공탁사건'의 열람 및 사실증명의 청구가 있는 경우에는 당해 공탁에 관하여 직접 법률상 이해관계인에 해당하는지 여부를 본인 또는 대리인의 신분에 관한 증명서(주민등록증, 여권, 운전면허증 등) 등에 의하여 철저히 확인하여야 한다(행정예규 1154호 6조).
- 이해관계인인지 여부는 공탁기록상 인정되는 것이므로 별도의 이해관계인임을 증명하는 서면은 필요하지 않다.
- 공탁당사자 본인이나 이해관계인 본인이 직접 청구하는 경우에는 신분증 등에 의하여 본인임을 확인할 수 있으므로 인감증명서를 첨부할 필요가 없다.
- 위임에 따른 대리인이 청구하는 경우에는 대리인의 권한을 증명하는 서면에 인감도장을 찍고 인감증명서를 첨부하여야 한다(공탁규칙 59조 2항). 이 때 청구서 등에 인감증명법에 따라 신고한 인감을 날인하고 인감증명서를 첨부하거나 이에 갈음하여 공탁당사자 본인이 직접 서명을 하고 본인서명사실확인서나 전자본인서명확인서의 발급증을 제출할 수 있다(행정예규 1095호).

• 자격자대리인(변호사나 법무사) 본인이 직접 청구하는 경우에는 대리인의 권한을 증명하는 서면에 인감도장을 찍을 필요 없고, 인감증명서를 첨부하지 않아도 된다(공탁규칙 59조 3항).

5. 열람절차

• 공탁관은 공탁관계서류의 열람신청이 있는 경우 전산정보처리조직을 이용하여 열람하게 할 수 있다(공탁규칙 59조 6항).
• 열람을 완료한 후에는 열람신청서를 공탁기록에 편철한다. 재판기록의 열람·복사신청서를 소송기록에 편철하지 않고 별도로 신청서철에 철하여 두는 것과는 다르다.

6. 전자공탁시스템을 이용한 열람

• 공탁당사자 및 이해관계인(전산시스템에 성명, 주민등록번호 등 인적사항이 입력되어 있는 경우에 한함)은 전자공탁시스넴을 이용하여 전자문서로 제축된 공탁관계서류에 대한 열람을 청구할 수 있다(행정예규 1282호 16조).
• 공탁관은 개인정보 보호를 위하여 공탁자 또는 피공탁자의 주소 등 일부 인적사항을 제외하고 열람하게 할 수 있고, 열람을 승인한 경우 그 뜻을 전산시스템에 등록하여야 한다.
• 열람을 신청한 자는 공탁관이 열람을 승인한 날부터 1주일 이내에 공탁관계서류를 열람할 수 있다.

7. 복 사

공탁서 기타 부속서류에 관하여 법령의 근거가 없으므로 그 등·초본이나 인증된 사본을 교부할 수 없으나, 이해관계가 있는 자의 사본교부의 청구가 있으면 공탁규칙 59조에 의한 열람청구의 연장으로 보아 공탁관의 인증이 없는 단순한 사본은 교부할 수 있다(행정예규 1235호 제16-1호 양식).

8. 전화에 의한 공탁 유무 확인 등

전화로는 공탁기록을 안내할 수 없어 공탁 사건 내용에 대한 문의사항이

[서식 88] 자격자대리인 사용자등록신청서

자격자대리인 사용자등록신청서

<table>
<tr><td rowspan="4">신 청 인</td><td>성 명</td><td></td><td>주민등록번호</td><td></td></tr>
<tr><td>자격 구분</td><td>□ 변호사
□ 법무사</td><td>자격등록번호</td><td></td></tr>
<tr><td>사무소소재지</td><td colspan="3"></td></tr>
<tr><td>연락처</td><td colspan="3">(전화) (FAX)</td></tr>
<tr><td>첨부서면</td><td colspan="4">1. 자격자증명서면 사본 1통
2. 신분증 사본 1통
3. 기타 ( )</td></tr>
<tr><td colspan="5">20 년 월 일
위 신청인 (인)
지방법원 지원 공탁관 귀중</td></tr>
<tr><td colspan="5">위 임 장
성 명 :
주민등록번호 :
위 사람에게 사용자등록신청서 제출 등의 사무를 위임합니다.
20 년 월 일
위 신청인 (인)</td></tr>
</table>

※ **유의사항**

1. 전국 어느 공탁소에나 1곳에만 신청하면 됩니다.
2. 성명, 주민등록번호 등 사용자등록신청 정보와 인증서 정보는 서로 일치하여야 합니다.
3. '자격등록번호'란에는 변호사·법무사 등록증상의 변호를 기재합니다.

[서식 89] 공탁기록 열람·복사신청서

[제16-1호 양식]

공탁기록 열람·복사 신청서

<table>
<tr><td rowspan="5">신 청 인</td><td>성 명</td><td colspan="3">O O O</td></tr>
<tr><td>자 격</td><td colspan="3">피공탁자</td></tr>
<tr><td>주 소</td><td colspan="3">OO시 OO구 OO로 OO(OO동)</td></tr>
<tr><td>생 년 월 일</td><td colspan="3">19 . . .</td></tr>
<tr><td>전 화 번 호</td><td colspan="3">OO-OOO-OOOO</td></tr>
<tr><td>신청구분</td><td colspan="2">☑ 열람</td><td colspan="2">☐ 복사</td></tr>
<tr><td rowspan="3">대상기록</td><td>법 원</td><td colspan="3">OO지방법원</td></tr>
<tr><td>공탁사건번호</td><td>2000년 금제OO호</td><td>공탁금액</td><td>금 일천만원
금 10,000,000원</td></tr>
<tr><td>공 탁 자</td><td>O O O</td><td>피공탁자</td><td>O O O</td></tr>
<tr><td>복사할 부분</td><td colspan="4">공탁서 및 부속서류 일체
(복사매수 6 매)</td></tr>
<tr><td>복사비용</td><td>원
(매×50원)</td><td colspan="3">(수입인지 첨부란)</td></tr>
<tr><td>비 고</td><td colspan="4"></td></tr>
<tr><td>영수일자</td><td colspan="2">년 월 일</td><td>영수인</td><td>인(서명)</td></tr>
<tr><td colspan="5">2000 년 O 월 O 일
위 신청인 O O O 인(서명)</td></tr>
</table>

※ 1. 공탁당사자 및 이해관계인이 신청할 수 있습니다.

2. 위임에 따른 대리인이 신청하는 경우에는 대리인의 권한을 증명하는 서명에 인감도장을 찍고 인감증명서를 첨부하여야 합니다(단, 공탁규칙 제59조 제3항의 경우에는 적용하지 아니함).

3. 인감을 날인하고 인감증명서를 첨부하여야 하는 경우, 이를 갈음하여 서명을 하고 본인서명사실확인서 또는 전자본인서명확인서 발급증을 제출할 수 있습니다.

4. 공탁관계 서류에 관한 등・초본이나 인증된 사본을 청구할 수 없습니다. 다만, 열람청구의 연장으로 공탁관의 인증이 없는 사본은 청구할 수 있습니다.

[서식 90] 사실증명신청서

[제16-2호 양식]

사 실 증 명 신 청 서

<table>
<tr><td rowspan="5">신 청 인</td><td>성 명</td><td colspan="3">○ ○ ○</td></tr>
<tr><td>자 격</td><td colspan="3">피공탁자 본인</td></tr>
<tr><td>주 소</td><td colspan="3">OO시 OO구 OO로 OO(OO동)</td></tr>
<tr><td>주민등록번호</td><td colspan="3">000000-0000000</td></tr>
<tr><td>전화번호</td><td colspan="3">OO-OOO-OOOO</td></tr>
<tr><td rowspan="3">증명대상서류</td><td>법 원</td><td colspan="3">OO지방법원</td></tr>
<tr><td>공탁사건번호</td><td>20OO금제OO호</td><td>공탁금액</td><td>금 일천만원
금 10,000,000원</td></tr>
<tr><td>공 탁 자</td><td>○ ○ ○</td><td>피공탁자</td><td>○ ○ ○</td></tr>
<tr><td>증명의 목적</td><td colspan="4">사실관계확인</td></tr>
<tr><td>증명을 받고자 하는 내용</td><td colspan="4">1. 공탁금 미지급 사실
2. 20OO. 3. 10.자 공탁금회수인가한 사실
(공탁금출급회수청구서 사본 첨부)</td></tr>
<tr><td colspan="5">20OO 년 O 월 O 일

위 신청인 O O O 인(서명)</td></tr>
<tr><td colspan="5">위의 사실을 증명합니다.

년 월 일

법원 지원 공탁관 (인)</td></tr>
</table>

※ 1. 공탁당사자 및 이해관계인이 신청할 수 있으며, 증명받고자 하는 수에 1통을 더한 신청서를 제출하여야 합니다.

2. 위임에 따른 대리인이 신청하는 경우에는 대리인의 권한을 증명하는 서면에 인감도장을 찍고 인감증명서를 첨부하여야 합니다(단, 공탁규칙 제59조 제3항의 경우에는 적용하지 아니함)

3. 인감을 날인하고 인감증명서를 첨부하여야 하는 경우, 이를 갈음하여 서명을 하고 본인서명사실확인서 또는 전자본인서명확인서 발급증을 제출할 수 있습니다.

제2절 공무상 열람청구 및 문서송부촉탁

- 수사기관이 수사 목적으로 공탁관계서류의 열람청구를 하거나 세무공무원이 체납처분을 위하여 공탁관계서류의 열람청구를 하는 경우에는 이를 허용하여도 무방할 것이다.
- 지급이 완결되지 않은 공탁에 관한 서류는 천재지변 등 긴급한 상황에서 서류의 보존을 위하여 필요한 경우가 아니면 사무실 밖으로 옮기지 못하므로(공탁규칙 19조) 민사소송과 관련하여 법원으로부터 미완결 공탁사건의 공탁관계서류에 대한 송부촉탁이 있는 경우에는 송부촉탁에 응할 수 없을 것이다.
- 현재 민사소송 실무에서 문서송부촉탁의 경우 대부분 인증등본의 송부촉탁이 이루어지고 있으므로 공탁기록 자체를 송부촉탁하는 경우는 거의 없다.

[서식 91] 공탁금출급·회수불수리결정

[별지 양식]

ㅇㅇ지방법원 ㅇㅇ지원

결 정

결정의 고지	방 법	일 자	공탁관 인

신청인(청구인) 성 명(상호, 명칭)
생년월일(법인등록번호)
주 소(본점, 주사무소)
위 대리인 성 명
주 소

공탁번호 :
공 탁 자 :
피공탁자 :

위 공탁 신청(공탁물 출급·회수청구)에 대하여 공탁규칙 제48조 제1항에 따라 다음과 같이 결정한다.

주 문

신청인(청구인)의 이 법원에 대한 20 . . .자 공탁 신청(공탁물 출급·회수청구)은 이를 불수리 한다.

이 유

20 . . .

공 탁 관 ㅇ ㅇ ㅇ (인)

※ 신청인(청구인)은 이 불수리 결정에 대하여 공탁법 제12조에 따라 공탁관 소속의 법원(지원)에 이의신청을 할 수 있습니다. 이의신청서는 불수리 결정을 한 공탁관에게 제출하면 됩니다.

| 제13장 공탁관의 처분에 대한 불복 |

제 1 절 공탁관의 불수리처분

1. 불수리처분의 대상

공탁법 제12조 제1항은 "공탁관의 처분에 대하여 불복하는 자는 관할 지방법원에 이의신청을 할 수 있다."라고 규정하고, 공탁규칙 제48조 제1항에서는 "공탁신청이나 공탁물 출급·회수청구를 불수리할 경우에는 이유를 적은 결정으로 하여야 한다."고 규정하고 있다.

공탁관이 공탁신청이나 공탁물 출급·회수청구를 불수리하는 경우 그 업무처리절차를 규정하기 위하여 '공탁신청 및 출급·회수에 대한 불수리결정 업무처리지침(행정예규 1013호)'이 마련되어 있다.

공탁관이 불수리할 수 있는 대상이 되는 구체적인 명문의 규정은 없으나, 공탁신청이나 출급·회수청구 이외에도 대공탁·불수리공탁신청, 공탁서 정정신청, 열람 및 사실증명서 등 부수처분도 불수리의 대상이 된다.

2. 불수리결정 방식 및 고지 방법

공탁관이 공탁신청이나 공탁물 출급·회수청구를 불수리 할 경우에는 "공탁신청 및 출급·회수에 대한 불수리결정 업무처리지침(행정예규 1013호)" 별지 양식에 따라 이유를 적은 결정으로 하여야 한다(공탁규칙 48조 1항).

불수리결정서에는 공탁규칙 제55조 제2항의 공탁관의 인감도장을 날인하여야 한다(행정예규 1013호 2조 2항). 불수리결정을 한 경우 공탁관은 신청인이나 청구인에게 불수리결정등본을 교부하거나 배달증명우편으로 송달한다.

만약 배달증명우편으로 송달을 받고자 하는 신청인 등은 우편법 시행규칙 25조 1항 4호 다목에 따른 배달증명을 할 수 있는 가액의 우표를 공탁관에게 납부하여야 한다(행정예규 1013호 3조).

공탁 신청 및 출급·회수에 대한 불수리결정 업무처리지침

개정 2014. 5. 16. [행정예규 제1013호, 시행 2014. 6. 1.]

제1조(목 적) 이 예규는 공탁관이 「공탁규칙」(다음부터 "규칙"이라 한다) 제48조제1항에 따라 공탁 신청이나 공탁물 출급·회수청구를 불수리하는 경우 그 업무처리절차를 규정함을 목적으로 한다.

제2조(불수리결정 방식)

① 공탁관이 공탁 신청이나 공탁물 출급·회수청구를 불수리 할 경우에는 별지(「전산정보처리조직에 의한 공탁사무처리지침」 부록 제4-2호) 양식에 따라 이유를 적은 결정으로 하여야 한다.

② 불수리결정서에는 규칙 제55조제2항의 공탁관의 인감도장을 날인하여야 한다.

제3조(고지 방법)

① 불수리결정을 한 경우 공탁관은 신청인이나 청구인(다음부터 "신청인 등"이라 한다)에게 불수리결정등본(다음부터 "결정등본"이라 한다)을 교부하거나 배달증명우편으로 송달한다.

② 제1항에 따라 교부 또는 송달을 한 경우 공탁관은 결정원본의 '결정의 고지'란에 해당사항을 적고 날인하여야 한다.

③ 신청인 등에게 결정등본을 직접 교부하는 경우에는 영수증을 받아 해당 공탁기록에 철한다.

④ 배달증명우편으로 송달을 받고자 하는 신청인 등은 「우편법 시행규칙」 제25조제1항 제4호 다목에 따른 배달증명을 할 수 있는 가액의 우표를 미리 공탁관에게 납부하여야 한다.

제4조(결정등본의 반송 등) 배달증명서가 오거나 결정등본이 소재불명 등의 사유로 반송된 경우에는 이를 공탁기록에 철하고, 공탁기록 표지 비고란에 그 뜻을 적는다.

제5조(신청서류의 보관 등)

① 공탁관이 제2조에 따라 불수리결정을 한 때에는 불수리결정원본(다음부터 "결정원본"이라 한다)과 공탁서 또는 공탁물 출급·회수청구서(각 2부), 그 밖에 첨부서류는 공탁기록에 철하여 보관한다.

② 제1항의 첨부서류에 대하여 신청인 등이 반환을 청구한 경우에는 공탁관은 해당 첨부서류의 복사본과 신청인 등에게 받은 영수증을 공탁기록에 철하고 첨부서류 원본을 반환한다.

제6조(이의신청에 대한 결정에 따른 업무처리)

① 불수리결정의 이의신청에 대하여 관할지방법원이 「공탁법」 제14조 제1항에 따라 결정문을 송부한 때에는 이를 해당 공탁기록에 철한다.

② 제1항의 결정문에서 이의가 이유있다고 인정하여 공탁관에게 상당한 처분을 할 것을 명한 경우에는 공탁관은 제5조 제1항의 공탁기록에 의하여 관할법원의 명령에 따른 처분(수리, 인가)을 한다.

③ 제5조 제2항에 따라 첨부서류 원본을 반환한 경우에는 이를 다시 제출받은 다음 제2항의 처분을 한다.

제7조(공탁기록의 보존기간)

① 공탁신청이 불수리된 후 신청인 등이 이의신청을 하지 않은 때에는 해당 공탁기록은 불수리결정연도의 다음해부터 5년간 보존한다.

② 관할지방법원이 이의신청을 기각하거나 각하(이의신청 취하 포함)한 때에는 해당 공탁기록은 기각 또는 각하결정이 있는 다음해부터 5년간 보존한다.

부 칙(2014. 5. 16. 제1013호)

이 예규는 2014년 6월 1일부터 시행한다.

제 2 절 공탁관의 불수리처분에 대한 불복

1. 불복방법

공탁관의 처분에 불복하는 자는 관할 지방법원에 이의신청을 할 수 있다(공탁법 12조 1항). 이러한 절차를 거침이 없이 곧바로 국가를 상대로 민사소송으로 공탁금 지급청구를 함은 허용되지 아니한다(대판 1992. 7. 28. 92다13011, 대판 2015. 9. 10. 2015도8592 등).

2. 불복대상

공탁관의 처분에는 '수리, 인가, 불수리' 등이 있는데 그 중 각종 청구나 신청을 불수리한 처분만이 이의신청의 대상이 될 것이다(서울지법결정 1999. 6. 14. 99파 168).

이미 공탁이 수리된 경우에는 피공탁자 또는 제3자가 공탁의 무효를 소송으로 다투는 것은 변론으로 하고 이의신청을 할 수 없으며 공탁물지급청구가 인가된 경우에는 공탁물지급으로 이미 공탁관계는 종료되었으므로 소송으로 부당이득반환 등을 청구하는 것은 별론으로 하고 이의신청을 할 수 없을 것이다.

3. 이의신청서의 제출

공탁관의 처분에 대하여 불복이 있는 자는 관할법원에 이의신청을 할 수가 있다(공탁법 12조 1항). 다만, 이 규정에 의한 이의신청은 공탁소에 이의신청서를 제출하는 함으로써 하여야 한다(공탁법 12조 2항).

지방법원 본원 및 본원 소속 시·군법원 공탁관의 처분에 대하여는 지방법원 본원이 관할법원이 되고, 지방법원 지원 및 지원 소속 시·군법원 공탁관의 처분에 대하여는 지방법원 지원이 관할법원이 된다. 이의사건에 대한 재판은 단독판사 관할이다.

4. 이의신청기간

이의신청기간에 관하여는 따로 정한바가 없으므로 이의의 이익이 있는 한 언제든지 이의신청을 할 수 있다.
공탁관의 처분에 대한 이의에 대하여 즉시항고와 같은 신청기간의 제한은 없으나, 이의의 이익이 있고 또한 존속하고 있는 동안에 처분을 하여야 하므로, 공탁관의 처분에 대한 이의에 의하여 그 처분의 취소 등 상당한 처분을 명하여 줄 것을 구하는 경우, 공탁관이 해당 공탁사무와 관련하여 더 이상 어떠한 처분을 할 수 없게 된 경우에는 이미 그 이의의 이익이 없어 이의의 신청을 할 수 없다(대결 2001. 6. 5. 200마2605).

5. 공탁관의 조치

공탁관은 이의신청서를 접수한 때에는 전산시스템의 문서건명부 해당 항목(메뉴)란에 입력하여야 한다.

6. 이의신청에 대한 재판

관할 지방법원의 재판은 이의신청에 대하여 이유를 붙인 결정으로써 하며, 공탁관과 이의신청인에게 결정문을 송부하여야 한다. 이 경우 이의가 이유가 있다고 인정하면 공탁관에게 상당한 처분을 할 것을 명하여야 한다(공탁법 14조 1항).
공탁관의 불수리처분이 부당한 것인가의 여부는 공탁관의 형식적 심사권을 전제로 하여 불수리처분을 한 시점을 기준으로 판단하여야 한다.
즉 법원은 공탁관의 처분에 대한 이의신청을 심리할 경우 공탁관의 형식적 심사권을 전제로 처분 당시 제출된 신청서류 등에 의하여 그 처분의 당부를 판단하여야 한다(대결 2011. 7. 14. 2011다934). 따라서 공탁관이 처분을 할 때에 제출된 신청서류 등의 증거방법을 가지고 공탁관이 가지는 심사권한의 범위 안에서 처분이 제대로 이루어진 것인지를 판단하여야 하며 사후의 자료나 주장은 고려할 사항이 아니다.

7. 항고 및 재항고

이의신청에 대한 재판에 대하여는 비송사건절차법에 의하여 항고할 수 있다(공탁법 14조 2항).

민사소송법에 의한 항고에 관한 규정은 특별한 규정이 있는 것을 제외하고는 비송사건절차법에 의한 항고에 이를 준용하므로(비송법 23조), 항고의 제기는 항고장을 원심법원에 제출함으로써 하고(민소법 445조), 원심법원이 항고에 정당한 이유가 있다고 인정하는 때에는 그 재판을 경정하여야 한다(민소법 446조). 항고법원의 결정에 대하여는 재판에 영향을 미친 헌법, 법률, 명령 또는 규칙의 위반을 이유로 드는 때에만 대법원에 재항고 할 수 있다(민소법 442조).

[서식 92] 이의신청서

[제17호 양식]

이 의 신 청 서

신청인	성 명 (상호, 명칭)	이 몽 룡
	주 소 (본점, 주사무소)	OO시 OO구 OO로 OO(OO동)
	생년월일 (법인등록번호)	000000-0000000
피신청인	성 명	대한민국 법률상 대표자 법무부장관 ○○○ (소관 : ○○지방법원 ○○지원 공탁관)
	주 소	

신 청 취 지

1. 신청인이 20 . . . 피신청인에게 한 동원 년 금 제 호 공탁 신청(공탁금 출급·회수 청구)에 대하여 피신청인이 20 . . . 행한 불수리결정을 취소한다.
2. 피신청인은 신청인의 공탁 신청(공탁금 출급·회수청구)을 수리(인가)하라.

라는 재판을 구합니다.

신 청 이 유

이의신청인은 채권자 홍길동에 대하여 토지매매대금의 변제를 위하여 2000. 0. 0. 금 삼백만원을 2000년 금제OO호로 공탁한바, 채권자로부터 공탁을 수락하지 아니한다는 서면을 보내왔으므로 항고인은 동 공탁을 취소하여 회수청구를 하였으나 본건 공탁에 의하여 질권 또는 저당권이 소멸되지 아니하였다는 것을 증명하는 서면이 없다는 이유로 항고인의 회수청구를 불수리하였으나, 본건에는 질권, 저당권이 없다는 것은 토지매매계약서 자체에 의하여도 명확한 것인데 위와 같이 불수리처분한 것은 부당하다고 판단되어 이의신청에 이르렀습니다.

첨 부 서 류

2000 년 0 월 0 일

위 신청인 이 몽 룡 인(서명)

부 록

◉ 공 탁 법 ◉

일부개정 2022. 1. 4. 법률 제18669호

제1장 총 칙

제1조(목적) 이 법은 법령에 따라 행하는 공탁의 절차와 공탁물을 효율적으로 관리하고 운용하기 위한 사항을 정함을 목적으로 한다.

제2조(공탁사무의 처리)
① 법령에 따라 행하는 공탁사무는 지방법원장이나 지방법원지원장이 소속 법원서기관 또는 법원사무관 중에서 지정하는 자가 처리한다. 다만, 시·군법원은 지방법원장이나 지방법원지원장이 소속 법원주사 또는 법원주사보 중에서 지정하는 자가 처리할 수 있다. 〈개정 2011.4.5〉
② 법원행정처장이 지정·고시하는 공탁소의 공탁사무는 대법원규칙으로 정하는 바에 따라 전산정보처리조직을 이용한 전자문서로 처리할 수 있다. 〈신설 2011.4.5〉

제3조(공탁물보관자의 지정)
① 대법원장은 법령에 따라 공탁하는 금전, 유가증권, 그 밖의 물품을 보관할 은행이나 창고업자를 지정한다.
② 대법원장은 제1항에 따라 공탁금 보관은행을 지정할 때에는 공익성과 지역사회 기여도 등 해당 지역의 특수성이 반영될 수 있도록 해당 지방법원장의 의견을 듣고, 제15조에 따른 공탁금관리위원회의 심사를 거쳐야 한다.
③ 제1항에 따라 지정된 은행이나 창고업자는 그의 영업 부류에 속하는 것으로서 보관할 수 있는 수량에 한정하여 보관하며 선량한 관리자의 주의로써 보관하여야 한다.

제2장 공탁 절차

제4조(공탁 절차) 공탁을 하려는 자는 대법원규칙으로 정하는 바에 따라 공탁서를 작성하여 제2조에 따라 공탁사무를 처리하는 자(이하 "공탁관"이라 한다)에게 제출한 후 공탁물을 지정된 은행이나 창고업자에게 납입하여야 한다.

제5조(외국인등을 위한 공탁의 특례)
① 국내에 주소나 거소가 없는 외국인이나 재외국민(이하 "외국인등"이라 한다)을 위한 변제공탁은 대법원 소재지의 공탁소에 할 수 있다.
② 외국인등이 공탁하는 절차나 외국인등을 위하여 공탁하는 절차, 그 밖에 필요한 사항은 대법원규칙으로 정할 수 있다.

제5조의2(형사공탁의 특례)

① 형사사건의 피고인이 법령 등에 따라 피해자의 인적사항을 알 수 없는 경우에 그 피해자를 위하여 하는 변제공탁(이하 "형사공탁"이라 한다)은 해당 형사사건이 계속 중인 법원 소재지의 공탁소에 할 수 있다.

② 형사사건의 공탁서에는 공탁물의 수령인(이하 이 조에서 "피공탁자"라 한다)의 인적사항을 대신하여 해당 형사사건의 재판이 계속 중인 법원(이하 이 조에서 "법원"이라 한다)과 사건번호, 사건명, 조서, 진술서, 공소장 등에 기재된 피해자를 특정할 수 있는 명칭을 기재하고, 공탁원인사실을 피해 발생시점과 채무의 성질을 특정하는 방식으로 기재할 수 있다.

③ 피공탁자에 대한 공탁통지는 공탁관이 다음 각 호의 사항을 인터넷 홈페이지 등에 공고하는 방법으로 갈음할 수 있다.

1. 공탁신청 연월일, 공탁소, 공탁번호, 공탁물, 공탁근거 법령조합
2. 공탁물수령·회수와 관련된 사항
3. 그 밖에 대법원 규칙으로 정한 사항

④ 공탁물 수령을 위한 피공탁자 동일인 확인은 다음 각 호의 사항이 기재된 법원이나 검찰이 발급한 증명서에 의한다.

1. 사건번호
2. 공탁소, 공탁번호, 공탁물
3. 피공탁자의 성명·주민등록번호
4. 그 밖에 동일인 확인을 위하여 필요한 사항

⑤ 형사공탁의 공탁서 기재사항, 첨부하여야 할 서면, 공탁신청, 공탁공고 및 공탁물 수령·회수절차 등 그 밖에 필요한 사항은 대법원 규칙으로 정한다

[본조신설 2020 12. 8]

제6조(공탁금의 이자) 공탁금에는 대법원규칙으로 정하는 이자를 붙일 수 있다.

제7조(이자 등의 보관) 지정된 은행이나 창고업자는 공탁물을 수령할 자가 청구하는 경우에는 공탁의 목적인 유가증권의 상환금, 이자 또는 배당금을 수령하여 이를 보관한다. 다만, 보증공탁을 할 때에 보증금을 대신하여 유가증권을 공탁한 경우에는 공탁자가 그 이자나 배당금을 청구할 수 있다.

제8조(보관료) 공탁물을 보관하는 은행이나 창고업자는 그 공탁물을 수령하는 자에게 일반적으로 같은 종류의 물건에 청구하는 보관료를 청구할 수 있다.

제9조(공탁물의 수령·회수)

① 공탁물을 수령하려는 자는 대법원규칙으로 정하는 바에 따라 그 권리를 증명하여야 한다.

② 공탁자는 다음 각 호의 어느 하나에 해당하면 그 사실을 증명하여 공탁물을 회수할 수 있다.

1. 「민법」 제489조에 따르는 경우
2. 착오로 공탁을 한 경우

3. 공탁의 원인이 소멸한 경우

③ 제1항 및 제2항의 공탁물이 금전인 경우(제7조에 따른 유가증권상환금, 배당금과 제11조에 따른 물품을 매각하여 그 대금을 공탁한 경우를 포함한다) 그 원금 또는 이자의 수령, 회수에 대한 권리는 그 권리를 행사할 수 있는 때부터 10년간 행사하지 아니할 때에는 시효로 인하여 소멸한다. 〈신설 2009.12.29.〉

④ 법원행정처장은 제3항에 따른 시효가 완성되기 전에 대법원규칙으로 정하는 바에 따라 제1항 및 제2항의 공탁금 수령·회수권자에게 공탁금을 수령하거나 회수할 수 있는 권리가 있음을 알릴 수 있다. 〈신설 2018.12.18.〉.

제10조(반대급부) 공탁물을 수령할 자가 반대급부를 하여야 하는 경우에는 공탁자의 서면 또는 판결문, 공정증서, 그 밖의 관공서에서 작성한 공문서 등에 의하여 그 반대급부가 있었음을 증명하지 아니하면 공탁물을 수령하지 못한다.

제11조(물품공탁의 처리) 공탁물 보관자는 오랫동안 보관하여 공탁된 물품이 그 본래의 기능을 다하지 못하게 되는 등의 특별한 사정이 있으면 공탁 당사자에게 적절한 기간을 정하여 수령을 최고하고 그 기간에 수령하지 아니하면 대법원규칙으로 정하는 바에 따라 공탁된 물품을 매각하여 그 대금을 공탁하거나 폐기할 수 있다.

제3장 이의신청 등

제12조(처분에 대한 이의신청)

① 공탁관의 처분에 불복하는 자는 관할 지방법원에 이의신청을 할 수 있다.

② 제1항에 따른 이의신청은 공탁소에 이의신청서를 제출함으로써 하여야 한다.

제13조(공탁관의 조치)

① 공탁관은 제12조에 따른 이의신청이 이유 있다고 인정하면 신청의 취지에 따르는 처분을 하고 그 내용을 이의신청인에게 알려야 한다.

② 공탁관은 이의신청이 이유 없다고 인정하면 이의신청서를 받은 날부터 5일 이내에 이의신청서에 의견을 첨부하여 관할 지방법원에 송부하여야 한다.

제14조(이의신청에 대한 결정과 항고)

① 관할 지방법원은 이의신청에 대하여 이유를 붙인 결정으로써 하며 공탁관과 이의신청인에게 결정문을 송부하여야 한다. 이 경우 이의가 이유 있다고 인정하면 공탁관에게 상당한 처분을 할 것을 명하여야 한다.

② 이의신청인은 제1항의 결정에 대하여 「비송사건절차법」에 따라 항고할 수 있다.

제4장 공탁금관리위원회

제15조(공탁금관리위원회의 설립)

① 공탁금의 보관·관리 등과 관련된 다음 각 호의 사항을 효율적으로 처리하기 위하여 공

탁금관리위원회(이하 "위원회"라 한다)를 설립한다.

1. 공탁금을 보관하는 은행의 지정 심사 및 적격 심사
2. 제19조에 따른 출연금 및 위원회 운영비의 심의·확정
3. 그 밖에 대법원규칙으로 정하는 사항

② 위원회는 법인으로 한다.

③ 위원회의 주된 사무소의 소재지는 정관으로 정한다.

④ 위원회는 그 주된 사무소의 소재지에서 설립등기를 함으로써 성립한다.

⑤ 위원회는 제1항 각 호의 사항에 관한 업무를 독립하여 수행한다.

[전문개정 2008.3.21]

제16조(공탁금관리위원회의 구성 등)

① 위원회는 위원장 1명을 포함하여 9명의 위원으로 구성한다.

② 위원장과 위원은 법원행정처장이 다음 각 호의 기준에 따라 임명하거나 위촉한다. 〈개정 2011.4.5, 2014.12.30〉

1. 법관 또는 3급 이상의 법원공무원 3명
2. 기획재정부장관이 추천하는 3급 이상의 국가공무원 또는 고위공무원단에 속하는 일반직공무원 1명
3. 법무부장관이 추천하는 검사 또는 3급 이상의 국가공무원 또는 고위공무원단에 속하는 일반직공무원 1명
4. 금융위원회가 추천하는 3급 이상의 국가공무원 또는 고위공무원단에 속하는 일반직공무원 1명
5. 공탁제도에 관하여 학식과 경험이 풍부한 변호사, 공인회계사, 대학교수 중 3명

③ 위원장과 위원의 임기는 2년으로 하되, 연임할 수 있다.

④ 위원이 임기 중 제2항제1호부터 제5호까지에 규정된 직이나 자격을 상실하는 경우에는 위원의 신분을 상실한다.

⑤ 위원장은 위원회를 대표하며 위원회의 사무를 총괄한다.

⑥ 위원회의 업무를 지원하기 위하여 대법원규칙으로 정하는 바에 따라 사무기구를 둘 수 있다.

⑦ 그 밖에 위원회의 운영에 필요한 사항은 정관으로 정한다.

제17조(정관)

① 위원회의 정관에는 다음 각 호의 사항을 적어야 한다. 〈개정 2014.12.30〉

1. 목적
2. 명칭
3. 사무소의 소재지
4. 업무 및 그 집행
5. 재산 및 회계
6. 사무기구의 설치

7. 위원의 임명·위촉과 해임·해촉
8. 정관의 변경
9. 공고의 방법

② 위원회는 정관을 작성하고 변경할 때에는 법원행정처장의 승인을 받아야 한다.

제18조(등기사항) 위원회의 등기사항은 다음 각 호와 같다.

1. 목적
2. 명칭
3. 사무소의 소재지
4. 위원의 성명, 주민등록번호 및 주소

제19조(출연금)

① 공탁금을 보관하는 은행은 매년 공탁금 운용수익금의 일부를 위원회에 출연할 수 있다.

② 공탁금을 보관하는 은행이 제1항에 따라 위원회에 출연하는 경우 수익금의 범위·방법·조건 등에 필요한 사항은 대법원규칙으로 정한다.

제20조 삭제 〈개정 2015.12.15.〉

제21조 삭제 〈개정 2015.12.15.〉

제22조 삭제 〈개정 2015.12.15〉

제23조 삭제 〈개정 2015.12.15〉

제24조(공무원의 겸직) 법원행정처장은 위원장의 요청에 따라 그 소속 공무원을 위원회에 겸직 근무하게 할 수 있다.

제25조(감독)

① 법원행정처장은 위원회를 지휘하고 감독하며 필요하다고 인정하면 위원회에 그 사업에 관한 지시나 명령을 할 수 있다.

② 법원행정처장은 필요하다고 인정하면 위원회에 그 업무·회계 및 재산에 관한 사항을 보고하게 하거나 소속 공무원에게 위원회의 장부·서류나 그 밖의 물건을 검사하게 할 수 있다.

③ 제2항에 따라 검사를 하는 공무원은 그 권한을 나타내는 증표를 지니고 이를 관계인에게 내보여야 한다.

제25조의2 삭제 〈개정 2015.12.15.〉

제26조(벌칙 적용시의 공무원 의제) 위원회의 위원 중 공무원이 아닌 위원은 「형법」이나 그 밖의 법률에 따른 벌칙을 적용할 때에는 공무원으로 본다.

제27조 삭제 〈개정 2015.12.15.〉

제5장 사법서비스진흥기금 〈신설 2015.12.15〉

제28조(기금의 설치) 법원은 사법제도를 개선하고 법률구조 등 국민들에 대한 사법서비스 수준을 향상시키기 위한 자금을 확보·공급하기 위하여 사법서비스진흥기금(이하 "기금"이라 한다)을 설치한다.
[본조신설 2015.12.15]

제29조(기금의 조성)
① 기금은 다음 각 호의 재원(재원)으로 조성한다.
1. 제2항에 따른 위원회의 출연금
2. 다른 회계 또는 기금으로부터의 전입금
3. 위원회 이외의 자가 출연 또는 기부하는 현금, 물품 그 밖의 재산
4. 기금의 운용으로 인하여 생기는 수익금
5. 그 밖에 대법원규칙으로 정하는 수입
② 위원회는 제19조에 따라 위원회에 출연된 출연금 중 위원회의 운영비를 제외한 나머지 자금을 기금에 출연하여야 한다.
③ 제1항제3호에 따라 위원회 외의 자가 출연 또는 기부하는 경우 그 용도를 지정하여 출연 또는 기부할 수 있다.
[본조신설 2015.12.15]

제30조(기금의 관리·운용)
① 기금은 법원행정처장이 관리·운용한다.
② 법원행정처장은 기금에 여유자금이 있을 때에는 다음 각 호의 방법으로 이를 운용할 수 있다.
1. 국가·지방자치단체 또는 금융기관에서 직접 발행하거나 채무이행을 보증하는 유가증권의 매입
2. 「은행법」에 따른 은행 및 「우체국예금·보험에 관한 법률」에 따른 체신관서에 예치 또는 단기 대여
3. 그 밖에 대법원규칙으로 정하는 자금증식 방법
③ 법원행정처장은 기금의 재무건전성을 유지하기 위하여 노력하여야 한다. 〈신설 2022.1.4〉
④ 기금의 관리·운용에 관하여 그 밖에 필요한 사항은 대법원규칙으로 정한다. 〈개정 2022.1.4〉
[본조신설 2015.12.15]

제31조(기금의 용도) 기금은 다음 각 호에 해당하는 용도에 사용한다.
1. 공탁제도 개선 및 공탁전산시스템의 개발과 운용
2. 국선변호인제도 및 소송구조제도의 운용

3. 조정제도의 운용
4. 법률구조사업 및 범죄피해자법률지원사업의 지원
5. 기금의 조성·관리 및 운용
6. 그 밖에 소년보호지원, 민원서비스개선 등 사법제도 개선이나 국민에 대한 사법서비스 향상을 위한 공익사업으로서 제32조에 따른 심의회의 의결을 거쳐 대법원규칙으로 정하는 사업이나 활동

[본조신설 2015.12.15]

제32조(기금운용심의회)

① 기금의 관리·운용에 관한 다음 각 호의 사항을 심의하기 위하여 법원행정처에 사법서비스진흥기금운용심의회(이하 "심의회"라 한다)를 둔다. 〈개정 2021.12.21〉

1. 기금의 관리 및 운용에 관한 주요 정책
2. 「국가재정법」 제66조에 따른 기금운용계획안의 수립
3. 「국가재정법」 제70조제2항에 따른 주요항목 지출금액의 변경
4. 「국가재정법」 제85조의6제1항에 따른 기금 성과보고서 및 같은 법 제73조에 따른 기금 결산보고서의 작성
5. 「국가재정법」 제79조에 따른 자산운용지침의 제정 및 개정
6. 기금의 관리·운용에 관한 중요 사항으로서 대법원규칙으로 정하는 사항과 그 밖에 심의회의 위원장이 필요하다고 인정하여 부의하는 사항

② 심의회 위원은 위원장 1명을 포함하여 10명의 위원으로 구성하되, 다음 각 호의 기준에 따라 법원행정처장이 임명 또는 위촉한다.

1. 법관 또는 3급 이상의 법원공무원 3명
2. 기획재정부장관이 추천하는 3급 이상의 국가공무원 또는 고위공무원단에 속하는 일반직공무원 1명
3. 법무부장관이 추천하는 검사 또는 3급 이상의 국가공무원 또는 고위공무원단에 속하는 일반직공무원 1명
4. 사법서비스에 관하여 학식과 경험이 풍부한 변호사, 공인회계사, 대학교수 중 5명

③ 심의회의 구성 및 운영, 그 밖에 필요한 사항은 대법원규칙으로 정한다.

[본조신설 2015.12.15]

제33조(기금의 회계기관) 법원행정처장은 기금의 수입과 지출에 관한 사무를 처리하게 하기 위하여 소속 공무원 중에서 기금수입징수관, 기금재무관, 기금지출관 및 기금출납공무원을 임명한다.

[본조신설 2015.12.15]

제34조(기금의 회계연도) 기금의 회계연도는 정부의 회계연도에 따른다.

[본조신설 2015.12.15]

제35조(기금의 회계처리) 기금은 기업회계의 원칙에 따라 회계처리한다.

[본조신설 2015.12.15]

제36조(기금의 일시차입) 법원행정처장은 기금의 운용상 필요한 때에는 기금의 부담으로 한국은행, 그 밖의 금융기관으로부터 자금을 일시 차입할 수 있다.
[본조신설 2015.12.15]

제37조(기금의 목적 외 사용금지 및 반환)
① 제31조에 따라 지원받은 기금은 지원받은 목적 외의 용도에 사용하지 못한다.
② 법원행정처장은 기금을 지원받은 자가 거짓이나 그 밖의 부정한 방법으로 기금을 지원받거나 지원받은 기금을 목적 외의 용도에 사용하였을 경우에는 지원을 취소하고 기금의 전부 또는 일부를 반환하게 할 수 있다.
[본조신설 2015.12.15]

제38조(보고 및 감독)
① 기금을 지원받는 자는 기금사용계획과 기금사용결과를 대법원규칙으로 정하는 바에 따라 법원행정처장에게 보고하여야 한다.
② 법원행정처장은 필요하다고 인정하면 소속 공무원으로 하여금 기금을 지원받은 자의 장부·서류 등의 물건을 검사하게 할 수 있다.
[본조신설 2015.12.15]

제39조(이익 및 결손의 처리)
① 기금의 결산상 이익금이 생긴 때에는 이를 전액 적립하여야 한다.
② 기금의 결산상 손실금이 생긴 때에는 제1항에 따른 적립금으로 보전하고, 그 적립금으로 부족한 때에는 정부가 예산의 범위에서 이를 보전할 수 있다.
[본조신설 2015.12.15]

제40조(벌칙 적용에서의 공무원 의제) 심의회의 위원 중 공무원이 아닌 위원은 「형법」 제129조부터 제132조까지의 규정을 적용할 때에는 공무원으로 본다.
[본조신설 2015.12.15]

제41조(대법원규칙) 이 법 시행에 필요한 사항은 대법원규칙으로 정한다.
[본조신설 2015.12.15]

부 칙(국가재정법) 〈제18585호, 2021.12.21〉

제1조(시행일) 이 법은 공포한 날부터 시행한다. 〈단서 생략〉

제2조 생략

제3조(다른 법률의 개정) ① 공탁법 일부를 다음과 같이 개정한다.
제32조제1항제4호 중 "제8조제3항"을 "제85조의6제1항"으로 한다.

②부터 ⑦까지 생략

부　　　칙 〈제18669호, 2022.1.4〉

이 법은 공포한 날부터 시행한다.

◉ 공 탁 규 칙 ◉

일부개정 2022. 10. 27. 규칙 제3073호

제1장 총 칙

제1조(목적) 이 규칙은 「공탁법」(이하 "법"이라 한다)에서 위임한 사항과 그 밖에 공탁 사무에 필요한 사항을 정함을 목적으로 한다.

제2조(시·군법원 공탁관의 직무범위) 시·군법원 공탁관의 직무범위는 해당 시·군법원의 사건과 관련된 다음 각 호의 업무에 한한다.

1. 변제공탁
   해당 시·군법원에 계속 중이거나 시·군법원에서 처리한 「소액사건심판법」의 적용을 받는 민사사건과 화해·독촉·조정사건에 대한 채무의 이행으로서 하는 「민법」 제487조, 제488조에 따른 변제공탁
2. 재판상 보증공탁
   가. 「민사소송법」 제117조 제1항에 따른 소송비용의 담보와 관련된 공탁
   나. 「민사소송법」 제213조에 따른 가집행선고와 관련된 공탁
   다. 「민사소송법」 제500조 제1항에 따른 재심이나 상소의 추후보완신청으로 말미암은 집행정지와 관련된 공탁
   라. 「민사소송법」 제501조, 제500조 제1항에 따른 상소제기나 변경의 소제기로 말미암은 집행정지와 관련된 공탁
   마. 「민사집행법」 제34조 제2항, 제16조 제2항에 따른 집행문부여 등에 관한 이의 신청과 관련된 공탁
   바. 「민사집행법」 제46조 제2항, 제44조에 따른 청구에 관한 이의의 소의 잠정처분과 관련된 공탁
   사. 「민사집행법」 제46조 제2항, 제45조에 따른 집행문부여에 대한 이의의 소의 잠정처분과 관련된 공탁
   아. 「민사집행법」 제280조, 제301조에 따른 가압류·가처분명령과 관련된 공탁
   자. 「민사집행법」 제286조 제5항, 제301조에 따른 가압류·가처분 이의에 대한 재판과 관련된 공탁
   차. 「민사집행법」 제288조 제1항, 제307조에 따른 가압류·가처분 취소와 관련된 공탁
3. 집행공탁
   「민사집행법」 제282조에 따른 가압류 해방금액의 공탁
4. 몰취공탁
   「민사소송법」 제299조 제2항에 따른 소명에 갈음하는 보증금의 공탁

제3조(공탁관계 장부와 양식)

① 공탁관은 다음 각 호의 장부를 전산정보처리조직을 이용하여 기록·관리하여야 한다.

1. 공탁물의 종류에 따른 원장
2. 공탁물의 종류에 따른 출납부
3. 공탁물의 종류에 따른 사건부
4. 불수리사건 관리부
5. 문서건명부

② 이 규칙의 시행에 필요한 문서의 양식은 대법원 예규로 정한다.

제4조(원장)

① 공탁관은 원장(각 공탁사건에 관한 주요사항을 전산 등록한 기본장부를 말한다. 이하 같다)을 사건별로 작성하여야 한다.

② 공탁관은 공탁을 수리하거나 공탁물의 출급·회수를 인가한 때에는 이를 원장에 등록하여야 한다.

제5조(출납부)

① 출납부는 공탁물의 종류에 따라 연도별로 작성한다.

② 공탁관은 공탁물보관자가 보내온 공탁물의 납입 및 지급결과에 관한 내용을 일자순으로 등록하여야 한다.

③ 제2항의 공탁물의 납입 및 지급결과에 관한 내용은 원장에도 등록하여야 한다.

제6조(사건부)

① 사건부는 공탁물의 종류에 따라 연도별로 작성한다.

② 사건부에는 공탁신청사건의 접수사실을 등록하고, 공탁물의 지급 등으로 공탁사건이 완결된 때에는 완결일자를 등록하여야 한다.

③ 사건부에 등록할 공탁번호는 연도, 부호문자와 진행번호에 따라 부여한다. 부호문자는 금전공탁은 "금"으로, 유가증권(「주식·사채 등의 전자등록에 관한 법률」 제63조제1항에 따라 발행된 전자등록증명서를 포함한다. 이하 같다)공탁은 "증"으로, 물품공탁은 "물"로 하고, 진행번호는 접수순서에 따르며 매년 그 번호를 새로 부여한다. 〈개정 2019.9.17〉

제7조(불수리사건 관리부) 공탁관은 불수리사건 관리부에 다음 각 호의 사항을 등록하여야 한다.

1. 제48조의 불수리 결정을 한 경우 결정연월일과 고지연월일
2. 불수리 결정에 대한 이의신청이 있는 경우 이의신청일 및 결과

제8조(문서건명부)

① 문서건명부에는 공탁신청과 불수리 결정의 고지 이외의 공탁관련 모든 문서의 접수 및 발송사실을 등록한다.

② 문서건명부의 진행번호는 접수문서와 발송문서를 구분하지 않고 등록순서에 따르며 매

년 그 번호를 새로 부여한다.

제9조(일계표) 공탁관은 납입 및 지급된 공탁사건에 관하여 매일 일계표를 전산정보처리조직으로 출력하여 법원장(지방법원 지원에서는 지원장, 시·군법원에서는 시·군법원 판사)의 결재를 받아야 한다.

제10조(공탁기록 및 서류철)

① 공탁사건을 접수한 공탁관은 사건마다 공탁기록을 만들고, 공탁에 관한 서류를 접수순서에 따라 해당 공탁기록에 편철한다.

② 제1항 이외의 서류는 아래와 같이 구분하여 편철한다.

1. 일계표철
2. 월계대사표철
3. 우편발송부
4. 기타 문서철

제11조(날인에 갈음하는 서명 등)

① 공탁관에게 제출하는 서면에 날인하여야 할 경우에는 서명으로 갈음할 수 있고, 날인이나 서명을 할 수 없을 때에는 무인으로 할 수 있다.

② 제1항은 제출하는 서면에 인감을 날인하고 인감증명서를 첨부하여야 하는 경우에는 적용하지 아니한다.

제12조(기재문자의 정정 등)

① 공탁서, 공탁물 출급·회수청구서 그 밖에 공탁에 관한 서면에 적는 문자는 자획을 명확히 하여야 한다.

② 공탁서, 공탁물 출급·회수청구서, 지급위탁서·증명서에 적은 금전에 관한 숫자는 정정, 추가나 삭제하지 못한다. 그러나 공탁서의 공탁원인사실과 청구서의 청구사유에 적은 금전에 관한 숫자는 그러하지 아니하다.

③ 정정, 추가나 삭제를 할 때에는 한 줄을 긋고 그 위쪽이나 아래쪽에 바르게 적거나 추가하고, 그 글자 수를 난외에 적은 다음 도장을 찍어야 하며, 정정하거나 삭제한 문자는 읽을 수 있도록 남겨두어야 한다.

④ 제3항에 따라 정정 등을 한 서류가 공탁서이거나 공탁물 출급·회수청구서인 때에는 공탁관은 작성자가 도장을 찍은 곳 옆에 인감(제55조제2항의 인감을 말한다. 이하 같다)도장을 찍어 확인하여야 한다.

제13조(계속 기재)

① 공탁관에게 제출하는 서류에 관하여 양식과 용지의 크기가 정하여져 있는 경우에 한 장에다 전부 적을 수 없는 때에는 해당 용지와 같은 크기의 용지로서 적당한 양식으로 계속 적을 수 있다.

② 제1항의 경우에는 계속 용지임을 명확히 표시하여야 한다.

제14조(서류의 간인)

① 공탁관에게 제출하는 서류가 두 장 이상인 때에는 작성자는 간인을 하여야 한다.

② 서류의 작성자가 여러 사람인 경우에는 그 중 한 사람이 간인을 하면 된다.

③ 제1항 및 제2항의 서류가 공탁서이거나 공탁물 출급·회수청구서인 때에는 공탁관이 인감도장으로 간인을 하여 확인하여야 한다.

제15조(원본인 첨부서면의 반환)

① 공탁서, 공탁서 정정신청서, 대공탁·부속공탁청구서, 공탁물출급·회수청구서 등에 첨부한 원본인 서면의 반환을 청구하는 경우에 청구인은 그 원본과 같다는 뜻을 적은 사본을 제출하여야 한다.

② 공탁관이 서류의 원본을 반환할 때에는 그 사본에 원본을 반환한 뜻을 적고 도장을 찍어야 한다.

제16조(자격증명서 등의 유효기간) 공탁관에게 제출하는 다음 서면은 발급일로부터 3월 이내의 것이어야 한다.

1. 대표자나 관리인의 자격 또는 대리인의 권한을 증명하는 것으로서 관공서에서 발급받은 서면
2. 제21조제3항의 주소를 소명하는 서면으로서 관공서에서 발급받은 서면
3. 인감증명서

제17조(장부 등의 보존기간)

① 공탁관은 공탁에 관한 장부와 서류를 다음과 같이 구분하여 보존하여야 한다. 그러나 관계서류를 합철하였을 경우에는 그 서류 중 보존기간이 가장 긴 서류에 따라 보존한다.

1. 제3조제1항 각호의 장부 사건별 완결연도의 다음해부터 10년
2. 공탁기록 완결연도의 다음해부터 5년
3. 일계표철, 월계대사표철, 우편발송부, 기타 문서철 각 해당 연도의 다음해부터 2년

② 제1항의 장부와 서류는 보존기간이 끝난 후에도 보존하여야 할 특별한 사유가 있는 때는 그 사유가 존재하는 동안 보존하여야 한다.

제18조(장부 등의 폐기절차) 공탁관이 보존기간이 끝난 장부나 서류를 폐기하려면 그 목록을 작성하여 소속 지방법원장 또는 지원장의 인가를 받아야 한다.

제19조(완료되지 않은 서류 등의 반출금지) 공탁에 관한 서류로서 지급이 완료되지 않은 것은 천재지변 등 긴급한 상황에서 서류의 보존을 위하여 필요한 경우가 아니면 사무실 밖으로 옮기지 못한다.

제2장 공탁 절차

제20조(공탁서)

① 공탁을 하려는 사람은 공탁관에게 공탁서 2통을 제출하여야 한다.

② 제1항의 공탁서에는 다음 각 호의 사항을 적고 공탁자가 기명날인하여야 한다. 그러나 대표자나 관리인 또는 대리인이 공탁하는 때에는 그 사람의 주소를 적고 기명날인하여야 하며, 공무원이 그 직무상 공탁하는 경우에는 소속 관서명과 그 직을 적고 기명날인하여야 한다.

1. 공탁자의 성명(상호, 명칭)·주소(본점, 주사무소)·주민등록번호(법인등록번호)
2. 공탁금액, 공탁유가증권의 명칭·장수·총 액면금(액면금이 없을 때에는 그 뜻)·기호·번호·부속이표·최종상환기, 공탁물품의 명칭·종류·수량
3. 공탁원인사실
4. 공탁을 하게 된 관계법령의 조항
5. 공탁물의 수령인(이하 "피공탁자"라 한다)을 지정해야 할 때에는 피공탁자의 성명(상호, 명칭)·주소(본점, 주사무소)·주민등록번호(법인등록번호)
6. 공탁으로 인하여 질권, 전세권, 저당권이 소멸하는 때는 그 질권, 전세권, 저당권의 표시
7. 반대급부를 받아야 할 경우에는 그 반대급부의 내용
8. 공탁물의 출급·회수에 관하여 관공서의 승인, 확인 또는 증명 등을 필요로 하는 경우에는 해당 관공서의 명칭
9. 재판상의 절차에 따른 공탁의 경우에는 해당 법원의 명칭과 사건명
10. 공탁법원의 표시
11. 공탁신청 연월일

제21조(첨부서면)

① 공탁자가 법인인 경우에는 대표자 또는 관리인의 자격을 증명하는 서면, 법인 아닌 사단이나 재단일 경우에는 정관이나 규약과 대표자 또는 관리인의 자격을 증명하는 서면을 공탁서에 첨부하여야 한다.

② 대리인이 공탁하는 경우에는 대리인의 권한을 증명하는 서면을 첨부하여야 한다.

③ 변제공탁을 하는 경우에 피공탁자의 주소를 표시하는 때에는 그 주소를 소명하는 서면을, 피공탁자의 주소가 불명인 경우에는 이를 소명하는 서면을 첨부하여야 한다.

제22조(첨부서면의 생략) 같은 사람이 동시에 같은 공탁법원에 여러 건의 공탁을 하는 경우에 첨부서면의 내용이 같을 때에는 1건의 공탁서에 1통만을 첨부하면 된다. 이 경우 다른 공탁서에는 그 뜻을 적어야 한다.

제23조(공탁통지서 등 첨부)

① 공탁자가 피공탁자에게 공탁통지를 하여야 할 경우에는 피공탁자의 수만큼 공탁통지서를 첨부하여야 한다.

② 제1항의 경우 「우편법 시행규칙」 제25조 제1항 제4호 다목에 따른 배달증명을 할 수 있는 우편료를 납입하여야 한다. 〈개정 2012.10.30〉

③ 공탁관은 제1항의 공탁통지서를 발송하기 위한 봉투 발신인란에 공탁소의 명칭과 그 소재지 및 공탁관의 성명을 적어야 한다.

제24조(기명식유가증권을 공탁하는 요건) 기명식유가증권을 공탁하는 경우에는 공탁물을 수령하는 자가 즉시 권리를 취득할 수 있도록 유가증권에 배서를 하거나 양도증서를 첨부하여야 한다.

제25조(공탁신청서류 조사) 공탁관이 공탁신청서류를 접수한 때는 상당한 사유가 없는 한 지체 없이 모든 사항을 조사하여 신속하게 처리하여야 한다.

제26조(수리절차)

① 공탁관이 공탁신청을 수리할 때에는 공탁서에 다음 각 호의 사항을 적고 기명날인한 다음 1통을 공탁자에게 내주어 공탁물을 공탁물보관자에게 납입하게 하여야 한다.

1. 공탁을 수리한다는 뜻
2. 공탁번호
3. 공탁물 납입기일
4. 납입기일까지 공탁물을 납입하지 않을 경우에는 수리결정의 효력이 상실된다는 뜻

② 공탁관이 제1항에 따라 공탁신청을 수리한 때에는 주요사항을 전산등록하고, 공탁물보관자에게 그 내용을 전송하여야 한다. 다만, 물품공탁의 경우에는 공탁물보관자에게 전송하는 대신 공탁자에게 공탁물품납입서 1통을 주어야 한다.

③ 공탁자가 제1항제3호의 납입기일까지 공탁물을 납입하지 않을 때는 그 수리결정은 효력을 상실한다.

④ 제3항의 경우에는 원장에 그 뜻을 등록하여야 한다.

제27조(공탁물 납입절차) 공탁물보관자가 공탁물을 납입받은 때에는 공탁서에 공탁물을 납입받았다는 뜻을 적어 공탁자에게 내주고, 그 납입사실을 공탁관에게 전송하여야 한다. 다만, 물품을 납입받은 경우에는 공탁물품납입통지서를 보내야 한다.

제28조(계좌입금에 의한 공탁금 납입)

① 공탁관은 금전공탁에서 공탁자가 자기의 비용으로 계좌납입을 신청한 경우 공탁금보관자에게 가상계좌번호를 요청하여 그 계좌로 공탁금을 납입하게 하여야 한다.

② 제1항의 방법으로 공탁금이 납입된 경우 공탁금보관자는 공탁관에게 공탁금이 납입된 사실을 전송하여야 한다.

③ 제2항의 전송을 받은 공탁관은 공탁서에 공탁금이 납입되었다는 뜻을 적어 공탁자에게 내주거나 배달증명 우편으로 보내야 한다.

④ 삭제 〈개정 2012.10.30〉

제29조(공탁통지서의 발송)

① 공탁관은 제27조의 전송이나 공탁물품납입통지서를 받은 때에는 제23조의 공탁통지서를 피공탁자에게 발송하여야 한다.

② 제1항의 통지서에는 공탁번호, 발송연월일과 공탁관의 성명을 적고 직인을 찍어야 한다.

③ 공탁통지서를 발송한 경우 그 송달정보는 전산정보처리조직에 의하여 관리하여야 한

다. 〈개정 2012.10.30〉

④ 공탁통지서가 반송된 경우에는 이를 공탁기록에 편철하여야 한다. 〈개정 2012.10.30〉

제30조(공탁서 정정)

① 공탁신청이 수리된 후 공탁서의 착오 기재를 발견한 공탁자는 공탁의 동일성을 해하지 아니하는 범위 내에서 공탁서 정정신청을 할 수 있다.

② 제1항의 신청을 하려는 사람은 공탁서 정정신청서 2통과 정정사유를 소명하는 서면을 제출하여야 한다.

③ 제21조제1항 및 제2항, 제22조, 제59조제2항은 공탁서 정정신청에 준용한다.

④ 공탁관이 공탁서 정정신청을 수리한 때에는 공탁서 정정신청서에 그 뜻을 적고 기명날인한 후 그 신청서 1통을 신청인에게 내준다. 이 경우 공탁관은 원장의 내용을 정정등록하여야 한다.

⑤ 수리의 뜻이 적힌 공탁서 정정신청서는 공탁서의 일부로 본다.

⑥ 피공탁자의 주소를 정정하는 경우에는 제23조를 준용한다.

제31조(대공탁 또는 부속공탁 청구)

① 공탁유가증권의 상환금의 대공탁이나 이자 또는 배당금의 부속공탁을 청구하려는 사람은 대공탁·부속공탁청구서 2통을 제출하여야 한다.

② 유가증권공탁에 관하여 대공탁과 부속공탁을 동시에 청구하는 경우에는 하나의 청구서로 할 수 있다. 이 경우 공탁관은 대공탁과 부속공탁을 별건으로 접수·등록하되 1개의 기록을 만든다.

③ 공탁관이 제1항의 청구를 수리할 때에는 대공탁·부속공탁청구서에 그 뜻과 공탁번호를 적고 기명날인한 다음, 그 중 1통을 유가증권·이표출급의뢰서와 함께 청구인에게 내주어야 한다.

④ 제21조제1항 및 제2항과 제22조는 제1항의 경우에 준용한다.

⑤ 공탁유가증권이 기명식인 때에는 청구인은 제1항의 청구서에 공탁물보관자 앞으로 작성한 상환금 추심 위임장을 첨부하여야 한다.

⑥ 대공탁과 부속공탁 청구절차의 추심비용은 청구인이 부담한다.

⑦ 대공탁과 부속공탁은 금전공탁사건으로 접수하고, 대공탁을 수리하는 경우에는 동시에 유가증권공탁사건부와 원장에 유가증권의 출급 사항을 등록하여야 한다.

제3장 출급 또는 회수절차

제32조(공탁물 출급·회수청구서)

① 공탁물을 출급·회수하려는 사람은 공탁관에게 공탁물 출급·회수청구서 2통을 제출하여야 한다.

② 제1항의 청구서에는 다음 각 호의 사항을 적고 청구인이 기명날인하여야 한다. 다만,

대표자나 관리인 또는 대리인이 청구하는 때에는 그 사람의 주소를 적고 기명날인하여야 하며, 공무원이 직무상 청구할 때에는 소속 관서명과 그 직을 적고 기명날인하여야 한다.

1. 공탁번호
2. 출급·회수하려는 공탁금액, 유가증권의 명칭·장수·총 액면금·액면금(액면금이 없을 때는 그 뜻)·기호·번호, 공탁물품의 명칭·종류·수량
3. 출급·회수청구사유
4. 이자의 지급을 동시에 받으려는 경우 그 뜻
5. 청구인의 성명(상호, 명칭)·주소(본점, 주사무소)·주민등록번호(사업자등록번호)
6. 청구인이 공탁자나 피공탁자의 권리승계인인 경우 그 뜻
7. 제41조제1항이나 제2항에 따른 출급·회수청구의 경우 그 서류를 첨부한 뜻
8. 공탁법원의 표시
9. 출급·회수청구 연월일

제33조(공탁물 출급청구서의 첨부서류) 공탁물을 출급하려는 사람은 공탁물 출급청구서에 다음 각 호의 서류를 첨부하여야 한다.

1. 제29조에 따라 공탁관이 발송한 공탁통지서 다만, 다음 중 어느 하나의 사유가 있는 경우에는 그러하지 아니하다.
   가. 출급청구하는 공탁금액이 5000만원 이하인 경우(유가증권의 총 액면금액이 5000만원 이하인 경우를 포함한다) 다만, 청구인이 관공서이거나 법인 아닌 사단이나 재단인 때에는 그 금액이 1000만원 이하인 경우
   나. 공탁서나 이해관계인의 승낙서를 첨부한 경우
   다. 강제집행이나 체납처분에 따라 공탁물 출급청구를 하는 경우
   라. 공탁통지서를 발송하지 않았음이 인정되는 경우
2. 출급청구권이 있음을 증명하는 서면 다만, 공탁서의 내용으로 그 사실이 명백한 경우에는 그러하지 아니하다.
3. 공탁물 출급을 위하여 반대급부를 하여야 할 때는 법 제10조에 따른 증명서류

제34조(공탁물 회수청구서의 첨부서류) 공탁물을 회수하려는 사람은 공탁물 회수청구서에 다음 각 호의 서류를 첨부하여야 한다.

1. 공탁서 다만, 다음 중 어느 하나의 사유가 있는 경우에는 그러하지 아니하다.
   가. 회수청구하는 공탁금액이 5000만원 이하인 경우(유가증권의 총 액면금액이 5000만원 이하인 경우를 포함한다) 다만, 청구인이 관공서이거나 법인 아닌 사단이나 재단인 때에는 그 금액이 1000만원 이하인 경우
   나. 이해관계인의 승낙서를 첨부한 경우
   다. 강제집행이나 체납처분에 따라 공탁물 회수청구를 하는 경우
2. 회수청구권이 있음을 증명하는 서면 다만, 공탁서의 내용으로 그 사실이 명백한 경우에는 그러하지 아니하다.

제35조(공탁물 출급·회수의 일괄청구) 같은 사람이 여러 건의 공탁에 관하여 공탁물의 출급·회수를 청구하려는 경우 그 사유가 같은 때에는 공탁종류에 따라 하나의 청구서로 할 수 있다.

제36조(각종 부기문의 기재)

① 공탁서와 청구서 등에 적을 부기문은 그 서면의 여백에 적을 수 있다. 그러나 다른 용지에 적을 때는 직인으로 간인을 하여야 한다.

② 제1항의 서면 중 1통을 제출자나 공탁물보관자에게 내주는 때에는 두 서면에 직인으로 계인을 찍어야 한다.

제37조(인감증명서의 제출)

① 공탁물 출급·회수청구를 하는 사람은 공탁물 출급·회수청구서 또는 위임에 따른 대리인의 권한을 증명하는 서면에 찍힌 인감에 관하여 「인감증명법」 제12조와 「상업등기법」 제16조에 따라 발행한 인감증명서를 제출하여야 한다. 〈개정 2019.6.4〉

② 제1항은 법정대리인, 지배인, 그 밖의 등기된 대리인, 법인·법인 아닌 사단이나 재단의 대표자 또는 관리인이 공탁물 출급·회수청구를 하는 경우에는 그 법정대리인, 지배인, 그 밖의 등기된 대리인, 대표자나 관리인에 대하여 준용한다.

③ 제1항과 제2항은 다음 각 호의 경우에는 적용하지 아니한다.

1. 본인이나 제2항에서 말하는 사람이 공탁금을 직접 출급·회수청구하는 경우로써, 그 금액이 1000만원 이하(유가증권의 총 액면금액이 1000만원 이하인 경우를 포함한다)이고, 공탁관이 신분에 관한 증명서(주민등록증·여권·운전면허증 등을 말한다. 이하 "신분증"이라 한다)로 본인이나 제2항에서 말하는 사람임을 확인할 수 있는 경우
2. 관공서가 공탁물의 출급·회수청구를 하는 경우

④ 공탁관이 제3항에 따라 공탁금 출급·회수청구를 인가한 때에는 청구인의 신분증 사본을 해당 공탁기록에 편철하여야 한다.

제38조(자격증명서 등의 첨부)

① 제21조제1항 및 제2항과 제22조는 공탁물 출급·회수청구에 준용한다.

② 출급·회수청구인이 법인 아닌 사단이나 재단인 경우에는 대표자 또는 관리인의 자격을 증명하는 서면에 그 사실을 확인하는데 상당하다고 인정되는 2명 이상의 성년인 사람이 사실과 같다는 뜻과 성명을 적고 자필서명한 다음, 신분증 사본을 첨부하여야 한다.

③ 변호사나 법무사[법무법인·법무법인(유한)·법무조합·법무사법인·법무사법인(유한)을 포함한다. 이하 "자격자대리인"이라 한다]가 대리하여 청구하는 경우에는 자격자대리인이 제2항의 서면에 사실과 같다는 뜻을 적고 기명날인하는 것으로 갈음할 수 있다. 〈개정 2016.6.27〉

제39조(출급·회수의 절차)

① 공탁관이 공탁물 출급·회수청구서류를 접수한 때에는 상당한 사유가 없는 한 지체 없이 모든 사항을 조사하여 신속하게 처리하여야 한다.

② 공탁관은 제1항의 청구가 이유 있다고 인정할 때에는 청구서에 인가의 뜻을 적어 기명

날인하고 전산등록을 한 다음 청구서 1통을 청구인에게 내주고, 공탁물보관자에게는 그 내용을 전송하여야 한다.

③ 제2항의 경우 공탁관은 청구인으로부터 청구서 수령인을 받아야 한다.

제40조(예금계좌 입금신청 등)

① 공탁금 출급·회수청구인이 공탁금을 자기의 비용으로 자신의 예금계좌에 입금하여 줄 것을 공탁관에게 신청한 경우에는 공탁금을 신고된 예금계좌에 입금하여 지급하여야 한다.

② 제1항의 신청을 하려는 사람은 공탁금계좌입금신청서를 공탁관에게 제출하여야 한다.

③ 제1항의 경우에 공탁관은 그 계좌번호를 전산등록한 후 공탁금 출급·회수 인가와 신청계좌로의 입금지시를 공탁물보관자에게 전송하여야 한다.

④ 공탁관으로부터 계좌입금지시를 받은 공탁물보관자는 그 처리결과를 공탁관에게 즉시 전송하여야 한다.

⑤ 삭제 〈개정 2012.10.30〉

제41조(공탁통지서·공탁서를 첨부할 수 없는 경우)

① 공탁물 출급·회수청구서에 제33조제1호의 공탁통지서나 제34조제1호의 공탁서를 첨부할 수 없는 때에는, 공탁관이 인정하는 2명 이상이 연대하여 그 사건에 관하여 손해가 생기는 때에는 이를 배상한다는 자필서명한 보증서와 그 재산증명서(등기사항증명서 등) 및 신분증 사본을 제출하여야 한다.

② 제1항의 청구인이 관공서인 경우에는 청구하는 공무원의 공탁물 출급·회수 용도의 재직증명서를 보증서 대신 제출할 수 있다.

③ 출급·회수청구를 자격자대리인이 대리하는 경우에는 제1항의 보증서 대신 손해가 생기는 때에는 이를 배상한다는 자격자대리인 명의의 보증서를 작성하여 제출할 수 있다. 보증서에는 자격자대리인이 기명날인하여야 한다.

제42조(일부 지급)

① 공탁물의 일부를 지급하는 경우에는 공탁관은 청구인이 제출한 공탁통지서나 공탁서에 지급을 인가한 공탁물의 내용을 적고 기명날인한 후 청구인에게 반환하여야 한다.

② 제1항의 경우에는 출급·회수청구서의 여백에 공탁통지서나 공탁서를 반환한 뜻을 적고 수령인을 받아야 한다.

제43조(배당 등에 따른 지급)

① 배당이나 그 밖에 관공서 결정에 따라 공탁물을 지급하는 경우 해당 관공서는 공탁관에게 지급위탁서를 보내고 지급을 받을 자에게는 그 자격에 관한 증명서를 주어야 한다.

② 제1항의 경우에 공탁물의 지급을 받고자 하는 때에는 제1항의 증명서를 첨부하여 제32조에 따라 출급·회수청구를 하여야 한다.

제44조(양도통지서 등)

① 공탁관은 제49조제1항의 서면, 제49조제2항의 판결등본 또는 공탁물 출급·회수청구권

에 관한 가처분명령서, 가압류명령서, 압류명령서, 전부 또는 추심명령서, 압류취소명령서, 그 밖에 이전 또는 처분제한의 서면을 받은 때에는 그 서면에 접수연월일, 시, 분을 적고 기명날인하여야 한다.

② 제1항의 서면을 받은 경우 공탁관은 그 내용을 해당 기록표지에 적은 다음 원장에 등록하여야 한다.

제45조(공탁물보관자의 처리) 공탁물보관자는 출급·회수청구가 있는 때에는 공탁관이 전송한 내용과 대조하여 청구한 공탁물과 그 이자나 이표를 청구인에게 지급하고 그 청구서에 수령인을 받는다.

제46조(위와 같다) 공탁물보관자는 제45조의 공탁물을 지급한 후에 지급사실을 공탁관에게 전송한다. 다만, 물품공탁의 경우 지급결과통지서에 지급한 내용을 적어 공탁관에게 보낸다.

제47조(공탁물품의 매각·폐기 등)

① 「공탁법」 제11조에 따라 보관중인 공탁물품을 매각하거나 폐기하고자 할 경우에는 공탁물보관자의 신청으로 해당 공탁사건의 공탁소 소재지나 공탁물품의 소재지를 관할하는 법원의 허가를 받아야 한다.

② 법원은 직권 또는 공탁물보관자의 신청으로 제1항의 허가재판을 변경할 수 있다.

③ 공탁물품의 매각은 「민사집행법」에 따른다. 다만, 공탁물보관자는 법원의 허가를 받아 임의매각 등 다른 방법으로 환가할 수 있다.

④ 법원은 제1항부터 제3항까지의 허가나 변경재판을 하기 전에 공탁물보관자, 공탁자 또는 피공탁자를 심문할 수 있다. 그 밖에 재판절차는 「비송사건절차법」에 따른다.

⑤ 제1항부터 제3항까지의 허가나 변경한 재판에 대하여는 불복 신청을 할 수 없다.

⑥ 공탁물보관자가 법원의 허가를 받아 공탁물품을 폐기할 때에는 개인정보가 유출되지 않도록 하여야 한다.

제48조(불수리 결정)

① 공탁관이 공탁신청이나 공탁물 출급·회수청구를 불수리할 경우에는 이유를 적은 결정으로 하여야 한다.

② 제1항의 불수리 결정에 관하여 필요한 사항은 대법원 예규로 정한다.

제49조(공탁수락서 등의 제출)

① 공탁소에 대한 「민법」 제489조 제1항의 승인이나 통고는 피공탁자가 공탁을 수락한다는 뜻을 적은 서면을 공탁관에게 제출하는 방법으로 하여야 한다.

② 공탁유효의 확정판결이 있는 경우 공탁자의 회수를 제한하기 위해서는 피공탁자는 그 판결등본을 공탁관에게 제출하여야 한다.

제50조(공탁물보관자 장부와의 대조)

① 공탁관은 출납부를 공탁물보관자 장부와 대조하기 위하여 전월분 월계대사표를 매달 초에 공탁물보관자에게 보내고, 공탁물보관자는 이를 확인한 후 공탁관에게 보내야 한다.

그러나 물품공탁의 경우에는 전년분에 관하여 매년 초에 이를 할 수 있다.
② 공탁관이 제1항의 확인을 마친 때에는 지체 없이 증빙서류와 대조를 하여야 한다.
③ 공탁관은 제2항의 대조 결과를 매달 초 소속 지방법원장에게 보고하여야 한다.

제4장 이 자

제51조(공탁금의 이자) 공탁금의 이자에 관하여는 「공탁금의 이자에 관한 규칙」에서 정하는 바에 따른다.

제52조(공탁금의 이자지급) 공탁금의 이자는 원금과 함께 지급한다. 그러나 공탁금과 이자의 수령자가 다를 때에는 원금을 지급한 후에 이자를 지급할 수 있다.

제53조(위와 같다)
① 공탁금의 이자는 공탁금 출급·회수청구서에 의하여 공탁금보관자가 계산하여 지급한다.
② 이자를 별도로 청구하려는 사람은 공탁관에게 공탁금이자청구서 2통을 제출하여야 한다.
③ 제2항의 청구에는 제35조, 제37조부터 제39조까지, 제45조, 제46조를 준용한다.

제54조(이표의 청구)
① 공탁유가증권의 이표를 받으려는 사람은 공탁관에게 공탁유가증권이표청구서 2통을 제출하여야 한다.
② 제1항의 청구에는 제53조제1항과 제3항을 준용한다.

제5장 보 칙

제55조(대리공탁관 지정 등)
① 지방법원장이나 지원장은 공탁관이 직무를 수행할 수 없는 경우에 대비하여 대리공탁관을 지정할 수 있다.
② 지방법원장이나 지원장이 공탁관이나 대리공탁관을 지정한 때에는 공탁물보관자에게 그 성명과 인감을 알려 주어야 한다.

제56조(재정보증) 법원행정처장은 공탁관의 재정보증에 관한 사항을 정하여 운용할 수 있다.

제57조(현금 등의 취급 금지)
① 공탁관은 지정된 공탁물보관자에게 공탁금과 공탁유가증권에 관한 계좌를 각 설치하여야 하며, 공탁금 등을 직접 납부 받거나 보관할 수 없다.
② 대리공탁관은 별도의 계좌를 설치하지 아니하고 공탁관의 계좌를 이용한다.

제58조(사유신고)
① 공탁금 출급·회수청구권에 대한 압류의 경합 등으로 사유신고를 할 사정이 발생한 때에는 공탁관은 지체 없이 사유신고서 2통을 작성하여 그 1통을 집행법원에 보내고 다른

1통은 해당 공탁기록에 편철한다.

② 제1항에 따라 사유신고를 한 때에는 공탁관은 원장에 사유신고한 뜻과 연월일을 등록하여야 한다.

제59조(열람 및 증명청구)

① 공탁당사자 및 이해관계인은 공탁관에게 공탁관계 서류의 열람 및 사실증명을 청구할 수 있다.

② 위임에 따른 대리인이 제1항의 청구를 하는 경우에는 대리인의 권한을 증명하는 서면에 인감도장을 찍고 인감증명서를 첨부하여야 한다.

③ 제2항은 자격자대리인 본인이 직접 열람 및 사실증명을 청구하는 경우에는 적용하지 아니한다.

④ 제1항의 청구를 하는 사람은 열람신청서나 사실증명청구서를 제출하여야 한다. 사실증명을 청구하는 때에는 증명을 받고자 하는 수에 1통을 더한 사실증명청구서를 제출하여야 한다.

⑤ 삭제 〈개정 2012.10.30〉

⑥ 공탁관은 제1항의 열람신청이나 사실증명청구에 대하여 전산정보처리조직을 이용하여 열람하게 하거나 증명서를 발급해 줄 수 있다.

제60조(공탁금의 소멸시효 조사) 공탁관은 공탁원금 및 이자의 출급·회수청구권의 소멸시효 완성시기 등을 조사하기 위하여 법원, 그 밖의 관공서에 공탁원인의 소멸여부와 그 시기 등을 조회할 수 있다.

제60조의2(소멸시효 완성 전 안내)

① 법원행정처장은 「공탁법」 제9조에 따른 시효가 완성되기 전에 우편 등으로 공탁금 출급·회수에 관한 안내를 할 수 있다.

② 제1항에 따른 업무는 법원행정처 사법등기국 사법등기심의관이 담당한다.

③ 제2항에 따른 안내를 위하여 필요한 경우에는 해당 정보를 보유하는 공공기관·전기통신사업자 등 단체·개인 또는 외국의 공공기관에 다음 각호의 개인정보가 포함된 자료의 송부를 요구할 수 있다. 〈신설 2022.6.30〉

1. 공탁금 출급·회수권자의 성명(상호, 명칭)
2. 공탁금 출급·회수권자의 주민등록번호(법인등록번호)
3. 공탁금 출급·회수권자의 주소(본점, 주사무소)
4. 공탁금 출급·회수권자의 전화번호

④ 제1항에 따른 안내의 절차 및 방법 등 필요한 사항은 대법원예규로 정한다. 〈개정 2022.6.30〉

⑤ 제3항에 따른 안내를 위하여 필요한 범위 내에서 「개인정보 보호법」 제24조의 고유식별번호, 제24조의2의 주민등록번호가 포함된 자료를 처리할 수 있고, 제공받은 개인정보는 안내 업무 이외의 목적으로 사용할 수 없다. 〈신설 2022.6.30〉

[본조신설 2019.6.4]

제61조(소멸시효 완성 후의 공탁금) 소멸시효가 완성된 공탁금에 대하여 출급·회수청구가 있는 경우 공탁관은 국고수입 납부 전이라도 출급·회수청구를 인가하여서는 안된다.

제62조(공탁금국고귀속조서의 송부)

① 공탁관은 출급·회수청구권의 소멸시효가 완성되어 국고귀속되는 공탁원금이나 이자가 있는 때에는 해당 연도분을 정리한 다음 공탁금국고귀속조서를 작성하여 다음해 1월 20일까지 이를 해당 법원의 세입세출외 현금출납공무원(이하 "출납공무원"이라 한다)에게 보낸다.

② 출납공무원이 제1항의 조서를 받은 때에는 1월 31일까지 해당 법원의 수입징수관에게 보내야 한다.

③ 공탁관은 제1항 이외의 사유로 국고귀속되는 공탁원금이나 이자가 있는 때에는 그때마다 공탁금국고귀속조서를 작성하여 출납공무원에게 보내고, 출납공무원은 지체 없이 해당 법원의 수입징수관에게 보내야 한다.

제63조(납부고지와 납부)

① 수입징수관은 제62조에 따른 조서를 받은 때에는 조사한 후 총액에 대한 납부고지서 2통을 해당 출납공무원에게 보낸다.

② 출납공무원은 제1항의 납부고지서를 받은 때에는 지체 없이 그 중 1통을 첨부하여 해당 공탁관에게 하나의 청구서로 한꺼번에 지급청구를 하여야 한다.

③ 공탁관이 제2항의 청구를 받은 때에는 제35조와 제39조에 따라 인가한다.

④ 출납공무원이 제3항의 인가를 받은 때에는 지체 없이 그 금액을 해당 수입징수관 앞으로 납부하여야 한다.

제64조(착오로 국고 귀속된 공탁금의 반환) 공탁관이 착오로 국고귀속조치를 취한 공탁금의 반환절차와 수입징수관의 사무처리절차에 관하여는 「국고금관리법 시행규칙」을 준용한다. 이 경우 공탁관을 과오납부자로 본다.

제64조의2(대법원예규에의 위임) 공탁절차와 관련하여 필요한 사항 중 이 규칙에서 정하고 있지 아니한 사항은 대법원예규로 정할 수 있다.[본조신설 2012.10.30]

제6장 외국인 등을 위한 공탁사무처리 특례

제65조(용어의 정의) 이 장에서 외국인과 재외국민은 다음 각 호의 사람을 말한다. 〈개정 2014.12.30〉

1. 외국인

   가. 대한민국의 국적을 가지지 않은 사람

   나. 외국법에 따라 설립된 법인 또는 이에 준하는 단체

2. 재외국민 : 대한민국의 국민으로서 외국의 영주권을 취득한 자 또는 영주할 목적으로 외국에 거주하고 있는 자

第66조(관할의 특례) 국내에 주소나 거소가 없는 외국인이나 재외국민을 위한 변제공탁은 지참채무의 경우에 다른 법령의 규정이나 당사자의 특약이 없는 한 서울중앙지방법원의 공탁관에게 할 수 있다.

第67조(공탁통지)

① 공탁자가 피공탁자의 외국주소로 공탁통지를 하여야 할 경우에는 수신인란에 로마문자(영문)와 아라비아 숫자로 피공탁자의 성명과 주소를 적은 국제특급우편 봉투와 우편요금을 첨부하여야 한다.

② 제1항의 우편요금은 「국제우편규정」 제12조 제1항 제3호에 의한 배달통지가 가능한 외국에 공탁통지를 할 경우는 배달통지로 할 수 있는 금액이어야 한다.

③ 공탁관은 제1항의 봉투 발신인란과 배달통지서의 반송인란에 로마문자(영문)와 아라비아 숫자로 공탁소의 명칭과 그 소재지 및 공탁관의 성명을 적어야 한다.

제7장 전자신청 〈신설 2012.10.30.〉

第68조(용어의 정의) 이 장에서 사용하는 용어의 뜻은 다음과 같다. 〈개정 2020.11.26, 2021.5.27〉

1. "전자문서"란 「전자서명법」 제2조제1호에 따른 정보처리능력을 가진 장치에 의하여 전자적인 형태로 작성되거나 변환되어 송신·수신 또는 저장되는 정보를 말한다.
2. "전자서명"이란 「전자서명법」 제2조제2호에 따른 전자서명(서명자의 실지명의를 확인할 수 있는 것으로서 법원행정처장이 지정하는 인증서를 이용한 것을 말한다)을 말한다.
3. "인증서"란 「전자서명법」 제2조제6호에 따른 인증서(서명자의 실지명의를 확인할 수 있는 것으로서 법원행정처장이 지정하는 인증서를 말한다)를 말한다.
4. "전자공탁시스템"이란 법원행정처가 법에 따른 공탁·출급·회수 등의 절차에 필요한 전자문서를 작성·제출·송달하거나 관리할 수 있도록 하드웨어·소프트웨어·데이터베이스·네트워크·보안요소 등을 결합시켜 구축·운영하는 전산정보처리조직을 말한다.
5. "전자공탁홈페이지"란 이 규칙에서 정한 바에 따라 전자문서를 이용하여 공탁절차를 진행할 수 있도록 전자공탁시스템에 의하여 구축된 인터넷 활용공간을 말한다.

[본조신설 2012.10.30]

第69조(전자문서에 의한 공탁 등의 수행) 금전공탁사건에 관한 신청 또는 청구는 이 규칙에서 정하는 바에 따라 전자공탁시스템을 이용하여 전자문서로 할 수 있다. 다만, 5천만원을 초과하는 공탁금에 대한 출급 또는 회수 청구의 경우에는 그러하지 아니하다.

[본조신설 2012.10.30]

제70조(사용자등록)

① 전자공탁시스템을 이용하려는 자는 전자공탁시스템에 접속하여 다음 각 호의 회원 유형별로 전자공탁홈페이지에서 요구하는 정보를 해당란에 입력한 후 인증서를 사용하여 사용자등록을 신청하여야 한다. 이 경우 등록한 사용자 정보는 인증서의 내용과 일치하여야 한다. 〈개정 2020.11.26〉

1. 개인회원
2. 법인회원
3. 변호사회원
4. 법무사회원

② 제1항의 신청인(법인인 경우 법인의 대표자)이 외국인인 때에는 다음 각 호의 어느 하나에 해당하는 요건을 갖추어야 한다.

1. 「출입국관리법」 제31조에 따른 외국인등록
2. 「재외동포의 출입국과 법적 지위에 관한 법률」 제6조, 제7조에 따른 국내거소신고

③ 대법원예규로 정하는 법인회원은 공탁소에 출석하여 대법원예규로 정하는 사항을 적은 신청서를 제출하여야 하며, 그 신청서에는 「상업등기법」 제16조에 따라 신고한 인감을 날인하고 그 인감증명과 자격을 증명하는 서면을 첨부하여야 한다. 〈개정 2019.6.4〉

④ 사용자등록을 신청하는 변호사회원 또는 법무사회원은 공탁소에 출석하여 그 자격을 증명하는 서면을 제출하여야 한다.

[본조신설 2012.10.30]

제71조(사용자등록의 변경 및 철회)

제70조제1항에 따라 사용자등록을 한 자는 전자공탁시스템에 접속하여 사용자등록의 변경 또는 철회의 취지를 입력함으로써 사용자등록을 변경하거나 철회할 수 있다. 다만, 이미 진자공탁시스템을 이용하여 이루어진 신청이 계속 중인 경우에는 그 신청에 대한 처리가 종료된 이후에만 사용자등록을 철회할 수 있다.

[본조신설 2012.10.30]

제72조(사용자등록의 말소 등)

① 법원행정처장은 다음 각 호의 어느 하나에 해당하는 사유가 있는 경우에는 등록사용자의 사용을 정지하거나 사용자등록을 말소할 수 있다.

1. 등록사용자의 동일성이 인정되지 아니하는 경우
2. 사용자등록을 신청하거나 사용자정보를 변경할 때 거짓의 내용을 입력한 경우
3. 다른 등록사용자의 사용을 방해하거나 그 정보를 도용하는 등 전자공탁시스템을 이용한 공탁업무의 진행에 지장을 준 경우
4. 고의 또는 중대한 과실로 전자공탁시스템에 장애를 일으킨 경우
5. 그 밖에 위 각 호에 준하는 경우로서 대법원예규로 정하는 사유가 있는 경우

② 법원행정처장은 제1항 각 호 가운데 어느 하나에 해당하는지 여부를 결정하기 위하여 필요하다고 인정하는 경우에는 당사자·이해관계인의 신청에 따라 또는 직권으로 해당 등

록사용자의 사용을 일시적으로 정지할 수 있다. 이 경우 법원행정처장은 등록사용자에게 적당한 방법으로 그 사실을 통지하여야 한다.

③ 법원행정처장은 제1항에 따라 사용자등록을 말소하기 전에 해당 등록사용자에게 미리 그 사유를 통지하고 소명할 기회를 부여하여야 한다.

④ 등록사용자가 전자공탁시스템을 마지막으로 이용한 날부터 5년이 지나면 사용자등록은 효력을 상실한다.

[본조신설 2012.10.30]

제73조(전자문서의 작성·제출)

① 등록사용자의 전자문서 제출은 전자공탁시스템에서 요구하는 사항을 빈칸 채우기 방식으로 입력한 후 나머지 사항을 해당란에 직접 입력하거나 전자문서를 등재하는 방식으로 하여야 한다.

② 등록사용자가 제출하는 전자문서에는 전자서명을 하여야 한다. 〈개정 2020.11.26〉

③ 공동의 이해관계를 가진 여러 당사자나 대리인이 공동으로 공탁·출급·회수 등을 신청하는 경우에는 다음 각 호 가운데 어느 하나의 방법에 따라 공동명의로 된 하나의 전자문서를 제출할 수 있다. 〈개정 2020.11.26〉

1. 해당 전자문서에 공동명의자 전원이 전자서명을 하여 제출하는 방법
2. 해당 전자문서를 제출하는 등록사용자가 다른 공동명의자 전원의 서명 또는 날인이 이루어진 확인서를 전자문서로 변환하여 함께 제출하는 방법(공탁금을 출급 또는 회수하는 경우에는 제외한다)

④ 제2항 및 제3항의 전자서명은 공탁에 적용되거나 준용되는 법령에서 정한 서명 또는 기명날인으로 본다.

⑤ 제1항의 경우 제22조 및 제35조는 적용하지 아니한다.

⑥ 제1항의 경우 제20조제1항, 제30조제2항, 제32조제1항, 제53조제2항, 제59조제4항에도 불구하고 하나의 전자문서로 제출할 수 있다.

[본조신설 2012.10.30]

제74조(전자문서의 파일 형식)

① 법원행정처장은 전자공탁시스템을 이용하여 제출할 수 있는 전자문서의 파일 형식, 구성 방식 그 밖의 사항을 지정하여야 한다. 〈개정 2021.5.27〉

② 제1항에 따라 지정된 파일 형식을 사용하지 아니한 전자문서는 부득이한 사정을 소명하지 아니하는 한 전자공탁시스템을 이용하여 제출할 수 없다.

③ 전자문서는 전자공탁시스템에서 요구하는 방식에 따라 각 별도의 파일로 구분하여 제출하여야 하고, 이를 합하여 하나의 파일로 제출하여서는 아니 된다.

[본조신설 2012.10.30]

제75조(전자신청의 접수시기) 전자문서에 의한 신청은 그 신청정보가 전자공탁시스템에 저장된 때에 접수된 것으로 본다.

[본조신설 2012.10.30]

第76條(정정신청 등) 전자공탁시스템에 의한 공탁사건에 대한 정정신청 또는 보정은 전자공탁시스템을 이용하여 하여야 한다.
[본조신설 2012.10.30]

第77條(전자신청사건의 수리 등)
① 전자공탁시스템에 의한 공탁사건에 대하여 공탁관이 수리, 인가 등의 처분을 하는 경우, 그 전자문서에 수리, 인가 등의 뜻을 기재하고, 「법원 행정전자서명 인증업무에 관한 규칙」 제2조제2항에 따라 설치된 법원 행정전자서명 인증관리센터에서 발급받은 행정전자서명 인증서에 의한 사법전자서명을 하여야 한다.
② 공탁관은 신청인에게 제1항의 처분결과를 대법원예규로 정하는 방법에 따라 고지하여야 한다.
[본조신설 2012.10.30]

第78條(전자신청사건의 공탁금 납입)
① 전자공탁시스템을 이용하여 공탁을 하는 경우 공탁관은 공탁물보관자에게 가상계좌번호를 요청하여 그 계좌로 공탁금을 납입하게 하여야 한다.
② 제1항의 공탁금이 납입된 경우 공탁물보관자는 공탁관에게 공탁금이 납입된 사실을 전송하여야 한다.
③ 제2항의 전송을 받은 공탁관은 공탁서에 공탁금이 납입되었다는 뜻을 전자적으로 확인하여야 한다.
④ 공탁금을 납입한 공탁자는 전자공탁시스템에 접속하여 공탁서를 출력하여야 한다.
[본조신설 2012.10.30]

第79條(전자문서에 의한 공탁금 출급·회수청구의 특례)
① 전자문서에 의하여 공탁금의 출급 또는 회수를 청구하는 경우 제37조제1항 및 제2항의 인감증명서는 첨부하지 아니한다.
② 변호사회원 또는 법무사회원이 전자문서에 의하여 공탁금의 출급 또는 회수를 청구하는 경우에는 청구인의 전자서명도 함께 제출하여야 한다.
③ 전자문서에 의한 공탁금의 출급 또는 회수청구에 따라 공탁금을 예금계좌에 입금하여 지급하는 경우 그 예금계좌는 청구인 본인의 예금계좌이어야 한다.
[본조신설 2012.10.30]

第80條(공고) 이 장에서 법원행정처장이 지정하는 사항은 전자공탁홈페이지에 공고하여야 한다.
[본조신설 2021.5.27]

제8장 형사공탁의 특례 〈신설 2022. 10. 27.〉

제81조(용어의 정의) 이 장에서 사용하는 용어의 뜻은 다음과 같다.

1. "형사공탁"이란 법 제5조의2에 따라 이루어지는 변제공탁을 말한다.
2. "법령 등에 따라 피해자의 인적사항을 알 수 없음을 확인할 수 있는 서면"이란 피해자의 개인정보보호를 위하여 법령 등에서 피해자의 인적사항 공개를 금지하고 있거나 형사사건의 피고인이 재판기록·수사기록 중 피해자의 인적사항에 대한 열람·복사를 할 수 없는 등의 사정으로 피해자의 인적사항을 알 수 없음을 확인할 수 있는 서면을 말한다.
3. 법 제5조의2제2항의 "피해자를 특정할 수 있는 명칭"이란 공소장, 조서, 진술서, 판결서에 기재된 피해자의 성명(성·가명을 포함한다)을 말한다.
4. "피공탁자 동일인 확인 증명서"란 법 제5조의2제4항에 따라 공탁서에 기재된 피공탁자가 형사사건의 피해자와 동일인임을 법원 또는 검찰이 증명하는 서면을 말한다.
5. "비실명 처리"란 공탁관계 서류 및 전자기록에 나타난 정보 중 그대로 공개될 경우 개인의 사생활이 침해될 수 있는 사항에 관하여 비실명으로 표시하거나 그 밖의 적절한 방법으로 제3자가 인식하지 못하도록 처리하는 것을 말한다.

[본조신설 2022. 10. 27.]

제82조(공탁서 기재의 특칙) 제20조제2항제5호에도 불구하고 형사공탁의 공탁서에는 공소장, 조서, 진술서, 판결서에 기재된 피해자의 성명(성·가명을 포함한다)과 해당 형사사건이 계속 중인 법원과 사건번호 및 사건명, 공소장에 기재된 검찰청과 사건번호를 기재하여야 한다. 다만, 피공탁자의 주소와 주민등록번호는 기재하지 아니한다.

[본조신설 2022. 10. 27.]

제83조(첨부서면의 특칙) 공탁서에는 제21조제1항과 제2항에 따른 서면 외에 다음 각 호의 서류를 첨부하여야 한다.

1. 해당 형사사건이 계속 중인 법원을 확인할 수 있는 서면
2. 피해자를 특정할 수 있는 명칭이 기재된 공소장 부본이나 조서·진술서·판결서 사본
3. 법령 등에 따라 피해자의 인적사항을 알 수 없음을 확인할 수 있는 서면

[본조신설 2022. 10. 27.]

제84조(형사공탁의 공고) ① 피공탁자에 대한 공탁통지는 공탁관이 전자공탁홈페이지에 공고하는 방법으로 할 수 있다.

② 공탁관은 공탁물보관자로부터 공탁물 납입사실의 전송이나 공탁물품납입통지서를 받은 때에는 특별한 사정이 없는 한 다음 날까지 다음 각 호의 사항을 공고하여야 한다.

1. 법 제5조의2제3항에 규정된 사항
2. 해당 형사사건이 계속 중인 법원과 사건번호 및 공소장에 기재된 검찰청과 사건번호
3. 그 밖에 대법원예규로 정한 사항

[본조신설 2022. 10. 27.]

제85조(형사공탁 사실 통지) ① 공탁관은 제27조에 따라 공탁물보관자로부터 공탁물 납입사실을 전송받거나 공탁물품납입통지서를 받은 때에는 해당 형사사건이 계속 중인 법원과 검찰에 형사공탁에 관한 내용을 통지하여야 한다.

② 피해자에게 변호사가 선임 또는 선정되어 있는 경우 대법원예규에서 정한 바에 따라 법원은 제1항에 의하여 통지받은 내용을 그 변호사에게 고지한다.

[본조신설 2022. 10. 27.]

제86조(피공탁자 동일인 확인 증명서의 제출 등) ① 공탁물을 출급하려는 사람은 해당 형사사건이 계속 중인 법원 또는 검찰에서 피공탁자 동일인 확인 증명서를 발급받아 제출하여야 한다. 다만, 공탁소에 이미 제출되어 있는 경우는 그러하지 아니하다.

② 제1항에 따라 피공탁자 동일인 확인 증명서를 발급한 법원 또는 검찰은 지체 없이 공탁소에 그 발급사실을 통지하여야 한다.

[본조신설 2022. 10. 27.]

제87조(열람 및 증명청구의 특칙) 피공탁자의 인적사항이 기재되어 있는 공탁관계 서류 및 전자기록에 대하여 열람 및 사실증명의 청구가 있는 경우 공탁관은 피공탁자의 인적사항이 공개되지 않도록 개인정보 보호를 위한 비실명 처리 후 이를 열람하게 하거나 증명서를 발급하여야 한다.

[본조신설 2022. 10. 27.]

제88조(군사법원에 계속 중인 사건) 군사법원에 계속 중인 형사사건에 관하여도 이 장의 규정을 적용한다. 이 경우 법원은 군사법원으로, 검찰은 군검찰로 본다.

[본조신설 2022. 10. 27.]

제89조(대법원예규에의 위임) 형사공탁 절차와 관련하여 필요한 사항 중 이 장에서 정하고 있지 아니한 사항은 대법원예규로 정할 수 있다.

[본조신설 2022. 10. 27.]

부 칙 〈제2982호, 2021.5.27〉

제1조(시행일) 이 규칙은 2021년 6월 10일부터 시행한다.

제2조(적용례) 이 규칙은 이 규칙 시행 당시 접수되어 계속 중인 사건에 대하여도 적용한다.

부 칙 〈제3060호, 2022.6.30〉

이 규칙은 2022년 7월 11일부터 시행한다.

부 칙 〈제3073호, 2022.10.27〉

이 규칙은 2022년 12월 9일부터 시행한다.

◉ 공탁금의 이자에 관한 규칙 ◉

일부개정 2022. 9. 29. 규칙 제3068호

제1장 총 칙

제1조(목적) 이 규칙은 공탁법 제6조에 의한 공탁금의 이자를 정함을 목적으로 한다.

제2조(이자) 공탁금의 이자는 연 1만분의 35로 정한다. 〈개정 2020.6.26., 2022.9.29〉

부 칙(2022.9.29. 제3068호)

이 규칙은 2022년 10월 1일부터 시행한다.

사 항 색 인

저 · 자 · 약 · 력

■ **김 덕 원** (이메일 kdb9004@naver.com)

- 광주지방법원 완도등기소 근무
- 광주지방법원 해남지원 근무
- 법률사무소 율산 사무장
- 변호사 이철원 법률사무소 사무장
- 법무법인 빛고을 종합법률사무소(해남) 사무장

[주요논저]

금융기관 민사사건 실무(법률미디어)
유형별 답변서·준비서면 총서(진원사)
소가·인지산정 사례집(진원사)
계약서·내용증명·고소(발)장(진원사)
청구·신청취지 작성방법(진원사)
가사소송 서식대전(진원사)
신 민사집행 서식대전(진원사) 1, 2
신 행정소송 서식대전(진원사)
주택·상가건물 임대차보호법(진원사)
유형별 소장의 정리(진원사)
신 형사소송 서식대전(진원사)
종합법률실무 핸드북(진원사)
행정소송과 행정심판(진원사)
법인등기실무총람(진원사)
신 종합법률 실무대전 I·II·III(진원사)
알기 쉽게 풀이한 주택·상가건물 임대차보호법(진원사)
법률실무가를 위한 공탁법 실무(진원사)
부동산등기실무총람(진원사)
민사소송 & 전자소송(진원사)
소장작성 매뉴얼 및 소송전략(진원사)
내용증명·고소(발)장·진정서·탄원서 서식(진원사)
나홀로 소송 도우미 형사소송절차실무(진원사)
법률사무원을 위한 법인등기(진원사)
법률실무 핸드북(진원사)

[제2판] 법률실무가를 위한

공 탁 법 실 무 - 이론·판례·예규·선례·서식 -

저 자 김 덕 원	2012년 3월 30일 초 판 발행
발 행 인 양 진 수	2023년 3월 30일 제2판 인쇄
발 행 처 진 원 사	2023년 4월 14일 제2판 발행

서울시 송파구 법원로9길 26, C동 1107호 (문정동, H비즈니스파크)
전화 : 02) 916-1850 / 팩스 : 02) 916-3442
신고번호 제2018 - 000026호
http://www.jinwonsa.co.kr
e-mail : hhansin@hanmail.net

ISBN : 978-89-6346-622-4 93360 **정가 44,000원**